211IRL Foto: hg

Hans-Günter Semsek
Irland

The air was filled with the fragrance of wild flowers
and the eye wherever it turned
beheld a region of delight,
in which nature seemed to have unlocked
all her treasures.

Die Luft war erfüllt mit dem Duft der wilden Blumen
und das Auge, wohin es auch sah,
erblickte eine Landschaft voller Freude,
in der die Natur anscheinend all ihre Schätze geöffnet hatte.

Lewis Dillwyn, 1809

124ir Foto: ws

Impressum

Hans-Günter Semsek
Irland

erschienen im
Reise Know-How Verlag Peter Rump GmbH
Osnabrücker Str. 79
33649 Bielefeld

7., komplett aktualisierte Auflage 2007

Gestaltung
Umschlag: Günter Pawlak, Peter Rump (Layout);
Katja Schmelzer (Realisierung)
Inhalt: Günter Pawlak (Layout),
Katja Schmelzer (Realisierung)
Fotos: Hans-Günter Semsek (hg), Gunda Urban (gu),
Wolfram Schwieder (ws), Tim Schmelzer (ts),
Antje Kleine-Wiskott (ak)
Titelfoto: Hans Günter Semsek
Karten: der Verlag, Bernhard Spachmüller

Lektorat (Aktualisierung): Katja Schmelzer

Druck und Bindung
Fuldaer Verlagsanstalt GmbH und Co. KG, Fulda

ISBN 978-3-8317-1564-0
Printed in Germany

Dieses Buch ist erhältlich in jeder Buchhandlung
Deutschlands, der Schweiz, Österreichs, Belgiens
und der Niederlande.
Bitte informieren Sie Ihren Buchhändler
über folgende Bezugsadressen:

Deutschland
Prolit GmbH,
Postfach 9, D-35461Fernwald (Annerod)
sowie alle Barsortimente
Schweiz
AVA-buch 2000
Postfach, CH-8910 Affoltern
Österreich
Mohr Morawa Buchvertrieb GmbH
Sulzengasse 2, A-1230 Wien
Niederlande, Belgien
Willems Adventure
Postbus 403, NL-3140 AK Maassluis

Wer im Buchhandel trotzdem kein Glück hat,
bekommt unsere Bücher auch direkt über
den Verlag oder unseren **Büchershop**
im Internet: www.reise-know-how.de

Wir freuen uns über Kritik, Kommentare und Verbesserungsvorschläge.

Alle Informationen in diesem Buch sind vom Autor mit größter Sorgfalt gesammelt und vom Lektorat des Verlages gewissenhaft bearbeitet und überprüft worden.

Da inhaltliche und sachliche Fehler nicht ausgeschlossen werden können, erklärt der Verlag, dass alle Angaben im Sinne der Produkthaftung ohne Garantie erfolgen und dass Verlag wie Autor keinerlei Verantwortung und Haftung für inhaltliche und sachliche Fehler übernehmen.

Die Nennung von Firmen und ihren Produkten und ihre Reihenfolge sind als Beispiel ohne Wertung gegenüber anderen anzusehen.
Qualitäts- und Quantitätsangaben sind rein subjektive Einschätzungen des Autors und dienen keinesfalls der Bewerbung von Firmen oder Produkten.

Hans-Günter Semsek

Irland

Inhalt

Exkurse

002ir Foto: gu

Hinweise zur Benutzung

Dieses Irland-Reisehandbuch gliedert sich in drei Abschnitte. Am Anfang steht eine umfangreiche **allgemeine Landeskunde,** die den Leser mit der Grünen Insel vertraut machen soll. Dazu zählen Kapitel wie Klima, Wirtschaft und Politik, Umweltschutz, Flora und Fauna, Kunst und Kultur sowie eine kommentierte Zeittabelle zu Irlands Geschichte.

Der zweite Teil liefert dem Leser viele **praktische Reiseinformationen,** die er für die Vorbereitung seiner Irland-Tour benötigt.

Über die Anreisemöglichkeiten und das Reisen im Lande selbst sowie über Unterkünfte und ihre Klassifizierung, über Restaurants, Pubs, Sport- und Urlaubsaktivitäten ist eine Vielzahl von allgemeinen Hinweisen und Tipps zusammengetragen worden.

Im dritten Abschnitt schließlich sind die Orte, die landschaftlich herausragenden Regionen, die Sehenswürdigkeiten – kurz: alle jene Städte und Stätten, die einen Besuch lohnen, in Form von **Rundreisen** detailreich beschrieben und erläutert. Darüber hinaus sind im Anschluss an jeden genannten Ort die Unterkünfte vom besten Hotel am Platze bis zu den preisgünstigen Hostels, Restaurants, Pubs, in denen abends die Folk-Musiker aufspielen, aufgeführt, außerdem Wandermöglichkeiten in die Umgebung, Informationsbüros und Verbindungen mit öffentlichen Verkehrsmitteln, so dass der Besucher vor Ort mit seinen praktischen Anliegen nicht alleine gelassen wird.

Die vorgeschlagenen Routen lassen sich natürlich am günstigsten mit einem Kraftfahrzeug erkunden. Jedoch wurden als Alternative auch jeweils die Verbindungen mit öffentlichen Verkehrsmitteln angegeben.

Eingestreute Exkurse, beispielsweise zur Zerstörung der letzten Moorlandschaften Europas durch intensiven Torfabbau, zu den Hintergründen der Großen Hungersnot von 1845 oder zu den großen irischen Dichtern, möchten zusätzliche Hintergrundinformationen zu bestimmten Bereichen geben und so zu einem tieferen Verständnis der irischen Gesellschaft beitragen.

Dem zu Großbritannien gehörenden Teil der Insel – Nordirland – ist ein eigenes Kapitel (Tour 9) gewidmet, das die Rundreise entlang der Küste abschließt.

Ein umfangreicher Anhang mit Register und einer Liste der Ortschaften mit ihren gälischsprachigen Namen geben dem Besucher der Grünen Insel die Möglichkeit, sich alle gewünschten Informationen aus diesem Buch schnell zu erschließen.

213IRLFoto: ts

Praktische Reisetipps A–Z

214IRL Foto: ts

215IRL Foto: ts

Auf der Autofähre nach Valentia Island im County Kerry

Teatime im Hotel

Guinness-Werbung an einer Hauswand

An- und Rückreise

Mit dem Flugzeug

Die irische Fluggesellschaft **Aer Lingus** fliegt von Düsseldorf, Frankfurt, Hamburg, München, Wien, Salzburg und Zürich nach Dublin und von Berlin nach Dublin und Cork. Die **Lufthansa** startet von Düsseldorf, Frankfurt und München nach Dublin. **Swiss** hat eine Verbindung von Zürich nach Dublin.

Flugpreise

Ein Economy-Ticket von Deutschland, Österreich und der Schweiz hin und zurück nach Irland bekommt man je nach Jahreszeit und Aufenthaltsdauer **ab knapp über 100 Euro** (Endpreis inklusive aller Steuern, Gebühren und Entgelte).

Meistens preisgünstigere Flüge sind mit den **Jugend- und Studententickets** (je nach Airline alle jungen Leute bis 25 Jahre und Studenten bis 34 Jahre) möglich. Dann gibt es einen Flug z.B. von Frankfurt nach Dublin und zurück ab unter 100 Euro.

Gegen eine geringe Gebühr kann man bei den Linienfluggesellschaften das eigene **Fahrrad** mitnehmen.

Für die Tickets der Linienairlines kann man bei folgenden **zuverlässigen Reisebüros** meistens günstigere Preise als bei vielen anderen finden:

- **Jet-Travel,** Buchholzstr. 35, 53127 Bonn, Tel. 0228 284315, Fax 284086, info@jet-travel.de, www.jet-travel.de;
- **Globetrotter Travel Service,** Löwenstr. 61, 8023 Zürich, Tel. 01 2286666, zh-loewenstrasse@globetrotter.ch, www.globetrotter.ch.

603ir Foto: ws

Billigfluglinien

Preiswerter geht es nur, wenn man bei einer Billigairline **sehr früh online bucht.** Es werden keine Tickets ausgestellt, sondern man bekommt nur eine Buchungsnummer per E-Mail. Zur Bezahlung wird in der Regel eine Kreditkarte verlangt. Im Flugzeug gibt es oft **keine festen Sitzplätze,** sondern man

wird meist schubweise zum Boarden aufgerufen, um Gedränge zu vermeiden. **Verpflegung** wird extra berechnet. Für die Region interessant sind:

- **Germanwings,** www.germanwings.com. Von Köln und ab Juni 2007 auch von Dortmund nach Dublin;
- **Ryan Air,** www.ryanair.com. Von Berlin-Schönefeld, Bremen, Friedrichshafen, Hahn im Hunsrück, Karlsruhe-Baden und Lübeck nach Dublin, von Hahn im Hunsrück nach Kerry und von Weeze am Niederrhein nach Shannon.

Faszinierendes Wetterschauspiel auf den Aran-Inseln

Last-Minute

Wer sich erst im letzten Augenblick für eine Reise nach Irland entscheidet oder gern pokert, kann Ausschau nach Last-Minute-Flügen halten, die von einigen Airlines mit deutlicher Ermäßigung **ab etwa 14 Tage vor Abflug** angeboten werden, wenn noch Plätze zu füllen sind. Diese Flüge lassen sich nur bei Spezialisten buchen:

- **L'Tur,** www.ltur.com, in Deutschland: Tel. 01805 212121, in Österreich: Tel. 0820 600 800, in der Schweiz: Tel. 0848 808088, sowie 140 Niederlassungen europaweit. Unter „Super Last Minute" gibt es Angebote für den Abflug innerhalb der nächsten 72 Std;
- **Lastminute.com,** www.de.lastminute.com, D: Tel. 01805 777257;
- **5 vor Flug,** www.5vorflug.de, in Deutschland: Tel. 01805 105105;
- **www.restplatzboerse.at,** Schnäppchenflüge für Reisende aus Österreich.

Mit der Bahn

Einiges teuerer als die bekannten Billig-Airlines, aber vielleicht mit mehr Genuss-Potenzial ist die Anreise per Bahn und Schiff auf die Grüne Insel. **Zwei Standard-Routen** stehen zur Verfügung:

Die erste geht zunächst per *Thalys* nach Brüssel und von dort mit dem *Eurostar* durch den **Kanaltunnel** nach London. Weiter geht es ins walisische Holyhead, wo die Fähren nach Dublin abfahren. Will unterwegs keinen Stopp einlegen, dauert die gesamte Anreise ab Köln rund 20 Stunden.

Die zweite Variante geht via Paris nach Cherbourg (ab Köln in ca. 8 Stunden), von wo aus *Irish Ferries,* saisonal

Mini „Flug-Know-how"

Check-in

Nicht vergessen: Ohne einen **gültigen Reisepass bzw. Personalausweis** (nur Bürger der EU) kommt man nicht an Bord.

Bei den innereuropäischen Flügen muss man mindestens **eine Stunde vor Abflug** am Schalter der Airline eingecheckt haben.

Das Gepäck

In der Economy-Class darf man in der Regel nur **Gepäck bis zu 20 kg pro Person** einchecken (steht auf dem Flugticket) und zusätzlich ein Handgepäck von 7 kg in die Kabine mitnehmen, welches eine Größe von 55 x 40 x 23 cm nicht überschreiten darf. In der Business Class sind es meistens 30 kg pro Person und zwei Handgepäckstücke, die insgesamt nicht mehr als 12 kg wiegen dürfen. Man sollte sich beim Kauf des Tickets über die Bestimmungen der Airline informieren.

Aus Sicherheitsgründen gehören Waffen (auch Nagelscheren), Explosivstoffe, Munition, Feuerwerke, leicht entzündliche Gase (z.B. in Sprühdosen, Campinggas), entflammbare Stoffe (z.B. in Benzinfeuerzeugen, Feuerzeugfüllung) sowie Aktentaschen oder Sicherheitskoffer mit installierten Alarmvorrichtungen nicht ins Passagiergepäck.

Seit November 2006 dürfen Fluggäste **Flüssigkeiten** oder vergleichbare Gegenstände in ähnlicher Konsistenz (z.B. Getränke, Gels, Sprays, Shampoos, Cremes, Zahnpasta, Suppen) nur noch in der Höchstmenge von 0,1 Liter als Handgepäck mit ins Flugzeug nehmen. Die Flüssigkeiten müssen in einem durchsichtigen, wiederverschließbaren Plastikbeutel transportiert werden, der maximal einen Liter Fassungsvermögen hat. Nähere Informationen findet man im Internet unter www.auswaertiges-amt.de.

unterschiedlich oft, eine erholsame 18-stündige Fähr-Überfahrt nach Rosslare anbietet.

Buchung

Wer sich nicht selbst durch den Dschungel der Bahntarife und Fahrpläne schlagen und trotzdem Geld sparen will, erhält bei folgeldem Bahn-Reisebüro kompetente Beratung und die Tickets ins Haus geschickt:

- **Gleisnost am Stadttheater,** Bertoldstr. 44, 79098 Freiburg, Tel. 0761 383031;
- **Gleisnost im Bahnhof Littenweiler,** Lindenmattenstr. 18, 79117 Freiburg, Tel. 0761 62037;
- **www.gleisnost.de**

Mit dem Auto

Direkte Fährverbindungen mit *Irish Ferries* gehen von den nordfranzösischen Häfen Cherbourg und Roscoff ins irische Rosslare, bzw. nach Cork/Cobh. Auf der fast 20-stündigen Seereise muss man das Auto natürlich verlassen und sollte, wenn man die Nacht nicht auf unbequemen Sesseln verbringen will, eine Kabine buchen. Verpflegung nimmt man ebenfalls am besten mit, will man nicht auf die überteuerten Angebote der Fähren zurückgreifen.

Wählt man den Weg über die so genannte Landbrücke – gemeint ist damit die **Fahrt durch England** – so setzt man zuerst von den französischen Häfen nach Südengland über und fährt durch das Land bis nach Wales, um von dort entweder von Pembroke oder Fishguard nach Rosslare, oder von Swansea nach Cork/Cob oder von Holyhead nach Dublin oder Dun Laoghaire zu kommen. Zur Einreise nach Großbritannien genügt der nationale Personalausweis; für Deutsche, Schweizer Pund Österreicher ist kein Visum erforderlich.

Da die Anreise nach Irland über die englische Landbrücke die längste Anfahrt darstellt, ist sie eigentlich nur für Leute interessant, die einen Besuch der Grünen Insel mit den landschaftlichen Schönheiten und den Städtchen Südenglands verbinden möchten. Lohnenswerte Abstecher sind dann z.B. Canterbury, Oxford, Cambridge, Stratford-on-Avon, Bath und, nicht zu vergessen, natürlich London. Unbedingt sollte man sich dann aber mit einem Reiseführer über diese Region ausstatten.

Wer jedoch von Dover zu den oben erwähnten Fährhäfen „in einem Rutsch" durchfahren will, muss mit Fahrtzeiten zwischen acht und elf Stunden rechnen.

Das irische Fremdenverkehrsamt verschickt auf Wunsch die **aktuelle Broschüre** „Autofähren nach Großbritannien und Irland" und/oder „Reiseveranstalter und Anreisemöglichkeiten". Hier sind auch alle Adressen und Telefonnummern der Fährgesellschaften verzeichnet.

Der **Tarifdschungel** auf den unterschiedlichen Linien ist enorm dicht. Mal gelten die Preise nur für den Pkw, mal für den Pkw und vier Erwachsene, mal für den Pkw und zwei begleitende Personen, dann wiederum gibt es Familienspartickets, wenn die eigenen Kinder dabei sind; bei mehr als drei

003ir Foto: hg

Kindern kommt es erneut zu einem Aufschlag, und je nach Altersgruppe gibt es dann wiederum Ermäßigungen für die Kleinen.

Auf einer Linie gelten manchmal bis zu sieben unterschiedliche Tarifgruppen, je nachdem, ob die Fähre tagsüber oder nachts oder auch zu bestimmten Uhrzeiten ablegt. Selbstverständlich haben die meisten Linien auch Senioren- und Studentenermäßigungen in ihrem Programm, und schließlich machen sie sich noch mit allen möglichen Spezial- und Supertarifen untereinander Konkurrenz. Alle möglichen Arten von Aufpreisen – Einbettkabine, Zweibettkabine, mit Dusche/WC, mit Waschbecken, Außenkabine, Liegesitze, Schlafsessel etc. – sorgen beim Studium der Fährbroschüre für weiteren Unmut.

Wichtig sind die so genannten **Landbridge-Tarife,** Verbindungen via Großbritannien, wo man u.a. folgende Strecken zu günstigen Preisen untereinander kombinieren kann:

Auf Irlands Straßen muss man mit unvorhersehbaren Störungen rechnen

• **Hoek van Holland**	–	**Harwich**
• **Calais**	–	**Dover**
• **Dieppe**	–	**Newhaven**
• **Le Havre**	–	**Portsmouth**
• **Cherbourg**	–	**Portsmouth**
• **Pembroke**	–	**Rosslare**
• **Holyhead**	–	**Dublin**
• **Holyhead**	–	**Dun Laoghaire**
• **Fishguard**	–	**Rosslare**

Direktverbindungen sind:

• **Cherbourg**	–	**Rosslare**
• **Roscoff**	–	**Rosslare**
• **Roscoff**	–	**Cork/Cobh**

Die wichtigsten Fährverbindungen zwischen Irland, Großbritannien und dem Kontinent entnehme man der Karte „Fährverbindungen" im Kartenatlas am Ende des Buches.

Im folgenden einige **Preisbeispiele** für die Landbridge-Verbindungen von Frankreich nach England und weiter von Wales nach Irland sowie vom Kontinent nach Irland:

Calais – Dover und Anschlussfähre Pembroke – Rosslare einfache Fahrt: vom 7. Januar bis 31. Mai und vom 1. Oktober bis 31. Dezember Pkw bis 6,5 m inkl. zwei Personen 183 €, Zuschlag für eine weitere erwachsene Person 30 €, für Kinder bis 15 Jahren 20 €; Motorrad inkl. eine Person 100 €. Vom 1. Juni bis 7. Juli und vom 1. September bis 30. Oktober Pkw bis 6,5 m inkl. zwei Personen 230 €, Zuschlag für eine weitere erwachsene Person 30 €, für Kinder bis 15 Jahren 20 €; Motorrad inkl. eine Person 120 €. Vom 8. Juli bis 31. August Di–Do Pkw bis 6,5 m inkl. zwei Personen 230 €, Zuschlag für eine weitere erwachsene Person 30 €, für Kinder bis 15 Jahren 20 €; Motorrad inkl. eine Person 130 €. Vom 8. Juli bis 31. August Fr–Mo Pkw bis 6,5 m inkl. zwei Personen 295 €, Zuschlag für eine weitere erwachsene Person 30 €, für Kinder bis 15 Jahren 20 €; Motorrad inkl. eine Person 142 €.

Eine **Direktfähre** vom Kontinent nach Irland, in diesem Fall vom französischen Roscoff nach Cork/Cobh, schlägt in der Hauptsaison (August) für zwei Personen mit einem Auto bis 5 m Länge auf der Hin- und Rückfahrt inklusive einer verpflichtenden Zwei-Bett-Innenkabine mit 959 € zu Buche.

Eurotunnel

Der Shuttle-Zug fährt in Spitzenzeiten alle 15 Minuten, nachts mindestens einmal stündlich von Calais nach Folkestone; Fahrtzeit 35 Minuten Informationen und Buchungen über www.eurotunnel.com.

Organisierte Reisen

Weit über 100 Reiseveranstalter bieten Pauschalarrangements zu unterschiedlichen Urlaubsaktivitäten an. Da kann man einen Studien-, Sprach-, Angel-, Golf-, Wander-, Fahrrad- und Reiturlaub buchen, seine Touren im Pferdewagen durchführen oder mit Booten auf dem Shannon kreuzen. Viel Gebrauch wird von den Fly-&-Drive-Angeboten gemacht; dabei bucht man einen Leihwagen mit, der am Flughafen bereitsteht (keine Kilometerbegrenzung).

Außerhalb der Saison, von Oktober bis April, gibt es viele Vorzugsangebote zu stark verbilligten Preisen. Es empfiehlt sich, beim Irischen Fremdenverkerhsamt die aktuelle Broschüre „Grüne Ferienzeiten" anzufordern, in der viele Veranstalter genannt sind, die organisierte Ferien in Irland anbieten.

Arbeiten oder studieren in Irland

Wer ein **Au-Pair-Arrangement** in Irland treffen möchte, kann sich vom Irischen Fremdenverkehrsamt in Deutschland an eine der vielen Sprachschulen vermitteln lassen, die Au-Pair-Aufenthalte organisieren.

Für junge Leute zwischen 18 und 25 Jahren ist Kost und Logis frei, wenn sie in den sogenannten **Workshops** arbeiten und beim Bau von Kinderspielplätzen helfen oder sich der Erhaltung nationaler Kulturdenkmäler widmen. Die Vermittlung übernimmt die folgende Institution:

- **International Voluntary Service,**
30 Montjoy Square, Dublin 1,
Tel. (01) 8551011, Fax 8551012,
www.voluteeringireland.com,
www.vsiireland.org.

Jobs vermittelt:

- **FAS Training & Employment Authority,**
27–33 Upper Baggot Street, Dublin 4,
Tel. (01) 6070500, Fax 60770600,
info@fas.ie, www.fas.ie.

Wer in Irland **studieren** möchte erhält ausführliche Informationen beim:

- **International Education Board Ireland,**
IPC House, 35–39 Shelbourne Rd., Dublin 4,
Tel. (01) 6144836, Fax 6144839,
enquiries@iebi.ie, www.educationireland.ie.

Behinderte

Wer körperlich behindert oder auf einen Rollstuhl angewiesen ist, sollte trotzdem nicht auf einen Irland-Urlaub verzichten. Viele Restaurants, Hotels, B & B sind darauf vorbereitet. Eine Liste mit behindertengerechten Institutionen kann man anfordern beim Irischen Fremdenverkehrsamt in Frankfurt. Behinderte erhalten Informationen für die Republik Irland auch bei der **National Disability Authority,** Clyde Road, Dublin 4, Tel. (01) 6080400, Fax 6609935 oder unter www.nda.ie.

Einkaufen

Vor allem in den touristischen Zentren sind Geschäfte aus dem Boden geschossen, die **typisch irische Waren** verkaufen und mit dem Emblem *Guaranteed Irish* geschmückt sind. Hier kann der Besucher die dicken und guten Aran-Pullover, Kristallglas aus der berühmten Manufaktur in Waterford (vgl. Tour 3), Tweed-Stoffe und Spitzen, Marmorarbeiten, Töpferwaren, Korb- und Flechtwerk, aber natürlich auch guten irischen Malt Whiskey, Räucherlachs, Kassetten und CDs mit irischem Folk erstehen (man beachte die Hinweise zur Mehrwertsteuererstattung im Kap. „Ein- und Ausreisebestimmungen).

Viele Geschäfte haben unterschiedliche **Öffnungszeiten,** sind aber in der Regel von 9 bis 18 Uhr geöffnet. Große Einkaufszentren schließen am Donnerstag und/oder auch am Freitag erst

006ir Foto: hs

In der Markthalle von Cork

um 21 Uhr. Außerhalb der großen Städte sind in den Dörfern und Ortschaften grundsätzlich am Mittwoch oder Donnerstag nachmittag alle Geschäfte geschlossen (dies ist der so genannte *Early Closing Day*). Auf dem Land sind in der Mittagszeit von 13–14.15 Uhr ebenfalls viele Geschäfte geschlossen. Selbstverständlich bleiben die Geschäfte auch an den Feiertagen geschlossen, zu denen auch die Bankfeiertage gehören.

Ein- und Ausreisebestimmungen

Reisedokumente

Für eine Aufenthaltsdauer unter drei Monaten benötigt man nur den heimischen Personalausweis; mit einem Reisepass kann man selbstverständlich auch einreisen. Ein Visum ist nicht erforderlich. Wer sich länger als sechs Monate in Irland aufhalten möchte, muss sich bei der *Garda* (Polizei), Aliens Office, Dublin Castle (Lower Yard), Dublin 2, anmelden. In Deutschland, Österreich oder der Schweiz lebende Staatsbürger anderer Länder sollten sich bei der irischen Botschaft nach der Notwendigkeit für ein Visum erkundigen:

- **Deutschland:** Friedrichstraße 200, 10117 Berlin, Tel. (030) 22072-0, Fax 22072-299, www.botschaft-irland.de;
- **Österreich:** Rotenturmstr. 16–18, 1010 Wien, Tel. (01) 7154246, Fax 7136004;
- **Schweiz:** Kirchenfeldstr. 68, 3005 Bern, Tel. (031) 3521442, Fax 3521455.

Für **Fahrzeuge** sowie auch für mitgeführte Wohnwagen reicht der nationale Führerschein aus; eine grüne Versicherungskarte sollte man vorsichtshalber ebenfalls mitführen.

Haustiere

Bis zum Jahr 2004 durften Haustiere nicht mit in den Urlaub genommen werden, es sei denn, sie hatten eine sechsmonatige Quarantäne hinter sich gebracht. In Irland gibt es keine Tollwut, entsprechend streng waren die Gesetze, wenn man den Familienhund dennoch ins Land schmuggelte: Das Tier wurde eingeschläfert!

Heute gilt wie für alle EU-Länder, dass man eine **Tollwutschutzimpfung** und ein EU-Heimtierausweis *(Pet Passport)* für Hund oder Katze haben muss. Dieser kostet 10 Euro.

Darüber hinaus muss das Tier mit einem **Microchip** oder übergangsweise bis zum Juli 2011 mit einer lesbaren Tätowierung gekennzeichnet sein. Für Irland und Großbritannien gelten jedoch zusätzliche Bestimmungen. Genaue Informationen unter www.botschaft-irland.de oder www.agriculture.gov.ie.

Zollbestimmungen

In allen EU- und EFTA-Mitgliedstaaten gelten weiterhin **nationale Ein-, Aus- oder Durchfuhrbeschränkungen,** z.B. für Tiere, Pflanzen, Waffen, starke Medikamente, Drogen und auch für Cannabis-Besitz und -handel. In Irland unterliegt die Mitnahme von Fleisch und anderen tierischen Produkten zum eigenen Gebrauch Beschränkungen. Das Gewicht darf 10 kg nicht überschreiten, die Lebensmittel müssen fest verschlossen oder eingeschweißt sein und einen Prüfstempel der EU besitzen. Waffen jeglicher Art dürfen nicht eingeführt werden (es sei denn, man hat einen Jagdurlaub gebucht und verfügt über entsprechende, vom Veranstalter besorgte Genehmigungen). Desweitern sind die Einfuhr von Betäubungsmitteln, Pornografie und Waren, die Gesundheit und Umwelt schädigen, verboten.

Seit dem Inkrafttreten des **Schengener Abkommens** ist der Reise- und Warenverkehr zwischen den meisten EU-Staaten vereinfacht. Regelmäßige Grenz- und Zollkontrollen entfallen.
Freigrenzen innerhalb der EU:

- **Alkohol:** 90 l Wein (davon höchstens 60 l Schaumwein), 110 l Bier, 10 l Spirituosen über 22% Vol. und 20 l unter 22% Vol.
- **Tabakwaren:** 800 Zigaretten, 400 Zigarillos, 200 Zigarren, 1 kg Tabak.
- **Anderes:** 10 kg Kaffee, 20 Liter Kraftstoff in einem Benzinkanister.

Schweizer Staatsangehörige oder andere Reisende, die nicht im Besitz einer Staatsbürgerschaft eines EU-Landes sind, müssen nach wie vor durch die Grenz- und Zollkontrolle. **Freigrenzen für Nicht-EU-Bürger:**

- **Tabakwaren:** 200 Zigaretten oder 100 Zigarillos oder 50 Zigarren oder 250 g Tabak oder eine anteilige Zusammenstellung dieser Waren.
- **Alkohol:** 1 l Spirituosen (über 22% Vol.) oder 2 l Spirituosen, Aperitifs oder ähnliche Getränke (22% oder weniger) oder 2 l Schaumweine oder Likörweine oder eine anteilige Zusammenstellung dieser Waren und 2 l nicht schäumende Weine.
- **Parfum:** 50 g, Eau de Toilette: 0,25 l.
- **Andere Waren:** bis zu einem Warenwert von insg. 175 €, ausgenommen sind Goldlegierungen und Goldplattierungen in unbearbeitetem Zustand oder als Halbfabrikat.

Auch bei der **Rückeinreise in die Schweiz** müssen Schweizer folgende Freimengen beachten:

- **Alkohol:** 2 Liter bis 15 % Vol. und 1 Liter über 15 % Vol.
- **Tabakwaren:** 200 Zigaretten oder 50 Zigarren oder 250 g Pfeifentabak.
- **Nahrungsmittel:** 3,5 kg Fleisch, 1 l/kg Butter/Rahm, 5 l/kg Käse und andere Milchprodukte.
- **Anderes:** neuangeschaffte Waren für den Privatgebrauch bis zu einem Gesamtwert von 300 SFr.

Mehrwertsteuererstattung für Schweizer

Für Besucher aus Deutschland und Österreich entfällt mit der Einführung des Europäischen Binnenmarktes eine Mehrwertsteuerrückerstattung. Für Schweizer ist diese noch möglich.

Fast alle irischen Geschäfte wenden das so genannte Cashback-Verfahren an. Dabei erhält der Käufer im jeweiligen Geschäft einen Cashback-Gutschein, der auf den Flughäfen bzw. den Fährhäfen vom Zoll abgestempelt werden muss. Diesen Gutschein schickt man dann an das Geschäft zurück und die Mehrwertsteuer wird – abzüglich einer Bearbeitungsgebühr – erstattet. Bei den Geschäften, die ihr eigenes Verfahren anwenden, bekommt der Käufer eine Rechnung, die ebenfalls vom Zoll abgestempelt werden muss und an den Verkäufer zurückgeht. Dann erfolgt die Rückerstattung – ebenfalls gegen eine Bearbeitungsgebühr.

Elektrizität

Wie in Deutschland auch, beträgt die Netzspannung in Irland 220 Volt. Das Problem sind jedoch die Stecker *(Plugs)*. Stecker mit der sogenannten Commonwealth-Norm bekommt man in Deutschland bei großen Reiseausrüstern, in jeder ADAC-Geschäftsstelle oder in Irland in großen Kaufhäusern. Wer mit Air Lingus auf die Grüne Insel fliegt, kann so einen Adapter auch im Flugzeug erstehen. Ab und an findet man aber auch Steckdosen, in die unsere heimischen Flachstecker passen.

Feiertage und Ferien

Die **arbeitsfreien ersten Montage** im **Mai, Juni** und **August** sowie der **letzte Montag** im **Oktober** sind eine englische Erfindung und gesetzlich festgelegte Werktage, an denen nicht gearbeitet wird; sie haben keinerlei nationale oder religiöse Bedeutung.

Weitere Feiertage sind: **1. Januar (Neujahr), 17. März (St. Patrick's Day), Ostermontag, 25. und 26. Dezember (Weihnachten).** Obwohl der Karfreitag kein gesetzlicher Feiertag ist, bleiben trotzdem die meisten Banken und Geschäfte geschlossen. An Feiertagen ruht natürlich das öffentliche Leben, und alle Geschäfte und Institutionen sind geschlossen.

216IRL Foto: ts

Delfinskulpturen an einer Hauswand in Dingle, County Kerry

Die irischen Sommerferien gehen von Mitte Juni bis Anfang September, zwei Wochen **Schulferien** gibt es auch zu Ostern und Weihnachten.

Geldfragen

Mit der Einführung des **Euro** im Jahre 2002 gehörte das Irische Pfund der Vergangenheit an. Die Rückseite der in Irland in Umlauf gebrachten Euro- oder Cent-Münzen zeigt eine Harfe, ein typisches Motiv der Grünen Insel.

In **Nordirland** hingegen, das als Teil Großbritanniens nicht der Währungsunion beigetreten ist, gilt immer noch das Britische Pfund.

Bei bestimmten Unterkünften, Veranstaltungsorten, Museen, Tourveranstaltern, Sportstätten etc. kann man **Rabatt** bekommen, wenn man im Besitz eines internationalen Studentenausweises (ISIC) ist. Den Ausweis muss man schon zu Hause bei *STA Travel* oder z.B. beim Studentenwerk erworben haben (10 € bzw. 20 SFr). Man muss Immatrikulationsbescheinigung, Personalausweis und Passbild vorlegen.

- **Deutschland:** in Bamberg und 4x in Berlin, z.B. Dorotheenstr. 30, Tel. 030/201 16 50 63, www.statravel.de;
- **Österreich:** in Graz, Innsbruck, Linz, Salzburg und in Wien (Garnisongasse 7, Tel. 01/ 14014870), www.statravel.at;
- **Schweiz:** in Bern, Genf, Lausanne und in Basel (Freiestr. 15, Tel. 058/4504170), www.statravel.ch.

Vor jedem Wochenende sollte man sich mit genügend Bargeld eindecken, da viele kleine B & B sowie auch viele Restaurants keine **Kreditkarten** akzeptieren. Doch nimmt mittlerweile die Verbreitung und Akzeptanz von *Plastic Money* wie MasterCard, American Express, Diners Club, Visa Card usw. immer mehr zu. Innerhalb der EU-Länder sollte die Barauszahlung per Kreditkarte nach der EU-Preisverordnung nicht mehr kosten als im Inland, aber je nach ausgebender Bank können das bis zu 5,5 % der Abhebungssumme sein (am Schalter in der Regel teurer als am Geldautomaten). Für das bargeldlose Zahlen per Kreditkarte innerhalb der EU dürfen die ausgebenden Bank keine Gebühr für den Auslandseinsatz veranschlagen; für die Schweizer wird jedoch ein Entgelt von ca. 1–2% des Umsatzes berechnet.

Mit der **Maestro-(EC-)Karte** kann man bei fast allen irischen Geldautomaten Bargeld abheben. Je nach Hausbank wird dafür pro Abhebung eine Gebühr von 1,30–4 € bzw. 4–6 SFr. berechnet.

Öffnungszeiten der Banken und Sparkassen: Montag bis Freitag 9.30–16.30 Uhr. Einige Banken haben auch am Samstag geöffnet. Einige Tourist Offices verfügen über Wechselstuben.

Trinkgeld ist obligatorisch und sollte, wie überall sonst auch, ungefähr 10% des Rechnungsbetrages ausmachen. Vergessen Sie auch Touristenbusfahrer, Reiseleiter und die Zimmermädchen nicht.

Gesundheit

Apotheken

Medikamente aller gängigen Produzenten erhält man in Irland beim *Chemist* (Drogerie) oder in der *Pharmacy*. In den ländlichen Gebieten firmieren die Apotheken ab und an noch unter dem alten Namen *Medical Hall*. Rezept nennt man *Prescription*.

Die Öffnungszeiten variieren an Werktagen zwischen 9 und 9.30 Uhr bis 18 oder 19 Uhr, an Sonntagen zwischen 11 und 13 Uhr. In Dublin hat die *O'Connell Pharmacy*, 310 Harold's Cross, Dublin 6, an allen Tagen einen Spätdienst bis 22 Uhr.

Ärztliche Versorgung

Die gesetzlichen Krankenkassen von Deutschland und Österreich garantieren eine Behandlung im akuten Krankheitsfall auch in Irland, wenn die medizinische Versorgung nicht bis nach der Rückkehr warten kann. Als Anspruchsnachweis benötigt man die **Europäische Krankenversicherungskarte,** die man von seiner Krankenkasse erhält.

Im Krankheitsfall besteht ein Anspruch auf ambulante oder stationäre Behandlung bei jedem zugelassenen Arzt und in staatlichen Krankenhäusern. Da jedoch die Leistungen nach den gesetzlichen Vorschriften im Ausland abgerechnet werden, kann man auch gebeten werden, zunächst **die Kosten der Behandlung** selbst zu tragen. Obwohl bestimmte Beträge von der Krankenkasse hinterher erstattet werden, kann ein Teil der finanziellen Belastung beim Patienten bleiben und zu Kosten in kaum vorhersagbarem Umfang führen.

Deshalb wird der Abschluss einer **privaten Auslandskrankenversicherung** dringend empfohlen. Diese sollte eine zuverlässige Reiserückholversicherung enthalten, denn der Krankenrücktransport wird von den gesetzlichen Krankenkassen nicht übernommen. Auslandskrankenversicherungen sind in Deutschland mit Preisen ab 5–10 € pro Jahr auch sehr günstig.

Schweizer sollten bei ihrer Krankenversicherungsgesellschaft nachfragen, ob die Auslandsdeckung auch für Irland inbegriffen ist. Sofern man keine Auslandsdeckung hat, kann man sich kostenlos bei Soliswiss (Gutenbergstr. 6, 3011 Bern, Tel. 031 3810494, info@soliswiss.ch, www.soliswiss.ch) über Krankenversicherer informieren.

Zur Erstattung der Kosten benötigt man ausführliche **Quittungen** (mit Datum, Namen, Bericht über Art und Umfang der Behandlung, Kosten der Behandlung und Medikamente).

Die Praxen für Allgemeinmediziner tragen die Bezeichnung *Surgery*, Zahnärzte nennt man *Dentists*. Der zentrale, landesweit gültige **Notruf für Krankenwagen** lautet Tel. 999.

Bei Inch fährt man auch schon mal mit dem Auto auf den Strand, doch Achtung, wenn die Flut kommt ...

Informationen

Vor der Reise

Bei den folgenden Institutionen kann man Informationen und Broschüren über Irland bekommen:

In Deutschland

- **Irland Information – Tourism Ireland,** Gutleutstr. 32, 60329 Frankfurt/a.M., Tel. (069) 66800950, Fax 92318588, info@tourismireland.de, www.tourismireland.de.

Weitere Websites:

- www.ireland-travel.com
- www.goireland.com
- www.visitdublin.com

Infos zu **Überlandbussen** und der **Eisenbahn** in Deutschland bei:

- **C.I.E. Tours International GmbH,** Unternehmen der Staatlichen Irischen Transportgesellschaft, Walzwerkstr. 14, 40599 Düsseldorf, Tel. (0211) 2106401.

Auf Irland-Reisen spezialisierte **Reisebüros** sind:

In Deutschland

- **Gaeltacht Irland Reisen,** Schwarzer Weg 25, 47447 Moers, Tel. (02841) 93011, Fax 30665, www.gaeltacht.de.

In Österreich

- **Tourism Ireland,** Libellenweg 1, 1140 Wien, Tel. (01) 9141351, Fax 9113765, corporate.austria@tourismireland.com.

217IRL Foto: ts

In der Schweiz

- **Tourism Ireland,**
Hindergartenstr. 36, 8447 Dachsen,
Tel. (052) 6594665, Fax 6594667,
tourismireland@bluewin.ch.

Goethe-Institut

- **German Cultural Institute,**
37 Merrion Square, Dublin 2,
Tel. (01) 6611155, Fax 66111358.

Touristen-Informationsbüros in Irland

In allen größeren Ortschaften gibt es Touristen-Informationsbüros, in denen sachkundige Mitarbeiter/innen hilfreiche Auskünfte geben; auch Broschüren aller Art – häufig gegen eine geringe Gebühr – können hier erstanden werden. Viele Tourist Offices verfügen auch über eine Wechselstube. Gegen einen geringen Obolus vermitteln die Mitarbeiter auch Hotels und nehmen verbindliche Buchungen für B & B's vor.

Generelle **Öffnungszeiten:** Montag bis Freitag 9–18 Uhr; Samstag von 9–13 Uhr. In kleinen Dörfern sind die Büros nur in der Saison von April bis September geöffnet.

Internet-Cafés

Viele irische Orte verfügen über Internet-Cafés. Die Adressen findet man weltweit unter **www.cybercafes.com.** In diesem Buch werden im Anschluss an die Ortsbeschreibungen auch die Adressen von Internet-Cafés genannt. Hier kann man nicht nur die heimischen E-Mails lesen, sondern sich auch beispielsweise die Fotos der Digitalkamera auf eine CD brennen lassen, um den Speicherchip zu entlasten.

Kriminalität

Wenngleich vor einigen Jahren im Phoenix Park von Dublin zwei deutsche Camper erschlagen wurden, so sind solche Kapitalverbrechen in Irland noch weitaus seltener als in Deutschland. Naturgemäß ist die Kriminalitätsrate in Metropolen höher als auf dem Land, und auf der Grünen Insel ist dies nicht anders. Vor allem in Dublin häufen sich die **Autoeinbrüche.** Beliebt sind vor allem die Wagen der ausländischen Touristen. Keinesfalls sollte man das Auto mit voller Ausrüstung im Stadtzentrum parken. Es empfiehlt sich, Radio und Navigationsgerät auszubauen, wenn beide nicht durch einen Code gesichert sind, das Handschuhfach leerzuräumen und offenzulassen sowie die Kofferraumabdeckung hinter den Rücksitzen aufzuklappen, um potentiellen Dieben zu zeigen, dass nichts Wertvolles im Wagen ist. Wunder wirkt auch sehr oft ein Aufkleber in mehreren Sprachen: „Achtung: Alarmanlage". Muss man den Wagen, aus welchem Grund auch immer, mit sämtlichem Gepäck für einige Zeit abstellen, so sollte man dies in einem Vorort von Dublin tun; empfehlenswert ist zum Beispiel die Halbinsel Howth mit dem gleichnamigen Dörfchen (vgl. Kap. „Ausflug von Dublin"). Von dort gelangt man recht schnell mit der Vorortbahn DART ins Zentrum der irischen Metropole.

Auch vor **Taschendieben** muss man sich, vor allem in Dublin, sowie in den anderen großen Städten hüten. In Dublin sollte man nach Einbruch der Dunkelheit und nachts den Phoenix Park meiden sowie die O'Connell, Montjoy und Gardiner Street, an denen Drogendealer ihr Revier haben. Nach Schließung der Pubs kann es vor allem an Wochenenden zu Schlägereien von Betrunkenen kommen.

Generell aber gilt, dass Irland ein sehr sicheres Reiseziel ist, und auch **alleinreisende Frauen** haben keine Probleme.

Auch für einen Hilferuf an die Polizei lautet die zentrale **Notfalltelefonnummer 999.**

Sollte man doch einmal **Opfer** eines Verbrechens geworden sein, so wende man sich an Tourist Victim Support, Garda HQ, Harcourt Square, Dublin 2m, Tel. (01) 4785295, oder an die 24-Stunden besetzte Helpline unter Tel. (01850) 661771.

Maße und Gewichte

Aufgrund der Vereinheitlichung im europäischen Binnenmarkt gelten auch in Irland seit 1993 offiziell die metrischen Maße, lediglich das *Pint* blieb den Iren mit 0,5694 Litern erhalten und statt in Kilometern messen die Tachometer der Autos in Meilen.

Umrechnungstabelle

1 inch	2,52 cm
1 foot	30,48 cm
1 yard	91,44 cm
1 mile (=1760 yards)	1,60935 km
1 fluid ounce	28,47 ml
1 pint	569,4 ml
1 quart	1,1364 l
1 gallon	4,5459 l
1 ounce	28,35 g
1 pound (16 ounces)	453,6 g
1 stone (14 pounds)	6,350 kg
1 hundredweight	50,80 kg
1 ton (2240 pounds)	1016,064 kg
1 square foot	9,29 dm²
1 square yard	0,836 m²
1 square mile	2,508 km² (= 259 Hektar)
1 acre	4046,848 m² (= 0,40 Hektar)

Notfälle

Autopanne/-unfall

Hilfe ist z.B. für ADAC Plus-Mitglieder oder ÖAMTC-Mitglieder teilweise kostenlos. Man kann sich auch direkt an seinen Automobilclub wenden. Hier die drei größten für Deutschland, Österreich und die Schweiz:

- **ADAC,** (D)-Tel. 089 222222, unter (D)-Tel. 089 767676 gibt es Adressen von deutschsprachigen Ärzten in der Nähe des Urlaubsortes (Liste auch vorab anforderbar).
- **ÖAMTC,** (A)-Tel. 01 2512000 oder (A)-Tel. 01 2512020 für medizinische Notfälle.
- **TCS,** (CH)-Tel. 022 4172220.

Verlust von „Plastikkarten"

Bei Verlust oder Diebstahl der der Kredit- oder Maestro-Karten sollte man diese umgehend sperren lassen. Für deutsche Maestro- und Kreditkarten gibt es die einheitliche **Sperrnummer 0049 116116** und im Ausland zusätzlich 0049 30 40504050. Für österreicherische und schweizerische Karten gelten:

- **Maestro-Karte,** (A)-Tel. 0043 1 2048800; (CH)-Tel. 0041 442712230, UBS: 0041 800 888601, Crédit Suisse: 0041 800800488.
- **MasterCard/VISA,** (A)-Tel. 0043 171701 4500 (MasterCard) bzw. Tel. 0043 17111 1770 (VISA); (CH)-Tel. 0041 589588383 für alle Banken außer Credit Suisse, Corner Bank Lugano und UBS.
- **American Express,** (A)-Tel. 0049 699797 1000; (CH)-Tel. 0041 446596333.
- **Diners Club,** (A)-Tel. 0043 15013514; (CH)-Tel. 0041 448354545.

Ausweisverlust/dringender Notfall

Wird der Reisepass oder Personalausweis im Ausland gestohlen, muss man diesen bei der örtlichen Polizei melden. Darüber hinaus sollte man sich an die nächste diplomatische Auslandsvertretung seines Landes wenden, damit man einen Ersatz-Reiseausweis zur Rückkehr ausgestellt bekommt (ohne kommt man nicht an Bord eines Flugzeuges!).

Auch in **dringenden Notfällen,** z.B. medizinischer oder rechtlicher Art, Vermisstensuche, Hilfe bei Todesfällen, Häftlingsbetreuung o.Ä. sind die Auslandsvertretungen bemüht vermittelnd zu helfen.

- **Deutschland:** *Deutsche Botschaft* **in Dublin,** 31 Trimleston Av., Booterstown, Blackrock, Tel. (01) 2693011, 2693123, 2693772 oder 2693381; *Deutsches Honorarkonsulat* **in Inverin,** Kilroe West, Galway, Tel. (091) 593223; *Deutsches Honorarkonsulat* **in Cork,** c/o *Ronan Daly Jermyn Solicitors,* 1. Stock, 12 South Mall, Tel. (021) 4802700;
- **Österreich:** *Österreichische Botschaft* **in Dublin,** 15 Ailesbury Court Apartments, 93 Ailesbury Road, Tel. (01) 2694577, 2691451 oder 2694115;
- **Schweiz:** *Schweizerische Botschaft* **in Dublin,** 6 Ailesbury Road, Ballsbridge, Tel. (01) 21863-82 oder -83.

Post und Telefon

In kleinen Ortschaften auf dem Land sind die **Postämter** häufig in Lebensmittelgeschäften untergebracht. Für Touristen fungiert der Postmeister – soweit kein Tourist Office vorhanden – auch als Auskunftsbüro. Außerdem fahren in solch kleinen Dörfern in der Regel die Busse vom Post Office ab. Die Öffnungszeiten liegen gewöhnlich von Montag bis Samstag von 9–13 Uhr und von 14.15–17.30 Uhr.

- Kostenloser **Notruf** für Feuerwehr, Polizei, Krankenwagen, Ärzte: **999.**

Der Standardbrief zum Kontinent sowohl in EU-Länder als auch in Nicht-EU-Länder kostet 55 Cent. Gleiches gilt für Postkarten.

Irland ist mit einem guten Netz an **öffentlichen Fernsprechern** überzogen, von denen aus man auch ins Ausland telefonieren kann. Die **Vorwahlnummer** nach Deutschland lautet 0049, nach Österreich 0043 und nach der Schweiz 0041; die folgende 0 für die Ortskennzahl entfällt.

Auch in Irland setzen sich die **Cardphones** immer mehr durch; dies sind Telefonapparate, die man mit einer vorher gekauften *Phonecard* (Telefonkarte) bestücken muss. Es gibt Karten für 10, 15 und 20 €, die man in Postämtern und vielen Lebensmittelgeschäften sowie Wechselstuben und Tourist Offices bekommt. Auch von diesen Fernsprechern kann man natürlich ins Ausland telefonieren. Etwas seltener findet man Fernsprecher, die man mit den gängigen Kreditkarten (American Express, MasterCard, Diners Club, Visa) bestücken kann; die Abrechnung erfolgt über die Kartenorganisation.

Seit Jahren stellt die *Irish Telecom* jeweils immer nur regional die Telefonnummern auf **siebenstellige Ziffern** um, anstatt dies gleichzeitig im ganzen Land zu tun. Die Ursprungsnummern bleiben dabei erhalten, es werden aber zusätzliche Ziffern vorangestellt. Wenn man bei einer telefonischen Buchung, z.B. bei einem Bed & Breakfast, keinen Anschluss bekommt, so sollte man im Tourist Office oder in einem Pub nachfragen, welche neuen Ziffern der alten Telefonnummer vorangestellt wurden.

Handys heißen im Englischen *mobile phones* oder *portable phones,* beide abgekürzt sind als *mobile's* oder *portable's* geläufig. (*Handy* bedeutet im Englischen soviel wie „handlich", „praktisch".) Das eigene Mobiltelefon lässt sich in Irland problemlos nutzen, denn die meisten Mobilfunkgesellschaften haben Roamingverträge mit den irischen Gesellschaften *Vodafone, O2* (beide GSM 900/1800 MHz und 3G), *Hutchinson* (3G), oder *Meteor* (GSM 900/1800 MHz). Wegen hoher Gebühren sollte man bei seinem Anbieter nachfragen oder auf dessen Website nachschauen, welcher der Roamingpartner günstig ist und diesen per **manueller Netzauswahl** voreinstellen. Nicht zu vergessen sind die **passiven Kosten,** wenn man von zu Hause angerufen wird (Mailbox abstellen!). Der Anrufer zahlt nur die Gebühr ins heimische Mobilnetz, die teure Rufweiterleitung ins Ausland zahlt der Empfänger.

Wesentlich preiswerter ist es sich von vornherein auf **SMS** zu beschränken, der Empfang ist dabei in der Regel kostenfrei. Falls das Mobiltelefon **SIM-lock-frei** ist (keine Sperrung anderer Provider vorhanden ist) und man sich länger in Irland aufhält, kann man sich eine örtliche **Prepaid-SIM-Karte** besorgen.

Rauchen

Als erstes Land der EU hat Irland im Jahre 2004 ein **vollständiges Rauchverbot in öffentlichen Gebäuden und Arbeitsräumen** eingeführt. Dies gilt für Banken, Ämter, Geschäfte, Pubs, Bars, Restaurants, öffentliche Verkehrsmittel, Hotels und B & B-Unterkünfte. Rauchen im Hotelzimmer ist in solchen Räumen gestattet, die nicht ausdrücklich als Nichtraucherzimmer deklariert sind. Man sollte als Raucher bei der Buchung fragen, ob Raucherzimmer angeboten werden. Wer sich über das Rauchverbot hinwegsetzt, riskiert eine Strafe von bis zu 3000 €.

Reisegepäck

Warme Kleidung und gutes Regenzeug gehören unbedingt ins Reisegepäck, des weiteren feste Schuhe und Gummistiefel. Gute Wanderstiefel sollte man für die vielfältigen Wandermöglichkeiten nicht vergessen, dazu gehört auch die entsprechende **Wanderausrüstung** wie Tagesrucksack, Erste-Hilfe-Set, Survival Kit etc. (s. Kapitel „Urlaubsaktivitäten"). Eine Taschenlampe ist im Urlaub immer nützlich, und das sehr intelligent konstruierte Mehrzweckwerkzeug Leatherman gehören ohnehin in jedes Gepäck. Auch wenn man kein Ornithologe ist, sollte man trotzdem ein Fernglas mitnehmen, denn viele geschützte Vogelbeobachtungsstellen lohnen einen Besuch.

Neben sportlicher **Kleidung** benötigt man eventuell in guten Lokalen elegantere Kleidung, denn es besteht häufig am Abend ein so genannter *Dress Code*. Die Iren machen sich gerne schick, wenn sie ausgehen.

Filme und Kamerazubehör gibt es in allen größeren Städten sowie natürlich in den Touristenzentren. Das Angebot ist reichhaltig, jedoch ein wenig teurer als auf dem Kontinent.

Reisezeit

Die beste Reisezeit reicht von Anfang Mai bis Mitte September. Zwar gibt es vor- und nachher auch schöne Tage, die Regenstatistik jedoch spricht eine eindeutige Sprache (vgl. Kapitel „Klima"). Die trockensten Monate sind Mai und Juni, die sonnigsten Juli und August.

Allerdings sind in den beiden letztgenannten Monaten nicht nur die vielen ausländischen Touristen auf der Grünen Insel unterwegs, auch die Iren selbst sind dann *very busy*, wie sie selbst sagen, reisen also auch im eigenen Lande umher. In dieser Zeit sind nahezu alle Unterkünfte belegt und in den Restaurants bekommt man keinen Tisch. Die empfehlenswertesten Urlaubstage liegen deshalb in der Zeit von Anfang Mai bis Mitte Juni. Außerhalb der Saison, von Oktober bis April, bieten viele Reiseveranstalter Vorzugsangebote zu stark verbilligten Preisen an (vergl. Kapitel „Anreise", „Organisierte Reisen").

Toiletten

Fast ausnahmslos alle Ortschaften, sogar noch die allerkleinsten Dörfer, haben öffentliche Toilettenanlagen und zwar zumeist am zentralen Ortsparkplatz. Eine Rolle Toilettenpapier sollte man allerdings mitführen.

Herren: auf Englisch *Men* oder *Gentlemen/Gents;* auf Gälisch *Fir.*
Damen: auf Englisch *Ladies;* auf Gälisch *Mna.*

Unterwegs in Irland

Mit dem Flugzeug

Innerirische Flüge verkehren zwischen den fünf internationalen Flughäfen Dublin, Shannon, Cork, Knock und Kerry County, sowie auch zwischen den Regional-Airports Galway, Sligo, Carrickfinn und Waterford. Allerdings lohnen sich bei den relativ geringen Entfernungen Flüge nur dann, wenn man wirklich in Eile ist.

Mit Bahn und Bus

Busse und Züge betreibt die staatliche Transportgesellschaft C.I.E. *(Coras Iompair Eireann).* Während noch in den fünfziger Jahren ein dichtes **Eisenbahnnetz** die Grüne Insel überzog, sind bis heute viele unrentable Strecken – vor allem im strukturschwachen Westen und Norden – stillgelegt worden. Nördlich von Sligo gibt es keine Eisenbahnverbindungen mehr. Beachten sollte man auch, dass die Preise für Zugfahrten wesentlich teurer sind als die Bustickets.

Überlandbusse mit dem Namen *Expressway* verbinden alle wichtigen Ortschaften miteinander, mit der Bahn sind praktisch nur größere Städte zu erreichen. Während der Sommermonate fahren die *Expressways* auch kleinere Dörfer an. Im Reiseteil werden jeweils im Anhang zu einem besprochenen Ort unter der Rubrik „Verbindung" die Bus- und Bahnverbindungen genannt.

Die **Fahrpreise** sind hoch; wenn man zu zweit unterwegs auf den öffentlichen Fernverkehr angewiesen ist, so lohnt durchaus die Überlegung, ob man nicht einen Leihwagen nimmt. So kostet eine Fahrkarte von Dublin nach Cork und zurück 26 € (noch teurer ist die Bahn); Studenten mit einer International Student Identity Card (ISIC) zahlen für das gleiche Ticket 20,50 €. Ein kleiner Leihwagen schlägt pro Tag ohne Kilometerbegrenzung mit 35 € (Opel Corsa bei frühzeitiger Buchung über das Internet z.B. bei Sixt) zu Buche, ist also für zwei Personen billiger als der Bus. Zwar kommt nun noch das Benzin hinzu, doch dafür hat man eine wesentlich größere Bewegungsfreiheit.

Auf der anderen Seite darf man die **Vergünstigungen** nicht vergessen. So bietet Bus Eireann, die staatliche Busgesellschaft, das sogenannte *Rambler-Ticket* an. Diese ermäßigte Karte gibt es für drei, acht und 15 Tage. Damit kann man alle Busse in diesem Zeitraum unbegrenzt nutzen. Das Ticket gibt es bei allen Bus Eireann-Stationen. Gültig an 8 von 15 Tagen kostet es z.B. 116 €. Mit der *Emerald Card* kann man sämtliche Busse und Bahnen sowohl in der Republik Irland als auch in Nordirland nutzen. Gültig an 15 von 30 Tagen kostet die Karte 341 €, an 8 von 15 Tagen 198 €. Mit dem *Irish Explorer Ticket* kann man sämtliche öffentliche Verkehrsmittel der Republik Irland nutzen. Gültig an 8 von 15 Tagen kostet es 176 €.

Ermäßigungen für Studenten und Schüler bieten natürlich alle Bus-, Bahn-, Fähr- und Fluggesellschaften. Für Jugendliche unter 16 Jahren kosten die Tickets für Bahnen und Busse in Irland nur die Hälfte. Viel Geld spart man auch, wenn man sich unter Vorlage des Internationalen Studentenausweises ein *Travelsave Stamp* zum Preise von 10 Euro bei *USIT Travelshop,* USIT Head Office, 19 Aston Quay, Dublin 2, Tel. (01) 6021904. Die Marke berechtigt zu 50% verbilligten Tickets bei der Bahn und zu 30% Ermäßigung bei den Bussen. Informationen dazu gibt es auch im Internet unter www.usit.ie.

Ein **Bus- und Bahnfahrplan** ist unerlässlich, wenn man auf diese Art und Weise die Grüne Insel kennen lernen möchte; *Timetables* bekommt man an allen Bus- und Bahnstationen für einige wenige Cent. Will man sich bereits in Deutschland gut auf die Reise vorbereiten, so erfährt man die wichtigen An- und Abfahrtszeiten auch bei **C.I.E.**

Tours International GmbH, Walzwerkstr. 14, 40599 Düsseldorf, Tel. (0211) 2106401, Fax 2106403.

In vielen Regionen verkehren auch kleine **Privatunternehmen** und halten dort die Infrastruktur aufrecht. Informationen darüber bekommt man in den Tourist Offices oder im örtlichen Post Office.

Mit eigenem Auto oder Leihwagen

Verkehrsvorschriften

Wie in Großbritannien herrscht auch in Irland **Linksverkehr** (Achtung: wer von rechts kommt, hat trotz allem Vorfahrt). Auf die Briten gehen auch die *Roundabouts* zurück; anstelle einer Kreuzung gibt es einen **Kreisverkehr,** bei dem der Verkehr wesentlich besser fließt; man kann getrost so lange im Kreis herumfahren, bis man seine Ausfahrt gefunden hat. Der im Kreis Fahrende hat immer Vorfahrt.

Es gelten ähnliche Verkehrsvorschriften wie auf dem Kontinent. Die **Höchstgeschwindigkeiten** in der **Republik Irland** betragen innerhalb geschlossener Ortschaften 50 km/h; auf Landstraßen, den *Regional* und den *Local Roads* 80 km/h; auf ausgebauten Landstraßen, den *National Roads* 100 km/h und auf den wenigen Autobahnen 120 km/h. In **Nordirland** ist die Höchstgeschwindigkeit 30 Meilen/h (48 km/h) in Ortschaften sowie 60 Meilen/h (96 km/h) auf Landstraßen und 70 Meilen/h (112 km/h) auf Autobahnen.

Auf einigen der wenigen Autobahnen in der Republik Irland, wie z.B. der Autobahn M 50 rund um Dublin muss eine geringe **Autobahngebühr** bezahlt werden.

Die **Promillegrenze** liegt bei 0,8.

Es herrscht **Anschnallpflicht** für den Fahrer und alle Beifahrer, Kinder unter zwölf Jahre müssen auf die rückwärtigen Sitze platziert werden.

Für Motorradfahrer besteht **Helmpflicht.**

Verkehrssituation

Die **Ausschilderung** ist gut, wenngleich gewöhnungsbedürftig; zum einen erscheinen alle Ortsnamen gleich zweifach, einmal in englisch und zusätzlich noch in gälisch, und dann befindet sich nicht selten ein Dutzend Hinweisschilder an einem einzigen Pfahl, verdeckt sich gegenseitig und zeigt in alle Himmelsrichtungen. Entfernungsangaben wechseln dabei zwischen Meilen und Kilometern hin und her. Die Entfernungen sind auf den Schildern der Fernstraßen in Kilometern angegeben (weiße Schrift auf grünem Grund), auf allen übrigen Schildern (schwarze Schrift auf weißem Grund) in Meilen. Fernstraßen tragen die Bezeichnung „N" (mit einer Zahl dahinter), Landstraßen die Bezeichnung „R" (mit Zahl). Häufig sind noch viele Hinweisschilder in Gebrauch, die die alte Bezeichnung „L" tragen.

Unerlässlich ist ein gute **Straßenkarte,** so beispielsweise die praktische Karte „Irland" (1:350.000), des world mapping projects vom REISE KNOW-HOW Verlag.

Wichtige Verkehrshinweise

bend	Kurve	*no entry*	keine Einfahrt
cattle/sheep	Kühe/Schafe	*no through road*	keine Durchfahrt
concealed exit	unübersichtl. Ausfahrt	*quarry*	Steinbruch
creamery exit	Molkereiausfahrt	*road blocked*	Straße gesperrt
fallen rock	Steinschlag	*road works*	Bauarbeiten
heavy lorries	schwere Lastwagen	*slippery*	Schleudergefahr
keep right	rechts halten	*slow*	langsam
keep left	links halten	*speed limit*	Geschwindigkeits-begrenzung
levels crossing	Eisenbahnübergang	*traffic lights*	Ampelanlage
loose chippings	Rollsplitt	*uneven surface*	Unebenheiten

Wichtige Begriffe rund ums Auto

Abblendlicht	*dipped lights*	Lichtmaschine	*dynamo*
abschleppen	*to tow*	Motorhaube	*bonnet*
Abschleppseil	*tew rope*	Öl	*oil*
Anlasser	*ingnition*	Ölstand	*oil level*
Antenne	*aerial*	Ölwechsel	*oil change*
Auspuff	*exhaust pipe*	Panne	*breakdown*
Batterie	*battery*	Rad	*wheel*
Benzin	*Petrol*	Reifen	*tyre*
Benzinpumpe	*fuel pump*	Reifenpanne	*puncture*
Beule	*dent*	Reifendruck	*tyre pressure*
bleifrei	*unleaded*	Reifenventil	*tyre valve*
Bremsen	*brakes*	Reparatur	*repair*
Bremslicht	*brake light*	Rückleuchte	*rear lights*
dest. Wasser	*destilled water*	Schaltung	*gears*
Dichtung	*gasket*	Scheibenwischer	*wiper*
Ersatzteile	*spare parts*	Scheinwerfer	*headlights*
erster Gang	*first gear*	Schraube	*screw*
Federung	*suspension*	Schraubenschl.	*spanner*
Fernlicht	*main beam*	Schraubenzieher	*screwdriver*
Gas geben	*to accelerate*	Sicherheitsgurt	*safety belt*
Gaspedal	*accelerator pedal*	Standlicht	*parking lights*
Gepäckträger	*roof rack*	Tank	*patrol tank*
Getriebe	*gear box*	Türgriff	*door handle*
Handbremse	*hand brake*	Unfall	*accident*
Hupe	*horn*	Vergaser	*carburettor*
Kanister	*can*	Wagenheber	*jack*
Karosserie	*body*	Werkstatt	*garage*
Keilriemen	*fan belt*	Windschutzscheibe	*windscreen*
Kofferraum	*boot*	Zündkerze	*spark plug*
Kühler	*radiator*	Zündverteiler	*distributor*
Kupplung	*clutch*	Zylinder	*cylinder*
Lenkung	*steering gasket*	Zylinderkopfdicht.	*cylinder head*

Alle Straßen sind durchweg asphaltiert. Vor allem Landstraßen, aber auch die unklassifizierten Straßen sind sehr schmal und vor allem kurvenreich; Hecken, Mauern und Zäune machen die **Kurven** uneinsehbar, und **Tiere** weiden am Straßenrand - unbedingt empfiehlt sich eine defensive Fahrweise, will man nicht ein Lamm oder einen Esel ums Leben bringen. Esel, Rinder und Schafe - so führt sehr richtig die Broschüre des irischen Fremdenverkehrsamtes aus - sind gleichberechtigte Verkehrsteilnehmer, nur sind ihnen die einschlägigen Vorschriften weniger bekannt. In ländlichen Gegenden stehen viele Häuser direkt am Straßenrand, hier muss man mit **spielenden Kindern** rechnen!

Vor allem in Dublin, aber auch auf den Parkplätzen der Touristenzentren grassieren **Einbrüche und Diebstähle.** Man sollte keine Wertgegenstände im Wagen zurücklassen.

Hilfe und Information

Ist man mit dem eigenen Auto in Irland unterwegs, so hilft bei **Pannen** ein Auslandsschutzbrief der deutschen Automobilclubs. Vor allem auf dem Lande sind Ersatzteile nicht immer sofort lieferbar und müssen häufig in Dublin angefordert werden. Allerdings ist dafür die Improvisationsbereitschaft der Mechaniker weitaus höher als in großen, gutbestückten Werkstätten.

The Automobile Association (AA) leistet **Hilfe** bei allen Problemen rund ums Auto unter der Telefonnummer (1800) 667788, der *RAC Motoring Service* unter der Nummer (1800) 828282.

Tanken

Das Tankstellennetz ist auch auf dem Lande dicht genug, an Sonntagen sind allerdings nur wenige *Petrol Stations* geöffnet. Mehrere **Benzinsorten** stehen zur Verfügung:

Top Grade	= 99 Oktan (Super)
Middle Grade	= 95 Oktan (Mix)
Lower Grade	= 90 Oktan (Normal)
Unleaded	= Bleifrei

Der **Reifendruck** wird nach *Pound per square inch* (pps) gemessen.

atü	**pps**
1	14
1,4	20
1,6	23
1,8	26
2,0	28,5
2,2	31,5
2,4	34,5

Unfall

Bei Unfällen mit Personenschäden sollte man unbedingt sofort die Polizei *(Garda)* unter der zentralen **Notfallnummer 999** rufen.

Handelt es sich nur um einen kleinen Blechschaden, ist es am vorteilhaftesten, mit dem jeweiligen Unfallgegner die Personalien sowie die Adresse der **Versicherung** auszutauschen; auch irische Autobesitzer müssen über eine Haftpflichtversicherung verfügen. Sollte es wider Erwarten Probleme geben, so wende man sich an die oben aufgeführten Adressen der Automobilclubs. Auch die eigene Versicherung sollte man so schnell wie möglich benachrichtigen.

Entfernungen (in Kilometern)

Dublin - Cork	256
Dublin - Donegal	220
Dublin - Galway	217
Dublin - Killarney	307
Dublin - Shannon-Airport	220
Dublin - Rosslare	160
Dublin - Limerick	197
Dublin - Sligo	214
Dublin - Belfast	166
Belfast - Galway	306
Belfast - Sligo	206
Dublin - Londonderry	232
Londonderry - Cork	428
Londonderry - Sligo	135
Sligo - Galway	138
Galway - Limerick	104
Limerick - Killarney	111
Rosslare - Killarney	275
Rosslare - Limerick	211

Fahrrad

Wer Irland mit dem Fahrrad erkunden möchte – und dies ist sehr zu empfehlen –, sollte allerdings bedenken, dass die Grüne Insel, abgesehen von der zentralen Kalksteinebene, eine sehr gebirgige Region ist und es daher stetig auf und ab geht. Ein gutes **Mountain Bike** mit 21 Gängen ist beileibe kein Luxus, sondern hilft, die oft sehr steilen und zudem noch extrem langgestreckten Passagen zu überwinden.

Leichtlauf- oder Rennräder sind für Touren auf den oft holprigen Straßen der Grünen Insel aufgrund ihrer schmalen Reifen nicht geeignet; ideal ist ein stabiles Mountain Bike mit dicken Reifen, einem robusten Rahmen und kräftigem Gepäckträger. Auch die notwendigsten Ersatzteile sollte man mitführen; neben der Luftpumpe und dem obligatorischen Werk- und Flickzeug gehören dazu natürlich Ersatzschlauch und -speichen, Brems- und Schaltzüge, Bremsgummis und Schrauben.

Gegen eine geringe Gebühr kann man sein eigenes Fahrrad auch im **Flugzeug** mit nach Irland transportieren (das Fahrrad muss dabei aber gut verpackt sein, auch sollte man daran denken, die Hälfte der Luft aus den Schläuchen zu lassen, die ansonsten in der drucklosen Frachtkabine des Flugzeugs platzen können).

019ir Foto: hg

Wichtige Wörter rund ums Fahrrad

Achse	*spindle*
Felge	*rim*
Felgenbremse	*caliper brake*
Gangschaltung	*gear shift*
Kettenblatt	*chain ring*
Kettenwerfer	*changer*
Kurbelkeil	*crank wedge*
Lenker	*handlebar*
Nabe	*hub*
Reifen	*tyre*
Sattel	*saddle*
Schlauch	*inner tube*
Schutzblech	*mudguard*
Tretlager	*bottom bracket*
Tretkurbel	*crank*

Das Irische Fremdenverkehrsamt hat insgesamt **23 Routen** für Fahrradfahrer ausgearbeitet, die durch die interessantesten und landschaftlich schönsten Teile der grünen Insel führen und zusammen über 5000 km lang sind. Diese Strecken sind in der Broschüre *Cycling in Ireland,* die es in jedem Tourist Office gibt, zusammengestellt.

Busse und Bahnen übrigens transportieren auch Fahrräder. Gebühr: ein Viertel vom Ticket, maximal jedoch 7,60 Euro. Bei den Radtouren achte man unbedingt auf einen ausreichenden Regenschutz!

Trampen

Trampen *(Hitchhyking)* ist weit verbreitet, in verkehrsarmen Gebieten ist aber naturgemäß mit langen Wartezeiten zu rechnen. Am Straßenrand sieht man ebenfalls viele Iren stehen – einen Bauern, der in die nächstgrößere Stadt muss, eine Hausfrau, die im Marktzentrum einkaufen war und mit Einkaufstüten bepackt ist, Schüler auf dem Weg nach Hause.

Unterkunft

Natürlich bietet Irland vom Luxushotel bis zur preisgünstigen Jugendherberge dem Besucher die gesamte Palette der gängigen Unterbringungsmöglichkeiten. Im Reiseteil sind jeweils im Anschluss an die Ortsbeschreibungen Hotels, Bed & Breakfast (B & B) sowie die Hostels aufgeführt. Alle vom irischen Fremdenverkehrsverband empfohlenen Hotels, B & B, Campingplätze und Landhäuser kann man der umfangreichen Broschüre „Guest Accomodation", erhältlich in den Tourist Offices, entnehmen.

Hotels

Die **Klassifizierung** von Hotels folgt dem internationalen Sterne-Standard.

Achtung: Bei den im Reiseteil aufgeführten Hotels und Bed & Breakfast werden **Preise immer für ein Doppelzimmer** (zwei Personen) angegeben. Diese sind nur Richtwerte, da die Zimmer in der Vorsaison billiger, in der Hauptsaison teurer sind. An Wochenenden sind Zimmer in touristischen Hochburgen wiederum teurer als in der Woche. Ausnahme: In Städten sind die Zimmer am Freitag und Samstag billiger, da an diesen Tagen keine Geschäftsreisenden unterwegs sind.

Sehr beliebt sind Hotels, die in ehemaligen **Landsitzen** oder **Schlössern** eingerichtet sind; umgeben von Antiquitäten, alten Gemälden, riesigen Zimmern mit Bädern und gepflegten Parkanlagen genießt man das Ambiente der ehemaligen Burgherren. Die Preise variieren zwischen 76 und 150 Euro. In der Vor- und Nachsaison geben auch die großen Hotels Rabatte, im Winter sind viele Hotels geschlossen. Mehr Infos zu irischen Hotels gibt es im Internet unter www.irelandhotels.com.

Bed & Breakfast (B & B)

Die klassische Art und Weise der Übernachtung auf den Britischen Inseln. Man wohnt **bei Privatpersonen,** die zwei, drei oder manchmal auch vier Zimmer für Besucher ausgerüstet haben. Der Trend geht zu steigendem Komfort, und so gibt es schon viele B & B, die Zimmer mit eigener Dusche und Bad anbieten *(Rooms en suite).*

Alle B & B sind durch große Schilder kenntlich gemacht und liegen zumeist ein wenig außerhalb des Ortszentrums an den Ausfallstraßen. Einzelreisende müssen manchmal einen Zuschlag zahlen, viele B & B haben indessen auch ein Einzelzimmer im Angebot. Vor allem in der Hauptsaison sind viele B & B schon mittags ausgebucht, man sollte also tunlichst rechtzeitig telefonisch reservieren. Alle Tourist Offices nehmen gegen eine geringe Gebühr ebenfalls Buchungen vor.

Mit im Preis eingeschlossen ist das immer vielfältige irische **Frühstück:** Gereicht werden Cornflakes, Müsli oder Porridge, gebratener Speck mit Spiegel- oder Rühreiern sowie die gewöhnungsbedürftigen Würstchen und natürlich Brot (oft selbstgemacht), Toast, Butter und Konfitüre. In vielen B & B kocht die Hausfrau abends auf Wunsch ebenfalls ein gutes Essen, man muss bereits zur Mittagszeit bestellen, damit die Zutaten noch besorgt werden können. Da B & B über keine Alkohollizenz verfügen, bringe man den eigenen Wein mit.

Man sollte nur Privatunterkünfte wählen, die vom irischen Fremdenverkehrsverband empfohlen sind; hier wird der Standard gehalten, und Seife, Handtücher sowie Toilettenpapier werden gestellt. Kenntlich gemacht sind die empfohlenen (und regelmäßig kontrollierten) B & B durch ein Schild mit dreiblättrigen Kleeblatt und der Aufschrift *Bord Failte Approved* (www.townandcounty.ie).

s098

Hostels

Irland ist überzogen von einem dichten Netz an preisgünstigen Hostels. Zwei unterschiedliche Organisationen bieten Unterkunftsmöglichkeiten und konkurrieren auf dem Markt.

Da gibt es zunächst die so genannten **An-Oige-Jugendherbergen** der *Irish Youth Hostel Association,* die dem internationalen Jugendherbergsverband angeschlossen ist. Um hier Unterkunft zu finden, benötigt man einen international gültigen Jugendherbergsausweis, den man in der Regel schon im Heimatland erwerben muss (bei jeder deutschen Jugendherberge zu bekommen, auch in Irland bei allen An-Oige-Stationen zum Preis von 14 €). Tipp: Kann man auch als Familie beantragen.

- **D:** www.jugendherberge.de, 12–20 Euro;
- **A:** www.oejhv.or.at, 10–20 Euro;
- **CH:** www.youthhostel.ch, 22–55 SFr.

Eine Liste der An-Oige-Jugendherbergen bekommt man in allen Tourist Offices; im Internet wird man unter www.anoige.ie fündig. Dort findet man auch sämtliche E-Mail-Adressen der einzelnen Häuser.

Empfehlenswert sind die Herbergen, die in der **Independent-Holiday-Hostel-Vereinigung** (IHH) zusammengeschlossen sind. Dieser Dachverband nahm im Jahre 1983 mit 16 Hostels seine Arbeit auf, heute überziehen über 100 private Herbergen ganz Irland. IHH-Hostels werden ebenfalls – trotz Konkurrenz zu den staatlichen An Oige – vom Tourist Office vermittelt.

Alle IHH-Mitglieder haben sich auf einen gemeinsamen Qualitätsstandard verständigt und werden regelmäßig vom Dachverband kontrolliert. Ein Mitgliedsausweis ist nicht erforderlich. Diese Hostels liegen oft im oder nahe dem Stadtzentrum; neben den Schlafsälen gibt es auch separate Familienzimmer.

Alle hier genannten Hostels und Jugendherbergen kosten pro Übernachtung um 15 €, alle haben separate Familienräume, Gemeinschaftszimmer, warme Duschen. In Buchläden und in den Touristeninformationsbüros bekommt man von allen Hostels die Info-Heftchen mit Lage, Adresse etc. Im Internet findet man sämtliche Hostels auf der folgenden Website: www.hostels-ireland.com. Dort sind auch die E-Mail-Adressen verzeichnet. Alle Hostels der betreffenden Örtlichkeit sind im Reiseteil aufgeführt.

Camping

An die 200 von der Irischen Fremdenverkehrszentrale **anerkannte Campingplätze** überziehen die Grüne Insel. Alle haben einen hohen Standard und sind mit Dusch- und Toiletteneinrichtungen, Wasserhähnen, Abfallkörben, Pflege und Bewachung, festgelegter Parzellendichte und einer einheitlichen Gebührenordnung ausgestattet. Darüber hinaus gibt es oft Minigolfanlagen, Planschbecken für die Kleinen, Restaurants, Läden und Waschsalons.

Wildes Campen ist nach Rücksprache mit dem Landbesitzer möglich und wird in der Regel gewährt. Viele IHH-Hostels haben auf ihrem Gelände auch ein Areal, auf dem gegen eine geringe Gebühr Zelte aufgeschlagen werden können.

Mehr Information enthält die Broschüre „Caravan und Camping Parks", die man unter folgender Adresse beziehen kann: Irische Fremdenverkehrszentrale, Gutleutstr. 32, 60329 Frankfurt a.M., Tel. (069) 92318550.

Ferienhäuser

Selbstverständlich kann man auch Ferienhäuser in Irland mieten und als Selbstversorger die hohen Restaurantpreise damit umgehen. Je nach Größe und Ausstattung variieren die Preise zwischen 128 und 612 € pro Woche. Viele Cottages stehen in kleinen Touristendörfchen zusammen, Hinweisschilder *Thatched Cottages* weisen zu solchen Orten. Informationen unter www.iscf.ie.

Wer höhere Ansprüche stellt, kann auch kleine Landsitze bis hin zu Normannenburgen für seinen Urlaub mieten. Da Ferienhäuser in der Regel nur über die Reiseveranstalter zu buchen sind, empfiehlt sich eine rechtzeitige Vorbestellung.

Urlaubsaktivitäten

Abenteuerferien unter Anleitung

Wer eine neue sportliche Betätigung unter professioneller Anleitung erlernen möchte, sollte die *Adventure Holidays* in den unten aufgeführten Ferienzentren buchen. Dort werden Bergsteigen, Bergwandern, Wellenreiten, Windsurfing, Segeln, Kanu-Touren, Bogenschießen, Tauchen und andere Sportarten angeboten und von erfahrenen Sportlern gelehrt. Im Folgenden einige Adressen:

- **Achill Outdoor Education Centre,** Cashel, Achill Island, Tel. (098) 47253, www.achilloutdoor.com;
- **Burren Outdoor Education Centre, Turlogh,** Bellharbour, Co. Clare, (065) 78033, www.oec.ie/burren;
- **Cappanalea Outdoor Education Centre,** Oulagh West, Caragh Lake, Killorglin, Co. Kerry, Tel. (066) 9769244;
- **Delphi Adventure Centre,** Louisburgh, Co. Mayo, Tel. (095) 42208;
- **Kinsale Outdoor Education Centre,** St. John's Hill, Kinsale, Co. Cork, Tel. (021) 4772896, www.kinsaleoutdoors.com.

Angeln

Irland ist ein klassisches Angelsport-Land und unter Anglern berühmt für seine reichen Fischgewässer. Man unterscheidet zwischen *Coarse Fishing,* dem Angeln auf Nichtsalmoniden, *Game Fishing,* dem Forellen- und Lachsfang sowie dem *Deep Sea Angling,* dem Hochseeangeln.

Coarse Fishing

Hier wirft man die Angel hauptsächlich für die folgenden Fische ins Wasser:

Hecht (*Pike,* März bis November),
Brachse (*Bream,* April bis Oktober),
Schleie (*Tench,* Mai bis September),
Rotfeder (*Rudd,* April bis Oktober),
Rotauge (*Roach,* bis Oktober),
Barsch (*Perch,* Mai bis September),
Karpfen (*Carp,* ganzjährig),
Aal (*Eel,* ganzjährig).

Fast überall kann man ohne Lizenz fischen, und Schonzeiten gibt es keine. Das Angeln mit Lebendködern *(Live Bait)* ist ausnahmslos überall **verboten,** und mit mehr als zwei Angelruten darf man nicht fischen.

Die **besten Gegenden** für den Sportangler sind die Irische Seenplatte sowie die Region des County Clare. Stege und Parkplätze sind an den besten Stellen reichlich vorhanden, überall kann man Boote mieten. Die örtlichen Touristeninformationen vermitteln auch einen sogenannten *Ghillie,* einen **Fischführer.** Häufig weisen sogar Straßenschilder auf gute Fischgründe hin (*Fishing;* auf gälisch: *Iascaireacht*).

Da die oben aufgeführten Fische in Irland durchweg schwerer und kräftiger als die heimischen sind, empfiehlt sich eine stärkere Angelrute, auch die Blinker sollten größer sein. Spezialgeschäfte gibt es in Hülle und Fülle, man kann vor Ort seine Ausrüstung verbessern.

Hafen auf den Aran-Inseln

Game Fishing

Irische Angler machen ausschließlich Jagd auf Lachse und Forellen, und entsprechend gehegt sind die so genannten Salmonidengewässer. Für die Jagd auf Bach- und Regenbogenforelle *(Brown Trout, Rainbow Trout)* benötigt man keine Lizenz; wohl jedoch für den Salmonidenfang (Lachs und Meeresforelle). Lizenzen bekommt man in den Anglergeschäften.

Deep Sea Angling

Die irische Küste ist über 3000 km lang und verfügt über gute vorgelagerte Fanggründe. Mit hochseetüchtigen, bestens ausgerüsteten Booten sowie fachkundigen Skippern geht es aufs offene Meer hinaus, wo vor allem die Jagd auf Blauhaie und Rochen beliebt ist. Hochseeangel-Zentren sind vor allem Kinsale, Galway, Westport und Baltimore.

Wichtige Begriffe für Angler

baits	Köder
dapping	mit Heuschrecken oder Maifliegen fischen
float	Schwimmer
fly-casting	mit Fliegen fischen
hook	Haken
landing net	Kescher
line	Schnur
lure, spinner, spoon	Blinker
maggots	Maden
reel	Rolle
rod	Angel
shot, weight	(Blei)-Gewicht
tackle	Anglerausrüstung
tackle shop	Anglerbedarfsladen
worms	Würmer

022ir Foto: ws

Fahrrad fahren

Siehe dazu die Hinweise im Kapitel „Unterwegs in Irland".

Golf

Neben den Anglern zieht es wohl vor allem die Golfer auf die Grüne Insel, denn Golf ist hier ein Massensport, dem nichts Elitäres anhaftet – entsprechend niedrig sind die Preise für die *Green Fees,* die je nach Platz zwischen 12,70 und 32 € betragen.

Über 200 Golfclubs, davon entsprechen mehr als die Hälfte dem internationalen 18-Loch-Standard, stehen dem Anfänger wie dem Fortgeschrittenen zur Verfügung. Eine Mitgliedschaft ist nicht nötig, die Ausrüstung wird gestellt, und jeder Club verfügt über Golflehrer, die den Novizen individuell oder in einer Gruppe betreuen. Pro Stunde kostet diese Schulung ca. 20 €. Bei jedem Tourist Office kann man eine Broschüre erstehen, die alle Plätze auflistet. Größere Ferienhotels verfügen über eigene Anlagen.

Mit dem Kabinenkreuzer auf dem Shannon

Von Drumshanbo im Norden der Irischen Seenplatte bis Killaloe im Süden kann man den Shannon sowie eine Vielzahl miteinander verbundener Seen mit dem Boot befahren (vgl. Kap. „Tour 8"). Diese Kreuzer haben je nach

023ir Foto: hg

Größe Platz für zwei bis zehn Passagiere und sind mit allen notwendigen Utensilien bestückt. Ein Motorboot-Führerschein ist nicht notwendig, das Mindestalter beträgt jedoch 21 Jahre.

Verpflegung ist nicht an Bord, jedoch gibt es selbst in kleinen Dörflein Food Stores, wo man alles Notwendige einkaufen kann; auch hat man die Möglichkeit, an jeder Marina Lebensmittel zu erstehen. Legt man unterwegs an, bekommt man frische Milch und Eier bei jedem Farmer. Damit man an den Anlegestellen auch mobil ist, kann man gegen eine geringe Gebühr auch Klappfahrräder auf dem Boot mitführen.

Kabinenboot auf dem Shannon

Die **Handhabung** der zumeist mit einem 45-PS-Dieselmotor bestückten Boote ist recht einfach: Vor Beginn der Tour wird man in der Marina in alles Wichtige eingewiesen. In jedem Boot befindet sich auch der *Shannon Guide,* der ausführlich über die gesamte Wasserstraße informiert, exakte Karten besitzt und alles Wissenswerte über Tank- und Wasserversorgungsstellen, Pubs, Restaurants und Lebensmittelläden bereithält. Zusammen mit den Bojen, Warntafeln und dem Wassermarkierungssystem erleichtert der *Shannon Guide* die Navigation ganz erheblich.

Einige **grundsätzliche Hinweise:** Fahren Sie – besonders an schmalen Flusskrümmungen – immer rechts! Die Wasserstraßenmarkierungen (Bojen, schwarze Balken) müssen bei der Vorbeifahrt auf backbord (links) liegen. Vor allem in der Nähe der vielen kleinen Inselchen müssen Sie mit Untiefen und Felsen unter der Wasseroberfläche rechnen. Fahren Sie langsam und behalten Sie und Ihre Mitfahrer sorgfältig die Wasseroberfläche im Auge! Laufen Sie auch niemals zu seichte Stellen an, denn Schlamm oder Sand können dann in die Ansaugkanäle für die Motorkühlung gelangen! Vor der Einfahrt in die großen Seen Lough Derg und Lough Ree sollten Sie sich über die Wetterverhältnisse informieren, denn plötzlich ausbrechende Stürme sind keine Seltenheit. Beachten Sie auch immer die Anweisungen der erfahrenen Schleusenwärter (der Shannon hat übrigens sechs Schleusen)!

Informationen zur Anmietung von Kabinenkreuzern oder umgebauten ehemaligen *River Barges* bekommt man auf den Grünen Ferienseiten von www.tourismireland.de. Informationen zur Bootsfahrt gibt auch *Waterways Ireland,* Tel. (028) 66323004, www.waterwaysireland.org, oder *Inland Waterways Association of Ireland,* Tel. (028) 38325329, www.iwai.org.

Kanu-Wandern

Kanu-Wandern und harmlose „Wildwasserfahrten" kann man auf vielen irischen Flüssen unternehmen. Längster Strom, immer wieder von Seitenflüssen und großen wie kleinen Seen gesäumt, ist der Shannon. Entlang des Flusses konzentrieren sich auch die Anbieter. Kanu-Touren kann man bei folgender Anschrift buchen: *Shannon Adventure Canoeing Holidays,* The Marina, Banagher, Co. Offaly, Tel./Fax (0509) 51411.

Wer sein Kanu perfekt bis zur Eskimo-Rolle beherrschen möchte, kann Kurse bei folgender Adresse buchen: *The Irish Canoe Union,* Sport HQ, Joyce Way, Park West, Dublin 12, Tel. (01) 6251105, Fax 6251106, www.irishcanoeunion.com.

● **Buchtipp:** Zum Thema ist der Titel „Handbuch Kanu" aus der Praxis-Reihe im Reise Know-How Verlag erschienen.

Drachenfliegen

Mit seinen vielen Gebirgszügen ist Irland ein ideales Reservoir für die Freunde des *Hang-Gliding.* Die besten Wind- und Wetterverhältnisse findet man in der Zeit von Mai bis September. Wer seinen eigenen Flugdrachen mitbringen will, muss sicher sein, dass das Gerät den Bestimmungen der FAI entspricht.

Eine Haftpflichtversicherung ist obligatorisch und kann für wenige Euro durch eine einmonatige Mitgliedschaft bei der *Irish Hang-Gliding Association* erworben werden. Durch diese Organisation erfährt der passionierte Drachenflieger auch die besten Startpunkte. Adresse: 6 Highfield Court, Marley Grange, Tahtfarnham, Dublin 16, Tel. (01) 2873011, www.iha.ie. Die besten Regionen liegen in den Wicklow Mountains, auf der Dingle-Halbinsel und auch auf Achill Island.

Reiten

Das gängige irische Reitpferd, **Hunter** genannt, ist ein Halbblüter, der gut zur Fuchsjagd geeignet ist und ein gutes Springpferd abgibt. Um einiges kleiner ist das *Pony,* ein robustes und daher vor allem für Reitanfänger geeignetes Pferd.

Man kann **Pauschal-Reiterferien** buchen oder sich an *Equistrian Holidays Ireland,* Whispering Pines, Crosshaven, Co. Cork, Tel. (021) 831950 wenden. Über das ganze Land verstreut findet man genügend **Reiterhöfe,** auf denen man Pferde jeden Temperaments mieten kann. Fachkundiger Unterricht wird natürlich auch erteilt, die Kosten betragen ca. 13–19 € pro Stunde.

Immer beliebter werden die so genannten **Pony Trecks,** bei denen man eine Woche lang pro Tag ca. 5 Stunden im Sattel zubringt. Das Gepäck wird vom Veranstalter vorausgeschickt. Beliebte Regionen sind Connemara, die Dingle-Halbinsel sowie rund um Sligo und Killarney.

Wer es einmal mit dem **Polo** versuchen möchte, kann Auskünfte einholen beim *All-Ireland Polo Club,* Phoenix Park, Dublin 8, Tel. (01) 6776248.

Auf dem Land gibt es noch viele reedgedeckte Cottages

Wichtige Worte für Pferdefreunde

to bet	wetten
betting office	Wettbüro
bridle	Zaumzeug
oats	Hafer
pasture	Weide
saddle	Sattel
shaft	Deichsel
shoe	Hufeisen
stirrup	Steigbügel
to groom	striegeln

Wandern

Irland ist ein ideales Wanderland. In Irland sollte man die folgenden sehr empfehlenswerten **Publikationen** für Wandertouren erstehen:

- Die **„Irish Walk Guides“** von *Joss Lynam;* diese sechs kleinen Büchlein decken ganz Irland ab *(North East, South West, West, North West, East, South East).*
- Sehr empfehlenswert für den Süden und Südwesten der Insel ist der praktische Band **„Walk Cork and Kerry“** (inkl. der Killarney-Region) von *David Perrott* und *Joss Lynam.*
- Für das Connemara-Gebiet – hier lockt vor allem die Gebirgskette *The Twelve Bens* – ist der Wanderführer **„The Mountains of Connemara“,** ebenfalls von *Joss Lynam,* sehr zu empfehlen.
- Gute Dienste leisten auch die in vielen Buchläden und bei den Tourist Offices erhältlichen detaillierten Gebietskarten **„Ordnance Survey Maps, O. S.“,** mit denen man eigene Routen ausarbeiten kann.

Bei den Ortsbeschreibungen dieses Bandes werden die **interessantesten Regionen** mit Wandervorschlägen und Kartenhinweisen beschrieben, und für die Killarney-Region finden Wanderfreunde vier genau beschriebene Tou-

ren (vgl. Kapitel „Irlands Südwesten"). Die bei jedem Tourist Office erhältliche Broschüre „Walking in Ireland" listet eine Anzahl sogenannter *Long Distance Walking Routes* auf, die insgesamt über 1000 km lang sind. Für jede Strecke gibt es detaillierte Spezialkarten, die ebenfalls in den Tourist Offices erhältlich sind. Auch diese Routenvorschläge sind bei den Ortsbeschreibungen genannt.

Obwohl Irlands höchster Berg gerade einmal 1041 m hoch ist, sollte man die **Gefahren** vor allem beim Bergwandern nicht unterschätzen. Rasche Wetterumschwünge sind an der Tagesordnung, die Bergregionen sind sehr einsam; hat man sich unterwegs verletzt und kann nicht aus eigener Kraft zurück zum Ausgangspunkt, gerät man schnell in eine lebensbedrohende Situation.

Wandern Sie in den Bergregionen nur mit einer vollständigen **Ausrüstung,** zu der gute, wasserdichte Wanderschuhe, wasserdichte, kniehohe Gamaschen für die Unterschenkel, ein Tagesrucksack für warme Kleidung,

Lebenswichtige Hinweise:

- Hinterlassen Sie unbedingt im Hotel, bei ihrer B & B-Wirtin oder in den Besucherzentren der Nationalparks **eine Nachricht,** welche Tour Sie in Angriff nehmen!
- **Achtung:** In den zerklüfteten Bergregionen versteigt man sich sehr leicht und kommt dann weder vor noch zurück!

Extra-Socken, Regenschutz, Kraftnahrung, Kompass, Erste-Hilfe-Set, Survival Kit (Trillerpfeife für Notsignale, eventuell sogar Leuchtmunition mit Abschussgerät, aluminiumbeschichtete Rettungsdecke, Sturmstreichhölzer, Brennglas, Signalspiegel, Draht, Wasserentkeimungstabletten, Angelhaken und -schnüre etc.), Messer und detailliertes Kartenmaterial gehören! Ein GPS-Gerät leistet ebenfalls gute Dienste.

Beachten Sie weiter, dass es kaum (sieht man von den *Long Distance Walking Routes* ab) **Wegmarkierungen** gibt, Sie häufig über offenes Gelände marschieren und sich anhand von Karte und Kompass den Weg selbst suchen müssen. Auch benötigt man eine gewisse Portion an Erfahrung, um Geländeformationen richtig einschätzen zu können.

Ab und an findet man so genannte *Cairns,* **Steinpyramiden,** die von Wanderern angelegt wurden, um den Weg zu markieren. Wenn Sie sicher sind, auf der richtigen Route zu sein, so legen Sie ebenfalls solche *Cairns* an, oder schichten Sie zerfallene Markierungspyramiden wieder auf – so helfen Sie den nachfolgenden Wanderern, sicher zum Ziel zu gelangen.

Weitere **Auskünfte** erteilt: *Mountaineering Council of Ireland,* Sport HQ, Joyce Way, Park West, Dublin 12, Tel. (01) 6251115, Fax 6251116.

Hier bekommt man auch Informationen über alpines Bergsteigen *(Rock Climbing);* die besten Regionen sind die Wicklow Mountains, die Kalksteinklippen bei Doolin, nahe den Cliffs of Moher, der Gebirgszug Twelve Bens bei Clifden sowie die Berge auf der Kerry-Halbinsel. Bergwanderungen auf der Kerry-Halbinsel bieten mittlerweile auch viele Pauschalreiseveranstalter an; dazu gibt das Gaeltacht-Reisebüro (s. Kap. „Information") umfassend Auskunft.

Und bitte respektieren Sie die folgenden **Country Codes:**

- *Guard against all risks of fire.*
- *Leave gates as you find them.*
- *Keep your dogs under close control.*
- *Keep to public paths across farmland.*
- *Use gates and stiles to cross fences, hedges and walls.*
- *Leave livestock, crops, machinery alone.*
- *Take your litter home.*
- *Help to keep all water clean.*
- *Protect wildlife, plants and trees.*
- *Take special care on country roads.*
- *Make no unnecessary noise.*

- **Buchtipps:** Zum Thema sind folgende Titel aus der Praxis-Reihe im REISE KNOW-HOW Verlag erschienen: „Richtig Kartenlesen", „Wildnis Ausrüstung", „Orientierung mit Kompass und GPS".

Wellenreiten und Windsurfen

Für das Wellenreiten und Windsurfen, das man auch unter Anleitung während der so genannten *Adventure Holidays* erlernen kann (vgl. Kapitel „Anreise, Organisierte Reisen"), bieten sich die folgenden Küstenabschnitte an. An der Ostküste lohnt sich dieser Sport nicht, da selbst bei einem kräftigen Südwind die Wellenhöhe 1 m nur selten übersteigt.

- **Südküste** (Wellenhöhe bis 2,50 m) Tramore Strand, Annestown, Bunmahon Bay, Gar-

rettstown, Courtmacsherry, Barley Cove, Inchadoney, Owenahincha.
- **Südwestküste** (Wellenhöhe bis zu 3,50 m) Derrynane, Waterville Bay, Reenroe Strand, Inch, Slea Head, Brandon Bay, Ballyheigue, Banna Strand, Ballybunion.
- **Mittlere Westküste** (Wellenhöhe bis 4 m) Doughmore, Spanish Point, Silver Strand, Lahinch, Cornish Point, Moy Bay, Fanore Strand.
- **Nordwestküste** (Wellenhöhe bis 4 m) Achill Island (Dooagh, Keel Strand, Minaun Cliffs, Dooega), Enniscrone, Easkey, Aughris Quay, Strandhill, Bundoran, Tullan Strand, Rossnowlagh, Ards, Bloody Forehead, Loughros, Beg Bay, Rosbeg, Marble Strand, Rosapenna.

Tauchen

Wer noch nicht die faszinierenden Taucherfahrungen vor tropischen Korallenriffen gemacht hat, den dürfte das *Scuba-Diving* vor Irlands Küste noch begeistern. Die Wassertemperaturen liegen geringfügig unter denen der Nordsee. Dank des Golfstroms ist bis zu einer **Wassertiefe** von 20 m mit 16° C zu rechnen, zwischen 20 und 30 m mit 13° C, ab 30 m um 10° C. Die **Sichtweiten** unter Wasser betragen ca. 30 m. Die besten Tauchzeiten liegen zwischen Juni und September.

Vor der Westküste ist die Unterwasserflora und -fauna am reichhaltigsten. Zahlreiche **Wracks** liegen hier auch auf dem Meeresgrund, u.a. einige Schiffe der Spanischen Armada. Erfahrene Tauchführer kennen die jeweiligen Standorte, in Karten sucht man sie allerdings vergeblich.

Umfassende Informationen erhält man unter folgender Adresse: *Honorary Secretary, Irish Underwater Council,* 78A Patrick Street, Dun Laoghaire, Co. Dublin, Tel. (01) 2844601, Fax 2844602.

- **Buchtipp:** Zum Thema ist der Titel „Tauchen in warmen Gewässern“ aus der Praxis-Reihe im Reise Know-How Verlag erschienen.

Segeln

Der Segelsport ist beliebt bei den Bewohnern der Grünen Insel. Dies verwundert auch nicht weiter, da die Irische See und der Atlantik ideale, wenngleich häufig auch rauhe Segelgebiete sind. Wie sehr die Segler Tradition in Irland haben, zeigt auch der *Royal Cork Yacht Club,* der 1720 gegründet wurde und angeblich der älteste Seglerverein der Welt sein soll.

Wie hoch die **Wellen** werden können und wie sehr der Sturm den Seglern zu schaffen machen kann, erfuhren die Teilnehmer der berühmten *Fastnet-Race-Regatta* (dabei dient der Fastnet Rock vor der irischen Südküste als Wendepunkt): Fast alle Boote gerieten in Seenot, und die britischen und irischen Rettungsdienste waren pausenlos im Einsatz, trotzdem ertrank eine ganze Anzahl von Skippern in den Fluten.

Wer als Besucher die Küstengewässer unsicher machen möchte, findet eine Vielzahl von Möglichkeiten, fast die gesamte 3200 km lange Küste weist Segelzentren auf. Wer den Umgang mit Pinne und Vorschot perfekt erlernen möchte, kann **Segelkurse** in Irland buchen. Das irische Abschlusszertifikat wird vom Deutschen Seglerverband anerkannt.

Detaillierte **Informationen** über Segelschulen, Segelzentren und Yacht-Charter vermittelt das Irische Fremdenverkehrsamt in Deutschland. Hier kann man auch eine kostenlose Sonderbroschüre rund um das Segeln und artverwandte Wassersportarten anfordern.

● **Buchtipp:** Zum Thema ist der Titel „Küstensegeln" aus der Praxis-Reihe im REISE KNOW-HOW Verlag erschienen.

Verpflegung

Restaurants

Vom Spitzenrestaurant bis zum Fast Food Take-away reicht die irische Gastronomie-Palette. Der Besucher sei jedoch vorgewarnt, denn die **Preise** sind selbst in einem Mittelklasselokal außerordentlich hoch, abendliche Dinner-Menüs wird man sich während seiner Reise nur sehr selten leisten können. Die im Reiseteil genannten Restaurants sind mit Preisangaben versehen; angegeben ist immer das teuerste Gericht ohne Getränke.

Vor allem in den Touristenzentren bieten viele Lokale ein sogenanntes **Touristen-Menu** an, das in der Regel aus drei Gängen besteht und wesentlich preisgünstiger ist als die Hauptgerichte (ein Schild mit der Aufschrift *Tourist Menu* macht darauf aufmerksam). Selbstverständlich sind auch diese Restaurants im Reiseteil aufgeführt.

In den Restaurants ist die **Bedienung** entweder im Preis mit eingeschlossen *(Service Included),* oder wird zusätzlich berechnet (*Service Charge,* 10 oder 15%), hier erübrigt sich dann ein Trinkgeld. In den Spitzenlokalen wird man vor dem Essen an eine spezielle Bar gebeten, wo man den Aperitif zu sich nimmt und dabei in Ruhe die Speisekarte studiert (Achtung: *Menu* bezeichnet nicht das Menü, sondern ist das englische Wort für die „Speisekarte"). Wer sich in den englischen Begriffen nicht gut auskennt, kann sich der Vokabelliste rechts bedienen. Hat man seine Gerichte gewählt, wird man vom Ober zum Tisch geführt. Sonntags sind viele Restaurants geschlossen. Übrigens: Auch die besten Restaurants servieren auf Wunsch ein großes Glas frische Milch zum Essen.

Rauchen ist in allen Restaurants verboten.

Noch in dem allerkleinsten Ort sind die sogenannten **Take-aways** zu finden, sehr häufig natürlich die internationalen Ketten wie etwa *McDonald's* oder *Kentucky Fried Chicken.* Aber es gibt auch eine originär irische Fast-Food-Kette, vor allem in den größeren Städten: *Abrakebabra,* spezialisiert auf Kebab, stellt sie und eine empfehlenswerte Alternative zum Hamburger dar.

Pubs

Vielen Restaurants ist eine Bar oder ein Pub angeschlossen, und hier sind die **Bar Menu** außerordentlich gut; zwar ist die Auswahl geringer als im Lokal, aber das Essen kommt aus der gleichen Küche. Allerdings sitzt man nicht so bequem und gemütlich wie

Kleine Vokabelliste rund ums Essen

Vorspeisen:	
smoked irish salmon	Irischer Räucherlachs
seefood cocktail	Meeresfrüchte-Cocktail
egg mayonnaise	Russische Eier
Hauptgerichte:	
leg of lamb with mint sauce	Lammkeule mit Minzsoße
roast rib of beef	geröstete Rippe vom Rind
gammon steak	Schinkensteak
grilled sirloin steak	Rumpsteak
fried fillet of plaice with tartare sauce	Schollenfilet, Remouadensauce mit Kapern
poached or grilled salmon	pochierter oder gegrillter Lachs
lamb cutlets	Lammkotelett
saddle of lamb	Lammrücken
pork	Schweinefleisch
cockles	Herzmuscheln
lobster	Hummer
mussels	Muscheln
oysters	Austern
prawns	Garnelen
scallops	Jakobsmuscheln
trout	Forelle
turbot	Steinbutt
Beilagen:	
brussels sprouts	Rosenkohl
creamed mushrooms	Champignons
celery au gratin	überbackener Sellerie
carrots vichy	Vichy-Karotten
creamed potatoes	Kartoffelpüree
baked potatoes	in Folie gebackene Kartoffeln
vegetables	Gemüse
peas	grüne Erbsen
cabbage	Grünkohl
cauliflowers	Blumenkohl
leeks	Lauch
Desserts:	
lemon meringue pie	Zitronenbaisertorte
hot apple pie with ice cream	warmer Apfelkuchen mit Eis
fruit salad with fresh cream	Obstsalat mit Schlag sahne
Zubereitungssarten:	
smoked	geräuchert
poached	gekocht
deep fried	mit Semmelbrösel in heißem Fett gebraten
fish on the bone	Fisch mit Gräten
fish off the bone	Fisch ohne Gräten

020ir Foto: ws

Der Besuch im Pub –
ein Muss für jeden Irland-Reisenden

im Restaurant – das aber fangen die moderaten Preise leicht wieder auf. Aber auch ganz normale Pubs servieren – vor allem auf dem Lande und in den kleinen Ortschaften – um die Mittagszeit sowie häufig auch abends den sogenannten *Pub Grab*.

Ähnlich berühmt wie die englischen sind auch die irischen Pubs. **Ausschankzeiten:** Mo–Do 10.30–23.30 Uhr, Fr/Sa 10.30–0.30 Uhr, So. 12.30–23 Uhr. Viele Pubs dürfen ihre Öffnungszeiten vor allem am Wochenende individuell verlängern. Unmissverständlich wird vom *Bar Keeper* die *Last Order* angekündigt. Man kann dann noch eine allerletzte Bestellung aufgeben und hat nun laut Gesetz noch 30 Minuten Zeit, sein Bier auszutrinken. Nicht ungewöhnlich ist es, Kampftrinker zu sehen, die bei der letzten Bestellung gar noch drei große Biere ordern.

Das **Rauchen** ist in den Pubs, wie überhaupt in allen öffentlichen Räumlichkeiten, verboten.

Guinness – das irische Nationalgetränk

In fast 150 Länder der Erde wird Guinness exportiert, und glaubt man den amtlichen Verlautbarungen der Brauer, so trinken die Durstigen weltweit 10 Mio. Gläser pro Tag. Selbst in Staaten wie Malaysia, wo der Islam herrscht und den Genuss von Alkohol verbietet, wird Guinness in Lizenz hergestellt – und so ist es auch in Ländern wie Ghana oder Jamaica.

Dass das bekömmliche Gebräu auch bei den nachwachsenden Generationen gleichermaßen beliebt bleibt, dafür sorgt eine aufwendige **Werbekampagne,** für die bekannte irische Musikgruppen oder nationale Fußballstars verpflichtet werden. Mit dem *Guinness Book of Records,* das die pfiffigen Brauer Jahr für Jahr neu herausgeben, ist ihnen ebenfalls ein beispielloser Reklamecoup gelungen. Auch das jährlich stattfindende *Galway Oyster Festival* sowie eine ganze Reihe weiterer Ereignisse werden vom Konzern unterstützt, der so an der stetigen Verbesserung seines Image feilt.

Zudem halten Millioneninvestitionen in die Brautechnik das Unternehmen konkurrenzfähig, und dass die Brauerei einmal wegen steigender Mieten ihres Firmengeländes auf ein neues Quartier ausweichen muss, steht auch nicht zu befürchten: Im Jahre 1759 pachtete *Arthur Guinness* das Areal am St. James's Gate für 9000 Jahre.

Die **Ursprünge** des schwarzen Gebräus gehen eigentlich auf den Versuch zurück, das in England beliebte Porter-Bier zu kopieren. Unter Zuhilfenahme von Wasser, Malz, Hopfen und Hefe experimentierte *Arthur Guinness* so lange herum, bis ihn das Ergebnis zufriedenstellte.

Als Erstes begann er mit dem Mälzvorgang der Gerste *(Barley).* Dabei überschüttete *Arthur* das Getreide so lange mit Wasser, bis es zu keimen begann, danach wurde es getrocknet. In das so entstandene Malz *(Malt)* mischte er dann ein wenig geröstete Gerste – die übrigens gibt dem Bier die schwarze Farbe. Das dermaßen veredelte Malz wurde nun gemahlen, dann im Brauhaus in große Behälter gefüllt *(Kieves)* und mit heißem Wasser verdünnt. Aus diesem Maischebrei filterte Arthur dann die so genannte Würze *(Wort)* heraus, fügte Hopfen hinzu und ließ den Sud einige Stunden kochen. Der danach abgeschöpften Flüssigkeit fügte *Arthur* die Hefe hinzu, die nun den Gärprozess einleitete und den Zucker von Hopfen und Malz in Alkohol umwandelte. Fertig war das bekömmliche und alkoholreiche *Stout* (Starkbier) und trat alsbald seinen Siegeszug rund um die Welt an. *Arthur Guinness* wurde ein steinreicher Mann, und die Familie gehört heute zu den begütertsten Irlands.

Wer über derlei viel Geld verfügt, der möchte auch von Adel sein. In den blaublütigen Stand wurde als erster **Benjamin Lee Guinness** (1798–1868), der Sohn des Gründers erhoben. Zum Dank ließ er die St. Patrick's Cathedral von 1860 bis 1863 mit einer Bausumme von 110.000 Pfund renovieren und sponsorte das Dublin Exhibition Palace Project im Jahre 1856. Auch in der Lokalpolitik tat er sich hervor und wurde 1851 zum Bürgermeister von Dublin gewählt.

Benjamin Lees Sohn, **Arthur Edward Guinness** (1840–1915) ging als *Lord Ardilaun* in die Geschichte Dublins ein; er nämlich stiftete 1880 der Bevölkerung den Park St. Stephen's Green. Sein jüngerer Bruder *Edward Cecil* (1847–1927), *First Earl of Iveagh,* tat sich ebenfalls als Philantrop hervor und ließ eine Reihe vorbildlicher Arbeiterhäuser im Bezirk der Liberties errichten.

Viele irische und englische Literaten waren begeisterte **Anhänger des Guinness** und propagierten es in ihren Schriften. So natürlich vor allem *James Joyce,* der es den „Wein des Landes", oder auch das „schäumende, ebenholzfarbene Bier" nannte. Skurril ist die Geschichte von dem Australier *Douglas Mawson,* der den magnetischen Südpol entdeckte und das Guinness tiefgefroren in seinem antarktischen Basislager aufbewahrte.

005ir Foto: hg

Beliebtestes **Getränk** ist natürlich das *Guinness*, wenngleich vor allem beim Jungvolk die unserem Pils vergleichbaren *Lager*-Sorten stark auf dem Vormarsch sind. In den Pubs wird viel Flaschenbier angeboten, doch sollte man sein Bier vom Fass – also *draught* (gezapft) – verlangen. Selbstverständlich führen Pubs auch alkoholfreie Getränke.

Wie in Großbritannien auch, gilt es als unhöflich, nur ein „Bier“ zu **bestellen;** man ordert gezielt die Menge und die Sorte – *Half a pint of Lager* – und setzt ein kräftiges *please* dahinter. Noch besser ist es, die Sorte anzugeben: *A pint of Guinness* (*Harp* = Lager, *Carlsberg* = Lager etc.) *Half a pint* (Bestellung häufig auch: *A glass of ..., please)* entspricht ca. 0,25 l, ein *Pint* etwa 0,57 l.

Irische Pubs sind jedoch vor allem wegen ihrer *Live Music* berühmt; im Reiseteil sind hauptsächlich diese so genannten **Singing Pubs** aufgelistet. Nicht alle Kneipen haben während der Saison täglich Folk Music, viele nur an bestimmten Tagen der Woche. In der Vor- und Nachsaison ist das Angebot noch ein wenig begrenzter.

Vor allem in den Kneipen auf dem Land wird man übrigens feststellen, dass ein **Pub** auch **als Bank** fungiert; viele Gäste reichen dem Wirt einen Scheck, den der dann ohne großes Murren einlöst.

„Werbeträger“ für ein Restaurant

Selbstversorger

Auch in den Dörfern gibt es keine Probleme für Selbstversorger. Zumeist findet sich immer ein Supermarkt der über das ganze Land verteilten Kette *Super Valu,* wo Lebensmittel aller Art sowie auch Alkohol gekauft werden können.

In ganz kleinen Weilern ist entweder dem Pub oder aber dem Post-Office ein kleines Lebensmittelgeschäft angeschlossen. Große Tankstellen an den Überlandstraßen verfügen recht häufig über Mini-Supermärkte, wo man auch nach Ladenschluss die notwendigsten Sachen für das Abendessen bekommt.

Die irische Küche

Die irische Küche ist – wie so vieles auf der Grünen Insel – vom großen Nachbarn England beeinflusst und bietet damit in der Regel keine herausragenden Gaumenfreuden. Hinzu kommt, dass Irland über die Jahrhunderte von der englischen Kolonialmacht systematisch ausgebeutet wurde, über drei Viertel der Bevölkerung am oder unterhalb des Existenzminimums lebte und zudem eine der verheerendsten Hungersnöte in der jüngeren Geschichte Europas über eine Million Tote forderte – ein derart gebeuteltes Land kann natürlich keine Haute Cuisine entwickeln.

Äußerst nahrhaft und damit zu Recht berühmt ist das **irische** (= englische) **Frühstück,** das bis zum Spätnachmittag vor Hunger schützt. Nach einem Glas Orangensaft oder einer halben Grapefruit werden die *Cereals,* entweder Müsli, Corn Flakes oder *Porridge,* gereicht, weiter geht es dann mit gebratenem Schinkenspeck, Spiegel- oder Rühreiern, kleinen Würstchen, alles garniert mit einer verschrumpelten gegrillten Tomate, sowie Toast, gesalzener Butter und Konfitüre.

Fisch und Meeresfrüchte, während der Hungersnöte die Ausweichnahrung der Insulaner und von daher als reine Überlebensmahlzeiten mit dem Makel der Armut behaftet, sind seit einiger Zeit stark auf dem Vormarsch. Vor allem Lachs, aber auch Hummer und Krabben haben aufgrund des steigenden Tourismus ihren Siegeszug durch die Restaurants angetreten und kommen wegen der kurzen Entfernungen – kein Ort Irlands liegt mehr als 100 km vom Meer entfernt – nahezu fangfrisch auf den Tisch.

Immer mehr reine Sea-Food-Lokale öffnen ihre Pforten, denn fischreich sind die Atlantikgewässer vor der irischen Westküste (wenngleich ausländische Trawler mit effektiven Fangmethoden dabei sind, dieses Seegebiet in nicht allzu ferner Zukunft zu überfischen). Vor allem bei den Vorspeisen haben der *Smoked Salmon* (geräucherter Lachs) oder ein *Sea Food Cocktail* die traditionellen *Egg Mayonnaise* (Russische Eier) fast von der Speisekarte verdrängt.

Beliebteste **Hauptspeisen** sind nach wie vor Lammfleisch in Minzsoße, eine klassische britische Kreation, sowie alle Arten von Steaks und natürlich – da recht preisgünstig – der *Irish Stew,* ein nahrhafter Eintopf mit Kartoffeln, Lammfleisch und vielen Gemüsesorten. Gegrillte oder pochierte Lachs- oder Schollenfilets, letztere mit einer kräftigen Remouladensoße, gehören zu weiteren beliebten Gerichten.

Gängig als **Beilagen** sind gedünstete Pilze, in der Regel Champignons, Kartoffelpüree und Salat sowie alle Arten von Gemüsen. Dazu wird das sogenannte *Brown Bread* gereicht, das zusammen mit der gesalzenen irischen Butter äußerst schmackhaft ist.

Irische Getränke

Da in Irland die Voraussetzungen für den Weinanbau fehlen, sind vor allem die edlen Tropfen aus guter Hanglage importiert und entsprechend teurer als auf dem Kontinent. Zwar schätzen die Iren zum Essen einen guten, kräftigen Rotwein französischer Provenienz, doch ist das irische Nationalgetränk natürlich das Guinness. Für die **anderen Biersorten** gilt: *Lager* ist dem deutschen Pils verwandt; *Ale,* ein dünnes, helles und bei Kontinentaleuropäern häufig verlachtes Bier und das in irischen Pubs seltene *Bitter,* dem deutschen Alt vergleichbar, sind die weiteren Biersorten auf der Grünen Insel. Mit Ausnahme des *Guinness* werden alle Sorten schnell und randvoll in das Glas gezapft, wobei die dünne Schaumkrone häufig auch noch weggewischt wird. Alle Biere haben weniger Kohlensäure und – sieht man einmal vom *Guinness* ab – einen geringeren Alkoholgehalt als die heimischen Braugetränke.

Probieren sollte man unbedingt einmal einen guten **Malt Whiskey** (vgl. den Exkurs über den irischen Whiskey; im Gegensatz zu seinem schottischen Verwandten mit „e" geschrieben), der in Irland nicht mit Eis, sondern mit Wasser gereicht wird. Bekömmlich sind auch *Bailey's*, ein Sahnelikör, *Irish Mist*, ein Heidekrautlikör, sowie der berühmte *Irish Coffee* – der angeblich während einer Nebelperiode auf dem Shannon-Airport von einem Barkeeper erfunden wurde, um die verärgerten Fluggäste bei Laune zu halten –, Kaffee mit Whiskey, Zucker und Sahneaufsatz.

Weltmeister sind die Iren im Trinken von **Tee;** mit sieben Pfund pro Kopf und Jahr haben sie die Engländer – 5 Pfund pro Jahr – auf Rang zwei verwiesen *(Guinness Book of Records)*. Traditionell nimmt man den Tee mit Milch und Zucker und spricht von *Cream Tea*.

Zeitdifferenz

Irland liegt mit seiner Zeitrechnung eine Stunde hinter der unsrigen zurück, d.h. um 12 Uhr ist es dort erst 11 Uhr.

Zeitungen

Deutsche Zeitungen und Zeitschriften, vor allem „Spiegel", „Stern", „FAZ" und die „Zeit", sind nur in größeren Städten wie Dublin, Waterford, Cork, Limerick, Galway und Sligo zu bekommen oder aber in den Touristenzentren wie Killarney und Dingle. Hauptvertriebsstelle ist die Buchhandelskette *Eason's*, die in allen genannten Städten Dependancen besitzt.

121ir Foto: ws

Land und Leute

122ir Foto: ak

123ir Foto: ak

Im Botanischen Garten von Belfast

Summercove bei Kinsale

Dingle Bay

Geografie

Irland – Land des Regenbogens oder auch die Grüne Insel genannt – erstreckt sich vor der Westküste Großbritanniens, von der britischen Insel durch die ca. 200 m tiefe und daher oft sehr raue **Irische See** getrennt; die kürzeste Entfernung zum einstigen Mutterland beträgt nur 18 km, die längste 220 km. So weit nördlich, wie viele Leute vermuten liegt die Insel gar nicht: Galway und Bremen sowie Cork und Münster befinden sich auf dem gleichen Breitengrad.

Das Staatsgebiet der Republik Irland bedeckt eine **Fläche** von 70.285 km² (Nordirland, das zu Großbritannien gehört, hat eine Größe von 14.120 km²) und ist damit in etwa so groß wie das Bundesland Bayern. Von Norden nach Süden misst das Land 465 km, von Westen nach Osten 285 km. Die Küstenlinie der Republik ist rund 3170 km lang; kein Ort der Insel liegt weiter als 110 km vom Meer entfernt.

Entlang der Küste ragen Gebirgszüge auf und umschließen eine zentrale Kalksteintiefebene im **Inselinnern.** Hier ist das Landschaftsbild geprägt von Mooren, vielen kleineren und größeren Seen sowie dem ausgedehnten Flusssystem des Shannon, das ein Fünftel des Landes bedeckt.

Irlands **höchster Berg** ist mit 1041 m der Carrauntoohil in den Macgillycuddy's Reeks im Südwesten der Insel, **längster Fluss** ist der stark mäandrierende Shannon, der nach 358 km bei Limerick in den Atlantik mündet und

003ir Foto: gu

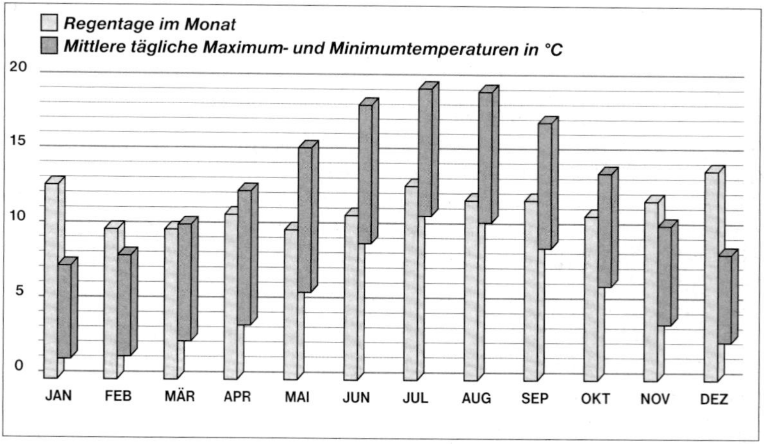

mittels vieler Schleusen auf 220 km schiffbar gemacht wurde. Die **größten Seen** sind der Lough Derg, der Lough Ree, der Lough Mask und der Lough Corrib in Connemara.

Die irische Landschaft ist eine Komposition aus Grün und Wasser und Bergen

Klima

Irlands Beiname „Grüne Insel" kommt nicht von ungefähr. Die Einflüsse des Atlantischen Ozeans sowie des Golfstroms prägen das Wetter auf der Insel, das durch milde Winter und kühle Sommer bestimmt wird. Nahezu gleichmäßig geht **Regen,** an der Westküste mehr als im Landesinnern oder im Osten, das ganze Jahr über nieder.

Die **Temperaturen** sind auf der gesamten Insel in etwa gleich, sie differieren zwischen dem äußersten Nordwesten und dem Südosten nur um 3 °C. Der Januar ist im Südosten mit ca. 7 °C der kälteste Monat, im Juli und August steigt das Thermometer auf rund 16 °C (dies sind Tagesdurchschnittstemperaturen, keineswegs handelt es sich hierbei um Minimal- bzw. Maximaltemperaturen). Die sonnigs-

004ir Foto: hg

ten und **regenärmsten Monate** sind Mai und Juni, und wer es einrichten kann, sollte seinen Irlandurlaub in dieser Zeit verbringen. Überall blüht gelb der Ginster, relativ wenig Regen mindert den Feriengenuss, nur wenig Besucher zieht es zu den landschaftlichen Höhepunkten, und überall erhält man problemlos Unterkunft.

Vom Atlantik her treiben die Seewinde feuchte Luftmassen auf die gebirgige Westküste zu, die dort in kältere Luftschichten aufsteigen und als **Steigungsregen** niedergehen. Hier fallen das ganze Jahr hindurch ca. 3000 mm Niederschlag, während es im Osten der Insel nur 750 mm sind. Es kommt jedoch selten zu dem gerade bei Besuchern gefürchteten ergiebigen Dauerregen, zumeist klart es nach kurzer Zeit wieder auf, der Himmel ist blau, und ein Regenbogen kündet vom Ende des feuchten Gusses. Dies ist die Zeit, in der Fotografen stimmungsvolle Lichtwirkungen auf den Film bannen können.

Four Seasons on a Monday heißt es im irischen Volksmund, das Wetter aller vier Jahreszeiten kommt an einem einzigen Tag vor.

- **Buchtipp:** „Sonne, Wind und Wetter" aus der Praxis-Reihe im REISE KNOW-HOW VERLAG.

Die regenärmsten Monate auf der Insel sind Mai und Juni – sonst hängen die Regenwolken immer tief

Flora

Die Grüne Insel wurde am Ende der letzten Eiszeit von Großbritannien getrennt, und eine Vielzahl von Pflanzen „erreichte“ Irland nicht mehr. So findet man im Land des Regenbogens „nur“ etwa 1000 Pflanzenarten, in England sind es schon 1500, und auf dem Kontinent gibt es je nach Land einen weitaus größeren Artenreichtum. Zusammen mit den westeuropäischen Küstengebieten und den Britischen Inseln gehört Irland zur Florenregion des atlantischen Gebiets. Doch kommen auch arktisch-alpine Pflanzen sowie solche aus dem Mittelmeerraum vor.

Zu den **atlantischen Arten** zählen die Botaniker das Nabelkraut *(Umbilicas rupestris)*, die Stechpalme *(Ilex aquifolium)*, den Stechginster *(Ulex europaeus)*, den Efeu *(Hedera helix hibernica)*, die Glockenheide *(Erica tetralix)*, die Graue Heide *(Erica cinerea)* und den Roten Fingerhut *(Digitalis purpurea)*.

Zu der Gruppe der **mediterranen Pflanzen** gehören der Frauenhaarfarn *(Adiantrum capillus veneris)*, die Porzellanblume *(Saxifraga umbrosa)*, die sehr selten gewordene Irische Wolfsmilch *(Euphorbia hiberna)*, die Irische Heide *(Daboecia cantabrica)*, der Erdbeerbaum *(Arbutus unedo)*, die Mittelmeerheide *(Erica mediterranea)* und das Großblütige Fettkraut *(Pinguicula grandiflora)*.

Eine Anzahl von eigentlich **in Nordamerika beheimateten Pflanzen** kommt im europäischen Raum ausnahmslos nur in Irland vor, ist allerdings auch dort äußerst selten. Dazu zählen beispielsweise die amerikanische Orchidee, genauer gesagt das Kanadische Johanniskraut *(Hypericum canadense)* sowie das Bermudagras *(Cynodon dactylon)*.

Arktisch-alpine Arten treten – wie ihre Bezeichnung schon andeutet – an den Fels- und Berghängen im Nordwesten Irlands auf. Reich vertreten sind unter anderem der Knöllchenknöterich *(Polygonum viviparum)*, der Alpensäuerling *(Oxyria digyna)*, das Norwegische Sandkraut *(Arenaria norvegica)*, die Alpenwiesenraute *(Thalictrum alpinum)*, der Rote Steinbrech *(Saxifraga o. oppositifolia)*, die Silberwurz *(Dryas octopetala)*, die Echte Bärentraube *(Arctostaphylos uvaursi)* und das Alpenrispengras *(Poa alpina)*.

Zu den nur in Irland vorkommenden, also zu den so genannten **endemischen Arten,** zählen die Irische Weide *(Salix hibernica)*, der Irische Ampfer *(Rumex hibernica)* und die Irische Mehlbeere *(Sorbus hibernica)*.

Bäume oder gar Wälder sieht man in Irland wenig. Wenngleich die Insel in grauer Vorzeit dicht bewaldet war, so haben Brandrodung und Kahlschlag über die Jahrhunderte hinweg ihre Spuren hinterlassen. Nur 5% der irischen Landmasse sind von Bäumen bestanden, der weitaus größte Teil davon, 280.000 ha, gehört zum **Staatsforst** und ist mit langweiligen Monokulturen – Nutzholz eben – bepflanzt. In Regierungskreisen wird immer wieder überlegt, Teile dieser Wälder zu privatisieren, um mit der Hege und Pflege den Staatssäckel nicht weiter zu belasten.

The Boglands – Europas letzte noch intakte Moorlandschaft

Zu über 14% bedecken Moore die irische Landfläche, der dort gewonnene Torf wurde über die Jahrhunderte traditionell als Brennmaterial verfeuert. So sind die *Boglands,* die Moorgebiete, und der *Peat,* der Torf, ganz untrennbar mit der irischen Lebensweise verbunden.

Auch heute noch wird der Torf – vor allem im Nordwesten der Grünen Insel – mit der Hand gestochen, zum Trocknen auf dem Land verteilt und dann in kleinen Haufen am Straßenrand gestapelt. Zum Spätsommer hin bringt man die Soden dann in die heimische Miete. Zum **Torfstechen** verwendet man einen speziellen Spaten (gälisch: *Slean),* der ein langes, schmales Blatt hat. Die getrockneten Torfstücke brennen im Kamin oder im Küchenherd – beißendherb liegt dann der Geruch des Torffeuers über dem Cottage.

Die ausgedehnten **Hochmoore** *(Raised bogs)* entstanden dadurch, dass die Natur immer wieder Pflanzenreste übereinanderhäufte und festpresste. Diese Hochmoore sind an der Oberfläche mit Torfmoosen bedeckt, deren abgestorbene Teile eine Torfbasis bilden, die nach und nach immer dicker wird. Im Ersten Weltkrieg übrigens verwendete man das irische Torfmoos als desinfizierende Wundauflage.

Bei den **Flachmooren** *(Blanket bogs)* dagegen ist die Torfbasis nur wenig mehr als 2 m tief. Diese – wie der englische Name schon sagt – Deckenmoore findet der Besucher hauptsächlich im gebirgigen Westen der Grünen Insel. Die Flachmoore beziehen ihre Feuchtigkeit in der Regel aus dem Grundwasser, Hochmoore dagegen bilden sich dort, wo hohe Niederschlagsmengen vorkommen und das Regenwasser nicht durch einen porösen Untergrund versickern kann.

Natürlich gibt es noch eine ganze Reihe von **Zwischenformen,** die sich entsprechend dem Untergrund, der Feuchtigkeitsintensität und dem Wasserabfluss bilden. Betrachtet man die irische Landschaft in dieser Hinsicht genauer, so muss man zwischen den Nieder- und Flachmooren des Westens, den Berg-Flachmooren, den Zwischenmooren, den Hochmooren der zentralen Ebene, dem Sumpfland ohne Torfbildung und der Berg- und Küstenheide unterscheiden.

Bis vor einigen Jahren lohnte sich ein **industrieller Abbau** der flachen Deckenmoore oder der in ungünstigen, gebirgigen Regionen liegenden *Bogs* nicht. Mittlerweile werden aber auch schon kleine und kleinste Moore mit modernen Torfabbaumaschinen leergeräumt. Der Staat nämlich gewährt dafür großzügige Unterstützungsgelder. So werden die letzten intakten Moorgebiete Europas, die Refugien für seltene Pflanzen und Tiere, zunehmend schneller vernichtet.

Das vor über 50 Jahren gegründete Torfabbauunternehmen *Bord na Mona* stellt alljährlich mehr als vier Millionen Tonnen Brennstofftorf und rund eine Million Tonnen Düngetorf her. Der **Brennstofftorf** geht vor allem in die Kraftwerke, wo er der Elektrizitätsgewinnung dient, und spart dem irischen Staat die teuren Ölimporte, was sich wiederum günstig auf die Zahlungsbilanz auswirkt. Auf der anderen Seite verliert Irland mehr und mehr das Image von unberührter Natur und ökologisch intakten Landschaften.

In der EU-Zentrale in Brüssel überlegt man, ob Zuschüsse an Irland zukünftig mit der Auflage versehen werden, wenigstens einen Teil der Hochmoore unter **Naturschutz zu** stellen. Nach Untersuchungen der Mitarbeiter des *Forest and Wildlife Service* gibt es in einigen Grafschaften bereits keine intakten Moorgebiete mehr und pro Jahr verschwinden weitere acht Moore. Die Wissenschaftler verlangen, dass insgesamt 48 Sumpflandschaften mit einer Größe von 28.000 ha unter staatlichen Schutz gestellt werden.

Was man mit den nun abgeräumten, **einstigen Moorgebieten** machen kann, ist den Agrarwissenschaftlern noch immer ein Rätsel. Einerseits hat man die Flächen mit schnellwachsendem Nutzholz aufgeforstet, andererseits versucht man, durch großangelegte Drainageprojekte neues Farmland zu gewinnen. Doch haben die beiden Methoden bisher nicht die gewünschten Ergebnisse gebracht.

Neben dem intensiven Torfabbau ist es vor allem das bei den Bauern beliebte **Abbrennen von Heidelandschaften,** was das ökologische Gleichgewicht weiter aus dem Tritt bringt. Diese „Brandrodung" soll das Sprießen frischer Heidekrauttriebe verhindern sowie auch das Heidegestrüpp möglichst in Gänze vernichten. Die Farmer wenden diese Methode an, damit sich die Wolle der freilaufenden Schafe nicht in dem knorrigen Geäst verfängt. Seltene Pflanzen und Moose fallen dabei dem Feuer zum Opfer und die Lebensräume vieler Vögel, Insekten und Kleinnager gehen unwiederbringlich verloren.

In den ausgedehnten Sumpflandschaften wachsen vor allem Torfmoose, Heidekräuter und Riedgräser. Der botanisch erfahrene Besucher entdeckt das Gemeine Heidekraut *(Calluna vulgaris),* die purpurn blühende Glockenheide *(Erica tetralix),* die vor allem in Hochmooren vorkommende Rosmarinheide *(Andromeda polifolia),* Beinbrech *(Narthecium ossifragum)* und das Schmalblättrige Wollgras *(Eriophorum angustifolium),* das mit seinen weißen Büscheln im Sommer leuchtend über den Mooren steht. Vier gelbe Blütenblätter zeigt von Mai bis September das Aufrechte Fingerkraut *(Potentilla erecta),* ebenfalls von Mai bis September blüht blau die Gemeine Kreuzblume *(Polygala vulgaris),* von Juni bis August erstrahlt das Sumpfherzblatt *(Parnassia palustris)* sowie der wilde Thymian (Thymus *serpyllum).*

Elf verschiedene Karnivoren-Arten, die so genannten fleischfressenden Pflanzen, kommen in den irischen Moorgebieten vor. Darunter sind beispielsweise der Rundblättrige Sonnentau *(Drosera rotundifolia),* das Gewöhnliche Fettkraut *(Pinguicula vulgaris)* und das Alpen-Fettkraut *(Pinguicula alpina).*

Richtige Laub- und Mischwälder sieht der Besucher nur selten. Diese **Mischbewaldung** wurde zumeist vor 1900 angelegt, heute brechen in jedem Jahr mehr von diesen alten Baumriesen in den winterlichen Weststürmen weg oder werden aufgrund fehlender Gesetze einfach gefällt – irische Bauern haben kein Verhältnis zu Bäumen auf ihrem Land. Nach irischem Recht kann man nämlich nur einen einzelnen Baum schützen, nicht jedoch einen ganzen Wald. Das **irische Waldsterben** beruht nicht auf dem sauren Regen, sondern liegt an der Ignoranz der Menschen und das, obwohl die gälischen Vorfahren der heutigen Iren in den Liedern und Sagen immer wieder dazu aufriefen, Bäume und Wälder zu schützen.

Fauna

Vögel

Ornithologen oder solche, die es erst noch werden wollen, finden in Irland Vögel aller Couleur. Hier kann man gefiederte Freunde beobachten, die auf dem Kontinent nicht mehr oder nur noch in kleinen Populationen vorkommen. Ein Fernglas gehört daher unbedingt ins Reisegepäck. Nach Schätzungen gibt es auf der Grünen Insel rund 200 **Vogelarten** sowie etwa weitere 180 Arten, die ab und an die Insel anfliegen. Von diesen 200 Arten sind 35 nur im Sommer und 40 nur im Winter zu beobachten, 30 verweilen nur kurzfristig auf der Insel, und 100 Vogelarten sind in Irland sesshaft, darunter vier, die **originär irische Spezies** sind: der Irische Eichelhäher *(Jay, Garrulus glandarius hibernicus),* die Wasseramsel *(Dipper, Cinclus cinclus hibernicus),* die Tannenmeise *(Coul-Tit Mouse, Parus ater hibernicus)* und das Moorschneehuhn *(Lagopus lagopus hibernicus).*

Überall da, wo Wasser reichlich vorkommt, also an See- und Flussufern, in Bächen und Teichen, kann der Besucher leicht den **Graureiher** *(Grey Heron, Ardea cinerea)* ausmachen, der reglos im Wasser steht, bereit, mit seinem langen Schnabel zuzustoßen, sobald ein Fisch in die Nähe kommt. Wo einer ist, ist ein zweiter, ein dritter und ein vierter nicht weit, denn Graureiher sind gesellige Vögel.

An glasklaren, sauberen Flüssen sieht man häufig den exotisch bunten **Eisvogel** *(Kingfisher, Alcedo atthis)* mit seinem blaugrünen Rücken und dem gelbroten Bauch, sehr zu recht häufig als „fliegender Edelstein“ charakterisiert. Wie der Reiher auch, ist der Eisvogel ein so genannter Lauerjäger; man findet ihn reglos verharrend auf einem Ast ein Stückchen über der Wasseroberfläche; sichtet er seine Beute, so stürzt er kopfüber in die Fluten und greift mit seinem langen, kräftigen Schnabel den Fisch.

Weit verbreitet ist in Irland die **Löffelente** *(Northern Shoveler, Anas clypeata),* ein Schwimmvogel, der in Deutschland vom Aussterben bedroht ist. Lustig ist es, den hintereinander im Kreis schwimmenden Enten bei der

s 020

Nahrungsaufnahme zuzusehen: Mit dem löffelartigen Schnabel filtert jede Ente – mit vorgerecktem Hals und den Kopf seitlich schwenkend – Kleinstlebewesen aus dem Wasser und das unter unaufhörlichem Geschnatter. Leider hat man jedoch nur selten das Vergnügen, da die Löffelente zumeist des nachts auf Nahrungssuche geht.

Eisvogel

Ganz besonders vogelreich sind die steil ins Meer abfallenden Felsen im Westen Irlands, beispielsweise die Cliffs of Moher oder die Slieve Leagues. Hier sieht man vor allem die **Dreizehenmöwe** *(Rissa tridactyla)*, die unentwegt ihren englischen Namen ruft: *Kittiwake, Kittiwake*. Abertausende von Kittiwakes sitzen dicht an dicht in der steilen Felswand. Ihnen tun es die **Basstölpel** *(Northern Gannet, Sula bassana)* gleich, die ebenfalls in großer Population an den Felsklippen nisten. Ihren Namen haben diese Vögel von der unbeholfenen Gangart auf dem Land, in der Luft dagegen sind sie hervorragende Flieger und stoßen, wenn sie ihre Beute entdeckt haben, mit angelegten Flügeln senkrecht ins Wasser ab.

Freude kommt auf bei groß und klein, wenn die **Papageientaucher** *(Puffin, Fratercula arctica)* ins Blickfeld des Feldstechers kommen; die bunten, lustig aussehenden Vögel nisten in kleinen Höhlen und Nischen. Weitere Bewohner der Vogelfelsen sind die Trottellumme *(Guillemot, Uria aalge)*, der Tordalk (*Razorbill, Alca torda)*, die Sturmschwalbe *(Storm Petrel, Hydrobates pelagicus)* und der Große Sturmtaucher *(Great Shearwater, Puffinus gravis)*.

Auch viele **Singvögel** sind auf der Grünen Insel beheimatet und erfreuen mit ihrem Gesang die Herzen der Besucher. Traditionell verkündet der Kuckuck *(Cuckoo, Cuculus canorus)* den Beginn der Touristensaison, und die Iren sind begeistert, wenn sie schon im März seinen Ruf hören. Auch Schwalben – häufig vorkommende Arten sind die Rauchschwalbe *(Common Swallow, Hirundo rustica)* und die Mehlschwalbe *(House Martin, Delichon urbica)* – sind gern gesehen, künden sie doch den nahenden Sommer an.

Auch an **Greifvögeln** ist Irland nicht arm. Über die ganze Insel verbreitet sind der Sperber *(Eurasian Sparrowhawk, Accipiter nisus)* und der Turmfalke *(Old World Kestrel, Falco tinnunculus)*, der in der Luft „steht", von oben sein Opfer ausmacht und dann niederstößt. Der Merlin *(Merlin, Falco columbarius)*, ein Zwergfalke, ist hauptsächlich im Moorland heimisch, und auch in Irland selten geworden ist der Wanderfalke *(Peregrine Falcon, Falco peregrinus)*.

Säugetiere

Nicht nur die Pflanzenvielfalt ist gering in Irland, nach der letzten Eiszeit blieben auch recht wenig Säugetiere auf der Insel zurück. Von den weltweit über 4000 vorkommenden Säugetieren zählt Europa 150 Arten, auf der Grünen Insel kommen jedoch nur 28 vor. Das **Irische Hermelin** *(Mustela erminea)*, für kontinentale Ohren fälschlich als *Weasel* bezeichnet, ist braun und hat einen weißen Bauch. Häufig erblickt man das auch tagsüber jagende Tier in freier Wildbahn. Der Besucher, der es näher ansehen möchte, sei davor gewarnt, die Hand auszustrecken. Hermeline sind recht aggressive Angreifer, die zudem auch in Gruppen jagen.

Zu den Insektenfressern gehört das kleinste Säugetier der Insel, die überall vorkommende **Zwergspitzmaus** *(Lesser Shrew, Sorex minutus)*, die nur 4 cm lang und rund 6 g schwer ist. **Rote Eichhörnchen** *(Squirrel, Sciurus vulgaris)* sowie die grauschwarze Art *(Sciurus carolinensis)* sind ebenfalls weit vertreten; die possierlichen Tierchen bauen nicht nur hoch oben in den Bäumen, sondern auch in Hecken ihre Behausungen. Ebenfalls gerne in Hecken lebt der **Igel** *(Erinaceus europaeus)*, der deshalb zutreffend auch als *Hedgehog*, als Heckenschwein bezeichnet wird.

Aus England stammt der Feldhase *(Hare, Lepus europaeus)*, originär irisch dagegen ist der Irische **Hase** *(Lepus timidus hibernicus)*. Der *Irish Hare* ist eine Unterart des Schneehasen.

Trotz intensiver Bejagung ist der **Rotfuchs** *(European Fox, Vulpes vulpes)* noch mit beträchtlichen Populationen vorhanden, selten dagegen ist der **Baummarder** *(Pine Marten, Martes martes)* geworden, dessen letzte Exemplare in Irland wohl nur noch im Burren (vgl. Tour 5) ihr Leben fristen. Erfreulich dagegen, dass es noch eine ganze Menge **Dachse** *(Badger, Meles meles)* gibt; auch große, mehr als 20 kg schwere Tiere sind darunter.

In der Regel auf die Gelände der Nationalparks beschränkt kommen **Damwild** *(Dama d. dama)*, der japanische **Sika-Hirsch** *(Sika Deer, Cervus n. nippon)* und Irisches **Rotwild** *(Cervus elaphus hippelaphus)* vor.

Noch hat Irland den größten **Otterbestand** in ganz Europa, doch heißt

dies wenig, da die putzigen Tiere auf dem Kontinent vor dem Aussterben stehen. Leider versucht man auch in Irland, dem Otter *(Common Otter, Lutra lutra)* den Garaus zu machen; entweder verenden die Tiere in den Reusen, oder aber die Angler machen gezielt Jagd auf sie. Da sich der Otter auch von Fischen ernährt, nimmt er den Anglern die Sportgrundlage.

Seehunde

Meerestiere

Vor der über 3000 km langen irischen Küste tummeln sich natürlich eine ganze Anzahl von Meeresbewohnern. Auf einen Bestand von 2000 bis 3000 Tieren schätzt man die beiden **Seehund-Arten:** der Gemeine Seehund *(Common Seal, Phoca vitulina)* und die Kegelrobbe *(Horsehead Seal, Halichoerus grypus)*. Die Fischer sind nicht gut auf diese Tiere zu sprechen, denn angeblich zerreißen sie die Netze, und da sie sich von Fischen ernähren, dezimieren sie angeblich den Bestand. Dass dafür allerdings die Überschreitung der Fangquoten und illegale Fangmethoden verantwortlich sind, wollen die Fischer nicht wahrhaben.

1982 richteten die Fischer von Achill Island ein Blutbad auf der Robbeninsel Inishkea Island an. Sie erschlugen Hunderte von Seehunden; seitdem halten die so genannten *Sea Shepherds* Wacht auf dem Robbeneiland.

Immer wieder werden tote, im Wasser verendete **Wale** *(Whales)* an die Küste gespült, doch zu Gesicht bekommt man lebende Riesensäuger so gut wie nie. Dagegen zeigen sich **Tümmler** *(Bottle-nosed Dolphin, Tursiops truncatus)* und die neugierigen, in sozialen Verbänden lebenden **Delfine** *(Dolphin, Delphinus delphis)* des öfteren.

Hummer und Languste

Viele **Fischarten** kommen vor der Küste vor. Wohl fühlen sich im warmen Golfstrom der Seebarsch *(Bass, Roccus labrax)* und die Meeräsche *(Grey Mullet, Mugil spec.)*. In kälteren Gefilden leben Hering *(Herring, Clupea spec.)*, Kabeljau *(Cod, Gadus morua)*, Scholle *(Plaice, Pleuronectes platessa)*, Seezunge *(Sole, Solea solea)*, Schellfisch *(Haddock, Melanogrammus aeglefinus)* und Sprotte *(Sprattus sprattus)*.

Für all diese Arten werfen die irischen Fischer – und nicht nur sie – ihre Netze aus. Selbst spanische Trawler „wildern" in den irischen Hoheitsgewässern, machen gute Fänge und zahlen daher die Strafen, wenn sie einmal von einem der Kriegsschiffe der irischen Marine aufgebracht werden.

Obwohl die Hochseeangler Jagd auf **Haie** *(Shark)* machen, muss der Schwimmer keine Sorge vor einer Hai-Attacke haben. Zwar kommt sogar der über 9 m lang werdende Riesenhai *(Cetorhinus maximus)* vor, doch der ernährt sich von pflanzlicher Rohkost. Auch die fünf anderen hier vorkommenden Hai-Arten gelten als ungefährlich.

Alle Arten von **Krustentieren** sind vor der Küste vertreten, so etwa Langusten *(Spiny Lobster, Palinurus elephas)*, Taschenkrebse *(Rockdwelling Crab, Cancer pagurus)* und Hummer *(Lobster, Homarus vulgaris)*.

Süßwasserfische

In den vielen Binnenseen und dem Flusssystem des Shannon findet der Besucher gute Bestände an Forellen *(Salmo trutta lacustris)*, Lachs *(Salmo salar)*, Hecht *(Esox lucius)*, Brasse *(Abramis brasa)* und die Schleie *(Tinca tinca)* – kein Wunder also, dass es die Hobby-Angler auf die grüne Insel zieht.

Umweltschutz

Um es gleich vorweg zu sagen: Irland ist unter ökologischen Gesichtspunkten sicherlich das intakteste Land Europas – doch muss man mittlerweile fragen: Wie lange noch? Denn schenkt man Umfragen Glauben, so sind die Iren von allen Europäern innerhalb der EU am wenigsten am Umweltschutz interessiert, und entsprechend ignorant verhalten sie sich auch.

Da verkamen in den vergangenen Jahren EU-Normen zur Ökologie – innerhalb Europas ohnehin nicht gerade ein Parkett, auf dem Europa-Politiker Furore machen – schon zur Farce, wenn die Regierung in Dublin höhere **Ausnahmeregelungen** mit dem Hinweis forderte, dass Irland bekanntermaßen ja keine Umweltbelastung habe. So akzeptierten die Brüsseler Beamten doch tatsächlich – offensichtlich beeindruckt von diesem Argument – einen höheren Bleigehalt im Treibstoff. Mit ähnlich perfider Strategie schafften es die politischen Drahtzieher, dass das Kohlekraftwerk Moneypoint am Shannon einen höheren Schwefeldioxyd-Ausstoß in die Luft ablassen durfte, als es die EU-Richtlinien vorsahen; die irische Delegation hatte damit argumentiert, dass die Luft auf der Grünen Insel – wie ja jedermann wisse – noch sauber sei.

So kann man es tatsächlich auf den Punkt bringen: Dass Irlands Natur noch weitgehend gesund ist, verdanken die Bewohner der Grünen Insel nicht ihrem Umwelt-Engagement, sondern der in der Vergangenheit man-

gelnden Gelegenheit, ihr Land zu zerstören. Und es hat den Anschein, dass die Iren diesem Manko nun verstärkt beikommen wollen. Fabriken stoßen ihre Emissionen ungefiltert in die Luft und leiten die Abwässer in Seen und Flüsse, auf dem Lande verschandelt der so genannte *Bungalow Blitz,* eine Welle von einförmigen Flachbauten, die Natur und zersiedelt die Landschaft, und die Hochleistungslandwirtschaft überdüngt die Böden und lässt die Silagebrühe einer Intensiv-Großviehhaltung in Bäche und Seen laufen. Gegen alles das unternimmt der irische Staat wenig bis gar nichts. Sehr zur Freude der Industrie gibt es kaum oder nur unzureichende behördliche Auflagen für den Umweltschutz.

Vor allem die **Intensivierung im Agrarsektor** steht nicht mehr im Einklang mit den Erfordernissen der Natur. Noch in den 1960er Jahren gingen die irischen Farmer mit ihrer rezyklierenden Form der Landwirtschaft und mit naturschonenden Bewirtschaftungsmethoden sorgsam mit dem verfügbaren Boden um. Schaut man sich an, was in den letzten 40 Jahren geschehen ist, so muss man sich doch ernsthaft Sorgen um das ökologische Musterland Irland machen. Denn seitdem hat sich der Verbrauch von Stickstoff vervierzehnfacht; über die Bodenauswaschungen gelangt dieses Düngemittel in Flüsse und Seen, von denen manche bereits von der Eutrophierung (Nährstoffanreicherung in einem Gewässer und damit verbundenes übermäßiges sowie schädliches Pflanzenwachstum) bedroht sind.

Kommen Einleitungen von großen Tierfarmen hinzu, so hat sich an diesen Stellen in den letzten Jahren die Wasserqualität dramatisch verschlechtert.

Pestizide und Insektizide werden in Irland reichlich und intensiv gespritzt. Viele Tier- und Pflanzenarten sind durch die chemische Keule in Bedrohung geraten; so stehen etwa 30 Vogelarten und mehr als 120 Pflanzenarten vor dem Aussterben.

Insgesamt wurden in den letzten 40 Jahren 1,2 Mio. ha feuchter Flächen drainiert, so dass viele Lebensräume von Tieren und Pflanzen restlos zerstört wurden. Besonders diese Maßnahme war höchst unsinnig, da eine Ertragssteigerung der Landwirtschaft aufgrund der schlechten Böden so gut wie gar nicht stattgefunden hat. Häufig wurden auch Bäche und Flüsse begradigt, wodurch die Futterzufuhr der Fische und ihre geschützten Brutstätten vernichtet wurden. Auch durch die intensive Ausbeutung der Moore ist der Wasserhaushalt örtlich aus dem Tritt geraten.

Glücklicherweise gibt es – unter ökologischen Gesichtspunkten gesehen – kaum eine umweltzerstörende Schwerindustrie auf der Grünen Insel, doch auch die **Leichtindustrie** hinterlässt jährlich eine Abfallmenge von über 2,5 Mio. Tonnen, des Weiteren fallen derzeit Jahr für Jahr 90.000 Tonnen an Giftmüll an.

In der zweiten Hälfte der 1990er Jahre nahmen die **bakteriologischen Verunreinigungen des Trinkwassers** in den ländlichen Gebieten zu. In diesen Regionen beziehen die Bewohner ihr kostbares Nass aus so genannten *Group Water Schemes,* aus Gemeinschaftsreservoiren. Etliche hundert von diesen kleinen Wasserwerken halten die Trinkwasserversorgung in den bäuerlichen Gebieten Irlands aufrecht. Zumeist erfolgt die Kontrolle und Wartung durch nicht ausgebildete, freiwillige Helfer.

Das Wasser für diese Gemeinschaftszisternen stammt aus den umliegenden Seen, Flüssen und Brunnen, es ist chemisch unbehandelt, also nicht chloriert. Per EU-Richtlinien waren die irischen Behörden aufgefordert worden, die Wasserqualität in den *Group Water Schemes* zu prüfen, dies geschah in der Regel einmal pro Jahr. Allerdings sind die Autoritäten nicht verpflichtet, Maßnahmen zu ergreifen, wenn das Wasser eines Resevoirs von schlechter Qualität ist. Die Öffentlichkeit muss vom Betreiber eines lokalen *Water Scheme* infomiert werden; dabei ist zu bedenken, dass es sich hierbei fast immer um eine kleine, ungenügend finanzierte und mangelhaft unterrichtete Organisation handelt.

Bis zum Beginn der 1990er Jahre war aufgrund der häufigen Regenfälle sowie der weitgehend intakten Natur das Wasser aus diesen Reservoirs bedenkenlos trinkbar. Seitdem hatte sich trotz der prüfenden Behörde die Qualität in vielen ländlichen *Group Water Schemes* rapide verschlechtert. Die festgestellten Wasserkontaminationen zeigten anorganische und bakteriologische Verschmutzungen, die zum größten Teil aus der **intensiven Landwirtschaft** stammten, in der Nähe von größeren Städten aber auch auf industrielle Einflüsse zurückzuführen waren.

Die Verschlechterung der Wasserqualität ging indirekt auf die großzügigen EU-Subventionen für Schaffarmer zurück. Die **Überweidung** durch die zahlenmäßig stark angestiegenen Herden hatte mittlerweile die natürliche Vegetation, die bisher wie ein Filter für organische Verschmutzungen diente, weitgehend zerstört. Daraus resultierte auch eine größere Verschmutzung des Wassers durch Torfreste und Erde. Schlimmer aber noch war, dass jetzt Schafsfäkalien, die in hohem Maße **Kolibakterien** und Streptokokken enthielten, in die Seen und Flüsse gespült wurden, aus denen die *Group Water Schemes* ihr Wasser erhielten. Da auch Salmonellen und anderere Parasiten bei irischen Schafen vorkommen, sind auch sie potentielle Verschmutzer von Trinkwasser in den ländlichen Gebieten.

Bakteriologische Untersuchungen der *Group Water Schemes* Ende der 1990er Jahre hatten gezeigt, dass eine ganze Reihe von ihnen mit Kolibakterien kontaminiert waren. Aufgrund privater Initiative wurde das Problem der EU und der Weltgesundheitsbehörde gemeldet. Die Europa-Kommission der EU richtete daraufhin eine formelle Beschwerde aufgrund der Verstöße gegen die Wasserqualität an die irische Regierung. Denn die *Group Water Schemes* sind nur in den seltensten Fällen vor Verunreinigungen durch Schafs-

007ir Foto: hs

herden oder industrielle Abfälle geschützt.

Wie nicht anders zu erwarten hatten sich die staatlichen Stellen bis zum Jahr 2000 überhaupt nicht zu diesem Problem geäußert, und die Bewohner der bäuerlichen Regionen des Landes nicht aufgeklärt, so dass sich nur wenige Menschen über die gesundheitliche Bedrohung klar waren.

Noch im Jahr 2000 schätzte die Vereinigung der Ingenieure Irlands die Verschmutzung des Wasser in den *Group Water Schemes* auf bis zu 42%. Dann nahm sich die Regierung des Problems an und stellte einen Entwicklungsplan vor.

In der Zeit von 2000 bis 2006 wurden mit insgesamt rund 600 Mio. Euro die *Group Water Schemes* der ländlichen Gebiete derart **saniert,** dass keine Verschmutzungen des Wassers mehr zu befürchten sind.

Wegen der mangelhaften Umweltpolitik haben die Europäische Kommission und der Europäische Gerichtshof im Jahre 2005 **harsche Kritik** an Irland geübt und eine Frist zur Behebung der Versäumnisse bis 1015 angemahnt.

Überweidung ist ein weit verbreitetes Problem

Bevölkerung

Irland dürfte wohl das Land Europas sein, das innerhalb der letzten 150 Jahre einen **Bevölkerungsrückgang** ohnegleichen erlebt hat. Schuld daran trug ganz wesentlich die Große Hungersnot (1845–1851; vgl. Kap. Geschichte), in der über 1 Mio. Menschen ums Leben kamen und eine weitere Million in den „schwimmenden Kartoffelsärgen" hauptsächlich nach Amerika auswanderte. Lebten 1845, am Vorabend der *Great Famine,* 8,5 Mio. Menschen auf der Insel, so zählte die Statistik sechs Jahre später, 1851, nur noch 6,5 Mio. Einwohner; 1971 waren es 4,4 Mio. Iren und 1997 lebten nur noch rund 3,8 Mio. Iren in der Republik. Bedenkt man, dass in den USA fast 40 Mio. irischstämmige Personen eine neue Heimat gefunden haben (in Kanada übrigens ca. 1 Mio.), so wird das gigantische Migrationsausmaß überdeutlich.

Aufgrund des kräftigen **Wirtschaftsaufschwungs** seit Mitte der 1990er Jahre ist die Emigration völlig zum Erliegen gekommen, und da das kleine Land dringend Arbeitskräfte sucht, sind viele Iren zurückgewandert. Im Jahre 2006 lebten immerhin wieder 4,2 Mio. Iren in der Republik.

Jung sind die Iren im Vergleich zu den Deutschen: 21% der Bevölkerung ist unter 15 Jahren alt. Seit 1970 ist die **Geburtenziffer** leicht nach unten gegangen und rangiert bei 14 Geburten pro 1000 Einwohner (vorher 22); aufgrund besserer medizinischer Versorgung sank auch die **Sterbeziffer** ent-

Die Travellers – die Fahrenden Irlands

In den Außenbezirken der großen Städte, vor allem aber am Straßenrand außerhalb der Ortschaften, sieht der Besucher nicht mehr so häufig wie noch Mitte der 1990er Jahre ab und an Wohnwagensiedlungen, vor denen sich Schrott- und Altmetallberge türmen – hier hausen die *Tinker,* die Zigeuner Irlands. Entgegen weitverbreiteter Ansicht gehören die *Tinker* nicht zu den Sinti oder Roma, sie sind vielmehr eine rein irische Gruppe, die bereits Ende des 12. Jh. erste urkundliche Erwähnung fand. Irlands Nomaden – auch *Travellers* oder *Itinerants* genannt, denn der Begriff **Tinker** gilt als diskriminierend – haben ihren Ursprung wahrscheinlich in den frühen Enteignungen der Engländer. Diese landlosen Bauern zogen durchs Land und boten den weitgehend selbstversorgenden Farmern all die Dinge an, die auf einem Hof nicht produziert werden konnten. Sie verdingten sich auch als Kesselflicker (daher der Name *Tinker*), Schmiede, Erntehelfer, oder Weber. So entstanden zwischen den irischen Bauern und den Fahrenden gegenseitige Handelsbeziehungen und Abhängigkeiten, doch konfliktfrei war das Zusammenleben zwischen beiden Gruppen nie. Wann immer Sündenböcke gesucht wurden, fand man sie in der Minderheit der *Travellers.*

So entstand als eine Art Schutzmechanismus das *Shelta,* eine **eigene schriftlose Sprache,** die auf einem Gemisch von englischen und gälischen Wörtern basiert.

Während der **großen Hungersnot** im letzten Jahrhundert schlossen sich viele Tagelöhner, landlose Bauern oder vertriebene Pächter den Fahrenden Irlands an. Nach wie vor funktionierte das jahrhundertealte Prinzip, wonach die Bauern auf ihren Gehöften mit Dienstleistungen und Waren aller Art beliefert wurden. Jede Traveller-Großfamilie versorgte innerhalb einer bestimmten Region die Gehöfte. So war sichergestellt, dass sich die einzelnen Gruppen untereinander keine Konkurrenz machten.

Nach dem Zweiten Weltkrieg änderte sich die Situation rapide. Die zunehmende Mechanisierung der Landwirtschaft machte Erntehelfer unnnötig. An Stelle von Metallwaren hielt Plastik Einzug in die Haushalte. Auch in den kleinsten Orten öffneten Supermärkte ihre Pforten – der gesamte Handels-und Dienstleistungsbereich der *Tinker* löste sich innerhalb weniger Jahre auf.

Heute leben denn die meisten der rund 20.000 *Travellers* von der mageren Sozialhilfe. Im Straßenbild von Dublin sieht man die *Tinker-Frauen* mit ihrem in eine Decke gewickelten Kleinkind auf der Straße sitzen und betteln. Die Männer sammeln Altmetall und Schrott. Sie versuchen so, an der Wegwerfgesellschaft der Gegenwart zu partizipieren.

Mitte der 1960er Jahre begann die Regierung mit einem zaghaften Programm zur **Sesshaftwerdung** und baute so genannte *Itinerant settlements* – diese jedoch weitab von jeder sozialen Infrastruktur.

1984 haben Mitglieder der *Travellers* die **Selbsthilfegruppe** *Minceir Misli* ins Leben gerufen, um auf das klägliche Versagen der Regierung aufmerksam zu machen und um eigene Integrationsprogramme zu verwirklichen. Vor allem im Bildungs- und Gesundheitsbereich sieht es bei den Fahrenden Irlands dramatisch aus. Nur die Hälfte aller Kinder geht zur Schule. Die Erwachsenen haben eine um über zehn Jahre kürzere Lebenserwartung als die restlichen Iren, und die Kindersterblichkeit hat Ausmaße, die denen der Dritten Welt gleicht – ein Drittel aller Kinder stirbt innerhalb der ersten zehn Lebensjahre.

In fast allen irischen **Pubs** werden die Fahrenden übrigens **nicht bedient;** wenn ein Wirt es dennoch tut, so macht er bald pleite, denn dann gilt seine Kneipe als Kesselflicker-Pub und die Gäste bleiben aus. Aufsehen erregte 1996 der Fall der Wirtin *Mary Reilly,* die einen Pub in der Nähe von Galway betrieb. Wie selbstverständlich servierte sie auch den Travellers ein Guinness und ließ in ihrer Kneipe auch eine Hochzeit der Fahrenden ausrichten. Das reichte aus, um ein Gericht zu veranlassen, ihr eine Verlängerung der Schanklizenz zu verweigern.

Trish Hegarty, einer der Kämpfer für die Rechte der Travellers, erklärte: „Irland hat sich angewöhnt, den Missbrauch von Menschenrechten überall in der Welt anzuprangern – recht so! Nur vergisst es dabei, wie diese Rechte im eigenen Land gehandhabt werden."

sprechend. Bei der Säuglingssterblichkeit hat Irland weltweit einen der geringsten Werte: 0,7%! Die statistische **Lebenserwartung** liegt bei den Männern bei 74 Jahren, Frauen leben statistisch fünf Jahre länger.

Entgegen den gängigen Klischees haben auch die Iren in der Hauptsache **braune Haare,** rothaarige Iren und Irinnen sind nur mit ca. 4% an der Gesamtbevölkerung vertreten, wenngleich sie im Straßenbild – vielleicht weil der ausländische Besucher genauer hinsieht – häufiger auffallen als hierzulande.

Vor rund 150 Jahren **heiratete** der irische Mann aufgrund der Landverhältnisse statistisch erst im Alter von 39 Jahren, heute zählt er bei der Heirat 27 Jahre, und die Frau, die ihm ihr Ja-Wort gibt, ist nach den Zahlen der Statistiker 24,7 Jahre alt.

Durchschnittlich leben 60 Iren pro Quadratkilometer, doch das Stadt-Land-Gefälle zeigt auch in Irland einen hohen **Urbanitätsgrad;** insgesamt wohnen 58% aller Bewohner in den Städten. Während im Nordwesten der Insel, in Irlands Alaska, beispielsweise in Connemara, nur 25 Einwohner pro Quadratkilometer zu verzeichnen sind, erhöht sich die Dichte in Dublin auf 4495 Einwohner pro Quadratkilometer. In der Metropole konzentrieren sich die Sitze von Handel, Banken, Dienstleistungsbranchen und Versicherungen, der Großraum zählt mittlerweile über 1,2 Mio. Menschen. Weitere 36% der Bevölkerung leben in den vier größten Städten Cork, Limerick, Waterford und Galway.

Irische Armut – deutsche Stimmen aus dem 19. Jahrhundert

Mitte des 19. Jahrhunderts erschien der Band „Reisen in Irland" in den Regalen der Buchhändler; hier zeigte sich der Friese **Knut Clement** wenig von den Bewohnern der Insel angetan: „Nacht und Nebel gleich, liegt Geistesfinsternis und Unwissenheit über Irland, vornehmlich über dem irischen Irland ausgebreitet, wo man die klarsten und schönsten Naturszenen findet." Von der großen Hungersnot scheint er nichts mitbekommen haben, wohl lässt er sich aber über die Küche aus: „Wieviel Küchenfertigkeit lässt sich auch bei einem Volk erwarten, welches großenteils von kahlen Kartoffeln lebt, deren Garmachung keiner Kochkunst bedarf. Der Tee schmeckt nach Blei, und das Brot ist dicht und schwer wie Blei und ohne Salz und Säure. Wenn man bei uns zu Lande, was die Kochkunst betrifft, aus nichts alles zu machen weiß, so weiß man in Irland, aus allem nichts zu machen."

Ein wenig differenzierter und mit sozialer Ader sah **Moritz Hartmann** die Iren, die zu arm für vollständige Bekleidung waren: „Höchstens der zehnte Mann, dem man begegnet, ist anständig gekleidet. Von den anderen haben gewiß sieben kein Hemd an; wenn sie auch die Röcke bis hinauf zugeknöpft haben, so verraten doch unzählige Stellen, die den nackten Leib zeigen." Und die Armut geht seiner Meinung nach zu recht auf die Engländer zurück: „Der Irländer arbeitet willig, um sich sein tägliches Brot zu verdienen. Aber er tut es gern mit Heiterkeit und sträubt sich gegen die vertierende Anstrengung, die der Engländer verlangt." Und über die Bucht von Dublin heißt es bei ihm: „Die Bai ist wie alles in Irland, wie die Menschenangesichter, denen man die Fähigkeit zum Glück, zur Heiterkeit, wie die Felder, denen man unbenutzte Fruchtbarkeit ansieht. Alles könnte hier schön sein, wenn das nur der 'liebe Nächste' wollte." Damit meinte er England!

Auch der große **Goethe** äußerte sich 1829 nicht sehr schmeichelhaft über die Iren: „Es hat etwas ähnliches von den Irish Bulls, die aus einer wunderlichen Unbeholfenheit des Geistes hervorkommen, und worüber im psychologischen Sinn gar manches zu sagen ist. Hier etwas dergleichen: Ein Irländer liegt im Bette, man stürmt herein und ruft: rettet euch, das Haus brennt! Wieso?, erwidert er, ich wohne ja zur Miete hier."

Julius Rodenberg reiste 1858 in den Nordwesten von Irland und beschrieb die Armut der Region am Beispiel einer jungen Frau: „O, wie schön, wie elend war dieses Mädchen. Sie hatte ein zerrissenes Hemd an, dass bis an die Knie reichte und darüber einige rote Lappen, die nichts von den Körperreizen dieses prächtigen Geschöpfes verbargen, sondern sie noch erhöhten, indem sie dastand, die roten Fetzen flatternd über den nackten Waden, das schwarze Haar flatternd um das Oval des schönen Gesichtes und den vollen, jungfräulichen Busen enthüllt, je nachdem der Heidewind das Hemd hob oder senkte."

Entsetzt von der Armut im Nordwesten zeigte sich 1842 auch der reiseerfahrene Ethnograph **Johann Georg Kohl:** „Auf einmal aber, wenn man die Augen auftut und den Blick etwas schärft, entdeckt man zu seiner Verwunderung überall zwischen den Felsen und Morästen etwas Grünliches, das dem Kartoffelkraute gleicht. Neugierig geht man darauf zu. Man macht einen unvorsichtigen Schritt auf ein weiches nachgiebiges Erdreich und stürzt – in einen Abgrund? eine Höhle? einen Sumpf? – nein! in eine Hütte, eine Menschenwohnung, zu der jene Kartoffeln gehörten und deren Existenz man nicht bemerkte, weil das Dach auf der einen Seite beinahe so niedrig wie der Boden war und ebenso schwarz, torfig, haidig wie dieser aussah. – Diese Insel des Unglücks und des Haders, dies Land so unendlich vieler im übrigen Europa unbekannter Absonderlichkeiten."

Bildungswesen

Während des 17. und des 18. Jh., als die Briten mit ihren drakonischen Strafgesetzen *(Penal Laws)* die katholischen Iren politisch auf das härteste unterdrückten, war es den Bewohnern der Grünen Insel auch verboten, ihre Kinder in die Schulen zu schicken. So wanderten die so genannten **Heckenlehrer** über Land und unterrichteten die Jungen und Mädchen der armen Bauern und Tagelöhner heimlich im Schutz der vielen Wallhecken. Nach einer zeitgenössischen Chronik trugen die wandernden Pädagogen ein Tintenfass an einer Kette um den Hals, hatten in der einen Tasche einen Text von *Homer* und in der anderen ein gälisches Lesebuch. Nachdem die Iren wieder ganz offiziell ein Schulsystem errichten durften, machte sich vor allem die Kirche um die Ausbildung der Kleinen verdient; die so genannten **Christian Brothers** sorgten für die schulische Erziehung der Armen.

Heute besteht für alle 6- bis15-Jährigen eine **allgemeine Schulpflicht,** wobei die Eltern ihre Kleinen in der Regel schon im Alter von vier bis fünf Jahren in eine staatliche Vorschule schicken. Später wechseln die Jungen und Mädchen an **Secondary Schools,** die sich zumeist in kirchlicher Trägerschaft befinden; das *Department of Education* stellt jedoch den landesweit gültigen Lehrplan auf und finanziert weitgehend diese Schulform.

So kämpft sich denn der kleine Ire über die Jahre – wie die anderen Zöglinge auch in einer einheitlichen Schuluniform – bis zu seinem *Leaving Certificate,* vergleichbar unserem Abitur, durch die von 9 Uhr bis gegen 16 Uhr dauernden harten Schultage. Wichtig zu erwähnen ist noch, dass **Gälisch** Pflichtfach an allen irischen Schulen ist und dass in rund dreißig *Secondary Schools* der Unterricht teilweise oder sogar überwiegend in dieser Sprache erteilt wird.

Wer von den Jugendlichen im Alter von 15 Jahren die Schule verlässt und einen Beruf ergreift, muss natürlich auch noch weiter lernen; für ihn sorgen nun die **Berufsschulen** sowie eine Anzahl von *Technical Colleges,* in denen berufsspezifische Kenntnisse erworben werden. In Limerick gibt es darüber hinaus eine technisch ausgerichtete Gesamthochschule, das *National Institute for Higher Education,* in Dublin gibt es ein zweites **Polytechnikum** dieser Art.

Eine akademische Ausbildung erlangen unsere Schulabsolventen an den Universitäten der Grünen Insel. Die älteste Hochschule des Landes, das **Trinity College** in Dublin, wurde 1591 von der englischen Königin *Elisabeth I.* gegründet und stand in jenen Tagen natürlich nur den anglo-irischen und protestantischen Studenten offen. Gebürtige Iren durften erst 1793 in die Hörsäle und noch für weitere 70 Jahre fanden sie zu Stipendien und Studienabschlüssen keinen Zugang. Dennoch hat das *Trinity College* für die Befreiungsgeschichte des Landes eine große Rolle gespielt. Hier bekam eine ganze Anzahl von politisch aktiven Studenten, die später dann gegen die Briten

006ir Foto: hg

kämpften, eine fundierte Ausbildung. Heutzutage sind über 5000 Studenten am *Trinity College* eingeschrieben.

Zu Beginn des 20. Jahrhunderts entwickelte sich aus diesem College die **National University of Ireland,** die zudem Bildungseinrichtungen in Dublin (9000 Studenten), Cork (6000) und Galway (4000) besitzt. An der Universität von Galway übrigens wurde – da die Stadt Zentrum eines großen Gaeltacht-Gebietes ist – in den Anfangsjahren nur in der gälischen Sprache unterrichtet; sogar die naturwissenschaftlichen Fächer lehrten die Professoren in diesem Idiom. Hochschulstatus haben

auch die medizinischen Fakultäten *Royal College of Surgeons* und *Royal College of Physicians,* beide in Dublin.

Das Trinity College in Dublin

Irische Sportarten

Fußball

Nachdem sich die irische **Fußballnationalmannschaft** 2002 zum wiederholten Male für die Weltmeisterschaft qualifizieren und wie schon in der Vergangenheit große Achtungserfolge erringen konnte, wird *Soccer* immer beliebter auf der Grünen Insel. Da verwundert es nicht, dass allen Ernstes vor der WM das Bildungs- und Arbeitsministerium sowie natürlich die Lehrergewerkschaft gefordert hatten, die Arbeitszeiten nach den Spielplänen der WM-Kicker auszurichten. So kurios wie dies klingt, ist es gar nicht, denn während internationaler Begegnungen bricht in Dublin ohnehin der öffentliche Nahverkehr zusammen, weil auch die Busfahrer die Spiele vor dem Fernseher verfolgen möchten.

Mit der *Soccer*-Begeisterung bekommt die Grüne Insel leider auch deren negativen Auswirkungen zu spüren. Fehlgeleitete **Fußballfans** randalieren auch in Irland und liefern sich Straßenschlachten mit den Ordnungshütern. Eher ein Bonmot am Rande ist es da, dass die italienische Zeitung *La Republicca* herausgefunden haben will, woher sich der englische Begriff des gewalttätigen Fußballfans, *Hooligan,* ableitet. Nämlich angeblich nach einer – für alles Schlechte in England müssen noch immer die Iren herhalten – berüchtigten Straßenbande namens *Hooley's Gang,* die gegen Ende des letzten Jahrhunderts das Londoner Armen- und Einwandererviertel East End unsicher machte ...

Hurling

Wenngleich also der Fußball auf dem Vormarsch ist, so stehen die Iren doch in erster Linie zu zwei ganz eigenen Sportarten, dem *Hurling* und dem *Gaelic Football*. Das *Hurling-Spiel* reicht bis in die **mystische Vergangenheit** der Kelten zurück. Schon der große Held *Cu Culainn (vgl.* Tour 6, Irlands Sagen) soll es nicht nur gespielt, sondern in jungen Jahren auch als Kampftechnik angewandt haben. Und in dem Liebesepos „Grainne und Diarmuid" wird erzählt, dass Grainne den magischen Liebesfleck an Darmuid sah, während dieser *Hurling* spielte – da war es um ihre Gefühle geschehen.

Im Jahre 1884 wurde die **Gaelic Athletic Association** (GAA) mit dem Ziel gegründet, die alten irischen Sportarten vor dem Vergessen zu retten, um damit natürlich auch die kulturelle Eigenständigkeit gegenüber den englischen Besatzern zu demonstrieren. Kein geringerer als *Charles Stewart Parnell* (s. Tour 2, Exkurs) übernahm die Schirmherrschaft über den Verband – ein Zeichen dafür, welch ein Politikum die GAA darstellte. Worum also geht es beim *Hurling* und beim *Gaelic Football?*

Hurling ist ein dem Rasenhockey verwandtes **Mannschaftsspiel** und soll angeblich der schnellste Ballsport überhaupt sein. Zwei Mannschaften mit jeweils 15 Spielern stehen sich gegenüber und versuchen, einen Ball (innen ein Korkkern, außen mit Leder überzogen, 4 cm Durchmesser) ins nicht bewachte gegnerische Tor zu treiben. Wichtigstes Hilfsmittel ist eine Art Hockeyschläger, *Camamans* oder auch *Hurley* genannt, ein etwa ein Meter langer Schläger, der am unteren Ende eine abgerundete Vertiefung für den Ball aufweist. Mit dem *Hurley,* aber auch mit der Hand oder dem Fuß versuchen die Spieler nun, durch die Korkkugel Tore und damit Punkte zu erzielen. Ein Tor besteht aus zwei ca. 6 m hohen und 7 m auseinanderstehenden Pfosten, die in einer Höhe von 2,4 m eine Querlatte aufweisen. Fliegt der Ball über dieser Querlatte durch das Tor, so gibt es einen Punkt, bringt die Mannschaft aber die Korkkugel unter der Latte durchs Ziel, so hat sie drei Punkte auf ihrem Konto. Das verletzungsintensive Spiel hat zwei Halbzeiten zu jeweils 35 Minuten.

Auch Frauen sind dem *Hurling* zugetan, das – schwingen die Damen den Schläger – **Camogie** heißt, die gleichen Regeln aufweist, aber nur 25 Minuten pro Halbzeit dauert.

Gaelic Football

Auch beim gälischen Fußball *(Gaelic Football),* einer irischen Variante des englischen Rugby, stehen sich jeweils 15 Akteure auf einem Hurling-Spielfeld gegenüber und versuchen mit Händen und Füßen, den Ball ins gegnerische, allerdings bewachte Tor zu bringen. Die Punkte erreicht man auf

Cricket wird in Irland auch gespielt

die gleiche Weise wie beim *Hurling*. Es ist verboten, den Ball mit den Händen vom Boden aufzunehmen, auch darf man ihn nicht länger als vier Schritte in den Händen halten, dann muss der Spieler ihn werfen, weiterkicken oder aber die Technik des *Toe-to-Hand* anwenden. Dabei wird der Ball - während des Laufes und unter den Attacken der Gegner - auf die eigene Fußspitze geworfen und von dort in die Hände zurückgekickt. Das komplizierte Regelwerk hat man erst im Jahre 1989 vereinheitlicht.

Jedes Jahr im September finden die *Hurling*- und die *Gaelic-Football*-**Endausscheidungen** im Croke-Park-Stadion von Dublin statt; die Karten dafür sind freilich schon Monate vorher ausverkauft.

Medien

Printmedien

Selbstverständlich garantieren die irischen Gesetze eine Presse- und Meinungsfreiheit. Zu bemängeln ist allerdings, dass es auf der Grünen Insel kein Geheimhaltungsrecht für Journalisten gibt.

In Irland erscheinen acht große **Tageszeitungen** mit nationaler Verbreitung, sechs Blätter kommen aus Dublin, zwei aus Cork, siehe Kasten (in Klammern: Gründungsjahr, Erscheinungsort und Auflagenhöhe).

Zusätzlich zu diesen national verbreiteten Tageszeitungen kommen noch einmal 44 lokale **Tages- und Wo-**

007ir Foto: hg

chenblätter in den Handel, von denen der 1766 gegründete *Limerick Chronicle* die älteste Zeitung auf der Insel ist.

Irische Tageszeitungen

- *Irish Independent* (1905, Dublin)
- *Evening Herald* (1891, Dublin)
- *The Irish Times* (1859, Dublin)
- *The Star* (Dublin)
- *Evening Press* (1954, Dublin)
- *Cork Examiner* (1841, Cork)
- *Irish Press* (1931, Dublin)
- *Cork Evening Echo* (1892, Cork)

Von den erwähnten landesweit vertriebenen Zeitungen ist der **Independent** mit Abstand das konservativste Blatt und gilt als Sprachrohr des rechten Flügels der konservativen *Fine Gael* Partei.

Die Meinung der eher sozialdemokratischen *Fianna Fail* Partei gibt zuverlässig die **Irish Press** wieder, die sich zudem der republikanischen Sache ganz besonders verpflichtet fühlt.

Bestes Blatt auf der Grünen Insel ist ganz eindeutig die **Irish Times,** die es aufgrund ihrer liberalen Haltung auch wagt, heiße Eisen anzufassen und gesellschaftliche Tabus kontrovers zu diskutieren. Für die *Times* arbeiten Irlands beste Journalisten. Dem Besucher sei dieses Blatt zum täglichen Studium empfohlen, will er etwas über die aktuelle politische, soziale und gesellschaftliche Lage Irlands erfahren.

Wie in Großbritannien auch, konkurriert am Wochenende eine große Anzahl von **Sonntagsblättern** um die Publikumsgunst, und ebenso wie in Großbritannien sind sie zumeist inhaltlich recht schlecht. Noch weit unter Bildzeitungsniveau rangiert die *Sunday World;* nicht verwunderlich ist es da, dass dieses Revolverblatt Sonntag für Sonntag die höchste Auflage in den Markt presst. Die *Sunday Independent* gehört zur Verlagsgruppe der Tageszeitung *Independent,* die *Sunday Press* kommt unter der Redaktionsmeinung der *Irish Press* zu den Lesern. Bestes Sonntagsblatt ist die *Sunday Tribune,* die wie auch die *Irish Times* kontroverse Themen ausführlich kommentiert; in jüngster Zeit jedoch musste sich die *Tribune* ein wenig mehr an die Erfordernisse des Marktes anpassen.

Unerfreulich ist der Vorstoß der **britischen Massenblätter** auf dem irischen Zeitungsmarkt. Von allen Tageszeitungen hat der englische *Star* die höchste Auflage, die *Sun, Daily Mail* und *Daily Mirror* stehen kaum nach und versorgen die Leser mit Ekelnachrichten. Hinzu kommt, dass diese der *Gutter Press* (Gossenpresse) zugehörigen Druckerzeugnisse weitaus billiger sind als z.B. die *Irish Times.*

Ein „Muss" für jeden Dublin-Besucher ist das 14-tägig erscheinende **Stadtmagazin** *In Dublin,* das ausführliche Veranstaltungshinweise gibt.

Radio und Fernsehen

Die staatliche Rundfunk- und Fernsehgesellschaft **Radio Telefis Eireann** (RTE) unterliegt nach dem *Broadcasting Authority Act* aus dem Jahre 1960 recht stark der Kontrolle von Parlament und Regierung, doch gehören die unerfreulichen Zensurmaßnahmen

Dubliner Stadtmagazin

die unerfreulichen Zensurmaßnahmen der 1950er Jahre glücklicherweise der Vergangenheit an. RTE ist eine öffentliche Körperschaft und finanziert sich durch Gebühren sowie durch Einnahmen aus Werbung.

Trotzdem ist der Etat des Senders chronisch defizitär, und so flimmern kaum Eigenproduktionen über die Mattscheibe. Stattdessen muss der Fernsehzuschauer mit englischen und vor allem amerikanischen *Soap Operas* vorliebnehmen, die weitreichenden Einfluss auf die irische Gesellschaft genommen haben. Glaubt man den Soziologen der Grünen Insel, so ist der in den letzten Jahren ausufernde so genannte *Bungalow Blitz,* die Zersiedelung der Landschaft durch amerikanisch inspirierte Flachbauten, eine Reaktion auf die amerikanischen Serien.

Sehr gut dagegen ist die Hauptausgabe der Nachrichten von RTE, die leider, wie die Serien und Spielfilme, von Werbespots unterbrochen wird. Selbstverständlich lassen sich auch sämtliche **britischen Fernsehsender** auf der Grünen Insel empfangen.

Gut und kurzweilig sind auch die **Radioprogramme** von RTE Radio 1. 90% der insgesamt 19-stündigen Sendezeit nimmt bei RTE Radio 2 die aktuelle Popmusik der Charts ein. Daneben tummelt sich eine Vielzahl von kleineren und größeren privaten Stationen. *Raidio na Gaeltacht* produziert gälischsprachige Radiosendungen für die Gaeltacht-Gebiete.

Staat und Verwaltung

Irland ist seit dem Jahr 1921 ein von Großbritannien unabhängiger Staat, seit 1949 Republik (gäl.: *Poblacht Na hEireann)* und entsprechend der Verfassung von 1937 eine parlamentarische Demokratie.

Staatsoberhaupt ist der **Präsident,** *(Uachtaran na hEireann),* der für sieben Jahre und maximal zwei Amtsperioden direkt vom Volk gewählt wird. Große politische Machtbefugnisse hat der irische Präsident ohnehin nicht. Wie in Deutschland auch, wird für dieses Amt in der Regel ein verdienter Parteifunktionär aufgestellt, der nach seiner Wahl hauptsächlich repräsentative Aufgaben ausübt.

Sensationell gestalteten sich die Präsidentschaftswahlen von 1990. Zum ersten Mal in der Geschichte Irlands gewann eine Frau, zudem noch eine parteilose Politikerin, das höchste Amt im Staate. Obwohl die katholische Kirche vehement Front gegen die liberale Kandidatin machte, gewann *Mary Robinson* wohl mit den Stimmen der Frauen und mit denen der gesellschaftlichen Minderheiten überraschend die Wahl.

Das **Parlament** *(Oireachtas)* setzt sich aus dem Abgeordnetenhaus und dem Senat zusammen. Im Abgeordnetenhaus *(Dail Eireann)* sitzen 166 auf fünf Jahre gewählte Parlamentarier *(Teachtai Dala,* Kurzform: TD).

Im Senat *(Seanad Eireann)* kommen 60 Senatoren zu Wort; elf davon ernennt der Regierungschef (so dass zumeist sichergestellt ist, dass die Regierung auch im Senat über eine Mehrheit verfügt), sechs Senatoren entsenden die Universitäten, und 43 Mitglieder der Kammer werden nach berufsspezifischen Kandidatenlisten gewählt. Für maximal 90 Tage kann der Senat Gesetzesvorhaben der Regierung blockieren, faktisch also liegt die Macht im Staate beim Abgeordnetenhaus und der Regierung.

Der **Premierminister** *(Taoiserach)* ernennt die Minister seines Kabinetts und verfügt insgesamt über eine äußerst starke politische Autorität. Lediglich die Verfassung beschränkt die Machtbefugnis dieser Exekutive. Opposition und Parlament haben keinen sonderlich starken Status innerhalb der politischen Alltagsarbeit, parlamentarische Ausschüsse existieren nicht, und für die Annahme einer Gesetzesvorlage genügt die einfache Stimmenmehrheit (Abstimmungsniederlagen der Regierung sind somit außerordentlich selten). Die irische Regierungsform folgt also fast ganz der politischen Struktur des einstigen Unterdrückers Großbritannien.

Schon im 17. Jh. verabschiedeten die Briten das **gälische Brehonenrecht** („Recht der Richter"), in dem die Gesetze durch die ländlich geprägte Sippenstruktur, die überlieferten keltischen Vorstellungen sowie nach einem mündlich tradierten Gewohnheitsrecht eingesetzt wurden, und führten ihren eigenen Rechtskodex in Irland ein. Auch heute noch folgt das **Rechtswesen** auf der Grünen Insel fast ganz dem britischen Vorbild. Nach einem ausgeklügelten Berufungssystem gehen die Straf- und Zivilprozessfälle vom *District Court* weiter zum *Circuit Court,* zum *High Court* in Dublin und landen schließlich beim Obersten Gericht, dem *Supreme Court.* Sieht man einmal von unbedeutenden Zivilrechtsfällen ab, so setzt sich das Gericht aus dem Richter und zwölf Geschworenen zusammen.

Wie sehr der Einfluss der katholischen Kirche in das politische Leben der Iren eingreift, verdeutlicht das in der **Verfassung** festgeschriebene Verbot der Abtreibung. Ebenfalls festgeschrieben ist eine Wiedervereinigungsklausel, die die sechs Grafschaften von Ulster (Nordirland) als zum republikanischen Territorium gehörig erklärt.

Politisch gliedert sich Irland in vier historische **Provinzen:** Leinster, Munster, Ulster und Connaught. Nachdem im Jahre 1921 der Freistaat Irland gegründet wurde, verblieb der größte Teil der Provinz Ulster beim einstigen „Mutterland“ Großbritannien. Die vier Provinzen gliedern sich wiederum in *Counties* (Grafschaften); 26 Counties gehören zur Republik Irland, sechs zu Nordirland; diese zuletzt genannten sechs Grafschaften wurden 1973 durch 26 Distrikte ersetzt.

Irlands Nationalflagge ist grün, weiß, orange (von links nach rechts) gestreift, das nationale Symbol ist die Harfe; daneben sieht man häufig das dreiblättrige Kleeblatt, das an den Heiligen *Patrick* und seine Dreifaltigkeitsdeutung erinnert. Aus der Zeit der Unabhängigkeitsbewegung (1907) datiert die Nationalhymne, die folgerichtig in ihrem Text sehr kämpferisch daherkommt: „Soldaten sind wir, mit unserem Leben treten wir für Irland ein.“

Heutzutage besitzt Irland jedoch nur eine kleine **Freiwilligenarmee** von rund 30.000 Mann. Der Verteidigungshaushalt beträgt – erfreulich zu erfahren – gerade einmal 5% des gesamten Etats, und in der NATO ist die Republik auch nicht – wenngleich konservative irische Strategen eine Aufstockung der Streitkräfte und eine Mitgliedschaft im nordatlantischen Verteidigungsbündnis fordern. Von viel größerer Bedeutung sind die Armeekontingente, die Irland für die UN-Friedenstruppen ins Ausland entsendet. Für die innere Sicherheit sorgt eine rund 100.000 Mann starke **Polizeitruppe** *(Garda Siochana).*

Fast 19% der Gesamtbevölkerung sind in einer der rund 80 **Einzelgewerkschaften** organisiert; im Jahre 1990 haben sich die beiden größten Arbeitnehmerverbände zusammengeschlossen und vertreten nun ein Drittel aller irischen Arbeiter und Angestellten. Das aufgrund der jahrhundertelangen Unterdrückung durch die Briten stark ausgewiesene Geschichtsbewusstsein in der Bevölkerung findet seinen Ausdruck in dem griffigen Slogan „Erst Ire, dann Arbeiter“.

In der irischen Parteienlandschaft dominiert seit 1950 unverändert ein starkes **Dreiparteiensystem,** wovon zwei Parteien in der Regel über 70% der Wählerstimmen auf sich vereinigen. Die *Fine Gael* (Familie der Gälen),

Der Osteraufstand von 1916

Das herausragende Ereignis der jüngeren irischen Geschichte ist ganz zweifellos der Osteraufstand von 1916, der bis zum heutigen Tag ein einigendes Element der irischen Gesellschaft ist.

Initiiert wurde die Rebellion für eine unabhängige irische Republik von einer kleinen Gruppe innerhalb der *Irish Volunteers*, die Unterstützung vom sozialistischen Führer der *Irish Citizen Army, James Conolly*, bekamen. Zur **Führungsgruppe** gehörten *Patrick Pearse, Thomas MacDonagh, Joseph Plunkett* und *Tom Clarke*. Sie alle hatten jedoch keine militärische Ausbildung, sondern waren Lehrer oder wie *Pearse* Dichter.

Vom ersten Tag an stand die gesamte **Planung** unter keinem guten Stern. Die Verschwörer – es war mitten im ersten Weltkrieg – wurden von Deutschland unterstützt; die Briten hatten jedoch den Funkcode des Gegners geknackt und wussten aus aufgefangenen Meldungen, dass in Irland große Ereignisse ihre Schatten vorauswarfen. Als die englische Marine dann vor der Küste von Kerry einen Frachter aufbrachte, der bei Nacht und Nebel 20.000 deutsche Gewehre und die entsprechende Munition löschte, glaubte die britische Führung allerdings nicht mehr, dass Gefahr im Verzuge sei. Da die außerhalb von Dublin stationierten Truppen nun nicht mit Waffen versorgt werden konnten, war der eigentliche militärische Führer der *Irish Volunteers, Eoinn MacNeill,* gegen einen Aufstand und musste von den Verschwörern um *Pearse* festgesetzt werden. Schwere Bedenken äußerte auch ein weiteres Führungsmitglied, *Michael O'Rahilly,* der dann aber die Haltung einnahm: „Ich habe mitgeholfen, die Uhr aufzuziehen, jetzt will ich sie auch schlagen hören!" (*William Butler Yeats* hat ihm Jahre später diese Worte in den Mund gelegt.)

Am Ostermontag, dem **Tag des Aufstandes,** zogen aus allen Himmelsrichtungen irische Truppen nach Dublin ein; eine Gruppe von rund 50 Aktivisten kaperte eine Straßenbahn, und einer hielt dem Fahrer eine Pistole an den Kopf, damit er sie auf schnellstem Weg in die Innenstadt brachte. Der Anführer des Trupps zahlte inzwischen den korrekten Fahrpreis für seine Männer beim Schaffner. Während die Iren in der ganzen Stadt Schlüsselstellungen besetzten, verlas *Patrick Pearse vor* dem Hauptpostamt von Dublin die **Unabhängigkeitsproklamation.**

Die Briten brachten am nächsten Tag Truppen auf die Insel, die nach Dublin vorrückten und in den folgenden Tagen die Stadt zurückeroberten. Am Freitag beschossen sie das Postamt, *Michael O' Rahilly* unternahm mit einigen Männern einen Ausfall und wurde dabei getötet. Danach gab *Patrick Pearse* auf. 300 Zivilisten, 60 Aufständische und 130 englische Soldaten waren ums Leben gekommen.

Der Osteraufstand hätte bis heute nicht so ein Echo in der Öffentlichkeit gefunden, wenn die **Reaktion der Briten** nicht dermaßen brutal gewesen wäre. Drei Tage nach dem Ende der Revolte wurden *Patrick Pearse, Tom Clarke* und *Thomas MacDonagh* im Hof des Gefängnisses *Kilmainham* erschossen. Einige Wochen später starben *Willie Pearse,* der Bruder von Patrick, der nichts mit dem Aufstand zu tun hatte, *Joseph Plunkett* und zwei weitere prominente

Anführer der Rebellion unter den Kugeln des Erschießungskommandos. *Plunkett* hatte wenige Stunden zuvor in der Gefängniskapelle seine Jugendliebe geheiratet, ein privates Abschiednehmen von 10 Minuten war beiden nicht gestattet worden.

Diese **Hinrichtungen** reichten den Briten noch nicht; in den folgenden Tagen kamen weitere 70 Männer – viele davon, die wie *Willie Pearse* unschuldig waren – vor die Erschießungskommandos im Hof des Dubliner Gefängnisses. Als Letzter starb dort am 12. Mai 1916 *James Conolly;* er war während der Kämpfe schwer verwundet worden, konnte nicht stehen und wurde in einem Stuhl erschossen.

Solch rabiater **Hass einer Staatsgewalt** gegen eine kleine Gruppe von Idealisten schuf in der irischen Bevölkerung die Grundlage für die Unabhängigkeit von 1921.

1933 aus der zehn Jahre zuvor entstandenen *Treaty Party* hervorgegangen, befürwortete die Teilung der Insel. Vehement dagegen lehnt sich die *Fianna Fail* (Soldaten des Schicksals) auf, die 1926 von dem überlebenden Führer des Osteraufstandes von 1916, *Eamon de Valera,* gegründet wurde. Über viele Jahre und auch heutzutage war und ist die *Fianna Fail* die beherrschende Partei auf der Grünen Insel.

Weniger Wählerstimmen kann die *Labour Party* auf sich vereinigen, die es aufgrund der Einflüsse der katholischen Kirche, des damit verbundenen Konservatismus und der agrarischen Struktur des Landes besonders schwer hat. Die irische Arbeiterpartei spielt eine der FDP vergleichbare Rolle. Dreimal gelang es ihr, zusammen mit der *Fine Gael* eine Regierungskoalition zu bilden und die beherrschende politische Macht der *Fianna Fall* wenigstens ansatzweise zu brechen.

Wirtschaft

Wirtschaftspolitik

Nachdem Irland im Jahre 1921 die Unabhängigkeit von Großbritannien erreicht hatte, war zwar die politische Souveränität erkämpft, doch in wirtschaftlicher Hinsicht blieb die Grüne Insel weiter ein **Kolonialland.** Das meiste Kapital lag in den Händen weniger Anglo-Iren, die Iren selbst verfügten kaum über finanzielle Mittel zum Aufbau einer unabhängigen Industrie.

A President with a purpose – Mary Robinson, die erste Präsidentin Irlands

Mary Robinson wurde im Mai 1944 in Ballina geboren und wuchs mit vier Brüdern auf. Ihr Vater, der Arzt Aubrey Burke, sorgte für eine fundierte Erziehung und schickte seine Tochter auf gute Privatschulen. In Dublin nahm sie am Trinity College ihr Studium auf, wechselte für einige Zeit an die amerikanische Elitehochschule Harvard und wurde mit nur 25 Jahren **jüngste Rechtsprofessorin** des Trinity College. Wenig später erlangte sie einen Sitz **im Senat,** in der zweiten Kammer des irischen Parlaments. Erst agierte sie dort als parteiunabhängige Senatorin, dann als Mitglied der irischen Labour Party, die sie jedoch im Jahre 1985 aus Protest gegen ein anglo-irisches Abkommen verließ.

Mary Robinson engagierte sich ab nun in verschiedenen Organisationen und machte sich einen Namen als **Verfassungs- und Menschenrechtsexpertin.** Sie wurde auf Vorschlag Mitglied der Internationalen Juristenkommission, einer Vereinigung von Menschenrechtsfachleuten, und setzte sich dort vor allem für Frauenfragen und Probleme von Minderheiten ein.

Über den Europäischen Gerichtshof sorgte sie für die Auflösung von einigen rigiden irischen Gesetzen. Der irischen Frau sicherte sie mit diesen Maßnahmen eine Gleichbehandlung bei der Sozialhilfe zu. Sie kämpfte für die Einführung von Verhütungsmitteln, für die Möglichkeit der Abtreibung, gegen das bis vor kurzem in der irischen Verfassung festgeschriebene Verbot der Ehescheidung sowie für eine Anerkennung der Homosexuellen.

Mit der Devise *A President with a purpose* (eine **Präsidentin** mit einem Anliegen) zog sie 1990 in den Wahlkampf und gewann – trotz vielfältiger Anfeindungen durch die katholische Kirche – überraschend das Amt. *„We have passed the threshold of a new pluralist Ireland"* („Wir haben die Türschwelle zu einem neuen pluralistischen Irland überschritten") postulierte sie in ihrer Antrittsrede am 3. Dezember 1990. In ihrer Amtszeit hat sie sich mit einer minderheitenorientierten Politik und sozialem Engagement das Vertrauen weiter Teile der Bevölkerung erarbeitet.

1997 wechselte Mary Robsinson als Hochkommissarin für Menschenrechte zu den Vereinten Nationen. Das Amt hatte sie bis zum Jahre 2002 inne. Seitdem kümmert sich die frühere irische Präsidentin um die **Ethnic Globalization Initiative (EGI),** in der es um die Menschenrechte, einen fairen Welthandel,und die Bekämpfung von AIDS in den Entwicklungsländern geht.

Als 1932 die *Fianna-Fail-Partei* des charismatischen *Eamon de Valera* an die Regierung kam, postulierte sie die **Politik der wirtschaftlichen Selbstversorgung** und schützte die kleine produzierende Industrie durch hohe Zölle. Mit klaren Worten umriss *de Valera* seine ökonomischen Zukunftsvisionen: „... dass so viele Familien wie möglich auf dem Lande leben können, so dass die Lebensmittel, die wir essen, die Kleidung, die wir tragen, die Häuser, in denen wir leben, und die Artikel des täglichen Gebrauchs im Leben unseres Volkes alle so weit, wie vernünftigerweise möglich mit irischer Arbeitskraft und aus irischen Materialien hergestellt werden. Ein vereinigtes Irland, ein freies Irland, das sich selbst versorgt und auf sich selbst vertraut."

Valeras Regierung weigerte sich auch, die im Vertrag von 1921 ausgehandelten *Land Annuities,* das Pachtgeld der irischen Grundbesitzer, an die britische Regierung, abzuführen. Die Engländer reagierten prompt und belegten irische Importe mit einer 40%igen Einfuhrsteuer, so dass der Handel mit der einstigen Besatzermacht zum Erliegen kam. Dieser *Wirtschaftskrieg* wurde einige Jahre später durch eine Übereinkunft abgemildert; Irland konnte seine Quoten für nach Großbritannien importierte Rinder unter der Voraussetzung erhöhen, dass die irische Regierung ihren gesamten Kohlebedarf durch Käufe in England decken würde. Im Jahre 1938 dann räumte Großbritannien sämtliche Militärstützpunkte auf der Grünen Insel und beendete auch den Wirtschaftsbann.

Bis nach dem Zweiten Weltkrieg förderte die irische Regierung mit aller Macht die industrielle Entwicklung durch **die Einrichtung halbstaatlicher Organisationen** wie beispielsweise der *Agricultural Credit Corporation* oder des *Electricity Supply Board.* 1949 verließ Irland dann auch den *Commonwealth,* was weitere ökonomische Freiheiten mit sich brachte.

All diese Anstrengungen führten zwar zu einer schrittweisen Verbesserung, von realem wirtschaftlichen Wachstum und einer Anhebung des Lebensstandards konnte jedoch immer noch nicht die Rede sein. Zu Tausenden emigrierten die jungen Iren ins Ausland; 1961 zeigten die Bevölkerungzahlen einen absoluten Tiefststand von nur 2,8 Mio. Einwohnern.

Ein **neues Wirtschaftskonzept** musste her, wollte der Staat nicht innerhalb kürzester Zeit von innen her ausbluten. Die von *Eamon de Valera* forcierte Selbstversorgung wurde aufgegeben, und die Insel öffnete sich den Weltmärkten. Parallel dazu lief ein Industrieansiedlungsprogramm mit starken Steuervorteilen an und lockte ausländische Kapitalgeber ins Land.

Die 1960er Jahre bescherten den Iren ein **Wirtschaftswunder** und damit auch endlich einen höheren Lebensstandard. 500 neue Industriebetriebe, davon allein 350 ausländische, hatten sich erfolgreich etabliert, Jahr für Jahr stieg die industrielle Produktion um rund 7% an, und das verarbeitende Gewerbe beschäftigte die zuvor nie erreichte Zahl von über 213.000 Menschen.

Auch der Export hatte sich verfünffacht, Großbritannien blieb nicht mehr das einzige Empfängerland irischer Waren; die kontinentaleuropäischen Staaten sowie auch die USA und Kanada kamen hinzu, und Irland war nur zu sehr bereit, in die noch junge **EWG** einzutreten. In einem Referendum sprachen sich 83% der Bevölkerung für einen Beitritt aus, und im Jahre 1973 wurde Irland (im gleichen Jahr übrigens auch Großbritannien) Mitglied im gemeinsamen europäischen Markt.

Wie nicht anders zu erwarten, **boomte die Wirtschaft** noch einmal: Das Bruttosozialprodukt stieg Jahr für Jahr um 4%, die industrielle Produktion gar um 40%, die Beschäftigungszahlen erreichten in der Industrie einen Spitzenwert von über 270.000, und im Dienstleistungssektor fanden über 600.000 Menschen Arbeit. Auch in der Landwirtschaft stiegen die Erträge dank verbesserter Anbaumethoden und zunehmender Mechanisierung. Die Emigration wurde gestoppt, und vorsichtig kamen die ersten Rückwanderer in die Heimat. Die Bevölkerung stieg wieder an, und die Überalterung der irischen Gesellschaft nahm ab – 43% der Bevölkerung sind heute unter 25 Jahre jung.

Bekanntlich entwickelt sich jedoch die Wirtschaft in zyklischen Wechseln von **Rezession** und Aufschwung, und in den 1980er Jahren war es erst einmal aus mit den fortschreitenden Wachstumszahlen. Irland erreichte die höchste Inflationsrate in Europa (20%), und auch die Arbeitslosigkeit nahm wieder zu und damit auch die Bereitschaft der jungen Iren zur Emigration.

Die Wirtschaftskrise war vor allem dadurch entstanden, dass die Staatseinnahmen in keinem Verhältnis zu den wachsenden Ausgaben standen; dieses Defizit wurde von der Regierung über Jahre mit Krediten gestopft.

Mitte der 1980er Jahre verlor die *Fianna-Fail-Partei* ihre Führungsrolle, und die neue Regierung leitete das Ende der so genannten **Guinness-Ökonomie** ein, unter der man folgendes zu verstehen hat: Der weitaus größte Teil der staatlichen Ausgaben floss dabei in die Sozialfürsorge und die Arbeitslosenunterstützung. Diese an die Bedürftigen ausgezahlten Gelder wurden wiederum zum größten Teil in Guinness angelegt, so dass ein großer Teil der Sozialfürsorge in Form der Alkoholsteuer in den Staatssäckel zurückfloss.

Seit Mitte der 1990er Jahre erlebte Irland einen **beispiellosen ökonomischen Aufschwung** und die Medien sprachen in Anspielung auf die ostasiatischen Märkte auch vom „keltischen Tiger“. Zwischen 1995 und 2004 wuchs die irische Wirtschaft im Durchschnitt pro Jahr um 7%; für 2005 gab die Regierung einen Zuwachs von 5,5% bekannt (zum Vergleich: Deutschland: 0,9%). Die Iren konnten dadurch mittlerweile ihren Lebensstandard auf das nordeuropäische Niveau anheben, und das einstige Armenhaus ist heute nach Luxemburg das zweitreichste Land der EU und nach Norwegen auch das teuerste Land Europas. Außerdem hat Irland die zweithöchste Inflationsrate in der EU. Dieses enorme Wirtschaftswachstum ist auf eine kluge Politik zurückgegangen, welche die Unternehmenssteuern - 1993 noch bei 40%, heute bei 12,5% - gesenkt, Freihandelszonen eingerichtet und von EU-Geldern profitiert hat. Zu den niedrigen Abgaben kommen viele gut ausgebildete junge Leute, ein flexibler, an den Erfordernissen der Arbeitgeber angepasster Arbeitsmarkt, nur wenig bürokratische Hindernisse und nur wenige Beschränkungen durch den Umweltschutz. Waren 1990 noch über 20% der Iren erwerbslos, sind es heute nur noch rund 4,3%, und diese Quote liegt unter dem EU-Durchschnitt. Die Emigration ist völlig zum Erliegen gekommen, viele Iren wandern wieder in ihr Herkunftsland zurück und zum erstenmal seit vielen Jahrzehnten ist die Bevölkerung wieder über die vier Millionen-Marke geklettert (2006: 4,2 Mio.).

Dieser, für die Iren so erfreuliche wirtschaftliche Aufschwung hat jedoch auch seine **Nachteile,** denn mit dem Wirtschaftswachstum hat die Infrastruktur auf der Grünen Insel leider nicht mitgehalten. Sieht man vom strukturschwachen Nordwesten ab, dessen Straßen und Häfen mit EU-Geldern ausgebaut wurden, so sind im weitaus größten Teil Irlands die **Verkehrswege** noch immer mehr als schlecht. Die Zahl der Privatwagen hat sich explosionsartig vermehrt. Sah man vor zehn oder 15 Jahren grundsätzlich nur Kleinwagen japanischer Provenienz, so findet man heute viele Mittelklasse-Pkw, aber auch Pkw der Marken Porsche, BMW und Mercedes auf den Straßen. Und die sind oft schmal, holprig und kurvenreich. Selbst außerhalb der Städte und Dörfer gibt es Staus, ein Lkw oder ein Traktor zieht eine kilometerlange langsame Blechlawine hinter sich her. Nur wenige Orte und Städte haben eine Umgehungsstraße, jeglicher Verkehr quält sich durch die Zentren, was für Bewohner wie Autofahrer eine große Belastung darstellt. Zwar ist in den vergangenen Jahren viel Geld in die Infrastruktur geflossen und überall wird gebaut, doch ist das Straßennetz in weiten Teilen noch immer völlig unzureichend.

Weiterhin sind die Immobilienpreise seit 1996 in Dublin um das Zwanzigfache, im restlichen Irland um das Zehnfache, gestiegen, ein Drittel der Iren gilt als hoch verschuldet. Erst langsam setzt sich bei Ökonomen und Politikern die Erkenntnis durch, dass der Wirtschaftsboom auch negative Folgen hat: **hohe Inflation, Umweltverschmutzung,** die **Zersiedelung** von Städten und Landschaften durch einen ungehemmten Eigenheimbau, massive Verkehrsprobleme und völlig unterfinanzierte öffentliche Dienstleistungen. Hinzu kommt, dass das kleine Irland trotz vieler gutausgebildeter Leute und qualifizierten Rückwanderern zuwenig Arbeitskräfte für den gewaltigen Wirtschaftsaufschwung hat. Bis 2015, so schätzt die Regierung, müssen jedes Jahr zusätzlich rund 70.000 Arbeitnehmer neu eingestellt werden, um die Ökonomie am Laufen zu halten.

Und nicht zuletzt haben die Iren viel von ihrer legendären Freundlichkeit und Herzlichkeit verloren. 1991 schrieb ein britischer Besucher in einem Leserbrief an die *Irish Times:* „Hier in Irland lachen dich die Leute an. Kommt man aus London, so ist dies ein Schock. Selbst im Bus strahlen sie dir ins Gesicht. Wenn mich jemand in der Londoner U-Bahn anlacht, dann rufe ich die Polizei." Leider sind diese schönen Zeiten wohl vorbei.

Bodenschätze

Irland ist arm an Bodenschätzen. In relativ geringen Mengen werden Erz, Blei, Zink und Silber sowie Kupfer, Quecksilber und Pyrit abgebaut; ein kleines Erdgasvorkommen im Süden bei Kinsale trägt einen Teil der Energieversorgung; auch Erdöl ist mittlerweile vor der Küste entdeckt worden.

Industrie

Die Industrie trägt mit 38% zum Bruttosozialprodukt bei und konnte in den letzten Jahrzehnten große Produktivitätssteigerungen erzielen.

Viele **ausländische Investoren** ließen sich in Irland nieder, das immer wieder mit seinen Standortvorteilen – gelegen zwischen Europa und Nordamerika – warb. Deutsche Unternehmen in Irland liegen mit 150 Betrieben nach den USA und Großbritannien an dritter Stelle der ausländischen Investoren. So verwundert es nicht, dass die Industrie auf Kapitalimport basiert und dabei stark **exportorientiert** ist; im Jahr 2004 wurden Waren im Wert von 100 Mrd. € ausgeführt.

Hauptproduktionszweige sind die Nahrungs- und Genussmittelindustrie, Metallverarbeitung und Maschinenbau, die chemische sowie die elektronische Industrie. Die weitaus meisten Produktionsanlagen reihen sich rund um die Metropole Dublin, aber auch Cork sowie die Areale rund um den Shannon-Flughafen (bei Limerick) gehören zu den **expandierenden Standorten.** Zunehmende Probleme bereitet der irischen Ökonomie die **Kapitalabwanderung** der einstigen Investoren in renditeträchtigere Länder.

Das nationale **Elektrizitätsunternehmen** versucht zuallererst einmal, die heimischen Torfvorkommen auszubeuten und für die Stromgewinnung in Torfkraftwerken zu nutzen (vgl. Kap. Flora). Auf der Basis von Torf und kleineren Erdgaslagerstätten deckt Irland 38% seines Energiebedarfs. Importierte Kohle und auf den Weltmärkten teuer erkauftes Erdöl vervollständigen die Energieversorgung des Landes.

Glücklicherweise gibt es **kein** einziges **Atomkraftwerk** in Irland; die Gründe dafür liegen jedoch nicht in einer besonders ausgeprägten Form des Umweltschutzes, sondern gehen auf die chronisch defizitäre Staatskasse zurück. Erfolgversprechend verliefen erste Tests zur Nutzung der **Windenergie.** Vor einigen Jahren hat man vor den Küsten Irlands zudem **Erdöllager** entdeckt. Mangels staatlicher Finanzkraft werden sie jedoch noch nicht ausgebeutet.

Auf Schafe trifft man in Irland überall

Landwirtschaft

Obwohl Irland heutzutage beileibe kein Agrarland mehr ist, hat die Landwirtschaft doch noch immer großen Anteil am Bruttosozialprodukt, zu dem die irischen Bauern mit rund 4% beitragen. 70% der Staatsflächen werden agrarisch genutzt, und die **Intensivierung** der Landwirtschaft schreitet stetig fort, wie die rapide steigenden Düngemittelzahlen beweisen.

Dennoch ist Irland noch weit von einer hochindustrialisierten Agrarproduktion, wie sie beispielsweise in den Niederlanden oder auch in der Bundesrepublik zu beobachten ist, entfernt. Dazu tragen auch die im **Verhältnis kleinen Betriebsgrößen** bei: 60% aller Farmer beackern nur zwischen 10 und 50 ha große Flächen; auf dem Kontinent jedoch gelten 30 bis 80 ha Ackerland als gewinnbringend.

Im Westen der Insel floriert die **Rinderzucht,** wobei die auf den kargen Böden aufgewachsenen Kälber ihre Endmast auf den satten Weiden im Osten bekommen. Im Süden dominiert die **Milchviehhaltung** und die damit verbundene Molkereiwirtschaft.

Auch Irland blieb von BSE und der Maul- und Klauenseuche nicht verschont. Doch im Vergleich zu Großbritannien gab es hier nur vereinzelte Fälle.

Angebaut werden auf der Grünen Insel hauptsächlich Kartoffeln, Zuckerrüben, Futter- und Braugerste;

von dieser Braugerste nimmt die Guinness-Brauerei jährlich den weitaus größten Teil ab. Weit über die Hälfte der landwirtschaftlichen Produktion geht in bereits verarbeiteter Form in den **Export.**

Irlands Landwirtschaft sind vor allem die Zahlungen der **EU-Bürokratie** zugute gekommen. Viele Bauern bewirtschaften heute ihren eigenen Grund und Boden, die weitaus meisten haben sich in teils recht großen **Genossenschaften** zusammengeschlossen, so z.B. in der über 6000 Mitglieder zählenden *Golden-Vale-Kooperative.*

Fischerei

Noch immer rückständig ist die Fischerei. Dies mag vor allem mit der traditionellen **Abneigung der Iren** zu tun haben, die Fisch seit den Tagen der Großen Hungersnot als ein Arme-Leute-Essen betrachten. Bis zum Ende des Zweiten Weltkriegs übten fast nur die Kleinbauern eine **periodische Fischerei** aus, die jeweils von November bis April dauerte. In dieser Zeit konnten die Felder nicht bestellt werden.

Erst durch die Gründung eines Fischereiamtes *(Bord Iascaigh Mhara),* durch den damit verbundenen Ausbau der Fischerhäfen und durch die Förderung moderner Fangmethoden ist in den letzten Jahren eine **Steigerung der Fangergebnisse** erzielt worden. Leider „wildern" vor allem spanische Trawler in den irischen Hoheitsgewässern, überfischen mit ihren hochmodernen Fabrikschiffen die Bestände und müssen immer wieder von der kleinen irischen Marine abgedrängt werden.

Gefangen werden vor allem Heringe und Makrelen, weiterhin Kabeljau, Schellfisch und Scholle. Fast vollständig in den Export gehen Leckerbissen wie Seezunge, Seeteufel, Hummer, Garnelen und Austern.

Da der Atlantik vor der irischen Westküste als noch weitgehend ökologisch intakt eingestuft wird, haben die irischen Meeresfrüchte weithin einen guten Ruf.

Von der kleinen **Binnenfischerei,** die ohnehin von den Sportanglern dominiert wird, kommen Lachs, Forellen und Aal in die Angebotspaletten der Restaurants und Geschäfte.

Dienstleistungssektor

Die weitaus meisten Iren – fast 60% – finden Arbeit und Lohn im Dienstleistungssektor. Der Staat ist natürlich der größte Arbeitgeber; 60.000 Menschen schaffen in der öffentlichen Verwaltung, weitere 65.000 Beschäftigte zählen die staatlichen und halbstaatlichen Unternehmen.

Tourismus

Ein ganz wesentlicher **Devisenbringer** für die Grüne Insel ist der Tourismus. Stetig wird auch die **touristische Infrastruktur** ausgebaut, vor allem in den strukturschwachen Gaeltacht-Gebieten ist der Tourismus oftmals die einzige Hoffnung für die armen Bewohner.

Wenngleich die **US-Amerikaner irischer Herkunft** noch immer das größte Kontingent stellen, so kamen insgesamt 6,2 Mio. Besucher aus aller Welt in das Land des Regenbogens und spülten rund 4,1 Mrd. Euro in die Kassen der Iren. 232.000 irische Arbeitnehmer finden derzeit ihre Jobs in der Tourismusbranche. Und nach den Amerikanern sind mit 302.000 Besuchern die Deutschen die stärkste Reisegruppe, die allein 184,3 Mio. Euro im Land lässt. Bis zum Jahre 2012 plant die Regierung jährlich bis zu 10 Mio. Touristen anzulocken.

Bord Failte, die irische Fremdenverkehrsbehörde, schrieb über die Bedeutung des deutschen Marktes: „Unser größter Markt auf dem Festland (also die Bundesrepublik) gehört auch zu den am schnellsten wachsenden. Nur Nordamerikaner geben im Durchschnitt mehr Geld in ihrem Irland-Urlaub aus. Fast 30% aller Besucher und 35% der reinen Urlauber vom europäischen Festland kommen aus Deutschland. Die letzteren sind weitgehend jung und aktiv; zwei Drittel von ihnen sind zwischen 19 und 44 Jahre alt, fast die Hälfte sind jünger als 35 Jahre. Damit bieten sie Entwicklungsmöglichkeiten für einen Wiederkehrer-Markt." Diese Hoffnung der Iren hat sich erfüllt, denn so stieg beispielsweise in den letzten zehn Jahren die Zahl derjenigen, die ein zweites Mal nach Irland reisten, von 30% auf 40% an.

Mehr als die Hälfte aller Deutschen kommt zwischen Juni und August auf die Grüne Insel. Der Süden und der Südwesten, also die **Regionen Cork und Kerry,** sind die beliebtesten Ziele, dicht gefolgt von Dublin. Selbstverständlich erweisen sich die Deutschen auch in Irland zum einen an Kultur interessiert, zum anderen – als die zweitstärksten Alkoholtrinker Europas – an den Pubs. 29% aller trinkfesten Bundesbürger stürmte allabendlich in die *Popular Music Pubs,* 70% stürzten ihr Lager oder Guinness in einem *Traditional Music Pub* durch ihre Kehlen.

Religion

Geschichte

In der Mitte des 5. Jh. kam der *Heilige Patrick* auf die Grüne Insel und bekehrte die keltischen Iren zum neuen Glauben. Seiner **Missionierung** war großer Erfolg beschieden, innerhalb weniger Jahre betete fast die gesamte Bevölkerung zu Jesus Christus. Es war keine Seltenheit, wenn ein gesamter Clan Gottes Glauben annahm und sich ab nun dem Mönchsleben zuwandte.

Die vielen **frühchristlichen Klosteranlagen,** wie etwa Glendalough oder

Monasterboice, mit ihren charakteristischen Rundtürmen, zeigen dem Irland-Besucher noch heute die schnelle Verbreitung des Christentums in Irland. Das Mönchsdasein muss in jenen frühen Tagen recht attraktiv gewesen sein, denn aus kleinen, unbedeutenden Abteien entwickelten sich oftmals innerhalb weniger Jahrzehnte ausgedehnte und reichbevölkerte Klosterstädte; Studierende aus ganz Europa fanden ihren Weg in die großen Abteien, in denen nicht nur die heiligen Schriften, sondern auch die großen Philosophen der Antike gelesen wurden.

Da die Bekehrung friedlich verlief und den Missionaren kein „rotes Martyrium" drohte, unterzogen sich viele fromme Männer dem so genannten „grünen Martyrium" und erbauten auf den der Küste vorgelagerten kleinen und einsamen Eilanden **Einsiedeleien,** um sich dort ganz dem Gebet an Gott zu widmen. Die rauhe Felseninsel Skellig Island bewahrt noch heute guterhaltene Sakralgebäude sowie die Bienenkorbhütten der Eremiten aus jener Zeit (vgl. Tour 4).

Nachdem ganz Irland zum Christentum bekehrt war, setzte unter den gläubigen Brüdern ein **Missionierungsdrang** ein; im Zuge des „weißen Martyriums" wanderten viele Mönche nach England und auf den Kontinent, um Gottes Wort über das ganze alte Europa zu bringen. Überall gründeten sie neue kirchliche Zentren und brachten neben dem neuen Glauben den bekehrten Brüdern und Schwestern auch die klassischen Philosophen und ihre Schriften nahe. Ab dem 9. Jahrhundert, nachdem die Bekehrungswelle abgeebbt war, dienten viele irische Mönche den kontinentalen Herrschern als geistliche wie auch als weltliche Berater.

011ir Foto: hg

St. Patrick

Irische Heilige

Unter den vielen frühchristlichen Mönchen befindet sich eine ganze Anzahl heiliger Männer, auf deren Name der Irland-Besucher immer wieder stoßen wird:

Schutzpatron der Grünen Insel und weitaus bekanntester Heiliger der Iren ist **St. Patrick.** Den sechzehnjährigen *Padraig,* wie sein Name auf gälisch lautet, entführten um das Jahr 400 irische Piraten aus dem damals römischen Britannien. Nach sechs Jahren gelang ihm die Flucht, *Patrick* begann eine lange Reise durch Europa, während der er unter anderem die Tyrrhenischen Inseln besuchte und eine fundierte geistige Ausbildung in Auxerre erhielt. Um 431/32 dann kam er als Bischof auf die Grüne Insel und bekehrte rasch die keltische Bevölkerung.

Um das Jahr 490 zog sich als einer der ersten frommen Brüder der **hl. Enda** auf die damals nur dünn besiedelte Aran-Insel Inishmore (vgl. Tour 5) zurück, um ein Leben in Entsagung und Einsamkeit zu führen. Seine große Gelehrsamkeit war jedoch nur allzu bekannt, und so folgten ihm viele Schüler nach, die Abtei entwickelte sich zu einer theologischen Lehrstätte, deren Ruhm bis auf den Kontinent drang.

Viele hervorragende Schüler des *hl. Enda* taten es ihrem Ziehvater nach und gründeten ebenfalls neue kirchliche Zentren. So auch der **hl. Claran,** der sich um das Jahr 548 am Shannon niederließ und die bekannte Klosterstadt Clonmacnoise (vgl. Tour 8) ins Leben rief, die rasch derartig berühmt werden sollte, dass man sie als die „Universität des Westens" bezeichnete.

Nicht minder erfolgreich war der **hl. Kevin,** der in den Wicklow Mountains die Einsiedelei Glendalough (vgl. Tour 2) gründete. Auch ihm folgten zahlreiche Schüler, so dass der heilige Ort rasch zu einer bedeutenden Klosterstadt anwuchs und den Beinamen „Rom des Westens" bekam.

Auch Frauen taten sich im neuen Glauben hervor. So gründete die **hl. Brigid** um das Jahr 490 in Kildare ein großes Doppelkloster für fromme Brüder und Schwestern. Schenkt man der Überlieferung Glauben, so soll in dem *Firehouse* der Abtei fast 1000 Jahre lang ein ewiges Feuer gebrannt haben (was wohl auf einen vorchristlichen Kult zurückging). Noch heute flechten die Iren aus Stroh die so genannten Brigittenkreuze, die als schützendes Symbol gelten, in vielen Haushalten zu finden sind, aber auch Autos zieren.

Zu Recht berühmt für seine Missionierungsreisen ist der **hl. Brendan,** der im 5. Jh. in einem Lederboot gen Westen aufbrach, den Atlantik überquerte und möglicherweise die Küste Kanadas erreichte; so wenigstens teilt es eine Chronik aus dem 9. Jh. über die neun Jahre dauernde Reise von *Brendan, the Navigator* mit (vgl. Tour 4).

Ebenfalls weithin bekannt sind zwei frühchristliche Männer mit Namen *Columban.* **Columban der Ältere** (um 521 oder um 543–597), von vielen Gläubigen auch *Columcille* (Taube der Kirchen) genannt, entzweite sich mit dem irischen Hochkönig und führte seine Mannen gegen ihn in die

012ir Foto: hg

Schlacht. *Columban* siegte zwar, doch forderte der Kampf 3000 Tote. Um Buße zu tun, begab sich der gläubige Mann auf Missionierungsreise und landete um das Jahr 563 auf der schottischen Insel Iona, wo er ein Kloster gründete und eine erfolgreiche Bekehrungsarbeit aufnahm.

Erziehung zur Frömmigkeit

Columban der Jüngere (um 540–615) reiste von Irland aus auf den Kontinent, ließ sich vorübergehend am Hofe von Burgund nieder und gründete dann die Klöster Annegray und Luxeuil. Zusammen mit seinen wenigen treuen Gefährten zog es ihn dann den Rhein hinauf bis zum Bodensee, von dort über die Alpen nach Norditalien. In der Lombardei rief er die Abtei Bobbio ins Leben, wo er auch starb.

Katholische Bevölkerung

Beeindruckend sind heutzutage die Zahlen, die die irische katholische Kirche vorlegen kann: 95% der Iren in der Republik sind katholisch, fast 90% davon besuchen einmal wöchentlich die Messe, 30% gehen gar mehrfach in der Woche zum Gottesdienst. Die **starke Religiosität** wird auch dem Besucher auffallen, wenn er an Sonntagvormittagen die Ortskerne menschenleer findet, rund um die Kirche von Autos zugeparkte Bürgersteige erblickt und am Ende der Messe eine Masse an Kirchgängern im besten Tuche aus dem Gotteshaus strömen sieht.

Auch bei Überlandfahrten blickt man immer wieder auf große Marienstatuen oder Kreuzigungsszenen. Nicht selten knien dann zumeist Frauen vor den heiligen Statuen und sind tief im Gebet versunken.

Kirche und Staat

Die Iren sind gläubig, und Kirche und Staat sind auf das engste verknüpft. So heißt es in der Präambel zur **Verfassung:** „Im Namen der Allerheiligsten Dreifaltigkeit, in der jede Autorität ihren Ursprung hat und auf die sich, als dem letzten Ziel unseres Lebens, alle Handlungen von Menschen und Staaten zu beziehen haben; in Demut eingedenk aller Verpflichtungen gegenüber unserem göttlichen Herrn, Jesus Christus, der unsere Vorväter durch die Heimsuchungen vieler Jahrhunderte hindurch am Leben gehalten hat."

Solche Sätze werden denjenigen mehr als erschrecken, der von einer Trennung von Staat und Kirche überzeugt ist. 1937 wurde in der irischen Verfassung die „besondere Position" der Kirche festgehalten und als „Religion der großen Mehrheit ihrer Bürger" sowie als „Wächter des Glaubens" beschrieben. Dieser heftig umstrittene Verfassungsartikel erfuhr dann 1972 eine Änderung.

Wie tief die Kirche in das private und intime Leben der irischen Männer und Frauen eingreift und wie eng sie dabei mit dem Staat verbunden ist, zeigt sich mehr als deutlich bei den Gesetzen zur Familienplanung. Erst 1985 wurde entgegen der vehementen Attacke der Kirchenväter der **Verkauf von Verhütungsmitteln** freigegeben, über 45 Jahre war die Weitergabe gesetzlich verboten. So revolutionär war der Schritt, dass sich viele Apotheker auf dem Lande weigerten, in ihrem Laden Kontrazeptiva zu führen.

Erschwerend kommt noch hinzu, dass die Regierung für den Verkauf von Verhütungsmitteln eine Lizenz verlangt, die der Händler beim Gesundheitsministerium beantragen muss; selbst die vielen privaten Familienplanungskliniken sind von diesem Procedere nicht ausgenommen.

Die irischen Frauenbewegungen beklagen, dass es noch schlimmer in bezug auf öffentliche Informationen zur **Abtreibung** aussieht. Nach staatlichen irischen Vorstellungen nämlich gilt die Telefonnummer einer englischen Abtreibungsklinik bis vor wenigen Jahren als Mordwerkzeug und ihre Weitergabe als vorsätzliche Tatbeihilfe, die ebenfalls unter Strafe stand. Irland ist neben Chile das einzige Land der Welt, in dem die Abtreibung von der Verfassung verboten wird.

So werden wohl weiter Jahr für Jahr nach Schätzungen zwischen 4000 und

10.000 Frauen die einsame Reise nach England in eine Abtreibungsklinik antreten müssen.

Um ungewollte Schwangerschaften zu verhüten, gab die *Irish Independent* ihren Lesern den folgenden guten Ratschlag: „Be good – and if you can't be good be careful". Mit anderen Worten: „Sei brav, aber wenn es dir nicht gelingt, dann pass wenigstens auf."

Ebenfalls war es laut irischer Verfassung bis vor kurzem verboten, eine Gesetzgebung einzuführen, die die **Ehescheidung** zulässt. Dieses Verbot ist 1995 aufgehoben worden.

Der 1990 verstorbene Kardinal *O' Fiaich* nannte kurz vor seinem Tod die Ehescheidung eine „Seuche".

„... und wenn sie die Empfängnisverhütung erlauben, wird dies einen ernsten moralischen Verfall im Land zur Folge haben ...

Die gälische Sprache

Im 3. Jh. v. Chr. erreichten die Kelten Irland und setzten sich schnell gegen die einheimische Bevölkerung durch. Das **keltische Idiom** - ein Zweig der indoeuropäischen Sprachfamilie - hatte sich bis zum 1. Jh. v. Chr. nicht nur auf der Grünen Insel, sondern auch in England und auf dem Kontinent als weit verbreitete Sprache etabliert. Mit der römischen Expansion jedoch wurde das Keltische langsam vom Lateinischen verdrängt, nur in Irland, das *Caesars* Truppen ja nie erreichten, lebte die Sprache weiter.

Während bis zur Christianisierung im 5. Jh. Texte in dem so genannten **Ogham-Alphabet** - Striche und Kerben auf einem Holzstück oder einem Stein - geschrieben wurden, setzte sich dank der Missionierungsarbeit des *hl. Patrick* und seiner Glaubensbrüder langsam das **lateinische Alphabet** beim Keltischen durch, und im 7. Jh. war die Ogham-Schrift bereits weitgehend verschwunden.

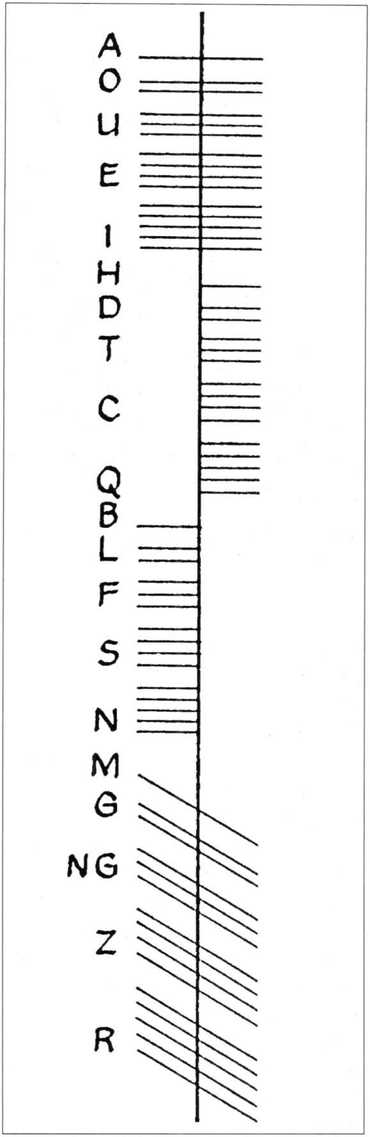

Ogham-Alphabet

In den folgenden Jahrhunderten entstanden viele keltische Texte, vor allem große Legenden- und Sagenepen sowie Naturschilderungen. Wie eingeführt die Sprache auf der Insel war, vermag man an der Tatsache zu ermessen, dass die ab dem 9. Jh. einfallenden **Wikinger** und die im 12. Jh. auf die Insel kommenden **Anglo-Normannen** dieses Idiom bald übernahmen und dadurch rasch assimiliert wurden. Über einige Jahrhunderte gelang es den Iren, mittels ihrer Sprache die englische Vorherrschaft immer wieder zu unterminieren – zu schnell verschmolzen die Besatzer mit der einheimischen Bevölkerung.

Mit Beginn der Tudor-Herrschaft in England (16. Jh.) erkannten die damaligen Machthaber den Fehler ihrer Kolonialpolitik und nahmen sich nun energisch des Keltischen an. Viele irische Schriften wurden vernichtet, und als um 1608 adlige Iren nach der Etablierung einer englischen Zentralgewalt die Insel verließen, waren die gesellschaftlichen Rahmenbedingungen für den Erhalt einer eigenen Sprache nicht mehr gegeben. In der Administration, vor Gericht, überhaupt in allen Teilen des alltäglichen Lebens hielt innerhalb nur weniger Jahre **das Englische** Einzug, und bereits um das Jahr 1800 sprachen über zwei Drittel der Bevölkerung Englisch. Doch es sollte alles noch schlimmer kommen!

Im Jahre 1831 öffneten aufgrund eines neuen Bildungsgesetzes viele Schulen ihre Pforten, in denen die alleinige Unterrichtssprache das Englische war; wer von den kleinen Schülern in seine Muttersprache verfiel, wurde bestraft. Und so unterhielten sich alsbald nur noch die Ärmsten der Armen, die, die nicht einmal ihre Kinder zur Schule schicken konnten, in der irischen Sprache. Diese Bevölkerungsschichten wurden von der Großen Hungersnot (1845–1851) ganz besonders getroffen, starben an Unterernährung und Mangelkrankheiten oder wanderten aus. 1851 beherrsch-

„Cathleen O'Neill"

Damit man sich eine Vorstellung von der **gälischen Sprache** machen kann, findet der Leser hier einige Zeilen aus dem Liebeslied „Cathleen O'Neill". Der Text stammt aus der Autobiographie „The Islandman" von *Tomás O'Crohan,* dem Dichter der Blasket Islands.

Wie *Tomás* in seinem Buch mitteilt, sang er dieses Lied am Vorabend seiner Hochzeit still für sich alleine. Der Text ist nicht noch einmal aus dem Englischen übersetzt, um weitere Verfremdungen zu vermeiden.

Mo shlan chun na hoiche areir,
is mo lean nach ii anocht ata ann,
Mo bhuachaillin seimh deas
a bhreagfadhme seal ar a ghlun
Da neosfainn mo sceal duit
is baolach na deanfa orm run
Go bhfuil mo ghra ban dom
threigean, is a Dhia ghleigil
is a Mhuire nach dubbach.

Farewell to last night,
I am sorry that it's not tonight
My tender lovely boy
who could coax me upon his knee
If I told you my story
I'm afraid you would not keep it
That my dear love is forsaking me,
o dear God and Mary is not sad.

te nur noch gut ein Fünftel der Iren das alte Idiom, 1911 waren es weniger als 17%.

Mit Beginn der Unabhängigkeit im Jahre 1921 wurde **Irisch** sofort als die **offizielle Landessprache** eingeführt. Bereits seit 1893 pflegte die *Galic League* das alte Sprachgut und organisierte Kurse. 1901 kam zum ersten Mal ein irischsprachiges Theaterstück auf die Bühne, und 1913 wurde Irisch Pflichtfach an allen Schulen des Landes.

Mit der wirtschaftlichen Förderung der so genannten Gaeltacht-Gebiete (vgl. Route 4, Dingle-Halbinsel), jener Regionen also, in denen sich die alten Sitten und Gebräuche am längsten erhalten haben, hat auch die irische Sprache **neuen Aufschwung** bekommen. Grammatik und Orthographie sind standardisiert worden, eine moderne Terminologie macht das Idiom in allen technisch-naturwissenschaftlichen Bereichen konkurrenzfähig, und die irische Literatur erlebte in den letzten Jahren einen nicht für möglich gehaltenen Aufschwung. Die Sprache der Kelten hat überlebt!

Wer sich näher mit dem Gälischen beschäftigen möchte, kann an speziellen **Sprachkursen** für Ausländer teilnehmen (Kontaktadressen s. Route 4, Dingle Halbinsel).

Für das **Selbststudium** empfiehlt sich der in der Reihe Kauderwelsch im Reise Know-How Verlag erschienene Sprechführer „Irisch-Gälisch – Wort für Wort", welcher auch als „Irisch-Gälisch – Digital" inklusive AusspracheTrainer in Form einer Audio-CD, erhältlich ist.

Baukunst

Vorchristliche Ära

Zu den ältesten Zeugnissen der Grünen Insel zählen die in der Zeit von 7000–2000 v. Chr. aus großen Steinblöcken errichteten **Megalithgräber.** Mehrere aufrecht stehende, tonnenschwere Steine bilden einen kleinen Raum, der von einem schweren, nach hinten sich absenkenden Deckstein überdacht wird. Bei den größeren Kammergräbern führt ein von Steinblöcken gesäumter Gang ins Innere einer Grabkammer; berühmt ist das Grab von Newgrange (vgl. Tour 1).

Aus der Bronzezeit (2000–500 v. Chr.) datieren einige wenige **Steinkreise,** die wohl zu kultischen Zwecken errichtet wurden. Auch die ab und an zu findenden einzeln stehenden Blöcke, die **Menhire** (gäl.: *Gallain),* hatten wohl eine religiöskultische Bedeutung.

Während der Eisenzeit und in der ersten christlichen Epoche (500 v. Chr. bis 400 n. Chr.) entstanden auf der gesamten Insel zum Schutz vor Überfällen die **Steinforts** *(Ring Forts;* gäl.: *Rath);* mehr als 30.000 dieser Anlagen hat man in Irland gezählt. Zu den eindrucksvollsten Befestigungen dieser Art gehört zweifellos das gut restaurierte Grainach an Aileach im Norden Irlands (vgl. Tour 7).

Ebenfalls der Verteidigung dienten so genannte **Landzungenbefestigungen** *(Promontary Forts;* gäl.: *Dun),* auf einer ins Meer ragenden kleinen Halbinsel oder auf einer Steilklippe *(Pro-*

montary = Vorgebirge) errichtete Schutzanlagen. Im Süden der Dingle-Halbinsel vermittelt das Dunbeg Fort (vgl. Tour 4) eine Vorstellung von dieser Befestigungstechnik, und, spektakulär auf einer Klippe gelegen, beeindruckt das Dun Aenghus auf der Aran-Insel Inishmore den Besucher (vgl. Tour 5). Auch die so genannten **Crannogs,** auf Pfählen errichtete künstliche Inseln mit einem Palisadenzaun, dienten dem Schutz eines Clans.

Frühchristliche Ära

Aus der frühchristlichen Ära Irlands (400–1170 n. Chr.) ist eine ganze Reihe von Bauten erhalten geblieben, wenngleich die vielen **Bienenkorbhütten** der frommen Brüder aus vergänglichem Material errichtet wurden und daher kaum noch erhalten sind. Aus Flechtwerk, Lehm und Holz errichteten die Mönche ihre Klausen, und nur dort, wo diese Materialien nicht zur Verfügung standen, baute man die Bienenkorbhütten *(Beehive huts;* gäl.: *Clochan)* aus Stein.

Die **ersten Kirchen,** eher kleine Bethäuser *(Oratory),* erinnern an auf den Kopf gestellte Boote und hatten neben der Eingangstür und einem schmalen Fenster an der Altarseite keinerlei Lichtöffnungen; gut erhalten ist das Gallarus Oratory auf der Dingle-Halbinsel (vgl. Tour 4).

Hochkreuz in Monasterboice

Aus einfachen Standsteinen, in die im oberen Drittel ein Kreuz eingeritzt war, haben sich die berühmten **irischen Hochkreuze** entwickelt, die etwa ab dem 9. Jh. mit reichem Figurenschmuck ausgestattet wurden. Die in rechteckigen Feldern angeordneten Reliefszenen zeigen Begebenheiten aus dem Alten oder Neuen Testament, sehr häufig wundersame Heilungen oder die Errettung aus einer Notsituation. Häufig sieht man *Paulus* und *Antonius,* die frommen Einsiedler, die in der östlichen Wüste Ägyptens ein nur dem Herrn dienendes Leben führten und große Vorbilder der irischen Eremiten waren. Im Mittelpunkt der Darstellungen steht immer die christliche Erlösungsbotschaft: Auf der Westseite sieht man *Jesus* am Kreuze, auf der Ostseite am Tage des Jüngsten Gerichts.

Die Hochkreuze wurden zumeist aus feinem Sandstein hergestellt, dort, wo harter Granit genommen werden musste, sind die Figurengruppen weniger detailgetreu ausgearbeitet und haben in Ansätzen fast abstrakt anmutenden Charakter.

Während man Hochkreuze vereinzelt auch in Großbritannien antrifft, ist der **Rundturm** eine originär irische Architekturform. Diese in der Regel inmitten von Klosteranlagen stehenden *Round towers* sind schmale, runde und sich nach oben zum konisch geformten Spitzdach verjüngende, elegante Türme, die bis zu 30 m aufragen. Die Türme entstanden wahrscheinlich nach den ersten Wikingereinfällen, dienten als Ausguck und letzte Zufluchtsstätte. Die Eingangstür

013ir Foto: hg

lag etwa 3 m über dem Bodenniveau, schmale Leitern führten zu in der Regel fünf Stockwerken. In Friedenszeiten rief man die Mönche mittels einer Glocke im Turm zur heiligen Messe. Nachdem das monastisch geprägte Christentum auf der Grünen Insel von den Prinzipien der römischen Kirche abgelöst worden war – nicht mehr Äbte standen einer Klostergemeinschaft vor, sondern Bischöfe leiteten die Gläubigen – setzten sich die **Einflüsse der Romanik** langsam durch. Den Iren war dieser Stil jedoch zu monumental, so dass sie ihn abwandelten und einen eigenen, zurückhaltenderen **iro-romanischen Baustil** pflegten. Im 12. Jh. rief der Bischof von Armagh die Zisterzienser ins Land, die mit einer Reihe von Klosterneugründungen wiederum veränderte Bauweisen einführten. Burgundische Architekten gestalteten nach kontinentalen Maßstäben beispielsweise die Abtei Mellifont (vgl. Tour 1), in der sich die europäischen Klosterprinzipien wiederfinden: Neben dem Wohntrakt und der Kirche, die in der Regel als *Cathedral* bezeichnet wird, befinden sich ein Refektorium und ein Kreuzgang.

Normannische Epoche

Nach der Eroberung Irlands durch die Anglo-Normannen entstanden auf der Insel erste Burgbefestigungen. Aus der einfachen **Motte** – ein künstlich aufgeschütteter, ovaler Hügel mit hölzernem Wohnturm und durch Palisaden geschützt –, der Schutzanlage des frühnormannischen Adels, entwickelten sich die gedrungenen, von dicken Steinmauern geschützten **Turmbauten,** die man heute allerorten noch findet.

Die Normannen brachten auch die **gotischen Einflüsse** ins Land, doch zeigt die irische Gotik im Verhältnis zu den kontinentalen Bauten bescheidene Ausmaße.

Die gewaltsame Unterdrückung der Iren während der folgenden Jahrhunderte ließ keine bedeutende Entwicklung in Architektur und Kunst zu. Erst im **17. Jh.** setzte in Dublin mit der verstärkten Etablierung der Engländer eine **neue Bautätigkeit** ein, in den folgenden zwei Jahrhunderten entstanden prachtvolle Stadtpaläste im georgianischen Stil sowie eine ganze Anzahl öffentlicher Bauten, und Dublin wandelte sich zur zweitgrößten Stadt des britischen Empire.

Epoche des Freiheitskampfes

Mit dem beginnenden Freiheitskampf der Iren gegen die englischen Unterdrücker und der damit verbundenen Emanzipation des katholischen Glaubens wurden im 19. Jahrhundert viele neue Kirchen erbaut, in denen vor allem die **Glasmalkunst** dominierte. Architekten verschiedener Nationalitäten arbeiteten in Irland und brachten auch den Jugendstil auf die Grüne Insel.

Gegenwart

In den letzten Jahren machten vor allem die **Kahlschlagsanierer** von sich reden, die beispielsweise aus Dublin eine autogerechte Stadt machen wollten und in ihrem Eifer historisch gewachsene Stadtviertel mit intakten sozialen Beziehungen einfach vernichteten.

Irische Musik

Im kulturellen Bereich ist es zuallererst die irische Musik, die die vielen Besucher der Grünen Insel interessiert – hat doch die *Irish Folk Music* längst ihren Siegeszug auch in Deutschland angetreten. Gleiches gilt für Rock-Musik irischer Provenienz, die regelmäßig an der oberen Spitze der Charts zu finden ist.

Die **klassische irische Musik** ist zum einen eine reine Instrumentalmusik, die als Begleitung für Tänze gespielt wird, zum anderen ein zumeist unbegleiteter Gesang.

Folk Music dagegen umfasst eine ganze Reihe von Musikstücken und Liedern, die aus unterschiedlichen Epochen stammen, unterschiedliche Inhalte transportieren und sowohl in Gälisch als auch in Englisch gesungen werden. Eine klare Abgrenzung zu finden ist schwierig, aber wohl auch nicht nötig.

Viele alte, noch heute gesungene Lieder und Melodien gehen auf die Barden des Mittelalters zurück, die häufig beißende Ironie in ihre Stücke einflochten. Diese vielfach über die Jahrhunderte nur mündlich überlieferten Lieder werden in gälischer Sprache vorgetragen; englische Texte sind erst seit Mitte des 19. Jh. bekannt.

Begleitet wird der Gesang vom Spiel auf den folgenden **traditionellen Musikinstrumenten:** die mehr als 40-saitige Harfe, der mit dem Ellbogen betriebene Dudelsack *(Uillean pipes),* Violine *(Fiddle),* Blechflöte *(Tin whistle)* und die Bodhran-Trommel, ein runder, mit Ziegenfell bespannter Holzrahmen; Gitarre, Banjo und Akkordeon vervollständigen ein Ensemble. Auch heute noch werden viele Lieder ohne Musikbegleitung vorgetragen.

Am letzen Augustwochenende eines jeden Jahres findet jeweils in einer anderen Stadt das **All Ireland Fleadh** (sprich: fla), ein großes, drei Tage währendes Folk Festival statt; in den Pubs und auf den Straßen wird getanzt, gesungen und musiziert – nicht nur Profis sind geladen mitzumachen. Jedes Jahr im Frühsommer findet ein ähnlich großes Festival in Ennis statt, und im Verlauf eines Sommers bietet Irland seinen Besuchern mehr als 30 solcher Veranstaltungen in unterschiedlichen Städten und Dörfern.

Das **Nationale Volkstheater** *Siamsa* in Tralee bringt mehrmals wöchentlich während der Saison irische Stücke auf die Bühne. Und ebenfalls während des Sommers finden in 49 Zentren so genannte **Seisiun-Folkabende** statt.

Ausführliche Informationen zu den Veranstaltungen erhält man beim **Dachverband der irischen Folklore-Vereinigungen:**

- **Comhaltas Ceoltoiri Eireann,**
Culturlann nah Eireann, 32 Belgrave Square, Monkstown, Co. Dublin,
Tel. (01) 2800295, Fax 2803759,
www.comhaltas.com.

014ir Foto: hg

Bei dem reichen Musikangebot in den vielen *Singing Pubs* ist es verwunderlich zu hören, dass vor rund 50 Jahren die irische Musikszene in einem desolaten Zustand war. Ausgerechnet die irische Regierung war für diese Situation verantwortlich. Im Zuge der Unabhängigkeit bemühte man sich auf allen Ebenen, die kulturellen Wurzeln zu finden und neu zu beleben. Eine regierungsamtliche Kommission legte fest, welche Tänze, Lieder und Melodien als „irisch" und welche als „unirisch" zu bezeichnen wären. Genauso erging es verschiedenen Instrumenten – Schlagzeug, Banjo und Klavier fanden nicht das Wohlwollen der offiziellen Musikexperten. Solche Maßnahmen waren natürlich nicht geeignet, eine Musiktradition neu und innovativ aufleben zu lassen.

Musiker mit Dudelsack und Gitarre vor der grandiosen Kulisse der Cliffs of Moher

1951 gründete eine Anzahl von Künstlern den **Verband der irischen Musiker** *(Comhaltas Ceoltoiri Eireann,* CCE) und machte sich daran, ein erstes Festival zu organisieren. Der Erfolg dieses *Fleadh Cheoil* (Musikfest) verblüffte die Initiatoren genauso wie die Zuhörer, und in einer freieren Atmosphäre entwickelten junge wie alte Musiker neue Stile und Arrangements.

Hinzu kam nun der **Einfluss irischstämmiger Amerikaner,** die, von den Songs eines *Woody Guthrie* und des jungen *Bob Dylan* inspiriert, dazu übergingen, amerikanische Musikelemente mit den alten heimatlichen Balladen zu verknüpfen. Großen Erfolg damit hatten die *Clancy Brothers,* und auch in Irland machte ihre Musik Furore.

Auf der Grünen Insel begann der leider früh verstorbene Komponist *Sean O'Riada* (1931–1971) mit ausgesuchten traditionellen Musikern, **neue Stilelemente** zu entwickeln; aus dieser Vereinigung von Musikern ging die spätere, sehr erfolgreiche Gruppe *The Chieftains* hervor. Unermüdlich begannen nun Künstler wie *Davy Spillane, Christy Moore* und Gruppen wie *Planxty* und die in Deutschland sehr bekannten *Dubliners,* weitere Elemente – teilweise aus der Rockmusik – in ihre Arrangements einfließen zu lassen. Die Musiker entdeckten das Schlagzeug, ließen ihre Klänge über Verstärker laufen und entnahmen aus dem Jazz das Saxophon.

Ab den 1980er Jahren dann beeinflusste eine sehr erfolgreiche originär **irische Rockmusik** die kontinentale Musikszene: Gruppen und Interpreten wie *Van Morrison, Rory Gallagher,* die *Boomtown Rats,* die *Cranberries* und vor allem *U2* sowie die Sängerin *Sinead O'Connor* eroberten die Plattengeschäfte.

Bildende Künste

Hervorragende künstlerische Leistungen erbrachten die keltischen Mönche bei der Gestaltung der heiligen Schriften. Ein Meisterwerk der **irischen Buchkunst** stellt das *Book of Kells* dar, in dessen Illustration erstmalig im Abendland die Muttergottes mit dem Christuskind abgebildet wurde. Mehrere Schreiber haben wahrscheinlich zwischen 790 und 820 im Columban-Kloster auf der schottischen Insel Iona mit der Arbeit an diesem Band begonnen und sind dann vor den räuberischen Wikingern nach Kells in Irland geflohen. Bei den Darstellungen befreiten sich die frommen Künstler weitgehend von einer realistischen Darstellungsweise und gaben ihren Glaubensvorstellungen freien Ausdruck.

Aufgrund der englischen Überfremdung haben die bildenden Künste in Irland ansonsten noch eine **recht junge Tradition** und gehen auf die Zeit von 1850 bis in die Tage des ersten Weltkriegs zurück. Damals verließen viele irische Maler und Bildhauer die Grüne Insel und ließen sich vor allem in Frankreich und Belgien nieder, um dort in einer losen Gruppe Studien zu betreiben und eigene Stile zu entwickeln.

Unter der Bezeichnung **The Irish Impressionists** sind diese Künstler heute bekannt; dazu gehören u.a. *Roderic O'Connor* (1863–1940), *John Lavery* (1856–1941), *Walter Osborne* (1859–1903), *Mainie Jellet* (1896–1943) und *Evie Hone* (1894–1955). Trotz ihrer Arbeiten gelangte die konti-

Irische Schriftsteller von Weltruhm

James Joyce

Als einer der ganz großen irischen Literaten gilt natürlich *James Joyce,* dessen Monumentalwerk „Ulysses" eine literarische Revolution hervorrief.

Geboren am 2. Februar 1882, kam der Knabe bald in die Zucht eines Jesuitenkollegs, weigerte sich jedoch nach Abschluss seiner Schulausbildung, dem Orden beizutreten und studierte statt dessen Literatur und Sprachen in Dublin. Nachdem er seinen Magisterabschluss gemacht hatte, begann er 1902 ein Medizinstudium, das er jedoch nicht beendete. 1904 verließ er zusammen mit seiner Lebensgefährtin *Nora Barnacle* (die er erst 1931 heiratete) Irland und schlug sich in Triest, Rom, Paris und Zürich als Sprachlehrer und Schriftsteller durchs Leben. 1907 erschien der Gedichtband „Kammermusik".

Um 1913 wurde *Ezra Pound* auf *Joyce* aufmerksam, förderte intensiv das literarische Genie und sorgte für die Publikation der Werke. Ein Jahr später erschienen die „Dubliner Geschichten". Zwischen 1914 und 1922 schrieb *Joyce* sein Meisterwerk „Ulysses" nieder. Nicht so sehr der Romaninhalt – die Wünsche, Vorstellungen und Sorgen von drei Personen im Ablauf eines einzigen Tages –, sondern die schriftstellerische Montagetechnik aus Vor- und Rückblenden sowie ständig wechselnden Erzählweisen fasziniert den Leser. Aufgrund der rückhaltlosen Offenheit des Dichters stand das Werk im englischsprachigen Raum zeitweise auf dem Index. 1939 erschien „Finnegans Wake" („Finnegans Erwachen"), das Alterswerk von *Joyce.*

Schwere Depressionen und ein fast lebenslanger exzessiver Alkoholkonsum ruinierten die körperliche und seelische Verfassung des großen irischen Schriftstellers, der am 13. Januar 1941 in Zürich starb.

Werke in deutscher Übersetzung:

- **Gesammelte Werke.** Frankfurter Ausgabe, Redaktion *K. Reichert,* 1969.
- **Dubliner Geschichten.** Übersetzt von *D. E. Zimmer,* 1969.
- **Briefe.** Hg. von R. Ellmann, übersetzt von *K. H. Hansen,* 3 Bd., 1969–1974.
- **Stephen der Held.** Ein Porträt des Künstlers als junger Mann.
Übersetzt von *K. Reichert,* 1971.
- **Kleine Schriften.** Übersetzt von *K. Marschall,* 2 Bd., 1974–1981.
- **Ulysses.** Übersetzt von *H. Wollschläger,* 2 Bd., 1975.

George Bernard Shaw

Nicht minder berühmt ist der Satiriker *George Bemard Shaw,* der am 26. Juli 1856 als protestantischer Ire in Dublin das Licht der Welt erblickte. In seinen „16 selbstbiographischen Skizzen" gab er die folgende Betrachtung seiner Herkunft: „Herabkömmling; Landedelleute verarmt; Vater mittellos und erfolglos; pensionierter Beamter, der Getreidehändler wird, ohne kaufmännische Kenntnisse. Außerdem Trinker." Folgerichtig mied *Shaw* den Alkohol und lebte absolut abstinent. (Dies war den Textern einer deutschen Werbeagentur offensichtlich unbekannt, als sie Ende 1990 in einem großen deutschen Wochenmagazin eine ganzseitige Anzeige für irischen Whiskey schalteten; darauf sah man *Shaw,* wie er sich gedankenversunken über den weißen Bart strich, und in der Werbebotschaft – ein Zitat andeutend – hieß es: „Whiskey ist flüssiger Sonnenschein!" Woher mag er das wohl gewusst haben?)

Erzogen in einer Proletarierschule, flüchtete er 1876 vor einer Kontorlehre und arbeitete als Journalist in London, ein „Pfuscherberuf", wie er einmal feststellte. *Shaw* war Mitbegründer der Fabian Society, die einen gemäßigten Sozialismus propagierte.

1889 wurde er als Kritiker entdeckt und begann mit seiner literarischen Arbeit. Mittels Ironie und Satire entlarvte er die Moral der Gesellschaft und forderte einen vom *Common Sense* geprägten Menschen. 1925 ehrte man ihn für sein Werk mit dem Nobelpreis für Literatur.

Shaw starb am 2. November 1950 in Ayot St. Lawrence, Hertfordshire.

Werke in deutscher Übersetzung:

- Bisher nur einzelne Dramen übersetzt von *Annemarie* und *Heinrich Böll, M. Walser, H. G. Michelsen.*

William Butler Yeats

Am 13. Juni 1865 wurde in Sandymount bei Dublin *William Butler Yeats* geboren. Aufgewachsen unter der Obhut der Großeltern in der rauhen Landschaft Nordwest-Irlands und inmitten von Bauern und kleinen Grundbesitzern lebend, blieb er sein Leben lang dem irischen Volksglauben verbunden.

1902 erschien sein Drama „Cathleen ni Houlihan", in dem die Schutzgöttin Irlands für die Befreiung des Landes kämpft; der Einakter hatte Einfluss auf die Gründung des irischen Nationaltheaters *(Abbey Theatre)* in Dublin (vgl. Kap. Dublin), das *Yeats* bis zu seinem Tod leitete. 1923 bekam der Dichter den Nobelpreis. Am 28. Januar 1939 starb er in einem kleinen Dorf bei Nizza.

Werke in deutscher Übersetzung:

- **Gesammelte Werke.** Hg. von *W. Vordtriede,* 1970.

Samuel Beckett

Samuel Beckett, einer der Hauptvertreter des absurden Theaters, wurde am 13. April 1906 in Dublin geboren und wuchs beschützt in einem bürgerlich-protestantischen Elternhaus auf. 1923 begann er am Trinity College mit dem Studium der Romanistik, 1928 siedelte er nach Paris über und arbeitete als Englischlehrer an der Ecole Normale Supérieure. In der französischen Metropole lernte er *James Joyce* kennen, der ihn zum Schreiben ermutigte; es entstanden erste Gedichte und Kurzgeschichten sowie zwei Essays über *Joyce* und *Marcel Proust.* Nach einem längeren Aufenthalt in Deutschland ließ er sich 1937 endgültig in Paris nieder, lebte dort am Rande des Existenzminimums unter schweren Depressionen und Alkoholexzessen, bis er die Pianistin *Suzanne Dechevaux-Dumesnil* kennen lernte.

1940 trat er der Résistance bei, musste sich aber alsbald auf der Flucht vor der Gestapo nach Südfrankreich zurückziehen. In Roussillon begann er mit der Arbeit an seinem Roman „Watt", den er 1946 in Paris abschloss. Ende der 40er Jahre entstanden seine Hauptwerke (zuerst übrigens in französischer Sprache): die Romantrilogie „Molloy" sowie die Theaterstücke „Warten auf Godot" und „Endspiel" (das *Beckett* als sein bestes Werk ansah).

Mit „Warten auf Godot" ist der Dramatiker weltberühmt geworden und hat dem absurden Theater zum Durchbruch verholfen. Dargestellt wird das taten- und sinnlose Warten zweier Menschen auf einen vermutlich gar nicht existierenden Godot; *Beckett* reduziert das Verhalten seiner Protagonisten auf Handlungsunfähigkeit und zeigt, wie Passivität zum Verfall führt.

1969 erhielt der große irische Dramatiker den Nobelpreis „für eine Dichtung, die in neuen Formen des Romans und des Dramas aus der Verlassenheit des modernen

Menschen ihre künstlerische Überhöhung erreicht". *Beckett* nahm an der Verleihung jedoch nicht teil und verschenkte das Preisgeld. Er starb am 22. Dezember 1989 in Paris.

Werke in deutscher Übersetzung:

- **Gesammelte Werke.** Hg. von *E. Tophoven* und *K. Birkenbauer,* 1976.

Jonathan Swift

Als Kinderbuchautor heutzutage missverstanden wird *Jonathan Swift,* am 30. November 1667 ebenfalls in Dublin geboren. Seine Mutter, eine fast mittellose Witwe, konnte den Sohn nur unter großen finanziellen Belastungen auf die Universität schicken, wo *J. Swift* Theologie studierte. Dort wurde ihm nur per Gnadenakt das Baccalaureat zuerkannt - der streitbare und eigensinnige Student hatte sich geweigert, scholastische Logik zu büffeln, die er schlichtweg für Unsinn hielt.

Zehn Jahre arbeitete *Swift* als Sekretär für den englischen Politiker Sir *William Temple,* kehrte dann nach Irland zurück und übernahm eine Stelle als Vikar von Laracor. Hier publizierte er nun seine ersten satirischen Schriften, in denen er aktuelle Konflikte und ihre Akteure ironisch attackierte.

Ab 1710 lehnte er sich politisch an die englischen Torys an und leitete die Zeitung „The Examiner". Drei Jahre später erhielt er das Amt des Dekans der St.-Patrick-Kathedrale in Dublin. Ab 1724 setzte er seine spitze Feder für das unterdrückte Irland ein und wurde deshalb vom irischen Volk hoch geachtet.

1726 erschien der vierte Teil von „Gullivers Reisen". Als Reisebericht verschlüsselt und im Stil kindlicher Naivität geschrieben, geißelt *Swift* die Niederträchtigkeit der Menschen. Alle vier Bände, die zwischen

607ir Foto: ws

1721 und 1726 publiziert wurden, erschienen zunächst anonym, da der Autor Repressalien befürchtete. Später überarbeiteten verschiedene Verlagslektoren den „Gulliver" und stellten die rein abenteuerliche Seite in den Vordergrund, das anklagende Werk avancierte zur beliebten Jugendlektüre. Swift starb am 19.10.1745 in Dublin.

Werke in deutscher Übersetzung:

- **Ausgewählte Werke.** Übersetzt von *G. Graustein* und *O. Wilck,* hg. von *A. Schlösser,* 3 Bd., 1982.
- **Gullivers Reisen.** Übersetzt von *H. J. Real* und *H. J. Vienken,* 1987.

Sean O'Casey

Von allen irischen Autoren hat wohl *Sean O'Casey* (eigentlich *John Casey*) das stärkste politische Engagement an den Tag gelegt und es dennoch verstanden, seine literarischen Ambitionen in einem künstlerischen Freiraum anzusiedeln.

O'Casey wurde 1880 als Kind protestantischer Eltern in Dublin geboren. Der Vater starb früh, und die Mutter hielt die Familie wirtschaftlich in einigermaßen geordneten Bahnen. Nach nur drei Jahren Schulbesuch verdiente Sean sein Geld als Hilfsarbeiter und bildete sich anhand der Bibel, *Shakespeares* Werken und den Publikationen von *Darwin* und *Shaw* autodidaktisch weiter.

Im Jahre 1903 schloss er sich der Gälischen Liga an, die jedoch aufgrund ihrer bürgerlichen Einstellung nicht zu seiner politischen Heimat werden konnte. 1913 unterstützte *O'Casey* den Streik der irischen Transportgewerkschaft und avancierte zum ersten Sekretär der *Irish Citizen Army*. Am Osteraufstand von 1916 beteiligte er sich nicht, da *O'Casey* eine internationale, vom Proletariat getragene Lösung anstrebte. Folgerichtig schloss er sich bald der Sozialistischen Partei Irlands an.

1918 publizierte er die satirischen Lieder „Songs of the Wren", großen Erfolg hatte er 1923 mit seinem fünften Theaterstück „The Shadow of the Gunman". Im Stil der Tragikomödie geschrieben, brachten ihm die Stücke „Juno and the Paycock" und „The Plough and the Stars" internationalen Ruhm.

Beim letztgenannten Stück kam es zu einem Theaterskandal, und *O'Casey* ging nach Großbritannien ins Exil. Dort heiratete er 1927 die irische Schauspielerin *Eileen Reynolds*. In England entstanden weitere agitatorische Stücke. *O'Casey* starb 1964 im Alter von 84 Jahren.

Werke in deutscher Übersetzung:

- **Autobiographie.** 6 Bd., übersetzt von *W. Beyer* und *G. Goyert*, 1965–1969.
- **Purpurstaub.** Übersetzt von *H. Bauerl* und *G. Simmgen*, 1971.
- **Dubliner Trilogie.** Der Schatten eines Rebellen. Juno und der Pfau. Der Pflug und die Sterne. Übersetzt von *W. Canaris*, 1972.

nental-europäische, speziell die französisch beeinflusste Malerei nur langsam nach Irland.

Heutzutage lassen sich die irischen Künstler sowohl von einem starken Geschichtsbewusstsein als auch von einem tiefen Gegenwartsverständnis leiten und richten ihre Arbeiten nicht unbedingt auf ein internationales Publikum aus. Die Anfang der 1990er Jahre stattgefundene Ausstellung **Irish Art of the Eighties** machte deutlich, wie die zeitgenössischen Meister irische Probleme der achtziger Jahre in ihren Arbeiten thematisierten. Zu den bedeutenden zeitgenössischen Künstlern zählen u.a. *Patrick Hall* (1935), *Michael Cullen* (1946), *Patrick Graham* (1943), *Brian Bourke* (1936), *Ann Madden* (1932) und *Brian Maguire* (1951).

Daten zur Geschichte

Vorchristliche Zeit (7000 v. Chr.–um 400 n. Chr.)

•um 7000–um 2000 v. Chr.

Die ersten Siedler erreichen – vermutlich aus Schottland kommend – die Insel, machen das Land urbar.

Erste Siedlungen entstehen im Nordosten des Landes, von dort dringen die Einwohner langsam ins Inselinnere vor. Jagd und Fischfang bilden die Lebensgrundlagen.

•um 4000

Eine zweite Einwanderungswelle bringt neue Volksgruppen auf das Eiland, die Wälder roden sowie Ackerbau und Viehzucht betreiben.

•um 3000

Erste Megalith-Gräber entstehen.

•um 2000–500 v. Chr.

Bronzezeit. Die „Glockenbecherleute", weitere Einwanderer vom Kontinent, bringen die Kunst der Metallverarbeitung nach Irland; Gebrauchsgegenstände und Waffen aus Bronze entstehen.

•um 500–um 400 n. Chr.

Eisenzeit. Ein keltischer Stamm, die Gälen, erreicht Irland und bringt die Technik der Eisenherstellung auf die Insel; die neuen Waffen sind den Bronzeschwertern weit überlegen. Die Gälen unterwerfen die bis dato herrschenden *Tuatha De Danann,* das Volk der Göttin Danu. Aufgrund der unruhigen Lage entstehen erste Festungsbauten. Das Land wird in vier Provinzen aufgeteilt, in denen es um die 150 Kleinkönigreiche *(Thuat)* gibt. Der „Kleinkönig" *(Ri)* steht in einem Loyalitätsverhältnis zu einem höheren Herrscher *(Ruiri)*, der wiederum an einen Hochkönig *(Ri Ruirech)* gebunden ist. Dem König untergeordnet sind die adligen Krieger *(Flaithi)*, Künstler und Wissenschaftler *(Aes Dana)*, die Priester *(Drui)* sowie die Bauern, die in einer vier Generationen umfassenden Großfamilie *(Derfhine)* organisiert sind.

Frühchristliche Zeit (um 400–1170)

•um 431

Irische Piraten verschleppen den *hl. Patrick* aus dem römischen Britannien nach Irland; nach erfolgreicher Flucht kehrt er einige Jahre später auf die Insel zurück und christianisiert die Bewohner.

•5.–9. Jh.

Nach dem Tod des *hl. Patrick* entstehen zahlreiche Klöster, in deren innerer Organisation sich die frühere gesellschaftliche Struktur widerspiegelt: Die meist adligen Äbte gründen weitere Tochterklöster und haben somit faktisch das Amt des *Ri Ruirech* inne. Viele Mönche verlassen ihre Konvente und missionieren in England, Schottland und auf dem Kontinent.

•um 800

Aufgrund zahlreicher Wikinger-Einfälle bildet sich ein Hochkönigtum *(Ri co Fesabra)* heraus. Die Wikinger setzen sich an der Ostküste fest, gründen zahlreiche Siedlungen (Dublin, Wexford, Waterford), führen die Geldwirtschaft ein und vermitteln den Iren die Technik des Schiffbaus.

•1014

In der Schlacht von Clontarf (bei Dublin) siegen die Iren unter ihrem Hochkönig *Brian Boru* über ein Wikinger-Heer. *Brian Boru* kommt bei den Kämpfen ums Leben. Die Einfälle der Wikinger werden ein für allemal gestoppt.

•1152

In der Synode von Kells/Mellifont kommt es zu einer Neuorganisation der irischen Kirche; Bistümer werden gegründet.

Normannische Epoche (1170–1534)

Die Normannen, die 1066 mit *Wilhelm dem Eroberer (William the Conqueror)* die Macht in England übernommen haben, setzen von Wales nach Irland über und erbeuten weite Landstriche.

•um 1155

Der englische König *Heinrich II.* (1154–1189) erhält aufgrund der päpstlichen Bulle „Laudabiliter" das Recht, die irische Kirche zu reformieren und zu diesem Zweck in Irland einzugreifen. Heinrich setzt normannische Adlige als Lehnsherren ein. Die Normannen erbauen viele Festungen, gründen Klöster und errichten im Inland zahlreiche neue Städte als Marktflecken und Machtzentren.

•1169

Um seine lokale Vorherrschaft zu sichern, ruft der irische König *Dermot Macmurrough von Leinster Heinrich II.* um Hilfe an; der schickt unter dem

Kommando von *Richard le Clare,* genannt *Strongbow,* ein Heer auf die Insel, das den Osten Irlands erobert.

•1171

Heinrich II. besucht Irland und versucht, seine Position auf der Insel zu stärken.

•1172

Auf der Synode von Cashel wird *Heinrich* als Herrscher über Irland anerkannt.

•1210

Heinrichs Sohn *Johann Ohneland (John Lackland),* Bruder von *Richard Löwenherz,* besucht Irland, um den englischen Einfluss weiter zu stärken. Während der folgenden 50 Jahre fallen mehr als zwei Drittel des Landes unter die Herrschaft des englischen Adels, in den restlichen Teilen der Insel regieren die irischen *Ris.* Jedoch werden die neuen Herren rasch assimiliert, und während der zweiten Hälfte des 13. Jh. verlieren die Engländer an Gewicht.

•1261

In der Schlacht von Calann (bei Kenmare) setzen die Iren Zeichen für einen erfolgreichen Widerstand gegen die Normannen. Diese werden darüber hinaus noch durch eine Pestepidemie geschwächt.

•1315–1318

Eduard Bruce, der Bruder des schottischen Königs, marschiert in Irland ein und lässt sich zum Hochkönig ausrufen – deutliches Zeichen für die Schwäche der englischen Krone.

•1366

Mit den Statuten von Kilkenny versuchen die Engländer, die Gälisierung der anglo-irischen Oberschicht zu stoppen; u.a. werden die gälische Sprache sowie Mischehen verboten. Diese Diskriminierungsversuche scheitern jedoch.

•15. Jh.

Untergang der normannischen Herrschaft und gleichzeitiges Erstarken des irischen Nationalgefühls.

Englische Herrschaft (1534–1782)

•1534

Heinrich VIII. (1509–1547) von England dehnt seine Macht auf die ganze Insel aus. Durch seine Loslösung von der römischen Kirche werden in Irland an die 400 Klöster säkularisiert.

•1541

Heinrich nimmt den Titel „König von Irland" an.

•1558–1603

Unter Heinrichs Tochter *Elisabeth I.* werden die Iren weiterhin religiös und politisch unterdrückt. 1598 siegt der Widerstandskämpfer *Hugh O'Neill* mit seinen Anhängern in der „Schlacht an der gelben Bucht" über die verhassten Engländer, aber schon 1603 müssen sich die Iren *Jakob I.* unterwerfen. Das soziale und politische Gefüge auf der Insel wird durch die Engländer vollständig zerschlagen; in Dublin etabliert sich eine britische Zentralgewalt, das englische Recht wird auf der Insel eingeführt.

•1608

In Ulster, der letzten gälischen Widerstandsregion, siedeln sich schottische und englische Protestanten an, die das von den Iren konfiszierte Land bebauen. Dies ist der historische Ursprung des derzeitigen nordirischen Bürgerkriegs.

•1649

Der englische Lord Protector, *Oliver Cromwell,* schlägt den seit 1641 gärenden Aufstand der Iren brutal und grausam nieder.

•1690

Schlacht am River Boyne, in der sich zwei britische Könige gegenüberstehen; *James II.* kämpft auf Seiten der Iren gegen *Wilhelm von Oranien,* der die siegreichen Truppen befehligt; die Engländer etablieren sich noch stärker auf der Grünen Insel.

•1691

Englische Strafgesetze *(Penal laws)* schließen irische Katholiken vom Recht auf Landbesitz aus; englische Protestanten übernehmen weite Teile der Insel und reißen die politische Macht an sich *(Protestant ascendancy).* Viele Iren verzweifeln und wandern aus; für die in der Heimat Verbliebenen übernimmt die katholische Kirche die Führung. Verschärfte Handelsgesetze (Ausfuhrverbot für Wollwaren) machen aus Irland das größte Armenhaus Europas.

•1782–1800

Großbritannien erkennt ein irisches Parlament mit mehr Selbstständigkeit an; allerdings sitzen nur Protestanten in dieser Versammlung, die von *Henry Grattan* geführt wird; die protestantische Freiwilligenbewegung *(Volunteers' movement)* kann schließlich handelspolitische und verfassungsrechtliche Verbesserungen für das irische Volk erreichen.

•1798

Unter dem Einfluss der Französischen Revolution verlangen die „Vereinigten Iren" *(United Irishmen)* unter Führung von *Theobald Wolfe Tone* die Einführung der Republik in Irland. *Tone* wird von den Engländern verhaftet, verübt Selbstmord und geht als Märtyrer in die irische Geschichte ein.

•1800

Das irische Parlament löst sich selbst auf; die Briten haben die meisten Abgeordneten bestochen.

•1801

Der *Act of Union* tritt in Kraft; Irland hat nun 100 Abgeordnete im Londoner Parlament zu Westminster. Viele Grundbesitzer verlassen die Insel und lösen damit eine ökonomische Krise aus.

•1803

Robert Emmet, Führer einer Widerstandsbewegung, wird hingerichtet; Geheimbünde *(Blackfeet, Whitefeet)* kämpfen gegen die verbliebenen Grundbesitzer.

•1823

Daniel O'Connell gründet die *Catholic Association* und schafft damit eine Massenbewegung; bei den *Monster Meetings* artikulieren bis zu 250.000 Menschen ihren Protest.

•1829

O'Connell, mittlerweile Parlamentsabgeordneter, erreicht die Aufhebung der anti-katholischen Gesetze; auch Katholiken können nun ins Parlament einziehen.

•1845–1851

The Great Famine, die Große Hungersnot, fordert eine Million Opfer, ei-

Die Kartoffel und die Große Hungersnot

Als sicher gilt, dass im Jahre 1577 dem englischen Freibeuter *Sir Francis Drake* in Peru die ersten Kartoffeln angeboten wurden. Elf Jahre später, 1588, spülten die Wellen aus einigen Wracks der geschlagenen Spanischen Armada **die ersten Knollenfrüchte** an die Küste Westirlands, und bereits um 1625 war die Kartoffel das Hauptnahrungsmittel auf der Grünen Insel. Die nahrhafte Knolle aus dem südamerikanischen Hochland entpuppte sich als ideale Feldfrucht für die Iren. Da die Böden fast auf der gesamten Insel äußerst schlecht waren, die Engländer die Bevölkerung zudem in die unfruchtbarsten Gebiete abgedrängt hatten, konnte nur mit dieser genügsamen Knolle eine Nahrungsmittelsteigerung vorgenommen werden.

Die Kartoffel, *Solanum tuberosum,* wuchs ursprünglich in hohen Bergregionen, war an karge Böden, lange Nächte mit niedrigen Temperaturen und an trockene Zeiten gewöhnt. Auch im feuchten und kalten Irland mit seinen relativ langen Tagen und den armen Böden fand die Knolle ideale Wachstumsbedingungen.

Hinzu kam, dass man für den **Kartoffelanbau** keinerlei Werkzeuge benötigte, denn notfalls reichten zum Ernten die eigenen Hände aus, die Feldfrucht musste nicht, wie beispielsweise das Getreide, gedroschen werden, ein Torffeuer und ein Wassertopf waren alles, um direkt eine nahrhafte Mahlzeit auf den Tisch zu bringen.

Schnell hatten die Iren auch die effektivste und zeitsparendste Art herausgefunden, wie man die Knolle pflanzt: In einem **Hügelbeet** nämlich, das auf jedem beliebigen Boden anlegbar ist. Das Gelände muss nicht flach und eben sein, auch Steine stören nicht, und da sich das Beet selbst entwässert, ist ein Berghang ebenso geeignet wie eine sumpfige Region. Auf einen Streifen Land legt man irgendeinen Dünger, Seetang oder Torf, verteilt darauf die Knollen und gräbt rechts und links einen Graben, dessen Erde man über die Kartoffeln häuft – fertig ist das Hügelbeet.

Schon die **Erträge** eines halben Morgens reichten aus, eine Familie über das Jahr zu bringen, vorausgesetzt, dass zusätzlich Milch, ab und an Fleisch oder Fisch, Speck und Käse zur Verfügung standen. Des weiteren war solch ein Hügelbeet gegen Frost immun, und wenn keine Lagermöglichkeiten vorhanden waren, diente es auch noch als Miete für die ausgewachsenen Knollen, die täglich nach Bedarf herausgeholt wurden und in den Kochtopf wanderten.

Da die Iren ihre Felder also nicht beackerten, sondern die ausgegrabene Grasnarbe einfach umgekehrt auf die Knollen und den Dünger häuften, nannten die Engländer diese Beetanlage *Lazy Bed* und drückten damit ihre Verachtung gegenüber den „faulen" Inselbewohnern aus. Die arroganten Briten wussten natürlich nicht, dass im peruanischen Hochland diese Hügelbeettechnik schon vor Jahrhunderten entwickelt worden war und als besonders ideal für die Zucht von Kartoffeln galt.

Mit dem neuen Nahrungsmittel begann eine **Bevölkerungsexplosion,** die in Europa ihresgleichen suchte. 1660, rund 35 Jahre nach Einführung der Kartoffel, lebten 500.000 Iren auf der Grünen Insel, 28 Jahre später hatte sich die Bevölkerung auf 1,25 Mio. mehr als verdoppelt. Von 1760 dann bis zum Jahre 1840 wuchs die Bevölkerung von 1,5 Mio. auf 9 Mio. an – eine Steigerung von 600% in nur 80 Jahren. (Eine schier unglaubliche Zahl, wenn man sich vor Augen hält, dass Irland heutzutage gerade einmal 3,5 Mio. Einwohner zählt.)

Ohne die Kartoffel hätte das Land maximal 5 Mio. Iren mit Nahrung versorgen können, das jedoch auch nur, wenn es einen organisierten Getreidehandel gegeben hätte, den man in jenen Tagen auf der Grünen Insel jedoch nicht kannte. Zudem waren in diesen Jahren die Preise für Weizen und Roggen sehr hoch, die armen Iren hätten die hohen Forderungen gar nicht bezahlen können.

Da nun also ein ganzes Volk von einer einzigen Feldfrucht abhängig war, brachte eine Missernte die Bevölkerung in eine **lebensbedrohliche Situation,** und die irischen Chroniken berichten von schlimmen Zeiten: Zwischen 1724 und 1749 kam es fünfmal zu einem Ernteausfall, die Jahre zwischen 1750 und 1774 waren ebenfalls von fünf Missernten betroffen, in zwei Jahren war es gar so schlecht, dass man von einer Hungersnot sprach; Hilfsmaßnahmen wurden unternommen, und die wenigen Getreideexporte stellte man ein.

Zwischen 1775 und 1799 kam es wiederum in fünf Jahren zu Missernten und zwischen 1800 und 1824 forderten neun Hungerjahre ihren Tribut. Allein 1821 starben 250.000 Menschen aufgrund fehlender Nahrungsmittel sowie durch Cholera und Typhus. Zwischen 1829 und 1845, dem Jahr, in dem die Große Hungersnot begann, hatte es in einem Zeitraum von 17 Jahren nur fünf normale Ernten gegeben. Die irische Bevölkerung stand permanent am Rande des Hungertodes.

Wie kam es zu solcherart verheerenden Ernteausfällen? Wie jede andere Feldfrucht, so konnte auch die Kartoffel von Schädlingen befallen werden. Um das Jahr 1750 tauchte zum erstenmal die **Trockenfäule** auf. Die eingelagerten, scheinbar gesunden Knollen wurden von einem Pilz, dem *Fusarium caeruleum,* befallen; die Kartoffeln trockneten aus, schrumpften zusammen und waren schließlich nur noch eine ungenießbare holzähnliche Masse. Man stelle sich das Entsetzen der Bauern vor, die im Juli/August zufrieden ihre scheinbar gesunde Ernte einlagerten und dann um Weihnachten feststellten, dass sie bis zum nächsten Herbst nichts mehr zu essen hatten.

1770 kam zu diesem Pilzbefall die **Kräuselkrankheit** hinzu, die sich die folgenden 40 Jahre epidemisch ausbreitete. Hierbei handelte es sich um eine Virusinfektion, die von Blattläusen übertragen wurde. Der Virus verhinderte das Wachstum der Pflanzen, und ohne dass es erkennbar gewesen wäre, konnten bis zu 70% eines Feldes infiziert sein. Auch hier muss das Entsetzen der Bauern groß gewesen sein, wenn sie auf dem scheinbar gesunden Acker ernten wollten.

1795 machte der **Schimmelpilz** *Botrytis cinerea* die Hoffnungen der Farmer zunichte; der Pilz schlug sich auf den Pflanzen nieder und entzog ihnen die Feuchtigkeit, so dass sie austrockneten und schrumpften.

Es sollte jedoch noch schlimmer kommen. 1833 trat die **Schwarzfäule** auf, deren Erreger erst die Blätter befiehl und dann die Knolle vernichtete; wenn kranke und gesunde Kartoffeln gemeinsam gelagert wurden, so steckten die infizierten Knollen auch die noch nicht befallenen Früchte an.

Die wahre Katastrophe aber, die Große Hungersnot der Jahre 1845–1851, verursachte die **Braunfäule** oder auch der so genannte **Brand,** ausgelöst durch den Pilz *Phrytophthora infestans.* Im Juni 1845 sichtete man diesen Kartoffelkiller erstmals auf der Isle of Wight, am 1. August waren bereits alle europäischen Länder betroffen, Irland selbstverständlich auch.

Wie bei den anderen Kartoffelkrankheiten auch, deutete bei der Braunfäule im Juni, Juli und August des Jahres 1845 nichts auf einen möglichen Ernteausfall hin. Die Bauern hatten hinzugelernt, inspizierten regelmäßig ihre Pflanzen und sahen einem guten Ertrag entgegen. Keine der gefürchteten Krankheiten war bisher aufgetreten, und die Iren schauten voller Optimismus in die Zukunft. Da jedoch wurden die Felder innerhalb weniger Tage plötzlich braun, dann schwarz und stanken entsetzlich, die

gesamte Ernte war auf einen Schlag vernichtet. In den folgenden sechs Jahren starben über eine Million Menschen an Hunger, eine weitere Million wanderte aus und schiffte sich auf den überfüllten „Kartoffelsärgen" nach Amerika ein.

Im schlimmsten Jahr der großen Hungersnot kam auch noch die **Cholera** hinzu, 36.000 Menschen starben an der Seuche. „Die Sterbenden trugen die Toten", so heißt es in einem Bericht. Dem Ausmaß der Katastrophe konnte sich auch der britische Premier *Robert Peel* nicht verschließen, und er erklärte öffentlich: „Wieviel Diarrhö, blutigen Ausfluss, Dysenterie muss ein Volk ertragen, bis man beschließt, ihm mit Nahrung zu helfen?" Diese Worte kosteten ihn sein Amt, Ende des Jahres 1845 musste er, gezwungen vom Parlament, seinen Hut nehmen. Der Schatzmeister seiner Majestät allerdings, *Charles Trevelyan,* blieb auf seinem Posten; er hatte die Hungersnot als eine Strafe Gottes für ein rebellisches und undankbares Land bezeichnet und die Hilfsgelder so weit wie eben möglich heruntergedrückt.

Der Schock der Hungersnot war so groß, dass die **Massenauswanderung** über viele Jahrzehnte weiter anhielt und die Bevölkerungszahlen dramatisch nach unten gingen.

Friedrich Engels, der im Jahre 1856 eine Reise durch Irland unternahm, zeigte sich von den **Auswirkungen der Hungersnot** mehr als betroffen. In einem Brief an *Marx* schrieb er: „Eigentümlich sind in dem Land die Ruinen. Im ganzen Westen, besonders aber in der Gegend von Galway, ist das Land mit solchen verfallenen Bauernhäusern bedeckt, die meist erst seit 1846 verlassen sind. Ich habe nie geglaubt, dass eine Hungersnot eine so handgreifliche Realität haben könne. Ganze Dörfer sind verödet, und dazwischen dann die prächtigen Parks der kleinen Landlords, fast die Einzigen, die dort noch wohnen. Hungersnot, Auswanderung und *Clearances* zusammen haben das fertiggebracht. Dabei nicht einmal Vieh auf den Feldern; das Land ist eine komplette Wüste, die niemand haben will."

ne weitere Million Menschen wandert in die USA aus.

Kampf um nationale Unabhängigkeit

•1848

Der Aufstand des *Young Ireland Movement,* dessen protestantische Mitglieder einen Staat mit religiöser Toleranz fordern, scheitert.

•1858

Irische Einwanderer gründen in den USA den Geheimbund der *Irish Republican Brotherhood* um Irlands Unabhängigkeit zu erreichen.

•1870

Isaac Butt gründet die *Home-Rule-Bewegung,* die eine irische Selbstverwaltung fordert.

•1879

Michael Davitt gründet die „Land-Liga" *(Land League),* um irische Bauern vor Wucherzinsen zu schützen.

•1885

Charles Stewart Parnell, seit 1875 Abgeordneter im britischen Unterhaus, avanciert zum Führer der Iren. Seine Forderung nach einem eigenen Parlament wird – obwohl bereits vom britischen Unterhaus abgesegnet – vom Oberhaus torpediert. Viele Protestanten in den nördlichen Grafschaften der Insel sind der Ansicht, dass die Union mit Großbritannien langfristig Vorteile für sie bringt, dementsprechend sind sie gegen die Ziele der *Home-Rule-Bewegung.*

•1893

Gründung der *Gaelic League* (Gälische Liga), die sich um die gälische Sprache und die gälische Literatur bemüht.

•1905

Gründung der Gruppe *Sinn Fein* (dt.: Wir selbst), die eine politische und ökonomische Selbstverantwortung fordert und den passiven Widerstand gegen die Briten organisiert.

•1913

In Dublin konstituieren sich die *Irish Volunteers* („Irischen Freiwilligen") mit der Forderung nach *Home Rule.*

•1916

Am 24. April rufen die „Irischen Freiwilligen" in Dublin die Republik aus; die Briten schlagen diesen als „Osteraufstand" bekannten Unabhängigkeitsversuch brutal nieder und exekutieren die Führer des Freiheitskampfes.

•1919

Die irischen Unterhausabgeordneten gründen in Dublin ein eigenes Parlament *(Dail Eireann),* rufen die Unabhängigkeit der Insel aus und etablieren eine Regierung unter *Eamon de Valera* (1882–1975).

•1919–1921

Unabhängigkeitskrieg gegen die Briten, getragen von der legendären *Irish Republican Army (IRA).*

•1920

Das englische Parlament schafft eine Gesetzesvorlage, die zwei unterschiedliche *Home-Rule-Systeme* vorsieht, eins für die sechs nördlichen Grafschaften (das heutige Nordirland) und eins für den restlichen Teil der Insel.

•1921

Am 6. Dezember unterzeichnen die Führer der Unabhängigkeitsbewegung einen Vertrag, wonach Irland ein Freistaat innerhalb des britischen Reiches (später des Commonwealth) wird. Nach der Teilung der Insel in einen irischen Freistaat und den bei Großbritannien verbleibenden Teil im Norden nimmt am 22. Juni das nordirische Parlament in Belfast seine Arbeit auf. Die Protestanten beherrschen das öffentliche Leben in Verwaltung und Wirtschaft, die katholisch-irische Bevölkerung ist von ökonomischen und administrativen Aktivitäten ausgeschlossen.

•1922

Arthur Griffith (1871-1922) wird erster Ministerpräsident; nach seinem Tod im gleichen Jahr übt *William Thomas Cosgrave* (1880-1965) das Amt bis zum Jahre 1932 aus.

•1921-1923

Bewaffneter Kampf der Freistaatgegner um *Eamon de Valera* gegen die Regierung *Cosgrave;* über 4000 Menschen kommen ums Leben; die Regierung überlebt die Rebellion politisch, lässt jedoch mehr politische Gegner hinrichten als die Briten während des Unabhängigkeitskrieges; ein breiter Riss zieht sich nun durch die irische Gesellschaft.

•1926

Gründung der *Fianna-Fail-Partei* („Schicksalskameraden") unter Führung von *Eamon de Valera.*

•1932

Wahlsieg der *Fianna Fail, Eamon de Valera* hat das Amt des Ministerpräsidenten bis 1948 inne.

Das unabhängige Irland

•1937

Irland gibt sich eine neue Verfassung und erklärt sich zu einem souveränen, unabhängigen und demokratischen Staat mit der Bezeichnung *Eire,* dem ab nun ein Staatspräsident vorsteht.

•1939-1945

Im Zweiten Weltkrieg bleibt Irland neutral unter dem Motto: *England's Difficulty is Ireland's Opportunity.*

•1949

Irland erklärt sich zur Republik (irisch: *Poblacht Na h'Eireann)* und tritt aus dem Verbund des *Commonwealth* aus.

•1955

Irland wird Mitglied bei den Vereinten Nationen (UNO).

•1967

Nach dem Vorbild der amerikanischen Bürgerrechtsbewegung formiert sich auch in Nordirland ein *Civil Rights Movement,* das von der herrschenden Minderheit massiv bekämpft wird. Bei Protestaktionen schützt die RUC, die *Royal Ulster Constabulary,* die Katholiken kaum gegen die Übergriffe von militanten Protestanten.

•1969

Bei einem provozierenden Marsch der protestantischen *Apprentice Boys* durch die katholischen Stadtviertel von Derry brechen Aufstände aus. Die katholischen Quartiere werden im wahrsten Sinne des Wortes belagert; die irische Republik schickt Armee-Einheiten an die Grenze zu Nordirland und lässt Feldlazarette errichten, um den verwundeten Nord-Iren medizinische Hilfe zu leisten. Am 14. August schickt die Londoner Regierung Soldaten nach Nordirland.

•1972

Bei dem berüchtigten Blutsonntag von Derry erschießen britische Truppen am 31. Januar 13 friedliche und unbewaffnete Katholiken, der Bürgerkrieg in Nordirland bricht aus. Die Regierung der Republik Irland deklariert für den 2. Februar einen Volkstrauertag und in Dublin setzen wütende Bürger Feuer an die britische Botschaft. Nordirland wird nun direkt von London aus regiert.

•1973

Über 80% der Iren sind für einen Beitritt zur Europäischen Wirtschaftsgemeinschaft (EWG), der am 1. Januar erfolgt. In Sunningdale kommt es zu einer Konferenz, an der Vertreter der britischen und irischen Regierung sowie Abgesandte des katholischen und protestantischen Lagers teilnehmen. Vereinbart werden Machtteilungen zwischen den beiden Religionsgruppen, auch Katholiken sollen jetzt öffentliche Ämter innehaben können.

•1974

Das *United Ulster Unionist Council* organisiert einen Streik, der durch Straßenblockaden der UDA *(Ulster Defence Association)* unterstützt wird. In Dublin töten drei Autobomben der UDA 33 Iren. Die Vereinbarungen der Sunningdale-Konferenz werden von der britischen Regierung aufgelöst und seitdem herrscht London über Nordirland. Die Untergrundgruppe der Katholiken, die IRA *(Irish Republican Army),* legt in Großbritannien mehrere Bomben; 28 Personen kommen bei Anschlägen in Pubs in Birmingham, Woolwich und Guildford ums Leben. Die britische Regierung antwortet mit einem neuen Gesetz, dem *Prevention of Terrorism Act,* das die demokratischen Rechte von Verhafteten weitgehend beschneidet. Zehn mutmaßliche Täter der Bombenanschläge werden trotz magerer Beweise lebenslang ins Gefängnis geschickt. Jahre später müssen alle zehn freigelassen werden – Justizskandale von erschreckendem Ausmaß.

•1978

Der Europäische Gerichtshof spricht die Regierung von Großbritannien schuldig, gegen die Menschrechte zu verstoßen, und prangert die inhumane Behandlung von IRA-Häftlingen in den Gefängnissen an.

•1979

Weithin grassierende Arbeitslosigkeit, 10% aller Iren sind ohne Beschäftigung.

•1981

In Long Kesh, dem Gefängnis südlich von Lisburn, in dem gefangene IRA-Aktivisten einsitzen, kommt es zu Hungerstreiks gegen die unzumutbaren Haftbedingungen. *Bobby Sands,* einer der Führer der *Irish Republican Army*, verweigert die Nahrungsaufnahme. Am 11. April wird er als Abgeordneter von Fermanagh und South Tyrone ins Parlament von Westminster gewählt; am Tag seiner Wahl treten jedoch weitere neun Mithäftlinge in den Hungerstreik ein – alle zehn Männer sterben.

•1985

Mit knapper Mehrheit entscheiden sich im Parlament die Abgeordneten für die Einführung empfängnisverhütender Mittel und widersetzen sich damit dem Einfluss der katholischen Kirche.

•1986

Die Einführung und Legalisierung der Ehescheidung wird in einem Referendum mit großer Mehrheit abgelehnt.

•1987

Die Arbeitslosigkeit steigt weiter, und eine Auswanderungswelle - die größte seit Jahrzehnten - rollt an.

•1990

Mary Robinson wird gegen den Einfluss der Kirche zur ersten irischen Präsidentin gewählt. Die Arbeitslosigkeit erreicht die 20%-Marke.

•1994

Im Herbst 1994 erklärt *Gery Adams,* Führer der *Sinn-Fein-Partei* und damit der politische Kopf der IRA, einseitig einen Waffenstillstand; in den folgenden Wochen finden zum erstenmal Gespräche zwischen der britischen Regierung und Sinn-Fein-Mitgliedern statt.

•1995/96

Das Verbot der Ehescheidung wird in der Republik aufgehoben. Die IRA kündigt wegen der halbherzigen Haltung der englischen Regierung in den Friedensgesprächen den Waffenstillstand auf und legt mit einer gigantischen Bombe das Stadtzentrum von Manchester in Schutt und Asche. Im Sommer 1996 kommt es in Nordirland zu den schlimmsten Auseinandersetzungen zwischen Protestanten und Katholiken seit Jahren. Die Polizei hat radikalen Protestanten politische Umzüge durch katholische Wohngebiete gestattet.

•1997

Die bei den Iren sehr beliebte linksliberale Präsidentin *Mary Robinson* wechselt als Hochkommissarin für Menschenrechte zu den Vereinten Nationen. Ihre Nachfolgerin wird die fundamentalkatholische *Mary MacAleese.* Nach dem Wahlsieg *Labour Party* in Großbritannien werden Allparteiengespräche über Nordirland aufgenommen. Zum ersten Mal sitzen Vertreter der Protestanten und Katholiken an einem Tisch. Trotz dieser Verhandlungen kommt es zu Mordanschlägen der beiden verfeindeten Gruppen.

•1998

Zu Ostern gelingt ein Durchbruch bei den Friedensverhandlungen. Die weitere Umsetzung des Friedensabkommens, das unter anderem eine größere Autonomie Nordirlands von der Regierung in London und eine funktionstüchtige Regionalregierung vorsieht, wird in einem Referendum in Nordirland und in der Republik mit überwältigender Mehrheit gebilligt. Im Juni wird das erste nordirische Regionalparlament gewählt. Trotz einiger Terrorakte militanter Splittergruppen wird der neue Frieden von allen maßgeblichen Parteien getragen.

•2000

Mord- und Terroranschläge sowohl der IRA als auch der protestantischen Untergrundgruppen bedrohen den brüchigen Frieden in Nordirland. Das Parlament tagt nicht mehr und Großbritannien schickt wieder starke Militärkräfte in die Provinz.

•2001

Bei den alljährlichen protestantischen Oraniermärschen anlässlich des Sieges von Wilhelm von Oranien über die Katholiken vor über 400 Jahren kommt es zu schweren Straßenschlachten. *David Trimble,* Chef der nordirischen Regierung, tritt zurück. Die IRA weigert sich, einer Entwaffnung nach protestantischer Forderung zuzustimmen.

Die Maul- und Klauenseuche gelangt von England auf die Grüne Insel.

•2002

Der Euro wird offizielles Zahlungsmittel und ersetzt das Irische Pfund.

•2003

Am 26. November fanden Wahlen in Nordirland statt, in der die irisch-republikanische Partei *Sinn Fein* auf 23,5% und die probritische DUP des religiösen Eiferers *Ian Paisley* auf 25,7% kam.

•2004

Seit dem 1. Januar 2004 besteht in Irland ein Rauchverbot an sämtlichen Arbeitsplätzen. Damit darf auch nicht mehr in Pubs und Restaurants geraucht werden.

•2005

Im Juli erklärt die IRA, dass sie alle bewaffneten Aktivitäten aufgibt, ihre Waffen zerstört und nur noch auf politischem Gebiet Einfluss nehmen will.

•2006

Der Britische Premier *Tony Blair* setzt den nordirischen Parteien ein Ultimatum, damit sie sich auf den weiteren Friedensprozess einigen.

200IRL Foto: hg

Orts-beschreibungen

119ir Foto: ws

120irFoto: ws

Der Pub Temple Bar im gleichnamigen In-Viertel Dublins

Beim Einschiffen zu den Aran-Islands

Im Hafen von Kilronan

Dublin

Überblick

Dublin, **Hauptstadt** der Republik Irland und Administrationssitz des gleichnamigen County, zählt etwa eine halbe Million Einwohner und ist das wichtigste Industrie- und Handelszentrum der Grünen Insel sowie kultureller Mittelpunkt des Landes.

Innerhalb des letzten Jahrzehnts hat Dublin seine Provinzialität abgestreift und ist zu einer europäischen Kapitale internationalen Zuschnitts geworden. Das liegt vor allem daran, dass 50% der Einwohner unter 25 Jahren sind und so setzt sich immer stärker der innovative Reformeifer der **jungen Generation** gegen die alteingesessenen Traditionalisten durch. Das zeigt sich auch ganz deutlich in der urbanen Landschaft. Überall entstanden neue Läden für die Konsumwünsche der jungen Generation: Clubs, Restaurants, Bars und Pubs ziehen die Nachtschwärmer an wie das Licht die Motten. So hat die irische Hauptstadt ein pulsierendes Alltagsleben, in das der Besucher gerne eintaucht.

Das kann jedoch bei genauerem Hinsehen nicht über die **sozialen Unterschiede** hinwegtäuschen, an denen Irland und vor allem Dublin ebenso krankt wie andere Länder bzw. Großstädte Europas. Zwar hat Irland europaweit die höchsten wirtschaftlichen Zuwachsraten während der letzten Jahre zu verzeichnen gehabt, aber nicht alle Bewohner konnten davon profitieren. Und so sieht man denn Bettler, die noch immer die Straßen bevölkern.

In mittelalterlichen Zeiten waren **bettelnde Menschen** ein vertrauter Anblick in den Dubliner Straßenzügen, von jeher gehörten sie zum Alltag der Metropole, und heute wie damals gelingt es den Ordnungshütern nicht, sie von ihren Plätzen zu vertreiben. Viele alte Quellen und frühe Chroniken widmen sich ausgiebig diesem Problem. Wie sehr Bettler zum öffentlichen Erscheinungsbild gehörten, zeigt auch der 1792 erschienene Bilderzyklus „A Picturesque and Descriptive View of the City of Dublin" des englischen Malers *James Malton* (1760–1803). Auf fast jedem der 25 Gemälde sieht man die Armen der Stadt (*Maltons* Bilder können u.a. in der National Gallery besichtigt werden).

Der innerstädtische Teil der Metropole ist verhältnismäßig **klein und überschaubar.** Irlands Kapitale umrahmt die Dublin Bay. Eine urbane Achse wird durch den von West nach Ost fließenden River Liffey geformt, der im Stadtgebiet kanalisiert ist und die irische Hauptstadt in zwei annähernd gleich große Hälften teilt. Der nördliche Teil ist der ärmere und weniger entwickelte, im südlichen hingegen befindet sich der größte Teil des Zentrums mit den exklusiven Geschäften des gehobenen Einzelhandels, den guten Restaurants, den gemütlichen

Die Dubliner Bürgerhäuser haben prachtvolle, bunte Türen

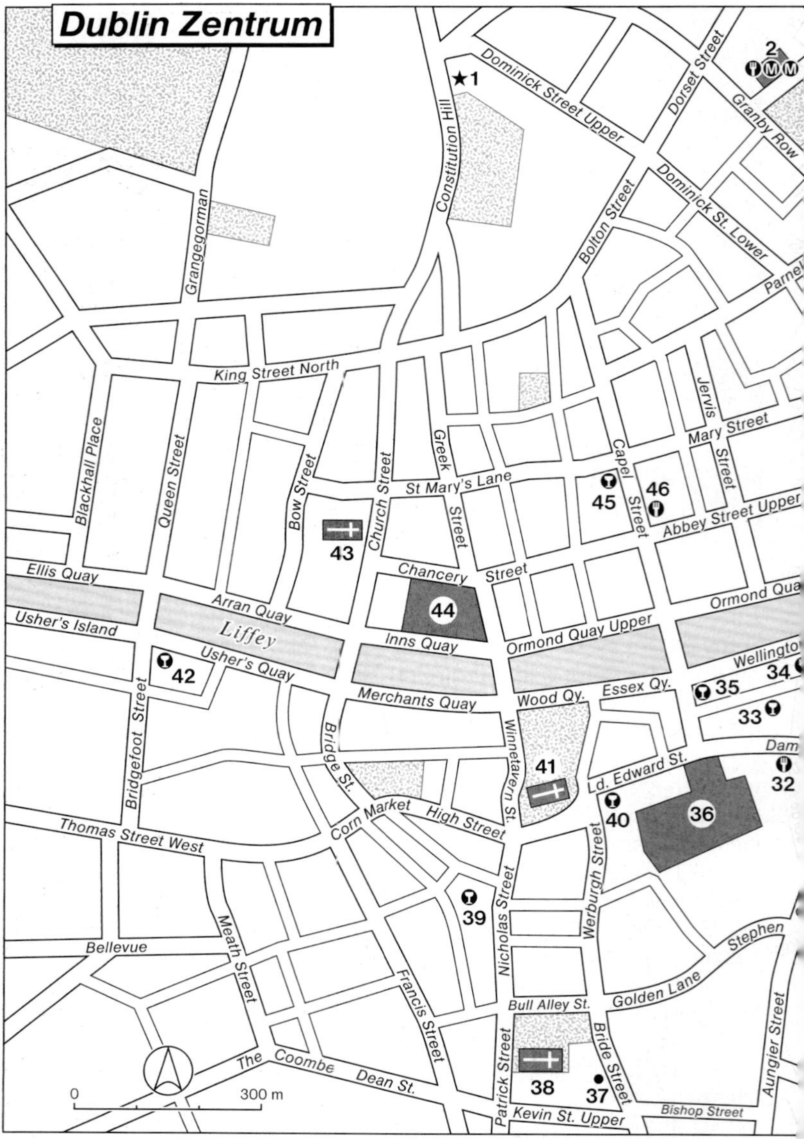

Dublin Zentrum
Dominick Street Upper
Dorset Street
Granby Row
Dominick St. Lower
Parnell
Constitution Hill
Grangegorman
Bolton Street
King Street North
Blackhall Place
Queen Street
Bow Street
Church Street
Greek Street
St Mary's Lane
Capel Street
Jervis Street
Mary Street
Abbey Street Upper
Chancery Street
Ellis Quay
Arran Quay
Liffey
Inns Quay
Ormond Quay Upper
Ormond Quay
Usher's Island
Usher's Quay
Merchants Quay
Wood Qy.
Essex Qy.
Wellington
Bridgefoot Street
Bridge St.
Winnetavern St.
Ld. Edward St.
Dam
Corn Market
High Street
Thomas Street West
Werburgh Street
Nicholas Street
Meath Street
Bellevue
Francis Street
Stephen
Golden Lane
Bull Alley St.
Aungier Street
The Coombe
Dean St.
Patrick Street
Bride Street
Bishop Street
Kevin St. Upper
0
300 m
1
2
32
33
34
35
36
37
38
39
40
41
42
43
44
45
46

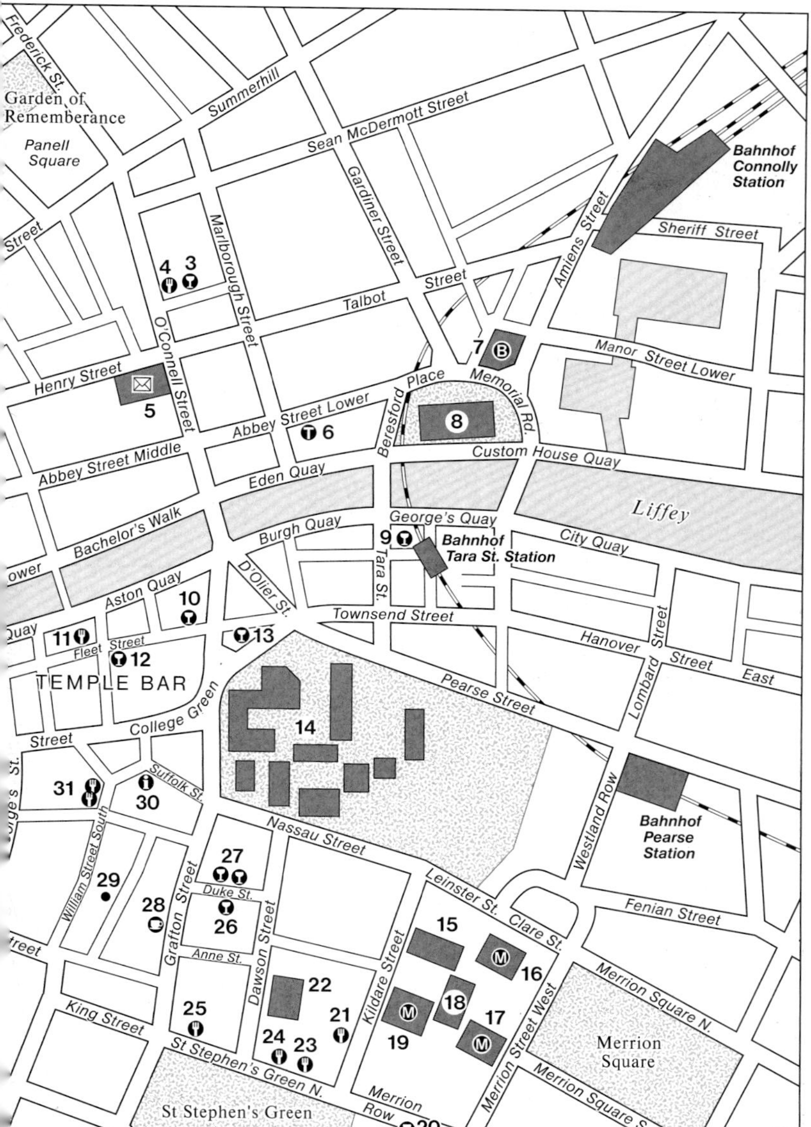
Frederick St.
Garden of Rememberance
Panell Square
Summerhill
Sean McDermott Street
Gardiner Street
Bahnhof Connolly Station
Sheriff Street
Amiens Street
Street
Marlborough Street
Talbot Street
4 3
O'Connell Street
Henry Street
5
7 B
Manor Street Lower
Beresford Place
Memorial Rd.
8
Abbey Street Lower
6
Abbey Street Middle
Custom House Quay
Eden Quay
Liffey
Bachelor's Walk
Burgh Quay
George's Quay
9
Bahnhof Tara St. Station
City Quay
Lower
Aston Quay
10
D'Olier St.
Tara St.
Townsend Street
Quay
11
Fleet Street
12
13
Hanover Street East
Lombard Street
TEMPLE BAR
Pearse Street
College Green
Street
14
31
30
Suffolk St.
George's St.
Westland Row
Bahnhof Pearse Station
Nassau Street
William Street South
29
27
Leinster St.
28
Grafton Street
Duke St.
26
Dawson Street
Clare St.
Fenian Street
15
Street
Anne St.
Kildare Street
16
Merrion Square N.
22
18
King Street
25
21
17
24 23
19
Merrion Street West
Merrion Square
St Stephen's Green N.
Merrion Row
Merrion Square S.
St Stephen's Green
20
IAWM

005ir Foto: hs

Pubs, den weitaus meisten Sehenswürdigkeiten und dem *Temple Bar*-Bezirk, dem Soho oder Greenwich Village von Dublin.

Die zweite innerstädtische Achse verläuft von Nord nach Süd und wird von der O'Connell Street gebildet, die südlich vom Liffey in die verkehrsberuhigte Grafton Street übergeht.

Für den fremden Besucher bietet dieser **südliche Teil** der Metopole sicherlich den Hauptanziehungspunkt. Hier schlägt das Herz der Stadt um die im georgianischen Stil gehaltene Architektur rund um den Merrion und Fitzwilliam Square und um den großen dekorativen Park St. Stephen's Green. Hier liegt auch das altehrwürdige Trinity College, die Universität von Dublin, mit ihrer berühmten Bibliothek. Nahebei beginnt die Grafton Street, eine Einkaufsflaniermeile mit guten Geschäften auch in den kleinen Nebenstraßen. Ebenfalls in der Nähe erstreckt sich direkt am südlichen Ufer des Liffey der Bezirk *Temple Bar* mit seinen vielfältigen künstlerischen Aktivitäten und einer hohen Kneipen- und Restaurantdichte.

Nördlich vom Fluss verläuft die O'Connell Street. Hier befindet sich das *General Post Office*, das an den fürchterlichen Aufstand der Iren gegen die englischen Besatzer von 1916 erinnert. Am Ende der O'Connell Street liegt der Parnell Square mit der *Municipal Gallery of Modern Art* und dem *Irish Writer's Museum*, das die großen

Literaten des keinen Landes umfassend würdigt.

Im Westen der Stadt schließlich befindet sich die **grüne Lunge** der Metropole, der riesige *Phoenix Park*. Dort findet sich ein Zoo und die Residenz des Präsidenten.

Geschichte

Schon der ägyptische Geograf und Astronom *Ptolemäus* verzeichnete um das Jahr 140 n. Chr. das heutige Dublin, das er *Eblana* nannte. Der uns gebräuchliche **Name** der irischen Hauptstadt leitet sich wahrscheinlich vom gälischen *Dubhlinn* ab, was „Dunkler Teich" bedeutet. Von einem Übergang des River Liffey stammt die gälische Bezeichnung Dublins: *Baile Atha Cliath,* die Stadt der befestigten Furt.

Um 448 soll der Überlieferung zufolge der *hl. Patrick* die Bewohner zum Christentum bekehrt haben. 400 Jahre später fielen die **Wikinger** in Irland ein, eroberten das Städtchen rasch und befestigten es alsbald planmäßig, damit ihnen der Ort als Ausgangspunkt für Raubzüge ins Umland dienen konnte. 988 gelang dem Iren *Mael Sechnaill* mit seinen Mannen die Einnahme der Stadt, 1014 dann siegte der Hochkönig *Brian Boru* in der Schlacht von Clontarf (heute ein Vorort von Dublin) über die Wikinger.

Die Halfpenny Bridge

Dublin

★ 1 King's Inns
2 Municipal Gallery of Modern Art, „Irish Writers" Museum und Restaurant Chapter One
3 Madigan's Pub
4 Kylestrome Café
5 Hauptpost
6 Abbey Theatre
7 Busbahnhof
• 8 Custom House
9 Mulligan's Pub
10 Palace Bar
11 Restaurant Gallagher's
12 Pub The Olivier St. John's Gogarty
13 Bowes Public House
• 14 Trinity College
• 15 National Library
16 National Gallery
17 National Museum
• 18 Leinster House
19 National History Museum
20 O'Donoghue's Pub
21 Restaurant Town
• 22 Mansion House
23 La Mère Zou
24 Vine Bistro People's
25 Il Posto
26 Pub Davy Byrne's
27 Pubs The Bailey und The Duke
28 Bewley's Café
• 29 Powerscourt Town Centre
30 Tourist Information
31 Restaurants Trocadero, Le Caprice, Cedar Tree
32 Ristorante Italiano Boccaccio
33 Temple Bar
34 Restaurant Botticelli
35 Pub The Turk's Head
• 36 Dublin Castle und City Hall
• 37 Marsh Library
38 St Patrick's Cathedral
39 Mother Redcap's Tavern
40 Pub The Bull & Castle
41 Christchurch Cathedral
42 The Brazen Head
43 St Michan's Church
• 44 Four Courts
45 Pub Slattery's
46 Restaurant Romano

Irische Pubs

025ir Foto: hg

In Dublin gibt es sage und schreibe rund 775 Pubs, und außerhalb der irischen Metropole buhlen weitere 10.244 Tavernen um die Gunst des bier- und whiskeytrinkenden Publikums. Irland hat somit eine Pub-Dichte von 317 Einwohnern pro Kneipe. Da Vergleichszahlen aus anderen europäischen Ländern fehlen, kann hier nicht gesagt werden, wie Irland damit international dasteht.

Allein in Dublin beschäftigt die Alkoholindustrie 10.000 Arbeitnehmer, und im Durchschnitt gibt jeder Hauptstadtbürger pro Jahr 760 Euro für Guinness, Lager oder Whiskey aus.

So gelten die Iren als sehr **trinkfreudig** – zu Unrecht, wenn man die Zahlen im europäischen Vergleich betrachtet. Da nämlich liegt Irland ganz klar im Mittelfeld – an achter Stelle, weit hinter den weintrinkenden Franzosen, Italienern, Luxemburgern und ebenfalls hinter den biertrinkenden Deutschen und Belgiern. Hinzu kommt die starke, Abstinenz predigende Bewegung, der 500.000 Iren angehören sollen; bei einer Gesamtbevölkerung von 4,2 Mio. sind dies immerhin knapp 10%.

Doch das **Klischee des trinkenden Iren** hält sich seit Jahrhunderten hartnäckig. So schrieb im Jahre 1917 ein gewisser *Douglas Goldring*: „Unglücklicherweise beschränken die Armen Dublins ihre Gewohnheit, sich zu betrinken, nicht auf bestimmte Stunden oder Wochentage; sie scheint ausschließlich von ihrer finanziellen Lage abzuhängen."

Die Pubs haben sich aus den **Verkaufsstellen für schwarzgebrannten** Whiskey, dem so genannten *Potien*, entwickelt; wer nämlich besonders gut mit der Brennblase seiner Destille umgehen konnte, der machte schnell den Nebenerwerb zum Hauptberuf. Im Jahre 1628 stellte ein gewisser *William Petty* fest, dass von Dublins 6025 Häusern 1200 als Whiskeyausschankstellen dienten. Das behördliche Verbot der Schwarzbrennerei im Jahre 1760 veränderte die Lage kaum. Die **hohe Alkoholsteuer** hat bis in die heutigen Tage dazu geführt, dass wie eh und je weiter schwarz gebrannt wird. Die Steuer (52%) ist auch einer der Grunde dafür, dass die Iren ihr Guinness lieber im Pub als zu Hause trinken: In den *Off-Licence-Geschäften* sind alkoholische Getränke nahezu so teuer wie im Pub. Da kann man auch gleich in großer Gesellschaft und sozialer Runde bechern.

Heutzutage sind auch an der Bar die **Frauen** gleichberechtigt, daran ändern selbst die wenigen Wirte nichts, die, von der neuen Situation unbeeinflusst, Damen noch immer in die *Lounge Bar* verbannen und sie nicht an den Tresen lassen. Derlei hat freilich Tradition: Irische Pubs haben, oder vielmehr hatten früher, an den Enden der Theken so genannte *Snugs*, winzigkleine Kammern, in denen Frauen und Priester, der Öffentlichkeit entzogen, ihr Alkoholisches zu sich nahmen.

Diese **Einzelsäuferkojen,** wie sie *Heinrich Böll* in seinem „Irischen Tagebuch" genannt hat, ließen sich nur vom Tresen aus mit einem Hebel öffnen; wollte die Lady hinaus, so musste sie nach dem Wirt klingeln. Auch gibt es immer noch ein paar Wirte, die Frauen ein *Pint* verweigern und einfach stillschweigend *Half a Pint* auf den Tresen knallen – empört ob der Bestellung. In der Regel halten die Männer den Bartresen immer noch für sich besetzt, während ihre Damen auf kleinen Stühlchen an der Wand hocken und an ihrem Sherry oder Gin Tonic nippen.

Zur Ausstattung eines Pubs gehört selbstverständlich ein *Dart*-Spiel, sehr häufig ein Pool Billard, und in irgendeiner Ecke flimmert der Fernseher, dessen Ton leise gedreht ist und auf den kein Mensch achtet. Die Einrichtung kann durchaus schäbig sein, dies sagt nichts über die Kneipe und ihre Besucher aus.

Patina wird sogar sehr gerne gesehen, weist sie doch darauf hin, dass hier ein alteingesessenes Unternehmen residiert. In den letzten Jahren sind umfangreiche Renovierungsarbeiten im so genannten *Pastiche-Stil* in Mode gekommen; dabei kopiert man die klassische Pub-Einrichtung, die ja aus edlen Mahagonihölzern, viel Messing, Kristallspiegeln und rotem Plüsch besteht. Zumeist ist dies die reine Augenwischerei, und das Mahagoni entpuppt sich schnell als furnierter Pressspan.

Da die Bierpreise hoch sind, füllen sich die Kneipen erst sehr spät. Aus diesem Grund auch fangen viele *Life Sessions* erst um 21 Uhr an. Und irgendwann ruft unerbittlich der Barkeeper: *„It's time now. Last order."* Schnell wird dann die **letzte Bestellung** aufgegeben, und nach dem Verschluss der Zapfhähne darf man noch eine halbe Stunde lang sein Bier austrinken – so bestimmt es das Gesetz.

Die endgültige Vertreibung der „Nordmänner" gelang jedoch erst 1170 den mittlerweile in Irland eingefallenen **Normannen.** Zwei Jahre später unterwarf sich ein Großteil der irischen Stammesfürsten dem englischen König *Heinrich II.* Dublin entwickelte sich zur Hauptstadt einer Region, die *Pale* (von *Palisade* = Befestigung) genannt und durch eine Anzahl von anglo-normannischen Burgen geschützt wurde.

Die folgenden Jahrhunderte waren durch ständige **Auseinandersetzungen mit den Engländern** gekennzeichnet. Im Jahre 1647 besetzte der Lord Protector *Oliver Cromwell* Dublin und 1690 verlor der Katholik *James II.* in der Schlacht am Boyne (bei Drogheda, nahe Dublin, vgl. Ende Tour 1) gegen seinen protestantischen Widersacher *Wilhelm von Oranien.*

Nach diesem Sieg der englischen Protestanten über die katholischen Iren etablierten sich die Briten noch nachhaltiger auf der Grünen Insel und begannen im **18. Jh.** mit einem städtebaulichen **Aufbauprogramm** für die Hauptstadt – die Einwohnerzahl stieg von 65.000 auf über 200.000 an. Die öffentliche Hand ebenso wie private Investoren sorgten für eine großzügige Bautätigkeit. Neue Straßen, Plätze und Parks, gesäumt von Stadtpalais, entstanden allerorten.

1783 gestanden die Engländer dem irischen Parlament in Dublin Autonomierechte zu, doch schon 17 Jahre später wurde dieser Status durch den *Act of Union* wieder aufgehoben – eine **neue Ära von Unterdrückung** und

Widerstand begann. 1844 inhaftierten die Engländer den Bürgermeister *Daniel O'Connell,* einige Jahre später kerkerte man die Führer der *Land-League-Bewegung* ein. 1916 fand in Dublin der Osteraufstand statt, der blutig niedergeschlagen wurde – viele der Freiheitskämpfer fanden ihr Ende vor den Exekutionskommandos. Erst im Jahre 1919 konnte das erste unabhängige Parlament im Mansion House zusammentreten.

027ir Foto: hg

Im Innenhof des Trinity College

Sehenswertes im Stadtzentrum

Unser Spaziergang durch das Stadtzentrum von Dublin beginnt am **Tourist Office** in der Suffolk Street. Hier, in einer säkularisierten Kirche, bekommt der Besucher reichhaltiges Informationsmaterial. Viele der Broschüren allerdings werden nur gegen einen kleinen Obolus ausgegeben, und das Personal beantwortet alle Fragen sachkundig.

Tritt man aus der Tourist Information und wendet sich nach rechts, so ist nach wenigen Schritten die Grafton Street erreicht, die verkehrsberuhigte Haupteinkaufsstraße der Metropole. Wendet man sich nun nach links, erreicht man nach wenigen Metern eine berühmte Irin. Lebensgroß steht da die Statue der Straßenhändlerin **Molly Malone,** die einen Karren mit Muscheln hinter sich herzieht. Die vollbusige Schönheit geht auf das bekannte Dubliner Lied zurück, in dem es heißt:

In Dublins fair city
Where the girls are so pretty
I first set my eyes on sweet
Molly Malone
As she wheeled her wheelbarrow
Through streets broad and narrow,
Crying „Cockles and Mussels,
alive, alive, oh!"

Wie ein anderes Denkmal auch (s.u.), so haben die Bewohner der Hauptstadt auch diese Statue nicht so recht angenommen und verspotten die dralle Molly als „The tart with the cart" – zu Deutsch: Die Nutte mit dem Karren.

Wenige Schritte noch und linkerhand droht die festungsartige fensterlose Fassade der **Bank of Ireland.** Ursprünglich diente das 1729 errichtete Gebäude als irischer Parlamentssitz, 1803, zwei Jahre nach dem *Act of Union,* der Vereinigung Irlands mit England, richtete die Bank of Ireland hier ihren Hauptsitz ein.

Gegenüber vom Bankgebäude befindet sich der Haupteingang zum **Trinity College.** Vor der rund 100 m langen klassizistischen Fassade grüßen die Standbilder des Schriftstellers *Oliver Goldsmith* (1728–1774) sowie des Schriftstellers und Politikers *Edmund Burke* (1729–1797). Beide machten übrigens nicht in Dublin, sondern in London Karriere. Irlands Elite-Universität wurde von Königin *Elisabeth I.* 1591 gegründet und blieb fast 200 Jahre lang, bis 1793, ausschließlich protestantischen Studenten vorbehalten; erst 1873 dann konnten auch Katholiken einen akademischen Titel erlangen, und seit 1903 herrscht auf dem Campus die geschlechtliche Gleichstellung.

Lang ist die Liste berühmter Personen, die am Trinity College studiert haben: *Oliver Goldsmith, Edmund Burke, Jonathan Swift, Robert Emmet, Henry Grattan, Theobald Wolfe Tone, Oscar Wilde, Bram Stoker, Samuel Beckett* und viele andere mehr.

Hat man den Eingang durchquert und die brausende und lärmende Hektik des Dubliner Straßenverkehrs damit hinter sich gelassen, bietet der 16 Hektar große **Universitätscampus** mit seinen alten Gemäuern und den weiten Rasenflächen dem Besucher eine Oase der Ruhe. Die meisten der Gebäude datieren aus der Zeit von 1722 bis 1787.

Hinweisschilder zeigen den Weg zur **Old Library** (Mo–Fr 9.30–16.30 Uhr, Sa 9.30–12.30 Uhr), die mit dem so genannten **Long Room** eine herausragende Attraktion Dublins darstellt. 200.000 in Schweinsleder gebundene Bände bewahrt allein der 65 m lange Long Room auf, darunter befindet sich eines der schönsten Bücher der Welt: das **„Book of Kells".** Dieser im 8. Jh. geschriebene und mit vielen Miniaturen ausgestattete Foliant enthält den Text der vier Evangelien. Weitere herausragende Bände sind das „Book of Durrow" (7. Jh.), das „Book of Dimma" (8. Jh.) und das „Book of Armagh" (9. Jh.). Sehenswert ist auch eine der ältesten irischen Harfen, eines der Nationalsymbole der Grünen Insel. Auf dem Weg in den Long Room macht eine Ausstellung mit der Geschichte und den Inhalten des Book of Kells vertraut.

Ebenfalls auf dem Campus gibt die 45 Minuten dauernde **audiovisuelle Vorführung** *The Dublin Experience* dem Besucher Informationen zur Stadtgeschichte (zu jeder vollen Stunde zwischen 10 und 17 Uhr).

Man kann nun weiter ziellos über den Campus streifen, sich auf einer der Rasenflächen ein wenig ausruhen und das studentische Treiben beobachten. Bereit zu neuen Anstrengungen, verlässt man das geschichtsträch-

028ir Foto: hg

tige Areal auf der gegenüberliegenden Seite vom Haupteingang und biegt links in die Westland Row ein. Hier wurde 1854 in Haus Nummer 21 **Oscar Wilde** geboren, alsbald jedoch zog die Familie zum Merrion Square North Nr. 1 um, wo Klein *Oscar* in schöngeistiger Atmosphäre aufwuchs. Der Vater, *Sir William Wilde,* war ein berühmter Augenarzt jener Tage sowie ein geachteter Altertumsforscher. *Wildes* Mutter verfasste unter dem Pseudonym *Speranza* Gedichte. Seit Oktober 1997 ehrt man den Dichter nahe seines einstigen Wohnhauses mit einer Statue. Das Haus ist auf einer geführten Tour Mo, Mi und Do um 10.15 und um 11.15 Uhr zu besichtigen.

Den im Jahre 1764 angelegten **Merrion Square** umrahmen Häuser im so genannten *Georgian Style,* hier ist die alte georgianische Bausubstanz Dublins am besten erhalten geblieben. Es lohnt sich, die alten Eingangspforten zu vergleichen, denn nur anhand der Türen konnten die Bewohner ihrem Domizil einen individuellen Anstrich innerhalb der vorgeschriebenen Einheitsarchitektur geben. In Haus Nr. 81 lebte übrigens der Dramatiker *William Butler Yeats,* in Nr. 84 der Poet und Maler *George William Russel.*

Westlich vom Merrion Square entlang der Merrion Street befinden sich die National Gallery, das Natural History Museum und dazwischen, etwas zurückversetzt, Leinster House, in dem heute das irische Parlament untergebracht ist.

Die **National Gallery** (Mo–Sa 10–18 Uhr, Do 10–21 Uhr, So 14–17 Uhr), 1864 eröffnet, bewahrt bedeutende Kunstwerke aus fast allen Ländern, Epochen und Schulen auf, u.a. sind *Rembrandt, Goya, Tizian, Michelangelo* und *Fra Angelico* mit Gemälden vertreten. Besondere Bedeutung kommt der Sammlung irischer und englischer Maler zu, die Bilder von *Turner, Hogarth, Gainsborough* sowie von *John B. Yeats* (ein Bruder des Dramatiker *William Butler Yeats*) lohnen einen längeren Blick.

Das **National History Museum** (Di–Sa 10–17 Uhr, So 14–17 Uhr) erinnert - wie eine irische Quelle vermeldet - eher an ein antiquarisches Kuriositätenkabinett denn an ein modernes Museum; hier gibt es viele Exponate zur irischen Tierwelt zu besichtigen, und der Hauptanziehungspunkt ist das Skelett eines prähistorischen Riesenhirsches.

Im Rücken der Nationalgalerie und des Naturkundlichen Museums befinden sich entlang der Kildare Street zwei weitere Zentren irischer Gelehrsamkeit: das National Museum und die National Library. Einen Rundgang durch das irische **Nationalmuseum** (Di–Sa 10–17 Uhr, So 14–17 Uhr) sollte der an Kunst und Kultur interessierte Besucher auf keinen Fall auslassen; eine Vielzahl an Ausstellungsstücken aus sieben Jahrtausenden dokumentiert die Vergangenheit der Grünen Insel.

Zwischen Nationalmuseum und National Library befindet sich der Haupteingang zum **Leinster House.** Dort tagt das irische **Parlament,** das sich aus dem *Dail Eireann* (Abgeordnetenhaus) und dem *Seanad Eireann* (Senat)

Bloomsday

Am 16. Juni 1954 beschlossen vier Männer im Pub Bailey's, ab nun jährlich den Tag zu feiern, an dem Mr. *Leopold Bloom,* der Protagonist des „Ulysses", durch Irlands Hauptstadt zog. Wie sich dieses spontane Ereignis wohl zugetragen haben mag, das beschrieb *Reiner Luyken* sehr einfühlsam und aus tiefer Kenntnis der irischen Pub-Kultur in der Wochenzeitung „Die Zeit": „Der Barmann stand auf dem Tresen und teilte über die Köpfe der Zecher hinweg Stout und Lagerbier aus. Die Jungs hinter dem Tresen zogen das Bier wie außer Kontrolle geratene Marionetten von den Hähnen, ließen die Kassenschublade auf- und zufahren, stopften feuchte Geldscheine hinein und zählten hastig das Wechselgeld aus. Der sägemehlbestäubte Steinboden war seimig vom Straßensud und Bier. Dubliner Traulichkeit.

Stattlich und feist stand ein Mann am Tresen, stattlich und feist wie Buck Mulligan. „Ulysses", Kapitel 1. Von meinem Schemel aus betrachtete ich *das in seiner Länge pferdehafte Gesicht und das helle untonsurierte Haar, das fleckig getönt war wie matte Eiche.* Ein kleiner Kerl mit Ziehharmonikaaugen fingerte einen furiosen Spindeltanz auf seinem Instrument. Ein Dudelsackpfeifer traktierte mit derber Entschlossenheit seine blankgewetzte Melodieflöte. Füße tappten den fliegenden Rhythmus auf die Steinfliesen. Unvermittelt brach der Dudelsackspieler ab und deklamierte lallend: *It's Bloomsday tomorrow. Let's get the fucking context right.*

Vielleicht hatte es genauso angefangen, damals, 1954. Ein Zecher sprang auf und schrie: Morgen ist Bloomsday. Das woll'n wir doch mal auf die Reihe bringen!"

So oder so ähnlich wird es wohl gewesen sein. Sicher ist auf alle Fälle, dass die Literaten *John Ryan, Patrick Kavanagh, Flann O'Brien* und *Anthony Cronin* eine Feier zum Bloomsday in Bailey's Pub beschlossen und dass der Tag mit einem allmächtigen Gelage in Sandymount endete. Jahrelang beging man den Bloomsday nur im engsten Kreis, 1977 dann kostümierte sich erstmals der Kunstmaler, Galerist und Verleger *Gerald Davis* als *Leopold Bloom* und spazierte durch Dublin – seither tut er es jedes Jahr und heute mit ihm ein paar tausend mehr.

Bereits 1982, zum 100. Geburtstag von *Joyce,* feierte man das Ereignis schon im großen Stil und nicht nur einen Tag. Dublins Stadtväter hatten erkannt, dass sich die Touristensaison, die eigentlich erst im Juli so richtig in Schwung kommt, durch ein solches Fest rund einen Monat vorverlegen lässt. Damit geht es – so behauptet *Bruce Arnold,* Literaturkritiker der Tageszeitung „Irish Independent" – mit dem Bloomsday langsam zu Ende: „Ein typischer Dubliner Suppentopf, von dem jeder sein Fett abschöpfen möchte. *Joyce* ist nur noch ein Vorwand für Reklame und Konsum, ein Vorwand für Exzesse".

Leider, so muss man feststellen, hat der Mann recht! 1991 – Dublin war die Kulturhauptstadt Europas – verloste *Shell Ireland* an den hauseigenen Tankstellen Freikarten für ein großes Bloomsday-Frühstück im Royal Marine Hotel von Dun Laoghaire, *Dublin Tourism* organisierte ein Festzelt für ausländische Journalisten, wo diese bis zur Bewusstlosigkeit schlemmen und vor allem trinken konnten; die *Guinness*-Brauerei investierte 20.000 Pfund in Freibier und Entertainment, und *Bailey's Irish Cream* finanzierte – zugegebenermaßen zurückhaltender als die protzenden Guinnessbrauer – eine Vorlesungsserie über *Joyce.*

„Die Identifikation mit dem Namen Joyce", so sagte *Lewis Clohessy,* Direktor des Organisationskomitees *Dublin '91 – Kulturhauptstadt Europas,* „erhöht das Qualitätsimage einer Firma." Wie dem auch sei – alljährlich am 16 Juni begehen die Bürger und die Besucher Dublins den Bloomsday mit großen Feiern, Umzügen und Pub-Besuchen. Da flanieren dann Joyce-Anhänger in edwardianischer Kleidung durch die Metropole, deklamieren Passagen aus dem Ulysses und folgen den Spuren des Romanhelden *Leopold Bloom*. Um den Bloomsday herum, vorher und nachher, finden viele unterschiedliche Festivitäten und Feiern statt, so dass ein Tag nicht mehr ausreicht, um alle Veranstaltungen auch unter einen Hut zu bringen.

Die drei wichtigsten Anlaufstationen beim **Bloomsday-Rundgang** sind der Pub Davy Byrne's in 88, Duke Street, von dem es im 8. Kapitel des Romans heißt: „Anständiges Lokal. Kein Schwätzer der Wirt. Ich nehme ein Glas Burgunder und ein Käsesandwich. Gorgonzola, haben Sie?" Es folgt in Nr. 29, Weestmoreland Street das Lokal Harrison's, in dem bei *Joyce* der gleichnamige Konditor sein Geschäft hatte, und schließlich wird das Ormond Quay Hotel am Ormond Quay besucht, das eine wichtige Rolle in der Sirenen-Episode spielt. Hier speist *Leopold Bloom* mit seinem Onkel *Ritchie Golding* und erweist sich wie sein Held *Odysseus* als immun gegen die Sirenen, die von den Barfrauen symbolisiert werden.

Joyce hat den 16. Juni übrigens deshalb gewählt, um alle Welt daran zu erinnern, dass er an diesem Tag zum erstenmal ein Rendezvous mit seiner späteren Frau, *Nora Barnacle*, hatte, der er sechs Tage zuvor begegnet war.

● **Informationen zum Bloomsday** unter www.jamesjoyce.ie sowie im *James Joyce Centre*, 35 North Great George Street.

2021RL Foto: hg

Erinnerung an den berühmten Dichter: James-Joyce-Statue in der Earls Street

030ir Foto: hg

zusammensetzt. Ursprünglich diente das Gebäude den Herzögen von Leinster als Stadtpalais. 1815 verkaufte der dritte Duke of Leinster den herrschaftlichen Bau an die *Royal Dublin Society,* die ein Kulturzentrum einrichtete, 1924 dann nahm das *Irish Free State Government* seine Arbeit in den Gemächern auf.

Am Eingang des Parlamentes kann man häufig einige wenige Demonstranten mit Transparenten sehen, die ihren Protest gegen die Regierungspolitik richten und die vorbeieilenden Abgeordneten beeinflussen wollen.

In der **National Library** (Zugang nur mit Leseausweis) werden ein Zeitungsarchiv, Erstdrucke irischer Literatur sowie alte Landkarten und topographische Werke aufbewahrt.

Von der Kildare Street geht es nun die Molesworth Street entlang, die auf die Dawson Street mündet. Südlich, Richtung St. Stephen's Green, ragt auf der linken Straßenseite das architektonisch verspielt wirkende **Mansion House** auf, seit 1715 der offizielle Sitz des Dubliner Oberbürgermeisters. Fünf Jahre zuvor war es von dem Architekten *Joshua Dawson,* nach dem die Straße benannt wurde, errichtet wor-

Busker auf der Grafton Street

den. 1919 wurde hier die Unabhängigkeitserklärung proklamiert und das erste Parlament trat hier zu seinen Sitzungen zusammen.

Schräg gegenüber vom Mansion House befindet sich die Haltestelle des **St. Kevin's Bus,** der täglich um 11.30 Uhr nach Glendalough fährt. Eine Tafel an der Haltestelle macht darauf aufmerksam, dass hier neben den Stadtbussen auch der von St. Kevin's hält.

Nur wenige Meter Fußweg entfernt liegt, umtost vom Großstadtverkehr, das große Gartenareal von **St. Stephen's Green.** Den 8,8 ha großen Park ließ 1880 der Biermogul *Arthur Guinness* anlegen; Statuen berühmter Iren schmücken das Gelände, in der Mittagspause nutzen die Angestellten der umliegenden Büros die Grünfläche für ihre Mittagspause, Kauflustige strömen aus der Grafton Street zur Erholung in den Park, und während des Hochsommers kann man im südlichen Teil von St. Stephen's öffentlichen Konzerten lauschen.

Wenn sich der Besucher in Dublins innerstädtischer grüner Lunge ein wenig erholt hat, kann der Besichtigungsgang weitergehen. Nächstes Ziel ist das **Geburtshaus von George Bernard Shaw.** An der südwestlichen Ecke von St. Stephen's Green beginnt die Harcourt Street, die nach wenigen Minuten Fußweg auf die South Circular Road mündet. Dort geht es rechts ab und alsbald nach links in die Synge Street, die von alten georgianischen Hausfassaden geschmückt ist. Hier wurde in Haus Nr. 33 der große irische Autor (1856–1950) geboren und verbrachte unter der schützenden Obhut seiner Eltern die ersten zehn Jahre seines Lebens. Sorgenlos wuchs er allerdings nicht auf, Shaws Vater war ein Pleite gegangener Kornhändler, und das Geld fehlte an allen Ecken und Kanten. Demzufolge blieben in späteren Jahren die Erinnerungen an das Geburtshaus nicht die besten. *Shaw* notierte, dass „weder unsere Herzen noch unsere Vorstellungen hier zurückgeblieben sind" und beklagte die lieblose Atmosphäre (zu *George Bernard Shaw* siehe auch Exkurs „Irische Schriftsteller von Weltruhm). Das Haus ist von Ostern bis Oktober Mo, Mi von 8–18.30 Uhr, Mi–Fr von 8–20.30 Uhr, Di von 8–19 Uhr und Sa von 8–19.30 Uhr zu besichtigen

Zurück nun zu St. Stephen's Green flanieren wir von der Harcourt Street kommend geradewegs in die **Grafton Street** hinein, die verkehrsberuhigte Haupteinkaufsstraße der irischen Metropole. Gleich am Anfang lockt den Konsumwilligen bereits das Einkaufszentrum Westbury Mall, in der Fußgängerzone selbst reiht sich ein Geschäft des gehobenen Einzelhandels ans andere. *Buskers,* Straßenmusikanten, sorgen für die rechte Tonkulisse, und die exklusiven Auslagen in den Schaufenstern lassen keinen Wunsch offen.

Deprimierend wirken dagegen die ärmlich gekleideten Männer, die als eine Art lebende Litfasssäule für Geschäfte werben. Mit einer langen Stange in der Hand, an deren oberem Ende ein Hinweisschild mit Werbetext und Pfeil auf einen Laden zeigt sowie mit unglücklichem Gesichtsausdruck und von der eigenen Armut peinlich berührt, langweilen sich diese „Sandwichmänner" auf Dublins feiner Einkaufsstraße.

Das traditionsreiche **Café Bewley's** in der Grafton Street lohnt unbedingt einen Besuch. Vor Jahren übrigens wandelte der Besitzer, *Victor Bewley,* sein Unternehmen in eine Kooperative um, an der seine Beschäftigten Anteilscheine erwerben konnten. Leider war dem mit großem sozialen Engagement versehenen Versuch kein Erfolg beschieden, und diese Dubliner Institution musste an einen Konzern verkauft werden. Das geschmackvoll renovierte Haus bietet nicht nur Tee und leckere Kuchen, sondern beherbergt auch das *Café Bardeli,* das erstklassige, exquisite Fischrestaurant *Mackarel* sowie ein weiteres Esslokal.

Rechts und links der Grafton Street gehen eine Reihe kleinerer Gassen ab, wie etwa die Duke Street oder die Anne Street –, in denen weitere Ladenlokale für Konsumrausch, aber auch Pubs und Restaurants für leibliches Wohl sorgen.

Eine berühmte Kneipe befindet sich in der Duke Street: **Davy Byrne's,** diesen Pub erwähnte *James Joyce* in seinem „Ulysses". Hier treffen sich die Besucher Dublins in den Sommermonaten jeweils während der Woche am frühen Abend und starten nach einem stärkenden Guinness oder Lager vom Bartresen aus zum **Literary Pub Crawl.** Ein solches Ereignis sollte man keineswegs versäumen! Ausgebildete Schauspieler führen Literaturkenner (oder solche, die es erst noch werden wollen) im Zuge einer literarischen Sauftour durch Dublins Innenstadt und rezitieren Passagen aus den Werken von *Joyce, Beckett, Behan, Shaw, Wilde, Kavanagh, O'Brien* u.a. Anekdoten werden erzählt, und der Teilnehmer erfährt mehr über die irischen Literaturgiganten als aus einem belehrenden Buch.

Ein zweiter berühmter Pub Dublins, der ebenfalls von *Joyce* in seinem „Ulysses" Erwähnung fand, liegt genau gegenüber von *Davy Byrne's;* es handelte sich um den Pub **The Bailey's.** Allerdings befindet der sich nicht mehr im Originalgemäuer, sondern in einem Gebäude aus den 1990er Jahren.

Von der Grafton Street geht es nun nach links durch die kleine Stichstraße Johnson's Court zum **Powerscourt Town Centre** (ausgeschildert). In diesem zwischen 1771 und 1774 erbauten Stadtpalais des Großgrundbesitzers **Lord Powerscourt** (auch Powerscourt House and Garden im County Wicklow gehörten einst dieser Familie, vgl. Tour 2) richtete man 1983 ein elegantes Einkaufszentrum mit Boutiquen, Galerien, Geschäften, Restaurants und kleinen Bars ein. Zur Mittagszeit greift hier schon mal ein Pianist in die Tasten und begleitet musikalisch den Lunch.

Ein ca. 10-minütiger Fußweg führt über die Aungier Street und die Kevin Street Lower zum Cathedral Close, wo die **Marsh Library** (Mo, Mi–Fr 10–12.45 und 14–17 Uhr, Sa nur 10.30–12.30 Uhr) des bibliophilen Besuchers

031ir Foto: hg

harrt. Das Gebäude wurde 1705 von *Sir William Robinson* für die Privatbibliothek des Erzbischofs *Narcissus Marsh* errichtet. 1707 öffnete die Bücherei ihre Pforten und war Dublins erste öffentliche Bibliothek. Rund 25.000 Bände können in der Marsh Library bestaunt werden. Interessant sind vor allem die Gitterverschläge, in die man lesende Benutzer einst einschloss – so wurde der Diebstahl von kostbaren Folianten verhindert.

Neben der Library ragt die eindrucksvolle, im Stil der *Early-English-Gotik* gehaltene **St. Patrick's Cathedral** auf. 1191 legte der normannische Erzbischof *John Comyn* den Grundstein, 1213 erhielt das Gotteshaus den Status einer Kathedrale, 1370 begann man mit den Arbeiten am Nordturm, und im Jahre 1872 übernahm die protestantische *Church of Ireland* die Kathedrale.

Zwischen 1713 und 1745 übte hier **Jonathan Swift,** der Autor von „Gullivers Reisen", das Amt des Dekan aus. Swift und seine große Liebe *Esther Johnson* („Stella") sind im Innern der Kirche zur letzten Ruhe gebettet. Nahe dem Grab zeigt eine Büste den großen Literaten, ein von *Swift* selbst verfasster Grabspruch gibt Auskunft

Dublins oberster Gerichtshof

über seine Gemütslage: *He lies where furious indignation can no longer render his heart.* (Hier ruht er, wo ihm wilde Empörung nicht länger das Herz zerreißen kann.)

Nach rund 400 m Fußweg in Richtung auf den River Liffey gelangt man zur **Christ Church Cathedral,** einer weiteren bedeutenden Kirche Dublins. Ein erstes Gotteshaus soll schon 1038 von dem Wikingerkönig *Sitric* in Auftrag gegeben worden sein, von dem Holzgebäude ist jedoch nichts erhalten geblieben. 1172 dann ließ der normannische Eroberer *Richard le Clare,* bekannt unter dem Namen „Strongbow", einen im romanischen Stil gehaltenen Steinbau errichten. Zwischen 1871 und 1878 entstand bei Renovierungs- und Umbauarbeiten die heutige Gestalt der Kirche. Im Langhaus stößt man auf das Grabmal von „Strongbow", doch ist mehr als zweifelhaft, ob der normannische Krieger tatsächlich hier begraben liegt.

Das ehemalige Gotteshaus neben der Christ Church Cathedral beherbergt die **Ausstellung Dublinia** (10–17 Uhr); hier wird der Besucher mittels eines akustischen Führers (auch auf Deutsch) auf eine Zeitreise durch das mittelalterliche Dublin geschickt und mit dem Alltagsleben der Iren in jenen frühen Tagen vertraut gemacht. Ein Besuch ist eine gute Ergänzung zum Stadtrundgang.

Das Areal rund um St. Patrick's Cathedral und Christ Church, dann weiter bis hinunter zum Liffey sowie in östlicher Richtung bis Dublin Castle, ist unter dem Namen **Liberties** bekannt. Der Bezirk lag einst außerhalb der Stadtmauer und unterstand damit nicht der Gerichtsbarkeit des Bürgermeisters. Schon im letzten Jahrhundert riss man großflächig die mittelalterlichen Gebäude nieder. Heutzutage heißt das Gelände rund um die Dame Street noch immer so, viele Kneipen und Kunsthandwerkgeschäfte geben dem Quartier einen charmanten Charakter.

Weiter geht es nun in Richtung auf Dublin Castle. In der Werburgh Street lohnt wenigstens ein kurzer Besuch in der **St. Werburgh's Church.** Das protestantische Gotteshaus wurde 1715 im georgianischen Stil errichtet, brannte 1754 nieder und entstand 1768 in neuer Pracht. Da man von der Kirchturmspitze aus Dublin Castle einsehen konnte, befürchteten die Autoritäten – vor allem nach der Emmet-Rebellion von 1803 –, dass sie eines Tages von dort oben unter Feuer genommen werden könnten; so entfernte man den Turmhelm schleunigst.

Dublin Castle (Mo–Fr 10–12.15 und 14–17 Uhr, So 14–17 Uhr), das heutzutage keinen sonderlich wehrhaften Eindruck mehr macht, steht seit Jahrhunderten als Symbol für die lange britische Herrschaft und die Unterdrückung der Iren. Das Fort wurde auf Anordnung von König *John* im Jahre 1204 errichtet und in den folgenden Jahrhunderten ständig ausgebaut und verändert. Am 17. August 1922 übergaben die Briten ihre einstige Trutzburg an den irischen Staat. Die sehr sehenswerten *State Appartments* können nur dann besichtigt werden, wenn keine offiziellen Anlässe der Regierung dagegen sprechen.

Immer besuchen kann man jedoch die in der Burg untergebrachte **Chester Beatty Library** (Mo–Fr 10–17 Uhr, Sa 11–17 Uhr, So 13–17 Uhr), die sich über zwei Etagen erstreckt und für bibliophile Besucher ein Muss ist. Die wirklich herausragende Sammlung trug der Ingenieur Sir *Alfred Chester Beatty* (1875–1968) zusammen. Die Kollektion besitzt mehr als 20.000 Handschriften, seltene Bücher, Miniaturen, religiöse Schriften von Juden- und Christentum, Hinduismus und Buddhismus sowie an die 300 muslimische Korane aus dem 9. bis 19. Jh., chinesische Jadebücher und altägyptische Papyri.

Unterhalb von Dublin Castle befindet sich an der Dame Street die zwischen 1769 und 1779 im klassizistischen Stil errichtete und von einer Kuppel gekrönte **City Hall** (Mo–Fr 10–13 Uhr, 14.15–17 Uhr). Ursprünglich diente das Gebäude der Händlergilde als Börse und Warenumschlagplatz.

Auf der Grattan Bridge überquert man nun den Liffey und gelangt über den Ormond Quay zu Irlands oberstem Gerichtshof, den **Four Courts** (Mo–Fr 11–13 Uhr, 14–16 Uhr). Der die Uferfront des Liffey dominierende Bau entstand zwischen 1786 und 1802, beeindruckend ist das gewaltige klassizistische Hauptportal in Form einer griechischen Tempelfront.

Nicht weit entfernt lohnt in der Church Street erneut der Besuch einer Kirche. Bis zum Jahre 1700 war die **St. Michan's Church** (Mo–Fr 10–12.45 Uhr, 14–16.45 Uhr, Sa 10–12.45 Uhr) das einzige Gotteshaus nördlich des River Liffey. Angeblich geht die Kirche auf eine Wikingergründung des Jahres 1095 zurück. Im Innern sollte man auf die prachtvollen Holzschnitzereien achten. Auch die Orgel verdient einen längeren Blick; im Jahre 1743 griff *Georg Friedrich Händel* hier in die Tasten, das Original-Keyboard kann im Vorraum besichtigt werden.

Bekannt geworden ist St. Michan's jedoch durch die Krypta; hier liegen in offenen Särgen mehrere mumifizierte Körper, darunter gar die 1000 Jahre alte sterbliche Hülle eines ehemaligen Kreuzritters (so wenigstens teilt es der Führer dem sich gruselnden Besucher mit).

Ein Stück weiter die Straße hinauf residieren die irischen Juristen in den **King's Inns;** die Advokatenkammer entstand in den Jahren 1795 bis 1817 und ist innen wie außen prachtvoll verziert (nicht zu besichtigen). Durch einen Torbogen gelangt man in die Henrietta Street, die beidseitig mit Gebäuden vom Anfang des 18. Jahrhunderts bestanden ist.

An der folgenden Kreuzung mit der Bolton Street, deren Verlängerung Dorset Street heißt, wenden wir uns nach links. Nach einigen Hundert Metern erreicht man über die rechts abbiegende Granby Row den Parnell Square. Drei Sehenswürdigkeiten an dem Platz verdienen, beachtet zu werden. Da ist zuerst einmal der **Garden of Remembrance,** in dem ein Denkmal und eine ewige Flamme derer gedenken, die gegen die englische Unterdrückung kämpften und dabei starben. Die jahrhundertelangen Leiden des irischen Volkes durch die unmenschlichen Diskriminierungen und das entsetzliche Erlebnis der Großen Hungersnot werden so schnell nicht in Vergessenheit geraten.

Am Parnell Square North kann man in der **Municipal Gallery** (nach ihrem Stifter auch *Hugh Lane Gallery* genannt, Di–Sa 9.30–18 Uhr, So 11–17 Uhr) Arbeiten französischer und irischer Impressionisten bewundern, auch Wanderausstellungen werden ab und an hier gezeigt. In den Nachbarhäusern haben Mitte 1991 das **Dublin Writers' Museum** und das **Irish Writers' Centre** ihre Pforten geöffnet und geben Einblicke in die Werke der irischen Dichtergiganten. Im Souterain des Ausstellungsgebäudes ist das sehr gute Restaurant *Chapter One* untergebracht.

Um die Ecke ist in 35 North Great George Street das **James Joyce Cultural Centre** untergebracht (Mo–Sa 9.30–17 Uhr, So 12.30–17 Uhr). Hier kann man sich über das Leben des Schriftstellers in Dublin informieren, zudem bieten die Mitarbeiter von hier aus geführte Spaziergänge durch Irlands Metropole auf den Spuren von *Joyce* an. Und alljährlich am 16. Juni wird vom Centre aus der „Bloomsday" organisiert, an dem Tag, an dem *Leopold Blum,* der Protagonist aus *James Joyces* Roman „Ulysses", durch die Straßen von Dublin zog. Heute folgen stellvertretend für ihn die Bewohner und Besucher seinen Spuren.

Über Parnell Square East erreicht man die O'Connell Street, Dublins Hauptstraße, deren Fahrspuren von einem breiten, baumbestandenen Mittelstreifen getrennt werden.

Am Beginn der O'Connell Street befindet sich auf der rechten Straßenseite in Haus Nr. 59 die Hauptniederlassung von **Dublin Bus;** hier kann man z.B. Stadtrundfahrten buchen und einen Stadtplan der Metropole mit eingezeichneten Busrouten bekommen. Auf der linken Straßenseite befindet sich in 14 O'Connell Street ein weiteres Büro der Dublin Tourist Information.

Dublins Flaniermeile bekam ihren Namen zu Ehren von **Daniel O'Connell** (1775–1847). Der Rechtsanwalt – noch heute als *The Liberator* apostrophiert – gründete 1823 die *Irish Catholic Association* mit dem Ziel, die Emanzipation der irischen Katholiken zu erreichen. 1828 wurde er als Abgeordneter ins englische Unterhaus gewählt, ein Jahr später brachte er den *Emancipation Act* der katholischen Iren durch das Parlament.

O'Connell kämpfte für Landreformen und wandte sich unermüdlich gegen die 1801 erfolgte Union mit England. Der charismatische Politiker organisierte Massenveranstaltungen und entfesselte eine breite Volksbewegung gegen die britische Herrschaft. 1843 verurteilten die Engländer den „Befreier" wegen Aufruhr und Verschwörung und warfen ihn ins Gefängnis.

Das jüngste Wahrzeichen Dublins: „The Millenium Spire"

Obwohl das Urteil bald aufgehoben wurde und *O'Connell* auf freien Fuß kam, konnte er in den folgenden Jahren nicht mehr an seine einstigen politischen Erfolge anknüpfen. Zudem zerstritt sich der konservative Politiker mit den radikalen Führern seiner Partei.

Daniel O'Connell starb 1847 schließlich als gebrochener Mann während einer Romreise.

Wenige Meter Fußweg auf dem breiten Mittelstreifen der O'Connell Street führen zu einem schon von weitem sichtbaren **Monument.** Wie eine gigantische stählerne Riesennadel ragt hier das 393 Fuß (120 m) hohe *Monument of Light* (auch *Millenium Spire* genannt) in den Himmel. Das in der Bevölkerung umstrittene Denkmal – die Dubliner verulken es als „The Stiletto in the Ghetto" – soll den unerschütterlichen Glauben der Iren an ein besseres drittes Jahrtausend symbolisieren. Entworfen hat das riesige Ding der Londoner Architekt *Ian Ritchie* und er setzte sich damit an die Spitze von

204IRL Foto: hg

Die irische Wettleidenschaft

Dass die Engländer begeisterte Spieler sind und auf die unmöglichsten Sachen Haus und Hof verwetten, weiß man ja, doch im Gegensatz zu den Iren sind die Briten nur harmlose *Gambler.* Die wahre Wettleidenschaft gibt es nur auf der Grünen Insel, und der Besucher sollte einmal in ein *Betting Office* hineinsehen und erleben, wie die Männer ihr Geld setzen, aufmerksam die *Odds and Value,* die Quoten und die Chance, studieren.

Für solche Studien eignet sich hervorragend der Bezirk Liberties rund um die Dame Street stadtauswärts, wo es eine Reihe von Wettbüros gibt, denen sich praktischerweise Pubs anschließen.

Es sind nicht nur die Begüterten in Irland, die hohe Summen setzen – in der Vergangenheit füllten vor allem die vielen Arbeitslosen, die von der Sozialhilfe, der *Dole* leben, die Kassen der *Bookmaker.* Denn man hatte ja die Chance, dem bitterarmen Leben davonzulaufen und eines Tages so reich zu werden wie der einstige Bauarbeiter *John Patrick McManus,* der mit seinen 40 Jahren in einem hochherrschaftlichen Palais wohnt und einen Mercedes 500 SEL fährt. Alles beim Wetten gewonnen. *J. P.* – wie *McManus* von den irischen Spielern genannt wird – hat eben Klasse. Klasse hat übrigens auch der 64-jährige *Terry Rogers,* in früheren Tagen nur *The Red Menace,* die rote Gefahr, genannt. Auch der *Red Terry* ist auf den Rennbahnen reich geworden. Das sind die Vorbilder, an die es sich zu halten gilt!

Da die Iren neben ihrer Wettleidenschaft auch noch gläubige Katholiken sind, darf man durchaus auch auf Gottes Hilfe hoffen, und die soll es am 5. Mai 1990 tatsächlich gegeben haben. Schenkt man den Eingeweihten Glauben, so sind an jenem Tag doch tatsächlich die Nonnen des Ardfoyle Klosters von Cork um 15 Uhr in ihrer Kapelle auf die Knie gefallen und haben eine Anzahl von Rosenkränzen auf den Sieg von Tirol gebetet. Tirol, ein geschwinder Hengst, startete nämlich an jenem Nachmittag im Epson Classic von Newmarket, und damit die Sache auch todsicher über die Bühne, respektive die Rennbahn, gehen würde, hatten die Besitzer des schnellen Pferdes, die Horgans, gegen eine einmalige Gebühr, man könnte auch sagen, gegen eine größere Menge Geldes in den Klingelbeutel, diese sakrale Handlung in Auftrag gegeben. Und so kam es natürlich, wie es kommen musste. Tirol, gar nicht mal als Favorit gesetzt, ging als Erster durchs Ziel. Die Horgans selbst sollen an die 500.000 Pfund gemacht haben, und natürlich hatte jeder in Cork auf Tirol gesetzt, und in allen Hosentaschen raschelten die Geldscheine.

Nicht auf den Rennbahnen, sondern in den Wettbüros werden die richtigen Umsätze gemacht, die damit 70% vom Gesamtaufkommen tragen, und das summiert sich alljährlich auf 330 Mio. Euro). Der Staat holt sich bei den *Punter,* wie die Wettbegeisterten in Irland heißen, natürlich seinen Anteil, denn 21% wandern als Umsatzsteuer in das Säckel des Finanzministers.

Kein Wunder, dass im Land der Schwarzbrenner auch schwarz gewettet wird und illegale Buchmacher kräftig absahnen. Nach Schätzungen fließen noch einmal 330 Mio. Euro in diese schwarzen Kassen. Da hat sich jüngst der Vollblutzüchterverband mit einer Studie zu Wort gemeldet und laut über Folgendes nachgedacht: Wenn man besagte Umsatzsteuer nur um 2,5% senkt, dann steigt der Wettumsatz in sämtlichen 1050 irischen *Betting Offices* innerhalb der nächsten fünf Jahre um 148% auf sage und schreibe 820 Mio Euro.

Da kommen doch rosige Zeiten auf alle zu, und es gibt wahrlich keinen Grund, auf die Nationale Lotterie oder die einarmigen Banditen auszuweichen. Diese beiden Gewinnarten sind ohnehin nur etwas für Dumme: Denn bei den Automaten greift der Staat 30% ab – und beim Lotto sind es sogar 40%.

205 Einsendungen aus aller Welt. Parallel zur Errichtung des „Obelisken" wurde die O'Connell Street mit einem Aufwand von rund 50 Mio. Euro generalüberholt.

Von der O'Connell Street zweigt die Earl Street North nach Osten ab. An deren Anfang grüßt eine **Statue von James Joyce** den Besucher; auf der linken Straßenseite liegt der **Pub Madigan's,** man sollte sich die Örtlichkeit für einen abendlichen Kneipen-Besuch merken. Seit rund 200 Jahren gibt es eine Taverne an dieser Stelle, während des Osteraufstandes von 1916 fiel der damalige Pub in Schutt und Asche, 1918/19 entstand das heutige Madigan's, viel Marmor und edle Hölzer wurden im Innern verbaut.

Die Earl Street mündet auf die Marlborough Street; diese nach links gen Norden hochgehend, erreichen wir auf der linken Straßenseite **St. Mary's Pro-Cathedral.** Die zwischen 1815 und 1825 erbaute Kirche war in jenen Tagen das wichtigste katholische Gotteshaus der Stadt.

Eigentlich sollte die Kathedrale, die nach dem architektonischen Vorbild des Athener Theseus-Tempels konzipiert wurde, an der O'Connell Street aufragen, doch die Protestanten erhoben vehement Einspruch und setzten durch, dass St. Mary's in eine kleine Seitenstraße abgeschoben wurde. Sechs dorische Säulen schmücken das Hauptportal, darüber erkennt man die Statuen der Muttergottes, des *hl. Patrick* und des *hl. Lawrence;* letzterer ist der Schutzpatron Dublins. Sehenswert ist vor allem der Marmoraltar.

Zurückgekehrt zur O'Connell Street, erkennt man auf der gegenüberliegenden Straßenseite das wuchtige Gebäude des **General Post Office** (St. Mary's sollte ursprünglich an diesem Ort erbaut werden). Dublins Hauptpostamt entstand zwischen 1814 und 1818 im neoklassizistischen Stil und steht bis heute als Symbol für den Osteraufstand von 1916: Hier proklamierte *Patrick Pearse* die Republik und verschanzte sich dann mit seinen Anhängern im Innern. Die Briten stürmten das Gebäude und nahmen die Freiheitskämpfer gefangen. In der großen Halle ehrt das Denkmal „Tod des Cuchulainn" die mutigen Streiter für die Unabhängigkeit. Der erste Satz der Charta, die Pearse hier verlas, lautete: „Wir erklären, dass das Recht des irischen Volkes auf die Verfügungsgewalt über Irland und auf ungehinderte Herrschaft über seine eigenen Geschicke unumschränkt und unveräußerlich ist."

Im Rücken des General Post Office verläuft die Moore Street, auf der täglich ein **Obst- und Gemüsemarkt** stattfindet; auch in den umliegenden Straßen, so etwa der Henry Street, findet man eine Vielzahl an Lebensmittelgeschäften, Fischläden und Metzgereien – Selbstversorger können hier ihre Vorräte auffrischen.

Auf dem weiteren Weg in Richtung des River Liffey zweigt links die Abbey Street Lower ab und führt uns zum berühmten **Abbey Theatre.** Irlands Nationaltheater nahm am 27. Dezember 1904 seinen Schauspielbetrieb mit vier Einaktern auf; zwei der auf dem

Spielplan stehenden Stücke stammten aus der Feder von *William Butler Yeats,* der zwei Jahre zuvor zum Präsidenten der *Irish National Theatre Society* gewählt worden war.

Als 1907 in dem Schauspielhaus „The Playboy of the Western World“ von *J. M. Synge* aufgeführt wurde, kam es zum öffentlichen Eklat, und wütende Bürger belagerten das Theater. In dem Stück geht es um eine romantische, jedoch höchst unmoralische Liebesgeschichte, in der, freilich nur nach Ansicht der empörten Zuschauer, das Nationalbewusstsein jener Tage „verhöhnt“ wurde.

Ein ähnlicher Aufstand ereignete sich 1926, als *Sean O'Casey's* „The Plough and the Stars“ auf die Bühne kam: In einer Szene trugen die Schauspieler die irische Fahne in einen Pub, in dem eine Anzahl von Prostituierten auf Kundenfang geht – gewaltsame Tumulte brachen im Zuschauerraum aus.

1951 brannte das Abbey Theatre ab, erst 15 Jahre später war ein neues Schauspielhaus fertiggestellt. Das heutige Theater hat 638 Sitzplätze, in der angeschlossenen Experimentierbühne The Peacock finden bis zu 157 Zuschauer Platz.

Am südlichen Ende der O'Connell Street ragt das **Denkmal für Daniel O'Connell** auf, und hier führt auch die O'Connell Bridge über den Liffey. Flussaufwärts sieht man den bogenförmigen Fußgängersteg der **Halfpenny Bridge;** der Name stammt aus jenen Tagen, als man noch eine Mautgebühr entrichten musste, wollte man über den Fluss.

Flussabwärts erkennt man auf der linken Seite des Stroms das schneeweiße **Custom House,** das aus dem Jahr 1791 datierende Hauptzollamt von Dublin. Die Hauptfassade ist mit allegorischen Figuren und vielen Statuen geschmückt.

Die O'Connell Bridge führt auf die Westmoreland Street, von dort rechts ab in die Fleet Street ist der **Temple-Bar-Bezirk,** das Greenwich Village von Dublin, schnell erreicht. Ende der 1990er Jahre ist hier mit Macht renoviert worden und Temple Bar entwickelte sich nach dem Willen der Stadtväter zu einem Kulturquartier der Hauptstadt. Zwischen Ateliers, Studios, Galerien, Pubs, kleinen Bistros und Restaurants wurden jüngst ein Music Centre, ein Multimedia Centre, ein Crafts Centre, ein Irish Film Centre, ein Children's Cultural Centre und ein Centre for Photography gebaut. Mittlerweile ist alles fertiggestellt und Temple Bar ist mit seinem kulturellen Angebot sowie den vielen Pubs und Restaurants ganz eindeutig Dublins **lebendigster und interessantester Stadtteil.** Weitere Informationen und den Veranstaltungskalender des Viertels, den *Temple Bar Guide,* bekommt man im Temple Bar Information Centre, 12 East Essex Street.

Wer es sich leisten kann, sollte im *Clarence Hotel* von Temple Bar absteigen; die Vier-Sterne-Herberge wurde umfassend restauriert und gehört zwei Mitgliedern (*Bono* und *The Edge*) der Rockgruppe U 2.

Unser Spaziergang durch Dublins Innenstadt ist damit beendet. Wer sich ein wenig ausruhen möchte, sollte im Temple-Bar-Bezirk den gemütlichen und atmosphärereichen Pub *The Turk's Head* aufsuchen und bei einem Guinness oder Lager die Beine von sich strecken.

Sehenswertes außerhalb des Stadtzentrums

Phoenix Park

Phoenix Park (Bus Nr. 10 von der O'Connell Street aus, 25, 26 von Middle Abbey Street), Dublins grüne Lunge, erstreckt sich über ein 4 x 2 km großes Areal und ist angeblich das größte Stadtgartengelände Europas. Äußerst befremdlich ist es allerdings, dass man mit dem Auto durch dieses **Naherholungsgebiet** fahren darf – breite Straßen durchziehen den Park.

An schönen Wochenenden picknicken Tausende von Dublinern auf den ausgedehnten Rasenflächen, schauen den Cricket-, Hurling- und Polospielern zu oder spazieren durch den Zoo (Mo–Sa 9.30 Uhr bis Sonnenuntergang, So 11 Uhr bis Sonnenuntergang). Dann sind die Straßenränder mit geparkten Wagen zugestellt.

Neben den schon erwähnten sportlichen Wettkämpfen finden auch Radrennen sowie – man glaubt es kaum – Tourenwagenläufe im Phoenix Park statt. Des Weiteren haben die irische Präsidentin sowie der Geschäftsträger der US-Botschaft ihre Residenz innerhalb des Gartenareals.

Weithin sichtbar ist die hohe **Phoenix Column,** die der britische Vizekönig *Lord Chesterfield* 1742 errichten ließ (nicht dadurch blieb der Lord bis in unsere Tage bekannt, das verdankt er vielmehr den Briefen an seinen Sohn „über die anstrengende Kunst, ein Gentleman zu werden").

Hoch in den Himmel ragt auch das 1817 von *Sir Robert Smirke* errichtete **Wellington Testimonial** auf; der in Dublin geborene *Wellington,* was der Duke immer zu verschweigen suchte, hatte 1815 *Napoleon* bei Waterloo eine militärische Schlappe beigebracht. Das 30-m-Monument soll der höchste Obelisk Europas sein.

Am 6. Mai 1882 trug sich ein **gewalttätiges Ereignis** im Park zu. *Lord Frederick Cavendish,* erst seit zwei Tagen Vizekönig, wurde beim Spaziergang zusammen mit seinem Unterstaatssekretär *T. H. Burke* von mehreren Männern ermordet. Die Attentäter gehörten zu dem Geheimbund der *Invincibles* (die Unbesiegbaren); Verrat aus den eigenen Reihen sorgte dafür, dass die Täter rasch gefasst und alsbald hingerichtet wurden.

Guinness-Brauerei

Ein Muss für jeden Biertrinker ist der Besuch der *Guinness-Brewery* in der St. James's Gate (Bus Nr. 21 A, 78 A von Fleet Street). Das riesige, 24 Hektar große Produktionsgelände selbst ist allerdings nicht zu besichtigen, vielmehr gibt es das Besucherzentrum **The Guinness Storehouse** (Januar–Juni, September–Dezember täglich 9.30–17 Uhr, Juli und August täglich 9.30–20 Uhr), wo eine umfangreiche Ausstellung rund um das beliebte Gebräu informiert.

034ir Foto: hg

Das kleine Museum zeigt sehr anschaulich die Produktionsmethoden aus unterschiedlichen Jahrhunderten; am Ende des Rundgangs gibt es im hauseigenen Geschäft, wo man mit dem Guinness-Emblem geschmückte Kleidungsstücke aller Art zu kaufen angehalten wird, Freibier, allerdings in moderaten Mengen.

Im Guinness Visitor's Centre

Kilmainham-Gefängnis

Eine wirklich bedeutende Sehenswürdigkeit befindet sich einige Minuten Fußweg in westlicher Richtung von der Guinness-Brauerei. Im *Kilmainham Jail* (Inchicore Road, April bis Sept. täglich 9.30–18 Uhr, Okt. bis März Mo–Fr 9.30–17, So 10–18 Uhr, Bus Nr. 23, 51, 51 A, 78, 79 von Aston Quay) kerkerten die Briten ab 1796 die irischen Freiheitskämpfer ein oder exekutierten die mutigen Revolutionäre im Hof der Haftanstalt. Die 15 Führer des Osteraufstandes von 1916 fanden hier am 3. Mai 1916 den Tod. Auch der spätere Ministerpräsident **Eamon de Valera** saß in Kilmainham ein und entging dem Erschießungskommando nur deshalb, weil er amerikanischer Staatsbür-

035ir Foto: hg

ger war – die Briten rechneten für den Fall seiner Exekution mit beträchtlichen diplomatischen Verwicklungen.

Unter sachkundiger Führung wird man durch das Gefängnis geleitet und bekommt u.a. die Zellen gezeigt, in denen die Unglücklichen der Osterrevolte auf ihren Tod warteten, Abschiedsbriefe, aber auch Gedichte schrieben. Hier empfindet der Besucher die bedrückende Geschichte des Landes hautnah und bekommt eine Vorstellung von Unterdrückung und Tod.

Im Kilmainham-Gefängnis

Irish Museum of Modern Art

Nahe dem Kilmainham Jail lohnt unbedingt ein Besuch im Kilmainham Hospital (Bus Nr. 24, 79, 90 von Aston Quay). Im größten klassizistischen Gebäude Irlands, das nach dem Pariser *Hotel des Invalides* Ende des 17. Jh. für Armeeveteranen errichtet wurde, ist seit dem 25. Mai 1991 das *Irish Museum of Modern Art* beheimatet (IMMA, Di–So 10–17.30 Uhr, Eingang für Fußgänger gegenüber dem Kilmainhan-Gefängnis, ansonsten Military Road gegenüber Heuston Station oder West Gate an South Circular Road).

Schon um die Jahrhundertwende beklagten einheimische Kunstkenner, dass Irland eines der wenigen Länder ohne Museum für moderne Kunst sei.

Lange hat es gedauert, bis diesem Übelstand abgeholfen wurde.

The Irish Jewish Museum

Einen Steinwurf südlich des Stadtzentrums befindet sich in 3 Walworth Road (off Victoria Street), South Circular Road, das Irish Jewish Museum. Das Ausstellungsgebäude wurde 1985 vom ehemaligen, in Irland geborenen israelischen Präsidenten Chaim Herzog (1918–97) eröffnet. Es befindet sich in einer **Synagoge** und zeigt Exponate, die im Zusammenhang mit irischen Juden stehen, so etwa Fotos, Zertifikate, Gemälde, eine Originalküche mit einem typischen Sabbath-Gedeck aus der Zeit um 1900 und vieles mehr (von Mai bi September Di, Do, So 11–15.30 Uhr, von Oktober bis April So 10.30–14.30 Uhr). Die Busse 16, 19 und 122 verkehren vom Trinity College zur Victoria Street an der South Circular Road.

Das Oliver St. John's Gogarty Hostel im Viertel Temple Bar

Praktische Hinweise

Touristeninformation

- **Dublin Tourism Centre,** Suffolk Street/ Ecke St. Andrew Street, in einer säkularisierten Kirche untergebracht. Telefonische Auskünfte werden nicht gegeben. Hier kann man nicht nur B & B und Hotels vorbuchen, sondern auch Leihwagen, Broschüren und Bücher über Irland in großer Auswahl erwerben. Das Personal ist freundlich und bemüht, alle Wünsche zu erfüllen, allerdings lassen sich vor den Buchungsschaltern im Hochsommer lange Schlangen nicht vermeiden. Eine **zweite Tourist Information** befindet sich in Nr. 14 Upper O'Connell Street.
- **www.visitdublin.com**

Hotels

- **Berkeley Court,** Lansdowne Road, Tel. (01) 6653200, Fax 6617238 berkeleycourt@jurysdoyle.com, DZ ab 210 €;
- **Burlington,** Upper Leeson Street, Tel. (01) 6605222, Fax 6603172, burlington@jurysdoyle.com, DZ ab 172 €;
- **Gresham,** Upper O'Connell Street, Tel. (01) 8746881, Fax 8787175, info@thegresham.com, DZ ab 170 €;
- **Westbury,** Grafton Street, Tel. (01) 6791122, Fax 6797078, info@westbury.com, DZ ab 350 €;
- **Ashling,** Parkgate Street, Tel. (01) 6772324, Fax 6793783, info@ashlinghotel.ie, DZ 106 €;
- **Bloom's,** Anglesea Street, Tel. (01) 6715622, Fax 6715997, blooms@eircom.net, DZ ab 100 €;
- **Academy Hotel,** Findlater Place, Tel. (01) 8780666, Fax 8780600, stay@acedemy-hotel.ie, DZ ab 98 €;
- **Aston Hotel,** 7 Aston Quay, Tel. (01) 6779300, Fax 6779007, stay@aston-hotel.com, DZ ab 128 €;
- **Hotel Ballsbridge,** Merrion Road, Tel. (01) 6681111, Fax 6681999, bb@BewleysHotels.com;
- **Dergvale Hotel,** 4 Gardiner Place, Tel. (01) 8744753, Fax 8748276, dergvale@indigo.ie, DZ ab 152 €;

● **George Frederick Handel Hotel,** 16 Fishamble Street, Temple Bar, Tel. (01) 6709400, Fax 6709410, info@handelshotel.com, DZ ab 176 €;
● **Maple Hotel,** 75 Lower Gardiner Street, Tel. (01) 8740225, Fax 8745239, info@maplehotel.com, DZ ab 152 €;
● **Lansdowne Hotel,** 27 Pembroke Road, Tel. (01) 6682522, Fax 6685585, reception@lansdownehotel.ie, DZ 90 €.

B & B

● **Mrs. Anne Rogers,** 18 St. Brendans Avenue, Tel. (01) 8483817, Fax 8674029, blakevin@eircom.net, DZ ab 40 €;
● **Mrs. Caroline Conolly,** 54 Kincora Court, Tel. (01) 8330220, Fax 8330007, kincoralodge@eircom.net, DZ 70 €;
● **Mrs. Eileen Kelly,** 17 Seacourt, Tel. (01) 8332547, pkellytorc@eircom.net, DZ 53 €;
● **Mrs. Jackie Egan,** 37 Kincora Court, Tel. (01) 8338060, Fax 8339990, jackieegan@esatclear.ie, DZ 59 €;
● **Mrs. Irene Coyle Ryan,** 37 Lambay Road, Tel. (01) 8378036, DZ 60 €;
● **Mrs. Moira Kavanagh,** 69 Kincora Drive, Tel. (01) 8333413, moira_kav@hotmail.com, DZ 55 €;
● **Mrs. Maureen Flynn,** 15 Grange Park Green, Tel. (01) 8486612, DZ 60 €;
● **Mrs. Mai Bird,** 25 a Oakley Road, Tel. (01) 4972286, DZ 56 €;
● **Mrs. Aida Boyle,** 6 Fortfield Terrace, Tel. (01) 4972517, stjudesdublin@hotmail.com, DZ 56 €;
● **Mrs. Theresa C. Sanderson,** 37 Pembroke Park, Tel./Fax (01) 6680331, DZ 70 €;
● **Mrs. Teresa Muldoon,** 4 Pembroke Park, Tel. (01) 6606096, DZ 60 €.

Hostels

● **Abbey Court Hostel,** IHH, 29 Bachelors Walk, O'Connell Bridge, Tel. (01) 8780700, Fax 8780790;
● **Oliver St. John's Gogarty Hostel,** IHH, Temple Bar, Tel. (01) 6711822, Fax 6717637;

Dublin

201IRL Foto: hg

- **Abraham House,** IHH, 82 Lower Gardiner Street, Tel. (01) 8550600, Fax 8550598;
- **Ashfield House,** IHH, 19 D'Olier Street, Tel. (01) 6797734, Fax 6790852;
- **Avalon House,** IHH, 55 Angier Street, Tel. (01) 4750001, Fax 4750303;
- **Barnacles Temple Bar House,** IHH, 19 Temple Lane, Tel. (01) 6716277, Fax 6716591;
- **Dublin Rainbow Hostel,** IHH, 90 Marlborough Street, Tel. (01) 8746233, Fax 8747164
- **Litton Lane Hostel,** IHH, 2 Litton Lane, Tel. (01) 8728389, Fax 8720039
- **Goin' My Way Hostel,** IHH, 15 Talbot Street, Tel. (01) 8788484, Fax 8788091;
- **Four Courts Hostel,** IHH, 15 Merchants Quay, Tel. (01) 6725839, Fax 6725862;
- **Isaac's Hostel,** IHH, 2/5 Frenchman's Lane, Tel. (01) 8749321, Fax 8741577;
- **Globetrotter's Tourist Hostel,** IHH, 46 Lower Gardiner Street, Tel. (01) 8735893, Fax 8788787;
- **Jacob's Inn,** IHH, Talbot Place, Tel. (01) 8555660, Fax 8555664;
- **Kinlay House Hostel,** IHH, 2/12 Lord Edward Street, Tel. (01) 6796644, Fax 6797437;
- **Marina House Hostel,** IHH, 7 Old Dunleary, Dun Laoghaire, Tel. (01) 2841524, Fax 2300922;
- **Marlborough Hostel,** IHH, 81 Marlborough Street, Tel. (01) 8747629, Fax 8745172;
- **Mount Eccles Court Hostel,** IHH, 42 North Great George Street, Tel. (01) 8730826, Fax 8783554;
- **An-Oige-Jugendherberge,** Mountjoy Street, Tel. (01) 8301766, Fax 8301600.

Restaurants

- **La Mére Zou,** 22 St. Stephen's Green, Tel. (01) 6616669, nettes gemütliches Restaurant mit guter französischer Küche aus irischen Produkten, bis 25 Euro;
- **L'Ecrivain,** 109 A Lower Baggot Street, Tel. (01) 6611919, in einem Hinterhof, exzellentes, alteingesessenes französisches Restaurant, dessen Küchenchef irische Produkte wie Seafood und Gemüse aus biologischem Anbau und vieles mehr zu kreativen Gerichten verfeinert. Davon waren auch die Gourmet-Tester vom *Michelin* angetan, seit Jahren hat das Lokal einen Stern, 20–45 €;
- **Peoples,** 16 St. Stephen's Green, Tel. (01) 6763144, ein hervorragendes Wein-Bistro im Herzen der Stadt, französisch inspirierte Küche von der Zwiebelsuppe bis zu frischem Seafood, 150 Weine auf der Karte, 10–28 €;
- **Il Posto,** 10 St. Stephen's Green, Tel. (01) 6794769, sehr beliebtes italienisches Lokal mit Hauptgerichten bis 28 €;
- **Chapter One Restaurant,** 18 Parnell Square, Tel. (01) 8732266, im Basement vom Writer's Museum, gute Weinkarte, internationale Gerichte, wurde in der Lokalpresse und in Gourmet-Magazinen mehrfach sehr gelobt, Seafood und Lammgerichte bis 35 €;
- **Bewley's Café,** 34 Grafton Street, im wundervoll restaurierten James Joyce Room lockt hier das ausgezeichnete Fisch-Restaurant *Mackarel* (Tel. (01) 8727719) mit Hauptgerichten zwischen 20 und 30 €, preiswerter geht es im *Café Bardeli* zu, in dem man für die Gerichte zwischen 10 und 15 € zahlt;
- **Chai-Yo Asian Restaurant,** 100 Lower Baggott Street, Tel. (01) 6622767, hervoragendes Lokal mit einer weiten Palette an guten und leckeren fernöstlichen Gerichten, mehrfach lobend in der Lokalpresse sowie in Gourmet-Magazinen erwähnt, auch Seafood, Gerichte bis 20 €;
- **Trocadero,** 3 St. Andrew's Street, Tel. (01) 6775545, traditionelle irische Küche seit 1956, Steaks, Fisch, große, sattmachende Portionen, 16–19 €;
- **The Cedar Tree,** 11 A St. Andrew Street, Tel. (01) 6772121, um die Ecke von der Tourist Information, seit 20 Jahren Dublins berühmtestes libanesisches Restaurant, arabische Küche, vegetarische Gerichte, um 24 €;
- **La Caprice,** 12 St. Andrew Street, Tel. (01) 6794050, gute französische Küche, 21 €;
- **Town,** 21 Kildare Street, Tel. (01) 6624724, ein Kellerrestaurant unter dem renommierten *Mitchell's* Weinladen, von Feinschmeckerma-

Alles rauchfrei!

Als Irland Anfang 2004 **in sämtlichen öffentlichen Gebäuden** und damit auch in Pubs, als erstes Land der Welt ein absolutes Rauchverbot einführte, sagten die Kritiker dieser Maßnahme das Ende der irischen Trinkkultur, eine Pleitewelle der Kneipen und den Verlust von Arbeitsplätzen voraus. Überall kursierte der Spruch: „Eine Kneipe ohne Qualm ist wie ein Guinness ohne Schaum." Und *Nell McCafferty*, gleichermaßen bekennende Feministin wie Kettenraucherin, verstieg sich gar zu der Aussage, das Antirauchgesetz sei das größte nationale Unglück seit der Großen Hungersnot von 1845. Doch die Regierung ließ sich nicht – wie hier in Deutschland – von den Lobbyisten verunsichern und zog ihre Pläne kompromisslos durch. Als die Wirte merkten, dass sie sich auf die neue Situation einstellen mussten, renovierten sie ihre Hinterhöfe, schraubten Aschenbecher an die Fassaden, stellten Stehtische auf die Bürgersteige und schafften sich Heizstrahler an. Für die Kommunen ist das ein gutes Geschäft, denn die vermieten nun das Trottoir und kassieren pro Kneipe bis zu 5000 € im Jahr. Als es nun soweit war, ging zwar der Bierverkauf leicht zurück, doch lag das nicht an den rauchfreien Zonen, sondern an den gleichzeitigen Preiserhöhung für den Gerstensaft sowie auch bedingt durch die verschärften Alkoholkontrollen der Polizei. Der Umsatz der Kneipiers aber blieb nicht nur stabil, sondern stieg sogar um bis zu 5% an, denn die Leute orderten mehr alkoholfreie Getränke und bestellten mehr Mahlzeiten. Darüber hinaus kamen nun mehr Gäste in die Pubs. Der Wirt vom *Mulligan's* in Dublin bemerkte zufrieden: „Heute kommen Leute in die Kneipe, die ich früher nie gesehen habe." Jetzt denkt er tatsächlich darüber nach, seinen Pub zu renovieren, um das verräucherte Inventar loszuwerden. Da sollte er jedoch aufpassen, dass seine langjährigen Stammgäste – u.a. viele Journalisten der *Irish Times* – nicht vom Kulturschock erschlagen werden, denn die letzte Verschönerung des *Mulligan's* fand 1882 statt (zum *Mulligan's* siehe auch „Praktische Hinweise Dublin"). Auch den Kellnern ging es nicht an den Arbeitsplatz, sondern ganz im Gegenteil, die Beschäftigungsquote stieg um 3% und es sind noch viele Stellen frei, die aufgrund des Arbeitskräftemangels nicht besetzt werden können.

In den Pubs der kleinen Dörfer hat sich ein **kommunikationsloses Ritual** herausgebildet. Der Wirt, der seine trinkenden Pappenheimer ja schon aus den gemeinsamen Schultagen kennt, greift irgendwann schweigend zum Pullover. Synchron greifen die Gäste schweigend zu ihre Jacken, ziehen sie über, und die gesamte Thekenmannschaft verlässt die Kneipe und steht rauchend draußen.

Wer in Irland das Rauchverbot missachtet, muss mit einer **Geldstrafe** von bis zu 3000 € rechnen und kann sogar in den Knast kommen. Das könnte ein Kettenraucher allerdings glatt als Belohnung auffassen, denn in den Haftanstalten ist das Rauchen erlaubt.

gazinen hochgelobt, frische Seafood- und Lammgerichte bis 25 €;

- **Rajdoot Tandori Restaurant,** 26 Clarendon Street, Tel. (01) 6794274, mit vielen Ehrungen ausgezeichnetes Restaurant, die beste indische Küche in ganz Irland, um 27 €;
- **Botticelli,** Temple Bar, mitten im Temple Bar-Viertel, italienische Küche, Pizzen und Pasta 9–12 €, Fleischgerichte bis 16 €;
- **Café Kylemore,** Upper O'Connell Street/ Ecke North Earl Street, gemütliches Café mit großen Scheiben, durch die man dem hektischen Treiben zuschauen kann, neben Snacks und Kuchen gibt es auch preisgünstige warme Speisen;
- **Ristorante Italiano Boccaccio,** 18 Dame Street, Pizzen und Pasta 9–12 €, Fisch-und Fleischgerichte 15–20 €;

026ir Foto: ws

- **Ristorante Romano's,** 12 Capel Street, Pizzen und Pasta zwischen 9 und 13 €;
- **Traditional Irish Restaurant Gallagher's,** Temple Bar, mitten im Temple Bar-Bezirk, klassische irische Gerichte bis 15 €.

Pubs

- **The Bailey,** 2 Duke Street, von *James Joyce* in seinem Ulysses beschrieben, von 1940 bis 1960 Treffpunkt der Dubliner Literaturszene, allerdings nicht mehr im originalgetreuen Gemäuer, sondern in einem neuerrichtetes Gebäude aus den Neunzigern;
- **Davy Byrne's,** 21 Duke Street, gegenüber vom *Bailey's,* ebenfalls von *Joyce* erwähnt, schönes Art-Deco-Interieur; von hier nehmen regelmäßig „Literary Pub Crawls" ihren Ausgang, geführte Touren durch die Kneipen Dublins, in denen die irischen Literaturgiganten becherten;
- **The Duke,** 9 Duke Street, ruhige, gemütliche Kneipe mitten im Einkaufszentrum, gut zur Erholung nach dem Shopping, auch von hier gehen jeden Abend ab 19 Uhr die „Literary Pub Crawls" ab;
- **Bowe's Public House,** 31 Fleet Street, beliebter Pub bei den Journalisten der *Irish Times,* die nahebei ihre Redaktion haben;
- **The Brazen Head,** 20 Lower Bridge Street, Dublins älteste Taverne, oft traditionelle Live Music, seit 1198 kann man hier den Durst löschen; die Kneipe war *Brendan Behans* liebster Ort, auch hier hat er sich zu Tode gesoffen;
- **The Bull & Castle,** Lord Edwards Street/ Ecke Christchurch Place, zwischen Christchurch Cathedral und Dublin Castle gelegen, nach eigenem Bekunden ein „Gastro Pub", reichhaltige Pub-Grub-Angebote zur Mittagzeit, auch Live Music;
- **Doyle's,** Fleet Street/Ecke D'Olier Street, neben der Redaktion der *Irish Times,* viele Journalisten;
- **The Duke,** Duke Street, ruhige, gemütliche Kneipe mitten im Einkaufszentrum, gut zur Erholung nach dem Shopping;
- **Grogan's Castle Lounge,** South William Street, traditionelles Pub-Interieur, gut für ein ruhiges Bier;
- **McDaid's,** 3 Harry Street, berühmter Literaten-Pub, u.a. becherte hier *Brendan Behan;*
- **Madigan's,** North Earl Street, beim Osteraufstand von 1916 zerstört, kurz darauf mit viel Marmor und Glas neu aufgebaut, gemütlich und mondän, davor ehrt eine kleine Statue *James Joyce;*
- **Mulligan's,** 8 Poolbeg Street, seit 1782 gibt es eine Taverne an diesem Ort, heute sieht es so aus, als stamme die Einrichtung aus jenen Tagen, sehr beliebter Pub, immer voll mit den Journalisten der *Irish Times;*
- **The Oliver St. John's Gogarty,** 58 Fleet Street, mitten im Temple Bar-Bezirk, Traditional Music House, mit angeschlossenem Restaurant, besonders bei Touristen beliebter Pub in Dublins Szene-Viertel, oft schon zur Lunch-Zeit Live Music; außerdem ein Hostel;
- **The Temple Bar,** Temple Bar Street, im Temple Bar-Bezirk, täglich Live Music;
- **The Palace Bar,** 21 Fleet Street, viktorianisch-traditionelle Einrichtung mit *Snugs,* in den 40er Jahren des 20. Jahrhunderts hielt der Herausgeber der *Irish Times* hier literarische Zirkel ab, und die Großen der Dubliner Schriftstellerszene lasen in der Taverne; im oberen Stock finden regelmäßig hervorragende *Traditional Sessions* statt;
- **Slattery's,** 129 Capel Street, ebenfalls bekannt für traditionell-irische Live Music;
- **Toner's Victorian Bar,** 139 Lower Baggot Street, wie der Name schon sagt, mit alter, patinabelegter viktorianischer Einrichtung inklusive *Snugs;*
- **The Turk's Head,** Parliament Street/Ecke Essex Gate, mitten im Temple-Bar-Bezirk, Ausschank seit 1760, stilvolle Einrichtung.

Singing Pubs

- **Abbey Tavern,** Howth Harbour, traditioneller Folk (Bus Nr. 31, 31 B);
- **An Bael Bocht,** Charlemont Street, Irish Folk, Rock;
- **Barge Inn,** Charlemont Street, Irish Folk;
- **Brazen Head,** Lower Bridge Street, Irish Folk, Jazz;
- **Hughes,** Chancery Lane, traditionelle irische Musik;
- **International Bar,** Wicklow Street/Ecke St. Andrew Sreet, Jazz, Irish Music;
- **Lower Deck,** Portobello Harbour, Rock, traditionelle Balladen;

- **Mother Redcaps Tavern,** in den Liberties, gegenüber der Tailor's Hall, Back Lane, off Nicholas Street, derzeit der beste und interessanteste Singing Pub der Hauptstadt;
- **O'Donoghue's,** 15 Merrion Row, traditionelle irische Musik;
- **Slattery's,** 129 Capel Street , Jazz;
- **Temple Bar,** an der gleichnamigen Straße Temple Bar, Irish Live Music daily;
- **The Waterfront,** 14, Sir John Rogerson's Quay, Rock;
- **Whelan's,** Wexford Street, sehr guter Singing Pub, interessante Mischung aus renommierten Gruppen und jungen Musikern.

Internetcafés

- **does not compute,** 2 Pudding Row, Essex Street West, Temple Bar;
- **Cyberia Café,** Arthouse, Curved Street, Temple Bar.

Diskotheken/Nachtclubs

- **Lillies Bordello,** Adam Court, Grafton Street, www.lilliesbordello.ie; Dublins bekannteste Diskothek und beliebt bei den Nachtschwärmern;
- **POD,** Harcourt Street, kürzlich umfassend renoviert, seit Jahren bekannt in Dublin.

Theater

- **Abbey Theatre,** Lower Abbey Street, Irlands Nationaltheater, klassische irische Stücke;
- **Andrew's Lane Theatre** und **Andrew's Lane Studio,** Andrew's Lane, zeitgenössische Stücke und Einzelaufführungen;
- **Dublin Youth Theatre,** 25 Upper Gardiner Street ;
- **The New Eblana,** Store Street;
- **Focus Theatre,** 6 Pembroke Place, off Pembroke Street;
- **Gaiety Theatre,** South King Street, Dublins ältestes Aufführungshaus, eröffnet 1871, auch Varieté;
- **The Gate Theatre,** Cavendish Row, die Bühne für zeitgenössische irische, europäische und außereuropäische Stücke;
- **Olympia,** Dame Street, Dublins größtes Theater, 1879 erbaut, Musicals;

128ir Foto: ws

- **Peacock,** Lower Abbey Street, Experimentierbühne des Abbey Theatre;
- **Projekt Arts** Centre, East Essex Street, 1966 gegründet, Experimentierbühne für junge irische Autoren;
- **Tivoli Theatre,** Francis Street, klassische wie zeitgenössische Autoren.

Kinos

- **Carlton,** 52 Upper O'Connell Street;
- **German Film Club,** Goethe-Institut, Merrion Square East;
- **Irish Film Centre & Irish Film Instititute,** Eustache Street, off Dame Street, Programmkino;
- **Savoy,** Upper O'Connell Street;
- **Screen,** College Street, Programmkino.

Weitere Museen

- **Dublin Civic Museum,** South William Street, Exponate zu Dublins Sozialgeschichte;
- **Irish Whiskey Corner,** Bow Street, ein „Muss" für angehende Schwarzbrenner und Maltliebhaber;
- **National Wax Museum,** Granby Row, Wachsfiguren von allen möglichen Persönlichkeiten, u.a. sind die irischen Freiheitskämpfer dargestellt;
- **United Arts Club,** Upper Fitzwilliam Street, Gemälde von irischen Künstlern.

Festivals

Informationen zu den einzelnen Festivals auch auf der Homepage von Dublin Tourism, www.visitdublin.com.

- **St. Patrick's Festival,** Tel. (01) 6763205, vier Tage rund um den 17. März, dem Geburtstag von Irlands Nationalheiligen, viele Veranstaltungen auf den Straßen und unterschiedlichen Orten;
- **Heineken Green Energy Festival,** Tel. (1890) 925100, Mai, viertägiges Rock Festival vor Dublin Castle und an unterschiedlichen Orten;
- **DConvergence Festival,** Tel. (01) 8746415, Ende Juni im Temple Bar-Viertel, zehntägiges Festival zum Thema Ökologie und Umweltschutz, mit Ausstellungen, Workshops und Kinderprogrammen;
- **Iversions,** Tel. (01) 6772255, zwischen Juni und September an jedem Wochenende kostenlose Straßenkonzerte, Filmvorführungen und andere Veranstaltungen für Kinder im Temple Bar-Viertel;
- **Liffey Swim,** Tel. (01) 8332434, Ende Juli schwimmen Hunderte von Iren von der Rory O'Moore Bridge bis zum Custom's House (2,5 km) den River Liffey hinunter;
- **Dublin Fringe Festival,** Tel. (01) 6778439, Ende September bis Anfang Oktober, Kabarett, Comedy und Kleinkunst;
- **Dublin Theatre Festival,** Tel. (01) 6778439, zwei Wochen Ende September, renommiertes internationales Theater Festival auf unterschiedlichen Bühnen der Stadt.

Gesundheit

Auskünfte zu Krankenhäusern und Fachärzten erhalt man bei der **Eastern Regional Health Authority** unter der Nummer Tel. (01) 6790700.

- **St James's Hospital,** James Street, Tel. (01) 4537941;
- **Zahnklinik,** Dame House Dental Surgery, Dame Street, Tel. (01) 6709256.

Schwule und Lesben

Informations- und Anlaufstellen für Schwule und Lesben sind die beiden folgenden Organisationen:

- **Gay Switchboard** (Tel-a-Friend), Carmichael House, North Brunswick Street, Dublin, Tel. (01) 8721055;
- **Lesbian Line,** Carmichael House, North Brunswick Street, Tel. (01) 8729911.

Junge Musiker mit typischen Instrumenten der Irish Folk Music: Akkordeon, Querflöte und Bodhran.

Einkaufen

- **Einzelhandelsgeschäfte** des gehobenen Standards befinden sich entlang der Grafton Street und in den umliegenden Straßen.
- **Kaufhäuser** reihen sich an der O'Connell Street.
- In der Dawson Street liegen sich die beiden guten **Buchhandlungen Hodges & Figgis** und **Waterstone's** genau gegenüber.
- **Große Shopping Centres** sind das **Hibernian Way,** Dawson Street, **Ilac Centre,** Henry Street, **Irish Life Mall,** Abbey Street Lower, **Powerscourt Townhouse Centre,** Johnson Court (off Grafton Street), **St. Stephen's Green Centre,** St. Stephen's Green/Grafton Street, **Westbury Mall,** Clarendon Street.

Fundbüros

- **Eisenbahn** und Dubliner Vorortbahn DART Jarnod Eireann, Connolly Station, Dublin, Tel. (01) 363333;
- **Fernbusse** Bus Eireann, Store Street, Dublin, Tel. (01) 302222;
- **Stadtbusse** 59, Upper O'Connell Street, Dublin, Tel. (01) 720000.

Hauptpost

- Upper O'Connell Street, Dublin.

Taxis

In Dublin konkurriert eine Vielzahl von Unternehmen auf dem Taxi-Sektor. Die vier größten sind:

- **Devlin Metro Cabs,** Tel. (01) 36683333;
- **Blue Cabs,** Tel. (01) 6761111;
- **National Radio Cabs,** Tel. (01) 6772222;
- **VIP,** Tel. (01) 783333.

Nach einem Regenguss kann man sich aus dem gemütlichenPub wieder zurück auf die Straße wagen

Zug

- Dublin hat zwei **Bahnhöfe,** einmal Connolly Station, Amiens Street, und Heuston Station, Knightsbridge; von Connolly verkehren die Züge in den Norden des Landes, von Heuston Station in den Süden und Westen; von Heuston Station gibt es einen direkten Bus zum Flughafen, Bus Nr. 90 verbindet Connolly und Heuston Station.
- Das **DART-** *(Dublin Area Rapid Transit)* und Suburban Rail Network verbindet alle Vororte der Hauptstadt im Norden bis Mullingar und Dundalk, im Süden bis zum Seebad Bray. Die innerstädtischen DART-Bahnhöfe sind Connolly Station, Tara Street Station und Pearse Station.

Bus

- Die **innerstädtischen Busse** verkehren in der Zeit von 6.30 bis 23.30 Uhr, So ab 9.30 Uhr. Tickets löst man beim Fahrer.
- Den Busbahnhof für den **Überlandverkehr** findet man in der Store Street, nahe dem Custom House; von hier aus fahren Busse in alle Landesteile; Pendelverkehr zum Flughafen.

Luas-Straßenbahn

Für einen effektiveren öffentlichen Nahverkehr besitzt Dublin seit 2004 zwei Straßenbahnlinien. Die Niederflurwagen werden *Luas* genannt, ein gälisches Wort, das „Geschwindigkeit" bedeutet.

Die **Green Line** verkehrt vom St. Stephen's Green in einem 5-, 7-, 10- und 15-minütigen Takt und führt über 13 Stationen bei einer Fahrtzeit von 22 Minuten in den Südosten der Metropole bis nach Sandyford.

Die **Red Line** hat ihren Startpunkt am Conolly-Bahnhof, verkehrt in einem einheitlichen 10-minütigem Takt und führt über23 Stationen mit einer Fahrtzeit von 43 Minuten in den Südwesten nach Tallaght.

Beide Linien haben keine Verbindung miteinander. Die Green Line wurde so konzipiert, dass die Streckenführung bei Bedarf in eine U-Bahn umgewandelt werden kann. Da Luas wie das englische „Lewis" ausgesprochen wird, haben die Dubliner ihre neueste Errungenschaft mit dem Spitznamen *Jerry Lee*

125ir Foto: ws

versehen, in Anlehnung an den amerikanischen Musiker *Jerry Lee Lewis.*

Flugzeug

Dublins internationaler Flughafen liegt 10 km nördlich vom Stadtzentrum; regelmäßiger Pendelverkehr zum Hauptbusbahnhof in der Store Street sowie zu Heuston Station. Spezielle **Airport-Busse** verkehren alle 15 Minuten von etlichen Stationen im inneren Stadtgebiet zum Flughafen. Eine Station liegt z.B. in der Suffolk Street, 50 m vor der Tourist Information.

Fähre

- Wer **von Liverpool** anreist, landet bei Clontarf (südlich vom Stadtzentrum).
- Für Autofahrer, die **von Holyhead** kommen, ist der Anlegeplatz im Seebad Dun Laoghaire (südlich von Dublin).

Geführte Stadttouren

Auf die ein oder andere dieser geführten Touren sollte man nicht verzichten, man bekommt hierbei eine Fülle an Informationen und netten Anekdoten erzählt.

- **1916 Eastern Rising Walk,** Tel. (01) 6762493, von März bis Oktober Do–Sa 11.30, 14.30 Uhr, Di/Mi 11.30 und 13 Uhr; eineinhalbstündiger Spaziergang zu den Schauplätzen des Osteraufstandes von 1916. Der Rundgang beginnt an der International Bar, Wicklow Street/Ecke St. Andrew Street.
- **Dublin Footsteps Walking Tours,** Tel. (01) 4960641, Juni–Sept. Mo, Mi–Sa 10.30 Uhr; auf der zweistündigen Tour bekommt der Besucher das georgianische, literarische und architektonischen Dublin erklärt und gezeigt. Treffpunkt: Bewley's Café, Grafton Street.
- **Dublin Literary Pub Crawl,** (01) 4540228, von April bis November täglich 19.30, So auch 12 Uhr, zweistündiger Spaziergang mit zwei Schauspielern durch die Kneipen Dublins, die mit Literatur zu tun haben. Treffpunkt: Duke's Pub, Duke Street.
- **James Joyce Walking Tour,** Tel (01) 878 8547, Di, Do, Sa 14 Uhr; 75-minütige Führung vorbei an den Stätten von *James Joyce* nördlich des Liffey. Treffpunkt: *James Joyce Cultural Centre,* 35 North Great George Street.

Halbinsel Howth

↗ XV/D2

Auf keinen Fall sollte man es versäumen, von Dublin aus einen Ausflug auf die wenige Kilometer nordwestlich der irischen Hauptstadt gelegene Halbinsel Howth zu unternehmen. Die Peninsula besteht im Zentrum aus einem mächtigen, mehrgipfligen Hügel, der im Osten steil ins Meer abfällt, ansonsten aber sanft in einen Uferstreifen ausläuft.

Von diesem Höhenzug aus hat man eine **fantastische Aussicht:** Richtung Westen überblickt man das Häusermeer von Dublin, gen Norden schaut man über das Fischerdorf Howth und seinen Hafen auf die vorgelagerte Insel Ireland's Eye, im Osten brandet die Irische See an die steilabfallenden Klippen, und nach Süden öffnet sich die Bucht von Dublin, überragt von Dublin und den Wicklow Mountains.

Auf der Karte betrachtet, sieht Howth aus wie ein gewaltiger Kopf, und tatsächlich leitet sich der Name von dem nordischen Wort **Höfuth** ab, was soviel wie Haupt bedeutet.

Der **Hügel von Howth –** irisch *Ben Edair* – steht unter Naturschutz, und folgerichtig darf man die Gipfel nur zu Fuß erwandern. Wer das zu anstrengend findet, kann von dem im Südosten gelegenen **Summit Car Park** die Aussicht genießen, allerdings keineswegs in stiller Einsamkeit. Bei schönem Wetter hat es den Anschein, als ob ganz Dublin von hier aus den Sonnenuntergang betrachte; nach Einbruch der Dunkelheit dann stört man hauptsächlich junge Liebespaare.

Abgesehen von der Aussicht und den Kurzwandermöglichkeiten hat Howth des weiteren einen Fischer- und Yachthafen, einen Leuchtturm, Kaimauern, Türme, ein altes Kloster nebst mehreren Kirchen, ein Schloss sowie Pubs, Hotels, Bed-&-Breakfast-Pensionen, Geschäfte und Galerien zu bieten.

Rundfahrt um Howth

Anfangs- und Endpunkt der Rundreise ist die Siedlung Sutton Cross, die auf der Landzunge liegt, die Howth mit dem Festland verbindet. Nordöstlich von Sutton Cross, abgeschirmt durch eine Baumreihe und die Gleise der DART-Bahn, erstreckt sich der Sandstrand von Claremont.

Kurz vor dem Örtchen Howth geht es rechts zur Domäne von Howth – hier locken ein Golfplatz, das Deerpark Hotel und das Schloss der **Familie Gaistord-St. Lawrence.** Diese Familie residiert seit mehr als 800 Jahren auf der Halbinsel. Am Vorabend des St.-Lawrence-Festes im Jahr 1177 kam ein gewisser *Almeric Tristam* mit dem Normannenfürsten *John de Courcy* nach Irland und legte ein Gelübde ab: Sollte er die bevorstehende Schlacht überleben, würde er aus Dankbarkeit den Namen des Heiligen annehmen. Almeric trug keinen Kratzer davon, nannte sich fortan *St. Lawrence* und wurde erster Lord von Howth. Der letzte Abkömmling dieses Geschlechts starb kinderlos im Jahr 1909; ein Verwandter aus zweiter Linie, der den Besitz erbte, bekam die Auflage, sich ab sofort *St. Lawrence* zu nennen.

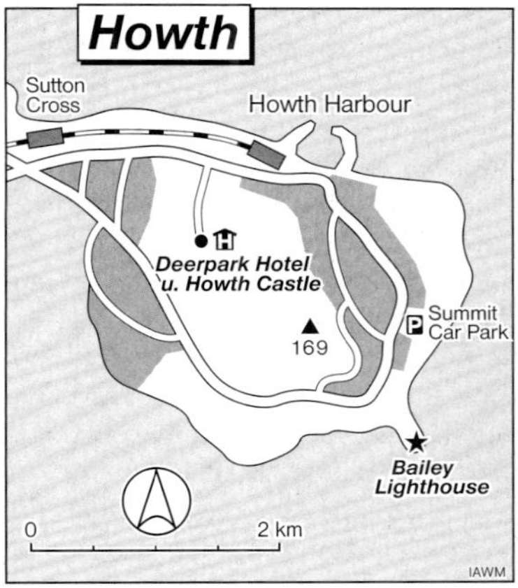

Vom ursprünglichen **Schloss** ist wenig erhalten, ein Turm datiert aus dem 16. Jh., die restlichen Gebäude wurden um 1910 von dem bekannten britischen Architekten *Sir Edwin Lutyans* restauriert und mit Anbauten versehen. Man sollte sich von den weitgeöffneten Torflügeln der Burg nicht täuschen lassen; Besuchern ist der Eintritt verwehrt!

Die **einladende Türöffnung** geht auf eine Begebenheit aus dem 16. Jh. zurück: Damals hoffte die Piratin *Grace O'Malley* (vgl. Tour 6) – die sich übrigens die gleichen Rechte herausnahm wie *Königin Elisabeth I.* – auf Unterkunft bei der adligen Familie, doch als sie vor dem Schloss ankam, waren die Türen versperrt. Voller Ärger kidnappte sie den am Strand spielenden Sohn und gab ihn erst gegen das Versprechen immerwährender Gastfreundschaft wieder heraus. So stehen also noch heute die Tore weit geöffnet, und bei Tische – so heißt es – liegt immer ein Extragedeck für den potentiellen Besucher bereit.

Südlich der Burg erstreckt sich ein großer Golfplatz, der von dem Deerpark Hotel überragt wird. Vom Hotel aus führt eine Kirschbaumallee zu einem **Rhododendron- und Azaleengarten,** in dem auch Palmen, Riesenfarne und Fuchsien zu bewundern sind. Im Frühsommer stehen die Pflanzen zur Freude der vielen Besucher in herrlicher Blütenpracht.

Am Fuße des Muckrock-Hügels findet man auf einer kleinen Lichtung einen gewaltigen Dolmen, ein **Megalithgrab** aus dem 3. Jh. v. Chr. Der Sage nach fand hier die schöne *Aideen* ihre letzte Ruhestätte. Die gewaltige, 70 t schwere Deckplatte ist halb von ihren acht Stützen gerutscht. Über den Muckrock lässt sich auch der Ben of Howth erklimmen, auf dem jener *Edair* begraben worden sein soll, nach dem die Halbinsel ihren Namen *Ben-Edair*-Gipfel des *Edair* – erhalten hat.

Zurück zur Straße kommen wir nun zum Örtchen Howth mit seinem kleinen **Fischer- und Yachthafen.**

Während der großen Auswanderungswellen sind viele Iren in Howth Harbour an Bord gegangen, die Halbinsel war das letzte Stück, das sie von ihrer Heimat sahen. Heutzutage dient der Hafen den Hobbyseglern und den Fischern. Jeden Freitag verkaufen *Fishmongers* den frischen Fang direkt von den Booten aus.

In den vergangenen Jahrhunderten versuchten die **Fischer von Howth,** ihr karges Los durch Schmuggel aufzubessern; ein spektakulärer Fall trug sich am 26. Juli 1914 zu: Damals brachten vor den Augen der Hafenpolizei *Molly* und *Erkine Childers* 1000 deutsche Mausergewehre und ein kleines Maschinengewehr an Land, und Mitglieder der *Irish Volunteers* sorgten für den Weitertransport. Sechs Monate zuvor hatte die britische Regierung ein striktes Waffeneinfuhrverbot durchgesetzt.

Heute sind die Fischer von Howth in Genossenschaften organisiert, und ein Teil ihres Fangs geht sofort in die Restaurants der Halbinsel.

Von Howth Harbour hat man einen guten Blick auf die vorgelagerte Insel, die ihrem Namen **Ireland's Eye** dank guter Lage alle Ehre macht. Wie viele andere irische Eilande auch, beherbergte sie einst eine Mönchsgemeinde. Drei gläubige und bußfertige Männer, die drei Söhne des *Nessan,* erbauten hier im 6. Jh. eine Kirche. Immerhin entstand auf Ireland's Eye im 7./8. Jahrhundert das illuminierte Evangelienbuch *Garland of Howth* (heute im Trinity College zu Dublin), mit dem *St. Nessan* – wir folgen der Legende – eines Tages Attacken des Teufels abzuwehren vermochte. Im 13. Jahrhundert lief jedoch die auf Howth befindliche St. Mary's Abbey (s.u.) der *Cill Mac Nessan* den Rang ab. Während der Saison verkehren täglich mehrere Ausflugsboote vom East Pier im Hafen von Howth zu der Mönchsinsel.

Oberhalb des Hafens lohnt die **Ruine der St. Mary's Abbey** einen Besuch. 1255 errichteten Mönche hier bereits eine Pfarrkirche, die heutigen Gebäudereste datieren aus dem 14./

15. Jahrhundert Im rechten Seitenschiff befindet sich die Privatkapelle der Lawrence-Familie mit dem Altargrab von *Christopher St. Lawrence* und seiner Gattin *Anne Plunkett von Ratoath;* eine Abbildung zeigt, wie das Paar zu Lebzeiten ausgesehen hat. Angeblich diente das Grab mehrfach äußerst profanen Zwecken, geschmuggelte Waren wurden an diesem Ort vor der Hafenpolizei versteckt. Nach der Besichtigung der Abtei sollte man zur weiteren Stärkung ein Guinness in der **Abbey Tavern** trinken. Zurück zum Örtchen Howth führt uns die Straße in südlicher Richtung weiter.

Zuerst einmal geht es steil bergan; von 1901 bis 1941 befuhr eine elektrisch betriebene Kabelbahn die Anhöhe; nachdem der höchste Punkt überwunden war, soll sie angeblich auf der anderen Seite des Hügels einfach heruntergerollt sein – ohne, dass je ein Unglück geschah.

Am **Summit Pub** – von dessen Terrasse man beim Guinness an schönen Sommertagen einen prachtvollen Ausblick genießen kann – biegt man zum **Summit Car Park** ein, von dem aus man weit über die Bucht von Dublin schaut. Bei dem sich bietenden Anblick wird sofort klar, warum gerade dieser Teil der Küste im Volksmund den Namen „Klein-Neapel" bekommen hat.

Vom Parkplatz kann man zum **Baily Lighthouse** heruntersteigen, das an der südöstlichsten Stelle der Halbinsel sein Leuchtfeuer über die Irische See schickt. Funde haben gezeigt, dass es hier schon in prähistorischer Zeit eine kleine Ansiedlung gab.

Vom Summit aus geht es nun weiter zum Ausgangspunkt Sutton Cross und schließlich zurück nach Dublin – vielleicht mit dem gleichen Gefühl, das einst den Heiligen *Columcille* beschlich, bevor er von Howth aus zur Missionierung Schottlands aufbrach: „Es entzückt, auf dem Hügel von Howth zu stehen, ihn zu verlassen, bringt argen Kummer".

Wanderung

Wer direkt **entlang der Klippen** wandern möchte, beginnt den Cliffwalk am Fischrestaurant *King Sitric* im Örtchen Howth. Die schöne, ca. zweieinhalbstündige Klippenwanderung führt zum **Bailey-Leuchtturm;** gutes Schuhwerk ist unerlässlich, denn ganz ungefährlich ist der Weg nicht. Anreise mit öffentlichen Verkehrsmitteln: mit Bus Nr. 31 oder der DART bis Howth Harbour, vom Bailey-Leuchtturm ist es nicht mehr weit bis zur Siedlung Sutton Cross; ab dort mit Bus Nr. 31 A zurück nach Dublin.

Anreise

- Von Dublin **Bus** Nr. 31 und 31 A/B; von Lower Abbey Street;
- **DART-Stadtbahn** von Pearse oder Conolly Station bis Howth Harbour über Sutton Cross.

Unterkunft

- **Deerpark Hotel,**
Tel. (01) 8322624, Fax 8392405,
sales@deerpark.iol.ie, DZ 154 €;
- **B & B Mrs. Rosaleen Hobbs,**
2 Thormanby Wood, Thormanby Road,
Tel./Fax (01) 8391391,
hobbs@eircom.net, DZ 64 €.

Verwirrung um James Joyces „Ulysses"

Als *James Joyce* sein Manuskript des „Ulysses" der Hogarth Press von *Leonard* und *Virginia Woolf* anbot, sahen die beiden darin zwar ein Meisterwerk, scheuten aber die Publikation, da sie befürchteten wegen der obszönen und pornografischen Stellen gerichtlich belangt zu werden. Also erschien der Titel bei der französischen Verlagsbuchhandlung Shakespeare & Co in Paris 1922. Da die französischen Setzer jedoch kein Englisch konnten, schlichen sich viele Fehler ein. *Joyce,* halbblind, verglich nun nicht etwa den Satz mit seinem Manuskript, sondern **korrigierte aus dem Gedächtnis,** was die Anzahl der Ungenauigkeiten noch vermehrte. So gab es bei der Erstausgabe mehr als 2000 Stellen, die vom Original abwichen.

Die nächste Version des „Ulysses" erschien in der Odyssee Press und wurde von *Stuart Gilbert* ediert, nachdem die vierte Auflage erschienen war, galt sie bereits als die endgültige Version, obwohl sie das keineswegs war. Auch die New Yorker **„Bodley Head Edition"** von 1936 nahm für sich in Anspruch, als zuverlässige Ausgabe zu gelten, aber natürlich stimmte auch sie nicht mit dem Manuskript überein, da die Ausgabe auf einem Raubdruck beruhte. 1975 erschien dann die so genannte **„Rosenberg-Handschrift"** des „Ulysses" und jeder konnte sich von den vielen Abweichungen in den bisher gedruckten Ausgaben überzeugen. Die Erleichterung über eine verlässliche Quelle hielt jedoch nicht lange an, bald waren die Experten überzeugt, dass es sich nur um die Abschrift eines Zwischenstadiums handeln konnte. *Joyce* wollte mit dem Verkauf der handschriftlichen Blätter sein mageres Einkommen aufbessern und hatte, wie man nun weiß, auch andere Handschriften an Sammler verkauft. 1997, am 16. Juni, also exakt zum Bloomsday, erschien eine **„Reader's Edition,"** herausgegeben von dem Joyce-Experten *Danis Rose.* Diese Volksausgabe beanspruchte ebenfalls, authentisch zu sein. Vehement widersprach *John Kidd,* der Direktor des James Joyce Center an der Boston University. Allerdings konnte man seiner Meinung auch nicht so recht trauen, da er selbst gerade dabei war, eine **„definitive" Version** zu publizieren. Der Nachlassverwalter, Joyce-Enkel *Stephen Joyce,* versuchte, die Veröffentlichung der Volksausgabe gerichtlich verbieten zu lassen, was jedoch aufgrund des europäischen Urheberrechts nicht gelang. Um aus der verfahrenen Situation herauszukommen, regte der deutsche Anglist *Hans-Walter Gabler* eine vollständig neue Ausgabe an, die nach ihrem Erscheinen natürlich heftig kritisiert wurde. Als Gipfel der Schmähung kann man ansehen, das Gabler vorgeworfen wurde, bei einem Pfurz von Leopold Blum ein „F" ausgelassen zu haben: statt „Pprrpffrrppfff" müsse es „Pprrpffrrppffff" heißen.

Um die Sache kurz zu machen, es gibt bis heute **keinen verbindlichen Text** des „Ulysses". Sämtliche Ausgaben seien „unverhältnismäßig korrupt" urteilte schon 1975 der kongeniale deutsche Joyce-Übersetzer *Hans Wollschläger.*

Im Jahr 2000 kam plötzlich eine **Handschrift** auf den Markt, die als eine Version des Circe-Kapitels gelten kann. Die 27 Seiten sind dicht beschrieben, mit einer Unzahl von Korrekturen und Anmerkungen versehen, und sie weichen erheblich von der zur Zeit lieferbaren Version des „Ulysses" ab. Diese Handschrift gehörte einmal dem irischstämmigen amerikanischen Anwalt *John Quinn,* ein kunstbegeisterter Mäzen und Joyce-Fan. Als der 1916 von den finanziellen Kalamitäten des Autors hörte, schickte er ihm Geld und kaufte ihm einige Abschriften ab. Im Jahre 1921 gab *Joyce* den Entwurf eines früheren Circe-Kapitels für 812 £ an seinen Förderer. Der literarische Wert dieser Version liegt darin, dass man nun das endgültige Kapitel besser rekonstruieren kann. Dieses gibt es nämlich nicht mehr, da der Mann von Joyce Sekretärin, Mrs. *Harrisson,* als er es bei seiner Gattin fand und anstößige Stellen las, voller Ekel ins Feuer warf. Als die Handschrift im Dezember 2000 bei Christie's in New York versteigert wurde, erhielt die irische Nationalbibliothek bei einem Gebot von 1,546 Mio. Dollar den Zuschlag. Teurer war bisher noch kein Manuskript.

Wer mehr und wesentlich ausführlicher die Verwirrungen um Joyces „Ulysses" wissen möchte, der greife zu dem Band von *Rainer Schmitz* „Was geschah mit Schillers Schädel? – Alles was Sie über Literatur nicht wissen".

Restaurants

- **King Sitric,** East Pier, Tel. (01) 8325235, ausgezeichnetes Fischrestaurant mit hoher Reputation, Hauptgerichte ab 30 €, Fünf-Gänge-Menu 52 €;
- **Aqua,** 1 West Pier, Tel. (01) 8320690, sehr gutes Fischrestaurant in dem die Fleischesser trotzdem auf ihre Kosten kommen, 15–30 €;
- **Abbey Tavern,** Abbey Street, sehr gemütlicher Pub mit angeschlossenem Restaurant und regelmäßigem Live Entertainment.

Tour 1: Nördlich von Dublin

Überblick

Diese Rundreise in die Region nördlich von Dublin (**212 km**) führt zu einigen herausragenden Sehenswürdigkeiten aus der **frühen irischen Geschichte:** zum Hill of Tara, zur Normannenburg von Trim, zu den frühchristlichen Klosteranlagen von Kells und Monasterboice sowie zum neolithischen Ganggrab von Newgrange.

Weiter geht es dann entlang des River Boyne, an dessen Ufern 1690 eine für Irland so schicksalhafte Schlacht stattfand, nach **Drogheda,** in der einst der Lordprotector *Cromwell* schrecklich wütete. Schließlich lohnt noch der Herrensitz Schloss **Malahide Castle** einen Besuch.

Landschaftliche Höhepunkte darf man während der Fahrt allerdings nicht erwarten; grüne, saftige Felder säumen die Straße, und ab und an ragen kleine Hügel auf. Das Gebiet ist Teil der flach nach Osten zum Meer verlaufenden **irischen Tiefebene,** über die während der Jahrtausende sowohl die friedlichen Einwanderungswellen als auch fremde Heere gewaltsam ins Inselinnere drängten.

Für die Tour benötigt man einen ganzen Tag, und es ist ratsam, bereits sehr früh am Morgen von Dublin aufzubrechen, damit man alle Stätten auch besuchen kann.

Hill of Tara

↗ XV/C1

Man verlässt die Metropole auf der N 3 gen Nordwesten in Richtung Navan; nach ca. 38 km (23 Meilen) biegt links eine Nebenstraße ein (kleiner Wegweiser „Hill of Tara"). Nach wenigen Hundert Metern erreicht man eine unbeschilderte Kreuzung, biegt nun rechts ab, und nach einigen Minuten Fahrt ist der Hill of Tara erreicht.

In einem kleinen Café kann man seinen Frühstückstee nachholen und sich während der Ruhepause über diese alte Stätte kundig machen. Viel ist von dem legendären Sitz der irischen Hochkönige nicht erhalten geblieben, man benötigt eine gehörige Portion Fantasie, um die grasbewachsenen Hügel und Erdwälle mit Leben zu füllen.

Geschichte

Die **Ursprünge von Tara** liegen im Dunkel der Geschichte. Sehr wahrscheinlich war der Ort in prähistorischer Zeit eine religiöse Kultstätte und Zentrum einer theokratischen Herrscherkaste. Im 3. Jh. n. Chr. richtete der legendäre *Cormac Mac Airt* auf dem Hügel seine Residenz ein, und fortan regierten hier die irischen Hochkönige. Alle drei Jahre gab es **große Versammlungen,** neue Gesetze wurden beschlossen, alte modifiziert, der Herrscher sprach Recht, stiftete Frieden oder rief zum Kampf gegen die Feinde auf.

Selbstverständlich fanden auch **große Gelage** statt; das im 12. Jh. entstandene *Book of Leinster* gibt uns eine Vorstellung von solchen Festmahlen. Beschrieben wird die Tafelordnung in der 200 m langen und 30 m breiten Banketthalle (s.u.) sowie der Empfang der vielen Gäste durch den König, der dabei von Dichtern, Wahrsagern, Druiden, Baumeistern und Goldschmieden umgeben war. Während der Zeremonie zupften Harfenspieler an ihren Instrumenten, und Barden sangen Loblieder auf den großen Herrscher.

Der Überlieferung zufolge missionierte im 5. Jh. der *hl. Patrick* erfolgreich bei dem in Tara residierenden Hochkönig *Laoire,* mit der Ausbreitung des Christentums verlor die Residenz langsam an Bedeutung und wurde um 1022 aufgegeben. Der Ort behielt jedoch eine starke symbolische Bedeutung für das irische Nationalbewusstsein.

Im Jahre 1843 rief der „Liberator" *Daniel O'Connell* (vgl. Stadtrundgang Dublin) ein *Monster Meeting,* eine Protestversammlung gegen die Engländer auf dem geschichtsträchtigen Hügel zusammen; bei Ausgrabungsarbeiten fanden die Archäologen nicht nur 4000 Jahre alte Knochen, sondern auch die Reste von Tabakspfeifen und Scherben von Whiskeyflaschen.

Sehenswürdigkeiten

Inmitten einer **Hügelfestung** *(Royal Enclosure)* liegen zwei kleinere Forts, Royal Seat und Cormac's House – hier befindet sich der **Königsstein** *(Lia Fail),* der immer dann machtvolle Töne von sich gegeben haben soll, wenn der rechtmäßige Herrscher auf ihm Platz nahm.

Nahebei erkennt man das **bronzezeitliche Ganggrab** *Mound of the Hostages;* der angsteinflößende Name geht möglicherweise auf ein politisches Procedere zurück, bei dem die Unterkönige ihre Loyalität dadurch zum Ausdruck brachten, dass sie Geiseln am Hofe zurückließen.

Eine grasbewachsene Erhebung nördlich der Royal Enclosure markiert jenen Ort, an dem einst die gewaltige **Banketthalle** aufragte.

Westlich davon sieht man die Reste von drei weiteren kleinen Ringforts, eins, *Rath Grainne,* erinnert an die **tragische Liebesgeschichte** von *Grainne* und **Diarmuid:** *Grainne,* die schöne Tochter des Hochkönigs *Cormac Mac Airt* (s.o.), ist dem großen, aber schon alten Kämpfer *Finn* versprochen, ihre Liebe gehört jedoch dem jungen *Diarmuid* aus dessen Gefolge.

Beim Hochzeitsschmaus gibt die junge Frau einschläfernde Kräuter in den Wein und als alle außer Gefecht gesetzt sind, eröffnet sie dem Recken, dass er sie nun entführen soll. Doch der will loyal zu *Finn* stehen. Da wird *Grainne* zornig und sagt: „So banne ich dich mit dem Zauber des Druidenfluches, und Spott und Schrecken sollen dir folgen, wenn du mich nicht heute Nacht entführst." Die folgenden 16 Jahre nun sind die beiden Liebenden auf der Flucht und erleben viele schreckliche Abenteuer.

Dem Hochkönig gelingt es schließlich, Frieden zwischen den Männern zu schaffen. Doch *Finn,* der seinen Gegenspieler im Kampf nicht töten konnte, weiß, dass *Diarmuit* seit seiner Kindheit mit dem Fluch belegt ist, eines Tages von einem Eber getötet zu werden. Und so treibt er einen Keiler in das Gebiet des ahnungslosen *Diarmuid* und vollzieht so seine späte Rache. Vom Tod ihres geliebten *Diarmuid* erholt sich *Grainne* nicht mehr.

Trim

↗ XV/C1

Auf engen Sträßchen geht es nun in Richtung Trim. Zuerst fährt man vom Hill of Tara ein Stück den Weg zurück, den man gekommen ist, dann die erste Straße rechts ab. Nach wenigen Meilen ist eine Kreuzung erreicht, hier weist ein Straßenschild nach links Richtung Kilmessan, ab nun ist *Trim* ausgeschildert.

Inmitten des verschlafenen Landstädtchens (1300 Einwohner) steht die besterhaltene **Normannenfestung** Irlands. Erbaut zwischen 1172 und 1220 am Ufer des Boyne – schon vorher hat es an diesem Ort eine frühnormannische Schutzburg mit einem großen Holzturm gegeben – gehörte Trim Castle zu dem Verteidigungsring, der die Region rund um Dublin schützte.

In jenen Tagen gehörten die Normannen zu den besten Burgarchitekten Europas. Davon legen die 3,5 m dicken Mauern des Bergfrieds eindrucksvoll Zeugnis ab. Zusätzlich geschützt wurde die Anlage durch einen Wassergraben. Auf dem einstigen Festungsgelände schlagen heute Golfer ihre Bälle.

Den besten Blick auf das wehrhafte Bollwerk hat man von der anderen Flussseite; hier überragt auch der fast 40 m hohe **Yellow Tower,** im 14. Jh. für eine Augustinerabtei errichtet, das Städtchen.

Im **Trim Heritage Centre** neben der Tourist Information kann sich der Besucher über die Geschichte des Städtchens informieren, unter anderem auch durch den Film „The power and the glory".

Informationen

- **Tourist Information,** Mill Street, Tel. (046) 9437111.

Unterkunft

- **B & B Mrs. Marie Keane,**
Longwood Road, Tel./Fax (046) 9431996, mariekeane@esatclear.ie, DZ 58 €;
- **B & B Mrs. Anne O'Regan,**
Dunderry Road,
Tel. (046) 9431635, Fax 9438087, cranmor@eircom.net, DZ 58 €;
- **Bridge House Hostel,** Bridge Street,
Tel. (046) 9431848, Fax 9567864.

Restaurants & Pubs

- **Franzini O'Brien's,** French Lane, ein modernes Bistro mit gutem Blick auf die Burg, regelmäßig wechselnde Menüs, Fleisch- und Nudelgerichte, 10–18 €;
- **Watson's Elementary Café** und **Pastry Kitchen,** beide in der Market Street, bieten Snacks und kleine warme Gerichte an.

Verbindung

- **Busse** mehrmals täglich von Dublin.

Kells

↗ XIV/B1

Von Trim aus fährt man über die R 161 in Richtung Navan. Wenn es bereits auf die Mittagszeit zugeht, sollte man den Abstecher nach Kells auslassen und der N 51 von Navan nach Slane folgen. Hat man jedoch genügend Zeit, nimmt man die N 3 in Richtung Kells (das auf vielen Hinweisschildern unter seinem gälischen Namen *Ceanannas* firmiert).

Geschichte

Das **Kloster,** das Kells (2500 Einwohner) berühmt gemacht hat, gründete im 6. Jh. der *hl. Columcille.* Über die Jahrhunderte wurde die geistliche Stätte immer wieder belagert und geplündert, mit der Säkularisierung im 16. Jh. verlor der Konvent dann seine Bedeutung. Im Jahre 1152 teilten die frommen Kirchenmänner – sogar ein Abgesandter des Papstes war gekommen – in der Synode von Kells Irland in vier Erzdiözesen auf. Ab nun hatten die Bischöfe das Sagen, und die Traditionen der monastisch geprägten Frühkirche gerieten in Vergessenheit.

Sehenswertes

Die Reste aus der großen Vergangenheit kann der Besucher auf dem Kirchhof inmitten des Örtchens bewundern. In der **St. Columba's Church** lohnt – wenn man es nicht bereits in Dublin getan hat – ein Blick auf die Kopie des **Book of Kells,** das im 8. Jh. auf der schottischen Insel Iona angefertigt und wahrscheinlich hier in Kells vollendet wurde. Im Jahre 1007 übrigens verschwand das unersetzliche Stück, drei Monate später fand man es fast unbeschädigt wieder; die Diebe hatten nur den goldverzierten Einband gestohlen.

Der 30 m hohe **Rundturm** datiert aus dem Jahr 1000, schon lange fehlt ihm die Spitze; die vier **Hochkreuze,** von denen das South Cross direkt neben dem Turm die schönsten Verzierungen aufweist, stammen aus dem 9. Jh. Nahe dem Kirchhof schaue man sich dann noch das Haus des *hl. Columcille* an. Der Legende nach wurde hier das *Book of Kells* zu Ende geschrieben.

Informationen

- **Tourist Information,** Headfort Place, Tel. (046) 9249336.

Unterkunft

- **Headfort Arms Hotel,** John Street, Tel. (046) 9240063, Fax 9240587, headfortarms@eircom.net, DZ 90 €;
- **Kells Hostel,** IHH, The Carrick, Tel. (046) 9249995, Fax 40683.

Verzierter Stein aus dem Ganggrab von Newgrange

Restaurants

- **Vanilla Pod,** im **Headford Arms,** bis 17 €;
- **Ground Floor,** Bective Square, Steaks, Nudeln, mexikanische Pfannkuchen, bis 22 €.

Pubs

- **Blackwater Inn,** Farrell Street, gemütliche Kneipe mit regelmäßiger Live Music während der Saison;
- **O'Shaughnessy,** Market Street, ansehnlicher Pub mit nettem Ambiente, reiche Palette an Pub Grubs zur Mittagszeit.

Verbindung

- Mehrmals täglich **Busse** von Dublin sowie von Drogheda über Slane und Navan nach Kells.

Das Ganggrab von Newgrange

Von Kells geht es nun gen Osten; damit man nicht zurück nach Navan fahren muss, nehme man die R 163 in Richtung Slane/Drogheda (ausgeschildert).

Auf dem **Slane Hill** soll im Jahre 433 der *hl. Patrick* übrigens das erste Osterfeuer auf irischem Boden entzündet und mit diesem Fanal ein Zeichen für die Christianisierung gesetzt haben. Von Tara aus schauten der Hochkönig und seine Druiden wütend ob dieses Frevels auf den durch die Flammen erhellten Horizont; der heidnische Brauch verbot ein Feuer in jener Nacht, in der der Frühling über den Winter siegte.

Von Slane aus ist das Ganggrab von Newgrange nicht mehr über die N 51 erreichbar; vielmehr muss man von

s 167

Slane aus eine unklassifizierte Straße nehmen, die südlich der N 51 verläuft. Seit 1997 gibt es nahe dem Tumulus ein **Besucherzentrum,** das über die Megalith-Kultur informiert. Ein Shuttle Bus bringt die Besucher dann bis an die archäologische Stätte (März–Mai, September und Oktober tägl. 10–13, 14–17 Uhr; Juni–August 10–19 Uhr).

Sehenswertes

Nach der berichtigten Radiokarbon-Methode datieren die Forscher das Grab heute in die Zeit um 3200 v. Ch. Der ovale *Cairn* (aus Steinen aufgeschichteter Hügel) ist etwa 11–13 m hoch und hat einen Durchmesser von 90 m. Eine 3 m hohe Verkleidung aus glitzernden Quarzsteinen und kopfgroßen Granitkugeln umzieht den Tumulus, der übrigens bis zum Jahr 1962 mit Erde bedeckt war. Sein heutiges Aussehen verdankt das Ganggrab den umfangreichen, Ende der 1970er Jahre abgeschlossenen Restaurationsarbeiten.

Zwölf unbearbeitete **Monolithe** stehen rund um das Grab, man nimmt an, dass einst 35 gewaltige Steine – alle in regelmäßigen Abständen gesetzt – einen Kreis bildeten, der die heilige Zone von der profanen Außenwelt abschirmte. An der Basis des *Cairn* bilden fast 100 ca. 4,50 m lange und 1,20 m hohe Monolithe einen Saum, der das ganze Heiligtum umzieht.

Die Steine sind mit einer Vielzahl von **Motiven verziert:** Spiralen, Rhomben, konzentrische Kreise, Zickzack- und Wellenlinien, Doppelspiralen und Farnkrautmotive – durchaus typische Muster der Megalith-Kultur.

Überraschend für die Archäologen war die Entdeckung, dass auch die nicht sichtbaren Seiten dieser Monolithe solche Dekorationen aufweisen. Warum hatten sich die frühen Handwerker die Mühe gemacht, auch die **Rückseiten mit Mustern** zu versehen? Wahrscheinlich stellten die Motive eine Warnung an die Lebenden dar, sich dem Grab zu nähern und verlangten Respekt vor der Ruhe des Toten; umgekehrt verboten die rückwärtig angebrachten Verzierungen dem Verstorbenen, sein Reich zu verlassen. Die diesseitige und jenseitige Welt mussten strikt voneinander getrennt bleiben.

Größer jedoch noch war das Staunen, als der Grabungsleiter Professor *O'Kelly* die Bedeutung einer Art **„Steinbox"** oberhalb des Einganges entschlüsselte. Er erinnerte sich daran, dass viele Kulturen entweder zur Sommersonnen- oder zur Wintersonnenwende die Strahlen der aufgehenden Sonne in das Heiligtum lenkten (so z.B. im ägyptischen Felsentempel von Abu Simbel).

Am 21. Dezember 1969 zwängte sich der Archäologe durch den engen Gang bis in die Grabkammer. Sonnenaufgang war um 9.54 Uhr, vier Minuten später sah Professor *O'Kelley* den ersten Strahl, 17 Minuten später erhellte eine Lichtflut die ganze Kammer (während der Führung wird dieses beeindruckende Ereignis durch Lampen simuliert). Nach weiteren Beobachtungen stellte sich heraus, dass nur in der Zeit zwischen dem 14. und dem 28. Dezember die Sonnenstrahlen das Innere des Heiligtums erhellen.

Mit den bereits erwähnten Motiven sind auch die meisten der 43 **Tragsteine** auf beiden Seiten des fast 20 m langen, knapp einen Meter breiten und nur 1,50 Meter hohen Ganges geschmückt. Der Tunnel steigt leicht an, so dass durch ihn kein Licht in die **kleeblattförmige Kammer** fallen kann.

Dieser Raum liegt zwei Meter über dem Eingangsniveau und damit auf gleicher Höhe wie eine Landmarke am anderen Boyne-Ufer, über der die Sonne aufsteigt. Oberhalb der zentralen Kammer wölbt sich bis in eine Höhe von 6 Meter die **Bienenkorbkuppel** – so genau und überlegt sind die Arbeiten ausgeführt worden, dass selbst nach 5000 Jahren bisher kein Wasser ins Innere gedrungen ist.

Als die ersten Amateurarchäologen 1699 den Tumulus öffneten und bis in die Kammer vorstießen, fanden sie in der Mitte ein großes, flaches **Steinbecken,** um das acht Schalen gruppiert waren. Ähnliche, wenn auch größere Schalen finden sich heute noch in den Seitenkammern; einst enthielten sie Leichenbrand und Knochenreste.

Brandbestattung war für die irische Megalith-Kultur durchaus nicht ungewöhnlich (wenngleich sie z.B. in den ähnlichen Megalith-Tempeln von Malta nicht vorkam). Einäscherung schließt die Vorstellung von einem Weiterleben nach dem Tode nicht aus; das Feuer sollte dem Verblichenen den langsamen Verwesungsprozess ersparen und die Reintegration in einen unsterblichen Körper beschleunigen.

Um so ein gewaltiges Mausoleum wie Newgrange zu errichten, waren eine strenge Organisation am Bau, hochgradige Arbeitsteilung und eindeutige hierarchische Ordnungen vonnöten. Eine solche Gemeinschaft muss-

036ir Foto: hg

te darüber hinaus genügend Überschüsse produzieren, um einen Teil der Arbeitskräfte für den Bau freizustellen – die fruchtbaren Ebenen an den Ufern des River Boyne warfen hohe landwirtschaftliche Erträge ab und boten somit die besten Voraussetzungen für die Errichtung einer solch monumentalen Anlage.

Die Ruine von Mellifont Abbey

Mellifont Abbey

Weiter geht es nun auf Drogheda zu. In dieser Gegend, die wir gerade durchfahren, kam es 1690 zu einer **entscheidenden Schlacht** zwischen zwei englischen Königen; der Katholik *James II.* unterstützte die Iren gegen den protestantischen *Wilhelm von Oranien.* 25.000 Mann hatte *James* am südlichen Flussufer aufgeboten, am Nordufer harrten die 36.000 Söldner *Wilhelms* des Schlachtbeginns. Die Iren setzten sich entschlossen zur Wehr, konnten der Übermacht jedoch nicht standhalten.

Am Abend des 12. Juli flüchtete *James* und überließ seinem Kontrahenten den Sieg. Die geschlagene Armee zog sich zurück und leistete ein Jahr später noch einmal verzweifelt Widerstand in der Gegend von Limerick. *James* ging nach Frankreich ins Exil. Mit diesem Sieg am Boyne setzten sich die Engländer in den folgenden Jahrhunderten noch nachhaltiger in Irland fest.

Nächste Station der Rundreise ist die Ruine der einstigen Zisterzienser-Abtei **Mellifont Abbey** (ausgeschildert). 1142 wurde das Kloster im Zuge der in Kells beschlossenen Kirchenreform (s.o.) gegründet; die Klosteräbte verloren ihre Macht an die Bischöfe, und der römische Papst galt nun auch in Irland als Kirchenoberhaupt.

Von Mellifont aus gründeten die frommen Brüder im ganzen Land **weitere Abteien.** Im 14. Jahrhundert wütete ein Brand in der heiligen Stätte, ein Wiederaufbau ging jedoch rasch vonstatten.

Nach der Säkularisierung durch *Heinrich VIII.* wohnten die Grafen von Drogheda in dem Komplex, danach verfiel die Klosteranlage. Relativ gut erhalten ist das achteckige Lavabo (Waschhaus), in dem sich die Mönche von dem Schmutz der Feldarbeit befreiten, sowie der Kreuzgang.

Monasterboice

Von Mellifont Abbey ist es nicht weit bis zu den Resten des frühchristlichen Klosters Monasterboice (ausgeschildert). Deutlich sind die architektonischen Unterschiede zur Zisterzienser-Abtei Mellifont Abbey zu erkennen. Hochkreuze und ein Rundturm – klassische Merkmale frühchristlicher irischer Klöster – prägen die geistliche Stätte.

Monasterboice wurde um 500 gegründet und galt zusammen mit Glendalough und Clonmacnoise als Zentrum der geistlichen Gelehrsamkeit.

Irlands schönstes **Hochkreuz,** das *Muiredach Cross,* ragt hier, umgeben von älteren und jüngeren Grabstätten, fast 6 Meter hoch auf. Kunsthistoriker

137ir Foto: hg

Rundturm von Monasterboice

datieren es in das 10. Jahrhundert, am Sockel weist eine Inschrift darauf hin, dass es für einen *Muiredach* (oder auch von ihm) errichtet wurde. Man nimmt an, dass es sich um einen im Jahre 922 verstorbenen Abt handelt. 22 biblische Szenen, dargestellt in Halbreliefs, schmücken dieses christliche Symbol. Nahebei findet man das Hohe Kreuz *(Tall Cross)* und nahe der Friedhofsmauer ein drittes, beschädigtes Hochkreuz.

Der hohe **Rundturm** brannte im Jahre 1097 aus; auch die Klosterbibliothek wurde dabei ein Raub der Flammen.

Drogheda

↗ XV/C1

Das geschäftige Provinzstädtchen Drogheda (23.000 Einwohner; der gälische Name bedeutet „Brücke der Furt") ist nun die nächste Station.

Geschichte

Bereits im Jahre 911 gründeten die Wikinger eine Siedlung, die ein Jahrhundert später mit großen Befestigungsanlagen geschützt wurde. Aus dieser Zeit ist jedoch nur noch das St. Lawrence Gate (St. Lawrence Street) erhalten geblieben.

1649 zerstörte der englische *Lord Protector* **Oliver Cromwell** die Stadt und wütete schrecklich unter der katholischen Bevölkerung. Seine 12.000 Mann starke Garde metzelte über 2000 Menschen nieder, einhundert verbrannte man bei lebendigem Leib in einer Kirche. Selbstgefällig schrieb der Schlächter daraufhin: „Ich bin davon überzeugt, dass dies ein gerechter Urteilsspruch Gottes für jene barbarischen Lumpen ist, die ihre Hände mit dem Blut so vieler Unschuldiger befleckt haben."

Sehenswertes

In der St. Peter's Church (West Street) ruht in einem Reliquienschrein das einbalsamierte Haupt von **Oliver Plunkett,** der als einziger Märtyrer in die irische Religionsgeschichte einging; Papst Johannes Paul II. sprach den 1681 von den Engländern gehenkten *Plunkett* anlässlich seiner Irland-Reise im Jahre 1979 selig. Die eisenbeschlagene Kerkertür, hinter der der Unglückliche bis zu seinem Tod schmachtete, ist zusammen mit einigen Briefen in dem Gotteshaus zu besichtigen.

An sonnigen Tagen übrigens dient die breite **Treppe vor dem Kirchenportal** ganz profanen Zwecken: Dann nämlich haben sich Droghedas Jugendliche auf den Stufen niedergelassen, essen ihre Hamburger und halten das Gesicht in die Sonne.

An einem Gebäude neben dem *Westcourt Hotel* in der West Street wurde am 2. Mai 1995 vom türkischen Botschafter in Irland eine **Gedenkplatte** enthüllt, auf der das irische Volk für die während der großen Hungersnot von 1845 geleistete Hilfe aus der Türkei dankt – Völkerverständigung im letzten Jahrhundert. Man stelle sich das einmal vor: Die englische Kolonialmacht tat nichts, aber aus der Türkei trafen Hilfsgelder ein! Die Platte befindet sich über der Eingangstür des gemütlichen Pubs *Bridie Mac's*.

Hauptgeschäftsstraßen von Drogheda sind die West Street sowie die St. Lawrence Street, die sich nahtlos an die West Street anschließt.

Informationen

- **Tourist Information,** Mayoralty Street, Tel. (041) 9837070.

Unterkunft

- **Boyne Valley Hotel,** Stameen, Tel. (041) 9837737, Fax 9839188, reservations@boyne-valley-hotel.ie, DZ 150 €;
- **Westcourt Hotel,** West Street, Tel. (041) 9830965, www.westcourt.ie, DZ 120 €.

B & B/Hostel

- **Green Door Hostel,** IHH, 47 John Street, Tel. (041) 9834422;
- **Mrs. Angela Kerrigan,** Woodgrange, Dublin Road, Tel./Fax (041) 9833547, killowen_ house@hotmail.com, DZ 64 €;
- **Mrs. Mary Phillips,** Bryanstown, Dublin Road, Tel. (041) 9836159, DZ 60 €.

Restaurants

- **Bella Atina,** The Mall, italienische Gerichte bis 13 €;
- **Sorrento's,** 41 Shop Street,gute Pasta und Fleischgerichte bis 15 €, Pizzen und Pasta bis 11 €.

Pubs

- **Bridie Mac's,** West Street, während der Saison täglich Live Music;
- **The Lawrence Inn,** Lawrence Street, klassische Pub-Atmosphäre mit viel rotem Plüsch, langer Theke, Pool Billard;
- **Peter Matthew's,** Lawrence Street; manchmal Live Music.

Verbindung

- Mehrmals tägl. **Züge** und **Busse** von Dublin.

Skerries

↗ XV/D1

Von Drogheda aus geht es nun über die N 1 auf das Örtchen Swords zu.

Wer noch Zeit hat, sollte in Balbriggan von der N 1 abfahren und die R 127 zum kleinen Hafenstädtchen Skerries nehmen. Entlang der **felsigen Uferfront** kann man hier gen Süden auf einem gepflegten Grünstreifen am Meer entlang flanieren.

Wer an diesem Felsengestade in die Fluten steigen möchte, sollte im eigenen Interesse das Schild *Competent Swimmers Only* beachten. An die Felsenküste schließt sich eine Bucht mit einem ruhigen Sandstrand an, hier laufen die Wellen sanft aus, und das **Badevergnügen** ist weitaus sicherer.

Am kleinen Hafen befinden sich der Pub *Tippler's,* die Snack Bar *The Waterfront,* das Restaurant *The Slipway* sowie der Pub *Joe May.* Im Ortszentrum verläuft die Strand Street, hier erwarten die Pubs *John Kean* und *The Tavern* einen Besuch.

Malahide Castle

Von Swords führt die Straße östlich nach Malahide Castle (Apr.–Okt. Mo–Fr 10–17, Sa 11–18, So 14–18 Uhr, Nov.–März Mo–Fr 10–17, Sa/So 14–17 Uhr). Mitten in einem großen Park, in dem der Rugby-, Hurling- und Fußball-Nachwuchs der Gegend trainiert, ragt das burgartige Herrenhaus auf.

Das **Schloss** war – eine Seltenheit in Irland – von seiner Gründung im Jahre

038ir Foto: hg

1185 durchgängig bis 1976 im Privatbesitz einer einzigen Familie. Die letzte Erbin aus dem Geschlecht der Talbots musste das Anwesen wegen der horrenden Erbschaftssteuer an den Staat verkaufen.

Besonders die kostbaren **Inneneinrichtungen** lohnen einen Besuch; man hat die Möglichkeit, das Leben der begüterten irischen Oberschicht zu studieren. Viele Gemälde zeigen darüber hinaus historische Ereignisse.

Von Bedeutung ist vor allem das riesige Bild „Battle of the Boyne", auf dem die oben geschilderte Schlacht dargestellt ist. Das Werk entstand nur drei Jahre nach dem Gemetzel, die Erinnerung an den blutigen Kampf war also noch recht frisch.

Nicht minder interessant ist **die große Halle,** in der man dieses Gemälde bewundern kann. Holzschnitzarbeiten und Wandvertäfelungen datieren aus dem 16 Jh. In diesem Saal nahmen am Vorabend der Schlacht sage und schreibe 14 männliche Mitglieder der *Talbots* ihre letzte Mahlzeit zu sich; keiner von ihnen kehrte lebend zurück.

Von Malahide Castle ist man nach einer halben Stunde Fahrt wieder im Zentrum von Dublin.

Tour 2: Von Dublin nach Wexford

Übersicht

Wie bei Tour 1 kann man auch diese Strecke - vorausgesetzt, man bricht früh am Morgen auf - an einem Tag zurücklegen. Die Länge der gesamten Route beträgt ca. **180 km.** Zu Anfang geht es vorbei an den, südlich von Dublin gelegenen irischen Seebädern, doch alsbald gelangt man in das landschaftlich schöne Bergmassiv der **Wicklow Mountains.** Hier locken vor allem die Schlossgärten von Powerscourt Garden und, nahebei, Irlands höchster Wasserfall.

Herausragende Sehenswürdigkeit ist aber das **Tal von Glendalough** mit den guterhaltenen Resten einer frühchristlichen Klosterstadt. Weiter südlich von Glendalough verlässt die Straße dann die Wicklow's, und auf einer gerader Strecke, vorbei an grünen Feldern, geht es zum ruhigen Städtchen **Wexford.**

Dun Laoghaire ⇗ XV/D2

Südlich von Dublin sind die beiden Seebäder Dun Laoghaire und Dalkey längst mit dem Stadtgebiet der irischen Metropole zusammengewachsen. Dun Laoghaire (54.000 Einwohner) besitzt einen großen Hafen, in dem die Fähren von Holyhead anlegen.

Das Städtchen mit seiner aus georgianischer und viktorianischer Zeit datierenden Bausubstanz besitzt mit dem **James Joyce Tower** (ausgeschildert; April–Oktober Mo–Sa 10–13,

14–17 Uhr, So 14–18 Uhr) eine herausragende Sehenswürdigkeit. Hier können Erstausgaben der Werke von *Joyce,* Manuskriptblätter, Briefe und viele persönliche Besitztümer eines der größten Literaten des 20. Jahrhunderts besichtigt werden. Darüber hinaus ist der Turm in Kapitel 1 des Romans „Ulysses" erwähnt.

Joyce besuchte hier einmal für wenige Tage zwei seiner Freunde, die in dem alten Wachtturm ihr Domizil aufgeschlagen hatten – daher rührte die Erfahrung. Von der oberen Terrasse, auf der noch die Reste des einstigen Geschützlagers zu erkennen sind, hat man einen weiten Blick über Dun Laoghaire und den Hafen.

26 von diesen Wehrtürmen sicherten einmal die Bucht von Dublin und der Bau wurde mit dem *Defense Act* von 1805 beschlossen. Ihr Name **Martello-Türme** ging auf diejenigen von Kap Mortella auf Korsika (!) zurück. Alle sind sie nach dem gleichen Muster gebaut, 40 Fuß hoch, acht Fuß dick mit einem Eingang in 10 Fuß Höhe und oben dann mit einem *Gun Deck* versehen. Die Kanonen auf der Geschützplattform, Achtzehnpfünder, konnten ihre Kugeln bis in eine Meile Entfernung verschießen. Nötig wurde dies allerdings nie, die *Martello Towers* waren vollkommen umsonst errichtet worden, und schon früh verspotteten die Iren diese sinnlosen Dinger als „Nusstörtchen".

Man richte seinen Blick auch auf die Felsküste direkt unterhalb des Turms, dort nämlich spielt sich Kurioses ab: Zu jeder Jahreszeit und bei jedem Wetter springen – manchmal sogar **splitternackt** – hartgesottene Männer aller Altersgruppen in die mitunter **eisigen Fluten.**

Das felsige Areal gehört zur *Sandycove Bathers Association Forty Foot,* ein großes Schild erklärt unmissverständlich: *For Gentlemen Only.* Vor einigen Jahren haben Journalistinnen der renommierten *Irish Times* versucht, in diese Männerdomäne einzubrechen. Ihre Forderung, dass auch Frauen in diesem „Schwimmverein" gleiche Rechte haben sollten, wurde nicht gerade abgewiesen, doch mangels abgehärteter Damen bleiben die Männer in diesem „exklusiven" Zirkel weiter unter sich.

Verbindung

- **Bus** Nr. 8 von Dublin am Burgh Quay nach Dalkey sowie mit der **Dart-Bahn.**

Wicklow Mountains

XV/C3

Von Dun Laoghaire aus geht es über die landschaftlich sehr reizvolle, *The Scalp* genannte Straße (R 117, ausgeschildert) in die Wicklow Mountains. Diese Bergkette vor der Haustür von Dublin zählt mit ihren Wäldern, Hügeln und Wasserfällen zu den beliebtesten **Naherholungsgebieten** der Hauptstadtbewohner.

In früheren Zeiten wurde hier nach Gold geschürft. Den irischen Freiheitskämpfern diente das unwegsame Gelände als Versteck vor den Engländern.

039ir Foto: hg

Im Japanischen Garten von Powerscourt

Derzeit staut man den River Liffey zum Blessington Lake auf, an dessen Ufer bereits ein Elektrizitätswerk Strom nach Dublin liefert.

Enniskerry

Unser erstes Ziel ist das winzige Örtchen Enniskerry (800 Einwohner, ausgeschildert). Einige Kilometer außerhalb des Dorfzentrums befinden sich die **Powerscourt Gardens,** die zu den schönsten Schlossparks Europas zählen (ausgeschildert; März–Oktober täglich 9–17.30 Uhr). Grandios ist die Naturkulisse allemal; inmitten von dichten Wäldern (Buchen, Eichen, Stechpalmen) und überragt vom 504 m hohen Sugarloaf Hill erfreuen ein **Italienischer** und ein **Japanischer Garten** die Herzen der Besucher. Während auf dem italienisch inspirierten Blumenareal die korrigierende Hand der Landschaftsgärtner einen Barock-Garten geschaffen hat, ist im Gegensatz dazu der Japanische Garten weitgehend naturbelassen, damit ein Quell der Ruhe und ein Ort der stillen Meditation.

Von der Terrasse des **Powerscourt-Hauses** hat man einen wunderbaren Blick auf den Sugarloaf. Nahebei übrigens befindet sich Irlands einziger Friedhof für Haustiere.

Nach einem Brand 1974 wurde die Ruine erst 1996 renoviert. Seit 1998 kann man im Erdgeschoss wieder seinen Tee im großen Café-Restaurant schlürfen oder eine Ausstellung zur Geschichte des Hauses besichtigen. Im ersten Stock finden häufig offizielle Empfänge im großen Ballsaal statt.

Das Herrenhaus gehört heute der Sportartikel-Dynastie *Slazenger,* welche u.a. zwei Golfplätze, mehrere Geschäfte und ein riesiges Garten-Center eröffnet hat, um die weitere Restaurierung zu finanzieren.

Einige Kilometer vom Powerscourt-Park entfernt rauscht nach starken Regenfällen aus einer Höhe von 121 Metern **Irlands mächtigster Wasserfall** zu Tal (ausgeschildert). Ein Café in der Nähe bietet Erfrischungen an. Gestärkt geht es nun zurück nach Enniskerry.

Unterkunft

- **Powerscourt Arms Hotel,** Tel. (01) 2828 903, Fax 2864909, DZ 90 €;
- **Summerhill House Hotel,** Tel. (01) 2867 928, Fax 2867929, info@summerhillhousehotel.com, DZ 80 €;
- **Mrs. Kay O'Connor,** Glaskenny, Tel. (01) 2860493, johnb@indigo.ie, DZ 60 €;
- **An-Oige-Jugendherberge Knockree,** Lackan House, Knockree, Tel. (01) 2864036, 6,5 km von Enniskerry.

Restaurants

- In den oben genannten Hotels;
- **Emilia's Restaurant**, The Square, freundliches Lokal mit Gerichten von 10–18 €.

Verbindung

- **Bus** 44 von Hawkins Street in Dublin nach Enniskerry.

Nach Glendalough

Von Enniskerry folgt die Route der R 760 und der R 755 in Richtung auf Glendalough. Hinter dem Ortsausgang von Enniskerry übrigens weist ein Schild nach rechts zum **Fox Pub,** zur angeblich höchstgelegenen Taverne Irlands.

Die Strecke bis Glendalough verlangt höchste Aufmerksamkeit vom Fahrer, da die Straße sehr schmal und kurvenreich sowie an einigen Stellen von **Schlaglöchern** übersät ist. Schafe grasen frei an den Fahrbahnrändern und kreuzen immer wieder die enge Trasse. Vor allem im späten Frühjahr beginnen die Jungtiere selbstständig zu werden, ohne bereits viel Erfahrung mit dem Straßenverkehr gesammelt zu haben – wenn man nicht aufpasst, bringt man leicht ein Lamm zu Tode.

Entgegenkommenden Fahrzeugen kann man auf dem engen Sträßchen nur schwer ausweichen. Hinzu kommt die **landschaftliche Schönheit** der Region; immer wieder ist man versucht, lange in die Täler und auf die Berge zu blicken und verliert dadurch die Aufmerksamkeit für Auto und Straße.

Nach einigen Meilen Fahrt passiert man das Örtchen Glencree; hier gibt

040ir Foto: hg

es einen kleinen **deutschen Soldatenfriedhof,** auf dem deutsche Armee-Angehörige während des Ersten und Zweiten Weltkriegs bestattet wurden. Wer den Friedhof besucht, findet auf einer Plakette folgenden Text: „Mein Los war der Tod unter irischem Himmel und ein Bett in Irlands guter Erde. Was ich geträumt, geplant, band mich ans Vaterland, aber mich wies der Krieg zum Schlaf in Glencree. Leid war und Schmerz, was ich verlor und gewann. Wenn du vorübergehst, sprich ein Gebet, dass Verlust sich in Segen verwandle."

In den Wicklow Mountains

Wanderer kommst du nach Sparta ..., denkt man unwillkürlich. Völlig zu Recht hat sich der Schriftsteller *Ralph Giordano* in seinem Irischen Tagebuch über diese Inschrift aufgeregt. Er schreibt: „Kein Wort, in wessen Händen sich das Vaterland damals befunden hat, auf wessen Befehl gekämpft worden ist und für welche Interessen und Mächte diese jungen Deutschen in Wahrheit ihr Leben gelassen haben. Statt dessen romantisierender Schwulst und pseudophilosophischer Kitsch."

Hinter Glencree zeigen sich die Wicklow Mountains von ihrer schönsten Seite, prachtvolle Aussichten auf Hügel und Täler, Moore und Wasserfälle machen diese Fahrt zu einem Vergnügen.

Wer Glück hat, lernt auf dieser Strecke die schnellen Wechsel des **irischen Wetters** kennen. Mal sind die Bergspitzen in tiefliegende Wolken eingehüllt, und die Dunstschwaden reichen bis auf die Straße hinunter. Dann plötzlich reißt der Wind die schweren grauen Wolkenbänke auf, innerhalb von Sekunden bricht die Sonne durch, Schatten wandern über die Täler. Nur wenige Minuten später zieht sich der Himmel erneut zu, und ein Regenschauer prasselt nieder. Wetterumschwünge vollziehen sich manchmal in nur wenigen Minuten.

Von der Landschaft wie vom Klima gleichermaßen beeindruckt, gestaltet sich die Fahrt sehr kurzweilig, und schneller als erwartet ist Glendalough erreicht.

Das Tal von Glendalough

↗ XV/C3

Glendalough (gälisch: *Gleann da Locha* = das Tal der zwei Seen) bietet eine romantische, alpin anmutende Landschaft mit kulturell bedeutsamen Sehenswürdigkeiten und ist daher eines der wichtigsten Naherholungsziele für die Dubliner.

Am zentralen Parkplatz gibt ein kleines **Besucherzentrum** (Mitte Juni bis Mitte September 10–17 Uhr, ansonsten bis 16.30 Uhr) dem Interessierten Auskunft über das Tal. Neben einem kurzen Videofilm über Irlands frühchristliche Epoche zeigen Schaukästen und -tafeln kunsthistorische Bedeutsamkeiten, und ein maßstabsgetreues Holzmodell gibt die Anlage der Klosterstadt wieder.

Geschichte

Seit um 1840 das Ehepaar *Hall* einen Reiseführer über ganz Irland auf den Markt brachte und Glendalough in den schönsten Farben schilderte, ist das Tal zu einem touristischen „Muss" geworden. Doch schon während des gesamten Mittelalters zog – wenigstens einmal im Jahr – diese Stätte die Bewohner der Umgebung an. Anlässlich des **Festes von St. Kevin** – des Gründungsheiligen der Klosteranlagen im Tal –, der entweder 618 oder 622 verstarb, pilgerten die gläubigen Iren zum dessen Grab und ergingen sich in Andacht, Buße und Vergnügen. Neben inbrünstig gesprochenen Gebeten wurde mit der gleichen Anteilnahme fassweise Whiskey getrunken, und die schwer alkoholisierten Wallfahrer hauten – vor allem, wenn es sich um verfeindete Geschlechter handelte – mit ihren Knüppeln aufeinander ein. Wie die Chronisten berichten, war Totschlag keine Ausnahme.

Angeblich war dieser „Brauch" noch in vollem Gange, als die **Halls** ins Tal kamen, doch dann soll ein couragierter Gemeindepfarrer solche Lästerungen an dem heiligen Ort abgestellt haben: Dieser schüttete den Whiskey in den Bach und warf die gefürchteten Eichenkeulen, die *Shillelaghs*, kurzerhand ins Feuer.

Ende des 6. Jh. kam der **hl. Kevin** mit einer Anzahl Getreuer ins Tal und er-

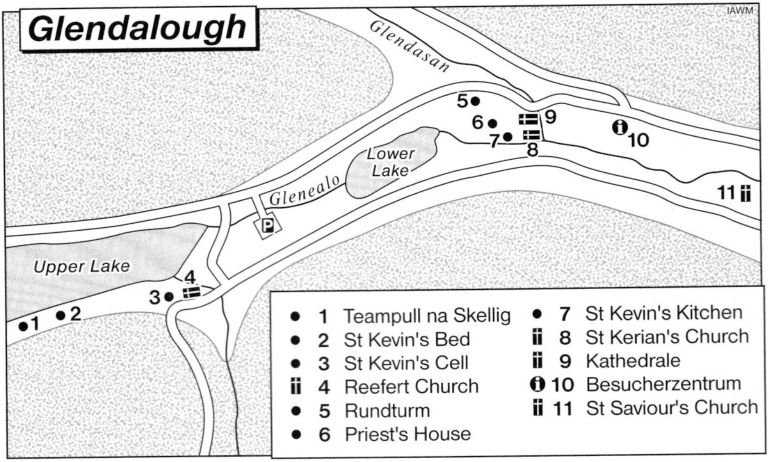

richtete eine Mönchseinsiedelei. Doch schon bald strömten scharenweise fromme Anhänger nach Glendalough, Kevins Weisheit und Gelehrsamkeit, seine Frömmigkeit und asketische Lebensweise hatten ihn zu einem bekannten Mann gemacht. Als Abt dieser Einsiedelei sorgte Kevin für ein geordnetes Leben unter den gläubigen Brüdern, widmete sich der theologischen Lehre sowie der Armen- und Krankenpflege.

Auch nach seinem Tod wuchs die Gemeinde weiter und aus der kleinen Siedlung entstand **im 12. Jh. eine Stadt,** die sieben Kirchen und laut Schätzungen 3000 Menschen zählte. „Glendalough voller Herrlichkeiten ist das Rom des Westens", hieß es damals. Doch auch Heimsuchungen mussten die Mönche über sich ergehen lassen; mehrfach überfielen die Wikinger die Klosterstadt und versetzten die frommen Brüder in Angst und Schrecken. 1398, nach einem großen Brand, verlor die *City of the Seven Churches* dann rasch an Bedeutung.

Sehenswertes

Wer den Entwicklungsspuren der einstigen Mönchsklause folgen möchte, beginnt seinen Spaziergang am Südostende des Oberen Sees. Dort, an *Diseart Kevin,* Kevins Einsiedelei, liegt auf einer künstlich angelegten Plattform **Teampull na Skellig,** das in seinen ältesten Teilen aus dem 7. Jh. datierende Kirchlein. Drumherum haben wahrscheinlich die ersten Bienenkorbhütten der frühen Einsiedler gestanden.

Auf einer Felsnase über dem See liegt St. Kevin's Cell; es ist jedoch nicht genau erwiesen, ob hier die Bienenkorbhütte des Heiligen gestanden hat. Unabhängig davon lohnt sich der kurze Aufstieg vor allem wegen der prächtigen Aussicht.

Die **Kirche von Reefert,** nahe am Poulanass-Wasserfall gelegen, gilt einigen Forschern als *Kevins* letzte Ruhestätte. Dafür spricht, dass sich eine ganze Reihe von Adligen und hohen Geistlichen hier begraben ließen – einige noch vorhandene Grabplatten zeugen davon. Eine Legende berichtet, wie *Kevin* einst an diesem Ort mit weit ausgebreiteten Armen reglos im Gebet versunken war, und eine Amsel ihre Eier in seine Handflächen legte; der Heilige – jeder Kreatur des Herrn zugetan – verharrte in dieser Stellung, bis die Vögelchen geschlüpft waren.

Die Marienkirche **Our Lady's Church** gehört weder zur unteren noch zur oberen Anlage, sie liegt außerhalb der ehemaligen Klosterstadt. Auch in diesem Kirchlein könnte sich *Kevins* Grab befunden haben. Wahrscheinlicher ist jedoch, dass das Gotteshaus zu einer kleinen Nonnenabtei gehörte.

In der eigentlichen Klosterstadt, die erst lange nach Kevins Tod entstand, ist der über 30 m hohe **Rundturm,** der im 9./10 Jh. errichtet wurde, der Blickfang. Die Dachspitze erneuerte man 1876 mit den noch vorhandenen Originalsteinen. Der nadelschlanke Turm diente den Mönchen gleichermaßen als Ausguck wie als letzte Zufluchtstätte – die frommen Einsiedler hatten viel unter dem Ansturm räuberischer Wikinger zu leiden.

Meldete der Wachhabende im „Krähennest" die heranrückenden Nordmänner, so zogen sich die gläubigen Brüder mit ihren wertvollen liturgischen Gerätschaften, mit ihren Manuskripten und Büchern ins Innere des mächtigen Bollwerks zurück. Der Eingang liegt mehrere Meter über dem Boden, und nachdem die Leiter eingezogen worden war, befanden sich die Mönche in relativer Sicherheit.

Nahe dem Turm erhebt sich die vorromanische, im 9. Jh. begonnene und im 12. Jh. erweiterte **Kathedrale von St. Peter und St. Paul.**

Das **Priesterhaus,** ein kleiner spätromanischer Bau, diente wohl einmal als Grabkapelle; möglich ist auch, dass es als Schrein fungierte und vielleicht die Gebeine von St. Kevin barg. Das fast 3 m hohe **St.-Kevins-Kreuz** ist aus einem Granitblock gehauen und datiert aus dem 6. Jh. Es ist daher gut möglich, dass es einst für oder gar von dem großen Heiligen errichtet wurde.

Der gedrungene Rundturm auf der **St. Kevin's Church** brachte dem klei-

041ir Foto: hg

nen Kirchlein den Beinamen „Kitchen" ein – Besucher fühlten sich an einen Küchenkamin erinnert.

Nur noch Reste sind von der **St. Kieran's Church** erhalten, die wohl einmal Irlands kleinstes Gotteshaus war (Schiff 6 x 4,5 m; Chor 2,75 x 2,75 m). Das Kirchlein entstand zu Ehren von *St. Kieran,* in jenen Tagen Abt des berühmten Klosters Clonmacnoise. *Kieran* und *Kevin* verband tiefe Freundschaft und Einigkeit in Glaubensfragen.

Wie die Legende berichtet, rief *Kieran* kurz vor seinem Tod *Kevin* an sein Sterbelager. Doch der Abt von Glendalough kam zu spät, der Freund lag bereits aufgebahrt. Der Herr aber zeigte sich gnädig: Als **Kevin** an die sterbliche Hülle seines Glaubensbruders trat, kam die Seele des Verstorbenen noch einmal zurück, und die beiden frommen Männer konnten ein letztes Mal miteinander disputieren.

Kevin's „Kitchen" und der Rundturm von Glendalough

Gegenüber der St. Kieran's Church ragt der **Deer Stone** auf. Um diesen

„Rehstein" rankt sich ebenfalls eine fromme Sage: In dem ausgehöhlten Stein hinterließ täglich eine Rehkuh die Hälfte ihrer Milch, so dass *Kevin* in seiner Männerklause ein Findelkind großziehen konnte.

Die **Trinity Church,** östlich vom Besucherzentrum gelegen, datiert aus dem Ende des 11. Jh. und ähnelt der Kirche von Reefert (s.o.).

Letztendlich lohnt noch die **Probstei von St. Saviour** einen Besuch. Erbauen ließ sie 1162 *Lawrence O'Toole,* einst Abt von Glendalough und Erzbischof von Dublin. *Lawrence* war ein frommer, integrer und diplomatisch versierter Kirchenmann. Erfolgreich und mit großem persönlichen Mut vermittelte er bei Spannungen zwischen den Normannenfürsten, den irischen Adligen und *Heinrich II. Lawrence* versorgte mit seinem eigenen Vermögen die Notleidenden und stiftete Kirchen – folgerichtig starb er als armer Mann.

Umgebung

Doch nicht nur die einstige Klosterstadt mit ihren frühchristlichen Monumenten ist im Tal von Glendalough sehenswert, der Besucher sollte auch die **Natur** genießen, durch die Wälder streifen oder die Seen umwandern.

Am Upper Lake sind zwei **Spazierwege** ausgeschildert: Einmal der 4 km lange *Falcon Trail,* zum anderen der 2 km lange *Badgerpaw Trail.* Sehr empfehlenswert ist es, im Rahmen einer Tageswanderung die Region um Glendalough kennenzulernen.

Durch die Wicklow Mountains zieht sich ein insgesamt 132 km langer, ausgeschilderter Wanderweg; es ist sehr lohnend, sich für eine **Tageswanderung** eine bestimmte Etappe herauszusuchen, z.B. die um Glendalough.

Den genauen Wanderverlauf zeigen die folgenden Karten und Publikationen: das vom Irish Tourist Board herausgegebene Informationsblatt Nr. 26 B, *The Complete Wicklow Way,* oder die Karten O.S. 1:50.000 *Wicklow Way* (Marlay bis Aghavannah), die restliche Strecke O.S. Blatt 16 und 19.

Die unten genannten Jugendherbergen liegen entlang der Route und bieten preiswerte Unterkunft; genügend B & B finden sich ebenfalls allerorten. Der Wanderweg beginnt in Marlay Park (Co. Dublin), passiert Glendalough und endet in Clonegal (Co. Carlow). Höchster Punkt ist der 661 m hohe Gipfel des Mullaghmor. Ausschilderungen erfolgen durch schwarze Pfosten mit gelben Pfeilen.

Unterkunft

- **The Glendalough Hotel,** Tel. (0404) 45135, Fax 45142, info@glendaloughhotel.ie, DZ 130 €;
- **Mrs. Carmel Hawkings,** Annamoe, Tel./Fax (0404) 45297, carmelsbandb@eircom.net, DZ 54 €;
- **Mrs. Valerie Merrigan,** Glendale, Tel./Fax (0404) 45410, merrigan@eircom.net, DZ 56 €;
- Weitere **B & B** im 3 km vor Glendalough gelegenen Örtchen Laragh sowie entlang der Straße von Laragh nach Rathdrum;
- **Campingplatz** in **Redcross Village:** *River Valley Caravan and Camping Park,* Tel. (0404) 41647, ca. 8 km von Glendalough entfernt zwischen Kilbride und Avoca an der R 754 gelegen.

Charles Stewart Parnell

Charles Stewart Parnell (1846–1891) stammte aus einer begüterten, protestantischen Grundbesitzerfamilie. Seine bedeutende politische Arbeit begann 1879, als er im Parlament zu Westminster Führer der so genannten *Home-Rule-Bewegung* wurde. Mit einer systematischen Obstruktionspolitik – *Parnell* redete über Stunden, manchmal nächtelang, zu bestimmten Themen – gelang es ihm, den Parlamentsbetrieb weitgehend lahmzulegen.

Der eloquente Politiker arbeitete sich zum mächtigsten Mann Irlands empor. 1885 stand er auf dem Höhepunkt seiner Karriere: Mit 86 Abgeordneten und deren Stimmkraft konnte *Parnell* Einfluss auf die englische Politik nehmen.

Er unterstützte den liberalen Premier *Gladstone,* der seine Stimmen zur Bildung der Regierung benötigte. *Gladstone* zeigte sich dankbar und brachte mehrere Anträge zur irischen Selbstverwaltung im Parlament ein. Doch immer wieder scheiterten diese Gesetzesvorhaben an ungünstigen politischen Konstellationen und natürlich vor allem am Nationalgefühl der Briten.

Parnell blieb ein großer politischer Erfolg versagt. In dieser Situation wurde seine Liebesaffäre mit Mrs. *Kitty O'Shea,* der Frau eines Parteifreundes bekannt, und die moralgeschwängerten englischen Liberalen forderten seinen Rücktritt (erst als die Liberalen seinen Sturz einleiteten, schlossen sich die irischen katholischen Bischöfe der Forderung ebenfalls an; eine Vorreiterrolle hatten sie nicht übernehmen wollen). Parnell weigerte sich, sein Amt zu verlassen und erreichte damit die Spaltung der *Home Rule League;* erst nach seinem frühen Tod 1891 schloss sich die Bewegung wieder zusammen.

Hostels

- **An-Oige-Jugendherberge Glendalough,** International Hostel, nahe der Klosterstadt gelegen, Tel. (0404) 45342;
- **An-Oige-Jugendherberge Glenmalure,** Greenane, Buchungen nur über das Hauptbüro, Dublin, 61 Mountjoy Street, Tel. (01) 8304555, von Rathdrum 16 km, von Glendalough 17 km, von Devils Glen 29 km;
- **An-Oige-Jugenherberge Tiglin Hostel,** Devils Glen State Forest, Tiglin Ashford, Tel. (0404) 49049;
- **The Old Presbytery Hostel,** IHH, The Fairgreen, im Örtchen Rathdrum, ca. 10 km südlich, Tel. (0404) 46930.

Restaurants

- **Wicklow Heather Restaurant** in Laragh, um 15 €;

Verbindung

- **St. Kevin's Bus,** fährt täglich in der Saison um 11.30 Uhr von der Dublin Dawson Street in Dublin (Haltestelle schräg gegenüber vom Mansion House, dem Sitz des Oberbürgermeisters; ein Schild an der Haltestelle weist auf den St. Kevin's Bus hin) nach Glendalough. Rückfahrt von Glendalough nach Dublin am späten Nachmittag.

042ir Foto: hg

Landschaft in den Wicklow Mountains

Nach Wexford

Von Glendalough führt die Route nun über die R 755 nach Laragh und Rathdrum, dann über die R 752 in Richtung Avoca. Einige Meilen hinter Rathdrum geht es links ab zum **Avondale Forest Park,** in dem man das Geburtshaus von *Charles Stewart Parnell* besuchen sollte (ausgeschildert; täglich Mai–September 14–18 Uhr). Viele Memorabilien und persönliche Besitztümer erinnern an den berühmten Freiheitskämpfer Irlands.

Auf dem Weg nach Avoca passiert man auch den Zusammenfluss des Avonmore und des Avonbeg zum Avoca-Fluss. An dieser **The Meeting of the Water** genannten Stelle kann man sich in einem Pub stärken und auf die beiden Flüsschen - eher Rinnsale - schauen.

Auf der R 747 geht es nach Arklow, von wo die breite und gutausgebaute N 11 in einem weiten Bogen über Enniscorthy nach Wexford führt. Man spart einige Kilometer ein, wenn man ab dem Städtchen Gorey die R 741 Richtung Wexford nimmt.

Wexford

↗ XX/A3

Geschichte

Wexford (14.500 Einwohner), die Provinzkapitale des gleichnamigen County, wurde im 9. Jh. von den Wikingern gegründet und 1169 von den nahebei eingefallenen Anglo-Normannen befestigt. Irlands neue Herren bauten das Örtchen zu einem zentralen Handels- und Hafenplatz aus und brachten den Bewohnern einen wirtschaftlichen Aufschwung.

1649 ging *Oliver Cromwell* mit der ihm eigenen Brutalität und Blutrünstigkeit gegen die Einwohner von Wexford vor, 5000 Menschen ließ der englische *Lordprotector* niedermetzeln, darunter über 300 Frauen, die sich schutzsuchend um das Marktkreuz versammelt hatten. Gnade war dem Schlächter unbekannt!

Sehenswertes

Wexford ist eine kleine, beschauliche Stadt mit ruhiger, angenehmer Atmosphäre und das ideale Quartier, bevor die Fährüberfahrt auf den Kontinent angetreten wird. Der kleine Ortskern zieht sich parallel zum **Hafen,** der Jahr für Jahr weiter versandet und schon lange keine große Rolle mehr spielt. Spaziert man die Uferpromenade gen Norden, so kann man einen Blick auf die hier liegenden Fischkutter werfen und die Arbeiten an Bord betrachten.

Klassische Sehenswürdigkeiten hat Wexford kaum. Von der mittelalterlichen Befestigung ist noch der **Westgate Tower** erhalten (Stadtausgang Richtung Waterford, N 25), nahebei befinden sich die Ruinen der **Selskar Abbey** mit einem Rest der alten Wallmauer und einem wehrhaften Turm.

Glaubt man der Überlieferung, so leitet sich der Name „Selskar" vom englischen *Saint Sepulchre* (Heiliges Grab) ab. Da eine Dame von Rang und Adel ihren Ehegatten im Kampf gegen die Sarazenen verstorben glaubte, gründete sie im 12. Jh. diese Abtei. Nach langen Jahren jedoch kehrte der totgeglaubte Kreuzfahrer zurück und fand die geliebte Frau als gottesfürchtige Nonne vor. In seiner Verzweiflung schuf auch er nun den Grundstein für ein Kloster und versagte sich allen weltlichen Gelüsten.

Am kleinen Platz **Bull Ring,** dort, wo heute der Wochenmarkt stattfindet, hielten die Normannen übrigens Bullenhatzen ab, ein Stückchen weiter lohnt am Cornmarket das **Wexford Arts Centre** mit lokalem Kunsthandwerk. Haupteinkaufsstraße ist die lange Main Street.

Ende Oktober/Anfang November eines jeden Jahres sind die Bürger von Wexford stolz auf ihr 18-tägiges **Opernfestival** im Theatre Royal (High Street), das Besucher aus ganz Irland – und nicht nur von dort – anzieht. Parallel zum *Wexford Opera Festival* gibt es überall in der Stadt Straßentheater, Dichterlesungen und Kunstausstellungen. Wer in dieser Zeit unterwegs ist, findet in und um Wexford keine Unterkünfte mehr, denn die sind schon seit Monaten vorgebucht.

Tourist Office

- Crescent Quay, Tel. (053) 23111, Fax 41743.

Unterkunft

- **Ferrycarrig Hotel,** Ferrycarrig Bridge, 3 km außerhalb, Tel. (053) 9120999, ax 9120982, ferrycarrig@griffingroup.ie, DZ 130 €;
- **Talbot Hotel,** Trinity Street, Tel. (053) 912 2566, Fax 9123377, sales@talbothotel.ie, DZ 140 €;
- **Riverbank House Hotel,** On the Quay, Tel. (053) 9123611, Fax 9123342, www.riverbankhousehotel.com, DZ 110 €;
- **Mrs. Grainne Cullen,** Clonard Road, Tel. (053) 22648, emmetcullen@eircom.net, DZ 52 €;
- **Mrs. Angela Doocey,** Coolcotts, Tel. (053) 45191, DZ 56 €;
- **Mrs. Maureen Keogh,** Coolcotts, Tel. (053) 44174, maureen.keogh@oceanfree.net, DZ 53 €;
- **Mrs. Mary Moore,** Rocklands, Rosslare Road, Tel./Fax (053) 22147, marydm@indigo.ie, DZ 53 €;
- **Kirwan House Hostel,** IHH, 3 Mary Street, Tel. (053) 21208;
- Offizieller **Campingplatz** ist der *Ferrybank Caravan and Camping Park,* Tel. (053) 44378, ca. 2 km östlich von Wexford am Wexford Harbour gelegen.

Restaurants

- **Lotus House,** 70 A South Main Street, preiswertes chinesisches Lokal mit Gerichten zwischen 10 und 13 €;
- **Riva Restaurant,** The Crescent, Eingang in der Henrietta Street, irische und mediterrane Gerichte aus regionalem und ökologischem Anbau serviert dieses freundliche Bistro, ab 18 € aufwärts;
- **Heaven's Above,** 112 South Main Street, über dem Pub *Sky & The Ground,* kleines Candlelight-Lokal, das auch vegetarische Gerichte serviert, 12–18 €;
- **Into the Blue,** 80 South Main Street, tagsüber ein Café, abends ein gutes Restaurant mit Gerichten, *Dinner Menu* um 28 €;
- **Pizzeria Robertino's,** Main Street, 8–11 €.

Pubs

- **Crown Bar,** Monck Street, sehenswerte, altertümliche Taverne in einer ehemaligen Postkutschenstation, datiert von 1841;
- **Thomas Moore Tavern,** Cornmarket, Geburtshaus der Mutter des Dichters, der Fassade nach zu urteilen, verbirgt sich hinter der Eingangstür eher ein Wohnzimmer, Wexfords bekanntester Singing Pub, aber unregelmäßige Sessions;
- **The Selskar,** North Main Street, Live Musik an bestimmten Tagen der Woche;
- **The Wren's Nest,** Custom House Quay, an der Hafenfront gelegen, guter Pub Grub;
- **Harper's Bar,** North Main Street, gemütliche Kneipe mit angeschlossenem preiswerten Restaurant;
- **Tim's Tavern,** South Main Street, *Irish cuisine – seafood specials,* lautet die Eigenwerbung.

Verbindung

- Mehrmals täglich **Zuge** und **Busse** von Dublin und Rosslare.

Umgebung

4 km nördlich von Wexford liegt an der N 11 der **Irish National Heritage Park** (Apr.–Okt. täglich 10–19 Uhr), in dem man auf einem Spaziergang Irlands kulturelles Erbe kennen lernen kann. Mitten in einer Sumpflandschaft bestaunen Große wie Kleine die Zelte der Ureinwohner, Dorfbefestigungen, ein Wikingerschiff und vieles mehr.

Rund 5 km nordöstlich der Stadt liegt auf einer Landzunge das ausgedehnte Vogelschutzgebiet **Wexford Wildfowl Reserve;** ein „Muss" für Ornithologen, die hier beispielsweise grönländische Blessgänse *(Anser albifrons flavirostris)* im Winterquartier (Sept.–Mai) beobachten können; rund 8.000 Vögel die-

044ir Foto: hg

ser Art, mehr als die Hälfte der auf 15.000 geschätzten Gesamtpopulation, überstehen hier die kalte Jahreszeit. Ebenfalls überwintern hier Spießenten *(Anas acuta)*, Zwergschwäne *(Cygnus biwickii)* und Uferschnepfen *(Limosa limosa)*.

Etwa 5 km südlich von Wexford lohnt ein Besuch in der **Johnstown Castle Demesne, Murnstown.** In dem neogotischen Schloss ist ein Landwirtschaftsmuseum untergebracht, viel interessanter jedoch ist der große Garten, wo von Mai bis Juni Rhododendren, Azaleen und Kamelien in voller Blüte stehen (täglich 9–17.30 Uhr).

Der Irish National Hertitage Park in Wexford

Folgt man der N 11 weiter in Richtung Süden, so ist nach 21 km der **Fährhafen Rosslare** erreicht, in dem die Schiffe aus Frankreich und Südengland anlegen. Rosslare Harbour ist Irlands wichtigster Fährhafen, und die weitaus meisten der motorisierten Besucher starten von hier ihre Rundfahrt auf der Grünen Insel. Günstigerweise stehen für die ankommenden oder abfahrenden Urlauber genügend B & B zur Verfügung. Zudem gibt es eine An-Oige-Jugendherberge nahe am Hafen, Tel. (053) 33399.

Nicht weit entfernt liegt **Rosslare Strand,** ein beliebter Ferienort der Iren. Unzählige B & B sowie mehrere gut ausgerüstete Campingplätze findet man entlang des langen Sandstrandes.

Der Brain Drain

Wenngleich die richtigen Migrationswellen erst während und nach der Großen Hungersnot (vgl. Kap. „Geschichte") einsetzten, so hat es doch auch schon vor der Katastrophe von 1845–1851 eine ganze Menge auswanderungswilliger Iren gegeben. Zwar gibt es keine Statistiken aus der Zeit vor dem Hungerdesaster, die uns verlässliche Zahlen liefern könnten, doch zeigen Passagierlisten, Parlamentschroniken und Zeitungsartikel, dass bereits Anfang des 19. Jh. viele Iren ihrem unterdrückten Land für immer den Rücken kehrten.

Der **Massenexodus** allerdings begann mit der Großen Hungersnot. In den ersten zehn Jahren, von 1846–1856 verließen rund 1,8 Mio. Iren ihre Heimat, davon gingen ca. 1,4 Mio. in die USA, ca. 300.000 nach Kanada, ca. 70.000 nach Australien und Neuseeland, und der Rest verteilte sich auf verschiedene andere Länder. In den weiteren Jahren verließ jeder sechste Ire die Grüne Insel (zum Vergleich: in Deutschland jeder 33., in England gar nur jeder 45.).

Im Jahre 1851 ordnete die Regierung an, dass über die Auswanderer **Statistiken** zu führen seien, und so haben wir einigermaßen verlässliche Daten über die folgenden Zeiträume:

1851 – 1860	1.136.000
1861 – 1870	850.000
1871 – 1880	624.000
1881 – 1890	770.000
1891 – 1900	434.000

Über viele Jahre betrug die **Auswandererquote** mehr als 2% der Gesamtbevölkerung, in manchen Jahren gar waren es mehr als 3%, die zumeist nach Nordamerika in See stachen. Nicht nur verarmte Bauern und Tagelöhner verließen ihr unwirtliches Land, auch Angehörige der Mittelschichten suchten das Glück im Ausland. Nicht selten finanzierten die erfolgreichen Verwandten in Amerika, Kanada oder Australien den Exodus von weiteren Familienangehörigen.

In den letzten 80 Jahren zog es die Iren nun vor allem **nach Großbritannien,** da die USA in den 1920er Jahren eine Quotenregelung für Einwanderer festgelegt hatten. Traditionell gingen schon immer rund 10% aller emigrierenden Iren in das Nachbarland, doch in den letzten 50 Jahren sank die Quote nie unter 80%. Maßgeblichen Anteil daran hatte die Tatsache, dass der britische Arbeitsmarkt den Iren unbeschränkt offen stand; nicht übersehen sollte man auch, dass keine kulturelle Barriere Engländer und Iren voneinander schied.

s 191

Das damalige Irland-Bild der Briten: Ein auswanderungswilliger Ire studiert ein Plakat zur Überfahrt nach New York

132ir

Die **Gründe für die Emigration** hatten sich seit Anfang des 19. Jh. nicht geändert. Die recht hohe Arbeitslosigkeit und fehlende Karrieremöglichkeiten waren es, die die Bewohner der Grünen Insel ins benachbarte Ausland trieben. Hinzu kam, dass die Regierung in jener Zeit große Anstrengungen auf dem Bildungssektor unternommen hatte, viele Akademiker überqualifiziert waren und in ihrem Heimatland keine Möglichkeit sahen, in dem erlernten Beruf zu arbeiten.

Die britischen Zensusdaten lieferten exakte Angaben über die irische Volksgruppe in Großbritannien: 1931 zählte man 311.000 Iren, 1951 waren es schon 492.000, 1961 gab es 683.000 irischstämmige Einwohner, 1971 stieg die Zahl auf 709.000. Nicht mitgezählt wurden die in Großbritannien geborenen Iren. Nach Schätzungen leben etwa zwei Mio. Iren auf der britischen Insel und etwa 5 Mio. in den USA; d.h. doppelt so viel Iren wie auf der Grünen Insel arbeiten im Ausland.

Anfang der 1990er Jahre gab die renommierte *Irish Times* eine Zusammenfassung der von der Regierung in Auftrag gegebenen Studie *The Economic and Social Implications of Emigration.* Danach waren 42% der Auswanderer mit ihrem Beruf unzufrieden, 35% hatten keine Arbeitsstelle, und der Rest hatte gerade die Ausbildung beendet und fand keinen adäquaten Arbeitsplatz.

Wenngleich die Studie keine exakten Verlustzahlen nannte, so war doch klar, dass sich die Migration langfristig immer wieder negativ auf die Entwicklung der Wirtschaft ausgewirkt hatte. Zwar blieben in der Vergangenheit genügend gut ausgebildete Personen im Land, um bescheidene Wachstumsraten zu erarbeiten, doch dürfte der **Brain Drain** zu Produktivitätseinbußen geführt haben.

Über einen Zeitraum von 120 Jahren (1841–1961) überstieg die Zahl der Auswanderer das Bevölkerungswachstum, nach 1961 dann lagen die Migrantenzahlen immer unterhalb der natürlichen Geburtenquoten und im Zeitraum von 1971–1979 überstiegen die **Rückwanderer** sogar die Zahl der Emigranten. Leider liegen keine Daten über diese *Return Migration* vor, da es zwischen Großbritannien und Irland keine Einreisekontrollen gibt. Schätzungen ergaben, dass etwa jeder vierte Ire in seinem Leben einmal im Ausland gearbeitet hatte. Dass in den 1970er Jahren so viele Rückkehrer auf die Grüne Insel strömten, hing mit der ökonomischen Rezession in Großbritannien und dem gleichzeitigen Wirtschaftwachstum in Irland nach dem EU-Beitritt (1973) zusammen.

In den **1980er Jahren** nahm dann die Emigrationswelle wieder einen hohen Aufschwung. Zwischen den beiden Volkszählungen von 1981 und 1986 hatten rund 75.000 Iren das Land verlassen. Und diese Emigranten zog es nicht mehr nur in die klassischen Einwanderungsländer, zunehmend ließen sich die einstigen Bewohner der Grünen Insel auch auf dem Kontinent und hier vor allem in den Niederlanden und in der Bundesrepublik Deutschland nieder.

Dass so viele Iren plötzlich nach **Holland** auswanderten, lag an dem Elektronik-Konzern Philips; 1985 hatte das multinationale Unternehmen nämlich ausnahmslos sämtliche Elektrotechnik-Absolventen des Dubliner Trinity-College eingestellt.

Und dass die **Bundesrepublik** so beliebt geworden war, hatte seinen Grund darin, dass immer mehr Studenten der irischen Hochschulen während der Semesterferien in den Sommermonaten in der Bundesrepublik jobbten, um die schmale Kasse aufzufüllen.

In München gab es einmal die größte irische Studentenkolonie von ganz Deutschland. In den 1990er Jahren sollen nach Schätzungen 8.000 irische Studenten in München alljährlich einen Ferienjob gefunden haben. Vor allem die Besitzer der Biergärten wären kaum noch ohne die neuen Arbeitskräfte ausgekommen, die, nach übereinstimmender Meinung – wie die Süddeutsche Zeitung in einem Bericht vermeldete –, bei den Arbeitgebern ob ihrer Motivation hochbeliebt waren. Auch in den Montagehallen von BMW und Siemens waren die Iren auf dem Vormarsch; viele verdienten in Deutschland in einem Sommer mehr als während des ganzen Jahres in Irland. 1985 begannen die ersten Studenten von der Grünen Insel nach München zu strömen, und lange Zeit war die Isar-Metropole längst kein Geheimtipp mehr an den Unis von Dublin, Limerick oder Galway. Durch den seit Mitte der 1990er Jahre bis heute anhaltenden Wirtschaftsaufschwung und die stark zurückgegangene Arbeitslosigkeit tendierten die Auswanderungszahlen zur Jahrtausendwende vom 20. zum 21. Jahrhundert gegen Null. Seit einigen Jahren ist sogar eine Rückwanderung von Emigranten aus dem Ausland zu beobachten.

Tour 3: Von Wexford nach Cork

Überblick

Die gesamte Strecke ist ca. **380 km** lang. Unter landschaftlichem Gesichtspunkt – sieht man einmal von einem kleinen Teilstück ab – ist die folgende Route von Wexford nach Cork nicht sonderlich interessant, doch geht es durch eine Anzahl kleiner Dörfer und Städte, die sehr sehenswert sind und wenigstens teilweise einen längeren Aufenthalt lohnen. Einen ersten Stopp sollte man im behäbigen Städtchen **New Ross** mit seinen Treppenstraßen einlegen, weiter geht es dann in Irlands südwestliche Metropole Waterford.

Nächste Station ist das Puppenstubendörflein **Carrick-on-Suir,** wo Irlands einziges Renaissance-Schloss einen Besuch wert ist, und vorbei an der Zisterzienser-Abtei **Jerpoint Abbey** erreicht man den von mittelalterlichen Gebäuden geprägten Ort **Kilkenny –** sicherlich die schönste Stadt auf dieser Route.

Auch die nächste Attraktion liegt nicht weit entfernt: 70 m hoch ragt der schon von weitem zu sehende Klosterberg im kleinen Dörflein **Cashel** auf. Über Cahir mit seiner mächtigen Burg geht es über die reizvolle, aber leider nur kurze Bergstraße **The Vee** hinunter zur Küste und dann weiter nach **Cork,** Irlands zweitgrößte Stadt.

New Ross

↗ XIX/D2

Man verlässt Wexford auf der N 25 in Richtung Westen und fährt auf das Örtchen New Ross (4000 Einwohner) zu, das bereits um 1200 von den Normannen als Handelsumschlagplatz gegründet wurde.

Die wirtschaftliche Bedeutung der kleinen Stadt gründete sich vor allem auf den **Binnenhafen** am River Barrow, von dem aus das offene Meer erreicht werden konnte.

Präsentiert sich die Uferfront des Städtchens zu Anfang wenig einladend, so ist im Ortskern durchaus Atmosphäre zu finden. New Ross ist an einem Berghang angelegt, und die gewundenen, steil nach oben führenden Straßen und Treppengassen geben dem Städtchen einen gewissen Charme. Man sehe sich das **Rathaus** *(The Tholstel)* an, das 1749 in klassizistischer Linienführung erbaut und nach einem Brand im Jahre 1800 erneuert wurde, sowie die aus dem 13. Jh. datierenden Reste der **St. Mary's Church,** die heute von einer Kirche aus dem 19. Jh. umbaut sind.

Größte Attraktion von New Ross ist das **Dunbrody Famine Ship.** Der originalgetreu rekonstruierte Dreimaster liegt am Kai des River Barrow vor Anker (ausgeschildert). Das Schiff vermittelt einen greifbaren Eindruck von den Auswanderungsbedingungen, die zur Zeit der Großen Hungersnot herrschten (tgl. 9–18 Uhr).

Nahe bei New Ross (Killowen/Dunganstown) hatte *John Seymour* (1914–2004) seine kleine Farm, auf der er die völlige **Selbstversorgung** praktizierte. Anhand seiner Erfahrungen publizierte er 1976 „Das neue Buch vom Leben auf dem Lande – Ein praktisches Handbuch für Realisten und Träumer", das in viele Sprachen übersetzt, weltweit millionenfach verkauft wurde und natürlich auch heute noch lieferbar ist. *John Seymour* macht den Leser mit allen Aspekten der Selbstversorgung vertraut, zeigt einen ganzheitlichen Ansatz für das Leben abseits der Karriere und der Supermärkte und liefert viele Informationen, wie man sich auf der eigenen Scholle den multinationalen Lebensmittelherstellern verweigern kann. Mehrmals im Jahr finden auf seiner Farm – heute bewirtschaftet von *Will Sutherland* und *Angela Ashe* – einwöchige Kurse statt, die den Teilnehmern das Alltagsleben und Arbeiten auf einem Selbstversorger-Hof vermitteln. Dazu zählen ökologisches Gärtnern, Planung eines Kleinbetriebes, Milchverarbeitung, Bienen-, Rinder- und Geflügelhaltung, Grünlandpflege, Kompostieren, Korbflechten, Wein-, Bier-, Käse- und Saftherstellung, Marmeladebereitung und Brotbacken, Holzhausbau und vieles mehr. Wer sich dafür interessiert, sollte seine Anmeldung an folgende Adresse senden: The John Seymour School for Self-Sufficiency, The Self-Sufficient Smallholding, Killowen, New Ross, County Wexford, Irland, Tel. (00353) 3 513 88945.

Tourist Office

- The Quay, Tel. (051) 421857.

Unterkunft

- **Clarion Brendan House Hotel,** Tel. (051) 421703, Fax 4211567, brandonhouse@eirom. net, DZ 126 €;
- **Mrs.Catherine Casey,** Mountgarrett, Tel. (051) 422742, DZ 60 €;
- **Mrs. Noreen Fallon,** The Maudlins, Tel. (051) 421062, noreenfallon@eircom.net, DZ 53 €;
- **Mrs. Susan Halpin,** Ring Road, Mountgarret, Tel./Fax (051) 425494, susan@oakwoodhouse.net, DZ 60 €;
- **Mrs. Philomena Gallagher,** Knockmullen, Tel. (051) 421798, osvillehouse@oceanfree.net, DZ 53 €;
- **MacMurrough Farm Hostel,** IHH, Mac Murrough, Tel. (051) 421383.

Restaurants

- **Upper Deck Café,** 8 Mary Street, Kaffee, Tee und Kuchen sowie auch warme Gerichte bis hin zu Steaks, 10–15 €;
- Sehr beliebt bei Touristen sind die **Galley Cruising Restaurants,** per Schiff geht es zur Lunch- oder Dinner-Zeit durch das Wasserstraßensystem der Flüsse Barrow, Suir und Nore, Anlegestelle am North Quay, Schiffsfahrt mit Lunch um 27 €, Fahrt mit abendlichem Dinner um 40 €.

Verbindung

- Mehrmals täglich **Busse** von Wexford und Waterford.

Nach Waterford

Von New Ross sollte man einen Abstecher gen Süden unternehmen; nach ca. 8 km erreicht man über die R 733 den **John-F.-Kennedy-Memorial-Park,** der sich um den 269 m hohen Hügel Slieve Coilte erstreckt und mit seinen markierten Spazierwegen sowie den Picknickplätzen und dem Restaurant einen Besuch lohnt. Auf einer Fläche von 250 ha werden über 4500 Pflanzenarten gepflegt. Das Arboretum ist für seine seltenen Bäume berühmt.

Nur wenige Meilen entfernt liegt das Dörfchen Dunganstown; *Kennedys* Urgroßvater kam hier zur Welt und wanderte Jahre später nach Amerika aus. Nur wenige Wochen vor seiner Ermordung besuchte *John F. Kennedy* diese Region Irlands, 1968 eröffnete man ihm zu Ehren den Park.

Weiter der R 733 folgend, gelangt man zu den Zisterzienser-Abteien **Dunbrody Abbey** und **Tintern Abbey,** die beide Ende des 12. Jh. gegründet wurden. Architekturkenner bemerken deutlich die vom Kontinent beeinflusste gotische Bauweise, die – getreu der zisterziensischen Strenge – fast ohne jede Dekoration auskommt. Beeindruckend ist vor allem das für irische Verhältnisse sehr große, nämlich 60 m lange Schiff von Dunbrody.

Folgt man von New Ross ausgehend der N 25 entlang des River Barrow, so gelangt man in ca. 30 Minuten nach Waterford.

Waterford

↗ XIX/D3

Geschichte

Waterford (35.000 Einwohner) geht ebenso wie Wexford auf eine **Wikingergründung** zurück; um 850 siedelten die Nordmänner an dem südlichen Suir-Ufer und starteten von dieser geschützten Stelle ihre Beutezüge ins Hinterland.

Mitte des 12. Jh. eroberte *Strongbow* den Ort für die Anglo-Normannen und heiratete – um etwaigen Aufständen zuvorzukommen – die Tochter seines irischen Verbündeten *Dermot MacMurrough.* Waterford entwickelte sich zu einer **Hochburg der Normannen,** und auch in den folgenden Jahrhunderten standen die Bewohner der Stadt der englischen Seite näher als der irischen. *Heinrich VII.* verlieh dem Ort gar einen besonderen Status: *Urbis intacta manet Waterfordia* („Waterford wird immer eine unzerstörte Stadt sein").

Heutzutage ist die geschäftige, wohlanzusehende Metropole das **wichtigste Industriezentrum** im Südosten der Grünen Insel: Der Hochseehafen kann von großen Container-Schiffen angelaufen werden und dient als bedeutender Warenumschlagplatz, zu den prosperierenden Wirtschaftszweigen gehören die Eisengießereien, die Lebensmittel-, Textil- und Möbelproduzenten sowie die Hersteller pharmazeutischer Produkte.

Berühmt in aller Welt ist das mundgeblasene und handgeschliffene **Waterford-Kristall,** das seit dem 18. Jh. – mit Unterbrechungen – in der örtlichen Manufaktur hergestellt wird (s.u.).

Sehenswertes

Die wenigen Sehenswürdigkeiten der kleinen Metropole konzentrieren sich in einem Dreieck, das von den Straßen Merchants Quay und The Mall begrenzt wird. Die guterhaltenen klassizistischen Hausfassaden entlang dieser beiden Straßen zeugen von Waterfords einstigem Reichtum.

An der Ecke Parade Quay/The Mall ragt der angeblich aus dem Jahre 1003 datierende **Reginald Tower** auf; wahrscheinlicher ist jedoch, dass die Normannen diesen Burgbau im 12. Jh. errichten ließen und ihn über die Jahrhunderte als Münzanstalt sowie als Gefängnis nutzten. Der 22 m hohe Festungsturm ist nach dem einstigen Gouverneur *Reginald MacIvor* benannt. Heute kann man in dem alten Gemäuer Exponate zur Stadtgeschichte besichtigen.

Nahe dem Tower liegt an The Mall das 1788 erbaute **Rathaus** *(City Hall).* Entsprechend der guten Wirtschaftlage der damaligen Zeit wurde es recht prunkvoll ausgestattet.

Besichtigen sollte man auch die **Christ Church Cathedral** (Cathedral Street). Das aus dem Jahre 1773 stammende Gotteshaus steht auf den Fundamenten einer normannischen, um 1050 errichteten Kirche.

Daneben befindet sich die **St. Olaf's Church,** eine 1734 weitgehend umgebaute Normannengründung.

Auf gar keinen Fall darf man eine Führung in der berühmten **Waterford Glass Factory** versäumen. Die 3 km außerhalb des Stadtzentrums an der N 25 Richtung Cork gelegene, angeblich weltgrößte Glasmanufaktur lohnt einen Besuch. Man hat Gelegenheit, den gesamten Produktionsprozess zu beobachten (mehrmals täglich Mo–Fr, genaue Angaben erfrage man im Tourist Office).

Die **Geschichte der Glasmanufaktur** von Waterford zeigt erneut, wie die Briten Irland unter Kontrolle hielten und das Land sowie seine Bewohner für ihre Interessen ausbeuteten. Im Oktober 1783 meldeten die Gebrüder *Penrose* in einer Annonce der Dublin Evening Post, dass sie eine große Glasmanufaktur gegründet hatten. An Aufträgen herrschte alsbald kein Mangel, und das Unternehmen florierte prächtig. Mundgeblasene und handgeschliffene Gläser, Pokale und Karaffen wurden in alle Welt exportiert, u.a. nach Spanien, Frankreich und in die USA. Neidisch schauten die britischen Glashersteller auf das erfolgreiche Unternehmen; um die unerwünschte Konkurrenz auszuschalten, forderten sie hohe Exportsteuern. Die englische Regierung war den heimischen Produzenten gerne behilflich, und dem Waterford Glass House wurden hohe Zölle für seine Exportartikel abverlangt. Die Briten drangsalierten die Glashersteller in Waterford derartig, dass der Betrieb im Jahre 1851 schließen musste.

Knapp 100 Jahre später, 1947, erfolgte die **Neugründung** der Waterford Crystal Factory. Aus allen Ländern Europas wurden Spezialisten angeworben, die beim Aufbau der Produktion helfen und die irischen Facharbeiter ausbilden sollten. Und wieder war der Erfolg durchschlagend! In Waterford arbeiten derzeit über 2000 Menschen in der Glasfabrik, in den Zweigwerken von Butlerstown und Dungarvan weitere 1000 Personen. Wie früher auch schon, geht ein Großteil der Produktion in den Export; auf der ganzen Welt hat das Waterford-Kristall einen hervorragenden Ruf. Der größte Teil der Gläser wird in die USA exportiert; es gehört zum Stil neureicher Amerikaner, die Tafel mit den edlen Produkten aus Waterford zu schmücken.

Tourist Office

- 41 The Quay, Tel. (051) 870800, Fax 87720.

Unterkunft

- **Arlington Lodge Hotel,** John's Hill, Tel. (051) 878584, Fax 878127, info@arlingtonlodge.com, DZ 150 €;
- **Bridge Hotel,** No. 1 The Quay, Tel. (051) 877222, Fax 877229, info@bridgehotelwaterford.com, DZ 100 €;
- **Belfry Hotel,** The Conduit Lane, Tel. (051) 844800, Fax 844814, info@belfryhotel.ie, DZ 100 €;
- **Dooley's Hotel,** The Quay, Tel. (051) 873531, Fax 870262, hotel@dooleys-hotel.ie, DZ 102 €;
- **Mrs. Miriam Corcoran,** Lower Newrath, Ferrybank, Tel. (051) 854797, mashacorcoran@yahoo,com, DZ 60 €;
- **Mrs. Anne O'Neill,** Cork Road, Tel. (051) 376893, DZ 60 €;
- **Mrs. Phyllis O'Reilly,** 1 The Orchard, Tel./Fax (051) 373617, DZ 60 €;

- **Mrs. Noreen Dullaghan,**
Newrath, Dublin Road, Tel. (051) 876021, info@loudghdan.net, DZ 58 €;
- **Mrs. Eileen Landy,**
Rosslare Road, Ferrybank, Tel. (051) 832174, belmonthouse@eircom.net, DZ 58 €;
- **Mrs. Marian O'Keeffe,**
Cork Road, Tel. (051) 375887, Fax 353063, DZ 60 €;
- Das nächstgelegene **IHH-Hostel** *Beach Haven* liegt im Seebad Tramore an der Waterford Road, Tel. (051) 390280, Fax 330971;
- Die nächsten **Campingplätze** liegen in den beiden Seebädern Tramore und Dunmore East, jeweils etwa 15 km von Waterford entfernt (s.u.).

Restaurants

- **The Wine Vault,** High Street, Tel. (051) 853444; eines der besten Restaurants von Waterford, internationale Gerichte und Meeresfrüchte vom Feinsten, dazu eine opulente Weinkarte mit 150 Rebensäften im Angebot, gute Atmosphäre im Keller eines alten elisabethanischen Stadthauses, 17–25 €;
- **Bodega,** 54 John Street, Tel. (051) 844177; macht hinsichtlich der Qualität der Speisen und dem Weinangebot dem erstgenannten Lokal Konkurrenz, Hauptgerichte bis 20 €.

Pubs

- **T & H Doolan,** George Street, alteingesessener Pub der Stadt, Bar Meals, Live Music;
- **Katty Barry's,** Mall Lane, klein, dunkel, immer voll, einer der beliebtesten Pubs der Stadt;
- **Bowery Bar und Bistro,** The Mall/Ecke The Quay, am Reginald Tower; neben Getränken werden auch kleine Mahlzeiten gereicht;
- **Voyager Internet Café,** 85 The Quay.

Einkaufen

- **Hauptgeschäftsstraße** in Waterford ist die Barronstrand Street mit ihrer Verlängerung Broad Street.

Verbindung

- **Züge** mehrmals täglich von Dublin und Rosslare Harbour;
- **Busse** mehrmals täglich von Wexford über New Ross;
- **Busse** mehrmals tägl. von Cork und Dublin.

Umgebung

Wer Zeit und Muße hat, sollte einen Abstecher zu einigen kleinen Küstenorten im Süden von Waterford machen: **Dunmore East,** ein ehemaliges Fischerörtchen, liegt ca. 16 km südlich von Waterford und hat mehrere schöne Strände in kleinen Buchten.

Tramore, etwa 13 km südlich von Waterford, ist einer der Hauptferienorte im Süden der Grünen Insel. Vor allem Iren, aber auch viele Briten trifft man hier während des Hochsommers an, entsprechend ist die Infrastruktur des Ortes ausgebaut, und laute Rummelplatzatmosphäre, Spielhallen und Fast-Food-Stände prägen das kleine Städtchen. Der rund 4 km lange Sandstrand ist vor allem an schönen Wochenenden gut besucht.

045ir Foto: hg

Carrick-on-Suir

⇗ XIX/C2

Von Waterford aus fährt man nun auf der N 24 in Richtung **Carrick-on-Suir.** Auf der rund 25 km langen Strecke säumt fruchtbares, grünes Weideland die Straße. Carrick ist ein sehr liebliches Örtchen (3000 Einwohner) mit einem putzigen kleinen Zentrum, das den Besucher an die Atmosphäre einer Puppenstube erinnert.

Entlang der kleinen Main Street reihen sich Pubs, Lebensmittelgeschäfte und Cafés aneinander, hier befindet sich auch die nur sommertags geöffnete **Touristeninformation.**

Direkt am Fluss, eingebettet in fruchtbare Wiesen, Äcker und Felder, liegt Irlands einziges Renaissance-Schloss, **Ormond Castle** (Juni–Sept. 10–18 Uhr). 1568 setzte *Thomas Butler,* Earl of Ormond, der mittelalterlichen Burganlage einen elisabethanischen Anbau vor. Wie die Überlieferung berichtet, sollte das Herrenhaus als Gastquartier für die englische Königin *Elisabeth I.,* eine Kusine des Earl, dienen.

Überall im Gebäude, vor allem aber in der Long Hall, finden sich Abbilder der Herrscherin, jeweils kenntlich gemacht durch die Buchstaben ER (Elisabeth Regina). Das prachtvoll ausgestattete Gebäude, das mit seinen vielen Glasfenstern den Reichtum der Ormond-Familie demonstrierte. In dama-

Das Renaissance-Schloss Ormond Castle

liger Zeit gab es eine Fenstersteuer – beeindruckte die englische Königin jedoch nicht – sie kam nie zu Besuch!

Tourist Information

- Main Street, in einer säkularisierten Kirche.

Unterkunft

- **Carraig Hotel,** Main Street, Tel. (051) 641 455, Fax 641604, info@carraighotel.com, DZ 100 €;
- **The Coady Family,** Nile-Mile-House, Tel./Fax (051) 647035, thegrandinn9@eircom.net, DZ 60 €.

Restaurant und Pub

- **Pub Tir na Nogh,** Main Street, Pub Grubs und Live Music während der Saison.

Verbindung

- **Züge** von Waterford und Cork;
- **Busse** von Waterford, Cork, Kilkenny, Dublin und Cahir.

Jerpoint Abbey

Von Carrick aus geht es nun die R 697 entlang, dann weiter über die R 701, die R 699 und die N 9 in Richtung auf Jerpoint Abbey (Mitte Juni bis Mitte Sept. täglich 10–18 Uhr, Mai bis Mitte Juni Di–Sa 10–13 Uhr, 14–17 Uhr, So 14–17 Uhr). Irlands schönste Zisterzienser-Abtei entstand in den Jahren 1158–1180 in einem romanisch-gotischen Mischstil. Besonders sehenswert ist der Kreuzgang mit seinen Skulpturen, die Äbte, Ritter und wilde Fabeltiere darstellen. Auch die vielen mittelalterlichen Grabdenkmäler lohnen einen Blick. Von Jerpoint Abbey führt die Route nun über die R 700 in das attraktive Städtchen Kilkenny.

Kilkenny

⇗ XIX/C1

Kilkenny (17.000 Einwohner) – vom River Nore durchflossen und am Fuße der Slieverdagh Hills gelegen – gilt aufgrund seines mittelalterlichen Stadtkerns als einer der schönsten Orte Irlands – und entsprechend voll ist es hier während der Hauptsaison. Man sollte durchaus einen etwas längeren Besuch einplanen und auch einmal ziellos durch die Straßen streifen.

Geschichte

Bevor die Normannen in Irland einfielen, war Kilkenny **Königssitz** der Herrscher von Ossory sowie ein bedeutendes religiöses Zentrum. Aufschwung nahm die Stadt jedoch erst durch den Normannen *William de Marechal,* der 1204 die Burg errichten ließ.

Im Jahre 1391 erwarb *James Butler,* Earl of Ormond, die Befestigungsanlage, und unter der Oberhoheit dieser anglo-irischen Familie erlebte Kilkenny seine **Blütezeit.** Zwischen dem 14. und 17. Jh. war die Stadt fast wichtiger als Dublin, denn die Vertreter der englischen Krone residierten standesgemäß in dem Ort; sogar mehrere Parlamente tagten in der Stadt am Nore und brachten dem unterdrückten irischen Volk grausame Gesetze.

1366 beispielsweise wurde das **„Statut von Kilkenny"** verabschiedet: Es verbot den anglo-normannischen Siedlern den Gebrauch der irischen Sprache, das Tragen irischer Kleidung, die Annahme irischer Namen sowie Eheschließungen mit irischen Männern und Frauen – Letzteres galt gar als Hochverrat! Des Weiteren war es den Iren untersagt, innerhalb der befestigten Stadtzentren zu leben – noch heute gibt es sowohl in Kilkenny wie auch in anderen Städten Quartiere, die man als *Irishtown* bezeichnet, hier mussten früher die rechtmäßigen Bewohner des Landes leben!

Während der Kämpfe zwischen Iren und Briten in den Jahren 1642–1648 war Kilkenny **Zentrum des katholischen Widerstandes.** 1650 nahmen *Cromwells* Truppen die Stadt ein und metzelten, wie andernorts auch, viele Bewohner nieder.

Sehenswertes

Drei mächtige Rundtürme prägen das oberhalb des River Nore liegende **Kilkenny Castle** (November bis März Di–Sa 10.30–12.45 Uhr, 14–17 Uhr; April/Mai täglich 10–17 Uhr; Juni bis September täglich 10–19 Uhr), das in den vergangenen Jahrhunderten immer wieder umgebaut und modifiziert wurde. Im Innern lohnt vor allem die große Halle mit der Ahnengalerie der *Butler*-Familie und der bemalten Holzdecke einen Blick.

Gegenüber der Burganlage auf der anderen Straßenseite von The Parade ist in den ehemaligen Stallungen das **Irish Design Centre** (auch *Kilkenny Design Workshop* genannt) untergebracht, das Entwürfe für kunsthandwerkliche Produkte liefert; mehrere kleine Kunsthandwerksgeschäfte sowie ein kleines Restaurant locken zusätzlich Besucher an.

Traditioneller Pub in Kilkenny

Von der Festungsanlage Richtung Stadtzentrum gehend, kreuzt man die Rose Inn Street; hier ist in einem Armenhaus *(Almshouse)* aus dem Jahre 1594 das **Tourist Information Office** untergebracht.

Folgt man der Rose Inn Street nach rechts über den River Nore, so findet man entlang der nun John Street genannten Straße viele hübsche Geschäfte und eine Menge **Pubs und Restaurants.** An der Rose Inn Street beginnt auch die Hauptgeschäftsstraße Kilkennys, die High Street.

Nach wenigen Metern geht rechts die kleine, überdachte Gasse Butter Slip ab, in der sich ein gutes thailändisches Restaurant und eine Anzahl **Kunsthandwerksgeschäfte** aneinanderreihen; Butter Slip verbindet die High Street mit der parallel verlaufenden Kieran Street, die ebenfalls von Pubs und Restaurants gesäumt ist.

Weiter die High Street aufwärts, passiert man auf der rechten Straßenseite das alte **Rathaus** (*The Tholstel,* erbaut 1761). Links von der High Street zweigt die James Street ab, an der die zwischen 1843 und 1857 erbaute katholische **St. Mary's Cathedral** mit ihrem 65 m hohen Kirchturm – dem weithin sichtbaren Wahrzeichen von Kilkenny – einen Blick lohnt.

High Street geht nahtlos in die Parliament Street über, rechts beeindruckt das aus dem Jahr 1794 datierende neoklassizistische Gerichtsgebäude, und auf der linken Straßenseite befin-

046ir Foto: hg

det sich **Rothe House.** Das im Jahre 1594 errichtete Tudor-Gebäude gehört zu den besterhaltenen Kaufmannshäusern Irlands und beherbergt heute das Stadtmuseum von Kilkenny (April-Oktober Mo–Sa 10.30–12.30 Uhr, 14–17 Uhr, So 15–17 Uhr, sonst Sa/So 15–17 Uhr).

Schräg gegenüber vom Rothe House befindet sich der Haupteingang der **Smithwick-Brauerei** (Besichtigung mit abschließendem Freibier von Juni bis September jeweils um 15 Uhr), auf deren Gelände die Reste der 1232 gegründeten **Franziskaner-Abtei** liegen.

Am Ende von Parliament Street ragt die **St. Canice's Cathedral** auf, von 1251 bis 1280 im schönsten gotischen Early-English-Stil errichtet. Interessant sind die vielen Grabdenkmäler, u.a. die der *Butler*-Familie. Neben der Kathedrale stößt einer der ältesten **Rundtürme** Irlands (8.–10. Jh.) in den Himmel; eine Besteigung lohnt sich sehr, man hat einen prachtvollen Blick über die Stadt.

In Irland gilt Kilkenny als die **Festivalstadt.** Im Sommer finden eine ganze Reihe von Veranstaltungen statt:

- **Kilkenny Rhyth & Roots,** Anfang Mai, größtes Musikfestival Irlands bei dem an vielen unterschiedlichen Orten amerikanische Country-Musik geboten wird;
- **Smithwick's Source at Kilkenny,** Ende Juli, riesiges Musikfestival im Nowlan-Park, schon *Bob Dylan* hat hier aufgespielt;
- **Cat Laughs Comedy Festival,** Ende Mai bis Anfang Juni, hier treffen sich die besten englischsprachigen Kabarettisten;

●**Kilkenny Arts Festival,** Ende August, alles dreht sich um Kunst, Literatur, Film, Theater und Musik.

Tourist Information

●**Shee Alms House,** Rose Inn Street, Tel. (056) 7751500.

Unterkunft

●**Newpark Hotel,** Castlecomer Road, Tel. (056) 7760500, Fax 7760555, info@newparkhotel.com, DZ 140 €;
●**Kilkenny Inn Hotel,** 15 Vicar Street, Tel. (056) 7772828, Fax 7761902, info@kilkennyinn.com, DZ 100 €;
●**Club House Hotel,** Patrick Street, Tel. (056) 7721994, Fax 7771920, clubhse@iol.ie, DZ 98 €;
●**Metropole Hotel,** High Street, Tel. (056) 7763778, Fax 7770232, www.metropolekilkennycom, DZ 70 €;
●**Mrs. Helen Sheeban,** Castle Road, Tel./Fax (056) 7762161, cnocmhuire@eircom.net, DZ 56 €;
●**Mrs. Joan Spratt**, Castlecomer Road,Tel. (056) 7752236, chaplins@eircom.net, DZ 56 €;
●**Mrs. Angela Byrne,** 18 Michael Street, Tel./Fax (056) 7762249, john376@gofree.indigo.ie, DZ 64 €;
●**Mrs. Oonagh Tworney,** Dublin Road, Tel. (056) 7722929, DZ 53 €;
●**Mrs. Nora O'Connor,** Freshford Road, Tel. (056) 7721816, undownbandb@eircom.net, DZ 56 €;
●**Mrs. Josephine O'Reilly,** Castle Road, Archers Avenue, Tel. (056) 7761629, archers@iol.ie, DZ 54 €;
●**IHH Kilkenny Hostel,** 35 Parliamanent Street, Tel./Fax (056) 7763541.

Restaurants

●**Bistro Lautrec's,** Kieran Street, kleines italienisches Candle-Light-Restaurant, gute Pizzen, bis 15 €;
●**Lacken House,** 1085 Dublin Road, Tel. (056) 7781086, etwas außerhalb vom Zentrum, mehrfach preisgekröntes Restaurant, sehr kreative Küche, 5-Gänge-Menu 50 €;
●**Rinuccini Restaurant & Bar,** Castle Street, Tel. (056) 7761575, gegenüber der Burg, italo-irische Küche vom Feinsten, ab 18 €;
●Restaurant im **Kilkenny Design Centre,** Castle Street, gegenüber der Burg, nur bis 17 Uhr geöffnet, um 15 €;
●**The Emerald Garden,** 49 High Street, chinesische Gerichte, Kinderportionen, auch vegetarische Gerichte, um 19 €;
●**Dordylos,** Butterslip (die teilweise überdachte Gasse, die High Street und Kieran Street verbindet, in mittelalterlichen Zeiten standen hier die Butterverkäufer) leckere thailändisch-indische Gerichte, auch vegetarische Speisen, sehr gemütlich-freundliches Lokal mit Gerichten zwischen 12 und 20 €;
●**Italian Connection,** Parliament Street, gemütliches Restaurant mit Wohnzimmeratmosphäre, italienische Küche, um 20 €.

Pubs

●**Caislean Ui Guain,** High Street/Ecke Patrick Street, irische Folk Music;
●**John Cleere,** Parliament Street, Traditional Irish Music;
●**Daniel W Bollard,** Kieran Street, atmosphärereiche Kneipe;
●**Langton's,** John Street, „Award Winning Bar and Restaurant", großer Pub mit preisgekrönten Gerichten, regelmäßig Live Music und die beliebteste Club-Diskothek der Stadt;
●**Kilford Arms,** John Street, traditionelle Sessions, mit angeschlossenem Oak Restaurant;
●**Kyteler's Inn,** Kieran Street, der älteste Gasthof der Stadt, das Gebäude stammt aus dem 13. Jh., benannt nach der um 1280 geborenen *Alice Kyteler,* die als Hexe angeklagt wurde, jedoch rechtzeitig fliehen konnte, mit angeschlossenem Restaurant.
●**The Pump House,** Parliament Street, während der Saison fast täglich Live Music;
●**Syd Harkin,** Rose Inn Street, die Taverne datiert aus dem Jahr 1833.
●**Morrissey's,** Rose Inn Street, eine kleine Bar, die auch einfache Gerichte im Programm und im Keller eine Disco hat.

047ir Foto: hg

Der Rock of Cashel

Verbindung

- **Züge** mehrmals täglich von Waterford;
- **Busse** mehrmals täglich von Carrick-on-Suir, New Ross, Dublin, Limerick, Rosslare Harbour, Cork.

Cashel

↗ XVIII/B2

Die Route verlässt nun Kilkenny auf der N 76. Nach wenigen Kilometern biegt man rechts in die R 691 ein, die zu dem kleinen Örtchen Cashel (2400 Einwohner) führt. Rechts und links der schmalen, kurvenreichen Straße liegen ausgedehnte Weideflächen, Kühe und Schafe grasen, und immer wieder kommt man an Gehöften vorbei.

Am Fuß des Kirchberges erstreckt sich das kleine, außerhalb der Touristensaison verschlafen wirkende Örtchen mit seiner kurzen Haupt- und Durchfahrtsstraße, an der ein paar Geschäfte, wenige Pubs und Restaurants aufgereiht sind.

Spaziert man vom Ortszentrum über die Dominic Street auf den Rock hoch, so passiert man auf der linken Straßenseite ein kleines **Museum of Rural Life,** das Folk Village lohnt durchaus einen Besuch.

Am Parkplatz des Rock of Cashel befindet sich das vom irischen Kulturverein *Comhaltas Ceoltoiri Eireann* gegründete Zentrum **Boru Bru.** Hier wird gälisches Liedgut gepflegt und erhalten.

In der John Street findet der an alten Büchern interessierte Besucher den Sitz der erst kürzlich renovierten **Bolton Library** und kann dort eine wertvolle Sammlung irischer Folianten und Landkarten bestaunen. Die Bibliothek wurde 1741 von Erzbischof *Bolton* gestiftet.

Einziger Grund jedoch, einen Stopp in Cashel einzulegen, ist der wirklich beeindruckende Felskegel. Schon von Weitem erblickt man den mächtigen, über 70 m hoch aus der Ebene aufragenden **Rock of Cashel** mit seinen Gebäuderesten (Oktober–Mitte März 9.30–16.30 Uhr, Mitte März–Juni 9.30–17.30 Uhr, Juni–September 9–19.30 Uhr). Vom 4. Jh. bis zum Jahre 1101 diente er als Sitz der Könige von Munster.

Irlands großer Kirchenmann, der **hl. Patrick,** kam im 5. Jh. nach Cashel, um König *Aenghus* zum rechten Glauben zu bekehren. Der Herrscher zeigte sich kooperativ, und Patrick begann mit der Taufzeremonie. Dabei setzte der Heilige – wohl um die kultische Handlung zu verstärken – seinen schweren Bischofsstab mit Macht auf den Boden und traf dabei den Fuß von *Aenghus;* der nahm an, dass dies ein Teil des heiligen Zeremoniells sei und ertrug die Schmerzen vorbildlich.

Patrick erhob die Anlagen auf dem Felsenhügel auch zum **Bischofssitz,** so dass nun geistliche und weltliche Macht einvernehmlich miteinander residierten – die herrschenden Könige standen auch gleichzeitig im Rang eines Abtes.

Viele **Krönungsfeierlichkeiten** fanden hier im Laufe der Jahrhunderte statt; 977 wurde *Brian Boru* auf dem Cashel zum Herrscher gekrönt, 37 Jahre später fand er seinen Tod in der Schlacht bei Clontarf, wo seine Mannen die Wikinger in die Flucht trieben. 150 Jahre später war es mit der Eigenständigkeit endgültig vorbei, im Jahre 1172 huldigte der gesamte irische Klerus dem englischen König *Heinrich II.* auf dem Rock.

Im 12. Jh., nachdem *Muircheartach O'Brien* den Komplex der Kirche übereignet hatte, entstand eine Reihe von sakralen Bauten. *Cormac MacCarthy,* ab dem Jahr 1127 Bischof von Cashel, ließ die 1134 geweihte **Cormac's Chapel** im irischromanischen Stil erbauen. Der hohe Rundturm neben der Kapelle datiert ebenfalls aus dem 12. Jh. Einhundert Jahre später entstand das größte Gebäude auf dem Rock, die im gotischen Stil errichtete **Kathedrale** mit ihren Querschiffen und dem mächtigen Vierungsturm.

Von dem Hügelplateau hat man eine prachtvolle Aussicht auf die saftigen Wiesen und die fruchtbaren Äcker rund um Cashel.

Tourist Office

- Im Cashel Heritage Centre, Main Street, Tel. (62) 62511.

Unterkunft

- **Dundrum House**, Dundrum, Tel. (062) 71116, Fax 71366, dundrumh@iol.ie;
- **Bailey's Cashel Guesthouse,** Main Street, Tel. (062) 61937, Fax 71115, DZ 80 €;
- **Mrs. Ellen Ryan,** 1 Dominic Street, Tel./Fax (062) 61104, teachnamainstreach@eircom. net, DZ 54 €;
- **Mrs. Laura Ryan,** John Street, Tel. (062) 61286, Fax 62789, info@ashmorehouse.com, DZ 60 €;
- **Cashel Holiday Hostel,** IHH, John Street, Tel. (062) 62330, Fax 62445;
- **O'Briens's Farm Hostel,** IHH, St. Patrick's Rock, Dundrum, Tel. (062) 61003.

Restaurants

- **Chez Hans,** Dominic Street, Tel. (062) 61177, unterhalb des Rock of Cashel gelegen, 1968 eröffnete *Hans-Peter Mathie* das Restaurant im Innern einer alten, säkularisierten Kapelle; heute geht ihm sein Sohn *Jason* zur Hand, der in den besten Londoner Restaurants gelernt hat, darunter im *Le Gavroche* und im *La Tante Claire;* bestes Lokal des gesamten County Tipperary, gute Fischgerichte, Lamm und Wild, Hauptgerichte ab 30 €.

In der gleichen Straße befindet sich das **Café Hans,** Tel. (062) 63660, in dem die Küche die gleiche Qualität hat, die Gerichte aber einfacher sind und mit 10 bis 12 € zu Buche schlagen.

Verbindung

- **Busse** mehrmals täglich von Kilkenny, Dublin, Limerick, Cork und Cahir.

Umgebung von Cashel

Freunde irischer Abteien sollten von Cashel auf der R 660 ca. 13 km nach Norden in Richtung Thurles fahren. Dort erreicht man das Zisterzienser-Kloster **Holycross Abbey,** welches im 15. Jh. eine beliebte Pilgerstätte war. Im nördlichen Querschiff befinden sich noch seltene, Jagdszenen zeigende Wandmalereien.

Cahir

↗ XVIII/B2

Wer den Abstecher nicht unternimmt, fährt nun auf der N 8 nach Cahir. Das kleine, am River Suir gelegene Städtchen (1800 Einwohner) hält eine der mächtigsten **Burgen** Irlands in seinem Besitz (13./15. Jh.). Hier residierten die *Butlers,* eine gleichnamige Nebenlinie jener mächtigen Familie, die schon in Kilkenny erwähnt wurde. Die Festung galt als uneinnehmbar, und entsprechend sicher wähnten sich ihre Eigentümer. 1599 dann belagerte der Earl of Essex auf Anweisung von *Elisabeth I.* dieses Fort, und unter massivem Artillerie-Einsatz konnte seine Armee nach nur zehn Tagen Belagerung einen großen Sieg verbuchen.

In den folgenden Jahrhunderten fiel das trutzige Bauwerk an verschiedene Besitzer, um letztendlich doch wieder in die Hände der *Butlers* zu gelangen.

Hinter den massigen Festungsmauern, die mit runden und quadratischen Türmen bestückt sind, reckt sich der mächtige Bergfried in den Himmel (Mitte Juni bis Mitte September 10–19.30 Uhr, sonst Di–Sa 10–13 Uhr und 14–17 Uhr, So 14–17 Uhr).

Tourist Information

- Vor dem Haupteingang zur Burg.

Unterkunft

- **Cahir House Hotel,** The Square, Tel. (052) 43000, Fax 42782, info@cahirhousehotel.ie, DZ 80 €;
- **Mrs. Jo Doyle,** Clonmel Road, Tel. (052) 41780, killaunbandb@eircom.net, DZ 55 €;
- **Mrs. Kay Burne,** Tipperary Road, Tel. (052) 41617, DZ 60 €;
- **Mrs. Brenda Keating,** Clonmel Road, Tel./Fax (052) 43059, brendakeating@ireland.com, DZ 60 €;
- **An-Oige-Hostel** *Mountain Lodge,* Burncourt, Tel. (052) 67277, 16 km von Cahir;
- **Campingplatz** *The Apple,* Tel. (052) 41459, 6,5 km in Richtung Clonmel nahe der N 24 gelegen, gut ausgerüstet, 6 € pro Person und Nacht.

Restaurants

- **Galileo Café,** Church Street, italienisches Café-Restaurant, Pizzen und Pasta bis 11 €;
- **Lazy Bean Café,** The Square, Tee, Kaffee und Kuchen sowie kleine Snacks bis 9 €;
- **J. Morrissey,** an der Burg gelegen, mit regelmäßigen Live Sessions in der Saison, „Musicians are welcome“ heißt es bei hier.

Verbindung

- **Züge** mehrmals täglich von Limerick und Waterford;
- **Busse** von Dublin, Kilkenny, Carrick-on-Suir, Cork, Limerick, Cashel und Waterford.

Nach Cork

The Vee

↗ XVIII/B3

Man verlässt Cahir auf der R 668 in Richtung Lismore. Den Reisenden erwartet **eine der schönsten Gebirgsstraßen** des Südostens: The Vee.

Vorerst jedoch geht die Fahrt noch durch die Ebene, rechts und links der Strecke liegen fruchtbare Felder, saftiggrüne Weiden, kleine Weiler und einzelne Gehöfte – bereits hier ist „The Vee“ ausgeschildert. Langsam tauchen in der Ferne die rund 800 m hohen Knockmealdown Mountains auf; je nach Wetterlage zeichnen sich die schroffen Gebirgskegel klar am Horizont ab, oder die Gipfel stecken in gewaltigen Wolken.

Hinter dem Örtchen Clogheen beginnt die Straße dann leicht anzusteigen und bald darauf säumen die ersten Nadelholzwälder unseren Weg. Auf den folgenden Kilometern windet sich die Trasse in Serpentinen die Hügelkette hoch.

Dort oben, wo keine Kiefern und Fichten den Blick versperren, hat man eine Vielzahl schöner Aussichtspunkte; an Ausbuchtungen am Straßenrand kann man parken und in Ruhe die Landschaft genießen. Immer höher geht es, niedriges Flecht- und Buschwerk hat mittlerweile den Wald abgelöst, und ungehindert kann man weit in die Ebene schauen. Am höchsten Punkt der Knockmealdown Mountains sieht man tief unten die durch Windmauern abgegrenzten Felder und Wiesen wie eine Patchwork-

Decke vor sich liegen. Überall am Straßenrand grasen Schafe. Leider geht es nun wieder ins Tal hinab, und kurz bevor Lismore erreicht ist, fährt man durch dichte Laubwälder.

Lismore

↗ XVIII/B3

Lismore (900 Einwohner) hat dem Besucher nicht viel zu bieten und das, obwohl das Örtchen im Verlauf der irischen **Historie** bedeutende Institutionen besaß. Von der im 7. Jh. gegründeten Klosterstadt, der eine berühmte, in ganz Europa bekannte Universität angeschlossen war, ist nichts mehr erhalten. Nach vielen Plünderungen und Belagerungen machte der Normanne *Raymond le Gros* diese kirchliche Stätte im Jahre 1173 endgültig dem Erdboden gleich.

Heutzutage ist Lismore bekannt wegen seiner am Ufer des Blackwater River gelegenen **Burganlage.** Die Anfänge dieses für irische Verhältnisse gewaltigen Festungsbaus gehen in das

Blick von der Gebirgsstraße „The Vee"

12. Jh. zurück, immer wieder wurde Lismore Castle erweitert, umgebaut und verstärkt, im letzten Jahrhundert dann renovierte man das Schloss im neogotischen Stil. Da sich das Fort in Privatbesitz befindet, ist es nicht zu besichtigen, allerdings darf man durch die mit einem Neun-Loch-Golfplatz versehenen Parkanlagen streifen. Von Lismore aus geht es nun in Richtung Cork.

Ardmore ⇗ XXIII/D1/2

Ein Abstecher über Youghal nach Ardmore – nach eigenem Bekunden ein *Historic Seaside Village* – lohnt sich für denjenigen, der den aus dem 12. Jh. datierenden, 30 m hohen und besterhaltenen **Rundturm der frühchristlichen Ära** besichtigen möchte. Der sechs Stockwerke umfassende Turm diente als letzte Zufluchtstätte vor dem Ansturm räuberischer Wikinger.

Neben diesem schlanken Bauwerk befinden sich die Ruinen einer dem *hl. Declan* geweihten Kirche (5. Jh.) sowie die Reste der St. Declan's Cathedral (13. Jh.).

Ardmore ist auch bekannt wegen seines langen **Sandstrandes;** allerdings mangelt es dem Dörfchen an Unterkunftsmöglichkeiten, und so verschandeln riesige Wohnwagen-Streusiedlungen das Orts- und Landschaftsbild ganz beträchtlich. Auch die touristische Infrastruktur kann nur als ungenügend bezeichnet werden. Im winzigen Zentrum ist ein *Cliff Walk* ausgeschildert, der den Wanderer oberhalb der See und entlang der Klippen führt.

Cobh ⇗ XXIII/C2

Kurz vor Cork zweigt von der N 25 die R 624 ab und führt in einem großen Bogen nach Cobh, dem äußerst ansehnlichen **Hafenort von Cork.** Die 7000 Einwohner zählende Stadt ist an einer nach Süden gerichteten Hügelschulter angelegt, und von oben ragt die mächtige Kathedrale schützend über die bunten, pastellfarbenen Häuser entlang der Seepromenade. Im Sommer, wenn die Sonne auf die farbigen Gebäude scheint, präsentiert sich der Ort vor allem von der blauen Seeseite her, mehr als attraktiv. Dann flanieren die vielen Besucher am Meer entlang der Promenade.

Während der großen Hungersnot wanderten an die drei Millionen Menschen von Cobh aus in die „Neue Welt" aus. Heute legen noch immer Kreuzfahrtschiffe am Kai an, und die Passagiere besuchen vom Örtchen aus auf Tagestouren die Sehenswürdigkeiten der irischen Südküste.

Am Hafen von Cobh

207IRL Foto: hg

Geschichte

Lange war Cobh (sprich: Cove) ein kleines verschlafenes **Fischernest,** doch in der Mitte des 18. Jh. erkannten die englischen Besatzer die Vorzüge des geschützten Naturhafens. Auch die Marine wusste den günstigen Standortvorteil zu nutzen, und während des amerikanischen Unabhängigkeitskrieges sowie der napoleonischen Kriege wandelte sich Cobh zu einem wichtigen Umschlagplatz für Güter, Waffen und Soldaten. 1720 wurde im Örtchen Irlands erster Yachtclub gegründet, und ab 1830 avancierte Cobh zu einem **beliebten Badeort** der englischen High Society. 1838 startete von Cobh aus die *Sirius* zu ihrer Transatlantiküberquerung, das Schiff war der erste Dampfer, der diese Route befuhr. Elf Jahre später, im Jahre 1849, nach einem Besuch von Königin *Victoria,* benannten die Briten die Stadt um in Queenstown, 1922, ein Jahr nach der Unabhängigkeit, gaben die Iren dem Hafenort seinen ursprünglichen Namen wieder zurück. Ab der Mitte des 19. und noch zu Beginn des 20. Jh. **wanderten Hunderttausende** von armen, hungernden Iren von hier **nach Amerika aus.** Während dieser Zeit legten auch die großen Transatlantik Liner auf ihrer Fahrt von Southampton nach New York und zurück am Pier von Cobh an. Auch die *Titanic* stoppte hier im Jahre 1912 und nahm irische Emigranten auf, wenige Tage später

Die Versenkung der Lusitania

Die *RMS Lusitania* (RMS = Royal Mail Steamer) wurde von der Reederei Cunard Line auf Kiel gelegt und unternahm am 7. September 1907 ihre **Jungfernfahrt** von Liverpool nach New York. Zusammen mit ihrem Schwesterschiff *Mauretania* war sie der größte (31.550 BRT, 232 m lang, 27 m breit), schnellste und luxuriöseste Transatlatik Liner der damaligen Zeit. Die Höchstgeschwindigkeit lag bei 25 Knoten, die von vier Dampfturbinen erzeugt wurde, und damit schaffte der Passagierdampfer die Strecke Liverpool – New York in nur viereinhalb Tagen.

Am 1. Mai 1915, mitten im Ersten Weltkrieg, lief die *Lusitania* von New Yort zu ihrer 101. Atlantiküberquerung mit 1268 Passagieren und 701 Besatzungsmitgliedern nach Liverpool aus. Zusätzlich hatte der Luxusdampfer mehrere tausend Kisten – insgesamt 10,5 Tonnen – mit Granaten und Munition an Bord, die für Englands Kampf gegen Deutschland bestimmt waren.

Früh am Morgen des 7. Mai erreichte die *Lusitania* die Südküste Irlands und lief auf Cobh (damals Queenstown) zu. Wegen der Kriegsgefahr in den Gewässern rund um Großbritannien, hatte die Führung der Cunard Line entschieden, den Dampfer nicht bis in den Heimathafen laufen zu lassen. Vielmehr sollten die Passagiere in Cobh von Bord, die Fracht dort gelöscht und über Dublin und mit der Fähre nach Liverpool gebracht werden. Um 13.20 Uhr zog die *Lusitania* 11,5 Meilen vor dem Kap Old Head of Kinsale vorbei und wurde dabei von dem deutschen U-Boot U-20 unter Kapitänleutnant *Walther Schwieger* durch das Periskop gesichtet. Schwieger ließ einen Torpedo abfeuern, der den Dampfer mittschiffs auf der Steuerbordseite traf. Unmittelbar nach dem Einschlag des Torpedos erschütterte eine zweite, wesentlich stärkere Explosion das Schiff, und der Strom fiel aus. Damit konnten die Schotten nicht mehr geschlossen werden, und in das gesamte Schiff rauschte das Wasser hinein. Schon nach wenigen Minuten hatte die Lusitania derart Schlagseite, dass die Steuerbordreling die Wasserlinie erreichte, die Backbord-Rettungsboote aus ihren Davits gerissen wurden und viele Menschen an Deck erschlugen. In nur **18 Minuten** sank die Lusitania. Erst vier Stunden nach der Katastrophe trafen die ersten Rettungsschiffe ein, dabei handelte es sich ausschließlich um Fischtrawler aus Cobh und Kinsale, deren Besatzungen fast nur Tote bergen konnten. Die sterblichen Überreste und die 761 verletzten und stark unterkühlten Überlebenden wurden nach Cobh gebracht und in Krankenhäusern, Hotels und Privathaushalten untergebracht, die Toten fanden auf dem lokalen Friedhof in Massengräbern, dem Old Church Cemetary sowie in der St. Multose Church von Kinsale, ihre letzte Ruhestätte. Unter ihnen befanden sich auch 128 Amerikaner, deren Tod für die **Kriegserklärung** Amerikas an Deutschland verantwortlich war. Die USA gaben damit ihre isolationistische Politik auf, traten in den Ersten Weltkrieg ein und unterstützten fortan die Alliierten.

Das schnelle Untergang gab den Experten zunächst Rätsel auf und es wurde angenommen, dass der Torpedo die mitgeführten 10,5 Tonnen Munition zur Explosion gebracht hatte. Heute weiß man, dass die *Lusitania* unter **Volldampf** fuhr, die Dampfkessel an ihrer Kapazitätsgrenze arbeiteten und sehr heiß waren. Als sie plötzlich in Kontakt mit dem kalten Meerwasser kamen flogen die Kessel in die Luft und durchschlugen dabei den Kiel des Schiffes.

Briten und Amerikaner beschuldigten die Deutschen, ein unbewaffnetes Schiff torpediert zu haben und sprachen von einem Massenmord an Zivilisten. Die deutsche

Seite konterten damit, dass die *Lusitania* entgegen dem Völkerrecht Munition geladen hatte und damit angegriffen werden durfte. Dieser Aussage schloss sich die in New York tagende Untersuchungskommission nach dem Krieg im wesentlichen an. Die britischen Akten über die *Lusitania* unterliegen bis heute der Geheimnispflicht und dürfen nicht eingesehen werden. Hinzu kamen die verwirrenden Angaben der britischen Admiralität an den Kapitän der *Lusitania,* der nicht mehr Liverpool, sondern Cobh anlaufen sollte und dadurch direkt vor die Torpedorohre von U-20 geleitet wurde. Denn der militärische Geheimdienst kannte den Wirkungsbereich des deutschen U-Bootes, übermittelte der Lusitania aber irreführende Positionsangaben. Die Admitalität informierte den Kapitän auch nicht darüber, dass die Liverpool-Route um die Nordküste Irlands freigegeben worden war und dass sie zwei Tage vor Eintreffen der Lusitania den britischen Kreuzer *Juno,* der an der irischen Südküste auf den Luxus Liner wartete, um ihm Geleitschutz nach Liverpool zugeben, abgezogen hatte.

waren die meisten von ihnen ertrunken. Drei Jahre später schockte eine weitere Schiffskatastrophe die Welt, als vor der irischen Südküste die Lusitania von einem deutschen U-Boot torpediert wurde. 1198 Menschen kamen ums Leben, die Geretteten, aber auch die geborgenen Körper wurden nach Cobh gebracht, hier versorgt und begraben. Ein **Denkmal** am zentralen Platz vor der Uferpromenade, am Casement Square, erinnert daran. Bis 1937 war Cobh britischer Marinehafen.

Heutzutage hat der Ort seine einstige wirtschaftliche Bedeutung verloren, doch spülen die vielen Besucher jedes Jahr viel Geld in die Taschen der Bewohner. Darüber hinaus ist Cobh Schlafstadt für begüterte Angestellte von Cork. Wenngleich noch immer eine Fischereiflotte an den Molen liegt, so ist Cobh doch heutzutage vor allem ein **Ferienort.**

Sehenswertes

Erster Besuchermagnet ist am Hafen der einstige **Bahnhof,** in dem mit vielen interessanten Ausstellungsstücken über die Queenstown Story, die Geschichte und Entwicklung der Stadt, der Auswanderung und der Schiffskatastrophen berichtet wird. Das *Heritage Centre* ist von Mai bis Oktober von 10–18 Uhr geöffnet.

Nahebei ist in einer säkularisierten Presbyterianerkirche ein kleines **Geschichtsmuseum** untergebracht, das Schiffsmodelle, Fotos von Cobh aus dem 19. und 20. Jh., Gemälde und alte Alltagsgegenstände zeigt (Ostern–

Oktober Mo–Sa 11.30–13, 14–17.30 Uhr, So 15–18 Uhr).

Hoch über der Stadt ragt von einer Terrasse der Hügelschulter aus die **St. Colman's Cathedral** in den Himmel. Cobhs Landmarke und Wahrzeichen wurde 1868 im Stil der Neogotik begonnen und geht auf die Entwürfe des bekannten englischen Architekten *Augustus Pugin* zurück. Die Gelder für den Bau, der eigentlich für so ein kleines Örtchen überdimensionierten Kathedrale spendeten vor allen emigrierte Iren aus den USA. Bekannt auf den britischen Inseln ist das 1915 fertiggestellte Gotteshaus für sein **Glockenspiel,** an dem insgesamt 47 Glocken beteiligt sind; die Schwerste von ihnen wiegt 3,5 Tonnen. Dieses Glockenkonzert kann man sich von Mai bis September jeden Sonntag ab 16.30 Uhr anhören. Von dort oben hat man außerdem einen fantastischen Ausblick auf die Bucht und über Spike Island.

Wer die attraktive Skyline der Stadt einmal von der Wasserseite erleben möchte, der kann zwischen Juni und September mit dem Marine Transport Service vom Atlantic Quay eine einstündige **Schiffstour** durch den großen Naturhafen unternehmen. Am East Beach vermietet das International Sailing Centre Segelboote, Kanus und Windsurf-Bretter.

Interessant sind auch die geführten, über einstündigen Touren von *Michael Martin* durch die Stadt. Diesen **Titanic Trail** kann man in der Tourist Information oder unter (021) 4811485 buchen.

Vom Ortseingang von Cobh verkehrt von der R 624 eine **Autofähre** hinüber nach Cork. Man muss also nicht den 24 km langen Bogen zur Metropole fahren und wer direkt an die Südküste möchte, vermeidet so die immer staugeplagte Ortsdurchfahrt durch Cork.

Tourist Office

- Im Gebäude des alten Yachtclubs am Hafen und **Heritage Centre,** Tel. (021) 4813301.

Unterkunft

- **Bella Vista Hotel,** Bishop's Road, Tel. (021) 4812450, Fax 4812215, www.bellavistahotel.ie, DZ 90 €;
- **Harley's Bed & Breakfast,** 24 Harbour Row, Tel.(921) 4814290, Fax 4814296, www.harleysbnb.com, DZ 60 €;
- **Mrs. Paula Rasmussen,** Bishop's Road, Tel. (021) 4813547, Fax 4823873, DZ 60 €;
- **Mrs. Martha Hurley,** Carrignafoy Road, Tel./Fax (021) 4813873, DZ 60 €;
- **Mrs. Noreen Hickey,** Beechmount, Tel./Fax (021) 4814260;
- **Mrs. Tracey Fortune,** 3 Harbour Hill, Tel. (021) 4811803, DZ 60 €;
- **Mrs. Georgina Coughland,** Tay Road, Tel./Fax (021) 4811373, DZ 60 €.

Restaurants

- **Trade Winds Restaurant,** 16 Casemont Square, an der Seepromenade, Tel. (021) 4813754, bestes Restaurant von Cobh, frische Fischgerichte, Seafood, gute Weine, Hauptgerichte bis 28 €;
- **Hongkong Kitchen** und **Indian Delight,** beide an der Seepromenade, preiswertes chinesisches und indisches Restaurant.

Pubs

- **Kelly's Bar,** an der Seepromenade, alte Fischerkneipe mit Atmosphäre;
- **Lusitania Bar** und **Mauretania Bar,** zwei kleine Pubs gegenüber vom *Trade Wind Restaurant* am Casement Square.

Cork

↗ XXIII/C2

Cork (140.000 Einwohner), Irlands zweitgrößte Stadt, liegt am Ufer des River Lee, dort, wo sich die Trichtermündung des Flusses zum Cork Harbour verbreitert.

Die Universitätsmetropole ist ein **bedeutendes Wirtschaftszentrum** im Süden der Grünen Insel: In dem geschützten Naturhafen können Frachter bis 60.000 Tonnen anlanden, die *Irish Steel Company,* Irlands größtes Stahlunternehmen, beschäftigt Tausende von Menschen; pharmazeutische und chemische Industriebetriebe nationaler wie internationaler Herkunft haben ihren Sitz in Cork oder Umgebung.

Und gerade diese Firmen waren es, die Cork in der Vergangenheit immer wieder in die Schlagzeilen der Presse brachten. Der Pharma-Riese Merrell Dow plante Ende der 1990er Jahre mit einem Finanzvolumen von fast 170 Millionen Euro bei Killeagh (zwischen Cork und Youghal) ein Zweigwerk mit 250 neuen Arbeitsplätzen. Die irisch-industrielle Entwicklungsbehörde (IDA) war begeistert und unterstützte das Unternehmen nach Kräften, die örtliche Administration erteilte großzügige Baugenehmigungen. Die perfide Strategie des Multis schreckte die Bürger, nicht jedoch die staatlichen Autoritäten: *Merrell Dow* wollte nicht etwa in der südlich von Cork ausgewiesenen Ringaskiddy-Industriezone bauen, sondern am Ufer des Womanagh River, denn dort – so die Begründung der Unternehmenssprecher – könne man der Firma die Umweltverschmutzungen anderer Unternehmen nicht anlasten.

Eine Bürgerinitiative formierte sich gegen den Plan, und die *Womanagh Valley Protection Association* klagte gegen das Vorhaben. Im Mündungsgebiet des kleinen, bisher ökologisch intakten River Womanagh liegt inmitten von ausgedehnten Salzmarschflächen und Wattebenen ein Vogelschutzgebiet, in dem jährlich Zehntausende von Kiebitzen, Uferschnepfen und Goldregenpfeifern brüten; vor der Küste erstrecken sich die größten Muschelbänke Europas – für beide Areale hatten die Expertisen der Umweltschützer katastrophale Schäden prognostiziert. Die Bevölkerung der Region war geteilter Ansicht: Die vielen Arbeitslosen unterstützten das Projekt, die in der Landwirtschaft und der Tourismusbranche Beschäftigten formierten ihren Widerstand in der Bürgerinitiative. Doch die Naturschützer verloren vor Gericht in erster Instanz; eine Berufung war bereits angekündigt, da zog *Merrell Dow,* vom laut artikulierten Widerstand der Bevölkerung abgeschreckt, seine Planungen zurück. So kann der Ornithologe hier weiterhin das Leben vieler Vogelarten studieren. Dies ist einer der seltenen Fälle, wo Umweltschützer sich gegen einen Chemiekonzern durchsetzen konnten.

Geschichte

Corks Geschichte beginnt im 6. Jh., als der **hl. Finbarr** am Ufer des Lee eine Kirche erbauen ließ, um die sich alsbald die ersten Häuser gruppierten.

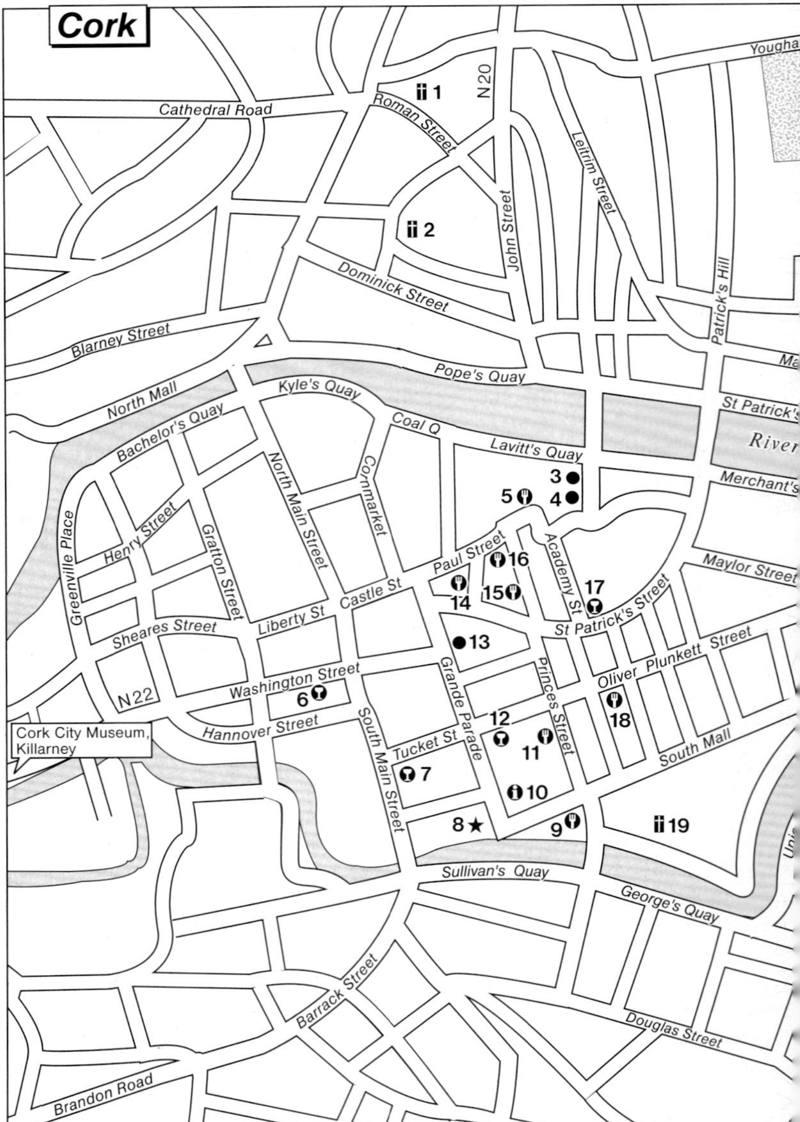

Cork
Youghal
1
2
3
4
5
6
7
8
9
10
11
12
13
14
15
16
17
18
19
N20
Cathedral Road
Roman Street
John Street
Leitrim Street
Patrick's Hill
Dominick Street
Blarney Street
Pope's Quay
North Mall
Kyle's Quay
Coal Q
Lavitt's Quay
Bachelor's Quay
St Patrick's
River
Merchant's
Greenville Place
Henry Street
Gratton Street
North Main Street
Cornmarket
Paul Street
Academy St
Maylor Street
Castle St
Liberty St
Sheares Street
St Patrick's Street
Oliver Plunkett Street
Washington Street
Grande Parade
Princes Street
N22
Hannover Street
South Main Street
Tucket St
South Mall
Cork City Museum, Killarney
Sullivan's Quay
George's Quay
Barrack Street
Douglas Street
Brandon Road

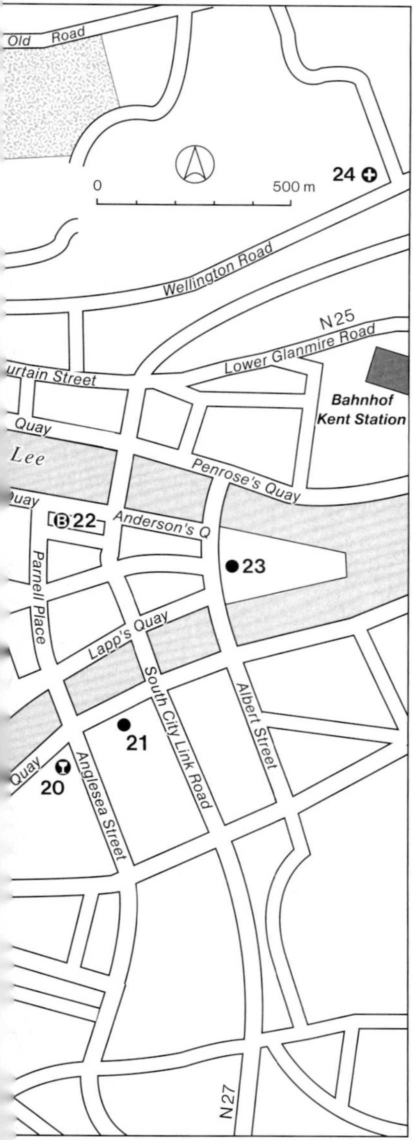

- 1 St Mary's Cathedral
- 2 St Anne's Church
- 3 Opernhaus
- 4 Crawford Art Gallery
- 5 Bully's Snack Bar
- 6 Reardon's Mill Pub
- 7 Spailpin Fanac Pub
- 8 National Monument
- 9 Jacob's on the Mall
- 10 Tourist Office
- 11 Rossini's Restaurant
- 12 Old Oak
- 13 Markthallen
- 14 Restaurants Gambieni's u. Table 8
- 15 Bistro Strasbourg Goose
- 16 Bracken's Snack Bar
- 17 Pub/Winebar Le Château
- 18 Kelly's Restaurant
- 19 Father Matthew Memorial Church
- 20 The Lobby's, Charley's
- 21 City Hall
- 22 Busbahnhof
- 23 Custom House
- 24 Krankenhaus

300 Jahre später war es erst einmal vorbei mit der Ruhe, auch in dieser Region Irlands brandschatzten und plünderten die **Wikinger.** Die Siedlung, so fanden die Nordmänner bald heraus, lag an einem strategisch günstigen Ort, und so ließen sich die raubeinigen Gesellen hier nieder und befestigten den Dorfkern.

Wiederum 300 Jahre später eroberten die **Normannen** die Stadt und etablierten sich als die neuen Herren. Um Komplikationen mit den anglo-normannischen Rittern zu vermeiden, verband sich das lokale Herrschergeschlecht der *MacCarthy's* mit den Okkupanten und erreichte, dass schon wenige Jahre später der englische König *Heinrich II.* dem Ort die Stadtrechte zusprach.

Cork entwickelte sich alsbald zu einer **prosperierenden Handelsmetropole,** und den reichen Kaufleuten gelang es über die Jahrhunderte immer wieder, sich trotz der englischen Gesetzgebung eine relative Eigenständigkeit zu bewahren. Nachdem der protestantische *Wilhelm von Oranien* in der Schlacht am Boyne gegen seinen katholischen Widersacher *James II.* gesiegt hatte, ließ er auch Cork einnehmen und alle Befestigungsanlagen schleifen.

Im letzten Jahrhundert taten sich die Bürger der Stadt in der **Unabhängigkeitsbewegung** gegen die Engländer hervor – Cork erhielt den Beinamen *The Rebel City;* zwischen 1919 und 1921 dann kam es zu schweren, bürgerkriegsähnlichen Kämpfen, große Teile der Stadt fielen Feuersbrünsten zum Opfer. Kurz vor Erlangung der Unabhängigkeit starben zwei Bürgermeister in den Auseinandersetzungen mit den Briten: *Thomas MacCurtain* wurde 1920 ermordet, und im gleichen Jahr starb sein Nachfolger, der Politiker, Dichter und Anhänger der IRA *Terence McSwiney* nach 74 Tagen Hungerstreiks im Londoner Brixton-Gefängnis. Mut machte er sich mit den folgenden Worten: „Nicht, wer anderen am meisten Leid zufügen kann, sondern wer am meisten erdulden kann, wird letztendlich siegen."

Für das Jahr 2005 wurde Cork zur **Kulturhauptstadt Europas** erklärt, was in der Stadt einen mächtigen Bauboom auslöste, sodass das Zentrum sich dem Besucher seitdem gut restauriert präsentiert.

Sehenswertes

Beeindruckende Sehenswürdigkeiten hat Cork kaum zu bieten, viel Bausubstanz brannte in den Bürgerkriegswirren nieder. Das Stadtzentrum der Metropole erstreckt sich zwischen den beiden kanalisierten Flussarmen – North Channel und South Channel – des River Lee.

Ein Besichtigungsgang könnte an der 1859 errichteten St. Patrick's Bridge beginnen, die über den North Channel führt. Am Eingang zur St. Patrick's Street – Corks Haupteinkaufsstraße – mahnt die **Bronzestatue von Father Theobald Matthew** vor zu großem Alkoholkonsum; der Pater unternahm in der ersten Hälfte des 19. Jh. als „Apostel der Mäßigung" einen „Kreuzzug" gegen Bier- und Whiskeytrinker und

210IRL Foto: hg

Im Zentrum von Cork

forderte die Abstinenz der Massen – eine wenig populäre Maßnahme!

St. Patrick's Street entstand im Jahre 1789, zuvor hatte man einen Seitenarm des River Lee trockengelegt. **Geschäfte** des gehobenen Einzelhandels säumen die Hauptstraße. Gleich am Anfang befindet sich auf der rechten Straßenseite ein großer Music Store, daneben lohnt ein Blick in den kaufhausähnlichen Buchladen der Eason-Kette; Waterstone's, eine weitere Buchhandlung, und His Master's Voice, ein Musikgeschäft, sind ebenfalls auf der St. Patrick's Street zu finden.

Am Ende von St. Patrick's Street geht es nach rechts in die Corn Market Street – wie der Name schon sagt, finden hier wochentags **Märkte** verschiedener Art statt.

Nach links gehend, gelangt man in die breite Grand Parade und erreicht nach wenigen Metern Fußweg linker Hand den Eingang zu einer der Hauptsehenswürdigkeiten Corks, die **Markthallen.** Sehr schnell fühlt sich der Besucher eher in den ehemaligen *Les Halles* von Paris als in einer irischen Metropole. Der Marktkomplex, ideal für Selbstversorger, erstreckt sich zwischen der St. Patrick's Street und der Oliver Plunkett Street sowie zwischen Grand Parade und Princess Street (Eingänge jeweils von diesen Straßen).

Von der St. Patrick's Street kommt man durch drei kleine Gassen in die

Hallen; zum einen durch die schmale Market Lane, in der sich auch das elegante und teure **Restaurant Oyster Tavern** sowie der sehenswerte und gemütliche **Pub The Vineyard** befinden; des Weiteren durch die kleine Arkadenstraße The Market Parade, hier locken einige Kunsthandwerksgeschäfte, Juweliere, ein exklusiver Friseur und ein kleiner Coffee Shop den Besucher; auch über die schmale Mutton Lane – mit dem Pub The Mutton Lane Inn – gelangt man ebenfalls in das Marktareal.

Folgt man der Grand Parade weiter, so passiert man die nach links abzweigende **Oliver Plunkett Street –** für den an Essen, Trinken und Live Music interessierten Besucher die wichtigste Straße der Stadt. Von der Oliver Plunkett Street zweigen weitere kleine Gassen ab, so etwa Princess Street, Cook Street, Pembroke Street, Caroline Street, Marlborough Street, in denen Geschäfte, Restaurants, Cafés und Pubs zu finden sind.

Eine davon, Princess Street, verbindet die Oliver Plunkett mit der St. Patrick's Street, und hier befindet sich der Eingang zum schönsten Teil des überdachten Verkaufsgeländes. Ursprünglich hieß dieses im Jahre 1788 eröffnete Hallenareal einmal *Root Market;* 1862 renovierte der Architekt *George Benson* den Komplex. Im Juni 1980 wurde der Bau ein Raub der Flammen. Im Oktober 1981 konnte die Markthalle wieder der Öffentlichkeit übergeben werden; alles war sehr sorgfältig restauriert worden, selbst der plätschernde Brunnen wurde nicht vergessen, und auch die metallenen Stützsäulen sowie die Geländer der oberen Etage sind den einstigen Originalen nachempfunden.

Zurück zur Grand Parade und weiter der ursprünglichen Richtung folgend – auf der linken Straßenseite trifft man dabei auf das Tourist Office –, ist am South Channel bald das **National Monument** erreicht, das die irischen Freiheitskämpfer ehrt. Nun geht es links in die South Mall in das Bankenzentrum von Cork.

Einen Abstecher lohnt die **Father Matthew Memorial Church** am Father Matthew Quay. Das Gotteshaus entstand im Jahre 1832 im neogotischen Stil. Im Innern zeigen hinter dem Hochaltar die Kirchenfenster ein Abbild von *Daniel O'Connell,* dem Befreier Irlands.

Am Ende von South Mall sieht man auf der anderen Flussseite am Albert Quay die **City Hall;** das Rathaus wurde 1920 zerstört und 16 Jahre später im neoklassizistischen Stil neu erbaut.

South Mall geht nun über in den Lapp's Quay, und der führt uns zum Zusammenfluss von North und South Channel. Auf der Landspitze liegt das im 19. Jh. erbaute **Custom House,** heute Sitz der Hafenverwaltung. Wendet man sich nun nach links, erreicht man über Anderson's Quay und Merchant's Quay vorbei am Busbahnhof nun wieder St. Patrick's Bridge, den Ausgangspunkt des Spazierganges.

Einen Besuch lohnt auch der nördliche Teil von Cork. Überquert man den North Channel auf der St. Patrick's Bridge, so gelangt man in die steil ansteigende Straße **St. Patrick's Hill;** von hier oben hat man einen schönen Blick auf das Stadtzentrum von Cork.

Westlich von St. Patrick's Hill erhebt sich am Cathedral Walk die wichtigste katholische Kirche der Stadt: **St. Mary's Cathedral.** 1808 errichtete man das Gotteshaus im neogotischen Stil. Nachdem es einem Brand zum Opfer gefallen war, renovierte der Corker Architekt *G. R. Pain* die Kathedrale und gestaltete auch die Innenausstattung neu.

Nahebei lohnt ein Besuch in der **St. Ann's Church** (Shandon). Der Kirchturm - das Wahrzeichen der Stadt - hat aufgrund seiner Form den Namen *Pepperpot,* Pfefferstreuer, erhalten. Man darf den 36 m hohen Glockenturm besteigen und hat eine gute Aussicht über Irlands südliche Metropole; einen Blick lohnen auch die acht Glocken, deren Spiel berühmt ist.

Am südlichen Ufer des North Channel, nahe dem 1963 erbauten **Opernhaus,** liegt am Emmet Place die **Crawford Municipal Art Gallery** (Mo-Fr 10-17 Uhr, Sa 9.30-16.30 Uhr), die Skulpturen und Gemälde irischer Künstler sowie auch wechselnde Ausstellungen zeigt.

Außerhalb des Stadtzentrums, der N 22 Richtung Killarney folgend, kommt man zum **Cork City Museum** (Mo-Fr 11-13 Uhr, 14.15-18 Uhr, Sa 11.30-13 Uhr), das inmitten des Fitzgerald's Park gelegen ist. In dem Ausstellungsgebäude kann der Besucher Exponate zur Stadtgeschichte studieren, und im Park selbst lohnt ein Spaziergang vorbei an vielen Skulpturen.

Tourist Information

- in der Grand Parade, Tel. (021) 4255100, Fax 4255199.

Hotels

- **Jury's Inn Cork Hotel,** Anderson's Quay, Tel. (021) 4943000, Fax 4276144, www.jurysinns.com, DZ 130 €;
- **Ashley Hotel,** Coburg Street, Tel. (021) 4501518, Fax 4501178, ashleyhotel@eircom. net, DZ 96 €;
- **Ambassador Hotel,** Military Hill, St. Lukes, Tel. (021) 4551996, Fax 4551997, info@ambassasdorhotel.ie, DZ 90 €;
- **Quality Hotel Cork,** John Redmond Street, Tel. (021) 4529200, Fax 4529222, www.qualityhotelcork.com, DZ 90 €;
- **Victoria Hotel,** Patrick Street, Tel. (021) 4278788, Fax 4278790, info@thevictoriahotel.com, DZ 80 €.

B & B

- **Mrs. Breeda Higgins,** Bellevue Park, St. Lukes, Tel./Fax (021) 4508963, DZ 53 €;
- **Mrs. Kay O'Donovan,** 8 Westgate Road, Tel./Fax (021) 4543078, underg@eircom.net, DZ 56 €;
- **Mr. Kevin Flynn,** 49 Lower Glenmire Road, Tel./Fax (021) 4551501, aarankev@hotmail. com, DZ 53 €;
- **Mrs. Ellen Murray,** 51 Lower Glenmire Road, Tel. (021) 4500578, DZ 55 €;
- **Mrs. Lorraine Dineen,** 47 Lower Glenmire Road, Tel. (021) 4504260, DZ 56 €;
- **Mrs. Anne Ryan,** South Douglas Road, Tel. (021) 4891178.

Hostels

- **An-Oige-Jugendherberge,** Western Road, Tel. (021) 4543289;
- **Sheila's Cork Tourist Hostel,** IHH, Belgrave Place, Wellington Road, Tel. (021) 4505562;
- **Kinlay House Hostel,** IHH, Bob and Joan's Walk, Shandon, Tel. (021) 4508966.

Camping

- **Blarney Caravan and Camping Park,** Blarney, Tel. (021) 4516519, Fax 4385167, von Cork die N 20 gen Norden, dann die auf der R 617 bis Blarney.

Restaurants

- **Ivory Tower,** 35 Princes Street, The Exchange Buildings, Tel. (021) 4274665, japanisch inspirierte Küche vom Feinsten, eines der besten Lokale weit und breit, Küchenchef *Seamus O'Connells* weiß seine Gäste zu verführen, 5-Gänge Menu 60 €, die Bandbreite der kulinarischen Möglichkeiten wird beim Surprise Menu deutlich, das man Mi und Do bestellen kann, 75 €;
- **Jacob's on the Mall,** 30 A South Mall, Tel. (021) 4251530, irische Küche in asiatischer Verfeinerung, so etwa Lachs mit Glasnudeln und chinesischem Gemüse, abendliches Dinner zwischen 27 und 35 €;
- **Lovett's Restaurant,** Churchyard Lane, off Well Road, Tel. (021) 4294909, spezialisiert auf Fischgerichte sowie auf klassische französische Speisen, vegetarisch, um 27 €;
- **Bully's Restaurant,** 40 Paul Street, Pizzen, hausgemachte Pastas, Fisch, in dieser Preisklasse vom *Tourist Board* preisgekrönt, 15 €;
- **Strasbourg Goose,** French Church Street, kleines französisches Bistro, Preise bis 15 €;
- **Bracken's,** Paul's Street, Snack Bar;
- **Jacques Restaurant,** Phoenix Street, off Pembroke Street, bekannt für ausgefallene Kreationen, um 25 €;
- **Kelly's Restaurant,** Oliver Plunkett Street, ebenfalls ein preisgünstiges Restaurant;
- **Gambini's,** Carey's Lane, off Paul Street, kleines italienisches Lokal mit Preisen bis 17 €;
- **Ristorante Rossini,** 33 Princes Street, gutes italienisches Lokal mit Pastas um 16 € sowie Fisch- und Fleischgerichte ab 22 €.

Pubs

- **An Crannog,** Market Alley, off Oliver Plunkett Street, gute Pub Grubs und regelmäßig Live Music in der Saison;
- **Scott's of Caroline Street,** Oliver Plunkett/Ecke Caroline Street, gemütliche Café-Bar mit Restaurant;
- **Le Chateau,** Patrick Street, sehr stilvoller, 1793 gegründeter Pub, mit Weinbar, angenehme Atmosphäre;
- **Reardon's,** Washington Street, großer Pub mit gutem mittäglichen Pub Grubs; hinter dem Pub, erreichbar über die Little Cross Street, befindet sich der **Live Music Rock Palace Upstairs@Cubins,** in dem regelmäßig Bands aller Couleur aufspielen;
- **Spailpin Fanac,** South Main Street, in der ganzen Stadt bekannter und in Cork eingeführter Singing Pub;
- **Old Oak,** Oliver Plunkett Street, Pub of the Year 2003 und Traditional Irish Music im Programm;
- Zwei gute Singing Pubs liegen direkt nebeneinander am südlichen Ufer von South Channel, am Union Quay, gegenüber der City Hall: **The Lobby's** und **Charly's,** in beiden Pubs fast täglich Live Music aller Couleur;
- **Internet-Café Web Work House,** 8 Winthrop Street.

Verbindung

- **Züge** mehrmals täglich von Dublin, Rosslare Harbour und Limerick;
- **Busse** mehrmals täglich von Dublin, Bantry, Carrick-on-Suir, Cahir, Cashel, Kilkenny, Glengarriff, Kinsale, Limerick, Killarney, Rosslare Harbour, Waterford und Wexford.

Umgebung von Cork

Blarney ↗ XXIII/C2

Einige Kilometer nordwestlich von Cork liegt das Dörfchen Blarney. Hier kann man erleben, wie mittels gezieltem Marketing täglich Hunderte von Touristen einen relativ unwichtigen Ort aufsuchen und pro Jahr Millionen Euro in die Kassen spülen. Um an Besucherströmen zu partizipieren, benötigt man anscheinend eine Burgruine, eine nette Anekdote sowie eine Prophezeiung, die die Touristen zu mühevollen, körperlichen Verrenkungen

108pr Foto: bm

zwingt, ihnen aber das Gefühl gibt, aktiv am Geschehen teilgenommen zu haben. Was also geschieht hier?

Der Ort: Blarney Castle wurde im 15. Jh. erbaut und ist heute eine Ruine, der mächtige Turm aber kann noch bis zur Spitze bestiegen werden.

Die Anekdote: *Cormack MacCarthy*, ein Abkömmling der Könige von Munster, schaffte es immer wieder mit seiner unvergleichlichen Wortgewandtheit, der englischen Königin *Elisabeth I.* den geforderten Lehnseid zu verweigern. Eines Tages rief die Monarchin wutentbrannt aus: *„This is all Blarney!"*, sollte heißen: Dies sind alles faule Ausreden.

Die Prophezeiung und die sportliche Übung: Mittels 120 Stufen gelangt man auf die Brustwehr des Turms von Blarney Castle; geduldig reihen sich die Besucher in eine Schlange ein und warten auf den spannenden Moment. Wer sich an einer markierten Stelle auf den Rücken legt, den Oberkörper und den Kopf so weit wie möglich nach hinten biegt und einen Kuss auf die Unterseite eines Steines drückt, dem ist mit diesem Akt die Gabe der Beredsamkeit verliehen. Darüber hinaus wird die akrobatische Übung von einem autorisierten Fotografen abgelichtet, und man erhält ein Zertifikat, dass zusammen mit dem Foto allen Freunden und Verwandten beweist: *„I have kissed the Blarney stone!"*

Nach dem Steinkuss von Blarney

Tour 4: Der Südwesten

Überblick

Der nun folgende, rund **700 km** lange Streckenabschnitt bringt dem ausländischen Besucher die landschaftliche Schönheit Irlands ganz besonders nahe. Die Fahrt geht entlang der schärenzerfurchten Südküste mit ihren vielen vorgelagerten Inseln und führt dann nach Norden, die Westküste hoch. Wie die Finger einer Hand ragen dort lange Halbinseln hinaus ins Meer.

Einen ersten Vorgeschmack von Irlands rauer Küstenlandschaft bekommt man bei der Rundfahrt auf der **Mizen-Peninsula,** grandioser noch präsentiert sich dann die Ufer- und Gebirgslandschaft der **Beara-Halbinsel,** krönender Höhepunkt jedoch ist die Fahrt entlang des berühmten **Ring of Kerry** auf der gleichnamigen Halbinsel.

Bevor es dann nach **Limerick,** einer der Metropolen Irlands geht, sollte man einen Besuch auf der **Dingle-Peninsula** sowie auf den der Küste vorgelagerten **Blasket Islands** auf keinen Fall auslassen. Doch nicht nur das Meer und die Gebirge beeindrucken entlang der Strecke, auch die vielen kleinen Dörfer und Städtchen – Kinsale, Baltimore, Schull, Kenmare sowie Killarney und Dingle –, alle reich an Atmosphäre, machen jeden Stopp zum Erlebnis.

Kinsale

↗ XXIII/C2

Man verlässt Cork über die N 27 und folgt dann der R 600 in Richtung auf das Örtchen Kinsale, das ca. 30 km südlich der Metropole liegt. Kinsale (2300 Einwohner) gehört mit Sicherheit zu den schönsten und atmosphärereichsten Orten auf der Grünen Insel, an sommerlich warmen Tagen fühlt man sich in mediterrane Gefilde versetzt.

Darüber hinaus gilt Kinsale als **Feinschmeckerdorf,** eine große Zahl an gleichermaßen exklusiven wie exzellenten Restaurants versprechen reiche Gaumenfreuden. Alljährlich Anfang Oktober findet ein Gourmet-Festival – das *Festival of Autumn Flavours* – statt, und alle Köche des Ortes wetteifern miteinander um die Gunst der Gäste.

Ende Oktober dann spült der **Musik-Event** *Kinsale Fringe Jazz Festival* erneut Tausende von Gästen in das sympathische Städtchen.

Bei einem abendlichen Bummel entlang des Wassers kann man sich die vielen hundert Yachten anschauen, die in Kinsale Harbour vor Anker liegen, und wenn man dann den Rückweg durch die parallel zum Pier verlaufende Main Street nimmt und durch das Ortszentrum spaziert, hat man Gelegenheit, die Preise und Angebote der Restaurants zu vergleichen. Auch ein Blick in die vielen Pubs lohnt sich. Man kann hier eine individuell zugeschnittene Wahl für das abendliche Guinness treffen.

Geschichte

In früheren Jahrhunderten war der Hafen von Kinsale ein wichtiger **Flottenstützpunkt** der englischen Besatzer. Das gewaltige, aus dem 17. Jh. datierende Charles Fort in Summercove (s.u.), das einst die Hafeneinfahrt bewachte, gibt noch heute Zeugnis von jenen Tagen.

Im Jahre 1601 landeten die **Spanier** an diesem Abschnitt der irischen Küste und besetzten Kinsale. Englands Statthalter, *Lord Mountjoy,* belagerte daraufhin das Örtchen; trotz der Unterstützung, die der irische Adel und die Bevölkerung den Spaniern zukommen ließen, gelang dem Lord die Einnahme der Stadt. Die Bewohner wurden vertrieben, keinem Iren war es ab nun über die Jahrhunderte gestattet, in Kinsale zu leben.

Dieses gewalttätige Ereignis führte zur so genannten **Flight of the Earls,** der Flucht Tausender irischer Aristokraten in katholische kontinentaleuropäische Länder, wo sie sich als Söldner verdingten.

Übrigens wurde der Gründer des nordamerikanischen Bundesstaates Pennsylvania, *William Penn,* in Kinsale geboren.

Sehenswertes

Wer auf Sehenswürdigkeiten aus ist, sollte die **St. Multose's Church,** die im 12. Jh. erbaute Pfarrkirche besichtigen sowie in der Cork Street den mächtigen **Wohnturm French Prison** (16. Jh.), in dem während der napoleo-

051ir Foto: hg

Im Zentrum von Kinsale

nischen Kriege französische Soldaten eingekerkert waren.

Weiterhin hat ein kleines **Stadtmuseum,** das Kinsale Regional Museum, im Old Courthouse am Market Square während der Sommermonate geöffnet (täglich 10–13 und 14–17 Uhr).

In dem alten Gerichtsgebäude übrigens nahm die erste Untersuchungskommission zum **Untergang der Lusitania** ihre Arbeit auf. Wie in Cobh auch eilten die Fischer von Kinsale nach der Torpedierung der *Lusitania* zum Untergangsort, retteten die Passagiere und bargen die Toten, von denen einige auf dem Kirchhof der St. Multose's Church begraben liegt.

Außerhalb von Kinsale liegt in Summercove hoch über dem östlichen Ufer das **Charles Fort** (ausgeschildert, täglich 10–19 Uhr), das erst jüngst renoviert worden ist. 1677 ließ der Duke of Ormond das mächtige Kastell errichten. Von hier oben hat man einen wundervollen Blick auf den Hafen von Kinsale und das Örtchen selbst.

Kinsale ist aber nicht nur bekannt wegen seines milden Klimas und der guten Restaurants, sondern gilt auch als Mekka der **Hochseeangler;** gefischt wird vor allem nach Blauhaien – respektable Trophäen darf der Petrijünger allerdings nicht erwarten; die gefangenen Tiere werden markiert und dann wieder in ihrem Element ausgesetzt.

Tourist Information

- Pier Road, Tel. (021) 4772234;
- Im Ortszentrum, nahe der Tourist Information, hängt am Emmet Place ein **Stadtplan,** auf dem der Standort einer ganzen Reihe von Restaurants eingezeichnet ist.

Unterkunft

- **Acton's Hotel**, Pier Road,
Tel. (021) 4772135, Fax 4772231,
info@actonshotelkinsale.com, DZ 140 €;
- **Blue Haven Hotel,** 3 Pearse Street,
Tel. (021) 4772209, Fax 4774268,
bluehaven@iol.ie, DZ 140 €;
- **Trident Hotel,** World's End,
Tel. (021) 4772301, Fax 4774173,
info@tridenthotel.com, DZ 110 €;
- **Long Quay Guesthouse,** Long Quay,
Tel. (021) 4774563, Fax 4773201,
longquayhouse@eircom.net, DZ 63 €;
- **Mrs. Joan Collins,**
Cork Road,
Tel. (021) 4772318, Fax 4774873,
info@collinsbb.com, DZ 56 €;
- **Mrs. Margaret Kelly,**
Bandon Road, Tel./Fax (021) 4774127;
- **Mrs. M. Griffin,**
Camp Hill, Tel./Fax (021) 4772315,
hillside@oceanfree.net, DZ 56 €;
- **Mrs. Mary Hurley,**
Ard Brack, Scilly, Tel./Fax (021) 4772832,
hurleyfamily@eircom.net, DZ 56 €;
- **Mrs. Fiona McCarthy,**
Featherbed Lane,
Tel. (021) 4774854,
info@seabreezebb@eircom.net, DZ 56 €;
- **Mr. Michael McCarthy,**
Sleaveen Heights,
Tel. (021) 4772612, DZ 56 €;
- **Dempsey's Hostel,** IHH,
Eastern Road, Tel. (021) 4774111.
- Guter **Campingplatz:**
Garrettstown House Caravan and Camping Park, Tel. (021) 4778 156, 12 km südwestlich an der R 600.

Restaurants

- **Man Friday,** Tel. (021) 4772260, liegt am Weg zum Charles Fort. Tafeln mit Blick auf den Hafen und über das Meer, Fisch- und Fleischgerichte, fangfrische Hummer, internationale Küche, bis 30 €;
- **Blue Haven,** Pearse Street, Tel. (021) 477 2209, preisgekröntes Restaurant mit frischen Meeresfrüchten, sommertags speist man im Garten, 24 €;
- **Hoby's Restaurant,** Main Street, (021) 477 2200, auch vegetarische Gerichte, irische Küche und Meeresfrüchte, 16–21 €;
- **The Little Skillet,** Main Street, (021) 477 4202, Familienbetrieb mit gemütlicher und rustikaler Einrichtung, 11–16 €;
- **Max's Wine Bar,** Main Street, Tel. (021) 4772443, laut der *Irish Times* gibt es hier die besten Muscheln von ganz Irland, auch vegetarische Gerichte, um 25 €;
- **The Vintage,** Main Street, Tel. (021) 477 4828, gute Lammgerichte, aber auch Fisch, das Lokal wurde von Restaurantkritikern hoch gelobt, 20–24 €;
- **The White House Restaurant and Bar,** Pearse Street, Tel. (021) 4772045, Kinsales ältestes *fully licensed Restaurant,* gute Steaks, aber auch ausgefallene Gerichte wie Escalope in Calvados und Apfelsauce, um 22 €;
- **Shrimps,** Main Street, Tel. (021) 4772382, Seafood Bistro, im gemütlichen Ambiente tafelt man hier leckere Meeresfrüchte zwischen 18 und 24 €.

Pubs

- **The Spaniard,** Scilly, auf halbem Weg zum Charles Fort gelegen, traditionsreiche Taverne mit Live Music;
- **Lord Kinsale,** Main Street, Fachwerkambiente und Wohnzimmeratmosphäre, regelmäßig Live Music;
- **The Greyhound,** Marian Terrace, off Market Square, Pub mit einer absolut winzigen Theke und drei kleinen Hinterzimmern, an kühlen Tagen wärmen die Torf- und Kohlefeuer in den Kaminen, sicherlich Kinsales gemütlichster Pub, seit dem Jahre 1690 sorgt diese Kneipe für die durstigen Trinker von Kinsale;
- **Seaview,** eine angenehme Tränke in der Main Street;
- **An Seanachai,** Market Street, rustikaler alter irischer Pub;

- **Jim Edward's,** Maket Quay, schöner großer Pub, der die matritime Traditon des Landes hochhält, mit angeschlossenem Restaurant.

Wandern

- Zum **Old Head of Kinsale,** eine ins Meer reichende Felszunge, hin und zurück von Kinsale ca. 16 km, sehr einfach zu begehen, die westlichen Klippen beherbergen ein Vogelschutzgebiet.

Hochseeangeln

- **Informationen** im Tourist Office;
- **Buchungen** auch im *Angling Centre* des *Trident Hotel* am Ende des Piers.

Verbindung

- **Busse** mehrmals täglich von Cork.

Skibbereen

↗ XXII/A3

Die Route verlässt Kinsale in westlicher Richtung und verläuft über die R 600 und danach über die N 71 auf das Städtchen Skibbereen (2200 Einwohner) zu. Der Ort ist wichtiges Versorgungszentrum und Administrationssitz von West Cork, Geschäfte aller Art ermöglichen Selbstversorgern, ihre Vorräte aufzufrischen.

Mittwochs findet ein **Viehmarkt** statt, ein Ereignis, das man nicht versäumen sollte. Auch lohnt in der Main Street das **West Cork Arts Centre,** in dem Kunstausstellungen sowie Musik-, Tanz- und Theateraufführungen stattfinden, einen Besuch.

Skibbereen eignet sich gut als Standquartier für sehr empfehlenswerte **Ausflüge zur Mizen-Halbinsel.**

Tourist Information

- North Street, Tel. (028) 21766.

Unterkunft

- **West Cork Hotel,**
Ilen Street, Tel. (028) 21277, Fax 22333, info@westcorkhotel.com, DZ 100 €;
- **Mrs. Cathy Gill,**
42 Mardyke Street, Tel./Fax (028) 21365, sunnysideskibb@eircom.net, DZ 53 €;
- **Mrs. Sheila Poillot,**
Schull Road, Tel./Fax (028) 22372, whitehornlodge@eircom.net, DZ 54 €;
- **Mrs. Breda O'Driscoll,**
Castletownsend, Tel./Fax (028) 36223, sandycovehouse@eircom.net, DZ 56 €;
- **Mrs. Kathleen O'Donovan,**
Smorane, Tel./Fax (028) 21749;
- **Russagh Mill Hostel & Adventure Centre,**
IHH, Russagh, Tel. (028) 22451, Fax 21454.

Restaurants

- **Kalbo's Bistro,** North Street, mit Snacks und Gerichten bis 16 €.

Pubs

- **Paragon's Bar & Restaurant,** in einem Hinterhof der Main Street, gute Pub Grubs;
- **Field's Coffee Shop,** Main Street, serviert kleine Snacks, gut für den mittäglichen Lunch.

Verbindung

- **Busse** täglich von Cork, Killarney, Bantry, Glengarriff, Kenmare, Schull, Baltimore.

Lough Hyne

Nicht versäumen sollte man einen Ausflug von Skibbereen in das 16 km weiter südlich gelegene Baltimore, das auf der R 595 erreicht werden kann. Nach wenigen Minuten Fahrt zweigt links ein kleines Sträßchen zum Lough Hyne (auch *Ine* geschrieben) ab (ausgeschildert) – diesen Ausflug sollte man auf keinen Fall auslassen! An den Ufern des blaugrünen **Salzwassersees,** der von dunklen Wäldern umgeben ist, kann man schöne Spaziergänge unternehmen oder auch in Ruhe und Beschaulichkeit picknicken.

Die Region rund um den Lough ist ein *Nature Reserve,* ein Naturschutzgebiet, mit einem **einzigartigen Ökosystem.** Der See ist durch eine natürliche Klippenbarriere vom offenen Meer getrennt; bei Hochwasser jedoch oder während einer Springflut schwappt Salzwasser über dieses Hindernis und füllt den Lough Hyne auf. Durch Verdunstung entsteht ein sehr hoher Salzgehalt. Das Gewässer ist ca. 50 m tief und enthält seltene Mikroorganismen sowie eine einzigartige Flora und Fauna. Am Parkplatz zeigt eine Schautafel die wichtigsten Tiere und Pflanzenarten und gibt Erklärungen zu diesem Ökosystem.

Vom See aus muss man nicht zur Hauptstraße zurückkehren, sondern kann auf nicht klassifizierten, schmalen Wegen nach Baltimore gelangen.

Baltimore

↗ XXII/A3

Baltimore (400 Einwohner) liegt auf der Spitze einer ins Meer reichenden Landzunge und hat einen winzigen Hafen, wenige buntbemalte Häuschen im Ortszentrum, ein oder zwei Lebensmittelläden sowie eine kleine, auf Yachten spezialisierte Bootswerft.

Das Dörfchen erfreut sich zunehmender Beliebtheit bei **Hobbyseglern** und **Hochseeanglern.** Überdies verkehren von hier aus **Fähren** zu den in der Roaring Water Bay gelegenen Inseln Sherkin Island und Cape Clear Island.

Baltimore eignet sich – vor allem während der Vorsaison – mit seiner anheimelnden Puppenstubenatmosphäre vorzüglich, um Ruhe zu finden und neue Kräfte zu sammeln.

Oberhalb des Hafens findet man die **Ruinen des O'Driscoll Castle,** das im Jahre 1537 von Truppen aus Waterford eingenommen und geschleift wurde; damit nahm man den Piraten der *O'Driscoll-Familie* ihre Trutzburg.

Alljährlich, am letzten Wochenende im Mai, findet im Örtchen das *Seafood*

Festival statt. Dabei kommen nicht nur Austern, Krabben, Hummer, Garnelen und Muscheln auf die Tische der Lokale, sondern es treten auch Musikgruppen auf, die traditionellen Irish Folk, aber auch Jazz zu Besten geben.

Unterkunft

- **Baltimore Harbour Hotel,** Tel. (028) 20361, Fax 20466, info@bhrhotel.ie, DZ 110 €;
- **Mrs. Marguerite O'Driscoll,** Rathmore House, Tel./Fax (028) 20362, rathmorehouse@eircom.net, DZ 54 €;
- **Mrs. Margaret Harrington,** Channel view, Tel. (028) 20440, channelview@eircom.net, DZ 53 €;
- **Rolfs Holiday Hostel,** IHH, Tel. (028) 20289, Fax 20930, wie der Name schon sagt, von Deutschen (den *Haffners*) geführtes Hostel.

Restaurants

- **Chez Youen,** oberhalb des Hafens gelegen, bestes Haus im Orte, mehrfach preisgekrönt, französisch inspirierte Küche, gute Fischspezialitäten, Dinner um 40 €, à la Carte bis zu 35 €;
- **Casey's of Baltimore,** am Ortseingang, Seafood und Fleischgerichte zwischen 12 und 22 €;
- **La Jolie Brise,** oberhalb des Hafens, italienische Gerichte um 15 €.

Pubs

- **Bushe's Bar,** direkt am Hafen, Treffpunkt der Segler und Angler;
- **The Anchor Inn,** während der Saison Live Sessions.

Verbindung

- **Busse** mehrmals täglich von Skibbereen.

Umgebung von Baltimore

Sherkin Island

↗ XXII/A3

Je nach Wetterlage und Passagieraufkommen verkehrt von Baltimore aus mehrmals am Tag eine Fähre nach Sherkin Island. Wegen der kurzen, nur wenige Minuten dauernden Überfahrt lohnt sich ein Inselbesuch auch als Tagesausflug. Das Eiland ist knapp 9 km lang und zählt 80 Einwohner. Niedriges Gestrüpp und wilder Rhododendron wachsen zwischen Felsbrocken. Vier nette **Sandstrände** locken zum Schwimmen, aber auch dem kleinen **meeresbiologischen Institut** mit seinen Aquarien sollte man einen Besuch abstatten.

Auf Sherkin Island finden sich ebenfalls die **Reste einer Burg** der räuberischen *O'Driscoll-Familie;* bei der Zerstörung des Bollwerks rissen die Eroberer auch gleich die Gebäude eines kleinen Franziskanerklosters mit ein.

Im **Insel-Pub** *Jolly Rogers* kennt man aufgrund fehlender Ordnungshüter keine Sperrstunde, es finden Folk Sessions bis in die tiefe Nacht statt.

Da es kein Restaurant auf der Insel gibt, bleibt nur die **Selbstversorgung;** im Post Office werden auch Lebensmittel verkauft. Eine **Unterkunft** findet man im:

- **Islander's Rest,** Tel. (028) 20116, Fax 20360, info@islandersrest.ie, DZ 55 €.

Clear Island

↗ XXII/A3

Ungefähr eine Stunde dauert die Überfahrt zum 5 km langen und 2 km breiten Clear Island (mehrfach täglich ebenfalls von Baltimore), das aufgrund seiner besseren touristischen Infrastruktur im Sommer wesentlich mehr Besucher verkraften muss als Sherkin Island.

Die 150 Einwohner sprechen untereinander noch hauptsächlich gälisch, die Insel gehört zu den so genannten **Gaeltacht-Gebieten,** in denen die alten irischen Sitten und Gebräuche noch weitgehend erhalten geblieben sind.

Berühmt ist Clear Island auch für sein **Bird Observatory,** das 1959 von Hobby-Ornithologen gegründet wurde und heute interessierten Vogelbeobachtern exzellente Studienmöglichkeiten bietet. Das Observatorium bietet auch regelmäßig Führungen über die Insel an zur Vogelbeobachtung an. Nirgendwo sonst in Irland hat man die Möglichkeit, derartig vielen Seevögeln, etwa dem Sturmtaucher, Trottellumme, Basstölpel, Eissturmvogel und der Dreizehenmöwe, in heimischer Umgebung zuzuschauen.

Während der Sommermonate kann man auch an **gälischen Sprachkursen** teilnehmen, und jeden Abend finden dann in der **Gaelic School** irische Folklore-Abende statt. In den letzten Oktobertagen lohnt das **Inselfestival** *Feile Shamhna Chleire* eine Überfahrt, dabei kommen Theaterstücke, Tänze und Musikdarbietungen zur Aufführung.

Ein kleines **Museum,** das Heritage Centre (ausgeschildert), vermittelt mit seinen Exponaten einen Eindruck zur Fischfang- und Seetradition der Insel. Auch auf diesem Eiland unterhielt übrigens der Piraten-Clan der *O'Driscoll* eine Befestigungsanlage. Stolz sind die Bewohner von Cape Clear, dass der **hl. Kieran,** ein Weggenosse des *hl. Patrick* und Abt des großen Klosters Clonmacnoise, auf der Insel geboren wurde.

Unterkunft

- **Mrs. O'Driscoll,** Cluain Nara, Tel. (028) 39153, codriscoll@eircom.net, vermietet auch Cottages, DZ 56 €;
- Weitere nichtklassifizierte **B & B** auf der Insel;
- **Cape Clear Island Hostel,** An-Oige-Jugendherberge am South Harbour, Tel. (028) 41968;
- Offizieller **Campingplatz** nahe dem South Harbour, (028) 39119.

Pub/Restaurant

- **Cotter's Pub,** serviert kleine Mahlzeiten.

Mizen-Halbinsel

↗ XXI/B3

Von Baltimore geht es zurück nach Skibbereen und dann weiter über die N 71 in Richtung Ballydehob. Wer aus Zeitgründen keine Rundfahrt auf der Mizen-Halbinsel unternehmen möchte, folge der N 71 weiter bis Bantry.

Ein Besuch auf der Peninsula lohnt sich vor allem bei schönem Wetter. Zwar ist die Strecke landschaftlich nicht so spektakulär wie beispielsweise der Ring of Kerry oder der Ring of Beara, von großem Vorteil erweist sich jedoch, dass die Mizen-Landzunge touristisch nicht überlaufen ist. Ganz besonders empfiehlt sich eine **Radtour** (Verleihstellen in Skibbereen, Schull und Bantry, von Skibbereen entlang der Mizen-Halbinsel bis Bantry ca. 120 km; von Schull, inklusive Mizen-Peninsula, ca. 70 km).

Auf der Mizen-Halbinsel gibt es eine große Ansammlung alter **keltischer Steinmonumente** und druidischer Kultplätze, die sich meistens in entlegenen Bergregionen befinden, sehr oft mit einem schönen Ausblick auf die Landschaft.

Führungen zu diesen Plätzen veranstaltet der Maler und Bildhauer *Thomas Wiegand,* Ballybane, Tel. (028) 37323, in der Nähe von Mount Kid, 7 km nordöstlich von Ballydehob.

Ballydehob

Ballydehob ist ein kleiner Ort mit typisch irischer Atmosphäre und vielen gemütlichen Pubs. Am östlichen Ortseingang befindet sich die alte Eisenbahnbrücke über die Flussmündung, das Wahrzeichen des Ortes. Ein Aufenthalt lohnt sich schon allein wegen der schönen Umgebung. Die Küste ist zu Fuß oder mit dem Rad über kleine, einsame Straßen erreichbar. Nordöstlich des Ortes befinden sich interessante geologische Steinformationen.

In Ballydehob und Umgebung haben sich viele einheimische und ausländische **Künstler** angesiedelt, deren Ateliers teilweise von Interessenten besucht werden können (Info: *Art Center Skibbereen*, North Street, Tel. 028-22090). Das *Nature Art Centre* in Ballybane, 7 km nordöstlich von Ballydehob, bietet Kurse und Einzelunterricht in Trommeln, Tanz und Malerei an (Tel. (028) 37323).

Unterkunft

- **Mrs. Ann Vaughan,** Lynwood, Schull Road, Tel./Fax (028) 37124, DZ 56 €, lynwoodbb@hotmail.com;
- **12 Arch Hostel,** IHH, Palm Grove Church Road, Tel./Fax (028) 37232;
- **Campingplatz,** westlich von Ballydehob (rechts ab von der Straße nach Schull, Hinweisschilder im Ort), Tel. (028) 37232;
- Günstige Unterkunft und Ferienwohnungen mit Selbstversorgerküche im **Nature Art Centre** von Ballybane, 7 km nordöstlich von Ballydehob, Tel. (028) 37323.

Restaurant

- **Annies's Restaurant,** Main Street, einfaches, kleines Lokal, um 12 €.

Pubs

- An verschiedenen Abenden wird in den Pubs **traditionelle irische Musik** gespielt, z.B. freitags in *Rose O'Sullivan's Pub* (Main Street).

Schull

↗ XXI/B3

In Ballydehob zweigt die R 592 in südlicher Richtung nach Schull ab. Es geht durch eine Heidelandschaft mit niedrigen Flechten und Sträuchern zwischen oft riesigen Felsbuckeln, rechts und links der Straße blüht gelber Ginster.

Schull (600 Einwohner) ist das Geschäftszentrum auf der Mizen-Halbinsel. Von dem attraktiven Marktflecken verkehrt ebenfalls täglich während der Sommermonate eine Fähre nach **Clear Island** (vgl. Baltimore, Umgebung).

Von Schull Harbour starten Boote mit **Hochseeanglern,** wann immer das Wetter es zulässt. Nördlich des kleinen Ortes überragt der 407 m hohe Mount Gabriel die Mizen-Peninsula, und in der Umgebung finden sich eine Anzahl verlassener **Kupferminen.**

Die Attraktion des Ortes allerdings stellt das **Planetarium** dar, das von einem deutschen Industriellen finanziert wurde. Beste Leitz-Optik zaubert den irischen Sternenhimmel auf ein künstliches Firmament.

Unterkunft

- **Corthna Lodge Guesthouse,** Airhill, Tel. (028) 28517, Fax 28032, info@corthna-lodge.net, DZ 60 €;
- **Mrs. Nancy Brosnan,** Stanley House, Tel. (028) 28425, Fax 27887, stanleyhouse@eircom.net, DZ 56 €.

Restaurants

- **The Waterside Bistro,** Main Street, Pub mit angeschlossenem Restaurant, in der Taverne preiswerte Bar Meals, abendliche Dinner zwischen 15 und 25 €;
- **The Altar,** Toormore, Tel. (028) 35254, etwas außerhalb von Schull, bestes Restaurant weit und breit, frische Meeresfrüchte, vegetarische Gerichte und irische Küche, bis 24 €.

Pubs

- **The Bunratty Inn,** Main Street, gute Bar Meals, regelmäßig Live Music;
- **An Tigin,** Main Street, mit Biergarten und Bar Meals.

Wandern

- Sehr lohnenswert, allerdings nur bei klarem Wetter, ist eine Wandertour zum Gipfel des 407 m hohen **Mount Gabriel;** von Schull aus hin und zurück ca. 15 km; für die Anstrengung wird man reichlich durch einen fantastischen Rundblick vom meist sehr windigen Gipfel belohnt.

Verbindung

- **Busse** mehrmals täglich von Skibbereen, Cork, Bantry, Glengarriff.

Crookhaven

↗ XXI/B3

Von Schull geht es weiter zu dem Weiler Crookhaven. Rechts und links der Straße ragen nun wieder mächtige Felsbuckel auf, dazwischen wachsen genügsame Flechten und Heidekräuter. Ab der Streusiedlung Goleen – wer möchte, kann einen Stopp im Pub *The Lobster Pot* einlegen – mutet das **Landschaftsbild halbalpin** an und steht in Kontrast zu den Wellen des nahen Meeres. Vereinzelt grasen Schafe und Kühe zwischen den großen Granitblöcken. Kurz vor Crookhaven fährt man an zwei schmalen, halbkreisförmigen Sandstränden vorbei, an denen sanft die Meereswogen auslaufen.

Crookhaven – einige wenige Häuser rechts und links der einzigen Straße sowie ein winziger Pier – liegt auf einer engen Nehrung; im Osten brandet das Meer an, im Westen gibt es eine ruhige, blaugrüne Lagune.

Crookhaven besitzt ein **Angling Center,** in dem man Buchungen zum Hochseeangeln vornehmen kann. Der *Crookhaven Inn* und *O'Sullivan's Bar* sorgen für Speise und Trank. Einige, allerdings nicht klassifizierte B & B. Kurz vor Crookhaven der **Campingplatz** *Barley Cove Caravan and Camping Park,* Tel. (028) 35302.

Mizen Head

↗ XXI/B3

Weiter geht es auf nun sehr schmalen Sträßchen zum südlichsten Punkt Mizen Head. Unterwegs passiert man Barley Cove und hat einen guten Blick von der oberhalb verlaufenden Straße auf einen schönen **Sandstrand.** An den erwähnten Gestaden gibt es fest montierte **Wohnwagensiedlungen,** die das Landschaftsbild ganz beträchtlich stören.

Hinter Barley Cove steigt die Straße steil an, linker Hand brandet tief unten das Meer an; bei schlechtem Wetter hängen die Wolkenbänke bis auf die Straße, so dass man den Ozean nicht sehen, dafür aber hören kann – eine sehr gespenstische Atmosphäre.

Die Trasse endet am Mizen Head, hier steht man rund 230 m über der See und hat – bei klarem Wetter – einen prächtigen **Ausblick.** Der Leuchtturm am Kap kann mittlerweile besichtigt werden.

Wer etwas Bewegung möchte, sollte eine kleine **Wanderung** in Richtung Westen entlang der Dunlough Bay zum Three Castle Head unternehmen; dorthin gelangt man nur zu Fuß, und Einsamkeit beim Picknick ist fast immer garantiert.

Das prachtvolle Bantry House an der weit ins Land reichenden Bantry Bay

Bantry

↗ XXII/A2

Vom Mizen Head geht es nun an der Westseite der Halbinsel gen Norden nach Bantry; die schmalen und schlaglochübersäten, nichtklassifizierten Straßen treffen bald auf die R 591, und während man an der Dunmanus Bay entlang fährt, hat man schöne Blicke auf die Sheepshead-Peninsula.

Bantry (2800 Einwohner) liegt an der nach dem Städtchen benannten Bucht, wo der Golfstrom sich in Klima und Vegetation bemerkbar macht; milde Temperaturen erfreuen den Besucher und lassen sogar Palmen gedeihen.

Auf der dem Örtchen vorgelagerten Whiddy Island befindet sich eine moderne **Ölverladestelle,** große Tanker können die Pumpstation anlaufen, und die Ozeanriesen stehen in seltsamem Kontrast zu der großartigen Landschaftskulisse. Beim Anblick der dünnhäutigen Monstren mag man gar nicht darüber nachdenken, wie die Bantry Bay und die umliegenden Küstenstreifen wohl nach einem Tankerunglück aussehen würden. Gulf Oil, die Firma, die das Öl-Terminal baute, brachte damit allerdings einigen Wohlstand ins Städtchen.

Geld spülen auch die **Austernbänke** in die Taschen der Bewohner; *Bantry Oysters* sind die beliebteste Vorspeise im gesamten County Cork.

Bantry ist ein kleiner Ort mit einer besonderen Atmosphäre, und ein Besuch lohnt sich vor allem freitags, am **Markttag** (großer Markt auf dem Wolf Tone Square jeden ersten Freitag im Monat). Dann locken viele Stände von

053ir Foto: hg

Leuten, die nach Irland eingewandert sind und u.a. Biogemüse und Kunsthandwerk verkaufen.

Touristen-Attraktion ist das prachtvoll eingerichtete **Schloss Bantry House** (9–18 Uhr, im Sommer bis 20 Uhr).

1740 begann man mit dem Bau von Bantry House, das jedoch erst rund 100 Jahre später fertiggestellt wurde. Immer wieder mussten An- und Umbauten vorgenommen werden, damit die vielen Sammlerstücke, die der zweite Earl von Bantry auf seinen Reisen zusammentrug, auch in einem angemessenen Rahmen dargestellt werden konnten.

Zu den Kunstschätzen gehören Mosaike aus Pompeji, kostbare Möbel im Chippendale-Stil, prachtvolle Wandteppiche und Gemälde sowie ein riesiger Kronleuchter aus Waterford-Kristall (vgl. Tour 3, Waterford).

Hat man sich im kleinen Tea Shop von Bantry House mit dem exzellenten Apfelkuchen gestärkt, sollte man unbedingt an der Rückseite des Herrenhauses die 107 Stufen hochsteigen und den fantastischen **Panoramablick** genießen. Im Vordergrund liegt lang hingestreckt Bantry House, dahinter erkennt man die Bantry Bay, die rechts und links von den schroffen Hügelzügen der Sheepshead- und Beara-Halbinsel eingefasst wird.

Man kann stilvoll und zu moderaten Preisen in Bantry House übernachten, in dem Herrensitz ist ein B & B untergebracht, Tel. (027) 50047.

052ir Foto: hg

Dudelsackspieler in Bantry

Tourist Information

- **The Old Courthouse,** Wolf Tone Square, Tel. (027) 50229.

Unterkunft

- **Westlodge Hotel,** Tel. (027) 50360, Fax 50438, DZ 120 €, reservations@westlodgehotel.ie;
- **Bantry Bay Hotel,** Wolf Tone Square, Tel. (027) 50062, Fax 50261, bantrybay@eircom.net, DZ 92 €;
- **Mrs. Tosca Kramer,** The Mill, Newtown, Tel. (027) 50278, bbthemill@eircom.net, DZ 56 €;
- **Mrs. Maggie Doyle,** Newtown, Tel. (027) 51310, Fax 52175, divebantry@aol.com, DZ 56 €;
- **Mrs. Phyllis Foley,** Newtown, Tel. (027) 51169, DZ 56 €.

Restaurants

- **Larchwood House Restaurant,** Pearsons Bridge, Tel. (027) 66181, nahe beim Örtchen Ballylickey, ca. 5 km außerhalb von Bantry, kleines, gemütliches Gourmet-Restaurant, in landschaftlich schöner Umgebung, um 24 €;
- **The Rendezvous,** in einem Manor House des Weilers Ballylickey, Tel. (027) 50071, 5 km außerhalb von Bantry, sehr edel, hier werden Meeresfrüchte nach französischen Rezepten serviert, kann schon bis zu 25 € kosten;
- **Peter's Steak House Restaurant,** New Street, zwischen 10–18 €;
- **O'Connor's Sea Food Restaurant,** Wolfe Tone Square, zwischen 13 und 20 €;
- **De Barra's,** Wolf Tone Square, Fisch, Fleisch und auch vegetarische Gerichte bis 18 €.

Pubs

- **Anchor Tavern,** New Street, Kneipe mit maritimem Ambiente;
- **The Snug,** Wolf Tone Square, kleine gemütliche Kneipe mit regelmäßiger Live Musik;
- **Vicker's Inn,** Internet-Café, New Street.

Verbindung

- **Busse** von Cork, Skibbereen, Glengarriff, Killarney und Schull.

Glengarriff

↗ XXII/A2

Von Bantry geht es nun entlang der N 71. Auf der Strecke hat man bereits fantastische Ausblicke auf die Beara-Halbinsel und bekommt einen Vorgeschmack auf die landschaftlichen Höhepunkte.

Das bald erreichte, 900 Einwohner zählende Örtchen Glengarriff hat die mildesten Wintertemperaturen in ganz Irland, und eine üppige **subtropische Vegetation** blüht und wächst entlang der Seefront: Palmen, Pinien, Eiben, Eukalyptusbäume, Rhododendren, Azaleen und Fuchsien.

Direkt am Ortseingang von Glengarriff befindet sich der kleine Pier, von dem aus man eine kurze Seefahrt zur vorgelagerten Insel **Garinish Island** unternehmen sollte. Ab 1910 brachte man Abertausende Tonnen Humuserde auf das karstige Eiland und gestaltete einen prachtvollen italienischen Garten; die 15 ha große Blumeninsel kann den schönsten Park von ganz Irland aufweisen. Pflanzen aus aller Welt blühen prachtvoll im Frühjahr.

Ein Stückchen außerhalb von Glengarriff an der N 71 Richtung Kenmare lohnt der **Glengarriff Forest Park** (auch Barley Wood genannt) einen Besuch (ausgeschildert). Eine ganze Reihe schöner Spazierwege und *Nature Trails* sowie viele Picknickplätze machen das Naherholungsgebiet zu einem beliebten Ausflugsziel. Von dem höchsten Punkt aus sieht man am Lady Bantry's Look-Out (ausgeschildert) weit über die grandiose Landschaft.

Tourist Information

- Main Street, Tel. (027) 63084.

Unterkunft

- **Casey's Hotel,** Tel. (027) 63010, Fax 63072, caseyshotel@yahoo.com, DZ 90 €;
- **Mrs. Maureen McCarthy,** Tel. (027) 63201, Fax 63526, carraigdubhhouse@hotmail.com, DZ 53 €;
- **Mrs. Imelda Lyne,** Island View House, Tel. (027) 63081, Fax 63600, info@islandviewhouse.net, DZ 58 €;
- **Murphy's Village Hostel,** IHH, The Village, Tel. (027) 63555, Fax 63666;
- **Campingplatz** *Dowling's Caravan and Camping Park,* Tel. (027) 63154, 2 km westlich an der Straße nach Castletownbere;
- **O'Shea's Caravan and Camping Park,** Tel. (027) 63140, ebenfalls 2 km westlich an der Straße nach Castletownbere.

Pub

- **The Cottage Bar & Restaurant,** an der Hauptdurchgangsstraße.

Verbindung

- **Busse** von Cork, Skibbereen, Schull, Bantry und Killarney.

Der Ring of Beara

Von Glengarriff nimmt man nun die R 572 in südwestlicher Richtung zur Beara-Rundfahrt. Der *Ring of Beara,* wie diese Strecke in den Prospekten der Tourismusbranche genannt wird, ist landschaftlich mindestens ebenso schön wie der berühmte *Ring of Kerry,* doch wird die Beara-Halbinsel vom irischen *Tourist Board* so gut wie gar nicht beworben.

Zum einen fehlt weitgehend die touristische Infrastruktur, zum anderen können die großen Ausflugsbusse die schmalen Straßen nicht befahren. Das hat den Vorteil, dass der Beara-Ring nicht so kommerzialisiert ist wie der Ring of Kerry; vor allem während der Vorsaison begegnet man kaum einem Menschen auf der Rundfahrt.

Schon hinter Glengarriff wird die Landschaft extrem rau, mächtige Felsbuckel ragen auf, dazwischen nur Flechten, niedrige Sträucher und Heidekraut. Man blickt auf zwei Bergspitzen, die jedoch zumeist in schweren grauen Wolken stecken. Überhaupt tragen die gewaltigen Wolkenformationen, die sich mit den Hügelketten verbinden, maßgeblich zur grandiosen Naturkulisse bei. Oft jagen auch, vom stürmischen Wind getrieben, Wolkenfetzen niedrig über die Straße. Dann wieder bricht die Sonne durch und scheint auf die karstigen Hochflächen.

Nach wenigen Kilometern Fahrt passiert man den Weiler Adrigole, eine Streusiedlung ohne erkennbaren Ortskern. Hinter Adrigole dann ragen rechts der Straße steil die Felswände in die Höhe, während man nach links weit über das Meer blicken kann. Die schmale, kurvenreiche und manchmal schlaglochübersäte Trasse fordert höchste Aufmerksamkeit vom Fahrer, am Straßenrand grasen zudem Schafe mit ihren Lämmern.

Das **IHH-Hostel** *Hungry Hill Lodge* in Adrigole Harbour, Tel. (027) 60228, bietet Unterkunft.

Castletownbere

↗ XXI/B3

Castletownbere (900 Einwohner) ist der Hauptort auf der Beara-Halbinsel und einer der wichtigsten **Fischerhäfen** Irlands; Trawler aus allen Nationen legen am Pier an, dicht an dicht und in mehreren Reihen ankern die Boote im Hafen. Die rostigen Kutter, das Geschrei der Möwen, die ruhig und mit sicherer Hand arbeitenden Fischer sowie der Geruch von Moder und Fisch geben dem Dörfchen eine klassische Hafenatmosphäre.

Außerhalb des Ortszentrums (an der R 571, die von Castletownbere nach Norden verläuft) lohnt das **Museum Call of the Sea** unbedingt einen Besuch. Die Geschichte der Beara-Halbinsel mit Seefahrt, Fischerei, Schmug-

054ir Foto: hg

gel und Bergbau wird hier anschaulich geschildert (Juni–August Mo–Fr 10–17 Uhr, Sa/So 13–17 Uhr).

Wenige Kilometer südlich lohnt die **Ruine von Dunboy Castle,** 1602 von den Engländern zerstört, einen Besuch und lockt mit guter Aussicht. Nahebei steht **Puxley's House,** in dem einst der Betreiber der vielen Kupferminen herrschaftlich residierte. Überall stößt man rund um Castletownbere, vor allem jedoch bei Allihies (s.u.), auf **alte Minenschächte.** *Daphne du Maurier* hat in ihrem Roman „Die Erben von Clonmere" (englischer Originaltitel: „Hungry Hill" - nach dem höchsten Berg der Beara-Halbinsel) die sozialen Nöte der Bergarbeiter und den Reichtum der Minenbesitzer literarisch verarbeitet.

Tourist Information

- Main Street, Tel. (027) 70054.

Unterkunft

- **Mrs. Mary Donegan,** Realt-na-Mara, Tel. (027) 70101, Fax 70138, DZ 54 €;
- **Mrs. Noralene McGurn,** Sea Breeze, Tel./Fax (027) 70508, mcgurna@gofree.indigo.ie, DZ 53 €.

Pubs

- **O'Shea's Bar** und **O'Donoghue's Pub** halten die Infrastruktur aufrecht.

Auf der Beara-Halbinsel

Wandern

● Großartig ist eine Besteigung des 685 m hohen **Hungry Hill;** allerdings ist diese Tour sehr anstrengend (ca. 10,5 km), nur Personen mit guter Kondition sowie entsprechender Wanderausrüstung sollten den Berg in Angriff nehmen. Von Adrigole kommend, geht nach ca. 8 km eine asphaltierte Straße rechts ab (Ausschilderung „Hungry Hill"); man parke an der Kreuzung und beginne den Aufstieg. Die Route ist markiert, doch sind die roten Hinweispfeile auf den Felsen stark verblichen, man muss genügend Kenntnisse mitbringen, um den Pfad selbst zu finden. Auf keinen Fall sollte man die Wanderung unternehmen, wenn man nicht über genügend Erfahrung verfügt und Geländeformationen nicht richtig einschätzen kann!

Umgebung

In den Sommermonaten verkehrt mehrmals täglich eine kleine Fähre zur vorgelagerten, rund 250 Einwohner zählenden **Bere Island;** auch das Fahrrad kann mitgenommen werden. Auf der Insel befindet sich eine Segelschule. Unterkunft u.a. bei Mrs. *O'Sullivan,* Harbour View, Tel. (027) 75011; einige weitere, nichtklassifizierte B & B.

Dursey Island

↗ XXI/A3

Auf der weiteren Fahrt nach Garinish Point, dem südlichsten Zipfel der Peninsula, hat man weitere sehr gute Ausblicke auf Berge, Felsen und Meer. Am Garinish Point kann man mit **Irlands einziger Kabelbahn** nach Dursey Island (50 Einwohner) übersetzen (Mo–Sa 9–11 Uhr, 14.30–17 und 19–20 Uhr, So 9–10 Uhr, 13–14, 16–16.30 und 19 Uhr) und geruhsame Spaziergänge unternehmen. Die Insel zählt nur wenige verstreute Häuser. Die Kabelbahn schaukelt ca. 30 Meter über dem Wasser auf das Eiland zu, und versetzt den damit nicht vertrauten Besucher womöglich in Angst und Schrecken.

Allihies

↗ XXI/A3

Weiter geht es auf einer kurvenreichen und schmalen Straße auf das Dörfchen Allihies zu, kurz vorher passiert man den kleinen, halbkreisförmigen, weißen Sandstrand **Ballydonegan Beach.** In Allihies markieren die Tankstelle und der nicht zu übersehende violett-gelb gestrichene Food Store das spärliche Ortszentrum. Bei Allihies führen Hinweisschilder zu den **alten Kupferminen,** die ab 1810 ausgebeutet wurden. Überall erinnern die Ruinen der alten Maschinenhäuser an die Ausbeutung der damaligen Arbeiter.

Unterkunft

● **IHH-Hostel,** Allihies Village, Tel. (027) 73107.

055ir Foto: hg

Eyeries

↗ XXI/B2

Weiter in Richtung Eyeries blickt man hoch oben von der Straße auf die zerfurchte Küste, auf ins Meer reichende Felsnasen, an denen die Gischt hoch in die Luft spritzt, auf Felsschären und kleine Fjorde. Weit in der dunstigen Ferne jenseits der breiten Bucht erkennt man die Hügel von Kerry.

Die **Trasse** ist sehr eng und kurvenreich, starke Steigungen wechseln mit steil nach unten führenden Strecken ab. Zwischen Allihies und Eyeries erstreckt sich sicher der landschaftlich schönste Teil des Ring of Beara.

Nun geht es von der Küste ins Landesinnere, und gewaltige Felsbuckel säumen die Straße. Teilweise sehen die Steinhänge aus, als hätte man sie mit einem riesigen Hobel bearbeitet. Schon bald aber folgt die Trasse wieder dem Verlauf der Küste und man gelangt ins winzige Dörfchen Eyeries, wo die wenigen Häuser in kräftigen bunten Farben gestrichen sind.

Die Kabelbahn nach Dursey Island

Nach Ardgroom

Zwischen Eyeries und Ardgroom ist die Straße äußerst schlecht und kann durchaus als **Piste** bezeichnet werden; zudem ist die Trasse sehr schmal, und der Fahrer hofft vor jeder Kurve, dass kein Gegenverkehr kommt – zwei Kleinwagen passen kaum nebeneinander. Die Fahrerei ist anstrengend, und mit maximal 35 km/h legt man die weitere Strecke zurück.

Einige Kilometer hinter Ardgroom geht es zu einem prähistorischen **Stone Circle** (ausgeschildert). Ein kurzes Stück weiter gibt ein Schild die Abzweigung zum **Glanmore Lake** zu erkennen (ca. 5 km), an dessen baumgesäumten Ufern man sich von der anstrengenden Fahrt bei einem Picknick erholen sollte. Wer hier übernachten möchte, kann dies in der An-Oige-Jugendherberge tun (Tel. 064 83181).

Healy-Pass

Die folgende Ausschilderung entlang der Route weist auf den Healy-Pass hin, und bei schönem Wetter lohnt sich nun unbedingt ein längerer Umweg. Die 330 m hohe und 12 km lange Gebirgsstraße führt quer über die Beara-Halbinsel, und von dort oben hat man wahrhaft fantastische Ausblicke auf die südliche Region Irlands.

Der Pass wurde während der Großen Hungersnot im letzten Jahrhundert als Arbeitsbeschaffungsprogramm begonnen; es häuften sich jedoch Unfälle mit Todesfolge, so dass man das Projekt schließlich aufgab. Erst im Jahre 1931 ließ der Ingenieur *Tim Healy* die Straße vollenden.

Am nördlichen Endpunkt der Passstraße sorgt im Weiler Lauragh die *Glanmore Lake* **An-Oige-Jugendherberge,** Tel. (064) 83181, für Unterkunft.

Nach Kenmare

Die Trasse mündet in Adrigole, und über Glengarriff sowie weiter dann über die N 71 geht es nach Kenmare. Der Umweg über die Bergstraße ist schon deshalb lohnend, weil von der Abzweigung zum Healy-Pass bis nach Kenmare keine attraktiven Ausblicke mehr möglich sind, da die Strecke in diesem Abschnitt von Wäldern gesäumt ist.

Fährt man trotzdem – etwa bei schlechtem Wetter – die R 571 weiter, so passiert man ein kurzes Stück hinter der Abzweigung zum Healy-Pass die Ausschilderung zu den **Derreen-Gärten.** Aufgrund des milden Klimas wachsen in dem Parkareal neuseeländische Baumfarne, Palmen, Bambus und Rhododendren. Ca. 14 km vor Kenmare geht rechts eine kleine Straße mit dem Hinweis *„Waterfall Area"* ab. Das Sträßchen schlängelt sich 8 km Richtung Süden durch ein bewaldetes Tal, vorbei an drei Seen und einen *Stone Circle*. Dann öffnet sich der Blick auf den **Glenichaquin-Wasserfall,** der über schwarze Felsen in die Tiefe rauscht. Ein Farmer hat einen ausgeschilderten, 4 km langen Wanderweg über sein Gut angelegt, für den er einen moderaten Wegezoll

056ir Foto: hg

Aussicht bei der Beara-Rundfahrt

verlangt. Der Blick von der Spitze des Wasserfalls über das Tal und die Seen bis hin zur Küste ist grandios.

Kenmare

↗ XXI/B2

Wenige Kilometer weiter dann ist Kenmare (2700 Einwohner) erreicht. Völlig zu Recht lautet der irische Name *An Neidin* – das kleine Nest. Das hübsche Örtchen liegt am Ring of Kerry, verfügt über eine gute touristische Infrastruktur mit vielen Unterkünften, guten Restaurants und gemütlichen Pubs und ist eine Alternative zum meist übervollen Killarney. Es eignet sich gut als Ausgangspunkt und Standquartier für die **Rundfahrten auf der Beara- und der Kerry-Halbinsel.**

Im Jahre 1670 erhielt der Brite *Sir William Petty* die Region um das heutige Kenmare als Lehen und gründete das Städtchen, das sich bald zu einem prosperierenden Fischerort entwickelte. Aber schon 18 Jahre später war es mit dem Aufschwung erst einmal vorbei. Während der Auseinandersetzungen zwischen *Wilhelm von Oranien* und *James II.* wurde die Stadt belagert, und die Soldateska trieb die Bewohner in die Flucht. Erst nachdem der Oranier als *Wilhelm III.* den britischen Thron bestiegen hatte, ging es auch mit dem Örtchen wieder aufwärts.

Heutzutage ist Kenmare das **landwirtschaftliche Zentrum** der umliegenden Agrarregion, darüber hinaus wird hier Wolle verarbeitet, und die handgeklöppelten Spitzen sind auf der ganzen Grünen Insel beliebt. Überhaupt ist Kenmare bekannt für seine guten **Kunsthandwerksartikel.**

Durch die Tourist Information in der Main Street erreicht man das **Kenmare Heritage Centre,** das mit der Geschichte der Stadt seit 1670 umfassend vertraut macht, und im angeschlossenen *Kenmare Lake & Design Centre* wird den Spitzenklöpplerinnen die notwendige Aufmerksamkeit geschenkt.

Vom Kenmare Pier aus veranstaltet *Seafari River Cruises* **Bootsfahrten** in die Kenmare Bay, bei den Touren bekommt man mit etwas Glück Delphine, Wale und Robben sehen. Eine Vorbuchung im Sommer unter (064) 83171 ist ratsam.

Die Auswirkungen des Golfstroms sorgen für ein **mildes Klima,** es gedeihen Palmen, und überall sieht man farbenprächtige Rhododendren.

Tourist Information

- The Square, Tel. (064) 41233.

Unterkunft

- **Sheen Falls Lodge,** Tel. (064) 41600, Fax 41386, info@sheefallslodge.ie, DZ 300 €, etwas außerhalb von Kenmare in einem 121 Hektar großen Park gelegen, eines der bekanntesten Häuser Irlands, mit allen Sportmöglichkeiten, einem 18-Loch-Golfplatz und einem hervorragenden Restaurant (s.u.);
- **Park Hotel,** Tel. (064) 41200, Fax 41402, info@parkkenmare.com, DZ 300 €;
- **Lansdowne Arms Hotel,** Main Street, Tel. (064) 41368, Fax 41114, www.lansdownearms.com, DZ 90 €;
- **Virginia's Guest House,** 36 Henry Street, Tel. (064) 41021, Fax 42415, www.virginias-kenmare.com, DZ 80 €;
- **Mrs. Hannah Boland,** Muxnaw Lodge, Castletownbere Road, Tel. (064) 41252, muxnawlodge@eircom.net, DZ 60 €;
- **Mrs Geraldine Ceallaigh,** Abbey Court, Kilgarvan Road, Tel. (064) 42735, info@abbeycourtkenmare.com, DZ 53 €;
- **Mrs. Edel Dahm,** Ard na Mara, Pier Road, Tel./Fax (064) 41399, DZ 52 €;
- **Mrs. Kathleen Downing O'Shea,** Melrose, Tel. (064) 41020, kathleenmelrose@eircom.net, DZ 56 €;
- **Mrs. Marian Dwyer,** Rockcrest House, Tel. (064) 41248, dowdy@eircom.net, DZ 56 €;
- **Mrs. Mary Fitzgerald,** Whispering Pines, Glengarrif Road, Tel. (064) 41194, Fax 40813, wpines@indigo.ie, DZ 56 €;
- **Mrs. Gretta Gleeson-O'Byrne,** Willow Lodge,Tel. (064) 42301, willowlodgekenmare@yahoo.com, DZ 68 €;
- **Failte Hostel,** IHH, Shelbourne Street, Tel. (064) 42333, Fax 42466;
- **Kenmare Lodge Hostel,** IHH, 27 Main Street, Tel. (064) 40662;
- **Greenwood Hostel,** IHH, Templenoe, Tel. (064) 89247;
- **Campingplatz** *Ring of Kerry Caravan and Camping Park,* gut ausgestattet, Tel. (064)

41648, 4 km westlich von Kenmare an der Straße nach Sneem.

Restaurants

- **La Cascade Restaurant at Sheen Falls Lodge,** ca. 1,5 km außerhalb von Kenmare an der Glengarriff Road, Tel. (064) 41600, luxuriöses und teures Restaurant in dem einstigen Herrensitz des *Earl of Kerry,* irische Küche der Spitzenklasse, auch vegetarische Gerichte, behindertengerechte Einrichtung, à la Carte um 49 €;
- **The Lime Tree Restaurant,** Shelbourne Street, Tel. (064) 41225, sehr gute Gerichte zubereitet mit selbstangebauten Gewürzen, auch vegetarische Speisen, 24 €;
- **Mulcahy's Restaurant,** sehr sympathisches kleines Lokal mit hervorragenden Lamm- und Fischgerichten, Seafood und vegetarischen Speisen sowie einer umfangreichen Weinkarte, zwischen 18 und 28 €, Mehr-Gänge-Menü 26–31 €;
- **Packie's Food & Vine,** Henry Street, Tel. (064) 41508, preisgekröntes Lokal mit sehr guten Fleisch-, Fisch- und Seafood-Gerichten, zwischen 15 und 30 €;
- **Foley's,** Henry Street, Tel. (064) 41361, alteingesessenes Familienrestaurant, 21 €;
- **D'Arcy's Old Bank House,** Main Street, Tel. (064) 41589, hervorragende Speisen im Angebot, bis 22 €.

Pubs

- **O'Donnabhain's,** Henry Street, nette Kneipe mit Biergarten;
- **The Horseshoe,** Main Street, in der Taverne werden ganztägig Bar Meals serviert;
- **The Coachman,** Henry Street.

Verbindung

- **Busse** mehrmals täglich von Cork, Killarney, Skibbereen, Glengarriff, Tralee, Sneem.

132ir Foto: hg

Der Regen scheint die Laune nicht zu beeinträchtigen

Nach Killarney

32 km sind es nun noch bis Killarney, dem Haupttouristenort der Grünen Insel; auf der Fahrt dorthin kann man bereits von mehreren Aussichtspunkten atemraubende Blicke auf die einzigartige Landschaft genießen: Tief unten im Tal sieht man die drei Seen von Killarney, umgeben von Irlands höchsten Bergen.

Killarney-Nationalpark

If mountains, wood and water harmoniously blent, constitute the most perfect and adequate loveliness that nature presents, it surely must be owned, that it has, all the world over, no superior.

Alfred Austin,
1885 über die Landschaft von Killarney

The air was filled with the frangrance of wild flowers, and the eye wherever it turned beheld a region of delight, in which nature seemed to have unlocked all her treasures.

Lewis Dillwyn,
1809 über die Landschaft von Killarney

s 248-1

Schon in der Bronzezeit, vor 4000 Jahren, lebten Menschen in der Gegend rund um das heutige Killarney. Auf Ross Island im Lough Leane bauten die frühen Siedler Kupfer ab und werden sich wohl vor allem wegen der angenehmen Temperaturen hier niedergelassen haben.

Flora

Es ist vor allem das vom Golfstrom beeinflusste, milde ozeanische Klima, das die blühende Farbenpracht der Pflanzen im Killarney-Nationalpark bewirkt. Zuallererst fallen alle Arten von Moosen, Flechten und Farnen, vor allem Hautfarne *(Hymenophyllum)* ins Auge, die sehr häufig als Epiphyten auf den Zweigen und Stämmen der Bäume sitzen. Der wilde Rhododendron und die Azaleen, die in der ganzen Region die Wege säumen, haben derart überhand genommen, dass sie im gesamten Nationalpark von den Landschaftsgärtnern gestutzt werden müssen.

Bekannt unter Botanikern ist die Gegend rund um die drei Seen aber vor allem wegen ihrer Erdbeerbäume *(Arbutus unedo)*, die eigentlich im Mittelmeerraum beheimatet sind und in Nordeuropa sonst nicht vorkommen.

Weitere mediterrane Pflanzen sind der Rauhhaarige Steinbrech *(Saxifraga hirsuta)* und das Großblütige Fettkraut *(Pinguicula grandiflora)*.

Irland ist eine sehr waldarme Insel, umso mehr staunt der Besucher im Killarney-Nationalpark über die eindrucksvollen natürlichen Eiben- und Eichenwälder, die zu den größten der Grünen Insel gehören und andernorts nur selten und dann nicht in dieser Fülle zu sehen sind.

Hauptsächlich in höheren Lagen kommen Traubeneichen vor, unter deren ausladender Krone Stechpalmen zu finden sind.

In tiefer gelegenen Regionen wächst die Eibe gerne auf einem Untergrund von Karbonkalk – so auf der Muckross-Halbinsel. Eiben werfen einen so tiefen Schatten, dass in ihrer näheren Umgebung nur Moose ein Überleben fristen können.

s 248-2

Fauna

Irlands höchste Berge, die drei Seen und die Wälder bestimmen natürlich auch die Fauna der Gegend. Ornithologen haben im Killarney-Nationalpark insgesamt 114 Vogelarten ausgewiesen, davon brüten 64 an Ort und Stelle. Zwergtaucher *(Podiceps ruficollis)* kommen bei den vielen Gewässern auf ihre Kosten, ebenso die Wasserralle *(Rallus aquaticus)* und der Graureiher *(Ardea cinerea)*; alle drei Arten nisten rund um die Seen. Der Eisvogel *(Alcedo atthis)* und die Wasseramsel *(Cinclus cinclus)* begleiten die Boote vor allem an Bächen und Flussläufen; auch sie haben hier ihre Nistplätze.

Im Winter suchen Zugvögel die milden Temperaturen und leben üppig auf dem Gelände des Nationalparks. Eine ganze Kolonie von grönländischen Blessgänsen *(Anser albifrons favirostris)* überwintert im Tal, und ebenfalls aus dem kalten Norden kommen die Rotdrosseln *(Turdus iliacus)* mit ihren Verwandten, den Wacholderdrosseln *(T. pilaris)*, die, wie der Name schon sagt, sich an den Beeren der Hügelänge gütlich tun.

In den umliegenden Berggegenden, vor allem aber am Torc und am Mangerton Mountain, kommen die einheimischen Rotwildbestände *(Cervus elaphus)* vor (vgl. Wanderdung 2, 3, 4); ebenfalls an diesen Hängen äsen die eingebürgerten Japanischen Sika-Rehe *(Cervus n. nippon)*.

Killarney

↗ XXII/A1

Ganz eindeutig ist Killarney (13.000 Einwohner) **das touristische Zentrum** auf der Grünen Insel – kein Irland-Besucher wird das Städtchen auslassen, obwohl es kaum über Sehenswürdigkeiten verfügt. Es ist die **Landschaft,** die Killarneys Reiz ausmacht: die drei Seen, die mächtigen Hügelzüge mit ihren Tälern, die Wälder sowie die reiche Vegetation und über allem die gewaltigen Wolkengebirge des stetig wechselnden Wetters.

Schon zu Beginn des 19. Jh. begann in Killarney der Irland-Tourismus, und nachdem die britische Königin *Victoria* das reizvolle Örtchen als Urlaubsziel erwählte, setzten die Bewohner der Stadt vollends auf den Fremdenverkehr. Kluge Planungen sorgten für weiteren Aufschwung.

Das der Stadt gegenüberliegende Seeufer hatte man schon früh aus jeglichen Bebauungsplänen herausgenommen, die Muckross-Domäne, ein einstiger Privatbesitz, wurde zum **ersten Nationalpark Irlands** erklärt und in jüngster Zeit konnte diese *Bourne Vincent Memorial Park* genannte Region um zwei weitere geschützte Areale bereichert werden. Der Nationalpark erstreckt sich über ein Gebiet von rund 8000 ha, umschließt Berge, Wälder sowie die Seen Upper und Lower Lough Leane und den Muckross Lake. Gut ausgeschilderte Fahrrad- und Wanderwege helfen bei der Erkundung der landschaftlichen Höhepunkte.

Neben den Einnahmen aus dem Fremdenverkehr sorgt noch eine kleine Leder- und Textilindustrie für zusätzliche Umsätze, und eine große deutsche Firma produziert schwere Krananlagen in Killarney und sichert eine ganze Reihe von Arbeitsplätzen.

Neben den darob bei den Bürgern von Killarney beliebten Deutschen, die auch einen Großteil der Touristen stellen, sind es vor allem Amerikaner, die dieses Mekka der Grünen Insel aufsuchen und hier irische Klischees bestaunen möchten. Entsprechend kommerzialisiert und amerikanisiert ist die Stimmung in dem Örtchen und vor allem abends in den Singing Pubs.

Sehenswertes

Die beiden **Hauptstraßen** von Killarney – in denen sich eine vollständige touristische Infrastruktur findet: Pubs und Restaurants, Banken und Fahrradverleihstände, Geschäfte und Boutiquen – sind stetig vom Verkehr verstopft. Auf den schmalen Bürgersteigen flanieren die Massen, vergleichen die Angebote in den Schaufenstern und studieren vor den Lokalen die ausgehängten Speisekarten.

Nahe dem Ortszentrum lohnt die gewaltige **St. Mary's Cathedral** einen Besuch; das im neogotischen Stil von dem in Killarney hochgeschätzten Architekten *Augustus Welby Pugin* im 19. Jh. errichtete Gotteshaus ist die Hauptkirche der gläubigen Bevölkerung.

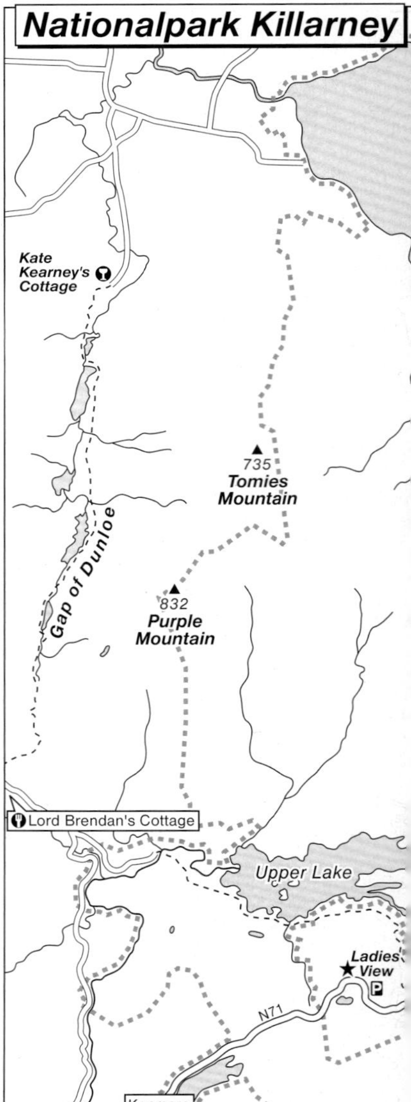

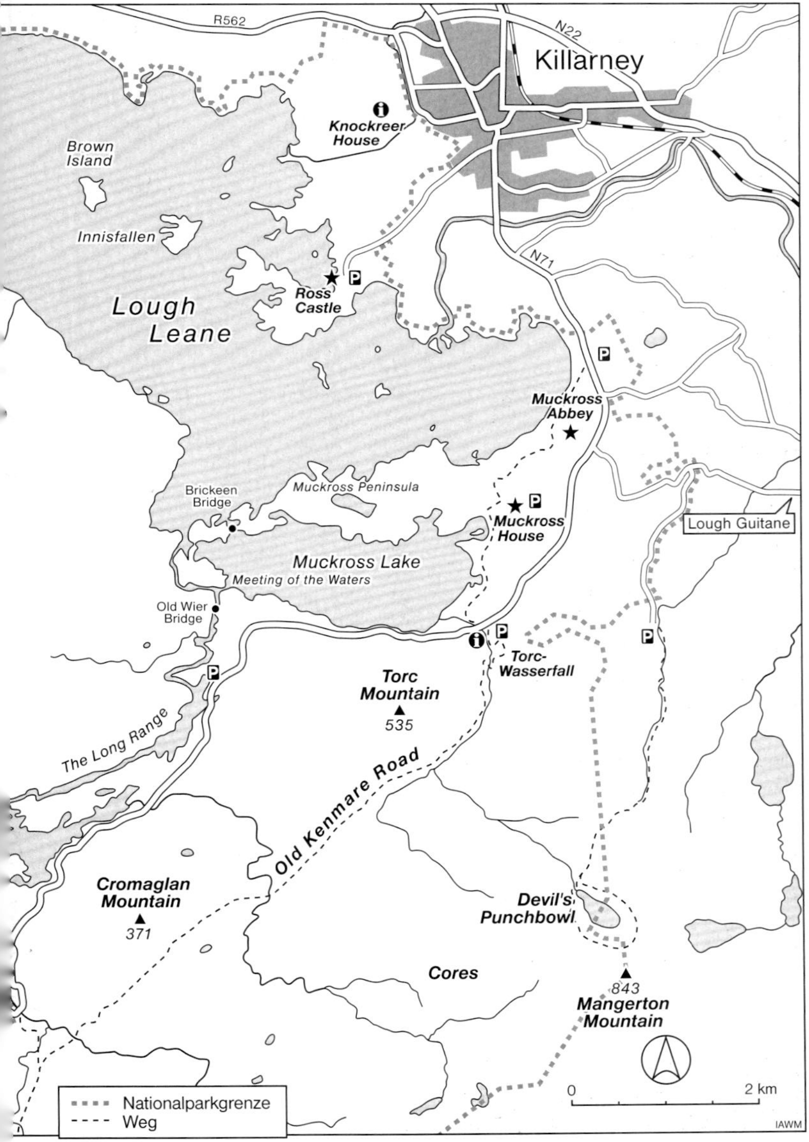
R562
N22
Killarney
Knockreer House
Brown Island
Innisfallen
Ross Castle
N71
Lough Leane
Muckross Abbey
Muckross Peninsula
Brickeen Bridge
Muckross House
Lough Guitane
Muckross Lake
Meeting of the Waters
Old Wier Bridge
Torc-Wasserfall
Torc Mountain
535
The Long Range
Old Kenmare Road
Cromaglan Mountain
371
Devil's Punchbowl
Cores
843
Mangerton Mountain
0
2 km
Nationalparkgrenze
Weg
IAWM

Tourist Information

- Beech Road, Tel. (064) 31633, Fax 34506.

Hotels

- **Arbutus Hotel,** College Street, Tel. (064) 31037, Fax 34033, arbutushotel@eircom.net, DZ 120 €;
- **Brook Lodge Hotel,** High Street, Tel. (064) 31800, Fax 35001, brooklodgekillarney@eircom.net, DZ 90 €;
- **Castlerose Hotel,** Tel. (064) 31144, Fax 31031, reservations@crh.ie, DZ 90 €;
- **Dromhall Hotel,** Muckross Road, Tel. (064) 39300, Fax 39301, info@dromhall.com, DZ 90 €;
- **Eviston House Hotel,** New Street, Tel. (064) 31640, Fax 33685, evishtl@eircom.net, DZ 90 €;
- **Failte Hotel,** College Street, Tel. (064) 33404, Fax 36599, failtehotel@eircom.net, DZ 80 €;
- **International Best Western Hotel,** Kenmare Place, Tel. (064) 31816, Fax 31837, inter@iol.ie, DZ 100 €;
- **Riverside Hotel,** Muckross Road, Tel. (064) 39200, Fax 39202, stay@riversidehotelkillarney.com, DZ 80 €;
- **Ross Hotel,** Kenmare Place, Tel. (064) 31855, Fax 31139, ross@kph.iol.ie, DZ 100 €.

B & B

- **Mrs. Mary Ahern-Nolan,** Windway House, New Road, Tel. (064) 32835, Fax 37887, windwayhouse@eircom.net, DZ 56 €;
- **Mrs. Margaret Brosnan,** Cloghroe, 14 Scahan Court, Tel. (064) 34818, cloghroe@gofree.indigo.ie, DZ 53 €;
- **Mrs. Margaret Casey,** Maggieo's, 14 Muckross View, Tel./Fax (064) 37229, maggieos14@eircom.net, DZ 54 €;
- **Mrs. Mary Connell,** St. Anthony's Lodge, Cork Road, Tel. (064) 31534, info@best-bb-killarney.com, DZ 55 €;
- **Mrs. Joan McCarthy,** The Harp, Muckross Road, Tel. (064) 31272, ourhomeinkillarney@eircom.net, DZ 53 €;
- **Mrs. Greta Doyle,** Algret House, 80 Countess Grove, Tel. (064) 32337, Fax 30936, gretad@gofree.indigo.ie, DZ 54 €;
- **Mrs. Peggy Mccarthy,** Dromhall Heights, off Countess Road, Tel./Fax (064) 32662, peggymccarthy@eircom.net, DZ 53 €.
- **Mrs. Anne Leahy,** Tralee Road, Tel. (064) 35579, Fax 35197, www.avondale-house.com, DZ 60 €;
- **Mrs. Paukine Lyne,** Park Road, Tel./Fax (064) 37022, www.parkfieldbb.com, DZ 60 €;
- **Mrs. Chris Mannix,** Muckross Road, Tel./Fax (064) 32135, www.flesklodge.com, DZ 60 €.

Hostels

- **Neptune's,** IHH, New Street, Tel. (064) 35255, behindertengerechtes Hostel;
- **The Sugan Hostel,** IHH, Lewis Road, im Ortszentrum von Killarney, Tel. (064) 33104;
- **Killarney Railway Hostel,** IHH, Fair Hill, gegenüber vom Bahnhof, Tel. (064) 35299, Fax 34121;
- **Park Hostel,** IHH, Cork Road, nahe dem Ortszentrum, Tel. (064) 32119;
- **Fossa Holiday Hostel,** IHH, Fossa, ca. 5 km Richtung Kenmare, schöne Ausblicke auf die Seen und Berge, Tel. (064) 31497, Fax 34459;
- **Peacock Farm Hostel,** IHH, Gortdromakiery, Muckross, Tel. (064) 33557.
- **Killarney International Youth Hostel Aghadoe House,** An-Oige-Jugendherberge, ca. 6 km von Killarney nahe der N 71 gelegen, Tel. (064) 31240;
- **Black Valley,** An-Oige-Jugendherberge, 19 km von Killarney, ebenfalls ideal für Bergwanderungen, Tel. (064) 34712.

Camping

- **Beech Grove Caravan and Camping Park,** Tel. (064) 31727, 5 km westlich von Killarney, nahe Straße nach Killorglin;
- **Fossa Caravan and Camping Park,** Tel. (064) 31497, 6 km westlich von Killarney, nahe der Straße nach Killorglin;

• **Whitebridge Caravan and Camping Park,** Tel. (064) 31590, 2 km östlich von Killarney nahe der N 72 gelegen.

Restaurants

• **Gaby's Seafood Restaurant,** 27 High Street, Tel. (064) 32519, wie der Name schon sagt, von einer Deutschen geführt, gute Fisch- und einige Fleischgerichte, auch Vegetarisches im Angebot, bis 39 €, Lobster 50 €;

• **Foley's Steak and Seafood Restaurant,** 23 High Street, Tel. (064) 31217, das Gebäude war ehemals eine Kutschstation, große Auswahl an Fisch, frisches Fleisch von Kerry-Berglämmern, große Steaks, man kann sich Hummer im Aquarium aussuchen, auch vegetarische Gerichte, um 24 €;

• **Robertino's,** 9 High Street, Tel. (064) 34966, gutes italienisches Lokal, 20 €;

• **Sceal Eile Restaurant,** 73 High Street, Tel. (064) 35066, unten befindet sich ein Coffee Shop, oben ein angenehmes Lokal mit guten Fisch- und Fleischgerichten bis 21 €;

• **Bricin Restaurant,** 26 High Street, Tel. (064) 34902, durch einen Laden geht man hoch in das obere Geschoss. Hier gibt es allerhand leckere irische Gerichte mit Fisch oder Fleisch bis 21 €;

• **O'Leary's Restaurant,** Main Street, sehr gemütliches Lokal mit Seafood und Fleischgerichten zwischen 12 und 21 € in einem ehemaligen Pub;

• **Salvador's,** 10 High Street, Pizzen um 10 €, Steaks bis 20 €;

• **Bombay Palace,** College Street, preiswertes indisches Lokal mit Speisen ab 6 €;

• **Mac's,** Main Street, einfaches Lokal mit Gerichten zwischen 8 und 19 €.

Pubs

• **O'Connors,** High Street, obwohl mitten im Zentrum gelegen, kann man ihn am ehesten als *Local Pub* bezeichnen, hier können auch Buchungen *(Castlelough Tours)* für alle Attraktionen in der Umgebung von Killarney vorgenommen werden, Live Music;

Die Geschichte des Tourismus in Killarney

Die Ursprünge des Killarney-Tourismus liegen 200 Jahre zurück und beginnen mit dem **Earl of Kenmare,** dessen Besitzungen an den Lower Lake grenzten. Der Earl hatte einen großen Bekanntenkreis, und seine Güter lagen im landschaftlich schönsten und klimatisch mildesten Teil der Grünen Insel. Was lag näher – zumal der Adlige offenbar sehr gastfreundlich war –, als diesem netten Fleckchen Erde und seinem Eigentümer Besuche abzustatten. Der Earl ließ sich zudem bald eine attraktive Unterhaltung für seine Gäste einfallen: Treiber scheuchten das Rotwild aus den Bergen und Wäldern in Richtung See, wo die begüterten und nichtsnutzigen Kavaliere – aus allen Rohren feuernd – von Booten aus ein wahres Gemetzel unter den Tieren anrichteten. Der rechte Mann bewährte sich eben bei der Jagd.

Killarneys Ruf und die dramatische Schönheit seiner Umgebung verbreiteten sich langsam durch Mundpropaganda. Die Dörfler selbst feierten – wie es sich für an Seen lebende Menschen gehört – **Regatten,** die nun zur neuerlichen Attraktion für Fremde wurden. Wann immer ein Bootsrennen anstand, strömten die Besucher von nah und fern, um dem Spektakel zuzuschauen – und natürlich, um kräftig zu wetten!

Nun kamen gar die **ersten Touristen** vom Kontinent herüber, und schon um 1815 verdiente eine Menge Einwohner von Killarney ihr Brot mit dem Fremdenverkehr. 1793 schon war der Deutsche *Caspar von Voght* in Killarney und zeigte sich von der touristischen Infrastruktur beeindruckt: „Killarney hat keinen Mangel an trefflichen Wirtshäusern, die einem zugleich auch alle mögliche Unterstützung und Bequemlichkeit zur Bereisung der Seen und zur Beschauung der Umgebung gewähren." Und *Jakob Venedey* rief 1844 aus: „Kommt nach Irland, ihr alle, die ihr ein gesundes Herz habt, dass von den Schlägen des Geschickes wund wurde, hier könnt ihr es pflegen."

Durch den **Einfluss der Romantik,** die das literarische Schaffen in den ersten 35 Jahren des 19. Jh. beeinflusste und von Dichtern wie *Byron, Keats* und *Shelley* getragen wurde, erlebte die Killarney-Region einen weiteren Höhepunkt. Nun standen nicht mehr die Jagd und große Regatten im Mittelpunkt des Interesses, sondern eine neue Naturverbundenheit. Die dramatische Landschaft gerann zur romantischen Kulisse für die Einheit von Natur und Mensch.

Als dann noch die **Bahnlinie** nach Killarney gelegt wurde und im Zuge dieser Arbeiten das erste große Eisenbahnhotel Irlands, das Great Southern Hotel Killarney, seine Pforten öffnete, stiegen die Besuchszahlen explosionsartig an.

Im fernen London hatte **Königin Victoria** die Nachricht von der landschaftlichen Schönheit der Gegend vernommen und machte sich mit ihrem Hofstaat auf, die Region mit eigenen Augen zu sehen. Majestät war in der Tat mehr als begeistert und lobte Killarney über den grünen Klee – und genauso taten es ihre Bediensteten. Nun war die Kerry-Halbinsel zu einem touristischen Muss geworden, und ganz England tat es der Herrscherin gleich. Aber auch vom Kontinent strömten nun die Massen auf die Grüne Insel – einzig und allein gewillt, Killarney einen Besuch abzustatten.

Über die Jahre wurde die **touristische Infrastruktur** immer weiter ausgebaut, wobei die Planer sorgsam darauf achteten, die grandiose Naturkulisse nicht zu verschandeln – lag hier doch das Kapital für immer rasantere Zuwachszahlen.

Nach der Unabhängigkeit Irlands kamen dann die **Amerikaner** irischer Herkunft auf die Grüne Insel und fanden vor allem auf der Kerry-Peninsula ihr von Klischees geprägtes Bild der ehemaligen Heimat bestätigt. Noch immer ist Killarney erstes Anlaufziel der Reisenden aus der neuen Welt. Wenngleich viel auf den amerikanischen Geschmack zugeschnitten ist – die Berge, Seen und Wälder sind wie vor 200 Jahren allemal eine Reise wert.

- **Corkery's,** High Street, vorne ein Lebensmittelgeschäft, hinten dann ein Pub, auch hierhin verirren sich nur wenige Touristen, ebenfalls hauptsächlich ein Local Pub;
- **Scott's Bar and Churchyard,** College Street, große, helle, modern eingerichtete Kneipe, sommertags sitzt man auf einer kleinen Piazza, weite Palette an Bar Meals;
- **Laurel's,** High Street, der Touristen-Pub mit Live Music, viele irischstämmige amerikanische Besucher;
- Eine äußerst angenehme Bar besitzt das **Arbutus Hotel** in der College Street, meist Locals und Hotelgäste, viele Bilder aus der Geschichte Irlands.

Rent-a-Bike

- Viele Verleihstellen im Ortszentrum;
- **Mountain Bikes** in der Beech Road, gegenüber des Tourist Information Office bei *O'Sullivan's* sowie in der College Street und im Hostel *An Sugan.*

Verbindung

- **Busse** mehrmals täglich von Bantry, Dingle, Dublin, Kenmare, Limerick, Rosslare Harbour, Waterford, Wexford, Tralee, Cork und Glengarriff;
- **Züge** mehrmals tgl. von Cork und Limerick.

Ausflüge in die Umgebung

Gap of Dunloe

Allererste Attraktion der Region rund um Killarney ist eine Tour durch das Gap of Dunloe, eine wildromantische Schlucht, die von den Macgillycuddy's Reeks sowie den Tomies und Purple Mountains gesäumt ist. Die Strecke führt vorbei an kargen, felsigen Hängen, dann durch düstere, schmale Passagen und entlang mehrerer dunkler Bergseen.

Die **Standardanfahrt** (die man auch in sämtlichen Reisebüros von Killarney pauschal buchen kann) nimmt den folgenden Weg: Von Killarney aus geht es entweder mit dem Auto, dem Bus oder per Fahrrad auf der R 562 in Richtung Killorglin, nach wenigen Kilometern weist eine Ausschilderung nach links zu **Kate Kearney's Cottage** (in dem, wie die Überlieferung berichtet, in früheren Tagen Schwarzbrenner das Wohlwollen der Bevölkerung genossen; folgerichtig ist heute noch immer ein Pub in dem Gemäuer untergebracht). Motorisierte Besucher müssen hier ihren Wagen parken und nun zu Fuß (schöne Wanderung), per Mietpferd oder in einem so genannten *Jaunting Car* (die typische Pferdekutsche der Killarney-Region) die rund 13 km lange Tour durch die Schlucht antreten. Endpunkt ist **Lord Brendan's Cottage,** wo man sich stärken kann, bevor die Boote bestiegen werden, die den Wandersmann über die Seen zurück nach Killarney bringen.

Sehr empfehlenswert ist es jedoch, **die Strecke in umgekehrter Richtung** zu planen, man entgeht so den frühmorgendlichen Touristenmassen auf der Standardroute. Ausgangspunkt ist **Ross Castle,** 3 km vom Zentrum Killarneys entfernt (Besichtigungsmöglichkeit täglich von 9 bis 18 Uhr).

Das gutbewehrte Tower House wurde dereinst von Lordprotector *Oliver Cromwells* Truppen angegriffen. Einer Legende zufolge sollte es nur von der Seeseite her zu nehmen sein; als die britische Soldateska tatsächlich vom Wasser her angriff, gaben die Verteidiger auf – so wenigstens berichtet es die Chronik.

059ir Foto: hg

An Ross Castle wartet morgens zwischen 9 und 10 Uhr eine Anzahl von Fährmännern auf Kundschaft (auch Fahrräder werden mitgenommen). Der Bootstrip geht über den Lough Leane und vorbei an **Innisfallen Island,** auf dem sich die sehenswerte Ruine einer Abtei befindet (gesonderte Anfahrt von Ross Castle aus), dann durch den Muckross Lake hinein in die Wasserstraße Long Range und über den Upper Lake zu **Lord Brendan's Cottage.**

Bootsfahrt zu Lord Brendan's Cottage

Ab hier wandert man den Weg durch die Schlucht (Achtung: An der Kirche, wenige Kilometer hinter Lord Brendan's Cottage die Abzweigung nach rechts nehmen, ansonsten gelangt man ins Black Valley! Die weitere Strecke ist nicht zu verfehlen).

Auf der Hälfte des Weges trifft man dann auf die Besucher, die ein Pauschalarrangement gebucht haben, und kommt zum Schluss bei Kate Kearney's Cottage an, das nun weniger überlaufen ist. Wer die Strecke zu Fuß zurückgelegt hat, muss vom Cottage aus nach Killarney per Anhalter weiterkommen (keinerlei Probleme), oder eine entsprechende Buchung vornehmen. Mit dem Fahrrad sind es noch ca. 11 km bis ins Ortszentrum.

060ir Foto: hg

Die Tour ist im *O'Connor's Pub* von Killarney (s.o.) vorab zu **buchen.** Radfahrer zahlen die Bootstour inklusive Rädern, Wanderer ebenfalls die Bootstour sowie die Rückfahrt mit dem Bus nach Killarney.

Muckross House and Gardens

Ein weiterer Höhepunkt von Killarney ist der Besuch von Muckross House and Gardens. Auf der N 71 geht es in Richtung Kenmare, zwei Kilometer hinter Killarney liegt auf der linken Seite ein erster Parkplatz (ab hier ausgeschilderter Spazierweg vorbei an den **Ruinen der Muckross Abbey** zum Muckross House, vgl. auch Wanderung 1). Nach zwei weiteren Kilometern taucht rechts erneut ein Parkplatz auf, an dem ebenfalls ein beschilderter Weg beginnt, und wiederum nach zwei Kilometern kommt ebenfalls rechts die Einfahrt zum Muckross House, bei dem man nun direkt parken kann. Ein Café sorgt für die Hungrigen und Durstigen, in einem Craft-Shop kann man Souvenirs erstehen, und für viele interessante Informationen sorgt das *Killarney National Park Visitor Centre.*

Unbedingt sollte man das efeuumrankte **Muckross House** besichtigen.

Muckross House

Der im 19. Jh. im elisabethanischen Stil errichtete Herrensitz zeigt im Innern kostbares Mobiliar, informiert in einer Ausstellung über die Cottage-Bauten der Armen Irlands, gibt Bevölkerungsstatistiken während der Großen Hungersnot von 1845 wieder und hat im Keller ein kleines Heimatmuseum, wo man z.B. einem Hufschmied bei der Arbeit über die Schulter blicken kann. Sehr beeindruckend sind in diesem Keller die unterhalb der Decke angebrachten 20 Glöckchen, die über Drahtseile mit den herrschaftlichen Gemächern verbunden waren; jede Schelle enthält eine Bezeichnung wie etwa Bibliothek, Schlafzimmer, Bad etc., so wussten die Domestiken, wohin sie zu eilen hatten, wenn die adligen Besitzer nach ihren Diensten klingelten.

Rund um den Herrensitz erstrecken sich die **Muckross Gardens** mit weiten, gepflegten Rasenflächen, prachtvoll blühender Vegetation, einem Arboretum sowie vielen ausgeschilderten Pfaden, die man zu Fuß oder auch mit dem Fahrrad erkunden darf. Wer keine sportliche Betätigung wünscht, kann auf die vielen *Jaunting Cars* zurückgreifen und nette Kutschfahrten unternehmen.

Torc-Wasserfall

8 km von Killarney entfernt an der N 71 Richtung Kenmare taucht zwischen Bäumen auf der linken Straßenseite ein kleiner Parkplatz auf, von dem aus man zum nahegelegenen Torc-Wasserfall aufsteigen kann. Die Kaskade wird von einem Flüsschen gespeist, das im 800 m hoch gelegenen Bergsee Devil's Punchbowl (vgl. Wanderung 2) entspringt.

Ladies View

Ebenfalls an der N 71 von Killarney nach Kenmare befindet sich 18 km von Killarney entfernt der Ladies View, ein Aussichtspunkt mit Craft-Shop, von dem aus man einen fantastischen Blick auf die drei Seen und die Umgebung hat. Der Name Ladies View geht angeblich auf die weiblichen Bediensteten von Königin *Victoria* zurück, die während der Urlaubsreise ihrer Herrin an diesem Punkt in begeisterte Entzückungsschreie ausgebrochen sein sollen.

Aghadoe Heights

Eine weitere exzellente Aussicht genießt man von den Aghadoe Heights, die man nach ca. 7 km entlang der R 562 in Richtung Killorglin, dann der Ausschilderung nach rechts folgend, erreicht. Im Süden erkennt man hinter dem Lough Leane die Gebirgskette Macgillycuddy's Reeks mit Irlands höchstem Berg, dem 1041 m hohen Carrauntoohil, östlich dann das Muckross House mit Anwesen. Wer die Landschaft länger bei einer Tasse Kaffee oder Tee genießen möchte, kann dies von der Terrasse des Aghadoe Heights Hotel tun.

Wunderschöner Ausblick vom Ladies View

Lough Guitane

Auch ein Ausflug zu den Gestaden des 10 km östlich von Killarney gelegenen Sees Lough Guitane lohnt sich. Hierhin verirren sich nur wenige Besucher, man kann picknicken oder wandern. Anfahrt: Auf der N 71 in Richtung Kenmare, nach ca. 3 km zeigt eine Ausschilderung nach links, und über schmale Straßen erreicht man den See. Hier befindet sich auch das empfehlenswerte *Peacock* **IHH-Hostel,** ideal für Wanderungen oder wenn man dem betriebsamen Killarney entfliehen will; Shuttle Service und Vorbuchungen: Tel. (064) 33557.

Wandern in der Umgebung von Killarney

Die Umgebung von Killarney bietet eine ganze Reihe von ausgezeichneten Wandertouren. Man rüste sich mit den entsprechenden O.S.-Karten aus, und zwar „O.S. One Inch Killarney District", „O.S. Half Inch, Sheets 20, 24"; hilfreich ist auch das Büchlein „Mountains of Killarney" (zu kaufen im Killarney Bookshop, Main Street).

Für viele Wanderer wird sicherlich der 200 km lange **Kerry Way** wenigstens in Etappen interessant sein (vgl. Wanderung 3); den **Ring of Kerry** (s.u.) auf einer Wanderung kennen zu

205IRL Foto: hg

lernen, ist allemal schöner als im Auto. Die Strecke geht von Killarney über Muckross, Black Valley, Glencar, Killorglin, Caragh Lake, Glenbeigh, Caherciveen, Waterville, Caherdaniel, Sneem und Kenmare. Unterkunft ist in den genannten Orten problemlos zu bekommen. Der höchste Punkt der Tour ist am Pass Windy Gap (425 m). Karte: „Map Guide to the Kerry Way, Bord Failte Information Sheet 26 C"; die Strecke ist natürlich auch ausgeschildert.

Erfahrene Alpinisten – und möglichst nur solche – wird es sicher reizen, Irlands höchsten Berg, den 1041 m hohen **Carrauntoohil** zu besteigen. Vor Leichtsinn sei ernsthaft gewarnt; das „Dach Irlands" verzeichnet höchste Unfallraten mit Todesfolge.

Mögliche weitere, reizvolle Wandertouren sind (unbedingt nur mit den oben genannten O.S.-Karten bzw. den Wanderführern):

- Die **Purple und Tomies Mountains** inklusive Gap of Dunloe, ca. 14 km, anstrengend, unmarkierte, aber sichere Route;
- **Cappagh Glen,** ein Felsmassiv südlich vom Lough Guitane, keine markierten Wege, nur mit Wandererfahrung empfohlen, ca. 8 km, mittelschwer;
- **Eskduff, Cappagh und Stoompa,** drei Hügelspitzen, wobei Stoompa mit 693 m die höchste ist, südlich vom Lough Guitane; die 8 km lange und mittelschwere Wanderung führt an zwei kleineren Bergseen vorbei, Lough Nabrean und Lough Garagarry;
- **Crohane,** ein 656 m hoher Gipfel östlich vom Lough Guitane, 7,2 km, mittelschwer;
- **Cnoc an Bhraca** und **Gap of Dunloe,** 20 km, sehr anstrengend;
- **Carrauntoohil,** 13 km, ebenfalls sehr anstrengend.

Wanderung 1: Rund um den Muckross Lake

Rundwanderung, auch empfehlenswert als Radtour:
- **Länge:** 12,5 km
- **Schwierigkeitsgrad:** einfach
- **Orientierung:** problemlos
- **Ausrüstung:** keine Wanderschuhe erforderlich.

Von Killarney geht es auf der N 71 in Richtung Kenmare. Nach 3 km taucht auf der linken Straßenseite ein großer Parkplatz auf, hier stellt man den Wagen ab. Gegenüber vom Parkplatz führt ein Tor in die Muckross-Domäne (Ausschilderung „The Kerry Way").

Man folgt dem asphaltierten Weg vorbei am **Ufer** des Lough Leane. Von hier aus hat man schöne Ausblicke auf die spiegelglatte Wasserfläche, auf Inselchen mit subtropischer Vegetation und auf die am Horizont aufragenden Gebirgszüge.

Nach wenigen Minuten Fußweg sieht man linker Hand, ein wenig zurückversetzt vom Weg, die **Ruinen der Muckross Abbey.** Ein Pfad führt zu den Resten dieser Franziskaner-Abtei, die inmitten eines kleinen Friedhofs liegt. Das winzige Kloster ließ der lokale Clan-Führer *McCarthy-More* im Jahre 1448 für einige Franziskanermön-

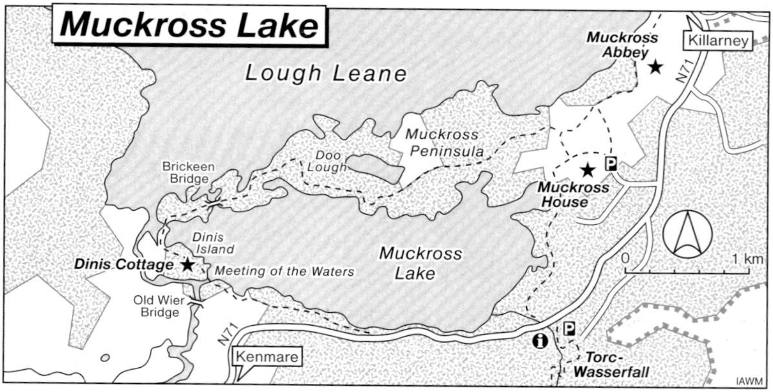

che errichten. Der Boden war geweiht, an dieser Stelle befand sich seit langem eine Kirche, die jedoch im 12. Jh. durch einen Brand zerstört wurde. Nur rund 150 Jahre fanden die gläubigen Brüder Ruhe in ihrer Klause, 1589 stürmten englische Soldaten das kleine Kloster und verlangten nach den kostbaren liturgischen Gerätschaften. Zwei Mönche wurden zu Tode gefoltert, einem dritten gelang die Flucht mit dem Kirchenschatz.

Sehenswert sind die vielen Grabdenkmäler sowie der kleine Kreuzgang, in dessen Mitte ein mächtiger Baum aufragt – es scheint, als habe die Eibe vor, dereinst mit ihren Wurzeln und Ästen den Kreuzgang zu sprengen.

Es geht nun zurück zur Hauptstrecke und dann entlang dem asphaltierten Weg nach links. Wer möchte, schlage sich geradeaus ins Unterholz und folge dem **Lover's Walk** genannten Pfad unter hohen Bäumen direkt am Seeufer des Lough Leane. Lover's Walk mündet einige hundert Meter weiter wieder auf den Hauptweg, auf dem es geradeaus weitergeht.

Ein kurzes Stück später trifft man auf eine **Kreuzung,** geradeaus geht es zum Muckross House, die Wanderroute jedoch folgt dem Weg rechts ab (Ausschilderung „Dinis Cottage/Meeting of the Waters"). Vorbei an zwei kleinen Wohnhäuschen geht es durch lichten Laub- und Nadelhain, nach wenigen Minuten Fußweg wird der Wald nun dichter. Alsbald ist eine **Lichtung** erreicht, von der aus man gute Ausblicke auf grüne Hügel hat. Im weiteren Verlauf passiert man den rechts des Weges liegenden kleinen **Teich Doo Lough,** wenige Minuten später sieht man die Wasserfläche des **Muckross Lake,** und schon ist eine kleine Bucht mit einem schönen Sandstrand erreicht.

Der Weg verläuft nun weiter auf einer schmalen Landzunge, die zwischen den Seen Lough Leane und Muckross Lake liegt. Über die spitzbogige, stei-

061ir Foto: hg

nerne **Brickeen Bridge** gelangt man auf Dinis Island und erreicht wenige Minuten später das kleine Häuschen **Dinis Cottage.** Einige rohe Holzbänke und -tische laden direkt am Seeufer zur Pause oder zu einem Picknick ein. Gemütlich ist auch der 50 m hinter dem Cottage liegende, von Bäumen beschattete Platz **The Meeting of the Waters.** Hier vereinigen sich die Wasser des Muckross Lake mit denen des Lough Leane.

Gestärkt folgt man dem Weg weiter und gelangt bald auf die N 71, der man nach links folgt. Lange dauert die Wanderung entlang der Straße, Gott sei Dank, nicht, man achte auf eine Brücke, die einen kleinen Bach überspannt! Zwischen hohen Bäumen befindet sich rechter Hand ein Parkplatz, von dem aus man nach wenigen Minuten Aufstieg zum **Torc-Wasserfall** gelangt. Die kleine Kaskade wird von den Wassern des Bergsees Devil's Punchbowl (vgl. Wanderung 2) gespeist. Nachdem der Wasserfall gebührend bewundert worden ist, geht es wieder hinunter. Man folgt nun dem Verlauf des Baches und unterquert durch einen Bogendurchgang die Brücke der N 71 – damit befindet man sich wieder auf dem Gelände der Muckross-Domäne.

Die kleine Brickeen Bridge zwischen Muckross Lake und Lough Leane

Klar liegt der weitere Verlauf des Weges nun vor dem Wanderer, rechts und links erstrecken sich **Weidegründe,** auf denen die *Kerry Cattle* grasen. Diese Herde wird vom irischen Staat unterhalten. Der Pfad führt weiter auf **Muckross House** zu, in dessen kleinem Café man sich stärken kann.

Hat man sich lange genug ausgeruht, geht es in nördlicher Richtung (Ausschilderung „Jaunting Cars Exit") weiter auf die **Muckross Abbey** zu, und von dort aus folgt man dem schon bekannten Weg zum Parkplatz, wo die Wanderung ihr Ende findet. Ist man jedoch richtig erschöpft, so kann man am Muckross House eine *Jaunting Car,* eine Pferdedroschke, mieten und sich zum Parkplatz chauffieren lassen.

Wanderung 2: Mangerton Mountain

Rundwanderung:
- **Länge:** 10 km
- **Schwierigkeitsgrad:** mittelschwer
- **Orientierung:** nicht ganz einfach, Gelände jedoch nicht besorgniserregend
- **Ausrüstung:** komplettes Bergwander-Equipment, warme Kleidung, Verpflegung

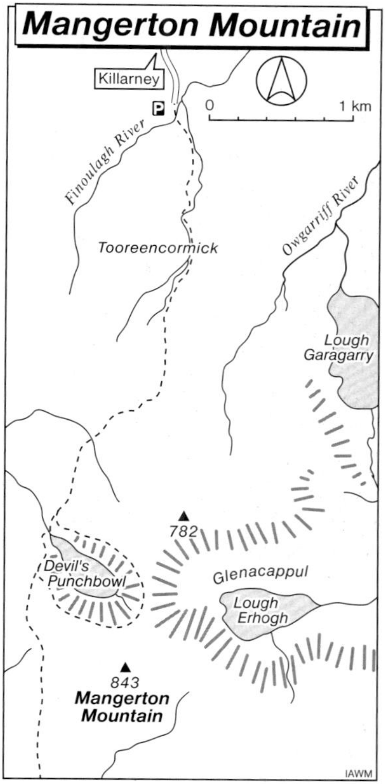

Von Killarney fährt man auf der N 71 in Richtung Kenmare; nach ca. 4,5 km zeigt direkt hinter dem **Pub-Restaurant** *Molly Darcy's* ein Hinweisschild mit der Aufschrift „Mangerton 2¾ Miles" nach links in ein schmales Sträßchen. Man folgt diesem Weg ca. 3,3 km; in einer scharfen Rechtskurve biegt man rechts in eine Straße ein (Ausschilderung „Mangerton Car Park 1/2 Mile"; Achtung: Man fährt leicht an dem Abzweig vorbei).

Nach einem knappen Kilometer passiert man rechter Hand einen kleinen **Parkplatz,** von dem aus man einen schönen Blick auf die Seen von Killarney hat. Außerdem befindet sich hier eine Hinweistafel für Bergwanderungen.

Nachdem man die Aussicht genossen und die Verhaltensregeln studiert hat, geht die Fahrt noch 2 km weiter;

rechts säumt ein lichter Wald die Straße, links ist freies Feld. Vor einer scharfen Rechtskurve heißt es anhalten; ein von der Straße aus nur schwer zu erkennender geländerloser Betonsteg führt über ein kleines Rinnsal. Hier wird der Wagen geparkt.

Gen Süden blickend, erkennt man den Pfad, der sich Mangerton Mountain hochschlängelt. Im 19. Jh. übrigens war der erste Teil des Weges ein Pony Treck, auf dem die damaligen Touristen bis auf halbe Höhe den Berg hinaufgeführt wurden, um die Aussicht auf die Seen zu genießen. Der Wanderweg folgt dem klar erkennbaren **Aufstieg.**

Nach wenigen hundert Metern Weg fließt dem Wandersmann von links oben ein kleiner **Bach** entgegen, und der Pfad folgt erst einmal diesem Wasserlauf. Wenige Minuten später passiert man ein **Gatter** (das man sorgsam wieder verschließt) und steigt weiter auf.

Ab und an lohnt ein Blick zurück: Im Westen liegen die Gewässer von Killarney, je höher man kommt, um so deutlicher zeichnen sich die Umrisse der Seen ab, und im Osten blickt man über den Lough Guitane.

Das Gelände, das gerade durchquert wird, trägt den Namen **Toreencormick;** im Jahre 1262 fand an diesem Hang eine Schlacht statt, in der *Cormick McCarthy-More,* der lokale Clan-Führer mit seinen Recken gegen die Armee des Anglo-Normannen *Gerald de Roche* kämpfte. Die Iren siegten, *McCarthy* jedoch kam ebenso wie *de Roche* ums Leben. Mit etwas Fantasie kann man sich ganz gut das Schlachtgetümmel an dem steilen Hang vorstellen.

Je höher man steigt, um so weniger ausgeprägt ist der Pfad, noch weiter oben verliert er sich dann endgültig im Gelände; jedoch ist die Landschaftsformation eindeutig und macht es nicht weiter schwierig, den Aufstieg fortzusetzen. Ab und an helfen auch *Cairns* (von freundlichen Wanderern errichtete Steinhaufen), die Orientierung zu halten.

Man halte nun Ausschau nach einem **schmalen Geröllfeld,** das in südsüdwestlicher Richtung (halbrechts) einen Bergsattel bedeckt und folge dem steinigen Grund. Es geht hier nicht sehr steil aufwärts. Hat man während der Wanderung auf diesem fast ebenen Geröllfeld wieder einen normalen Herzschlag zurückgewonnen, so geht es alsbald erneut steil bergan. Obwohl man über offenes Gelände marschiert, ist die Orientierung problemlos; eine Art Weg zeichnet sich klar ab.

Je nach Kondition erreicht man den kleinen **Bergsee** Devil's Punchbowl nach etwa 80 bis 95 Minuten. Angeblich ist die Tiefe des Bergsees noch nie ausgelotet worden, und im Volksmund gilt Devil's Punchbowl als Gewässer ohne Grund. Es kursiert daher schon lange der nur mäßig lustige Kalauer, dass im letzten Jahrhundert ein gewisser *Charles Fox* in den See hinabtauchte und nie wieder an die Oberfläche kam. Einige Monate später erhielten die Autoritäten von Killarney einen Brief aus Australien, in dem *Charles Fox* um seine Kleider bat, die er beim

Tauchversuch am Punchbowl zurückgelassen hatte.

Nach einer Pause frisch gestärkt, kann man nun das anstrengendste Stück der Besteigung in Angriff nehmen. Man umrunde den See im Uhrzeigersinn und schlage den Weg in südöstlicher Richtung (links) ein. Ein zunehmend steiler verlaufender Pfad schlängelt sich über einen Bergsattel, und schon bald bewegt man sich auf einem schmalen, extrem steilen, grasbewachsenen Geländestück teilweise auf allen vieren voran.

Nach links geht es rund 800 m steil bergab, man hat einen fantastischen Blick in das Glenacappul-Tal mit dem See Lough Erhog, rechts unten liegt Devil's Punchbowl (dieses Streckenstück ist keineswegs gefährlich, ein Absturz ist so gut wie ausgeschlossen).

Nach dieser Anstrengung erreicht man nun das **Gipfelplateau** des Mangerton-Berges, eine Steinpyramide zeigt die höchste Stelle an; hier steht man 843 m über NN und hat eine wunderbare Aussicht auf die Killarney-Region – Mangerton Mountain ist die höchste Erhebung im Killarney-Nationalpark. Gen Süden blickt man gar bis über die Beara-Halbinsel hinaus. Im Westen dräuen die gewaltigen Macgillycuddy's Reeks, klar erkennt man den Carrauntoohil, mit 1041 m Irlands höchster Berg. Im Südwesten dann schweift der Blick über die Seenplatte von Killarney.

Mangerton übrigens bedeutet soviel wie „der Behaarte"; der Name geht auf die langen Gräser zurück, die auf dem Gipfelplateau wachsen.

Es geht nun weiter oberhalb des Devil's Punchbowl, ein kleiner Pfad schlängelt sich entlang der Abbruchkante zum See. Der **Abstieg** führt nun über eine grasbewachsene Hügelschulter. Diese geht an der Seeseite in ein lockeres Geröllfeld über, das man meiden und umgehen sollte. Hat man das Niveau des Devil's Puchbowl wieder erreicht, überquert man auf einem ramponierten Damm das Flüsschen, das tief unten den Torc-Wasserfall speist, und kann nun den Rückweg zum Auto antreten. Beim Abstieg sollte man nicht vergessen, den einen oder anderen *Cairn* anzulegen oder auszubessern, damit auch nachfolgende Wanderer eine gute Orientierung haben.

Wanderung 3: Old Kenmare Road

Streckenwanderung: Per Anhalter zurück zum Ausgangspunkt. Wer über eine gute Kondition verfügt, kann diese Wanderung auch mit einer Besteigung des Torc Mountain verbinden (s. Wanderung 4).

- **Länge:** 11 km
- **Schwierigkeitsgrad:** einfach
- **Orientierung:** einfach, ausgeschildert, gelbe Pfeile auf schwarzem Grund oder das Kerry-Männchen, ein gelber Wandersmann auf schwarzem Grund
- **Ausrüstung:** Wanderschuhe

Diese Wanderroute folgt der **Old Kenmare Road,** die bis Mitte des 19. Jahrhunderts die Hauptverbindung zwischen Killarney und Kenmare darstellte. Englische Großgrundbesitzer sperrten dann die Trasse, da sie in der Um-

063ir Foto: hg

Die kleine Torc-Kaskade

gebung ungestört auf Rotwildjagd gehen wollten.

Die Old Kenmare Road ist Teil des rund 200 km langen Wanderwegs, der rund um die Kerry-Halbinsel verläuft. Der Pfad, der durch eine sehr schöne und reizvolle Landschaft führt, ist gut ausgeschildert. Mit ein wenig Glück sieht man auf der Tour Rehe, die vor allem an den Hängen des Torc Mountain ein geschütztes Refugium haben. Neben dem einheimischen Rotwild äsen hier auch japanische Sika-Rehe.

Ausgangspunkt ist der Parkplatz am **Muckross House.** Von Killarney geht es auf der N 71 in Richtung Kenmare; nach ca. 6 km dann rechts ab in die Muckross-Domäne. Ausgeschildert), hier kann der Wagen nahe beim alten Herrenhaus abgestellt werden. Im Café von Muckross House sollte man bei Bedarf noch Verpflegung einkaufen und dann vor dem Haupteingang des efeuumrankten Anwesens den Weg nach links zum Seeufer einschlagen (ausgeschildert: ein gelber Wanderer auf schwarzem Grund, außerdem Wegweiser zum Torc-Wasserfall. Wer Wanderung 1 schon gemacht hat, kennt bereits diesen Teil der Tour. Es ist auch möglich, den Wanderweg dadurch zu verkürzen, dass man auf dem Parkplatz unterhalb des Torc-Wasserfalls den Wagen abstellt, Anfahrt s. Killarney, Umgebung).

Der asphaltierte Weg führt durch einen Wald sowie vorbei am Ufer des Muckross Lake; nach wenigen Minuten geht es in einer scharfen Linkskurve wiederum durch Wald und an einem plätschernden Bach entlang zum Fuß einer Brücke, unter der man hindurchgehen kann. Steil führt nun ein Treppenweg hoch zur **Torc-Kaskade;** hat man den Wasserfall gebührend bewundert, so folgt man den Stufen weiter steil bergauf; hier gerät man schon ganz schön ins Schwitzen.

Der Treppenpfad mündet auf einem **Waldweg,** ein Richtungspfeil weist nach links, und ca. 30 m weiter folgt eine weitere Ausschilderung (das Kerry-Männchen, gelber Wandersmann auf schwarzem Grund) nach rechts. Wer sich von dem steilen Aufstieg ausruhen und der beanspruchten Wadenmuskulatur ein wenig Ruhe gönnen möchte, sollte dies an einigen Picknickbänken und -tischen tun.

Der breite Pfad führt weiter durch den Wald, und nach einigen hundert Metern überquert man auf einer **Holzbrücke** den Bach, dessen Wasser weiter unten die Torc-Kaskade hinabstürzen; hinter der Brücke geht es scharf nach links und dann weiter unter hohen, Schatten spendenden Bäumen.

Der nächste Orientierungspunkt ist bald erreicht. Ein **Gatter** versperrt den Weg, und ein Hinweisschild gibt Auskunft: *Killarney National Park – You are now entering the main red deer range – please keep to pathways to minimize disturbance – dogs must be kept on leash.* Mit anderen Worten: Die Weidegründe des Rotwilds sind erreicht, und der Wandersmann wird gebeten, auf den Wegen zu bleiben, um das scheue Wild nicht aufzuschrecken.

Hinter dem Gatter verlässt der Pfad den Wald; offenes Gelände, wohin das Auge blickt, klar erkennbar liegt geradeaus die **Old Kenmare Road,** gesäumt von grünbewachsenen Hügeln. Nach wenigen Minuten Fußweg sieht man auf der linken Seite des Weges einen schwarzen Pfahl mit einem gelben Pfeil, der geradeaus weist. Schaut man nach rechts, so erkennt man nur schwach einen Pfad, der auf den Torc Mountain führt (hier beginnt die Wanderung 4).

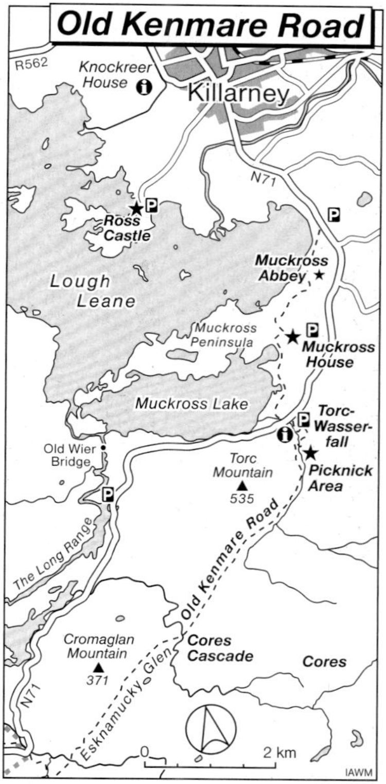

Ohne Orientierungsprobleme schreitet man tüchtig auf der Old Kenmare Road aus; mal geht es ein kurzes Stück bergauf, mal ein wenig bergab. So bringt man einige Kilometer hinter sich und gelangt an eine **sumpfige Niederung;** von dem ursprünglichen Straßenverlauf ist nun nichts mehr zu erkennen. Nasse Füße holt man sich jedoch nicht, denn gut befestigte Holzplanken führen über die feuchten Stellen. Gelbe Markierungspfeile auf

064ir Foto: hg

schwarzen Pfosten weisen den Weg, der jedoch auch ohne diese Hilfe nicht zu verfehlen wäre.

Hat man diese sumpfige Niederung hinter sich gebracht, so folgt der Pfad für kurze Zeit einem kleinen **Flüsschen.** Beruhigend wirkt das Murmeln des Wassers auf die Seele des einsamen Wanderers. Schaut man nach links, so sieht man am anderen Ufer des Baches nach wenigen Metern Fußweg einen kleinen **Wasserfall** niederstürzen; dies ist die Cores Cascade.

Ein kurzes Stückchen weiter gelangt man in das Esknamucky Glen, eine enge **Schlucht,** die mit ihren moosbewachsenen, uralten und knorrigen Bäumen einen recht verwunschenen Eindruck macht.

Obwohl es bergauf geht, ist man recht schnell wieder aus der kleinen Schlucht heraus und und gelangt in offenes Gelände. Hält man rechts und links Ausschau, so erkennt man die **Reste von Häusern** und eingestürzte Windmauern rund um winzige Parzellen. Als die Straße noch in Betrieb war, befanden sich hier einige kleine Weiler. Nach kräftigen Regengüssen kann der folgende Teil des Weges durchaus sehr matschig und sumpfig sein – wasserdichte Wanderstiefel sind dann von großem Vorteil. Der Pfad steigt jedoch bald wieder an und führt in trockenere Gefilde.

Old Kenmare Road: bis ins 19. Jh. die Verbindung zwischen Killarney und Kenmare

O66ir Foto: hg

Nach Durchquerung des offenen Geländes schlängelt sich der Weg durch einen alten **Eichenwald,** und auf einer Lichtung überquert man mittels einer Brücke ein kleines Flüsschen. Weiter geht es bergab durch den Wald, und hat man diesen hinter sich gelassen, so mündet der Wanderweg auf eine **kleine Straße.** Links geht es weiter in Richtung Kenmare. Die Route führt jedoch nach rechts und erreicht alsbald die N 71, die Hauptverkehrsstraße von Kenmare nach Killarney. Per Anhalter geht es zurück nach Killarney; da die N 71 sehr befahren ist, bekommt man mit Sicherheit innerhalb weniger Minuten einen Lift.

Wanderung 4: Torc Mountain

- **Länge:** 8 km (vom Parkplatz am Torc-Wasserfall); 10 km (vom Parkplatz am Muckross House)
- **Schwierigkeitsgrad:** mittelschwer
- **Orientierung:** nicht ganz einfach, fast nur offenes Gelände
- **Ausrüstung:** Bergwander-Equipment

Der 535 m hohe **Torc-Berg** liegt inmitten des Killarney National Park; an klaren Tagen hat man vom Gipfel aus einen wundervollen Blick über die Region. Gemäß der Überlieferung ist der Berg nach einem mächtigen, wilden

Blick vom Torc Mountain auf den Muckross Lake

Keiler benannt, der einst an den Hängen herumstreifte.

Der erste Teil des Weges folgt der Route von Wanderung 3. Hat man hinter dem **Gatter** den Wald verlassen und tritt ins offene Gelände, so trifft man nach wenigen Minuten Fußweg auf einen **schwarzen Pfahl,** der mit einem gelben Pfeil gekennzeichnet ist. Rechts erkennt man einen schwach ausgeprägten Weg, der sich den Hügel heraufzieht. Der Untergrund ist grasig, es geht steil bergauf.

Manchmal erkennt man an vereinzelten Felsen einen verwaschenen roten Pfeil, der die weitere Richtung angibt; auch der eine oder andere Pflock steckt in der Erde und dient als Orientierungszeichen. Da kaum Steine zu finden sind, sieht man auch keine *Cairns,* die als Wegmarkierungen dienen könnten.

Im Großen und Ganzen schreitet man über offenes Geländes und erahnt mehr, wo es langgehen könnte. Nur manchmal zeichnet sich klar ein Pfad ab, der jedoch schnell wieder im grasigen Untergrund verschwindet. Südlich unterhalb des Gipfels erreicht man ein feuchtes, grasbewachsenes **Plateau** und blickt von hier weit über die Seenplatte von Killarney. Hier hat man auch die größten Chancen, das Rotwild zu sehen, für das die Gegend bekannt ist.

Nach weiteren Minuten nun anstrengender Kletterei gen Norden ist der schmale, 535 m hohe **Gipfel** erreicht. Die Mühe lohnt, denn tief unten sieht man Muckross House wie ein Puppenstubenteil liegen, selbst die kleine Brickeen Bridge, die den Zusammenfluss von Lough Leane und Muckross Lake überspannt, ist zu sehen. Klar zeichnet sich auch der Weg von Wanderung 1 ab, den man von dort oben verfolgen kann. Die Aussicht ist sicherlich eine der schönsten in der Killarney-Region. Hat man alles gebührend bewundert, so geht es querfeldein wieder abwärts.

Der Ring of Kerry

Von Killarney aus beginnt nun die Erkundung des Ring of Kerry, nach Ansicht der irischen Tourismus-Promoter der landschaftlich schönste Teil der Grünen Insel. Die ca. 180 km lange Strecke lässt sich – wenn man morgens früh genug aufbricht – bequem an einem Tag zurücklegen. Die Rundfahrt auf der Halbinsel sollte entgegen dem Uhrzeigersinn erfolgen, so nähert man sich langsam den Höhepunkten.

Killorglin

↗ XXI/B1

Die Fahrt geht auf der R 562 in Richtung Killorglin; die Strecke ist von Bäumen gesäumt und nichts deutet auf spektakuläre Aussichten hin. Killorglin selbst ist ein verschlafenes, wenig attraktives Örtchen, an dem der Massentourismus der Kerry-Peninsula scheinbar spurlos vorbeigeht.

Einmal im Jahr allerdings ist in dem Dorf wahrhaft der Teufel los. In der Zeit vom 10. bis zum 12. August eines jeden Jahres findet in Killorglin die so genannte **Puck Fair** statt (s. Exkurs). Bei dem Volksfest, das wohl auf einen heidnischen Fruchtbarkeitsritus zurückgeht, wird ein Ziegenbock zum König gekrönt und drei Tage lang auf einem hohen Gerüst huldvoll zur Schau gestellt. Eine Unterkunft ist während dieser Tage nicht zu bekommen (es sei denn, man hat über das Tourist Office in Killarney vorgebucht), in den Kneipen fließt das Guinness in Strömen, und Einwohner wie Besucher sind gleichermassen im Vollrausch.

Caragh Lake

Weiter geht es nun auf der N 70 in Richtung Südwesten. Einige Kilometer hinter Killorglin zweigt links von der Straße ein kleiner Weg ab, der zu den Ufern des Caragh Lake führt (ausgeschildert); an den fast immer touristenfreien Gestaden, die von sanften Hügeln und dichten Wäldern umrahmt sind, lässt es sich gut picknicken.

Glenbeigh

↗ XXI/B1

Im weiteren Verlauf führt die Straße dann auf mächtige Hügelketten zu, und man durchfährt alsbald das winzige Dörfchen Glenbeigh (ein Foodstore, ein Hotel, ein Pub und ein Restaurant gruppieren sich um die Tankstelle.

Die Trasse verläuft weiter durch eine anmutige und gewellte grüne Landschaft. Schafe grasen mit ihren Lämmern an den Fahrbahnrändern. Doch schon wenige Minuten später zeigt die Umgebung ein wesentlich raueres Bild, die gewaltigen Steinhügel rücken fast bis an die Straße heran, und nun sieht man auch zum ersten Mal das Meer und schaut weit über die Dingle Bay bis hin zu den Hügeln der Dingle-Peninsula.

Die Straße windet sich in rund 100 m Höhe entlang der **Steilküste,** unten brandet die See an die Felsen. Die Strecke ist sehr kurvenreich, und vom Fahrer wird höchste Konzentration verlangt. Wenn man in Ruhe das Landschaftspanorama genießen will, so kann man dies alle paar Kilometer an Straßenausbuchtungen tun, und gefahrlos schweift hier der Blick über die Schaumkronen der Wellen.

Caherciveen

↗ XXI/A2

In dem langgestreckten Dorf mit seinen 1300 Einwohnern wird einmal im Monat ein großer Straßenmarkt abgehalten, und die *Locals* sind stolz darauf, dass in ihrem Ort der „Liberator" **Daniel O'Connell** geboren wurde. Das mittlerweile verfallene Geburtshaus ist vom Zentrum ausgeschildert und befindet sich am Ostufer des River Carhan. An der anderen Flussseite wurde ein kleiner Park mit einer Büste für den Befreiungshelden des Landes eingerichtet. Spazierwege führen am Fluss entlang und Schautafeln auf der Strecke widmen sich der Flora und Fauna der Region.

Alljährlich am ersten Wochenende im August findet das **Caherciveen Celtic International Music Festival** im Örtchen statt.

Nachdem man die Siedlung durchfahren hat, geht es rechts ab auf der

Die Puck Fair in Killorglin

Mit Sicherheit eines der deftigsten Feste im ohnehin nicht asketischen Irland steht jeweils Anfang August in dem verschlafenen Dorf Killorglin auf der Tagesordnung: Die *Puck Fair,* die Krönung eines Ziegenbocks zum König der Grünen Insel. Da sich bei so hochoffiziellen Anlässen auch Geschäfte machen lassen, läuft parallel zu diesem Ereignis ein Viehmarkt.

Schon einige Tage vor dem großen Fest fangen die Männer des Dörfleins in den umliegenden Bergen einen möglichst stattlichen Ziegenbock mit einem repräsentativen Bart und gewaltigen Hörnern. Fein herausgeputzt dann wird am *Gathering Day,* dem ersten Tag des Festes, der Bock unter begeisterter Anteilnahme der Bevölkerung wie auch der Besucher auf ein hohes Gerüst gehievt und von einem grüngewandeten jungen Mädchen in den Königsstand erhoben: „Ich kröne dich zum König Puck", spricht das Mädel, und die Menge jauchzt begeistert: „Zum einzigen König von Irland"! Drei Tage nun herrscht König Puck huldvoll von seinem Gerüst und schaut dem ausgelassenen Treiben aus luftiger Höhe zu. Und was er da zu sehen bekommt, ist nicht von schlechten Eltern.

Die irischen Heimatforscher sind sich uneins, auf welche historische Begebenheit oder auf welches alte Ritual die Puck Fair zurückgeht. Da gibt es zuerst einmal die patriotische Variante: Die Mannen eines gewissen *Patrick Sorfield* wurden am 11. August 1691 durch eine aufgeschreckte Herde von wilden Ziegen vor den herannahenden Truppen des englischen Königs *William* gewarnt. Blitzschnell legten sich die Iren in einen Hinterhalt und rieben die Armee der verhassten Besatzer auf. Mit einem schön herausgeputzten Ziegenbock kehrten die Sieger in Killorglin ein und veranstalteten ein großes Fest.

Eher die geschäftliche Seite betont die folgende Überlieferung: *James II.* gab einem gewissen *Jenkins Conway* im Jahre 1613 die Erlaubnis, jeweils am 1. und 2. August eines jeden Jahres einen Markt abhalten zu dürfen. Als im 18. Jh. aufgrund einer Kalenderumstellung das Ereignis auf den 11. und 12. August fiel, setzte man schleunigst – um der guten Geschäfte willen – den 10. August noch dazu.

Nicht schlecht hört sich auch die folgende Geschichte an: Da die englischen Strafgesetze aus der Zeit vom 17. bis zum 19. Jh. unter anderem die Jahr- und Viehmärkte einschränkten, sollen die pfiffigen Bewohner von Killorglin einen wilden Ziegenbock in die Stadt gebracht haben. Da es sich um kein Nutztier handelte, konnten die Engländer die Veranstaltung laut eigener Gesetzgebung nicht verhindern. Der Bock wurde zum König von Kerry gekrönt und die Iren verspotteten so die britischen Besatzer.

Die letzte Variante schließlich beschreibt, dass die Puck Fair auf ein keltisches Fruchtbarkeitsfest zurückgeht, das immer am 1. August begangen wurde. Mit der schon erwähnten Kalenderumstellung fielen die Feiern dann auf die bekannten Daten.

Da auch ein Viehmarkt während der tollen Tage abgehalten wird, und die Verkäufer ihre Rinder, Schafe und Pferde durch die Straßen der Stadt treiben, sind Asphalt, Häuserwände und Autos von Kuhfladen und Dung übersät, und es stinkt gewaltig. So mancher schimpft wie ein Rohrspatz, weil er im Dunkeln auf dem Weg in den nächsten Pub nicht aufgepasst und im wahrsten Sinne des Wortes voll in die Sch... getreten hat.

Tagsüber wird beim Verkauf der Tiere kräftig gefeilscht, und wer genau hinsieht, wird kräftige junge Männer mit großen Schlagstöcken erblicken. Dies sind die Steuereintreiber von Killorglin, denn schließlich will das Städtchen am Kauf und Verkauf beteiligt sein. Noch heute besitzt die Familie *Foley* das einst vom britischen Parlament genehmigte Recht, die Steuern mittels des mitgeführten Schlagstocks bei säumigen Zahlern einzutreiben.

Der mündlich geschlossene „Kaufvertrag" wird, wie es sich unter richtigen Männern gehört, per Handschlag besiegelt, und auf den gelungen Abschluss nehmen dann Käufer und Verkäufer erst einmal ein paar Guinness, bevor man sich den weiteren Geschäften zuwendet – falls der Alkoholpegel dies überhaupt noch zulässt.

Am zweiten Tag der großen Feier, dem *Fair Day,* strebt das Fest dem Höhepunkt zu. Guinness, Lager und Whiskey fließen in Strömen, der richtige Ire zeigt sich von seiner besten Seite – wie man sagt „außen grün und innen blau".

Schon tagsüber sind die Pubs gerammelt voll, und jedem Zecher stehen nur wenige Quadratzentimeter Stehfläche zur Verfügung. Heraus oder hinein zu kommen, artet in schwerste Arbeit aus, dichtgedrängt wie Ölsardinen stehen die Menschen rund um den Tresen, wer hier einen Platz gefunden hat, muss ihn heldenhaft verteidigen. Die Menge tobt, lallt, lacht, Gläser gehen klirrend zu Bruch, und ein Schwall Guinness ergießt sich über den Vordermann. Gänge zur Toilette müssen frühzeitig angetreten werden, lang sind die Schlangen derjenigen, die ihre Getränke wieder entsorgen müssen.

Auch auf den Straßen des Örtchens ist der Teufel los, auch hier wird getanzt, gesungen, musiziert und natürlich vor allem getrunken. Killorglin versinkt in einer wahren Orgie, der Rausch ergreift die Menschen. Auch die Tinker, die fahrenden Nomaden Irlands geben sich ein Stelldichein und verkaufen Ramsch, ihre Frauen sagen den Betrunkenen die Zukunft voraus, lesen aus der Hand und lassen dabei orakelhafte Sprüche ab.

Am dritten Tag dann, dem *Scattering Day,* halten nur noch erfahrene Kampftrinker durch, doch auch das sind – so hat es den Eindruck – noch immer unübersehbar viele. Wer jedoch des Morgens ein Katerfrühstück nötig hatte, der macht sich nun langsam bereit für den Heimweg, und sicher ist: Im nächsten Jahr wird die Puck Fair noch toller gefeiert!

R 565 in Richtung auf Valentia Island, das mit einer Brücke mit dem Festland verbunden ist (ausgeschildert). Man sollte jedoch der Autofähre von Reenard's Point, der 5 km von Caherciveen entfernt liegt, den Vorzug geben; diese Fähre legt in Knightstown an, verkehrt allerdings nur während der Sommermonate (von Mai bis Oktober tgl. 8–22 Uhr).

Tourist Office

- **Community Centre,** Tel. (066) 9472589, an der Hauptstraße (alle unten genannten Pubs und Restaurants befinden sich ebenfalls an der Hauptstraße, die den Ort durchzieht).

Unterkunft

- **Mrs. Ellis Dennehy,** Sea Breeze, Reenard Road, Tel. (066) 9472609, DZ 53 €, Fax 9473275, seabreezebandb@eircom.net;
- **Mrs. Irene Curran,** Harbour Hill, Knockeens, Tel./Fax (066) 9472844, harbourhill@eircom.net, DZ 53 €;
- **Mrs. Breda Landers,** San Antoine, Valentia Road, Tel./Fax (066) 9472521, sanantoine@eircom.net, DZ 53 €;
- **Mrs. Claire O'Doneghue,** Ocean View, Reenard Road, Tel./Fax (066) 9472261, deskerry@iol.ie, DZ 53 €;
- **Cahirciveen Sive Hostel,** IHH, 15 East End, Tel. (066) 9472717;
- **Campingplatz** *Mannix Point Caravan and Camping Park,* Tel. (066) 9472806, 200 m westlich von Cahirciveen am Strand mit Blick auf Valentia Island.

Restaurants

- **Qc's Restaurant,** an der Hauptdurchgangstraße, ein kleines Seafood-Restaurant, das in der Lokalpresse hochgelobt wurde, Gerichte zwischen 20 und 26 €;
- **The Red Rose,** Café an der Hauptdurchgangstraße, Tee, Kuchen kleine Snacks zwischen 6 und 15 €.

062ir Foto: ws

Pubs

- **The Shebeen Bar,** „Traditional music";
- **Craineer's,** ein Schild teilt mit, dass fahrende Musiker willkommen sind.

Verbindung

- **Ring of Kerry Bus** einmal täglich von Tralee über Killarney, Killorglin, Waterville, Caherdaniel, Sneem, mehrmals täglich von Killarney, Killorglin, Tralee.

Valentia Island

↗ XXI/A2

Die Fähre von Reenard's Point legt in Knightstown an, dem Hauptort des Eilandes. Einige Häuschen reihen sich an der engen Dorfstraße entlang, während der Ebbe steigt Modergeruch aus dem kleinen Hafenbecken auf, der Pub Boston's liefert Speise und Trank.

Im 19. Jahrhundert ging es in Knightstown recht geschäftig zu; damals nämlich verlegte man das erste Transatlantikkabel von hier nach Amerika. Die Operation wurde 1866 erfolgreich abgeschlossen. Rund 100 Jahre lang verlief über Knightstown die gesamte Telekommunikation mit dem neuen Kontinent.

Die **Tauchgründe** rund um Valentia Island sollen zu den besten Irlands zählen, und so findet der interessierte Flaschentaucher mehrere Diving Centres am Ort. Auch kann man an mehreren Stellen Touren zur Felseninsel Skellig Michael (s.u.) buchen, zum Beispiel bei Mr. *Owen Walsh* unter Tel. (066) 9476327, Mr. *Des Lavelle,* Tel. (066) 9476124, bei *Michael O'Sullivan,* Tel. (066) 9474255, bei *Patrick Casey,* Tel. (066) 9472069, oder bei *Sean* und *Sheila O'Shea,* Tel. (066) 9475129.

Von Knightstown geht es in südwestliche Richtung auf den Weiler Chapeltown zu und hier biegt man an der Ortskreuzung nach rechts ab und folgt der Ausschilderung **„Grotto".** In einem ehemaligen Steinbruch hat man eine große Marienstatue aufgebaut, in der Grotte können Messen gelesen werden und von oben plätschert recht stilvoll ein Wasserfallrinnsal hinunter. Von 1816 bis 1911 wurde hier Schiefer gebrochen und dies im wahrsten Sinne des Wortes mit Sklavenarbeit. 14 Stunden am Tag schufteten die Männer, Frauen und auch Kinder, nur zwei kurze Pausen gab es, und als Lohn erhielten sie lächerliche 14 Pence. In „La Grotta" gewann die englische Kolonialmacht das Baumaterial für das *House of Commons* und das *House of Lords,* das Unter- und das Oberhaus in London, für die Bahnhöfe Charing Cross und Waterloo sowie für die ehrwürdige Pariser Oper. Wer in der großen Grotte steht, erinnere sich an die Worte, die der Schriftsteller *Ralph Giordano* in seinem 1996 erschienen „Irischen Tagebuch" schrieb: „Vor 85 Jahren wurde hier der letzte Schlag getan, aber noch ist es so, als wenn es in der Höhle weiter klingt, hämmert und seufzt, als wenn La Grotta widerhallt von den Stoßgebeten, die abprallen von den gnadenlosen Wänden."

Spektakulär sind die Ausblicke auf das Meer von den nahegelegenen **Fogher Cliffs.** Unterhalb der Grotte erkennt man einen kleinen Leucht-

Eines der vielen Hochkreuze in Kerry

Besuch auf der Felseninsel Skellig Michael

An mehreren aufeinanderfolgenden Tagen hatte ich schon frühmorgens von Killarney aus im Post Office von Ballinskelligs angerufen und mich nach den Wetterverhältnissen vor der Küste erkundigt. Zu starker Wind, hohe Wellen und dichter Nebel, so lautete die stereotype Antwort des freundlich bemühten Postmeisters, der seine Negativmeldung immer mit einem bedauernden *Sorry Sir, I'm very sorry* beendete. Beim sechsten Anruf jedoch – ich hatte mir mittlerweile die Zeit mit Wanderungen in der Umgebung von Killarney vertrieben und war schon gar nicht mehr sicher, je auf das Felseneiland zu kommen –, hörte ich die aufgeregte Stimme meines Informanten: „Oh, it's you Sir. Come straight ahead, the waves are still high but the boat leaves at eleven." – „Kommen Sie sofort vorbei, die Wellen sind zwar noch immer hoch, aber das Boot läuft um elf aus."

Sofort buchte ich einen Platz, schlang das wie immer opulente Frühstück meiner Bed &-Breakfast-Wirtin herunter, sprang in den Wagen und fuhr über Kenmare, Sneem und Waterville nach Ballinskelligs. Dort am Pier angekommen, warf ich einen ersten Blick auf die kleine, offene Nussschale und einen zweiten auf die Schaumkronen der Wellen.

Mit anderen unerschrockenen Besuchern stieg ich nun also auf das kleine Bötchen hinunter, suchte mir meinen Platz und zog den Reißverschluss meiner wasserdichten Jacke hoch. Meinen Daypack stellte der Skipper freundlicherweise in seinem geschützten Steuerhaus unter, alsbald wurden die Leinen gelöst, und die Überfahrt begann.

13 km vor der Küste der Kerry-Halbinsel liegen meerumtost die zwei steil aufragenden Felseninseln Little Skellig und Skellig Michael (*Skellig* = Felsen). Während die kleinere von beiden ein Vogelschutzgebiet ist – Irlands größte Kolonie von Basstölpeln hat hier ein geschütztes Refugium, aber auch Kormorane, Sturm- und Papageientaucher, Sturmschwalben sowie Dreizehenmöwen bilden beachtliche Populationen – und aus guten Gründen deshalb nicht betreten werden darf, lohnt Skellig Michael unbedingt einen Besuch. Hier befinden sich gut erhaltene Reste einer kleinen frühchristlichen **Mönchssiedlung.**

Doch vor der Erkundung der Insel gilt es, die Gefahren der Überfahrt zu meistern. Kaum hatte das Bötchen Bolus Head, den südwestlichen Zipfel der Kerry-Halbinsel passiert, traf uns der Wind mit voller Härte. Die Nussschale rollte und stampfte in der schweren See, Spritzwasser kam regelmäßig über die niedrige Schanz, krampfhaft klammerten sich alle an ihren Sitzen fest, bleich waren die Gesichter. Ich merkte, wie mein Gleichgewichtsorgan seinen Dienst einstellte und der Magen, noch immer vom Frühstück gut gefüllt mit *bacon* and *scrambled eggs,* zu rebellieren begann.

Schon vor Tagen hatte mir meine Zimmerwirtin geraten, rechtzeitig vor der Überfahrt genügend Pillen gegen Seekrankheit und Übelkeit zu schlucken; diesen weisen Vorschlag hatte ich allerdings nicht genügend beachtet und trug nun die Konsequenzen. Drei weitere Mitreisende und ich schickten die Reste unseres Frühstücks zu den Fischen, alle waren wir peinlich berührt, hatten einen ekligen Geschmack im Mund, und das breite Grinsen des Skippers drückte seinen klammheimlichen Spott aus. Ein freundlicher Amerikaner verteilte Kaugummis, die dankbar angenommen wurden.

Mit großer Erleichterung sahen alle eine Zeitlang später, wie das Boot in eine kleine Bucht einlief und an dem Betonpier festgezurrt wurde. Auf einem schmalen Weg, vorbei an einem Leuchtturm, ging es dann über 670 Stufen auf ein 180 m hoch gelegenes Plateau, auf dem eine Anzahl von **Bienenkorbhütten** die Jahrhunderte unbeschadet überstanden hat. Zwei bootsförmige Kapellen, eine Reihe von Kreuzen und Grabsteinen und eine wahrscheinlich aus dem 12. Jh. stammende Kirchenruine vervollständigen das Ensemble. Die Mauern der Gebäude sind sehr kunstvoll, aus Steinen und ohne Verwendung von Mörtel aufgeschichtet. Ihr guter Zustand resultiert aus dem milden Klima: Hier gibt es keinen Frost, der das Gestein sprengen könnte.

Kleine, ebenfalls von Steinmauern eingefriedete Parzellen, *The Monks Garden* genannt, dienten früher den frommen Männern als Anbauflächen für Getreide und Gemüse; ergänzt wurde der Speiseplan durch Vogeleier, Vögel und Fische. Die Anzahl der Steinhütten und ihre Grundflächen legen die Vermutung nahe, dass wohl nie mehr als zwölf Mönche das felsige Eiland bewohnten.

Der Überlieferung nach gründete einer der beiden *Heiligen Finans* die Klause, die schon im 9. Jahrhundert mehrfach von den Wikingern überfallen wurde. Im 12. oder 13. Jahrhundert siedelten die wenigen Mönche dann auf das Festland über; das sturmumtoste Eiland behielt jedoch seine sakrale Bedeutung: Im 17. und 18. Jh. übten sich die Gläubigen in Buße, stiegen bis zur 210 m hohen *The Needle's Eye* genannten Spitze auf und küssten dort oben ein Gipfelkreuz.

Die zweite Felsenspitze von Skellig Michael wird *Jesus' Saddle* genannt, und die Überlieferung berichtet Erstaunliches von diesem Felsstück. Angeblich brachte man Gruppen von jungen Mädchen, die alsbald in den Stand der Ehe treten wollten, an diesen wenig anheimelnden Ort; in völliger Abgeschiedenheit sollten sich die Bräute während dieser Exerzitien auf ein gottesfürchtiges Leben nach der Hochzeit vorbereiten. Die Damen – wir folgen weiter der Chronik – taten sich jedoch gütlich an harten Getränken, musizierten fröhlich und waren ein letztes Mal recht ausgelassen. Mit Entsetzen stoppten die Priester, kaum dass sie dahintergekommen waren, diesen freudvollen Schabernack.

Nach rund zwei Stunden ist die Besichtigung vorbei, und angstvoll klettert man – begleitet von der Hoffnung auf eine ruhige Überfahrt – wieder auf das Boot.

turm. Man suche den leicht zu findenden Feldweg, der schlaglochübersät und sehr steil nach unten zur Küste führt. Achtung: Nicht mit Wohnmobilen zu befahren, man kommt die Piste nicht mehr hoch! Nahe am Leuchtturm kann man ein einsames Picknick genießen und in Meditation versunken auf die an den rundgewaschenen Felsen anbrandenden Wellen schauen.

Weiter gen Südwesten führte eine 1970 errichtete Drehbrücke zum Örtchen Portmagee, das schon wieder auf dem Festland liegt. Kurz bevor man den engen Sund überquert, findet sich rechterhand ein Heritage Centre (täglich 10–18 Uhr), das mit der audiovisuellen Show *The Skelling Experience* den Besucher über die Region und vor allem natürlich über die frühchristliche Besiedlung der Felseninsel **Skellig Michael** informiert. Vom *Heritage Centre* verkehren in der Saison Boote nach Skellig Island.

Bootsfahrten nach Skellig Michael bietet in Portmagee auch Mr. *Joe Murphy* an, der unter Tel. (066) 9477156 oder (087) 2342168 erreichbar ist. Im Hafendorf Portmagee halten die *Bridge Bar* und das **Restaurant** *Mooring's* die touristische Infrastruktur aufrecht.

Der **Preis** für eine Überfahrt nach Skellig Michael liegt bei den Kapitänen in der Umgebung (s.u.) um 35 Euro. Die Boote verkehren von Portmagee, Cahirciveen, Ballinskelligs und Derrynane. Bei telefonischer Buchung erkundige man sich, von welchem Pier das Boot ablegt. Die Überfahrten werden von Ostern bis September angeboten, stürmisches Wetter verhindert manchmal tagelang eine Ausfahrt und selbst bei Windstille und Sonnenschein ist die Überfahrt nichts für schwache Nerven. Vor allem im Juli und August sollte man mindestens einige Tage vorher den Trip buchen.

Da Skellig Michael und die kleinere Schwesterinsel Little Skellig von der UNESCO zum **Weltkulturerbe** erklärt worden sind und unter Schutz stehen, dürfen pro Tag nur 19 Boote mit maximal 12 Passagieren die Insel anlaufen. Der Besuch dort wird in der Regel auf 2,5 Stunden begrenzt.

Die Schwesterinsel Little Skellig ist ein **Vogelschutzgebiet** und darf überhaupt nicht angelaufen werden, da hier weltweit eine der größten Brutkolonien von Tölpeln nistet. Allerdings wird der Steinsplitter auf der Fahrt zu Skellig Michael einmal umrundet, so dass man die Vögel beobachten kann.

Unterkunft

- **Mrs. Mary Foran,** Spring Acre, Knightstown, Tel. (066) 9476141, Fax 9476377, DZ 53 €;
- **Mrs. Julie O'Sullivan,** Shealane Country House, Corha-Mor, Tel. (066) 9476354, marylane@eircom.net, DZ 56 €;
- **Portmagee Hostel,** IHH, Tel. (066) 9473016, Fax (087) 2402420.

Restaurant/Pub

- **The Royal,** Knightstown, direkt an der Seefront gelegen, manchmal auch Live Music, Menü 17 €, sonst um 22 €;
- **Boston's,** Knightstown.

Little Skellig und Skellig Michael ragen, von Valentia Island aus gesehen, in der Ferne aus dem Meer

Ballinskelligs

↗ XXI/A2

Über die Brücke bei Portmagee geht es wieder zurück zur N 70. Schon wenige Kilometer weiter jedoch zweigt rechts die R 566 nach Ballinskelligs ab (ausgeschildert). Dort angekommen, findet man einen schönen **Sandstrand,** auf dem seicht die Wellen auslaufen. Ballinskelligs ist eine kleine Streusiedlung ohne erkennbaren Ortskern, immerhin gibt es ein Pub-Restaurant-Gebäude mit Bed & Breakfast. Auch von hier gehen **Fahrten zur Felseninsel Skellig Michael** ab. Infos und Buchungen bei Mr. *Sean Feehan,* Tel. (066) 9479182.

Das **IHH Skellig Hostel,** Tel. (066) 9479942, bietet Unterkunft.

Waterville

↗ XXI/A2

Auf der weiteren Strecke von Ballinskelligs nach Waterville fährt man an einem langen Sandstrand vorbei, hat schöne Ausblicke auf die See wie auch auf die Hügelketten des Inlands – diese Strecke wird auch **Scenic Skellig Ring** genannt.

Schnell ist nun das kleine Nest Waterville erreicht, das gegenüber von Ballinskelligs an der Ballinskelligs Bay liegt. Entlang der langen **Felsenküste** reihen sich kleine Pensionen, einige Pubs sowie ab und an ein Restaurant. So z.B. das oft empfohlene und gute **Restaurant** *The Huntsman* mit exquisiter Küche (10–22 €) und prachtvollen Ausblicken über den Atlantik.

229IRL Foto: ts

Hat man das Örtchen durchfahren, so stößt man ca. 3 km weiter auf einen Parkplatz, von dem aus man einen guten und weiten Blick über das Meer und die Felsenküste hat. Auch im weiteren Verlauf windet sich die **Straße oberhalb der See** entlang, und von jeder Stelle bietet sich ein beeindruckendes Landschaftspanorama. Nach einigen weiteren Minuten Fahrt geht es steil bergan, hoch über der See ist die Straße in den Felsen gekerbt. In regelmäßigen Abständen sorgen Ausbuchtungen am Straßenrand für Parkmöglichkeiten.

Nun ist der **Pub** *Scarriff Inn* mit angeschlossenem Restaurant erreicht, den man unbedingt aufsuchen sollte. Hinter großen Fenstern sitzt man windgeschützt, kann bei einer Tasse Kaffee oder Tee sowie bei einem mittäglichen *pub grub* die Landschaft auf sich wirken lassen.

Weiter geht es entlang der zerfurchten Felsenküste, regelmäßig tauchen kleine Buchten auf. Zwischen Waterville und der winzigen Siedlung Caherdaniel erstreckt sich der sicherlich schönste Teil des Ring of Kerry.

Derrynane House

Rund 2 km westlich von Caherdaniel lohnt ein Besuch im Derryname House, das *Daniel O'Connell,* der „Befreier", im Jahre 1825 errichten ließ; 20 Jahre lang lebte und arbeitete der *Liberator* in diesem Herrensitz, dem heutigen **Museum** (Mai–September Mo–Sa 9–18 Uhr, So 11–19 Uhr; Oktober–April Di–So 13–17 Uhr). Nahebei führt ein **Naturlehrpfad** durch die Dünenlandschaft.

Staigue-Fort

Zurück zur Hauptstrecke geht es wenige Kilometer weiter vorbei an einem Sandstrand, dessen Schönheit jedoch durch eine große Caravan-Siedlung arg beeinträchtigt wird. Etliche Kilometer hinter Caherdaniel zeigt ein Wegweiser nach links die Strecke zum prähistorischen Staigue-Fort an. Der Abzweig ist nicht zu verfehlen, denn unübersehbar markiert das schneeweiß gestrichene *Staigue Fort Hotel* die Stelle, an der man von der N 70 abbiegen muss. Nach 8 km ist das mächtige eisenzeitliche Ringfort erreicht.

4 Meter dick und 5,5 Meter hoch ist der aus Steinen und ohne Mörtel aufgerichtete **Mauerring.** Keine Messerspitze passt zwischen die exakt aufgeschichteten Steinlagen. Durch einen kleinen Gang gelangt man ins Innere der Umwallung; auf einem Areal von 30 Meter im Durchmesser suchten die Erbauer Schutz vor Überfällen. Gut erhalten sind die Treppenstufen, mittels

derer die Verteidiger im Notfall auf die Brustwehr eilen konnten.

Eine exakte **Datierung** des Ringforts steht bis heute noch aus; auch bei den zwei anderen gut erhaltenen Steinzirkeln, Dun Aenghus auf der Aran-Insel Inishmore und Grianan of Aileach im County Donegal, konnten bisher keine präzisen Zeitangaben gemacht werden.

Sneem

↗ XXI/B2

Nun wieder zurück zur Hauptstrecke und weiter der N 70 in Richtung Norden folgend, erreicht man das winzige Örtchen Sneem, in dessen kleinem Dorfkern die Häuser zur Freude eines jeden Hobbyfotografen in kräftigen blauen, roten und grünen Farbtönen gestrichen sind. Wer möchte, kann sich hier in einem Crafts Shop mit irischem Kunsthandwerk eindecken, angeboten werden vor allem Wollsachen. So ist der Ortskern immer voller Besucher, die Touristenbusse halten hier an, und die Pauschalurlauber kaufen ihre Souvenirs.

Unterkunft

- **Mrs. Margaret Harrington,** Bank House, North Square, Tel. (064) 45226, DZ 53 €;
- **Mrs. Maura Hussey,** Avonlea House, Sportfields Road, Tel. (064) 45221, avonlea@eircom.net, DZ 53 €;
- **Mrs. Alice O'Sullivan,** Old Convent House, Woodvale Pier Road, Tel./Fax (064) 45181, conventhouse@oceanfree.net, DZ 53 €.

Restaurants

- **Blue Bull Seafood Restaurant** mit angeschlossenem Pub, im Ortszentrum, um 20 €.

070ir Foto: hg

Pubs/Coffeeshop

- **Dan Murphy's Bar** und **Sneem Bar** sind zwei gemütliche Kneipen im Ortszentrum;
- Der Coffee Shop **The Village Kitchen** serviert leckere Kuchen und Snacks.

Verbindung

- **Ring-of-Kerry-Bus** von Tralee, Killarney, Killorglin, Cahirciveen, Waterville, mehrmals täglich von Killarney, Kenmare, Tralee.

Zurück nach Killarney

Wenn man Kenmare schon besucht hat, so sollte man von Sneem aus nicht weiter auf der N 70 fahren, denn dieser nun folgende Teil des Ring of Kerry ist landschaftlich ohne jedes Interesse, zudem säumen Bäume die Straße, so dass man keinen Blick auf die Umgebung hat. Besser ist es, von Sneem aus die R 566 zu nehmen. Zwar ist auch diese Strecke nicht gerade mit landschaftlichen Schönheiten ausgestattet, doch man hat einige gute Ausblicke in karge Täler und auf rauhe Hügel.

Bei **Moll's Gap,** einem Aussichtspunkt, trifft die R 566 wieder auf die Hauptstrecke (jetzt die N 71), und vorbei am **Ladies' View,** von wo aus man gute Blicke auf die Seen von Killarney hat, geht es zurück nach Killarney, dem Ausgangspunkt der Rundreise.

Dingle-Halbinsel

Nach Dingle

Von Killarney verläuft die **Route** auf der N 72 bis Killorglin, dann biegt man in die N 70 ein, die nach Castlemaine führt, weiter geht es über die N 86 und die R 559 nach Dingle, dem Hauptort auf der gleichnamigen Peninsula. Ab Castlemaine folgt die Strecke der Küstenlinie, man hat schöne Ausblicke auf das Meer und auf die Kerry-Halbinsel.

Schaut man dagegen nach rechts, ins Landesinnere, so erkennt man weitgehend kahle Hügelketten. Fährt man diese Strecke am frühen Vormittag, so sieht man alle paar Kilometer Bauern mit ihren Milchtonnen am Straßenrand stehen, die auf den Milchlaster der Molkerei warten.

Im weiteren Verlauf der Fahrt passiert man das winzige Örtchen **Inch,** das einen langen und breiten Sandstrand zu bieten hat. Ausbuchtungen an der Straße erlauben immer wieder einen kurzen Stopp, damit man in Ruhe über das Meer blicken kann.

Dingle ↗ XVI/A3

Bald ist nun Dingle erreicht, das sympathische Städtchen und mit seinen 1800 Einwohnern ist der Hauptort der Halbinsel.

Im Dorfkern strahlen die Häuser in kräftigen bunten Farben. Pubs und Restaurants sind in Hülle und Fülle vorhanden. Dingle gehört sicherlich zu

071ir Foto: hg

den schönsten und atmosphärereichsten Örtchen in Irland – daran ändert auch die aus EU-Geldern finanzierte, großangelegte Modernisierung des Hafenbereichs nur wenig.

Der **Tourismus** ist ein anderer als in Killarney: Man sieht kaum Pauschalurlauber, sondern Individualbesucher.

Vom Hafen aus kann man **Bootstouren** zu dem vor der Küste lebenden Delfin *Fungie* unternehmen; der Meeressäuger liebt seit 1984 allem Anschein nach menschliche Gesellschaft.

Ebenfalls am Hafen findet sich die **Dingle Ocean World,** ein großes Aquarium, das 2005 umfassend renoviert wurde. Durch einen Unterwassertunnel kann man die heimischen Meeresfische gut beobachten.

Alljährlich Ende August wird die **Dingle Regatta,** eine Wettfahrt in den traditionellen irischen Ruderbooten, den *Currachs,* im Hafen ausgetragen.

Dingle eignet sich auch sehr gut als Standquartier, um von hier aus eine Tour zu den Blasket Islands zu unternehmen oder um den Hausberg der Halbinsel, den Mount Brandon, zu besteigen.

Dingle Harbour

Tourist Office

- **The Pier,** direkt am Hafen, Tel. (066) 9151188.

Unterkunft

- **Dingle Skellig Hotel,** Tel. (066) 9150200, Fax 9151501, reservations@dingleskellig.com, DZ 120 €;
- **Mr. Robert Ashe,** Spa Road, Tel. (066) 9151197, ashesband@eircom.net, DZ 56 €;
- **Mrs. Brid Bowler Sheehy,** Ballinvounig House, Ballivounig, Tel. (066) 9152104, ballinvounighouse@eircom.net, DZ 56 €;
- **Mrs. Eileen Carroll,** Miltown, Tel. (066) 9152850, www.fiuise.com, DZ 60 €;
- **Mrs. Eileen Collins,** Kirrary, Avondale, Tel. (066) 9151606, collinskirrary@eircom.net, DZ 60 €;
- **Mrs. Geraldine Devane,** Goat Street, Tel. (066) 9151193, devanesdingle@eircom.net, DZ 54 €;
- **Mrs. Bridie Fitzgerald,** Dingle Heights, High Road, Tel. (066) 9151543, Fax 9152445, dingleheights@hotmail.com, DZ 53 €;
- **Mrs. Mary Griffin,** Tower View, Farranredmond, Tel. (088) 9152990, DZ 60 €, towerviewdingle@eircom.net;
- **Mrs. Hannah Kelliher,** Ballyegan House, Upper John Street, Tel. (066) 9151702, DZ 60 €;
- **Ballintaggart House Hostel,** IHH, Racecourt Road, Tel. (066) 9151454, Fax 9152207;
- **Dingle Gate Hostel,** IHH, The Mall, Annascaul, Tel. (066) 9155710;
- **Tigh an Phoist,** IHH, Ballydavid, ca. 10 km westlich von Dingle, Tel. (066) 9155109;
- **Campingplatz** *Campaill Theach An Aragail,* Gallarus Oratory House Camp,Tel. (066) 915 5143, 8 km westl. in Ballydavid.

Restaurants

- **Doyle's Seafood Bar & Townhouse,** John Street, Tel. (066) 9151174, eines der besten Fischrestaurants der Region in einem knallrot gestrichenen Haus, fünffacher Gewinner des *Bord Failte's Award of Excellance,* bis 28 €;
- **Lord Baker's,** Main Street, Tel. (066) 915 1277, ältestes Lokal von Dingle, 1890 von *Tom Baker,* dem Direktor der Tralee – Dingle-Eisenbahn als Kneipe gegründet, vorne im Pub gute Bar Meals bei denen ein Torffeuer wärmt, nach hinten mit 120 Sitzplätzen größtes Restaurant von Dingle, mehrfach preisgekrönt, bis 28 €;
- **The Old Smokehouse,** Ecke Main Street/ The Mall, Tel. (066) 9151061, irische Küche mit Fisch-, Fleisch und auch vegetarischen Gerichten, in der Lokalpresse hoch gelobt, bis 24 €;
- **Novecento,** John Street, Tel. (066) 915 2884, gemütliches Lokal mit italienischer Küche und Pasta-, Fisch- und Fleischgerichten von 12 bis 20 €;
- **Fenton's Restaurant,** Green Street, Tel. (066) 9152172, Meeresfrüchte, zwischen 15 und 26 €;
- **An Café Litearta,** Dykegate Street, Café und Buchladen, Snacks werden auch serviert;
- **Armada Restaurant,** Strand Street, gemütliche Kerzenlichtatmosphäre, Familienunternehmen, man bekommt auch vegetarische Gerichte, 20 €;
- **The Waterside,** Strand Street, freundliches Restaurant direkt am Hafen mit Lamm- und Fischgerichten zwischen 12 und 20 €;
- **Oven Doors,** Holy Ground, einfaches und freundliches Lokal mit Gerichten zwischen 10 und 14 €.

Pubs

- **Dingle Pub,** Main Street, regelmäßig Live Sessions;
- **An Droicead Beagh,** Main Street, Folk Music an vielen Abenden;
- **Dick Mack's,** Green Street, Pub in einem Schusterladen, in dem immer noch Schuhe repariert und Ledergürtel hergestellt werden, eine derartige Kuriosität lockt vornehmes Publikum an, so waren neben vielen anderen auch schon *Paul Simon, Robert Mitchum* und *Julia Roberts* vor Ort, im Gehweg sind die Namen der Promi-Gäste eingemeißelt;

- **Murphy's Pub,** Strand Street, regelmäßig Live Sessions;
- **Marina Inn,** Strand Street, am Hafen, regelmäßig Live Music mit Traditional Sessions in der Saison;
- **Dingle Web Internet Café,** Main Street.

Verbindung

- **Busse** mehrmals täglich von Dublin, Limerick, Listowel, Tralee, Shannon-Airport, Killarney, Killorglin, Dunquin.

Wandern auf der Dingle-Halbinsel

Rund um die Dingle-Peninsula führt der 153 km lange **Dingle Way,** auf gälisch auch *Sli Chorcha Dhuibhne* genannt – die Halbinsel gehört ja zu den so genannten Gaeltacht-Gebieten. Wie schon bei den anderen aufgeführten Streckenwanderungen empfohlen, sollte man auch hier wieder wenigstens einige Teilstrecken in Tagesausflügen zurücklegen.

Die Tour beginnt wegen der guten Verkehrsanbindung eigentlich in Tralee, geht dann über Blennerville, Inch, Annascaul, Lispole, Dingle, Dunquin, Ballydavid, Brandon, Cloghane, Castlegregory und Camp zurück nach Tralee. Der höchste Punkt ist der 640 m hohe Sattel zwischen Brandon und Masatiompan. Eine gute Karte ist die O.S. Half Inch (1/126.720) oder das Bord-Failte-Informationsblatt 26 G, „The Dingle Way and the Saints Road" von *Maurice Sheehy.* Die gesamte Strecke ist mit gelben Pfeilen auf schwarzem Grund ausgeschildert.

Unbedingt sollte man auch den Hausberg der Dingle-Halbinsel, den 950 m hohen Mount Brandon, auf der Heiligenroute besteigen. Bergausrüstung erforderlich, Kartenmaterial in Dingle. Aufstieg auch beschrieben im Wanderführer von *David Perrot* und *Joss Lynham* „Walk Cork and Kerry".

Die Blasket Islands

↗ XVI/A3

Auf keinen Fall sollte man einen Tagesausflug zu den Blasket Islands versäumen. Die **einstigen Bewohner** der heute menschenleeren Eilande hielten bis vor wenigen Jahren eine reiche Tradition aufrecht. Irische und ausländische Sprach- und Völkerkundler, aber auch Dichter und Literaten studierten dort die alten gälischen Feste, Sitten und Bräuche. Die Insulaner selbst schrieben ihre mündliche Überlieferung, ihre Geschichte und Legenden nieder und bewahrten sie so der Nachwelt.

Als schön und geheimnisvoll zugleich empfindet der Besucher die **Atmosphäre** auf Great Blasket Island, wenn er das alte, nun teilweise verfallene Dorf durchstreift und anhand eines Lageplanes die Schule, das Postgebäude, den Friedhof oder die Häuser von *Peig Sayers* oder *Tomás O'Crohan,* den beiden großen Poeten der Insel, identifizieren kann. Gewaltig ist die Faszination, die Great Blasket ausstrahlt, und je größer die eigene Vorstellungskraft und das Wissen um die einstigen Lebensbedingungen sind, um so mehr wird das Eiland in der Fantasie wieder lebendig.

072ir Foto: hg

Der irische Autor *Muiris Mac Conghail* beschrieb in seinem Buch über den kleinen Archipel sehr zutreffend dieses „Inselgefühl“: „Sobald man mit der Blasket-Insel und ihrer Kultur Verbindung aufgenommen hat, gibt es kein Entrinnen mehr, so sehr man sich auch bemüht. Ihre Geschichte gleicht einem langen Staffellauf, in dem der Stab von Person zu Person immer weitergereicht wird. Einmal mit diesem Fleckchen Erde in Berührung gekommen, ist es um einen geschehen!“

Am Pier von Dunquin

Wer die Geschichte der Menschen und die Härte ihres Lebens – wenn auch heute nur mehr aus schriftlichen Quellen – kennen zu lernen versucht, für den ist eine Fahrt zu den Blaskets ein herausragendes Erlebnis.

Anreise

Von Dingle folgt man der Küstenstraße (R 559) in westlicher Richtung. Ziel der Fahrt ist die kleine Streusiedlung **Dunquin** (Ausschilderung Slea Head). Die Wegweiser unterwegs an den Kreuzungen helfen nicht immer bei der Orientierung – der Westen der Dingle-Halbinsel gehört zu den so genannten Gaeltacht-Gebieten, wo die Bevölkerung untereinander noch gälisch spricht und die alten irischen Sitten und Gebräuche bis heute weitgehend erhalten blieben. Auch die Hinweisschilder sind hier oft nur mit **gälischen Ortsnamen** versehen. Ist man unschlüssig, in welcher Richtung es weitergeht, so kann nur ein ortskundiger Passant helfen oder der Blick in den Autoatlas: Der gälische Name von Dunquin ist *Dun Chaoin.*

Der erste Abschnitt auf der 18 km langen Strecke ist wenig spektakulär; die Straße folgt dem Uferverlauf zweier kleiner, natürlicher Buchten, Dingle Harbour und Ventry Harbour genannt. Ein kurzes Stück weiter kann man einen ersten Stopp einlegen und die Reste des prähistorischen **Dunbeg-Forts** sowie nahebei einige alte Bienenkorbhütten besichtigen (Fort und Hütten sind ausgeschildert).

Dann jedoch beginnt die Fahrt spannend zu werden. Die Ausläufer des Mount Eagle formieren eine rund 100 m hohe, steil ins Meer abfallende **Felsküste.** Die regelrecht in das Bergmassiv eingekerbte Straße windet sich in scharfen Kurven um Vorsprünge. Nur eine niedrige Mauer schützt vor dem Abgrund, auf der anderen Seite der schmalen Trasse ragen die Felsen steil in die Höhe. Diese Straße entstand im Zuge eines Arbeitsbeschaffungsprogrammes während der großen Hungersnot im 19. Jh. Statt Lohn erhielten die Arbeiter Getreidemehl, bis heute nennen die gälischsprachigen Bewohner der Gegend diese Route *Boithre Na Mine* – Mehlstraße.

Prachtvoll ist der Blick, den man von dort auf das Meer hat, an klaren Tagen schaut der Besucher weit über die Dingle Bay bis hinüber zur Kerry-Halbinsel und nach Valentia Island. Die kurvenreiche Strecke verlangt allerdings höchste Aufmerksamkeit vom Fahrer, es ist nicht ungefährlich, die vielen landschaftlichen Schönheiten am Steuer zu genießen! An den besten **Aussichtspunkten** befinden sich daher Ausbuchtungen am Straßenrand. Hier kann man gefahrlos parken, in Ruhe und vor allem sicher den Blick entweder tief nach unten auf die anbrandende See richten oder weit in die Ferne schweifen lassen. Auch am **Ausguck Slea Head,** dem südwestlichsten Zipfel der Dingle-Peninsula, befindet sich eine solche Parkbucht, ihr gegenüber hat der gläubige Besucher die Möglichkeit, vor einem großen, in den Felsen eingelassenen Wegekreuz ein inbrünstiges Bittgebet für die weitere Reise zu sprechen.

Nach wenigen Minuten Fahrt fasziniert erneut eine Naturschönheit – tief unten leuchtet ein kleiner, weißer **Sandstrand** aus den türkisblauen Fluten.

Wiederum von einer Parkbucht aus kann man auf das einladende Fleckchen hinunterblicken, und weit entfernt im Meer sieht man nun die größte der Blasket-Inseln, die langgestreckt und bucklig wie ein großer Wal vor der Küste liegt. Eine dort aufgestellte **Gedenktafel** gibt leider nur spärlich Auskunft über die Geschichte der Eilande.

Ein Stückchen hinter dem Aussichtspunkt führt eine holprige Schotterpiste hinab zu dem kleinen Gestade. Bis vor einigen Jahren lagen hier noch die

Reste eines gestrandeten Tankers, der in einer Sturmnacht auf die Felsen geschleudert wurde und für eine Ölkatastrophe sorgte. Gott sei Dank erinnert daran heute nichts mehr, die Schäden sind inzwischen beseitigt.

Nach zwei weiteren Kilometern geht es links von der Straße ab, und schon kann man den Wagen oberhalb von **Dunquin Harbour** (ausgeschildert) parken. Die Bezeichnung „Hafen" ist allerdings mehr als irreführend. Auf einem extrem steil verlaufenden Betonpfad gelangt man an einen winzigen Pier, nur wenige Bötchen dümpeln in den Wellen. In der Hauptsaison und bei gutem Wetter fahren zwischen 10 und 18 Uhr stündlich Boote zur Great Blasket Island. Ansonsten nur einmal morgens und einmal abends.

Es lohnt sich sehr, schon früher an Ort und Stelle zu sein; dann nämlich kann man den wenigen **Fischern** zusehen, wie sie sich auf ihre Tagesarbeit vorbereiten, zuerst in der kleinen Bucht die Hummer-Reusen kontrollieren und danach aufs Meer hinausfahren. Wer nicht mundfaul ist, kommt schnell mit den freundlichen Männern ins Gespräch.

Einen Blick lohnen auch die sechs aufgebockten **Naomhoga,** die traditionellen, mit geteertem Leder bezogenen **Boote** der Blasket Islanders. In Gebrauch sind sie nicht mehr, heutzutage dienen sie vielmehr der sportlichen Ertüchtigung: Ab und an rudern mehrere Teams um die Wette und bestreiten „Rennen".

Der Besucher bekommt einen Eindruck, welcher Kraft und Geschicklichkeit es früher bedurft hat, ein solches Naomhoga durch die Wellen des Blasket-Sundes stechen zu lassen, wenn bei Flut die Meerenge durchfahren wurde. Dann nämlich ist die Strömung derart gewaltig, dass der Skipper sein mit einem kräftigen Außenborder versehenes Boot ständig gegensteuern muss, damit es nicht binnen Sekunden vom Kurs abgetrieben wird.

Die Bewohner der Blaskets

Nur wenige Menschen zählte die Gemeinde, die im Weiler An Balle (gälisch: Dorf) auf Great Blasket lebten: Im Jahre 1821 waren es 128 Personen, bis 1916 stieg die **Einwohnerzahl** auf 176 an, seither nahm sie kontinuierlich ab; am Vorabend des Zweiten Weltkriegs wohnten und arbeiteten weniger als 100 Menschen im Dörfchen, 1947 nur noch etwa 50.

Die Familien lebten vom Fischfang, dem landwirtschaftlichen Anbau, von der Vieh- und Kleintierhaltung sowie der Schafzucht – und nicht zuletzt von den angeschwemmten Gütern gestrandeter Schiffe.

Es hat nie einen Laden oder ein Gasthaus auf dem Eiland gegeben, keinen Arzt, keinen Pfarrer – aber immerhin einen Lehrer für die Kinder. 1866 bauten die Inselbewohner eine **Schule,** der Unterricht diente ganz und gar der Vorbereitung auf die Auswanderung nach Amerika. Wichtigstes Fach auf dem Lehrplan – man selbst sprach ja nur gälisch – war daher Englisch.

Alle nicht selbst produzierten Lebensmittel und Konsumgüter mussten

vom Festland herübergeschafft werden, der Transport erfolgte in den zerbrechlichen Naomhoga.

Schlimm war es, wenn das **Vieh von der Insel zum Markt** nach Dunquin oder Dingle verschifft wurde. Einzeln zerrte man die Kühe den steilen Pfad zum winzigen Hafenpier hinunter; die Tiere wehrten sich vehement gegen die unbekannte Prozedur und entwickelten in ihrer Todesangst ungeheure Kräfte. Unten am Slip angekommen, warfen ein Dutzend Männer die Kuh nieder, fesselten sie und hievten das schwere Vieh in ein Naomhoga. Auf gar keinen Fall durfte sich das Tier während der Fahrt befreien, es hätte das fragile Boot binnen Sekunden in Stücke getreten. Zur Sicherheit begleitete immer ein zweites Naomhoga den „Viehtransporter" bei der Fahrt über den Sund, und vom höchsten Punkt der Insel schauten angstvoll die Frauen und Kinder den Booten nach. „Bhi ana-mharu ansan!" (Das war wirklich ein mörderischer Job!), weiß ein alter Insulaner zu berichten.

Die Ruinen des Dorfes und der Strand von Great Blasket

Angenehmer war es da schon, vor allem für die jungen Männer und Frauen, wenn im Inselinnern auf dem gemeinschaftlichen Land **Torf** für die Kamine gestochen wurde. Auf den ausgedehnten Moorflächen arbeitete man ohne jede soziale Kontrolle, und das Jungvolk kam sich näher.

Beliebt bei den **Frauen** war der Brunnen nahe dem Dorf, hier hatte die Männerwelt nichts zu suchen, man war unter sich und konnte ungestört mit den Nachbarinnen eigene Probleme besprechen.

Unterhalb des Dorfs erstreckt sich der kleine Sandstrand – An Tra Bhan genannt – der weiße Strand. Prüfend streiften jeden Morgen die Blicke der Dorfbewohner über das helle Fleckchen, gesucht wurde nach verwertbarem **Strandgut,** vor allem nach Holz, das es ja auf der Insel nicht gab. Auch der erste Tee – so berichtet eine Überlieferung – soll eines Tages angeschwemmt worden sein. Die Insulaner wussten zunächst nichts damit anzufangen und färbten mit dem Sud aus den Blättern ihre handgesponnene Wolle ein. Regelmäßig sammelten die Frauen Sand am kleinen Gestade, um damit die Bänke und Tische blank zu scheuern.

Hier ging man auch auf **Robbenjagd;** die Felle der Tiere wurden in Dingle verkauft und brachten dringend benötigtes Bargeld, das Fleisch kam als nahrhafte Delikatesse auf den Tisch, und Tran und Öl speisten die Lampen. Der Strand diente auch als Spielplatz, vor allem die Knaben vergnügten sich in ihrer freien Zeit beim Hurling-Match.

Wann immer das Wetter es zuließ, fuhren die Männer zum **Fischfang** aus, und Angst kam auf bei den im Dorf verbliebenen Familienangehörigen und Freunden. Effektive Fangmethoden konnten auf den kleinen Booten nicht betrieben werden, und während die Fischer darauf warteten, dass sich ihre Netze füllten, erzählten sie sich – ebenso wie die Frauen am Brunnen – ihre Geheimnisse und Geschichten. Nur wenige Makrelen, Heringe, See-Aale und Barsche brachten sie abends nach Hause, selten gingen Hummer oder Krabben in die ausgelegten Reusen.

Noch heute kann der Besucher ganz deutlich die Einteilung der **Felder** erkennen – wie ein Flickenteppich erstrecken sich die durch Windmauern geschützten Parzellen neben dem Dorf. Angebaut wurden Kartoffeln, Weizen, Roggen, Hafer, Kohl und Steckrüben.

Bis zum Jahre 1907 bewirtschafteten alle Bewohner die Anbauflächen nach dem so genannten Rundale-System: Das fruchtbare Land war in einzelne Felder eingeteilt und diese wiederum in eine Anzahl Streifen. Jede Familie besaß Streifen in verschiedenen Feldern, die jedoch alle kollektiv bearbeitet wurden. Je nach den Veränderungen in einem Haushalt wechselten Größe und Anzahl der schmalen Parzellen; die verfügbare Anbaufläche pro Familie richtete sich einzig nach dem tatsächlichen Bedarf. Das staatliche *Congested District Board* schaffte Anfang dieses Jahrhunderts die gemeinschaftliche Feldbestellung ab und teilte das Ackerland neu auf. Jede Familie konnte nun Parzellen erwerben.

Trotz des Privatbesitzes an Grund und Boden organisierten die Bewohner das **soziale Leben im Dorf** weiter nach kollektiven Kriterien. Gegenseitige Hilfe in allen Lebenslagen, Solidarität und Respekt voreinander blieben verpflichtende Instanzen des Alltagslebens. Jeder war auf jeden angewiesen, und das schloss von vornherein Individualisierung, Konkurrenz oder gar Vereinsamung aus.

Nachdem die Iren ihre Unabhängigkeit erkämpft hatten, gingen **Anthropologen und Linguisten** auf die Suche nach den Spuren gälischer Kultur und wurden auf die kleine, isoliert lebende Gemeinschaft aufmerksam. Ermutigt von Forschern wie *Carl Marstrander, Robin Flower, George Thomson, Kenneth Jackson, Carl von Sydow* sowie dem Dichter *John M. Synge* begannen die Bewohner der Insel, ihre Oral History niederzuschreiben.

In den stark autobiographisch geprägten Erzählungen schildern *Tomás O'Crohan, Peig Sayers, Maurice O'Sullivan, Michael O'Guiheen* und *Eibhlis Ni Shuilleabhain* das harte, entbehrungsreiche Leben, die schweren Schicksalsschläge, die Totenwachen und Hochzeitsfeiern, ihr kleines persönliches Glück, aber auch die Legenden und Sagen ihrer Vorfahren.

Dann, **1953, kam das Aus** für die winzige Gemeinde. Schon 12 Jahre zuvor hatten die Politiker in Dublin beschlossen, den Schulunterricht einzustellen; die Kinder wurden nun in Dunquin erzogen, und kaum eines von ihnen kehrte wieder auf seine Insel zurück.

1953 lebten nur noch knapp über 20 Personen auf dem Eiland, die sich mehr schlecht als recht ernährten. Die Fischfangergebnisse der Jahre 1952 und 1953 waren dramatisch zurückgegangen, und im Innern der Insel gab es keinen Torf mehr zu stechen – Brennmaterial wurde knapp. Die Regierung entschied, die restlichen Bewohner auf dem Festland rund um Dunquin anzusiedeln.

Am 17. November 1953 sollte die **Evakuierung** erfolgen, doch das Wetter war schlecht, und nur sechs Personen konnten die Insel verlassen. Die anderen folgten in den nächsten Tagen nach. Die alte Heimat wurde jedoch nicht vergessen; einige Familien hielten ihre Häuser instand, kamen im Sommer vom Festland herüber und fischten wie eh und je. Die **Schafe** hatte man ohnehin erst gar nicht mitgenommen, man ließ sie, wie üblich, frei herumlaufen, und scherte sie einmal im Jahr. Noch immer grasen heutzutage die Schafe auf den Feldern und zwischen den Ruinen des Dorfes.

Gaeltacht-Gebiete in Irland

In einer Reihe von Regionen der Grünen Insel – eben in den so genannten Gaeltacht-Gebieten – haben sich die alten gälischen Traditionen, Sitten und Gebräuche, vor allem aber die gälische Sprache erhalten und werden dort besonders intensiv gepflegt. **Gaeltacht-Gebiete** findet man im Süden Irlands, westlich von Cork, auf der Kerry- und der Dingle-Halbinsel, auf den der Westküste vorgelagerten Inseln, wie beispielsweise auf dem kleinen Aran-Archipel, weiterhin in Regionen westlich und nördlich von Galway sowie an der Nordwestküste von Donegal.

Mit Beginn des 16. Jh. gingen die **Engländer** rigoros gegen die einheimischen Bräuche und damit auch gegen die Sprache der Iren vor. Die Kultur der Insel sollte systematisch ausgerottet und durch die englische ersetzt werden. Dieses Vorhaben wäre den Briten fast gelungen. Mitte des 19. Jh. sprachen nur noch 25% der Bevölkerung gälisch, 1911 war der Anteil auf ein Achtel gesunken.

Nachdem Irland seine Unabhängigkeit erkämpft hatte, erkannten die nachfolgenden Regierungen die Notwendigkeit, das kulturelle Erbe dieser Regionen zu schützen und der Nachwelt zu erhalten. Um die Gaeltacht-Regionen wirtschaftlich, sozial und kulturell zu fördern, rief man im Jahre 1956 die staatliche *Gaeltarra Eireann* ins Leben, die 1979 in die **Entwicklungsbehörde** *Udaras na Gaeltachta* einfloss. Das nationale Kulturgut und die Sprache erfuhren nun eine großangelegte Förderung. Von den 13 Vorstandsmitgliedern dieser Institution werden sieben alle fünf Jahre direkt von den Bewohnern der gälischsprachigen Regionen gewählt, sechs bestimmt die irische Regierung.

Besonders seit den 1950er Jahren bemüht man sich auch um die **wirtschaftliche Entwicklung** dieser strukturschwachen Gebiete – die gälische Sprache konnte naturgemäß dort überleben, wo der Boden so schlecht war, dass kein Brite sich in diesen bitterarmen Gegenden blicken ließ. Vor allem musste erst einmal die Auswanderung gestoppt werden, denn was nützen kulturpolitische Maßnahmen für Gebiete, in denen kaum noch Menschen leben?

Die Agentur hat **Unternehmensförderungsprogramme** ins Leben gerufen und Investoren aus Deutschland, den USA, Finnland, Schweden, Norwegen und Großbritannien angelockt. So sind bis heute mehrere Tausend feste Arbeitsplätze entstanden. Mit weiteren Maßnahmen wie Finanzierungs- und Beschäftigungssubventionen, Zuschüssen für Forschungs- und Entwicklungsprogramme, Ausbildungs- und Einstellungshilfen sowie Mietminderung für Produktionsstätten versucht die *Udaras na*

Gaeltachta, weitere Interessenten zu mobilisieren.

Des weiteren verbessert die Institution die **Infrastruktur** der Gebiete, um Standortnachteile wettzumachen, und natürlich soll den noch immer zumeist bäuerlichen Bewohnern ein gesundes Selbstbewusstsein vermittelt werden.

Weiterhin fördert die Agentur Programme **zum Schutz und Ausbau der gälischen Sprache,** richtet Kindergärten und Jugendclubs ein und finanziert lokale Gemeindefeste, in denen alte Traditionen wieder lebendig werden. Ein gälischsprachiger Fernsehsender ist seit 1994 auf Sendung.

Vor allem der **Tourismus** soll weiteres, dringend benötigtes Geld bringen, und so wurden die alten Handwerkstraditionen neu belebt (vgl. z.B. die Geschichte des Örtchens Glencolumbkille, Tour 6).

Natürlich wird in den Gaeltacht-Gebieten auch Englisch gesprochen, aber zu Hause, und wenn die Leute unter sich sind, erklingen die gälischen Laute. Wer in **Sommerkursen** die gälische Sprache erlernen möchte, der wende sich an eine der folgenden Adressen, dort erhält man Informationen und kann sich für einen Sprachunterricht anmelden:

- **University College Galway**
Administrative Director, Summer School Office Galway, Co. Galway

Director: Oideas Gael, Droim Rua, Glencolumbkille, Co. Galway

Im Folgenden eine kleine Auswahl von **gälischen Wörtern,** die man besonders häufig bei Orts- oder Landschaftsnamen bemerkt. In Klammern wird die richtige Aussprache angegeben:

abha	Fluss
achadh (agha)	Feld
aill, faill	Klippe
alt	Anhöhe
ard	Kap
ath	Burg
baile (bally)	Dorf
ban (bawn)	weiß
beag (beg)	klein
bealach (ballagh)	Pass
beann (ben)	Gipfel
bearna (barna)	Schlucht
bo	Kuh
bothar (boher)	Straße
bri (bree, bray)	Hügel
bun	Flussmündung
carraig (carrick)	Felsen
cathair (caher)	Steinfort
ceann	Kopf
cill	Kirche
cloch	Stein
cnoc	Berg
coill (kill)	Wald
cor	runder Hügel
dun	Festung
glas	grün
gleann (glen)	Tal
gort	Feld
inis	Insel
leacan (lackan)	Hügelseite
leitir (letter)	feuchte Hügel
loch (lough)	See
mor (more)	groß
mas	langer Hügel
oilean	Insel
poll	Loch
rua, ruadh	rot
sceilig (skellig)	Felsen
sean	alt
sliabh (slieve)	Klippe
taobh	Hügelseite
teampull	Kirche
tir	Land
teach	Haus
tobar	Brunnen
torc	wilder Eber
tulach	kleiner Hügel

Besichtigung und Rückfahrt

Vor einigen Jahren wurde die **Blasket Foundation** gegründet, die im Weiler Dunquin das *Blasket Centre* (Öffnungszeiten tgl. 10–18 Uhr) ins Leben gerufen hat. Hier wird der Besucher mit einer audiovisuellen Vorführung sowie einer Reihe von Exponaten über das harte Leben auf den winzigen, meerumtosten Steinsplittern informiert. Vor einigen Jahren gingen tatsächlich einmal Gerüchte um, Great Blasket Island befände sich im Besitz einiger Privatleute, welche die Insel in den USA zum Verkauf angeboten hätten. Von solchen Albträumen wird man mittlerweile dank der Blasket Foundation verschont.

Der Besucher sollte die wenigen Stunden, die er auf der Insel zubringt, gut nutzen. Man kann das einstige Dorf besichtigen, am Strand sitzen und nach Treibgut Ausschau halten (Schwimmer seien gewarnt, es gibt eine gefährliche Strömung), aber auch ins Hinterland wandern. Great Blasket Island ist übrigens 5,2 km lang und an der weitesten Stelle 1 km breit.

Am späten Nachmittag wird man von Great Blasket abgeholt und landet eine halbe Stunde später wieder am Dunquin-Pier an. Nun lohnt noch ein Besuch – vor allem jedoch ein Guinness oder Lager – im **Kruger's Pub,** der nur wenige Hundert Meter oberhalb von Dunquin Harbour liegt. Der Gasthof hat fünf Fremdenzimmer, wer

073ir Foto: hg

also früh am Morgen am Pier sein möchte, kann hier übernachten (nahebei auch das **Dun Chaoin Hostel,** eine An-Oige-Jugendherberge, Tel. (066) 9156355). *Kruger's* fungiert übrigens nicht nur als Kneipe, sondern auch als Lebensmittelgeschäft für die Bewohner von Dunquin. Wer nicht in der Taverne oder der Jugendherberge übernachten will, der sollte – eingedenk der kurvigen Küstenstraße – vor Einbruch der Dunkelheit wieder nach Dingle zurückkehren.

Verzichtet man auf den Besuch des Kruger's Pub und folgt von Dunquin aus weiter der R 559, so gelangt man nach einigen Minuten Autofahrt zum **Gallarus Oratorium,** einer der besterhaltenen frühirischen Kirchen in der charakteristischen Form eines umgedrehten Bootes. Besonders beachtenswert ist das fugenlos aufgeschichtete Trockenmauerwerk sowie das „falsche" Gewölbe in Kragtechnik. In unmittelbarer Nähe befindet sich ein guter Campingplatz.

Wie ein Flickenteppich erstrecken sich die durch Windmauern geschützten Felder

Tralee

↗ XVI/B3

Von Dingle Town aus geht es über den **Connor-Pass,** mit 456 m Irlands höchste Passstrasse, auf die nördliche Küste der Dingle-Peninsula. An schönen Tagen hat man von der Bergstraße fantastische Ausblicke auf die Dingle Peninsula, auf den Hafen von Dingle, den Hausberg Mount Brandon, auf Seen und in die Täler. Häufig jedoch hängen die Wolken so tief, dass man kaum die Hand vor Augen sieht und im Schrittempo die schmale Straße entlangschleicht. Am höchsten Punkt des Passes befindet sich ein kleiner Parkplatz, von dem aus man in Ruhe das Panorama genießen kann. Hat man die Bergstraße hinter sich gelassen, so fährt man entlang der Küste in östlicher Richtung und vorbei an vielen Sandstränden. Über die R 560 und die N 86 ist dann bald Tralee erreicht.

Die an der gleichnamigen Bucht liegende, 22.000 Einwohner zählende Stadt beherbergt den **Verwaltungssitz** der Grafschaft Kerry.

Nicht versäumen sollte man einen Besuch im **Kerry County Museum** in der Denny Street (untergebracht in der Ashe Memorial Hall, Mo–Sa 10–18 Uhr, So 14–18 Uhr). Zu besichtigen sind Exponate zur Geschichte Irlands und natürlich zur Geschichte des County Kerry. Seit einigen Jahren wird hier auch die Wechselausstellung *Antarctica Exhibition* gezeigt, die sich vor allem mit *Tom Crean* (1877–1938) aus Annascaul beschäftigt, der an drei der vier britischen Antarktis-Expeditionen 1901–04, 1910–13 und 1914–16 unter

Robert Scott und *Ernest Shackleton* teilgenommen hat. Die dritte Attraktion ist die Multimedia-Ausstellung *Geraldine Experience,* die das Leben in einer mittelalterlichen irischen Stadt um 1450 zeigt.

Die einstige Schmalspurbahn, die von 1891 bis 1953 den öffentlichen Verkehr zwischen Tralee und Dingle aufrecht erhielt, ist auf einem Teilstück erneuert worden, und so kann man zwischen Mai und September von der Ballyard Station mit der schnaufenden **Dampfeisenbahn** für einige Kilometer bis zum südwestlich gelegenen Örtchen Blennerville fahren. Hier ist eine im Jahr 1800 erbaute und 80 Jahre später stillgelegte, heute restaurierte Windmühle zu besichtigen, die zu den größten der britischen Inseln zählt.

Weitere Sehenswürdigkeiten hat Tralee keine zu bieten, es lohnt sich aber ein Spaziergang durch das geschäftige, **von georgianischen Häusern bestandene Ortszentrum.** Hauptgeschäftsstraßen sind The Mall, Bridge Street und Russel Street. Von Bridge Street und Russel Street führen Zugänge ins *Tralee Shopping Centre,* hier gibt es auch ein kleines Café.

Auch sollte man eine Vorführung des bekannten irischen **Volkstheaters Siamsa** nicht versäumen; Freunde irischer Folk Music kommen bei der Mischung aus Musik, Tanz, Pantomime und Schauspiel sicherlich auf ihre Kosten (Siamsa Tire Theatre, The National Folk Theatre of Ireland, Staughton's Row).

Alljährlich Ende August/Anfang September findet eine in ganz Irland beachtete Veranstaltung in der Ortschaft statt: die **Wahl der Rose of Tralee.** Die schönsten Mädchen aus aller Welt wollen zur „Rose von Tralee" gekürt werden. Voraussetzung ist jedoch, dass jede der jungen Damen die irische Abstammung nachweisen kann. Das Spektakel wird landesweit im Fernsehen übertragen.

Tourist Office

- **Ashe Memorial Hall,** am Ende der Denny Street, Tel. (066) 7121288.

Unterkunft

- **Grand Hotel**,
Denny Street,
Tel. (066) 7121499, Fax 7122877,
info@grandhoteltralee.com, DZ 90 €;
- **Abbeygate Hotel,** Maine Street,
Tel. (066) 7129888, Fax 7129821,
info@abbeygate-hotel.com, DZ 110 €;
- **Mrs. Patricia Canning,**
20 Old Golf Links Road,
Tel./Fax (066) 7126347,
canningpj@yahoo.co.uk, DZ 53 €;
- **Mrs. Hannah Devane,**
Eastcote, 34 Oakpark Demesne,
Tel. (066) 7125942, DZ 53 €;
- **Mrs. Anne Gleeson,**
Rosedale Lodge, Oakpark Road,
Tel. (066) 7125320, DZ 53 €;
- **Finnegan's Hostel,** IHH,
17 Denny Street, Tel. 066)7127610;
- **Campingplatz** *Bayview Caravan and Camping Park,* Tel. (066) 7126140, 2 km außerhalb nahe der Straße nach Ballybunion gelegen.

Restaurants

- **Val O'Shea's Bar & Bistro,** Bridge Street, Tel. (066) 7121559, preisgekröntes kleines Lokal mit guten Fisch-, Fleisch- und vegetarischen Gerichten, 11–20 €;
- **Baily's Corner,** Ashe Street, regelmäßig traditionelle Folk Sessions;
- **Sean Og's,** Bridge Street, mehrfach wöchentlich Live Music.

Pubs

- **Kirby's Brogue Inn,** Rock Street/Ecke Russel Street, allererste Adresse für Live Entertainment.

Verbindung

- **Züge** mehrmals täglich von Dublin und Limerick;
- **Busse** mehrmals täglich von Cork, Dingle, Dublin, Killarney, Limerick, Listowel, Rosslare Harbour, Shannon Airport, Waterford und Wexford.

Listowel

↗ XVII/C2

Von Tralee aus geht es nun über die N 69 und vorbei an den Stack's Mountains ins 4000 Einwohner zählende Örtchen Listowel. Zwei große, alljährlich stattfindende Veranstaltungen lohnen unbedingt einen Besuch, ansonsten hat das Städtchen – sieht man einmal von den Ruinen einer Burg ab – nichts Aufregendes zu bieten.

Im Mai ist Listowel das Mekka der Dichter und Autoren. Während der **Listowel Writers Week** kommen Literaten aus ganz Irland zusammen und lesen in den vielen Pubs aus ihren Werken. Initiiert hat diese Dichterwoche der in Irland hochgeschätzte, mittlerweile verstorbene Dramatiker *J. B. Keane,* der im Hauptberuf Kneipenwirt war. Demzufolge ist Keane's Pub in der William Street ein Hauptanziehungspunkt der Writers Week. **Keanes** Werke gibt es in den örtlichen Buchhandlungen sowie im Tourist Office von Limerick zu kaufen.

Das zweite Großereignis der Stadt findet Ende September statt; dann nämlich wird das Erntedankfest, das **Listowel Harvest Festival,** begangen. Gerüchten zufolge soll es sich dabei auch um den größten Heiratsmarkt Irlands handeln, und die Singles aus dem ganzen Land strömen zusammen.

Im **Kerry Literary & Cultural Centre** am zentralen Platz The Square bekommt der Besucher multimedial aufbereitete Informationen über viele der bedeutenden Schriftsteller der Region, zu hören sind auch ihre Stimmen, wenn sie aus ihren Werken vorlesen (10–16.30 Uhr).

Hinter dem Kulturzentrum befinden sich die gut restaurierten Ruinen von **Listowel Castle,** das im 12. Jh. von den *Fitzmaurices* erbaut wurde.

Hauptgeschäftsstraßen sind die William Street und die Market Street.

Unterkunft

- **Listowel Arms Hotel,**
The Square, Tel. (068) 21500, Fax 22524,
listowelarms@ireland.com, DZ 90 €;
- **Mrs. Mary Costello,**
Aras Mhuire, Ballybunion Road,
Tel. (068) 21515, Fax 23612,
marycos@eircom.net, DZ 53 €;
- **The Lyons Family,**
The Haven, Car Ferry Road,
Tel. (068) 21992, DZ 53 €;
- **Mrs. Breda Mahony,** Ashford Lodge,
Tarbert Road, Tel. (068) 21280,
ashfordlodge@unison.ie, DZ 54 €;
- **Mrs. Mocica Quille,** 67 Church Street,
Tel. (068) 212238, Fax 22831,
bryanmonica1@eircom.net, DZ 56 €;
- **Mrs. Kathleen Stack,** Ceol na Habhann,
Tralee Road, Tel./Fax (068) 21345,
knstack@eircom.net, DZ 56 €.

Restaurants

- **The Horseshoe Bar,** Tea Lane/Ecke Williams Street, Hauptgerichte 17–24 €.

● **Literary Café,** im *Kerry Literary & Cultural Centre,* The Square, kleine Gerichte und Snacks bis 9 €.

Pubs

● **J. B. Keane's,** William Street, Pub des Stadtdichters, Live Music;
● **Pure Drop,** Church Street, beliebteste Kneipe des Örtchens, regelmäßig Live Sessions.

Verbindung

● **Busse** von Limerick, Tralee, Dublin, Killarney, Cork, Kilkee.

Kilkee

↗ XVI/B1

Von Listowel aus fährt man nun entlang der R 523 und dann über die N 20 nach Limerick. Wer die drittgrößte Stadt Irlands nicht besuchen möchte, sollte die N 69 gen Norden Richtung Tarbert nehmen und dort mit der stündlich verkehrenden Autofähre (Mo–Sa 7.30–21.30 Uhr, So 9.30–21.30 Uhr) den breiten Flussarm des River Shannon überqueren.

In Tarbert sorgt das **IHH Ferry House Hostel,** The Square, Tel. (068) 36555, Fax 43194 für Unterkunft. Über den nicht sonderlich interessanten Ort Kilrush führt die N 67 zum 1200 Einwohner zählenden Seebad Kilkee.

Hier beeindruckt den Besucher der 1200 m lange, halbkreisförmige und schneeweiße **Sandstrand,** umrahmt von den buntbemalten Häusern des Städtchens. Unbedingt sollte man einen Ausflug an die Küstenformationen südlich des Seebades unternehmen. Bei den **Duggerna Rocks** haben die Wellen ein natürliches Amphitheater aus den Felsen gespült. Sehenswert sind auch die vielen vom Meer ausgewaschenen **Höhlen,** so etwa die Pink Cave oder die Puffing Hole.

Wer genügend Zeit mitbringt, für den lohnt sich auch die Fahrt entlang der R 487 in südlicher Richtung. Nicht viele Touristen verirren sich auf diese raue, **Loophead** genannte Halbinsel. Vor allem eine Fahrradtour bringt dem Radler die landschaftlichen Schönheiten näher (Vermietung s.u.).

Tourist Office

● O'Connell Street, Tel. (065) 9056112.

Unterkunft

● **Halpin's Townhouse Hotel**, Erin Street, Tel. (065) 9056032, Fax 9056317, halpinshotel@iol.ie, DZ 70 €;
● **Mrs. Audry Cantrell,** 1 Maine Parade, Tel. (069) 9056026, Fax 9056915, DZ 56 €;
● **Mrs. Patsy Flanaghan,** Minteray, Kilrush Road, Tel. (085) 9056090, DZ 53 €;
● **Mrs. Maureen Haugh,** Duggerna House, West End, Tel. (065) 9056152, DZ 53 €;
● **Mrs. Mary Hickie,** Bayview, O'Connel Street, Tel. (065) 9056058, bayview3@eircom.net, DZ 53 €;
● **Mrs. Anne Nolan,** Kilrush Road, Tel. (065) 9060100, DZ 53 €;
● **Campingplatz** *Collin's Caravan and Camping Park,* Tel. (065) 9056140, nur 400 m vom Strand entfernt, fast im Ortszentrum;
● **Campingplatz** *Cunningham's Caravan and Camping Park,* Tel. (061) 9051009, ebenfalls fast im Ortszentrum gelegen, nur wenige Minuten vom Strand entfernt;
● **Campingplatz** *Green Acres Caravan and Camping Park,* Doonaha, Tel./Fax (065) 905 7011, nahe dem Zentrum am Shannon.

Pubs

● **Kelly's Bar & Restaurant,** 26 Henry Street, Gerichte bis 15 €, im Pub ab und an Live Music;

• **Crotty's Pub,** Market Square, uraltes Mobiliar, dazwischen mehrmals wöchentlich Live Music.

Verbindung

• **Busse** mehrmals täglich von Dublin, Limerick, Shannon, Ennis, Doolin, Cork, Listowel, Tralee, Killarney.

Umgebung

Die **Klippen von Moher** sind über die N 67 zu erreichen. (Zur Anfahrt von Limerick über Ennis s.u.)

Limerick

↗ XVIII/A1

Limerick (60.000 Einwohner) – war lange Zeit aufgrund der vielen Industriebetriebe im Ort und in der Umgebung ein wenig schmuddelig anzusehen und wurde zu Recht von der Autorin *Kate O'Brien* als *wearing the grave, grey look of commerce* beschrieben. Auch *Frank McCourt* konnte der Metropole in seinem Roman „Die Asche meiner Mutter" nicht viel Freundliches abgewinnen und zeichnete ein Bild von Gewalt, Elend und Armut. Das hat sich mittlerweile geändert, auf den Bürgersteigen tobt das Leben, die Stadt bietete gute Einkaufsmöglichkeiten mit Geschäften des gehoben Einzelhandels und die vitale Pub-, Restaurant- und Café-Szene buhlt um ihre Gäste.

Für kräftiges Wirtschaftswachstum sorgt heutzutage noch immer der 1945 angelegte **Shannon Airport** – 1947 übrigens rief man hier angeblich den ersten **Duty Free Shop** ins Leben. Mit dem Flughafen, einst gegründet, als die Propellerflugzeuge auf der Nordatlantikroute noch einen Auftankstopp einlegen mussten, ging es im Zeitalter der Düsenjets und der Non-Stop-Verbindungen rapide abwärts. Die findigen Iren leiteten daher als erstes alle Charterflieger von Dublin nach Shannon um, schufen dann eine Freihandelszone und ermutigten auswärtige Investoren. Per Flugzeug gelangen heutzutage Einzelteile in den Shannon-Industriepark, werden dort zu fertigen Produkten zusammengebaut und gehen wiederum per Luftfracht in die Bestellerländer.

In Limerick befindet sich des weiteren der Verwaltungssitz des gleichnamigen County. Tabak-, Metall- und Textilbetriebe, die Verarbeitung landwirtschaftlicher Produkte und die Zementherstellung sorgen für Arbeitsplätze.

Geschichte

Limerick gehört zu den ältesten Orten auf der Grünen Insel. Im 9. Jh. gründeten die **Wikinger** an der strategisch günstigen Stelle eine erste Siedlung, die aber rund 100 Jahre später vom irischen Hochkönig *Brian Boru* eingenommen wurde.

Gegen Ende des 12. Jh. dann eroberten die eingefallenen **Anglo-Normannen** den Ort und arrangierten sich mit dem lokalen Herrschergeschlecht der O'Briens. Im Jahre 1210 weilte der englische König *John* in der Stadt und regte den Bau einer starken Festungsanlage an.

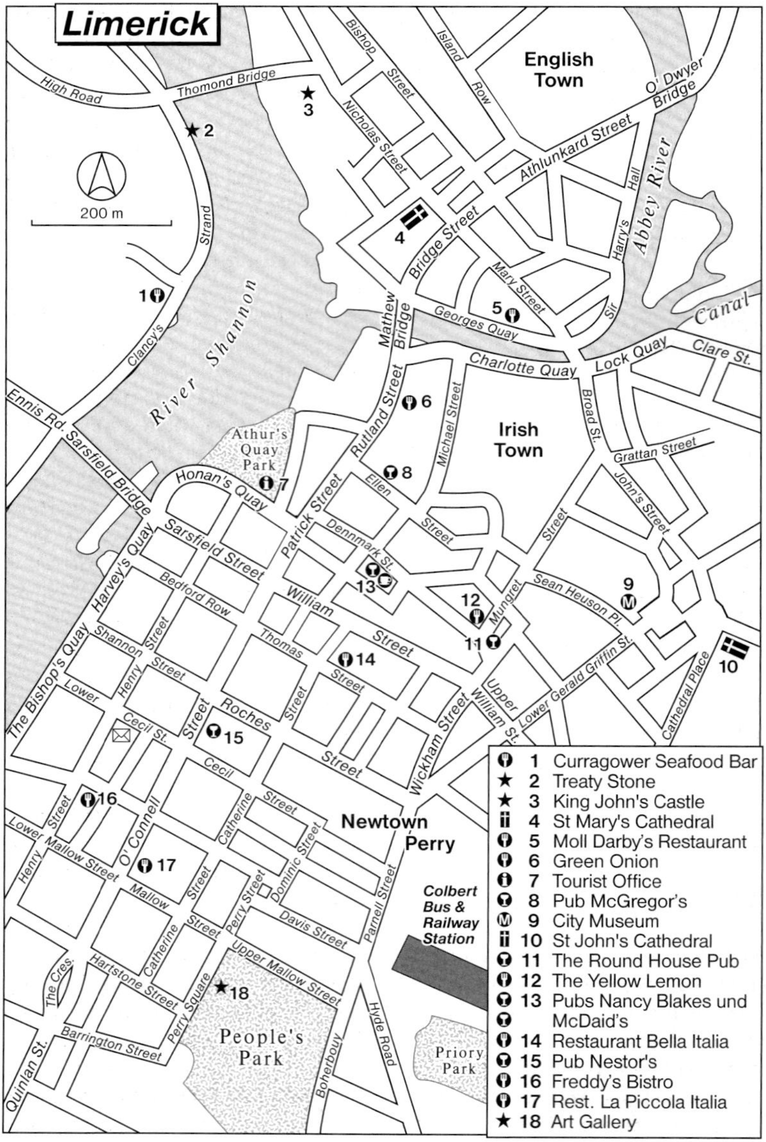
Limerick
English Town
Irish Town
Newtown Perry
200 m
River Shannon
Abbey River
Canal
Thomond Bridge
High Road
Bishop Street
Island Row
O' Dwyer Bridge
Athlunkard Street
Nicholas Street
Strand
Bridge Street
Mary Street
Sir Harry's Hall
Georges Quay
Mathew Bridge
Charlotte Quay
Lock Quay
Clare St.
Clancy's
Ennis Rd.
Sarsfield Bridge
Rutland Street
Michael Street
Broad St.
Grattan Street
John's Street
Athur's Quay Park
Honan's Quay
Ellen Street
Patrick Street
Dennmark St.
Sarsfield Street
Harvey's Quay
Bedford Row
William Street
Mungret Street
Sean Heuson Pl.
Thomas Street
Shannon Street
Henry Street
The Bishop's Quay
Lower Gerald Griffin St.
Cathedral Place
Upper William St.
Lower Cecil St.
Roches Street
Wickham Street
Cecil Street
Catherine Street
O'Connell Street
Lower Mallow Street
Henry Street
Dominic Street
Mallow Street
Perry Street
Davis Street
Parnell Street
Colbert Bus & Railway Station
Upper Mallow Street
Hartstone Street
The Cres.
Perry Square
Barrington Street
Quinlan St.
People's Park
Boherbouy
Hyde Road
Priory Park
1 Curragower Seafood Bar
2 Treaty Stone
3 King John's Castle
4 St Mary's Cathedral
5 Moll Darby's Restaurant
6 Green Onion
7 Tourist Office
8 Pub McGregor's
9 City Museum
10 St John's Cathedral
11 The Round House Pub
12 The Yellow Lemon
13 Pubs Nancy Blakes und McDaid's
14 Restaurant Bella Italia
15 Pub Nestor's
16 Freddy's Bistro
17 Rest. La Piccola Italia
18 Art Gallery

1651 stand die **Armee Cromwells** vor den massiven Mauern und hätte womöglich unverrichteter Dinge abziehen müssen, wenn die Verteidiger nicht aus den eigenen Reihen verraten worden wären.

39 Jahre später zogen die am River Boyne geschlagenen irischen Truppen nach Limerick. Der siegreiche **Wilhelm von Oranien** setzte mit seinen Mannen nach, doch scheiterte sein Eroberungszug an der stark befestigten Burganlage. Die erneute Belagerung ein Jahr später wurde nicht aufgrund militärischer Überlegenheit entschieden, sondern durch Verhandlungen. Den katholischen Iren war es gelungen, im **Vertrag von Limerick** *(Treaty of Limerick)* einen ehrenvollen Abzug sowie eine garantierte Glaubensfreiheit versichert zu bekommen. *Wilhelm von Oranien* selbst unterschrieb das wichtige Papier, und die protestantischen Militärs blieben recht düpiert zurück. Wie nicht anders zu erwarten, billigte das englische Parlament dieses Edikt nicht, erklärte es gar für ungültig. So blieb fast einer halben Million Iren nur die Flucht ins katholische Ausland, wo sie sich als Söldner am französischen und spanischen Hof verdingten.

Sehenswertes

Der Besichtigungsgang beginnt an der Sarsfield Bridge (fertiggestellt 1835). Man überquert den River Shannon und flaniert dann nach Norden hin auf der Straße Clancy's Strand am Westufer des Flusses entlang. An der nun folgenden Thomond Bridge – an dieser Stelle überspannte übrigens schon Limericks erste Brücke den Shannon – befindet sich der **Treaty Stone,** jener Steinblock, auf dem angeblich der oben erwähnte Vertrag geschlossen wurde. Da die Engländer ihn nicht einhielten, nennt man Limerick bis auf den heutigen Tag die „Stadt des gebrochenen Vertrages".

Blickt man über den Fluss, so erkennt man das beeindruckende **King John's Castle,** eine fünfeckige Burganlage mit drei mächtigen Wehrtürmen und einer Bastion (täglich 9.30–18 Uhr). Die Festung ließ der englische König *Johann Ohneland* ab dem Jahr 1200 auf den Resten einer älteren Burg erbauen. Im Innern erzählt eine Ausstellung, die von einer audiovisuellen Vorführung komplettiert wird, die Geschichte der Stadt und der Befestigungsanlage.

Südlich der Burg ragt nahe dem Merchant's Quay die in ihren Ursprüngen aus dem 12. Jh. datierende **St. Mary's Cathedral** auf. Vom einstigen romanisch-gotischen Mischstil ist aufgrund der Erweiterungsbauten aus dem 15. Jh. jedoch nicht mehr viel übrig geblieben. Sehr sehenswert ist in dem protestantischen Gotteshaus das 1490 aus schwarzer Eiche geschnitzte Chorgestühl mit seinen grotesken und in der damaligen Zeit wohl furchteinflößenden Figuren.

Über die Mathew Bridge gelangt man in die frühere Irish Town, und am Südende der Brücke erkennt man das 1769 im georgianischen Stil errichtete **Custom House.** Am St. John's Square, im Osten des ehemals den Iren vorbe-

haltenen Quartiers, lohnt ein Besuch im **Limerick Municipal Museum,** das Exponate aus der Stadtgeschichte zeigt (Mo–Fr 10–13 und 14–17 Uhr). Unschwer erkennt man nahebei den mit 84 m höchsten Kirchturm Irlands, der zur katholischen, 1894 fertiggestellten **St. John's Cathedral** gehört.

Über die Griffin Street und die William Street erreicht man nun Limericks **Haupteinkaufsstraße** O'Connell Street. Diese nach Süden abwärts flanierend, kommt man in den Bereich der planmäßig mit rechtwinkligen Straßen angelegten **Newtown Pery.** O'Connell Street mündet auf O'Connell Crescent, wo ein Denkmal dem „Befreier" Irlands, *O'Connell,* huldigt. Die Barrington Street biegt links ab zum **People's Park,** in dessen nordwestlicher Ecke die **City Art Gallery** Werke zeitgenössischer irischer Künstler zeigt (Mo–Fr 10–13, 14–18 Uhr, Sa 10–13 Uhr).

Junge Musiker in der O'Connell Street

Tourist Information

• Arthur Quay/Ecke Honan's Quay, Tel. (061) 317522, Fax 317939.

Hotels

• **Greenhills Hotel**, Ennis Road, Tel. (061) 453033, Fax 453307, info@greenhillsgroup.com, DZ 130 €;
• **Jurys Inn,** Lower Mallow Street, Tel. (061) 207000, Fax 400966, www.jurysinn.com, DZ 120 €;
• **Pery's Hotel,** Glentworth Street, Tel. (061)413822, Fax 413074 www.perys.ie, DZ 100 €;
• **Railway Hotel,** Parnell Street, Tel. (061) 413653, Fax 419762, www.railwayhotel.ie, DZ 80 €.

B & B

• **Mrs. Joan McSeeney,** Trebor, Ennis Road, Tel./Fax (061) 454632, treborhouse@eircom.net, DZ 54 €;
• **Mr. Dermot Walsh,** 10 Coolraine Terrace, Ennis Road, Tel. (061) 454500, dermotwa@yahoo.com, DZ 70 €;
• **Mr. Ken Ryan,** 1 Elm Drive, Ennis Road, Tel. (061) 326993, DZ 54 €;
• **Mrs. Helen Quinn,** 42 Rossroe Avenue, Tel. (061) 453338, helenquinn33@hotmail.com, DZ 54 €;
• **Mrs. Evelyn Moore,** Doradoyle Road, Avondale Country Home, Tel./Fax (061) 301590, avondoyl@iol.ie, DZ 56 €;
• **Mrs. Bergie Carroll,** Coonagh Lodge, Coonagh, off Ennis Road, Tel. (061) 327050, coonagh@iol.ie, DZ 54 €.

Hostel

• **Courtbrack Hostel,** Courtbrack Avenue (off Dock Road), Tel. (061) 302500, Fax 302539;
• **Trainor's Hostel,** IHH, Knight Street, Ballingarry, Tel. (069) 68164, im Örtchen Ballingarry, ca. 15 km südwestlich von Limerick.

Camping

• **Curraghchase Caravan and Camping Park,** Tel. (061) 396349, 25 km von Limerick nahe der N 69 in einem Forest Park.

Pubs

• **Nancy Blakes,** Denmark Street, von außen wenig einladend, aber innen geht die Post ab, hier liegen noch die Sägespäne zur Bindung von Straßenschmutz auf dem Fußboden, gute Folk Music;
• **Dolan's Warehouse,** 3 Dock Road, stetig Live Auftritte von bekannten irischen Bands, das *Warehouse* gehört zu *Dolan's Pub,* in dem wiederum traditionelle Folk Music gespielt wird;
• **The Round House,** High Street/Ecke Upper Denmark Street, regelmäßig Folk Sessions;
• **Nestor's,** 28 O'Connell Street, Traditional Music Bar mit guten Bar Meals und sehr gemütlichem Ambiente;
• **McDaid's,** Denmark Street, großer beliebter Pub im Zentrum;
• **Webster's Internetcafé,** 44 Thomas Street.

Restaurants

• **Green Onion,** Theatre Lane, Tel. (061) 400 710, typisch irische Fleisch- und Fischgerichte, auch Vegetarisches im Angebot, Mehr-Gänge-Menü 25 €, sonst bis 23 €;
• **Freddy's Bistro,** Theatre Lane, Tel. (061) 418749, sehr gemütliches Lokal in einer ehemaligen Scheune, Meeresfrüchte, Lammgerichte, Mehr-Gänge-Menü 25 €;
• **Curragower Seafood Bar,** Clancy's Strand, am Westufer des Shannon, Tel. (061) 321 788, einfache, aber gute Seafood-Gerichte, von der Terrasse überblickt man beim Essen den Shannon und St. John's Castle, 6–13 €;
• **Moll Darby's Restaurant,** 7 George Quay, Tel. (061) 411511, sehr populäres Lokal in Limerick, gemütliches Ambiente, mehrfach preisgekrönt, beim Tafeln schaut man über den Shannon, Seafood und italienische Küche, Preise 13–26 €;
• **La Piccola Italia,** 55 O'Connell Street, Tel. (061) 315844, kleines und gemütliches italienisches Restaurant im Keller eines georgianischen Hauses, Gerichte 11–19 €;

024ir Foto: hg

Handel vom ausgedienten Kinderwagen

●**The Yellow Lemon,** Denmark Street/Ecke High Street, kleines Bistro mit Gerichten bis 10 €;
●**La Bella Italia,** Thomas Street, kleine Pizzeria, Pizzen und Pastas 10–14 €.

Verbindung

●**Busse** mehrmals täglich von Carrick-on-Suir, Cork, Dingle, Doolin, Dublin, Ennis, Galway, Kilkee, Kilkenny, Killarney, Listowel, New Ross, Shannon Airport, Rosslare Harbour.
●**Züge** mehrmals täglich von Dublin und Tralee.

Umgebung von Limerick

Lough Gur Stone Age Centre

Ca. 18 km südlich von Limerick liegt an der Straße nach Kilmallock am Ufer des Lough Gur das Lough Gur Stone Age Centre (Mai–September 10–18 Uhr), in dem man neolithische Wohnformen besichtigen kann. An den Gestaden des kleinen, hufeisenförmigen Sees haben Archäologen eine Vielzahl von eisen- und bronzezeitlichen Funden gemacht, und unsere Kenntnis der Wirtschafts- und Siedlungsgeschichte jener Tage beruht hauptsächlich auf diesen Ausgrabungen.

Ein Spaziergang vorbei an den rekonstruierten Hütten ist sehr informativ. Vor allem für die Kinder ist dies Geschichte zum Anfassen und wird bei den Kleinen einen bleibenden Eindruck hinterlassen.

Adare

18 km südwestlich passiert man, auf der N 21 fahrend, das winzige Örtchen Adare (mit 500 Einwohnern), das sich schlimmer als jedes Museumsdorf präsentiert.

Der Earl of Dunraven ließ im 19. Jh. nach seinen Klischeevorstellungen ein „typisch irisches Dorf" anlegen. Adare zeigt sich dem Touristen mit weißen, strohgedeckten Cottages und gepflegten, blumenüberladenen Vorgärten. Mit dem wahren Irland hat dies wenig gemein, und der Besucher, der mit der Geschichte der Grünen Insel vertraut ist, flieht aus dem pittoresken Ort.

Bunratty Folk Park

Da lohnt doch eher ein Besuch im Bunratty Folk Park (9.30–17.30 Uhr), der 15 km nordwestlich von Limerick an der N 18 liegt. Allererste Attraktion ist hier das aus dem 15. Jh. datierende und vom Clan der *McNamaras* erbaute **Bunratty Castle,** das – exzellent restauriert – Einblicke in mittelalterliche Wohnformen gibt.

Jeden Abend finden im Castle **mittelalterliche Bankette** statt; man speist ohne rechtes Besteck ganz in der Manier jener Tage und wird von Minnesängern und Spaßmachern unterhalten. Derlei Veranstaltungen sind bei amerikanischen Touristen sehr beliebt, zunehmend finden auch deutsche Besucher den Weg an die Tafel (Buchungen im Tourist Office von Limerick).

Zu Füßen der mächtigen Wehranlage erstreckt sich der hochinteressante **Folk Park,** hier kann man irische Alltagsgeschichte wesentlich besser erfahren als beispielsweise im Dörfchen Adare.

Sehenswert sind vor allem die unterschiedlichen **Cottage-Typen.** So hat man Gelegenheit, einen Blick in die Ein-Raum-Kate eines armen Pächters zu werfen und kann sich alsbald gut vorstellen, wie armselig das Leben in der rauchdurchzogenen „Höhle" war. Nur wenige Einrichtungsgegenstände nannte solch ein Haushalt sein eigen.

Schon ein wenig besser präsentiert sich das Zwei-Zimmer-Haus eines kleinen Farmers mit dem Küchen- und Arbeitsraum sowie der guten Stube. Letztlich lohnt ein Besuch im Mehr-Zimmer-Haus eines reichen Bauern. Über den Häusern hängt der beißende Rauch der qualmenden Torffeuer in der Luft, so erfahren zwei Sinnesorgane das irische Leben vergangener Tage. Zudem kann man durch eine Dorfstraße mit kleinen Lebensmittelgeschäften und einer Post flanieren – alles ist originalgetreu rekonstruiert, auch hier Geschichte zum Anfassen.

Craggaunowen Castle

Über die R 462 gelangt man zum Craggaunowen Castle. Der befestigte, um 1550 ebenfalls von dem Clan der *McNamaras* erbaute **Wohnturm** wurde zu Beginn des 19. Jh. restauriert, endgültig abschließen konnte man die Arbeiten jedoch erst 1965.

Sehenswerter als das Tower House ist das so genannte *Craggaunowen Project:* Hier hat man – wie auch schon beim Lough Gur Stone Age Centre – den gelungenen Versuch unternommen, prähistorische Wohnformen zu rekonstruieren. Auf einem Ringpfad kommt man vorbei an allen Sehenswürdigkeiten. Zuerst passiert man das *Crannog,* ein durch Palisaden geschütztes und auf einer künstlich angelegten Insel befindliches **Rundhüttendorf.** Diese typisch irische Siedlungform bestand von der Eisenzeit bis in die frühchristliche Ära, vereinzelt lebten gar noch im 17. Jh. Menschen in solchen Hütten.

Die nächste Station zeigt ein **Feld,** wie es während der Eisenzeit und der frühchristlichen Epoche angelegt wurde.

Einige Meter weiter gelangt man zu einer eisenzeitlichen Straße *(Togher),* deren hölzerne Planken Archäologen 1985 im County Longford ausgruben.

Die folgende Attraktion ist das *Fullacht Fiadh,* die **Kochstelle eines Jägers.** In einer mit Hölzern eingefassten Bodenvertiefung brachte man mittels erhitzter Steine Wasser zum Kochen und garte Fleisch. Diese Technik wurde von der frühen Bronzezeit bis

076ir Foto: hg

in die elisabethanische Ära hinein praktiziert.

Es folgt ein rekonstruiertes **Ringfort** mit Steinbasis und Palisadenschutz; interessant ist vor allem der Tunnel, in dem bei einer konstanten Temperatur von 4 Grad Celsius Lebensmittel gelagert wurden.

Die letzte Station bildet ein Glashaus, in dem das originalgetreu nachgebaute **Boot des hl. Brendan** zu besichtigen ist. Laut einem Manuskript aus dem 9. Jh. soll „Brendan der Navigator" (gest. 583) mit einem solchen Boot den Atlantik überquert und Amerika entdeckt haben. 1976 baute *Tim Severin* nach dieser alten Quelle die kleine Nussschale. Über ein Holzgerüst spannte man eine geteerte Lederhaut, die sich auf der Nordatlantikroute bestens bewährte. Kollidierte das Boot mit Treibeis und bekam dadurch ein Leck, so nähte man einfach einen Lederflicken über den Riss. *Tim Severin* und seine Crew segelten zu den Aran-Inseln, dann weiter in Richtung auf die Hebriden, zu den Faroer-Inseln und überwinterten in Island; weiter ging es dann über Grönland an die kanadische Küste.

Knappogue Castle

Nicht weit entfernt von Craggaunowen befindet sich Knappogue Castle, vom 15. Jh. bis 1815 Sitz des *McNamara-Clans* (Bunratty Castle und Craggaunowen sind jedoch sehenswerter).

Quin

Einige Kilometer weiter liegen mitten in dem Örtchen Quin die Ruinen der gleichnamigen, 1402 gegründeten **Franziskanerabtei.** Beim Bau wurden Teile einer ehemaligen Normannenfestung verwandt, und die drei mächtigen Türme geben der Anlage einen wehrhaften Charakter. Sehenswert sind in der Kirche vor allem die **Grabsteine der McNamaras,** welche vom 15. bis zum 19. Jahrhundert hier ihre letzte Ruhestätte fanden.

Im Rundhüttendorf von Craggaunowen

Tour 5: Von Limerick nach Galway

Überblick

Auch diese ca. **300 km** lange Route entlang der Westküste nach Norden ist reich an landschaftlichen Höhepunkten. Unbestreitbar eine der Attraktionen Irlands sind die **Cliffs of Moher,** die 200 m hohen, steil ins Meer stürzenden Felsen, wo sich das Donnern der Brandung mit den Sturmböen und dem heiseren Kreischen der vielen Seevögel mischt.

Nur wenige Kilometer entfernt lockt das **Gebiet des Burren** mit seiner unglaublichen Vielfalt an arktisch-alpinen und mediterranen Pflanzen. Eine weitere Attraktion ist der Besuch auf den **Aran-Inseln,** wo sich die gälische Kultur, die alten Sitten und Gebräuche, noch am besten erhalten haben. Auf dem Eiland Inishmore befindet sich einer der Hauptanziehungspunkte dieses kleinen Archipels, das **Steinfort Dun Aenghus,** das spektakulär am Rande eines Felsabsturzes hoch über dem Meer liegt.

Vorbei an **Thoor Ballylee,** dem Wohnhaus des Dichters *William Butler Yeats,* geht es dann in die kleine, von den vielen Studenten geprägte Universitätsstadt **Galway** – einer der sympathischsten Orte auf der Grünen Insel, der zudem noch eine reiche abendliche Musikszene in den vielen Pubs vorweisen kann.

Ennis

↗ XVII/D1

Von Limerick geht es entlang der N 18 nach Ennis (19.000 Einwohner). Auf der Fahrt dorthin können einige Sehenswürdigkeiten rund um Limerick mit ins Programm aufgenommen werden (vgl. „Tour 4, Limerick“).

In der Hauptstadt des County Clare wurde **Daniel O'Connell** – der „Befreier“ Irlands – 1828 zum Abgeordneten gewählt. Im Stadtzentrum thront die Figur des *Liberators* auf einer extrem hohen Säule. Die Proportionen zwischen dem winzigen Platz und dem monumentalen Denkmal sind völlig aus den Fugen geraten.

Es lohnt sich sehr, einen Spaziergang durch das geschäftige, aufgrund des Shannon Airport wirtschaftlich florierende Städtchen zu unternehmen. Den Wagen aber parke man möglichst außerhalb, das Einbahnstraßensystem treibt den Fahrer alsbald zur Verzweiflung. Beim Besichtigungsgang kommt man an **georgianischen Stadthäusern** vorbei und findet alte Laden- oder Pub-Fassaden.

Am Ende der Abbey Street lohnen die Ruinen des 1242 von König *Thomond Donough O'Brien* gegründeten **Franziskanerklosters** einen Besuch. Während seiner besten Zeit lebten 350 gläubige Brüder und über 600 Schüler in den mehrfach erweiterten und umgebauten Anlagen. Im Jahre 1606 schafften die Briten in der Kirche das alte Brehon-Recht ab.

Im Gebäude der Tourist Information befindet sich auch das **Clare Museum,** das mit der *Riches of Clare*-Ausstellung, vielen Exponaten und einer audiovisuellen Show die Geschichte des County über die Jahrtausende lebendig werden lässt. Gewürdigt wird auch der in Clare geborene *J. P. Holland,* der die Entwicklung des U-Bootes maßgeblich beeinflusst hat.

Ende Mai/Anfang Juni findet alljährlich in Ennis das *An Fleadh Nua,* Irlands größtes **Folk Festival** statt. Tausende von Amateur- und Profimusikern geben sich dann ein Stelldichein und musizieren in den Straßen und Pubs. Ebenfalls aus ganz Irland zusammengeströmte Gruppen führen zu den Klängen traditionelle Volkstänze auf.

Haupteinkaufsstraßen sind die Abbey und die O'Connell Street.

Tourist Office

- Arthur's Row, um die Ecke vom O'Connell Square, Tel. (065) 6828366.

Unterkunft

- **Auburn Lodge Hotel**, Galway Road, Tel. (065) 6821247, Fax 6821202, stay@irishcourthotels.com, DZ 70 €;
- **Old Ground Hotel**, O'Connell Street, Tel. (065) 6828127, Fax 6828112, reservations@oldgroundhotel.ie, DZ 104 €;
- **Queens Hotel**, Abbey Street, Tel. (065) 6828963, Fax 6828628, stay@irishcourthotels.com, DZ 70 €;
- **Mrs. Martina Brennan,** Cloneen, Clonroad, Tel. (065) 6829681, DZ 54 €;
- **Mrs. Kathleen Cahaill,** Railway View House, Tulla Road, Tel. (065) 6821646, DZ 55 €;
- **Mr. Seamus Fitzgerald,** Sycamore House, Tulla Road, Tel. (065) 6821343, smsfitz@gofree.indigo.ie, DZ 56 €;
- **Mrs. Maura Healy,** Brookville House, Tobartaoscan, off Limerick Road, Tel. (065) 6829802, DZ 56 €;

● **The Mere Familiy,** Four Winds, Limerick Road, Tel. (065) 6829831, fourwinds.ennis@eircom.net, DZ 53 €;
● **Mrs. Pauline Roberts,** Carbery House, Kilrush Road/Car Ferry Road, Tel./Fax (065) 6824046, DZ 53 €.

Restaurants

● **Hal Pino's,** 7 High Street, Tel. (065) 684 0011, Restaurant samt Kunstgalerie, gute Fisch-, Fleisch- und Seafood-Gerichte, auch Vegetarisches im Angebot, 20–29 €;
● **Town Hall Café,** O'Connell Street, Tel. (065) 6828173, gutes Restaurant im ehemaligen Rathaus von Ennis, das auch vegetarische Gerichte anbietet, bis 25 €;
● **Sicilian Restaurant,** High Street, Verlängerung der Parnell Street, Pizzen und Pasta 8–11 €, Fisch- und Fleischgerichte 15–19 €;
● **Silver House,** O'Connell Street, ein preisgünstiges chinesisches Restaurant, um 11 €.

Pubs

● **Brogan's,** O'Connell Street, regelmäßig Folk Music, guter Pub Grub;
● **Paddy Quinn,** Market Place, eine alte Kneipe aus dem Jahr 1898;
● **O'Halloran's Music Bar,** Parnell Street, wie der Name schon sagt regelmäßig Live Music;
● **The Usual Place,** Market Place, gemütlicher, ruhiger Pub.

Verbindung

● **Busse** verkehren mehrmals täglich von Limerick, Dublin, Shannon Airport, Doolin, Kilkee, Galway, Cork, Westport, Cliffs of Moher und Lisdoonvarna.

Die Cliffs of Moher

Cliffs of Moher ↗XII/A3

Von Ennis geht es über die N 85 und die R 478 (ca. 35 km, ausgeschildert, Parkplatz am Visitor Centre) zu einem der herausragenden landschaftlichen Höhepunkte Irlands, den Cliffs of Moher. 200 Meter stürzen die Felswände senkrecht ins Meer ab, bei stürmischem Wetter treibt der Wind die Gischt der anbrandenden Wellen bis nach oben. Die steilen Felswände bestehen aus Lagen von Sandstein und Schiefer mit eingeschlossenen härteren Gesteinsarten.

Tausende von **Seevögeln** nisten in den Spalten, ihr Gekreische mischt sich mit dem Wind und dem Schlag der Wellen. Häufig vorkommende Arten sind Tordalk *(Razorbill)*, Dreizehenmöwe (*Kittiwake,* so benannt nach ihrem Ruf), Krähenscharbe *(Shag)*, Eissturmvogel *(Fulmar)* und der Papageientaucher *(Puffin)*.

In mehreren geschwungenen Bögen verlaufen die Klippen über eine Strecke von 8 km. Einen guten Aussichtspunkt hat man auf dem 1835 errichteten **O'Brien Tower** (nahe dem Visitor Centre), von dort oben kann der Besucher einen Blick auf die Küste werfen, weit im Meer sieht man die Aran-Inseln, und gen Norden schaut man auf die karge Landschaft von Connemara. Der Turm wurde übrigens von dem liberalen Politiker und Parlamentsabgeordneten des County *Clare Cornelius „Corney" O'Brien* in Auftrag gegeben. *O'Brien* tat viel für seine Region *(„He built everything around here except the Cliffs of Moher")*, so dass die Gegend

077ir Foto: hg

Seevögel an Irlands Küsten

s 314-1

Der **Tordalk** *(Alca torda)* ist leicht an seinem schwarz-weißen Gefieder erkennbar. Kopf, Hals und Oberseite sind bräunlichschwarz mit einer weißen Flügelbinde. Die Unterseite ist weiß. Charakteristisch gezeichnet ist auch der Schnabel. Im vorderen Drittel ist er schwarz-weiß quergestreift.

Außerhalb der Brutzeit halten sich die Tordalken auf dem Meer auf, wo sie nach kleinen Fischen, Krebsen, Meereswürmern und -schnecken tauchen. Sie brüten an felsigen Steilwänden mit Gesimsen und Nischen in kleineren Gruppen. Die Eier werden ohne Unterlage auf dem Fels abgelegt und von beiden Partnern bebrütet. Die kreiselförmige Gestalt der Eier bewahrt sie einigermaßen vor dem Absturz. Brutzeit ist von Anfang Mai bis Juni. Die Jungen verlassen rund 25 Tage nach dem Schlüpfen den Brutfelsen und schwimmen im Meer.

Die **Dreizehenmöwe** *(Rissa tridactyla)*, so genannt nach den drei Zehen an jedem Bein, ist überwiegend weiß. Rücken und Schwingen sind grau gefärbt. Davon setzen sich die schwarzen Spitzen der Schwingen deutlich ab. Der Ruf klingt „gägägä" oder „kitti-weck". Besonders in der Brutzeit ist dieser Vogel sehr ruffreudig. Daher rührt auch die englische Bezeichnung *Kittiwake* für die Dreizehenmöwe.

Dieser Hochseevogel hält sich fast nur am oder auf dem Meer auf, da er sich nahezu ausschließlich von Seetieren wie Fischen, Krebsen, Meeresschnecken und Plankton ernährt. Die Brut erfolgt immer in großen, teilweise riesigen Kolonien an felsigen Küsten und auch an Gebäuden. Spezielle Verhaltensnormen erlauben das Brüten selbst an kleinsten Vorsprüngen. Die Brutzeit dauert von Ende Mai bis Juni. Die Dreizehenmöwe überwintert auf dem Atlantik, am Mittelmeer und recht vereinzelt im Inland.

Die **Krähenscharben** *(Phalacrocorax aristotelis)* gehören zu den Kormoranen. Sie haben ein schwarzes Kleid mit starkem grünlichen Metallglanz. Die Vögel sind meist stumm, am Brutplatz sind sie mit „arrck, arrck" oder „kroack, kraick, kroack" zu hören.

Diese Vögel halten sich das ganze Jahr an felsigen Meeresküsten mit steilen Klippen und Wänden auf und brüten dort von Anfang April bis in den Juni in Nischen und Bändern. Die Brutpaare finden sich jeweils für eine Saison. Nestbau und Brüten obliegt vorwiegend den Weibchen. Die Jungen verlassen nach ca. 50 Tagen das Nest und werden noch rund 30 Tage geführt. Krähenscharben fischen zwar wie die Kormorane, d.h. schwimmend oder tauchend, jedoch ausschließlich im Meer.

Die **Papageitaucher** *(Fratercula arctica)* erkennt man vor allem am sehr hohen, rotgelb-schwarz gestreiften Schnabel sowie an den rot leuchtenden Beinen (in der Brutzeit gelb). Die Oberseite ist schwarz, die Unterseite weiß. Die Vögel geben raue, knarrende Laute wie „arr" oder „orr" von sich.

Während der Fortpflanzungszeit trifft man den Papageitaucher an steilen, höhlenreichen Felsklippen und grasbewachsenen Hängen, wo er sich mit Schnabel und Krallen meterlange Röhren gräbt. Am erweiterten Röhrenende wird Anfang bis Mitte Mai das einzige Ei abgelegt. Nachdem die Jungen flügge sind, ziehen sich die Vögel auf die offene See zurück. Papageitaucher erlangen Fische und andere kleine Meerestiere tauchend. Selbst mit einer Anzahl Fische im Schnabel können sie noch weiterjagen.

auch den Beinamen *O'Brien Country* hat.

Unterhalb des Turms informiert ein kleines **Visitors' Centre** über die spektakulären Klippen, und in einem angeschlossenen Café kann man sich mit Tee, Kaffee und Kuchen stärken. Für die sehr empfehlenswerte Wanderung durch das Burren-Gebiet kann man sich bereits hier eine Wanderkarte besorgen (s.u.).

Rund um das Besucherzentrum ist die touristische Infrastruktur bestens ausgebaut. Fliegende Händler bieten Musikkassetten mit irischer Folk Music feil, findige Bauern haben Hund und Esel dressiert und lassen sich gegen Entgelt mit ihren Haustieren fotografieren, moderne Barden zupfen an der Harfe oder blasen die *Tinwhistle* (Blechflöte).

Im Herbst 2006 fanden umfangreiche Bauarbeiten rund um die Klippen statt, mit dem Ziel, die touristische Infrastruktur zu verbessern und auch ein neues Besucherzentrum zu errichten.

Wanderung

Sehr empfehlenswert ist die etwa 18 km lange Wanderung entlang der Klippen; Startpunkt entweder in Liscannor (von hier auch Bootsfahrten zum Fuß der Klippen) oder Doolin. Bis auf das kurze Stück rund um das Visitors' Centre ist der Wandersmann weitgehend allein unterwegs.

Man laufe nie außerhalb des Plattenzauns und unterschätze die plötzlichen Windböen nicht, die einen durchaus über die Felsen fegen können! Am Hags Head, südlich der Cliffs of Moher, führt ein Pfad hinunter zum Fuß der Klippen. Gute Wanderschuhe sind notwendig, und ein warmer Pullover schützt gegen den Wind. Hilfreich ist die im Visitors' Centre zu erstehende Broschüre *A Walking Guide to the Locality.*

Doolin

↗ XII/A3

Auf der R 478 erreicht man von den Cliffs of Moher nach 5 km die kleine Streusiedlung Doolin. Das Dörfchen ohne eigentlichen Ortskern hat allerdings fünf **Attraktionen** zu bieten: einmal die kürzeste Überfahrt zu den Aran-Inseln, die nahegelegenen Cliffs of Moher, die ebenfalls nahebei befindliche Region des Burren (s.u.), die Doolin Cave und den Ruf, das Zentrum für irische Musik zu sein.

Noch vor zehn Jahren war Doolin in keinem Reiseführer erwähnt. Heute dagegen bucht man in einem modernen Büro-Container die Überfahrt zu den Aran Islands, in jedem Haus sind ein paar Zimmer für die Besucher freigemacht, und das B & B-Zeichen prangt an der Eingangstür.

Im Sommer ist Doolin hoffnungslos überfüllt mit Besuchern aus aller Welt. Schon um 18 Uhr ist es in den drei Pubs gerammelt voll, und das Guinness fließt in Strömen. Allabendlich spielen Musiker auf, amerikanische Rundfunkteams schneiden manchmal die Sessions mit, und so manche Doolin-Barden gehen mittlerweile auf Tournee.

1952 entdeckte man die **Doolin Cave** mit ihren mächtigen Stalaktiten, die seit einigen Jahren für Besucher freigegeben ist.

Unterkunft

- **Aran View House Hotel,** Coast Road, Tel. (065) 7074061, Fax 7074540, bookings@aranview.com, DZ 100 €;
- **Mrs. Cathleen Cullinan,** Harbour View, Tel. (065) 7074154, Fax 7074935, kathleen@eircom.net, DZ 54 €;
- **Susan Daly,** Daly's House, Tel. (065) 7074242, Fax 7074668, susan.daly@esatlink.com, DZ 56 €;
- **Mrs. Maeve Fitzgerald,** Churchfield, Tel (065) 7074209, Fax 7074622, churchfield@eircom.net, DZ 54 €;
- **Mrs. Darra Hughes,** Sea View House, Tel. (065) 7074826, Fax 7074849, seaviewhouseq@eircom.net, DZ 56 €;
- **Mrs. Mary O'Connell,** Roadford, Doolin, Tel./Fax (065) 7074451, seascape@eircom.net, DZ 54 €;
- **Paddy Maloney's Doolin Hostel,**
- **IHH-Hostel,** Fisherstreet, Tel. (065) 7074006;
- **Rainbow Hostel,** IHH, Tel. (065) 7074415;
- **Aille River Hostel,** IHH, Aille River, Tel. (065) 7074260;
- **Flanaghan's Village Hostel,** IHH, Toomullin, Tel. (065) 7074564.

Restaurants

- **Cullinan's,** Tel. (065) 7074138, gutes Restaurant im gleichnamigen Guest House, mit Gerichten bis zu 26 €;
- **Lazy Lobster,** Tel. (065) 7074390, gute Fischgerichte bis 26 €;
- **Doolin Café,** einziges Lokal für schmale Brieftaschen, um 12 €.

Pubs

- **Gus O'Connor's,** abends gute Pub Grubs;
- **McGann's,** ebenfalls gute Pub Grubs;
- **McDermott,** in den drei Pubs des Örtchens April bis Oktober allabendlich Live Sessions.

Einkaufen

- Im **Traditional Irish Music Shop** findet der Freund irischer Musik eine gute Auswahl an Musikkassetten und CD's, dazu Bücher über Irish Folk.
- Im **Gallery Workshop** gibt es lokales Kunsthandwerk von anerkannten Meistern.

Verbindung

- **Busse** mehrmals täglich von Dublin, Limerick, Shannon, Ennis, Lisdoonvarna, Kilkee, Galway, Kinvara.

Das Burren-Gebiet

Nördlich und östlich von Doolin schließt sich ein *The Burren* genanntes Gebiet an, das eine unvergleichlich reiche Flora aufweist.

Nicht nur für Botaniker ist das 40 x 25 km große Gebiet des Burren (gälisch: großer Felsen) eine Fundgrube, auch Laien, die an fremder Flora interessiert ist, kommt in dieser karstigen Mondlandschaft auf seine Kosten.

Das ganze Gebiet besteht aus unzählig vielen, kleinen und großen **Sandsteinplateaus,** die von Längsrinnen zerschnitten sind. Eiszeitliche Gletscher pflügten vor 15.000 Jahren diese in Nord-Süd-Richtung verlaufenden Furchen in den weichen Kalkstein. Als die Eisberge abzuschmelzen begannen, hinterließen sie nicht nur die gewaltigen, mitgeschleiften Findlinge, sondern auch Samen von arktischen Pflanzen. Mit der nun folgenden Klimaerwärmung kam die Flora aus südlicheren Regionen hinzu.

So wächst in den geschützten Furchen eine **pflanzliche Artenvielfalt,** die in Europa ihresgleichen sucht. Von Mai bis Juni blüht der Frühlingsenzian *(Gentiana verna)*, weiße Blüten auf roten Blättern zeigt der Irische Steinbrech *(Saxifraga hibernica)*, die arktisch-alpine Silberwurz *(Dryas octopetala)* gedeiht neben dem Kuckucksknabenkraut *(Orchis mascula)* und dem Torfmoos *(Sphagnum)*, eine Vielzahl wilder Orchideen verströmen ihre Düfte und wachsen neben dem für uns unbedeutenden Klee oder Heidekraut.

Der Burren dürfte auch das letzte Refugium auch in Kontinentaleuropa seltenen **Baummarders** *(Martes martes)* sein, und durch die Lüfte flattern andernorts schon ausgestorbene Schmetterlinge.

Bei dieser ungewöhnlichen Flora ist es verständlich, dass irische Ökologen wenigstens einen Teil des Burren, die 400 ha (das gesamte Burren-Gebiet umfasst 26.000 ha) große Region um Mullaghmore unter **Naturschutz** stellen wollen. Wie schon in jüngster Zeit an anderen Orten kollidieren Umwelt- und Naturschutz mit starken Wirtschaftsinteressen: In Massen transportierte man die größten Felsen ab, die seither englische Gärten zieren, dann wurden illegal Tausende von Wildgänsen gefangen und in den Nahen Osten verschickt.

Während man heutzutage **keinen einzigen Baum** mehr im Burren findet (*„No tree to hang a man“*, soll General ein *Cromwell* einst ausgerufen haben), so war die Region in prähistorischer Zeit dicht bewaldet. Vor etwa 5000 Jahren leiteten die ersten Siedler Rodungsarbeiten ein und sorgten so für die Erosion des Gebietes.

Der Poulnabrone-Dolmen legt Zeugnis von dem frühen Volk ab, das einst hier gelebt hat. Für eine weitere Besiedlung sprechen die Reste von über 100 **Ringforts**, wobei das besterhaltene, mit drei konzentrischen Felswällen versehene Cahercommaun allerdings wohl erst nach der Zeitenwende errichtet wurde.

Im Jahre 1182 gründeten die Zisterzienser östlich von Ballyvaughan **Corcomroe Abbey** – vielleicht bedeckte damals noch eine Bodenkrume die Felsplateaus; die frommen Brüder nämlich nannten ihr Kloster zur „Heiligen Maria der fruchtbaren Felsen“. Aus dem späten Mittelalter datieren die **befestigten Tower Houses** Gleninagh und Newtown Castle bei Ballyvaughan und Leamaneh Castle bei Kilfenora.

Fällt ein kräftiger Regenschauer, so versickert das Wasser durch die unzähligen Spalten und dringt in die unterirdischen **Grotten** und Höhlensysteme ein, wo die Kalkablagerungen Stalagtiten (von der Decke herabhängend) und Stalagniten (vom Boden nach oben wachsend) formen. Die ganze Region ist nämlich komplett „unterkellert“; unter der höchsten Erhebung, dem 343 m hohen Slieve Elva, zieht sich gar ein 11 km langes **Höhlensystem** entlang. Höhlenforscher haben noch längst nicht alle dieser Kammern, Gänge, unterirdischen Seen und Bäche erforscht.

Neben der Doolin Cave ist noch eine weitere Höhle für Besucher geöffnet; 3 km südlich von Ballyvaughan befindet sich der Eingang zu **Ailwee Cave** (s.u.).

Das Gebiet lässt sich günstig mit dem Auto, besser mit dem Fahrrad, auf der nun beschriebenen, 55 km langen **Rundfahrt** erkunden.

Lisdoonvarna

↗ XII/A3

Von Doolin geht es auf der R 479 in Richtung Ballynalackan, dort rechts ab in die R 477 nach Lisdoonvarna zu Irlands einzigem **Kurort.** Im *Spa Wells Health Centre* kann, wer möchte, mehrere Schlucke des heilkräftigen Wassers probieren. Aus verschiedenen Quellen sprudelt kostbares Nass, das viel Schwefel, Eisen, Jod und Magnesium enthält. Kontinentaleuropäische Besucher, die Kurstädte wie Baden Baden gewöhnt sind, werden über die wenig mondäne Ausstrahlung des Örtchens eher belustigt sein, die Iren jedoch kuren begeistert in Lisdoonvarna.

Kilfenora

Die R 476 führt dann weiter nach Kilfenora, wo das **Burren Display Centre** Auskunft über diese einzigartige Karstregion gibt. Wer die sehr empfehlenswerte Wanderung durch das Burren-Gebiet (s.u.) unternehmen möchte, besorge sich hier die entsprechende Karte.

Wenngleich Kilfenora heutzutage verschlafen und unbedeutend auf den Besucher wirkt, so war dies nicht immer so. Bis ins 18. Jh. residierte hier ein Bischof, wovon die Ruinen der **Kilfenora Cathedral** sowie die vielen aus dem 12. Jh. datierenden Hochkreuze auf dem Friedhof zeugen. Bei seinem Besuch auf der Grünen Insel, rief sich Papst *Johannes Paul II.* sehr zur Freude der Bewohner im Jahre 1979 selbst zum neuen Bischof des Örtchens aus.

Von Kilfenora geht es über unklassifizierte Straßen in Richtung Ballyvaughan (ausgeschildert).

Ailwee Cave

3 km vor dem sympathisch wirkenden Ballyvaughan sollte man einen Besuch der Ailwee Cave nicht versäumen (von März bis September 10–18 Uhr); im Jahre 1944 entdeckte ein Bauer auf der Suche nach seinen Schafen zufällig dieses unterirdische Höhlensystem. Seit 1976 sind einige Grottenteile für die Öffentlichkeit zugänglich. **In der Höhle** herrscht eine konstante Temperatur von 10 °C – das wussten vor langer Zeit die Bären zu schätzen und legten sich hier zu ihrem Winterschlaf nieder.

Ein der Landschaft gut angepasstes **Visitors' Centre** gibt umfassend Auskunft über die unterirdische Anlage.

Ballyvaughan

↗ XII/A3

Ballyvaughan (300 Einwohner) hat einen kleinen pittoresken Pier, einige schöne Pubs und wenige, aber teure Restaurants zu bieten. Gemütlich geht es im Ortskern zu, an schönen Wochenenden besuchen auch viele Iren der Umgebung das kleine Dorf und flanieren rund um den winzigen Hafen. Da eine kleine touristische Infrastruktur vorhanden ist, lohnt sich hier der Aufenthalt für eine Burren-Erkundung.

Unterkunft

- **Hyland's Burren Hotel**, Tel. (065) 7077037, Fax 7077131, hylandsburren@eircom.net, DZ 90 €;
- **Mrs. Hilde Schultheiß**, Green Road, Tel. (065) 7077163, dburren@eircom.net, DZ 53 €;
- **Mrs. Flanagan**, The Core House, Tel. (065) 7077310, corehouse@eircom.net, DZ 56 €;
- **Mrs. Margaret Fitzpatrick**, Seacoast Lodge, Crannag, Fanore, Tel. (065) 7076250, seacoastbb@eircom.net, DZ 53 €.

Pub

- **Monk's Pub**, ein Stück außerhalb direkt am 1829 erbauten Pier, guter Pub Grub mit frischen Muscheln, Fischgerichte, regelmäßig Live Music.

Verbindung

- **Busse** mehrmals täglich von Galway, Lisdoonvarna, Kinvara, Kilkee, Listowel, Tralee, Killarney, Cork, Doolin.

Burren-Wanderweg

In Ballyvaughan ist der Startpunkt des 23 km langen Burren-Wanderweges, der in Ballynalackan, 3 km nördlich von Doolin, endet. Höchster Punkt ist die 300 m hohe **Slieve-Elva-Schulter**, von der aus man einen guten Blick auf die Galway-Bucht und die Aran-Inseln hat.

Vor allem im Frühjahr, wenn die alpin-arktischen und die mediterranen **Pflanzen** in voller Blüte stehen, ist diese Wanderung von einer einzigartigen Schönheit.

Eine exakte **Karte** – „The Burren (1/35.000)" – gibt es im *Burren Display Centre* von Kilfenora sowie im *Visitors Centre* an den Cliffs of Moher zu kaufen; dort ist auch die Publikation „The Burren Way" mit einer Karte und einer Beschreibung der Gegend zu bekommen.

Die gesamte Route ist mit gelben Pfeilen auf schwarzem Grund deutlich **markiert** und für jedermann bequem an einem Tag zu bewältigen – sehr empfehlenswert!

Fanore

Von Ballyvaughan nun geht es in nordwestlicher Richtung entlang der R 477 auf den Küstenzipfel **Black Head** zu und ab dort gen Süden. Die Straße folgt der Küstenlinie, links blickt man auf die Mondlandschaft des Burren, rechts brandet das Meer an die Kalksteinfelsen; die Strecke ist landschaftlich sehr schön.

Lang zieht sich hier ein Strand an der Küste entlang. Wenige Kilometer weiter ist über Ballynalackan wieder Doolin erreicht.

Die Aran-Inseln

↗ XII/A3

Überfahrt

Ein Besuch auf den Aran-Inseln gehört ebenso wie auch die Fahrt auf die Blasket Islands (vgl. Tour 4, Dingle-Halbinsel) zu den Höhepunkten einer jeden Irland-Reise.

Von Doolin aus erfolgt mit modernen Schiffen die Überfahrt. Die Fähren verkehren von Mitte April bis Ende September; während in der Vor- und Nachsaison jeweils nur eine Überfahrt morgens hin und abends zurück auf dem Fahrplan steht, pendeln die Schiffe im Juni, Juli und August mehrfach am Tag hin und her (natürlich abhängig von den Wetterbedingungen). Zuerst wird das kleinste Eiland, Inisheer, angelaufen. Dort kann man sich einige Stunden umsehen, danach geht es zur Hauptinsel Inishmore.

Verbindung

- **Fähren** von Doolin nach Inishmore und Inisheer, telefonische Auskünfte unter (065) 7074455.

Wandern

Auf allen drei Inseln gibt es einige markierte **Wanderwege** des *Aran Island Way:* 50 km auf Inishmore, 8 km auf Inishmaan und 10,5 km auf Inisheer, die letzten beiden sind Rundwanderwege.

Eine gute **Karte** ist „The Aran Islands (1/29.000)"; die ebenfalls mit einer Karte versehene Broschüre „A Guided Walking Tour of the Aran Islands" gibt zusätzliche Informationen. Der höchste Punkt liegt bei 122 m. Gelbe Pfeile auf schwarzem Grund weisen die Richtung.

Inisheer ↗ XII/A3

Inisheer, die kleinste Aran-Insel, liegt ca. 45 km von Galway entfernt, ist etwas mehr als 4 km lang, 2,5 km breit, hat eine Gesamtfläche von 250 ha und wird von 300 Personen bewohnt.

Am Pier von Inisheer kann man eine **Inselrundfahrt** buchen: Ein Traktor mit Anhänger und schützendem Aufbau fährt die Besucher rund um das Eiland. Zu besichtigen sind die Reste einer aus dem 14. Jh. datierenden Burg, ein 5000 Jahre alter, bronzezeitlicher Grabhügel und – besonders interessant – ein großes Schiffswrack, das imposant auf den Klippen steht. In einer Sturmnacht des Jahres 1960 hob eine gewaltige Springflut den für Galway bestimmten Frachter auf die Felsen von Inisheer.

Wunderschön ist der **Sandstrand,** an dem wie schon seit Jahrhunderten die *Curraghs* aufgebockt sind. Während der Sommermonate kommen bis zu 600 Personen auf Inisheer zusammen und lernen dort im **Summer Camp** die gälische Sprache.

Wrack auf den Klippen von Inisheer

078ir Foto: hg

Unterkunft

- **Radharc na Mara,** B & B, Tel. (099) 75024, DZ 50 €;
- **Bru Rhadarc na Mara Hostel,** IHH, Tel. (099) 75024;
- **Ard Mhuire,** B & B, Tel. (099) 74005, DZ 60 €;
- **Rhadarc an Chlair,** B & B, Tel. (099) 75019, DZ 60 €.

Restaurants und Pubs

- Ein einfaches **Restaurant,** Speisen auch in den **B & B,** drei **Pubs,** die berühmt für ihre Live Music sind.

Inishmaan

↗ XII/A3

Inishmaan, die zweitgrößte und abgelegenste Insel, umfasst eine Fläche von etwa 900 ha und wird von 270 Personen bevölkert.

Attraktion ist das **Steinfort** Dun Conor, das auf einer Felsenklippe liegt; die drei äußeren Wälle sind verschwunden, gut erhalten ist die eigentliche Festungsmauer. Inishmaan kann nur im Sommer von der größten Insel Inishmore angelaufen werden, von Galway verkehrt eine Propellermaschine. Die touristische Infrastruktur ist wenig ausgebaut.

Unterkunft

- **An Dun,** B & B, Tel. (099) 73047, DZ 64 €;
- **Tig Congaile,** B & B, Tel. (099) 73085, DZ 70 €.

Pub

- **Padraig O'Conghaile's.**

Inishmore

Inishmore, die Hauptinsel des kleinen Archipels, umfasst 3100 ha und zählt 900 Einwohner. Größter Ort ist das Hafendorf **Kilronan,** an dessen Pier die Fähren von Doolin und Rossaveal festmachen.

Es ist sehr empfehlenswert, einige Tage auf Inishmore zu verbringen, oder auf Wanderungen (s.o.) und Fahrradausflügen die Insel kennen zu lernen.

Herausragende Sehenswürdigkeit ist das 9 km von Kilronan entfernte, wahrhaft spektakulär an den 100 m hohen Klippen der Südküste gelegene **Steinfort Dun Aenghus.** Drei konzentrisch verlaufende, halbkreisförmige Steinwälle enden jeweils an der Bruchkante der steil abstürzenden Felsenküste. Der innere Mauerwall ist Ende des 19. Jh. restauriert worden, Stufen führen auf die Brustwehr; von dort oben hat man eine weite Sicht über die Insel Inishmore. Vor dem äußeren Steinwall erkennt man die Reste von ehemals Tausenden Spanischen Reitern *(Abatis),* scharfen, aufrechtstehenden Felsnadeln, die einen Vorstoß des Angreifers gehörig behindert hätten.

Die Steilküste von Inishmore

Gegen wen sich die damaligen Bewohner allerdings zu verteidigen hatten, liegt noch immer im Dunkel der Geschichte; auch kennt man die genaue Entstehungszeit von Dun Aenghus nicht, vermutet wird das erste nachchristliche Jahrhundert. Am Fuß des Ringforts, ungefähr 1 km entfernt, erstreckt sich ein schöner Sandstrand.

Einkaufen

In Kilronan befinden sich auch einige Craft Shops, wo man neben vielen Souvenirs vor allem die berühmten **Aran-Pullover** erstehen kann.

Angeblich – so heißt es – hatte jede Familie auf der Insel ein eigenes Muster, so konnte man die ertrunkenen Fischer anhand ihrer Pullover identifizieren – nichts davon ist wahr, aber da die Geschichte verkaufsfördernd ist, wird sie so oder so ähnlich auch in Zukunft erzählt werden.

Unterkunft

- **Ard Einne Guest House,**
Tel. (099) 61126, Fax 61388,
ardeinne@eircom.net, DZ 72 €;
- **Kilmurvey Guest House,**
Kilronan, Tel. (099) 61218, Fax 61397,
kilmurveyhouse@eircom.net, DZ 70 €;
- **Pier House Guesthouse,**
Lower Kilronan, Tel. (099) 61417,
Fax 61122, pier@iol.ie, DZ 70 €;
- **Tigh Fitz Guest House,**
Killeany, Kilronan, Tel. (099) 61213,
Fax 61386, penny@tighfitz.com, DZ 77 €;
- **Mrs. Rita McDonagh,**
Upper Kilronan,
Tel./Fax (099) 61396, DZ 66 €;
- **Mrs. Cait Flaherty,**
Ard Mhuris, Kilronan,
Tel. (099) 61208, Fax 61333,
ardmhuris@eircom.net, DZ 56 €;
- **Mrs. Maura Wolfe,**
Kilmurvey,
Tel. (099) 61301, Fax 61324,
manofaran@eircom.net, DZ 70 €;

• Mrs. Bridie Coneely,
Beach View House, Oatquarter, Kilronan,
Tel./Fax (099) 61141,
beachviewhouse@eircom.net, DZ 55 €;
• Mrs. Margaret Coneely,
Creig-an-Cherin, Kilronan,
Tel. (099) 61139;
• Mrs. Bridie McDonagh,
An Crugan, Kilronan,
Tel. (099) 61150, Fax 61468,
ancrugan@eircom.net, DZ 64 €.

Restaurants und Pubs

Es gibt mehrere Pubs und preisgünstige Restaurants in Kilronan, weitere Pubs sind über die ganze Insel verstreut. In vielen Kneipen, vor allem in Kilronan, wird während der Saison jeden Abend *Live Music* geboten.

Kinvara

↗ XII/B3

Von Doolin führt die Route über die R 479 und die R 477 nach Lisdoonvarna und biegt dort auf die N 67 ab. Über Ballyvaughan geht es in das kleine, anheimelnde Fischerörtchen Kinvara (400 Einwohner), in dem eine überproportional große touristische Infrastruktur, gemessen an der Größe des Dorfes, der Besucher harrt.

Einzige Sehenswürdigkeit ist das ein wenig außerhalb Kinvaras in Richtung Galway liegende, aus dem 16. Jh. datierende **Dunguaire Castle,** wie üblich keine richtige Burg, sondern ein befestigtes Towerhouse, dessen Name „Burg des Guaire" bedeutet. Wie auch in Bunratty Castle hat man hier Gele-

079ir Foto: hg

Leben und Alltag auf den Aran-Inseln

Geologisch gehören die drei Aran-Inseln zur Region des Burren (vgl. Kap. „Das Burren-Gebiet"), die Eilande sind somit von Kalksteinplateaus übersät und waren von jeher äußerst unfruchtbar. Für die Bewohner, die neben der Fischerei auch Landwirtschaft betreiben wollten, hieß dies, erst einmal **neue Felder anzulegen.**

So mussten die Vertiefungen und Löcher im felsigen Untergrund mit Bruchsteinen aufgefüllt werden, und über die ganze Fläche kam dann eine dicke Schicht Sand, darüber eine kräftige Lage Seetang, wieder eine Schicht Sand sowie erneut eine Lage Seetang und ganz zum Schluss schließlich eine dünne Decke fruchtbarer Humuserde. Diesen Mutterboden hatte man entweder vom Festland herübergebracht, oder aber die Erde war mühselig zwischen den Kalksteinblöcken herausgekratzt worden.

Mit den zuvor fortgeschafften Steinblöcken entstand nun eine **Windmauer** rund um das neue Feld. Um die spärlichen Nährstoffe des Bodens nicht auszulaugen, pflanzten die Bauern auf dem neuen Acker im ersten Jahr Kartoffeln an und im zweiten Jahr dann Getreide; im dritten Jahr wurde auf dem Feld nicht gesät, das dort wachsende Unkraut pflügte man im folgenden Jahr unter, und so erhielt die Bodenkrume den notwendigen Stickstoff. Dieses *Crop Rotation* genannte **Anbauprinzip** erinnert an die frühmittelalterliche Drei-Felder-Wirtschaft.

Hauptanbauprodukte waren natürlich vor allem Kartoffeln sowie Roggen. Gemüse zogen die Insulaner in ihren kleinen Hausgärten. Ideal war die Kartoffel deshalb, weil sie auch in klimatisch feuchten Zonen sowie auch auf armen Böden gute Erträge verspricht. 15 Tonnen pro Hektar ernteten die Aran-Bewohner durchschnittlich, bei der spärlichen Ackerkrume eine gute Leistung.

In ganz Irland, so auch auf den Aran-Inseln, wurden **Kartoffeln** nach einer besonderen Methode angebaut, die die Engländer in ihrer Verachtung für die Bewohner der Grünen Insel *Lazy Beds* nannten. Der Bauer hob einen langen, schmalen Graben aus, in den er die Saatknollen pflanzte, überdeckte diese dann mit einer Schicht Seetang und häufte darüber die beim Ausheben des nächsten Grabens angefallene Erde, wobei die grasige Seite nach unten kam. Seetang und Unkraut dienten als Dünger, und die Knollen wuchsen prachtvoll heran.

Diese Arbeit fand im März oder im frühen April statt. Ein Bauer, der zu spät mit der Aussaat begann, hieß im Volksmund *Cuckoo Farmer,* da er zumeist dann erst im Mai mit der Feldanlage zugange war. Ende Juli dann wurden die Erdäpfel geerntet und dienten – sieht man einmal von einem Überschuss in guten Jahren ab – natürlich der Selbstversorgung.

Auch **Roggen** wächst gut in feuchtkalten Regionen und auf armen Böden, so war dies das ausschließlich angebaute Getreide auf den Aran-Inseln. Mit der Aussaat begannen die Insel-Bauern im Herbst, nachdem sie die Kartoffeln eingebracht hatten, geerntet wurde dann im Juni des folgenden Jahres. Das Stroh fasste man in große Bündel zusammen und deckte damit die Häuser.

Natürlich besaß jeder Hof auch einen kleinen **Viehbestand,** und ein Bauer galt als reich, wenn er eine Kuh in seinem Besitz hatte. Die Größe des verfügbaren Landes wurde übrigens nur selten in konkreten Maßangaben benannt, vielmehr hieß es: Er hat das Gras für zwei Kühe, womit für die Insulaner der Landbesitz des Nachbarn umfassend beschrieben war.

Ein Farmer sorgte sich sehr um seine **wertvolle Kuh,** und in mageren Jahren fütterte er sie mit einem Gemisch aus Kleie sowie – vom eigenen Mund abgesparten – Kartoffeln. Und warf die Kuh – welch ein Glücksfall – ein Kalb, so erlaubte man dem Nachwuchs, eine weitaus längere Zeit die Muttermilch zu saugen als auf dem Festland. Das Neugeborene sollte soviel Kräfte sammeln wie möglich, um die harten Lebensbedingungen auf den Inseln auch zu ertragen. Durchschnittlich brachte eine Kuh 1800 l Milch pro Jahr, wesentlich weniger als ein Tier auf dem geschützten Festland.

Schafe und Ziegen besaß natürlich auch jeder Haushalt, diese Tiere waren wesentlich pflegeleichter als eine Kuh und wurden weitgehend sich selbst überlassen. Damit jede Familie die eigenen Tiere auch indentifizieren konnte, erhielten Schafe und Ziegen bestimmte Ohreinschnitte, die als „Brandzeichen" fungierten. Schafe lieferten Fleisch und Wolle, Ziegen Milch und Leder. Nur wenige Farmer auf den Inseln hielten **Schweine,** die in einer kleinen Umzäunung am Haus lebten und mit Kartoffeln und Speiseabfällen gefüttert wurden. Zuallerletzt hatte natürlich fast jeder Bauer einen **Esel,** der als universales und genügsames Arbeitstier täglich im Einsatz war.

Viel **Aberglaube** mischte sich im tagtäglichen Leben unter die Handlungen der Bauern. So galt es als schlechtes Zeichen, wenn der Farmer beim Kartoffelnpflanzen ein schiefes Beet zustande brachte, und um die Fruchtbarkeit der dünnen Bodenkrume zu erhöhen, streuten die Bauern eine Handvoll teures Salz über ihre Beete. Ein Beerdigungszug, der quer über das eigene Land führte, war ein schlechtes Omen, Gutes verhieß dagegen, wenn eine Ziege inmitten einer Herde Kühe graste. Die erste Milch eines jungen Kalbes ließ man in der Erde versickern, und bestimmte Tage galten für die Feldarbeit als tabu.

Natürlich waren auch alle Aran-Farmer **Fischer,** und der Fang sorgte für Abwechslung auf der Speisekarte und verbesserte die spärlichen Erträge der kleinen Felder. Doch die See ist auch gefährlich, und angstvoll warteten die Familienmitglieder auf die glückliche Rückkehr der ausgefahrenen Männer. Dass die Insulaner die Entwicklung der Wetters sowie Wind, Wellen, Ebbe und Flut sorgfältig einzuschätzen vermochten, war selbstverständlich, trotzdem blieb die Fischerei in den kleinen, lederbespannten Booten (vergl. Blasket Islands) eine gefährliche Sache. Nur wenige Männer konnten übrigens schwimmen, es hieß, dass man mit dieser Kunst seinen Todeskampf nach einer Havarie nur verlängere.

Gefischt wurde mit Treibnetzen, des weiteren mit bis zu 300 m langen Leinen, an denen mehr als 100 Haken befestigt waren, und mit Reusen, in die Hummer und Krabben gingen. Haien, die in der Vergangenheit weit häufiger in den Gewässern rund um die Aran-Inseln vorkamen als heute, rückten die Fischer mit Harpunen zu Leibe. Die Leber eines solch kapitalen Raubfisches konnte bis zu 900 l Öl bringen, das dann als Brennmaterial für die häuslichen Lampen einen hohen Wert hatte.

Aufgrund ihrer gefahrvollen Tätigkeit forderten die Fischer das Schicksal nicht heraus, und eine ganze Reihe von Zeichen galten als **schlechte Omen.** So durfte man auf dem Weg zum Boot auf keinen Fall eine rothaarige und barfüßige Frau treffen, auch die Begegnung mit einem Hasen, einem Priester und einem Fuchs waren schlechte Vorzeichen. Drei Männer mit dem gleichen Namen durften nicht zusammen in einem Boot fischen, Rauchen während der Arbeit war verboten, und zu Hause achtete ein Fischer peinlich genau darauf, dass er keine Fischgräten ins Feuer warf. Samstags nachts durfte man nicht zum Fischfang ausfahren, diese Nacht galt als tabu.

Wichtig für das tägliche Leben war auch der **Strand,** an dem man vor allem kalkhaltigen Sand und jodreichen Seetang „ernte-te", den einzigen Dünger, der den Insulanern zur Verfügung stand. Und dann wurde natürlich eine ganze Menge an wertvollem Material an den Strand und auf die Klippen der Küste gespült. Besonders Holz, das es auf den waldfreien Inseln ja nicht gab, wurde von den Insulanern begeistert in Empfang genommen.

Und es geschah nicht selten, dass ein Schiff vor den Inseln in Seenot geriet und das **Wrack** dann von den Wellen auf die Felsen getragen wurde. Solch ein Ereignis erzeugte durchaus gemischte Gefühle, denn für die Insel-Bewohner brachte eine Havarie viel Waren und Bargeld ein, ihr materieller Gewinn jedoch bedeutete den Tod anderer.

Das **traditionelle Wohnhaus** auf den Aran-Inseln ist ein niedriges, weißgetünchtes Steingebäude mit tief angesetzten Fenstern, zwei Türen und einem Reetdach. Besondere Sorgfalt kam dem Strohdach zu, dass aufgrund der starken Winde und der häufigen Regenfälle fest verankert und absolut wasserdicht sein musste. Folgerichtig war der Dachdecker ein geachteter Handwerksmann auf den Inseln, und einmal jährlich inspizierte er die Dächer seines Dorfes und besserte sie, wenn nötig, aus.

Im Innern eines jeden Cottage markierte der offene Kamin das Zentrum, in dem zu allen Jahreszeiten ein Torffeuer glomm. Daneben befand sich eine Vertiefung in der Wand, die so genannte *Cleibhi,* in der Tabak, Pfeifen, Salz und Tee trocken aufbewahrt wurden. Nur wenige Einrichtungsgegenstände – Tisch, einige Stühle, Betten und Regale – nannte ein solcher Haushalt sein eigen. Öllampen verbreiteten nach Einbruch der Dunkelheit spärliches Licht. Ein Spinnrad und ein Webstuhl gehörten ebenfalls zu den wichtigen Gerätschaften eines Haushaltes, denn die Frauen versorgten die Mitglieder ihrer Familien mit der notwendigen Kleidung, und aus Kuhleder wurden gar Schuhe, die so genannten *Pampooties,* gemacht. Zu guter Letzt flochten Männer wie Frauen Tragekörbe und Reusen.

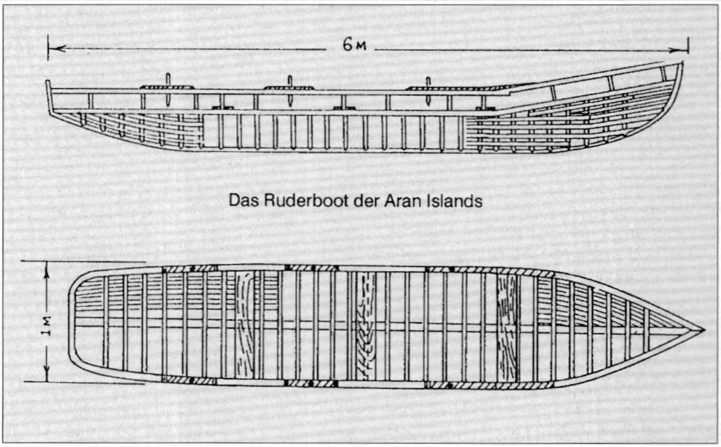

Das Ruderboot der Aran Islands

genheit, an mittelalterlichen Banketten teilzunehmen.

Jeweils am letzten Wochenende im August findet in Kinvara das **Festival** *Cruinniu na m'Bad* statt; Hauptattraktion ist eine Regatta der traditionellen Fischerboote - der *Galway Hookers* - in der Kinvara-Bucht. Es versteht sich von selbst, dass während der Festivität in allen Pubs Folk Music und alte Tänze aufgeführt werden. Viele zusätzliche Informationen über Kinvara und Umgebung entnehme man der Broschüre „A Ramble's Map and Guide" von *Anne Korff* und *Jeff O'Connell,* zu bekommen in den Geschäften des Ortes sowie im Dunguaire Castle.

Unterkunft

- **Merriman Inn Hotel,** Main Street, Tel. (091) 638222, Fax 637686, merrimanhotel@eircom.net, DZ 95 €;
- **Mrs. Maureen Fawle,** Hollyoak, Kinvara Road, Tel. (091) 637165, maureenfawle@oceanfree.net, DZ 53 €;
- **Mrs. Mary Flanagan,** Mountain View, Tel./Fax (091) 637275, DZ 53 €;
- **Mrs. Angela Larkin,** Kinvara Road, Tel./Fax (091) 637548, angelalarkin@oceanfree.net, DZ 54 €.

Restaurants

- **The Pier Head,** am kleinen Hafen von Kinvara, Bar and Restaurant in einem knallgelb gestrichenem Haus, Gerichte gibt es ab 8 €.

Pub

- **Keogh's,** freundlicher Pub im Ortszentrum an der Hauptdurchgangsstraße.

Verbindung

- **Busse** mehrmals täglich von Galway, Ballyvaughan, Lisdoonvarna, Kilkee, Listowel, Tralee, Killarney, Cork, Doolin.

Umgebung

Turmhaus Thoor Ballylee

10 km von Kinvara entfernt lohnt eine besondere Attraktion für denjenigen einen Besuch, der an irischer Literatur interessiert ist - der Wohnturm von **William Butler Yeats.** Von Kinvara nimmt man die R 347 in östlicher Richtung, dann die N 18 auf das Dorf Gort zu. Eine Ausschilderung weist zum Turmhaus Thoor Ballylee (Ostern bis September 10–18 Uhr).

Der efeuumrankte **normannische Turm** stammt aus dem 16. Jh.; im Jahre 1917 kaufte und renovierte *William Butler Yeats* das Gebäude. 35 Pfund hat er damals dafür bezahlt, inklusive dem kleinen Cottage daneben. Einer Freundin schrieb er begeistert: „Ich plane, den Gegensatz zwischen der mittelalterlichen Burg und der bäuerlichen Behausung aufrechtzuerhalten. Während sich in ihr alles erforderliche befindet, kann ich der Burg für wenig Geld ein großzügiges Raumensemble widmen. Was glaubst Du, was denkst Du über die Adresse Thoor Ballylee? Thoor ist der gälische Name für Tower. Das sollte den Leuten den Verdacht nehmen, dass es sich um moderne Gotik oder um einen Tierpark handelt. Ich denke, der schroffe Ton von Thoor berichtigt die Weichheit der Stätte." Und wenig später notierte er: „Everything is so beautiful here!"

Bis 1928 lebte der Dichter mit seiner Frau in dieser abgeschiedenen Gegend - die glücklichsten Jahre seines Lebens und die liebevollsten Zeiten der Ehe verbrachten die *Yeats* in Thoor

Ballylee, in diesem „sturmgeschüttelten Ort", „the storm beaten place". Eine 20-minütige audio-visuelle Dokumentation würdigt Leben und Werk von *Yeats* (vgl. Exkurs „Irische Schriftsteller von Weltruhm"), eine Sammlung von Erstausgaben kann besichtigt werden, ein Café bietet Kaffee, Tee und Kuchen an, und selbstverständlich darf man die einstigen, möblierten Wohnräume betreten.

Von oben hat man eine prachtvolle Aussicht auf die Gegend. *Ralph Giordano* zeigt sich in seinem Irischen Tagebuch begeistert von dem Blick über die Landschaft: „Und dann ist sie erklommen, die Plattform, zinnenbewehrt, sonnengewärmt, rings umgeben von bukolischem Frieden. Im Osten die Höhenzüge der Slieve Aughty Mountains, die Landschaft dorthin hügelig, gewellt, grüne Flächen, Hecken, grasendes Vieh. Tief unten der Fluss, um meinen Kopf, schwirrend, Insekten. Baumwipfel um den Turm, gleich hoch wie seine Zinnen, einige Kronen noch höher."

Hier hat *Yeats* seinen Gedichtzykus „The Tower" geschrieben, in dem es heißt: „I climbe to the tower top and lean upon broken stone ..." Eine Tafel an der Turmwand verrät uns Folgendes: „I the poet William Yeats/with old millboards and/sea-green slates/and smithy work from/the Gort forge/Restowed this tower/For my wife George./ And may these characters remain/ When all is ruin once again." Zu Deutsch: „Ich, der Dichter William Yeats, habe mit altem Pappkarton und meergrünem Schiefer und Eisenteilen aus der Schmiede von Gort diesen Turm wieder hergestellt für meine Frau George. Und mögen diese Dinge bestehen, wenn alles andere wieder in Ruinen liegt."

Nach 1928 war *Yeats* nie mehr in Thoor Ballylee. Die Gebäude verfielen. Erst 1961 hat die *Kiltartan Society,* unterstützt von der Fremdenverkehrsbehörde *Bord Failte* und der *Ireland West Tourism,* eine Restaurierung vorgenommen. Die Frau des Dichters, *George,* hat das noch erleben können, sie starb 1968.

Coole Park

Nahebei sollte der Freund irischer Literatur Coole Park nicht auslassen (ausgeschildert). Leider sind nur noch ein paar Reste des 1941 abgerissenen Coole House vorhanden; hier lebte Anfang dieses Jahrhunderts die Schriftstellerin **Lady Gregory,** sammelte alte

Thoor Ballylee –
der Wohnturm von William Butler Yeats

irische Volkssagen und Mythen und schrieb diese für die Nachwelt nieder. Die adlige Dame war maßgeblich an der Einrichtung des Abbey Theatre in Dublin beteiligt und erwarb sich große Verdienste um das gälische Erbe. *William Butler Yeats, George Bernard Shaw* und *Sean O'Casey* waren oft zu Besuch in Coole House. In dem allgemein zugänglichen Park mit seinen Wäldern und Wiesen sowie dem kleinen See kann man sehr schöne Spaziergänge unternehmen.

Dabei passiert man womöglich den so genannten **Autobiographischen Baum,** in dessen Rinde die Dichterfreunde von *Lady Gregory* ihre Initialen eingeritzt haben.

Schnell und zügig geht es nun auf der N 18 nach Galway.

Galway

↗ XII/B2

Die sympathische Universitätsstadt (66.000 Einwohner), deren Straßenbild von vielen Studenten geprägt wird, ist die Verwaltungsmetropole und das Wirtschaftszentrum des gleichnamigen County. Das geschäftige, atmosphärereiche Städtchen sollte man unbedingt besuchen, die abendliche Musikszene in den vielen Pubs gehört zu den besten Irlands. Darüber hinaus ist Galway das Tor zur rauhbergigen, urwüchsigen Landschaft Connemara und Kern einer großen Gaeltacht-Region.

Geschichte

Um das Jahr 1232 eroberten die **Normannen** unter *Richard de Burgh* den

080ir Foto: hg

kleinen Marktflecken, dessen Ursprünge im Dunkel der Geschichte liegen, und schlugen die gälischen Stämme in die Flucht. Die neuen Herren bauten sofort eine starke Befestigung und trieben alsbald einen lukrativen Handel mit Spanien - der so genannte *Spanish Arch* (Spanische Bogen) nahe dem Hafen erinnert noch heute an diese prosperierenden Wirtschaftsbeziehungen.

Richard II. gab Galway das Stadtrecht, woraus sich ein eigener kleiner **Stadtstaat** entwickelte, der von 14 Clans regiert wurde. Galway ging als die *City of the Tribes* in die irische Geschichtsschreibung ein. Immer wieder griffen gälische Stämme die Stadt an, die sich jedoch aufgrund ihrer gewaltigen Befestigungen derlei Attacken bis ins 17. Jh. erwehren konnte. Wie an anderen Orten auch, wüteten dann *Cromwells* Söldner unter der Bevölkerung, und die Belagerung durch die Mannen *Wilhelms von Oranien* versetzte der Stadt dann endgültig den Todestoß. 1840 verlor Galway auch noch seinen Stadtstatus und verkam zum britischen Verwaltungssitz für den Westen Irlands.

Nach der Unabhängigkeit der Grünen Insel wurde das Stadtrecht neu bekräftigt, und die Bürger von Galway bauten kräftig an ihrer Zukunft. Wirtschaftspolitische Maßnahmen, Förderungen für die Gaeltacht-Gebiete und der wachsende Tourismus sorgen heutzutage für steigenden Wohlstand.

Sehenswertes

Galways kleine, überschaubare Innenstadt mit den verwinkelten Gassen und den interessanten Geschäften sollte man am besten zu Fuß erkunden. Die wichtigsten Einkaufsstraßen sind die Bridge Street, Mainguard Street, William Street, Abbeygate Street und Shop Street.

Zentrum der Metropole ist der **Eyre Square** mit seiner großen Rasenfläche, auf der sich im Sommer bei schönem Wetter die Studenten und Bettler der Stadt ein Stelldichein geben und sich bräunen lassen. Im Gedenken an den amerikanischen Präsidenten *John F. Kennedy*, der 1963 hier die Ehrenbürgerwürde erhielt, bekam die

228IRL Foto: ts

Im Singing-Pub

grüne Lunge Galways den Namen *John F. Kennedy Memorial Garden.*

An der Market Street befindet sich die protestantische **Church of St. Nicholas,** deren Ursprünge auf das Jahr 1320 zurückgehen und die im 15. und 16. Jh. mehrmals erweitert und umgebaut wurde. Einer Legende zufolge soll *Christoph Kolumbus* hier eine Messe gehört haben, bevor er die Weiterreise gen Westen antrat. Im Erfinden von Sagen und Geschichten waren die Iren schon immer gut.

Ebenfalls an der Market Street lohnt ein **gotischer Torbogen** einen Blick; eine schwarze Marmortafel gibt Auskunft über ein schauerliches Ereignis: „Zum Gedenken an den festen, unbeugsamen Gerechtigkeitssinn von James Lynch Fitzstephen, 1493 zum Bürgermeister gewählt, der seinen schuldigen Sohn Walter verurteilte und eigenhändig an diesem Ort hinrichtete."

Walter, Sohn des **Bürgermeisters Lynch,** hatte – wir folgen der Stadtchronik– in Liebeshändel einen spanischen Edelmann, der zudem noch Gast der Familie war, getötet. Dem Vater als oberstem Richter der Stadt blieb nichts anderes übrig, als den Sohn zum Tode zu verurteilen. Niemand jedoch wagte es, das Urteil zu vollstrecken, kein Scharfrichter ließ sich finden. So legte der Vater dem Sohn eigenhändig die Schlinge um den Hals und erhenkte ihn. Mit gebrochenem Herzen zog sich Richter *Lynch* dann in die Einsamkeit zurück. Nach irischer Auffassung hat der international bekannte Begriff „lynchen", „Lynchjustiz betreiben" in dieser Geschichte seinen Ursprung.

Von der Market Street zweigt das kleine Gässchen Bowling Green ab; hier befindet sich das **Geburtshaus von Nora Barnacle,** der langjährigen Lebensgefährtin und späteren Ehefrau von *James Joyce.*

In der Shop Street, die parallel zur Market Street verläuft, ragt **Lynch's Castle** auf. Das aus dem 16. Jh. datierende Patrizierhaus ist eines der besterhaltenen Gebäude aus jener Zeit. Beachtenswert sind die Außendekorationen des Hauses mit ihren Wasserspeiern und weiteren gotischen Schmuckelementen. Auch die Wappen von *Heinrich VII.* sowie die der lokalen *Lynch-Familie* zieren die Fassade. Heute hat eine Bank ihre Niederlassung in dem traditionsreichen Haus. Die *Lynch-Familie* übrigens stellte ab dem Jahr 1484 die folgenden 83 Bürgermeister der Stadt.

Am alten Hafen zeigt neben dem Spanish Arch das **Galway City Museum** Exponate zur Stadtgeschichte (Mai bis September Mo–Fr 10–17 Uhr).

Nahe der **St. Nicholas' Cathedral,** der 1965 eingeweihten, gewaltigen Kathedrale der Stadt, führt die **Salmon Weir Bridge** über den River Corrib. Im Frühjahr kann man Tausende von Lachsen beobachten, wie sie flussaufwärts zu ihren Laichplätzen strömen. Mittels einer so genannten Lachsleiter können die Fische das kleine Wehr überwinden.

Interessant ist es übrigens, den **akrobatischen Straßenmusikanten** von Galway zuzuschauen; die so genann-

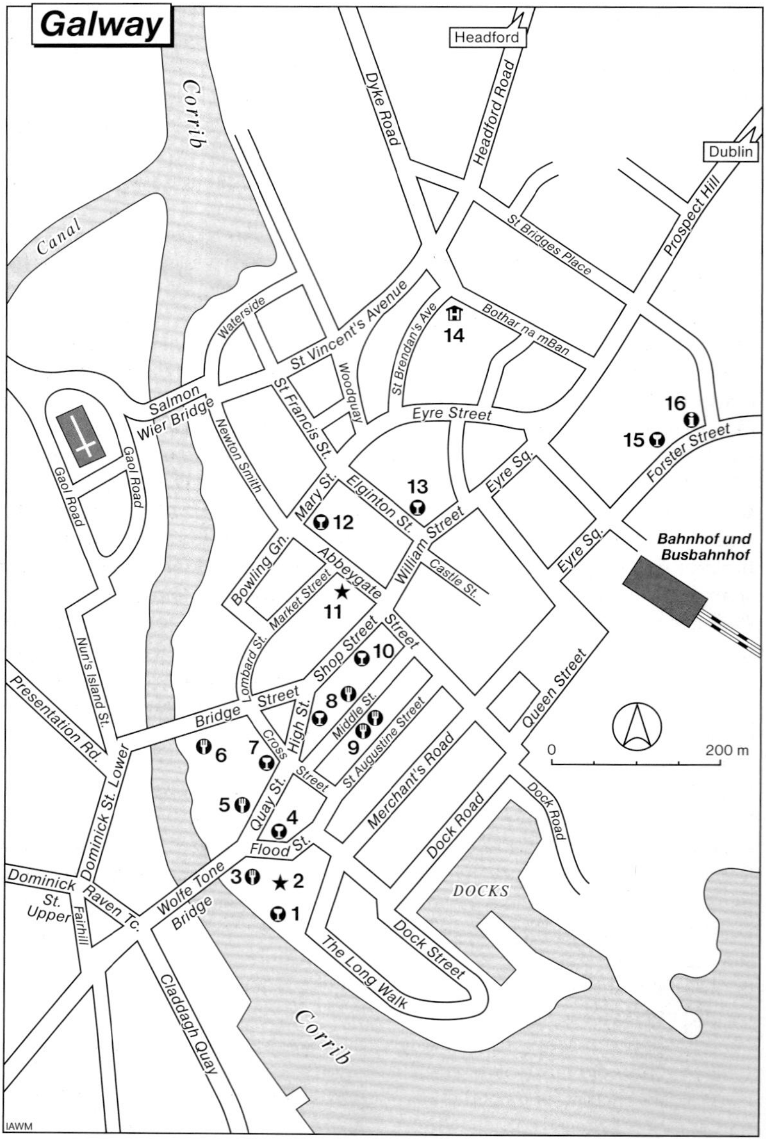
Galway
Headford
Dublin
Corrib
Canal
Dyke Road
Headford Road
Prospect Hill
St Bridges Place
Bothar na mBan
St Brendan's Ave
14
Waterside
St Vincent's Avenue
Woodquay
Salmon Wier Bridge
St Francis St.
Newton Smith
Eyre Street
16
15
Forster Street
Gaol Road
Gaol Road
13
Eyre Sq.
Mary St.
Elginton St.
12
William Street
Eyre Sq.
Bahnhof und Busbahnhof
Bowling Gn.
Abbeygate
Castle St.
Market Street
11
Lombard St.
Shop Street
Street
10
Nun's Island St.
Presentation Rd.
Bridge Street
Cross Street
High St.
8
Middle St.
9
St Augustine Street
Merchant's Road
Queen Street
0
200 m
6
7
5
Quay St.
4
Flood St.
Dock Road
Dock Road
Dominick St. Lower
Dominick St. Upper
Raven Tc.
Fairhill
Wolfe Tone Bridge
3
2
1
DOCKS
The Long Walk
Dock Street
Claddagh Quay
Corrib
IAWM

ten *Buskers* balancieren auf einem schwankenden Drahtseil und fiedeln dabei zum Vergnügen der Menge auf der Geige.

Nicht versäumen sollte man einen Besuch im **Taibhdhearc Theatre** in der Middles Street; während der Saison kommen hier irische Musik, Tanz, und Folk Drama auf die Bühne.

Zwei große Ereignisse ziehen zu Beginn des Herbstes scharenweise die Besucher ins Zentrum von Galway. Da lockt zuerst einmal das **Festival** *Feis Ceoil an Larthair* mit traditioneller irischer Folklore, Tanz und Musik. Barden aus ganz Irland kommen zusammen, und in den Pubs sowie auf den Straßen geht es hoch her. Dann sorgt das *Galway Oyster Festival* für leibliche Genüsse. Dabei werden die ersten auf den vor der Küste liegenden Bänken gezogenen Austern geöffnet und von Touristen wie Bewohnern dutzendweise verzehrt.

- 1 Nimmo's
- ★ 2 Spanish Arch
- 3 Restaurant Lemon Grass
- 4 Quay's Bar
- 5 Pierre's Restaurant
- 6 Restaurant Kirwan's Lane
- 7 Pub Seagan Ka Neactain
- 8 King's Head, Da Tang Noodle House
- 9 Restaurants Milano u. Viña Mara
- 10 Taaffes
- ★ 11 Lynch's Castle
- 12 Sally Long's
- 13 Cellar Bar
- 14 Sleepzone Tourist Hostel
- 15 An Pucan
- 16 Tourist Office

Bekanntestes Mitbringsel aus Galway ist übrigens der **Claddagh-Ring,** das traditionelle und sehr symbolträchtige Schmuckstück der Männer und Frauen der Umgebung; der Ring zeigt zwei Hände, die sich an Daumen und Zeigefinger berühren, dazwischen befindet sich ein Herz, auf der Daumenseite sitzt eine kleine Krone. Die sich berührenden Hände symbolisieren Freundschaft, das Herz steht natürlich für die Liebe, und die Krone verspricht ewige Treue. Wer noch zu haben ist, steckt den Ring so auf, dass die Krone zur Fingerspitze zeigt, Verheiratete oder solche, die sich in festen Händen befinden, tragen den Ring umgekehrt.

Die Urspünge dieses schmückenden Beiwerks gehen auf das Jahr 1690 zurück und sollen aus der Fischfanggemeinde Claddagh stammen, die einst vor den Toren Galways lag. Der Ring wurde auch von der Mutter auf die Tochter vererbt. Die größte Auswahl von Claddagh-Ringen hat der Juwelier *Lazlo* in der Shop Street. Wer romantisch veranlagt ist, bringe seiner Frau oder Freundin unbedingt ein solches Zeichen der Liebe und Treue mit.

Übrigens: Jeden Freitag und Dienstag um 20.15 Uhr finden auf dem Greyhound Place **Windhundrennen** statt. Sollte man auf keinen Fall versäumen.

081ir Foto: hg

Einkaufen

Hinter einer eher kleinen Fassade in der High Street verbirgt sich **Kennys Bookshop,** eine Buchhandlung mit dem größten Antiquariat Irlands. Auf fünf Stockwerken befindet sich hier alles, was das bibliophile Herz höher schlagen lässt. Alles über Irland, aber auch ausländische Bücher und Landkarten. Wem das noch nicht reicht, der kann sich auch noch zu einem Lagerhaus am Hafen schicken lassen.

Busker in Galway

Tourist Office

- Forster Street, Tel. (091) 537700.

Hotels

- **Ardilaun House Hotel,**
Taylor's Hill, Tel. (091) 521433, Fax 521546, info@ardilaunhousehotel.ie, DZ 140 €;
- **Brennans Yard Hotel,**
Lower Merchants Road,
Tel. (091) 568166, Fax 568262,
info@brennansyardhotel.com, DZ 95 €;
- **Forster Court Hotel,** Forster Street,
Tel. (091) 564111, Fax 539839,
sales@forstercourthotel.com, DZ 90 €;
- **Eyre Square Hotel,**
Forster Street, off Eyre Square,
Tel. (091) 569633, Fax 569641,
eyresquarehotel@eircom.net, DZ 90 €.

B & B

- **Mrs. Francis Gallagher,** 15 Beechmount Road, Highfield Park, Tel. (091) 522078, DZ 53 €;
- **Mrs. Helen Hanlon,** 4 Spires Garden, Tel. (091) 521533, Fax 522536, info@clochardgalway,com, DZ 56 €;
- **Mrs. Maureen McCallion,** 40 Newcastle Road, Tel. (091) 524849, DZ 60 €;
- **Mrs. Bridget McCarthy,** 20 Laurel Park, Tel. (091) 521844, DZ 53 €;
- **Mrs. Marcella Mitchell,** Lima, Tuam Road, Tel. (091) 757986, DZ 54 €;
- **Mrs. Mary O'Brien,** 36 Wellpark Grove, Tel. (091) 755120, DZ 54 €;
- **Mrs. Mary Beatty,** 6 Glenina Heights, Tel. (091) 751643, DZ 60 €;
- **Mrs. Freda Cunningham,** 37 Grattan Park, Tel. (091) 583505, DZ 62 €;
- **Mrs. Bernadette Donoghue,** 24 Grattan Park, Tel. (091) 588477, Fax 581173;
- **Mrs. Pat Greany,** 9 Grattan Park, Tel./Fax (091) 584324, DZ 60 €.

Hostels

- **Kinlay House Hostel,** IHH, Merchants Road, Eyre Square, Tel. (091) 565244;
- **Quay Street Hostel,** IHH, 10 Quay Street, Tel. (091) 568644;
- **Sleepzone Tourist Hostel,** Bothar na mBan, Wood Quay, Tel. (091) 566999, info@sleepzone.ie.

Camping

- **Ballyloughane Caravan and Camping Park,** Tel. (091) 755338, 7 km östlich vom 0rtszentrum nahe der Straße Galway/Dublin;
- **Salthill Camping and Caravan Park,** Tel. (091) 22479, gut ausgerüsteter Platz wenige Kilometer südlich in Galways Seebad Salthill gelegen, von Galway mit Bus Nr. 2 vom Eyre Square.

Restaurants

- **Viña Mara,** 19 Middle Street, Tel. (091) 561 610, hervorragendes, ambientereiches Lokal mit Fisch- und Fleischgerichten zwischen 21 und 25 €, gute Weine, hier sitzt man gerne beim Tafeln, mehrfach als *Restaurant of the Year* ausgezeichnet;
- **The Archway,** Victoria Place, Tel. (091) 563 693, klassisch französische Küche, abendliches Dinner bis 37 €;
- **Nimmo's Vine Bar & Restaurant,** am alten Hafenbecken hinter dem Spanish Arch, Tel. (091) 561114, leckere italienische Gerichte in einem uralten Gemäuer aus dem 16. Jh. zwischen 8 und 22 €;
- **Lemon Grass,** Fishmarket, liegt am Spanish Arch, Tel. (091)568010, *Asian Cuisine at its Best,* so lautet die Eigenwerbung, Zwei-Gänge-Menu gibt es für 18 €, freundlich-modernes Lokal;
- **Kirwan's Lane Creative Cuisine,** Kirwan's Lane, off Quay Street, Tel. (091) 568266, kreative Küche mit Gerichten bis 34 €;
- **Da Tang Noodle House,** 2 Middle Street, gute und preiswerte chinesische Nudelgerichte, Gerichte zwischen 8–11 €;
- **Pierre's Restaurant,** Quay Street, Tel. (091) 566066, angenehmes französisches Restaurant mit gutem Preis-Leistungsverhältnis, Gerichte bis 25 €;
- **Maxwells McNamaras,** Williamsgate Street/Ecke Eglington Street, preiswertes Familienrestaurant, 15 €;
- **The Malt House Restaurant,** High Street, Tel. (091) 567866, gemütliches Restaurant in einem alten Haus aus der Cromwell-Ära, gute Fisch- und Fleischgerichte, um 25 €;
- **Milano,** Middle Street, cool eingerichtete Pizzeria, 10–13 €, auch Beilagen und Salate;
- **Da Tang Noodle House,** 2 Middle Street, gute und preiswerte chinesische Nudelgerichte, Gerichte zwischen 8–11 €;
- **Fat Freddy's Pizzeria,** Quay Street, preisgünstige Pizzen und Pastas, 8–10 €;
- **Trattoria,** Quay Street, Pizzen und Pasta 8–11 €, Fisch- und Fleischgerichte bis 17 €.

Wie kommt der Geschmack in den Whiskey?

Dem Freund und Kenner des guten irischen Whiskey muss man natürlich nicht mehr erklären, wie sein Lieblingsgetränk entsteht und welche Ingredienzen es enthält. Der Besucher jedoch, der in einem irischen Pub zum ersten Mal mit einem Malt Whiskey Bekanntschaft macht, sicherlich alsbald auch ein Anhänger des hochprozentigen Destillats ist, möchte aber eventuell wissen, was es mit diesem Lebenswasser auf sich hat. Doch seine letzten Geheimnisse gibt das köstliche Getränk nicht preis.

Trotz aufwendiger Forschungsprojekte und **modernster Analyseverfahren** wissen die Wissenschaftler bis heute nicht, wie der gute irische Malt Whiskey zur geschmacklichen Reife gelangt. Dass überhaupt mit Feuereifer an den rund 800 unterschiedlichen Substanzen herumanalysiert wird, hat einen simplen Grund: Echte Malt Whiskeys – wie etwa ein *Macallan,* ein *Bushmill* oder der bei ungeübten Trinkern gefürchtete (allerdings schottische) *Bruichladdach* – benötigen lange Reifezeiten; diese zu verkürzen, ist das Ziel der Brennereiforscher. Denn noch heute muss das hochprozentige Getränk nach **altüberlieferten Prozeduren** hergestellt werden – und das sehr zu recht, wie die Whiskey-Analytiker herausfanden.

Form, Material sowie Aufbau der *Pot Still* (Brennblase) spielen eine wichtige Rolle bei der Kondensierung von Aromastoffen und dienen zum Abbau giftiger Verbindungen wie etwa dem Dimethylsulfid, das in größeren Dosierungen zu Bewusstlosigkeit und Tod führen kann. So mancher Anhänger des illegal gebrannten *Poitien* (gesprochen: potschien), wie die Iren ihr selbst hergestelltes Destillat nennen, ist nur um Haaresbreite dem Tod entronnen. Wie die irische Polizeichronik zu berichten weiß, traf es gar einmal einen ganzen Trupp von Ordnungshütern, die eine illegale Destille aushoben; laut polizeilicher Dienstanweisung Nr. 1667 ist nämlich das Produkt einer Schwarzbrennerei auf seinen Zustand hin zu kosten – eine behördliche Order, die von den Beamten stets gewissenhaft und in der Regel übereifrig befolgt wird.

Wohl nirgendwo sonst auf der Welt wird in **privaten Brennereien** derart viel Whiskey hergestellt wie in Irland (und im schottischen Hochland). Einfache, aber sehr wirksame Testmethoden zur Qualitätserkennung sind noch heute gang und gäbe: So streuen die Destillateure Schießpulver in den Brannt und halten dann ein Streichholz daran – gibt es eine Explosion, ist der Fusel giftig!

Der echte Ire hält ohnedies nichts von legal und industriell hergestelltem Sprit, zu schlecht, so wird behauptet, sei die Qualität – und so wird wie eh und je munter weiter schwarz gebrannt, niemand kümmert sich um das gesetzliche Verbot aus dem Jahre 1760. Schließlich ist guter Whiskey ja auch eine Medizin, die – wie eine Chronik aus dem 17. Jahrhundert zu berichten weiß – Ausschlag, Phlegma und Melancholie heilt, den Alterungsprozess aufhält und Fleischwürmer tötet.

Irische Richter, die Schwarzbrenner abzuurteilen haben, zeigen sich häufig verständnisvoll und damit mildtätig. So rief vor kurzem **Mr. Justice O'Shea** nach einem kräftigen Schluck vom Eigengebräu eines Schwarzbrenners begeistert aus: *„Goddam, right you are!"* Obwohl der Fuseldestillateur zum wiederholten Male vor den Schranken des Gerichts stand, erhielt er nur eine Geldstrafe von elf Pfund, da der Richter sich davon überzeugen konnte, dass dieses **Poitien** wesentlich besser war als der legal hergestellte Whiskey.

082ir Foto: hg

Echter Malt Whiskey wird nur aus gemälzter, über dem Torffeuer getrockneter Gerste hergestellt und in der *Pot still* gebrannt. Billiger Fusel dagegen, der den Namen Whiskey nicht verdient, hat als Grundstoff eine Maische, zumeist aus Mais, und wird in Kolonnen-Destilliergeräten *(Patent Stills)* zu Alkohol umgewandelt. Dieses geschmacklose Zeug verschneidet man dann mit einem Drittel Malt und bringt es mit großem Werbeaufwand in die Regale der Läden. Johnny Walker und Ballantines, Spitzenreiter in Deutschland, sind solche Mischprodukte.

Vor allem die Anbieter dieses Billigsprits sind daran interessiert, die bis zu 15 Jahre dauernde Reifezeit in Holzfässern (2% Verdunstungsquote pro Jahr) chemisch abzukürzen. Doch noch – *St. Patrick* sei Dank – konnte ein wissenschaftlicher Durchbruch nicht erzielt werden.

Ihr Hauptaugenmerk richten die Chemiker mittlerweile auf einen Stoff namens **Lignin,** der beim Wachstumsprozess von Bäumen die Zellmembranen ausfüllt und zu Holz werden lässt. Allerdings widersetzt sich das kompliziert aufgebaute Molekül wissenschaftlicher Analyse. Sehr wahrscheinlich, so der derzeitige Stand der Forschung, löst Lignin bei der Lagerung des Whiskeys eine Vielzahl von chemischen Reaktionen aus, die zur Bildung von Coniferylalkohol und Vanillinsäure führen – diese Substanzen wiederum sorgen für die Aromabildung des Destillats. Dass die Spritforscher auf dem richtigen Weg sind, zeigt die Tatsache, dass in Holzfässern, die kein Lignin mehr enthalten, ein Reifungsprozess nicht mehr stattfindet. Trotz jahrelanger Lagerung kommt ein Rachenputzer dabei heraus, der wohl so ähnlich schmeckt, wie der Whiskey im frühchristlichen 6. Jh.

Damals waren es die missionierenden **irischen Mönche,** die den Fusel sowie seine Herstellung verbreiteten – und dem Sprit tatkräftig zusprachen. Alsbald sah sich der irische Abt Columban gezwungen, Strafmaßnahmen zu verkünden: Ein Priester, der aufgrund von zuviel Whiskey seine Gebete nur noch lallen konnte, musste zwölf Tage bei Wasser und Brot zubringen; 40 Tage der Buße dagegen bestimmte die Lex Columbanis für „einen Bischof, der so besoffen ist, dass er bei der Messe die Hostie ausgewürgt." Solche Härten hielten die gläubigen Männer jedoch nicht davon ab, dem *Uisce Beathad* (gälisch: Wasser des Lebens) weiterhin exzessiv zuzusprechen. So waren die Kirchenbrüder von morgens bis abends stockbreit und trugen eine Fahne vor sich her, die einen frühen Chronisten „an einen Gestank wie von Unschlitt" erinnerte.

Langes Experimentieren führte schließlich zu dem heutigen aromatischen Malt Whiskey, und letztendlich wusste man damals und weiß man heute noch immer nicht, wie das köstliche Destillat reift. Schon im 16. Jh. schrieb ein sachkundiger Whiskey-Freund prophezeiend: „Wuski muss man zum Holze geben, nur dorten er seine Seele erhält. Auf welche Weise sich aber dies Wunder vollzieht, ich sage es Euch, der Mensch vermag es niemals zu deuten." Möge der Mann recht behalten, damit wir vor einem Instant-Whiskey aus der Giftküche der Chemiker geschützt bleiben.

Übrigens: Den irischen Whiskey schreibt man mit einem „e", schottischen Whisky dagegen ohne das „e"!

Der irische Autor **Frank O'Connor** hat auf sehr lapidare Weise, aber ungemein beeindruckend, eine Schlüsselszene beschrieben, welche viele Schwarzbrenner wohl so oder so ähnlich erlebt haben:

„Versuchen Sie das mal, Sergeant!", sagte er. „Er sieht gut aus!", urteilte er. „Das soll er auch." „Und er schmeckt ausgezeichnet!". „Whiskey", sagte der alte Mann, „ist ein Stoff, der seine Zeit braucht. Gut Ding will Weile haben! Jede Kunst hat ihre Geheimnisse, und die geheimen Rezepte für Whiskeybrennen gehen genauso verloren wie die alten Lieder verlorengingen." „Dan, manchmal denk' ich, es war ein großer Fehler vom Gesetz, dagegen einzuschreiten." „Vielleicht – vielleicht auch nicht", erwiderte er sachlich. „Doch bestimmt, Dan! Was bleibt den armen Leuten denn sonst noch?" „Die Gesetzemacher werden schon ihre guten Gründe haben." „Trotzdem Dan, trotzdem: 's ein hartes Gesetz!" (...) „Sie haben wohl nicht im Sinn, die kleine Buße zu zahlen, was, Dan?" „So wie ich nunmal bin, Sergeant", erwiderte Dan gleichmutig, „hab' ich's nicht im Sinn." „Sie haben mir den Haftbefehl mitgegeben", sagte er endlich in einem Ton, der ihn von jeder Beziehung zu dem Schriftstück freisprach. „Wenn es gelegentlich passen würde ..."

Am nächsten Freitag spannte Dan den Esel vor sein Wägelchen und brach auf. Unterwegs sammelte er eine Anzahl Nachbarn auf, die ihm gerne das Geleit geben wollten. Auf der Anhöhe oben hielt er an, um sie wieder heimzuschicken. Nachdem Dan all seinen Freunden die Hand geschüttelt hatte, hieb er dem alten Esel eins über, rief: „Hu!" und begab sich allein auf den Weg zum Gefängnis.

(*Frank O'Connor,* Ja, das Gesetz. Aus: Gesammelte Erzählungen, Diogenes Verlag, Zürich 1976)

Pubs

- **An Pucan,** Foster Street, viel gälisches Stimmengewirr rund um die Theke, sehr empfehlenswerter Pub, Live Music;
- **Cellar Bar,** Eglington Street, ebenfalls regelmäßig Live Entertainment;
- **The King's Head,** High Street, eine der ältesten Kneipen Galways, Ausschank seit 1649, gemütliches Pub-Ambiente mit zwei Kaminen, drei langen Tresen und schwarzen, schweren Holzbalken, Live Music, Zugang auch von der Middle Street;
- **Taaffe's,** dort, wo die High Street in die Shop Street übergeht, „Irish Music Nightly" verspricht in der Saison ein Schild, eine der beliebtesten Kneipen Galways;
- **Quay's Bar,** Quay Street, die einstige In-Kneipe von Galway, noch immer viel Betrieb;
- **Sally Long's,** Abbeygate Street, ab und an Live Music;
- **Seagan Ua Neactain,** Cross Street/Ecke Quay Street, Uralt-Einrichtung, Stammkneipencharakter;
- **Internetcafé Net@ccess,** Olde Malte Mall.

Verbindung

- **Züge** mehrmals täglich von Dublin;
- **Busse** mehrmals täglich von Dublin, Limerick, Clifden, Cong, Cork, Dingle, Donegal, Doolin, Dublin, Ennis, Kilkenny, Killarney, Letterkenny, Lisdoonvarna, Rosslare Harbour, Roundstone, Shannon Airport, Spiddal, Sligo, Tralee, Westport, Wexford, Waterford.
- Vom Flughafen Connemara Regional Airport (35 km westlich von Galway) **Flüge** der *Aran Aer,* Tel. (091) 593034, zu den Aran-Inseln; Buchungen auch im Tourist Office von Galway.
- Von Rossaveal mehrmals täglich **Schiffe** der Firma *Island Ferries,* Tel. (091) 568903, zu den Aran-Inseln; Buchungen auch im Tourist Office von Galway.

Umgebung

4 km von Galway entfernt liegt in südwestlicher Richtung am Meeresstrand **Salthill,** Galways Seebad. Oberhalb des langen Sandstrandes verläuft allerdings eine befahrene Straße. Iren aus der nördlichen Region der Grünen Insel verbringen hier gerne ihren Urlaub; vom Eyre Square fährt jede halbe Stunde der Salthill-Bus bis an den Strand.

Tour 6: Von Galway nach Sligo

Überblick

Diese Route ist **500 km** lang. Von Galway aus führt die Strecke durch die eintönige und karge **Connemara-Landschaft.** In diesen unfruchtbaren Zipfel Irlands verbannten die britischen Besatzer in den vergangenen Jahrhunderten die Bauern, die auf den harten Böden kaum genügend Feldfrüchte für ihren Lebensunterhalt ernten konnten. Auf der Fahrt bekommt der Besucher einen Eindruck von den harten Alltagsbedingungen, denen die Iren hier ausgesetzt waren.

Weiter geht es dann zum touristischen Zentrum der Connemara-Region, ins Dörfchen **Clifden,** das man als Standquartier für den Besuch der Inseln Inishboffin und Clare Island nehmen sollte. Nicht weit entfernt lohnen die sehr kleinen Ortschaften **Cong** und **Oughterard** einen Besuch.

Über das anheimelnde Städtchen **Westport** erreicht man dann die durch eine Brücke mit dem Festland verbundene **Achill Island,** auf der ein ausgeschilderter *Atlantic Drive* zu einer landschaftlich schönen Rundfahrt einlädt. Berühmt geworden ist die Achill-Insel durch *Heinrich Bölls* „Irisches Tagebuch", der Nobelpreisträger verbrachte ab den 1950er Jahren hier in seinem Häuschen die Ferien.

Vorbei an kleinen Weilern sowie Irlands heiligem Berg, dem **Croagh Patrick,** führt die Strecke dann in die nördliche Handelsmetropole **Sligo** und weiter nach **Donegal,** in das Alaska Irlands.

Nach Clifden

Erstes Ziel nach Galway ist das Örtchen Clifden; zwei Möglichkeiten der Anreise bieten sich an: zum einen entlang der schärenzerfurchten Küste über die Straßen R 336, R 340, R 342 und R 341 – vor allem diese Variante ist sehr empfehlenswert und denjenigen anzuraten, die über genügend Zeit verfügen. Zum anderen kann man auf der N 59 über Oughterard und Maam Cross nach Clifden gelangen, diese Route ist jedoch landschaftlich weniger interessant.

Entlang der Küste

Spiddal ⇗ XII/A2

Vom Ortszentrum Galways folge man der Ausschilderung „Salthill"; nachdem das Seebad durchquert ist, gelangt man nach einigen Kilometern auf der R 336 in den winzigen Ort Spiddal. Am Dorfeingang lohnt ein Blick in das **Crafts Centre,** in dem Kunsthandwerker Töpferwaren, Musikinstrumente und Stricksachen herstellen und verkaufen. Ca. 2 km nördlich von Spiddal liegt der **Campingplatz** *Pairc Saoire an Spideil,* Tel. (091) 553372.

In den **Pubs** des Weilers gibt es regelmäßig Live Music und gute Seafood-Mahlzeiten findet der Gourmet im **Restaurant** *Boluisce,* das nach einem See der Gegend benannt ist; Hauptgerichte um 20 Euro.

Rossaveal ⇗ XII/A2

Weiter geht es nun entlang der hier noch langweiligen Küstenlinie – die Gegend ist von bungalowförmigen, eintönigen Flachbauten zersiedelt – in den Fischerort Rossaveal, von dem ebenfalls **Überfahrten** zu den Aran-Inseln möglich sind.

Costelloe

Wenige Autominuten später ist Costelloe erreicht, eine Ausschilderung *Road to the Isles* weist den Weg zu den durch Brücken mit dem Festland verbundenen **Inseln Lettermore** und **Gorumna.** Flache Felsbuckel und viel Heidekraut beherrschen dort die Landschaft.

Gortmore

Von Costelloe aus führt die R 336 nach Gortmore, und hier lohnt ein ca. 7 km langer Abstecher gen Süden nach **Rosmuck,** das an der Camus Bay liegt . Ausgeschildert ist das ehemalige Haus des **Dichters Patrick Pearse** (Mai bis September 10–17 Uhr), der hier seine Gedichte in irischer wie auch in englischer Sprache niederschrieb und nach dem Dubliner Osteraufstand von 1916 durch die Briten exekutiert wurde. Das kleine Cottage ist zu einem Museum ausgebaut und ehrt mit seinen Exponaten den Poeten und Revolutionär.

Carna ⇗ XI/A2

Ab Gortmore wird die **Landschaft** nun rau, unwirtlich und überall sieht man verfallene Katen und winzige, von zerbröckelten Mäuerchen umgebene Parzellen. Der Boden ist steinig und unfruchtbar. Man kann sich gut vorstellen, wie hart das Leben der

Patrick Henry Pearse

Patrick Henry Pearse gilt als einer der Väter der irischen Unabhängigkeit und als Förderer des gälischen Erbes.

Pearse wurde am 10. November 1879 in Dublin als Sohn eines englischen Bildhauers und einer Irin geboren. Nach seiner Schulzeit besuchte er die *Royal University of Ireland*. Im Jahre 1893 trat er der Gälischen Liga bei, die für die Erneuerung der gälischen Sprache und Kultur sowie für die Befreiung Irlands von der britischen Herrschaft eintrat. Sechs Jahre lang, von 1903 bis 1909, gab *Pearse* die Liga-Wochenzeitung „An Claudheambh Soluis" heraus und debütierte mit ersten Erzählungen und Gedichten. Nachdem er in Belgien einige Zeit zweisprachige Bildungsmethoden studiert hatte, gründete er 1908 das St. Enda's College in Cullenswood bei Dublin.

Besondere politische Bedeutung erlangte der Dichter im Jahre 1913 – *Pearse* wurde Mitglied des Provisorischen Komitees einer von der bürgerlich-nationalistischen Partei *Sein Finn* formierten freiwilligen *Kampftruppe (Irish Volunteers)*. In dem offiziellen Organ *The Irish Volunteers* forderte er in vielen Pamphleten die Vorbereitung des bewaffneten Kampfes gegen die Briten. Nicht alle Mitglieder jedoch unterstützten seine Meinung, und im September 1914 spaltete sich die Organisation – *Pearse* avancierte zum Führer des militanten Flügels.

Während des Dubliner Osteraufstandes (24.–30. April 1916) befehligte der Dichter die republikanischen Truppen und wurde Präsident der proklamierten provisorischen Regierung. Nachdem der irische Befreiungsversuch gescheitert war, verurteilte ihn ein britisches Militärgericht zum Tode, und im Kilmainham Jail von Dublin starb der Poet unter den Kugeln eines Exekutionskommandos.

Pächter war, die von den Briten in diesen kargen Landstrich abgedrängt wurden. *To hell or to Connaught* hieß daher ein treffendes Sprichwort jener Tage.

Nächste Station ist der Weiler Carna. Wenn man Glück hat, so sieht man auf der Fahrt dorthin **Torfstecher** bei der Arbeit. Die Straßenränder sind gesäumt von Torfstapeln, die in der Sonne trocknen.

Rund um das Dorf erstreckt sich eine ganze Anzahl einsamer, schöner **Sandstrände.** Über eine Brücke ist das **Mweenish-Eiland** erreichbar; entlang der Inselküste lohnt eine Rundwanderung.

Cashel

Von Carna nach Cashel ist die Straße äußerst schmal und schlecht, man sieht nur wenige Schafe oder Kühe grasen, auch der eine oder andere Esel versucht, von dem kargen Bodenbewuchs satt zu werden. Angebaut wird in der Gegend offensichtlich schon lange nichts mehr. Auch diese Region ist von Fertighäusern im Bungalowstil zersiedelt.

In Cashel locken einige sehr exklusive Hotels; das Örtchen gilt als Mekka der **Angler und Jäger,** in den umliegenden Wäldern äsen große Rotwildherden, und reich ist der Fischbestand vor der Küste. Schöner als Cashel ist einige Kilometer weiter der kleine Hafenort Roundstone.

Roundstone ⇗ XI/C2

In Roundstone – das erste Dorf nach Spiddal, das wieder einen richtigen

083ir Foto: hg

Ortskern und eine vollständige touristische Infrastruktur besitzt – sollte man einen Stopp einlegen und in **O'Dowd's Kneipe** einen guten Pub Grub mit Seafood einnehmen (abends Folk Music). Idyllisch ist der winzige **Hafen** mit seinen bunten, angerosteten Hummer-Kähnen; bei Ebbe steigt Moder- und Fischgeruch auf, Seevögel krächzen.

Über dem netten Dörfchen ragt der 300 m hohe Hausberg **Mount Errisbeg** auf. Der Spazierweg zum Gipfel, von dem man eine weite Aussicht über die Bertraghboy Bay und die Connemara-Landschaft hat, beginnt direkt hinter O'Dowd's Pub und dauert hin und zurück ca. zwei Stunden.

Südlich vom Zentrum gibt es im **Michael Killeen-Park** einige Geschäfte die Kunsthandwerk verkaufen, und hier werden bei *Roundstone Musical Instruments* die traditionellen, mit Ziegenfell bespannten Bodhran-Trommeln gearbeitet.

Unterkunft findet man in *Eldon's Hotel* (095) 35933, das in einem ehemaligen Postamt untergebracht ist, 19 Zimmer hat und zudem das *Beola Seafood Restaurant* besitzt, in dem es frische Fischgerichte, Krabben und Hummer gibt.

Der kleine Pier von Roundstone

Weiter geht es durch die kleine Siedlung Ballyconneely - auch hier ein schöner Strand - nach Clifden.

Direktroute Galway - Clifden

Oughterard

⇗ XI/D2

Von Galway aus führt die N 59 gen Nordwesten. Ein erster Stopp lohnt sich in dem 2300 Einwohner zählenden, nahe am Ufer des Lough Corrib gelegenen Ort Oughterard, der sich auch selbst als *Gateway to Connemara* bezeichnet.

Das Gemütlichkeit ausstrahlende Feriendorf ist eine Hochburg der **Angler;** wer auf dem Corrib-See fischen möchte, kann hier die notwendige Ausrüstung bekommen (inklusive Bootsverleih). Einen Besuch lohnt auch die auf dem See gelegene **Insel Inchagoill** mit frühchristlichen Kirchenruinen.

3 km südöstlich von Oughterard erhebt sich das befestigte Tower House **Aughnanure Castle,** das von dem *O'Flaherty*-Clan im 15. Jh. erbaut wurde und in jenen Tagen eine der bestgeschützten Anlagen dieser Art in Irland war.

Unterkunft

- **Boat Inn,**
The Square, Tel. (091) 552169, Fax 552649, info@theboatinn.com, DZ 64 €;
- **Connemara Gateway Hotel,**
Tel. (091) 552328, Fax 552332, gateway@iol.ie, DZ 98 €;
- **Corrib House Hotel,**
Bridge Street, (091) 552329, Fax 552522, info@corribhotel.com, DZ 72 €;
- **Mrs. Edwina Bunyan,**
The Western Way, Camp Street, Tel. (091) 552475, westernwaybb@hotmail.com, DZ 54 €;
- **Mrs. Teresa Butler,**
Crossriver, Glann Road, Tel. (091) 552676, crossriver@eircom.net, DZ 55 €;
- **Mrs. Deidre Forde,**
Camillaun, Eighterard, Tel. (091) 552678, Fax 552493, camillaun@eircom.net, DZ 58 €;
- **Mrs. Anne Kelleher,**
River Walk House, Riverside, Tel. (091) 552788, Fax 557069, riverwalk@eircom.net, DZ 54 €;
- **Mrs.Brid Tierney,**
Gortrevagh House, Portacarron, Tel. (091) 552129, DZ 53 €.

Pubs & Restaurants

- **The Boat Inn,** ebenfalls mit einem preisgünstigen Restaurant;
- **Mill Palace,** Main Street, kleines preiswertes chinesisches Lokal mit Gerichten bis 9 €;
- **The Thatched Bar,** Main Street, sympathischer Pub in einem alten Cottage.

Verbindung

- **Busse** mehrmals täglich von Galway, Roundstone und Clifden.

Maam Cross

⇗ XI/D1

Weiter geht es auf der N 59 durch eine landschaftlich sehr schöne Gegend; nach wenigen Kilometern ist die von einigen Häusern gesäumte Straßenkreuzung Maam Cross erreicht. Hier lockt das Restaurant-Crafts-Shop-Gebäude **Peacocke's of Maam Cross.**

Cong

Sehr empfehlenswert ist es nun, rechts ab gen Norden in die R 336 zu biegen und schließlich weiter über die R 345 einen Abstecher zum Örtchen Cong einzulegen.

Cong bedeutete soviel wie **„Landenge“,** und in der Tat liegt das 200-Seelen-Dorf auf dem schmalen Streifen zwischen den beiden Seen Lough Corrib (im Süden) und Lough Mask (im Norden). Ein im letzten Jahrhundert angelegter **Kanal,** der beide Seen miteinander verbinden sollte, brachte den planenden britischen Ingenieuren eine bittere Schmach. Im Beisein des Vizekönigs, des englischen Statthalters auf der Grünen Insel, wurden die Schleusen geöffnet, und das Wasser strömte in den Kanal – nur wenige Minuten jedoch, innerhalb kürzester Zeit versickerte es im Boden, und der Durchstich war trocken wie eh und je. Die Planer hatten nicht bedacht – obwohl dies längstens bekannt war – dass der Untergrund aus porösem Kalkstein besteht und die Landenge darüber hinaus geradezu „unterkellert“ ist. Mehr als 40 **Höhlen** finden sich in der Umgebung von Cong.

Attraktion im Ort ist das wunderschön in einem Park gelegene **Ashford Castle,** der frühere Familiensitz der Guinness-Dynastie. Heute gehört das herrschaftliche Anwesen, in dem ein exzellentes Hotel untergebracht ist, einem amerikanischen Konsortium. Wer einen Blick hineinwerfen möchte, sollte hier den Tee nehmen. In den weitläufigen Gartenanlagen von Ashford Castle drehte *John Ford* 1952 mit *Maureen O'Hara* und *John Wayne* in den Hauptrollen den Film „The Quiet Man“. Gegen ein Eintrittsgeld darf man durch den Park spazieren.

Mitten im kleinen Ortskern von Cong liegen die Ruinen einer aus dem 12. Jh. datierenden **Augustinerabtei.** Während der Sommermonate sollte man **Kreuzfahrten** auf beiden Seen unternehmen, genügend Bootsvermieter stehen bereit, so dass man auch selbst über die glatten Wasserflächen rudern kann.

In jedem Geschäft des Ortes findet man die kleine Broschüre „The Glory of Cong“, die weitere Einzelheiten über das Dorf mitteilt.

Von Cong geht es über die Straßen R 345, R 336 und die N 59 weiter nach Clifden.

Unterkunft

- **Ashford Castle Hotel,** Tel. (094) 9546003, Fax 9546260, ashford@ashford.ie, eines der besten Häuser Irlands, einst der Stammsitz der *Guinness*-Dynastie, DZ 408 €;
- **Lydons Lodge Hotel,** Tel. (092) 46053, Fax 46523, lydonslodge@eircom.net, DZ 64 €;
- **Ryans Hotel,** Tel. (092) 46243, Fax 46634, michaelv@indigo.ie, DZ 80 €;
- **Mrs. Christina Dunleavy,** Ashfield House, Caherduff, Tel. (094) 9546759, Fax 9546759, ashfield@mayo-ireland.ie, DZ 53 €;
- **Mrs. Ann Coakley,** Hazel Grove, Tel./Fax (094) 9546060, hazelgrovecong@eircom.net, DZ 52 €;
- **Mrs. Maureen Varley,** Rocklawn House, Drumshiel, Tel. (092) 46616, rocklawn@eircom.net, DZ 52 €;
- **Mrs. Madge Gorman,** Dringeen Bay B & B, Tel. (094) 9546103, dringeenbay@eircom.net, DZ 53 €;
- **Mrs. Anne Holian,** Villa Pio, Gortacurra, Tel./Fax (094) 9546403, villapiocong@hotmail.com, DZ 53 €;
- **Cong Hostel,** IHH, Lisloughrey, Quay Road, Tel. 9546089, Fax 9546448, mit angeschlossenem **Campingplatz.**

Die Iren erfinden den Boykott

Einige Meilen nördlich von Cong befindet sich am Ufer des Lough Mask der Herrensitz Loughmask House, in dem einst *Charles Cunningham Boycott* lebte. Was hatte es mit diesem Mann auf sich?

Zwischen 1845 und 1849 kamen Hunderttausende von Iren bei der großen Hungersnot ums Leben, und der Zorn der Überlebenden richtete sich verständlicherweise gegen die ungerechte Verteilung des Bodens. 80% des Landes gehörten protestantischen Großgrundbesitzern, die verbleibenden 20% teilten sich über 5 Mio. Bauern. Die ausgedehnten Ländereien der *Landlords* wurden von Verwaltern beaufsichtigt und von Pächtern bestellt. Der Pachtzins war dabei willkürlich festgelegt, und wer ihn aufgrund von schlechten Ernteergebnissen nicht zahlen konnte, den vertrieb man aus dem ohnehin schon ärmlichen Haus.

1879 gründete *Michael Davitt* unter dem Motto „Das Land Irlands gehört dem Volk Irlands" die *Land League* und rief zum passiven Widerstand auf: Weder sollten die Pächter für die Grundbesitzer arbeiten noch ihren Pachtzins abführen. Die Lage spitzte sich alsbald zu, und die Kleinbauern gingen in die erste große Auseinandersetzung mit Captain *Charles Cunningham Boycott* (1832–1897), der im County Mayo die Güter von Lord *Erne* verwaltete.

Im Herbst 1880 war es wieder einmal zu einer schlechten Ernte gekommen, und die Bauern baten *Boycott*, die Pachtzahlungen um ein Viertel zu kürzen. Der arrogante Brite lehnte natürlich ab und machte sich an die übliche Vertreibungspolitik.

Doch diesmal hielten die Iren zusammen: Ausnahmslos alle Pächter weigerten sich, seine Ernte einzubringen, die Hausangestellten, Hirten und Stallburschen rührten keinen Finger, die Händler in dem kleinen Örtchen Ballinrobe verkauften ihm keine Waren, und die Handwerker führten keine Arbeiten mehr für ihn aus.

Auf einer großen Versammlung in Ennis rief *Charles Stewart Parnell* (1846–1891), der Führer der *Irish Parliamentary Party* und einer der brilliantesten irischen Politiker des vergangenen Jahrhunderts, die folgenden Worte über Boycott aus: *„You must show what you think of him on the roadside when you meet him, you must show him in the streets of the town, you must show him at the shop counter (...) even in the house of worship, by leaving him severely alone, by putting him into a sort of moral Coventry, by isolating him from the rest of his kind as if he were a leper of old, you must show him your detestation of the crime he has committed."*

Vollständig alleingelassen – eben boykottiert – suchte der Verwalter Hilfe bei der britischen Regierung. Er bekam eine Abteilung Soldaten zugewiesen, mit denen er seine landwirtschaftlichen Aufgaben erledigen konnte. Die Armeehelfer brachten zwar die Ernte ein, doch aßen sie einen Großteil davon auch gleich auf. Zu ihrer weiteren Versorgung schlachteten sie *Boycotts* Schafe und Rinder, fällten Bäume, um sich Feuerholz zu verschaffen – denn auch ihnen verkauften die irischen Händler nichts. Noch gegen Ende des Jahres war der britische Verwalter vollständig ruiniert, zog zurück nach England und starb nach wenigen Jahren in bitterer Armut.

Der Fall machte natürlich Schlagzeilen in der britischen Presse, und die Regierung leitete Landreformen ein. Der Begriff Boykott aber, der von den englischen Zeitungsmachern geprägt wurde, ging in viele Sprachen ein.

Restaurants

- **Danagher's Restaurant und Pub** im gleichnamigen Hotel, diente als Filmkulisse bei den Dreharbeiten zum *Quiet Man*, irische Küche bis 20 €, im Pub regelmäßig *Live Music;*
- **Fennell Seed,** gutes Lokal in *Ryan's Hotel*, das von zwei ehemaligen Köchen von Ashford Castle betrieben wird;
- **Coffee Shop The Quiet Man,** gute Snacks.

Verbindung

- **Busse** verkehren mehrmals täglich von Galway, Westport, Ennis, Limerick, Cork, Clifden, Letterfrack.

Clifden

↗ XI/C1

Clifden (2000 Einwohner) ist das touristische Zentrum der Connemara-Region und im Sommer immer hoffnungslos überfüllt. Daran hat die Landschaft maßgeblich Anteil – im Osten ragen die Gipfel der Bergkette *The Twelve Bens* dramatisch in den Himmel, im Westen brandet der Atlantik an die raue Küste. Die **Hauptstadt von Connemara** liegt an der Clifden Bay, in die der River Owenglin mündet. Unschwer erkennt man anhand der geordneten Straßen- und Hausanlagen, dass Clifden im Jahre 1812 am Reißbrett entworfen wurde. Für Ausflüge in die Umgebung eignet sich das Dörfchen mit seiner guten touristischen Infrastruktur hervorragend als Standquartier. Im Ort verkaufen mehrere Crafts Shops gutes Kunsthandwerk.

Im **Connemara Walking Centre** in der Market Street bekommt man Bücher und Karten für Wanderungen in die nähere und weitere Umgebung. Das Centre organisiert auch geführte Touren aller Art, auf denen Geschichte, Geografie und Geologie der Region sowie Flora und Fauna von Experten erklärt werden.

Tourist Office

- Galway Road, Tel. (095) 21163.

Unterkunft

- **Alcock & Brown Hotel**, Tel. (095) 21206, Fax 21842, alcoockandbrown@eircom.net, DZ 100 €;
- **Ben View Guest House,** Tel. (095) 21256, Fax 21226, benviewhouse@eircom.net, DZ 50 €;
- **Mrs. Mary Ryan,** DunAengus House, Sky Road, Tel./Fax (095) 21069, DZ 53 €;
- **Mrs. Mary King,** Bridge Street, Tel. (095) 21470, Fax 21530, DZ 60 €;
- **Mrs. Joan Coyne,** Sea View, Westport Road, Tel. (095) 22822, Fax 21394, seaviewhse@eircom.net, DZ 53 €;
- **Mrs. Jane Delapp,** Heather Lodge, Westport Road, Tel. (095) 21331, Fax 22041, info@heatherlodge.ie, DZ 53 €;
- **Mrs. Carmel Gaughan,** Ard Aoibhinn, Ballyconneely Road, Tel. (095) 21339, ardbear@eircom.net, DZ 53 €;
- **Mrs. Maureen Geoghegan,** Rossfield House, Westport Road, Tel. (095) 21392, rossfieldhouse@eircom.net, DZ 53 €;
- **Mrs. Kathleen Hardman,** Mallmore House, Ballyconneely Road, Tel. (095) 21460, mallmore@indigo.ie, DZ 56 €;
- **Clifden Town Hostel,** Market Street, Tel. (095) 21076, Fax 21642;
- **Brookside Hostel,** Fairgreen, Tel. (095) 21812, Fax 22139.

Restaurants

- **Signal Restaurant,** Clifden Station House, Tel. (095) 22946, gutes Restaurant im alten Bahnhof, neben Fisch- und Lammgerichten auch Vegetarisches, bis 28 €; das **Bistro** im alten Wartesaal serviert preiswertere Speisen;
- **The d'Arcy Inn,** Main Street, Tel. (095) 21146, benannt nach Clifdens Gründer, Fisch und traditionelle irische Gerichte, 24 €;
- **Fogerty's Restaurant,** Market Street, Tel. (095) 21422, atmosphärereiches Lokal in einem reetgedeckten, kleinen Bruchsteinhäuschen, spezialisiert auf Meeresfrüchte und irische Küche, bis 22 €;
- **Mitchell's Restaurant,** Market Street, Tel. (095) 21867, kleines, gemütliches Lokal mit guter irischer Küche und Seafood, bis 25 €;
- **High Moors Restaurant,** 1 km außerhalb in Dooneen an der Straße nach Ballyconeely, Tel. (095) 21342, schöner Panoramablick beim Tafeln, sehr gute Lammgerichte, auch Meeresfrüchte, 25 €;
- **Off the Square Restaurant,** Main Street, Pasta, Fleisch- und Fischgerichte, 11–19 €;
- **Derryclare Restaurant,** Market Square, irische Küche, um 16 €;
- **Jasmin Garden,** preiswertes chinesisches Lokal mit Gerichten bis 13 €.

Pubs

- In allen Pubs regelmäßig Live Music; in der Bar von **Barry's Hotel** *nightly Irish Folk;*
- **Cullen's Coffee Shop,** Market Street, Snacks, Kaffee, Kuchen, Tee;
- **E. J. King's,** Market Square, täglich Live Music in der Saison, hat 2003 den *Traditional Irish Music Pub of the Year Award* gewonnen und außerdem den *James Joyce Pub Award* für eine typisch irische Kneipe, hervorragender Pub mit angeschlossenem Restaurant im ersten Stock mit Gerichten bis 16 €;
- **Lowry's,** Market Street, gemütlicher Pub;
- **T. Mannion's,** Market Street, Irish Folk Music, *Musicians Welcome,* gute Snacks.

Verbindung

- **Busse verkehren** mehrmals täglich von Galway, Roundstone, Oughterard, Westport, Letterfrack.

Umgebung

The Twelve Bens

The Twelve Bens, die Gebirgskette vor der Haustür von Clifden, eignet sich ganz hervorragend für Bergwandertouren. Unbedingt sollte man sich den überall erhältlichen kleinen Wanderführer mit Karte „The Mountains of Connemara" von *Joss Lynam* zulegen. *Lynam* ist Irlands bekanntester Bergsteiger und Wanderer. 1948 gründete er den *Irish Mountaineering Club* und schreibt seitdem Wanderbücher.

Sky Road

Zu einem Ausflug lockt die von Clifden ausgeschilderte, rund 15 km lange Sky Road rund um eine Halbinsel, sehr schön vor allem mit dem **Fahrrad.**

Ebenfalls mit dem Fahrrad sollte man die so genannte Brandy-&-Soda-Route befahren; von Clifden geht es über Ballyconneely nach Roundstone und zurück. Ihren Namen hat die Strecke von dem würzigen Torfgeruch bekommen, der sich mit der frischen Atlantikbrise mischt.

Insel Inishbofin

Ein Besuch lohnt auf der 10 km vor der Küste liegenden Insel Inishbofin. Erst geht es ein Stück die N 59 in Richtung Norden, dann über unklassifizierte Straßen zum Hafenort Cleggan (ausgeschildert). Von hier verkehren Fähren der *Island Discovery* sowie *Inishbofin Ferries* zur Insel, Rückfahrt am frühen Abend (Informationen in einem Kiosk am Pier, telefonische Auskünfte unter (095) 45894 oder 45903,

Fahrräder können auch mitgenommen werden).

Die Insel zählt rund 200 Einwohner, ist 5 km lang und 3 km breit. Der **Name** leitet sich von dem gälischen *Inis Bo Finn* ab und bedeutet soviel wie „Insel der weißen Kuh". Um 664 wählte der hl. *Colman* die Insel als sein Exil; der fromme Mann hatte sich mit seiner Kirche überworfen. Von dem Kloster, das er hier gründete, finden sich nahe dem Hafen noch die Ruinen. Der Legende nach soll die Piratin *Grace O'Malley* im 16. Jh. dieses Eiland befestigt und als sicheres Quartier benutzt haben.

1632 eroberten die Truppen des berüchtigten englischen Lord Protector *Oliver Cromwell* den Steinsplitter und erbauten ein Gefängnis für die Pfarrer der Region, in dem viele Geistliche ums Leben kamen. Daran erinnert auch der **Bishop's Rock** am Hafen, an dem angeblich ein Bischof angekettet wurde, um von der hereinlaufenden Flut ertränkt zu werden.

Auf dem Eiland bieten das *Doonmore Hotel* (Tel. (095) 45804, DZ 76 €, info@doonmorehotel.com) mit Restaurant sowie eine Anzahl von B & B **Unterkunft,** auch während der Hochsaison gibt es keine Engpässe. Will man allerdings ein Bett im IHH-Hostel Inishboffin Island, sollte man wegen der vielen Rucksackreisenden vorsichtshalber unter der Nummer Tel. (094) 45855 vorbuchen. Ein Food Store verkauft Selbstversorgern das Nötigste, und in **Day's Bar & Restaurant** kann man nicht nur Essen und Trinken, sondern jeden Mittwoch und am Wochenende während des Sommers Live Music hören. Dabei gibt es keine Sperrstunde, da kein Inselpolizist dies überwacht.

Einige schöne **Strände** eignen sich für Badefreuden, so beispielsweise der Rusheen Beach am östlichen Ende der Insel. Vorsicht ist allerdings an der Westküste bei Tra Geall, unterhalb von Doonmore (gegenüber der Insel Inishark), angeraten, dort zieht eine sehr starke Strömung selbst den besten Schwimmer hinaus aufs Meer.

Nach Westport

Letterfrack

Von Clifden folgt die Route der N 59 gen Norden. Bald ist die Streusiedlung Letterfrack, eine ehemalige Quäker-Niederlassung, erreicht. Hier befindet sich das Visitor's Centre des **Connemara-Nationalparks.** Dieser erstreckt sich östlich von Letterfrack. Ausgeschilderte Spazierwege sowie auch Naturlehrpfade führen durch das ausgedehnte Areal.

6 km westlich von Letterfrack liegt laut Eigenwerbung der *superb beach* von Renvyle (ausgeschildert) in der Nähe eines **Campingplatz** (Tel. (095) 43462).

Die beiden IHH-Hostels, *Old Monastery Hostel,* Tel. (095) 41132, sowie das *Letterfrack Lodge Hostel,* Tel. (095) 41222, bieten **Unterkunft** an.

Der Connemara-Nationalpark

2000 ha groß ist der 1976 auf uraltem Siedlungsland eingerichtete Nationalpark. Von den frühen Bewohnern zeugt ein 4000 Jahre altes **Megalithgrab,** und schaut man sich sorgfältig in der Landschaft um, so erkennt man Reste von Entwässerungssystemen, Windmauern und Häusern.

In diesem Schutzgebiet findet man sicherlich die **unberührteste Landschaft Irlands,** die zudem recht typisch für die Grüne Insel ist – kahle Hochebenen wechseln mit grünen Tälern, rauhe Berghänge stehen im Kontrast zu den von Wollgras überzogenen Flachmooren, dazwischen eingestreut immer wieder dunkle Bergseen.

Für den Botaniker dürften vor allem die **Moor- und Heidekrautpflanzen** von Interesse sein. Herausragende Bedeutung kommt der Irischen Heide *(Daboecia cantabrica)* zu, die – wie ihr lateinischer Name schon andeutet – eigentlich nur in mediterranen Regionen wächst und besonders häufig in Portugal zu finden ist. Attraktionen sind auch die vielen, vor allem auf Moorböden wachsenden, fleischfressenden Pflanzen der Sonnentau- und Fettkrautarten, die Insekten anlocken, einschließen und dann zersetzen; dem Eiweiß entnehmen die Pflanzen Stickstoff, den es auf Moorböden kaum gibt.

In früheren Tagen ästen **Rothirsche** in der Region, während der vergangenen 150 Jahre jedoch hat der Mensch das Wild bis auf wenige Restexemplare dezimiert. Mit der Einrichtung des Parks hat man auch ein Zuchtprogramm für diese Art begonnen, und wer Glück hat, bekommt einen kapitalen Hirsch vor das Tele-Objektiv. Recht typisch sind die **Connemara-Ponys,** die man überall antrifft.

Auch **Ornithologen** kommen auf ihre Kosten; beobachten lassen sich Wiesenpieper *(Anthus pratensis),* Steinschmätzer *(Oenanthe oenanthe)* Schwarzkehlchen *(Saxicola torquanta),* Feldlerchen *(Alauda arvensis)* sowie Wanderfalken *(Falco peregrinus),* Turmfalken *(Falco tinnunculus),* Sperber *(Accipiter nisus)* und Merline *(Falco columbarius).* Im Herbst und Winter kommen zusätzlich Waldschnepfen *(Scolopax rusticola),* Bekassinen *(Gallinago gallinago)* und Mistdrosseln *(Turdus viscivorus)* hinzu.

Empfehlenswert ist es, auf den 450 m hohen **Diamond Hill** zu wandern, der sich im Zentrum des Nationalparks erhebt und von dessen Gipfel man wunderschöne Ausblicke auf die Region hat.

Kylemore Abbey

Von Letterfrack weiter der N 59 folgend, geht es durch ausgedehnte Hochmoore, in denen man immer wieder Torfstecher bei der Arbeit sieht. Etwas weiter taucht linker Hand das Märchenschloss Kylemore Abbey auf, das an einem schilfbewachsenen See liegt und mit seinen vielen Zinnen und Türmchen wie eine Bilderbuchburg aus einem Fantasy-Film wirkt. Teile des Anwesens sowie die nahebei gelegene **Gothic Church** (neogotisch) sind täglich zwischen 10 und 18 Uhr zu besichtigen; außerdem locken eine Töpferei, ein Crafts Shop und ein Restaurant.

Leenane und Killary Harbour

Die N 59 erreicht nun die Gestade des 16 km tief ins Land schneidenden fjordähnlichen Killary Harbour.

Einige Kilometer in westlicher Richtung befand sich einmal die An-Oige-Jugendherberge *Killary Harbour.* Der Philosoph *Ludwig Wittgenstein* (1889–1951), der seine Professur an der Cambridge Universität „als eine Art Lebendig-Begrabensein" empfand und folgerichtig seinen Lehrstuhl aufgab, beendete im Jahre 1948 in diesem Haus sein bedeutendes Werk „Philosophische Untersuchungen". Die Straße folgt nun dem Ufer des Killary-Fjord, man passiert das winzige Fischerörtchen Leenane und sollte nun darauf achten, dass man dahinter die links abzweigende R 335 nicht verpasst (wer nicht über ausreichend Zeit verfügt, der folge der Straße N 59 weiter nach Westport).

Delphi

Erste Station ist das Dörfchen Delphi, das seinen Namen dem *Marquis von Sligo* verdankt. Der war nämlich 1811 zusammen mit *Lord Byron* zu der bei englischen Adligen beliebten so genannten Kavalierreise nach Griechenland aufgebrochen und zeigte sich derart von der hellenischen Kultur begeistert, dass er nach seiner Rückkehr nach Irland dem Örtchen den Namen der bekannten antiken Stätte gab.

Louisburgh

↗ VI/A3

Die Straße windet sich weiter, und über den **Doo-Lough-Pass –** im Osten erkennt man die 761 m hohen Sheeffry Hills, im Westen die 817 m hohen Mweelrea Mountains – geht es auf das kleine Fischerdorf Louisburgh zu, in dem das **Granuaile Interpretive Centre** Auskünfte über die Flora und Fauna der Region gibt. Benannt hat man das Besucherzentrum nach dem irischen Namen der **Piratin** *Grace O'Malley.* In der Umgebung von Louisburgh findet man mehrere **schöne Sandstrände.**

Dort, wo die Straße hinter Delphi durch das Tal führt, links der Doo-See, rechts der Fuß der Sheeffry Mountains, achte man auf der rechten Straßenseite auf einen **kreuzförmigen Gedenkstein.** Auf dem Mahnmal stehen die Worte: *„To commemorate the hungry poor who walked here in 1849."*

Die Piratin Grace O'Malley

Wann genau Grace O'Malley geboren wurde, wissen wir nicht, es muss um das Jahr 1530 gewesen sein, zu einer Zeit, in welcher der englische Einfluss in Connaught, in Nordwest-Irland, recht gering war. Ihr Vater – Clanchef der Umhall Uachtarach – war *Owen „Dubhdarra" O'Malley,* dessen Beiname Schwarze Eiche bedeutete und der sich großer Beliebtheit in der Region erfreute.

Die einzigen Begebenheiten, die wir aus den Jugendtagen von *Grace* kennen, gehen auf ihre beiden **Spitznamen** zurück; ganz offensichtlich war sie schon als Mädchen eine gute Kartenspielerin, denn die Männer nannten sie *Grainne-na-gCearbhach,* Grace von den Spielern. Laut einer anderen Geschichte wollte sie schon früh auf dem Schiff ihres Vater mitsegeln, doch ihre entsetzte Mutter erklärte ihr, dass dies nicht der rechte Ort für ein Mädchen sei. Also schnitt sich *Grace* die Haare ab, um als Junge durchzugehen, und fortan nannte man sie *Grainne Mhaol,* Grace die Kahlköpfige.

Mit 16 Jahren **heiratete** sie *Donal O'Flaherty,* dessen Beiname *Donal-an-Chogaidh,* Donal von den Schlachten, auf seinen ausgeprägten Kampfesmut schließen lässt und der nach dem Tod seines Vaters zum *Tanaist,* zum Oberhaupt seines Clans avancierte. *Grace* gebar in den folgenden Jahren die beiden Söhne *Owen* und *Murrough* und die Tochter *Margaret.* Nachdem die Kinder älter geworden waren und nicht mehr so viel Aufmerksamkeit benötigten, begann *Grace,* sich um den Auslandshandel der *O'Flahertys* zu kümmern. Sie exportierte die landwirtschaftlichen Produkte des Clans bis nach Portugal und Spanien und ließ von dort Wein, Gewürze, Glas und Seide nach Hause bringen. Aufgrund ihres **ökonomischen Geschicks** mehrte *Grace* auch ihre Autorität innerhalb der Männerwelt ihres Clans.

Als um 1560 *Donal* starb, stand ihr nach gälischem Recht ein Drittel seiner Besitztümer zu, und nun stieg sie richtig ins Geschäft ein. Mit angeheuerten schottischen Söldnern, den so genannten *Gallowglasses,* griff sie in die Clan-Fehden ein, raubte das nachbarliche Vieh und kaperte in der Clew Bay Handelsschiffe, die auf dem Weg nach Galway waren. Über 200 Männer sollen in ihren Diensten gestanden haben und erwarben sich bei der – wie es im typischen Understatement einer englischen Quelle heißt – *Maintanance by land and sea* Reichtümer. Die schärenübersäte Clew Bay war hervorragend geeignet für solche **Kaperfahrten;** im Schutze einer der vielen Inselchen konnte *Grace* mit ihren Männern auf der Lauer liegen, und sollte die Sache einmal gefährlich ausgehen, so konnten die Piraten schnell im Labyrinth der vielen Eilande verschwinden. War so ein Handelssegler geentert, so forderte *Grace* vom Kapitän und den Passagieren ein Schutzgeld für die Weiterfahrt; dabei achtete sie darauf, dass es möglichst zu keinem Blutvergießen kam, wollte sie doch die Engländer nicht mit der Nase auf ihre Aktivitäten stoßen. Allein die schiere Übermacht von 200 wilden Recken war schon furchteinflößend genug.

Man kann sich vorstellen, dass *Grace* über eine außergewöhnlich **starke Persönlichkeit** verfügt haben muss, anders hätte sie in jenen Tagen ihre zusammengewürfelte Horde nicht zusammenhalten können.

In den 80er Jahren des 16. Jh. musste *Grace* sich der Attacken des englischen Gouverneurs von Connaught erwehren, und als der einen ihrer Söhne einsperrte, fackelte sie nicht lange, segelte nach England und bat *Elisabeth I.* um eine Audienz. Anfang September 1593 trafen die beiden ungewöhnlichen Frauen zusammen und waren beide voneinander beeindruckt. Für *Grace* war der Besuch **bei Hofe** ein voller Erfolg, *Elisabeth* erfüllte alle ihre Bitten, und *Grace* hatte einen ruhigen Lebensabend. 1603, im gleichen Jahr wie auch *Elisabeth,* starb sie.

Eine weitere Inschrift mit aktuellem Bezug erinnert an die Hungernden in Afrika unserer Zeit.

Was ist hier geschehen? Am 30. März 1849, im fünften Jahr der großen **Hungersnot,** hatten die Behörden 600 Menschen aus der Region rund um Delphi mitgeteilt, sie sollten sich auf den Weg zur Anglerhütte des Marquis of Sligo am Doo-See machen, dort würden sie von Regierungsbeauftragten Hilfe bekommen. Viele waren schon so schwach, dass sie den 15 km langen Marsch erst gar nicht antraten, die ausgemergelten, fast verhungerten Gestalten aber, die sich doch auf den Weg machten, waren nur notdürftig bekleidet und mobilisierten ihre letzten Kräfte. Die Gruppe kam in einen Schneesturm und traf erst gegen Mittag am Ziel ein. Die Vertreter der Regierung saßen gerade beim Essen und wollten nicht gestört werden. Während drinnen stilvoll getafelt wurde, bibberten die halbverhungerten Iren draußen vor Kälte. Nachdem der Marquis von Sligo und seine Gäste satt waren, traten er, Colonel *Horgrove* und Captain *Primrose* vor die Tür und schickten die Menschen nach Hause, ohne das Versprechen um Hilfe eingelöst zu haben. Auf dem Rückweg sanken viele von ihnen vor Entkräftung zusammen und starben im Schnee.

Clare Island

↗ VI/A3

Von dem kleinen Örtchen Louisburgh verläuft eine ca. 8 km lange, unklassifizierte Straße gen Westen nach **Roonagh Quay,** von dort verkehren in der Saison mehrmals täglich **Fähren nach Clare Island.** Die exakten Zeiten erfrage man unter Tel. (098) 28288.

Auf der ca. 32 km² großen Insel findet man einige **Burgruinen,** schöne, einsame **Strände,** einen die Landschaft dominierenden 451 m hohen **Gipfel,** bizarre Klippenformationen, Möglichkeiten für viele Wanderungen und natürlich jede Menge Ruhe. **Unterkunft** im *Bay View Hotel,* das auch über ein Restaurant verfügt, Tel. (098) 26307, clareislhotel@hotmail.com.

Croagh Patrick

↗ VI/B3

Von Louisburgh geht es auf der R 335 nun nach Westport. Zuvor jedoch passiert man den **heiligen Berg Irlands,** den Croagh Patrick (762 m), dessen breiter, in Murrisk am *Campbell's Pub,* beginnender Pilgerweg nicht zu verfehlen ist. Hier befindet sich auch ein Visitor Centre.

Außerdem gedenkt nahebei das **National Famine Memorial,** den Toten der großen Hungersnot im 19. Jh. Die Skulptur zeigt ein von Skeletten flankiertes Geisterschiff; in solchen *Coffin Ships,* Sargschiffen, versuchten die Menschen damals vor der Hungersnot zu fliehen.

Der **Überlieferung** nach verbrachte Irlands heiliger Mann, der Missionar *Patrick,* im Jahre 440 eine 40-tägige Fastenzeit auf dem Gipfel, dabei ständig in Versuchung geführt von Dämonen und Attacken des Teufels. Wie nicht anders zu erwarten, bestand *Patrick* die Glaubensprobe und verhandelte dann hart mit einem Engel über die Zukunft der irischen Gläubigen: Schließlich wurde ihm zugesichert, dass er selbst am Tage des Jüngsten Gerichts seine Schäflein richten dürfe.

Nebenbei übrigens rief er mit machtvoller Stimme alle Schlangen Irlands zu sich und befahl ihnen, sich vom Berggipfel in den Tod zu stürzen – so verbannte er für alle Zukunft dies verführerische Getier von der Grünen Insel, und noch heute muss der Besucher keine Angst vor Schlangen haben.

Jeweils am letzten Sonntag im Juli *(Reek Sunday)* findet mit der Besteigung durch Abertausende von **Pilgern** die nationale Wallfahrt zu diesem heiligen Ort statt. Unübersehbar sind die Menschenmassen, die sich von morgens bis abends den ausgetretenen Pfad hochmühen. Besonders gläubige Wallfahrer, die zudem noch Buße tun wollen, nehmen die 40 km lange Route von der Ballitubber Abbey hoch zum Croagh Patrick barfuss. Auf dem Gipfel werden den ganzen Tag über Messen gelesen.

Von solcherart Liturgie zeigte sich jedoch einst ein finnischer Konzern wenig beeindruckt. Die Firma plante, rund um den heiligen Croagh Patrick nach Gold zu schürfen. Dieses blasphemische Unterfangen vereitelten Naturschützer wie Gläubige in großer Eintracht.

Auch wer kein Pilger ist, sollte bei gutem Wetter den Aufstieg unternehmen, denn von der Bergspitze aus hat man einen unvergleichlichen **Ausblick** über die Clew Bay, die Inseln im blauen Meer und über das hügelige Hinterland.

Westport

↗ VI/B3

Wenige Kilometer weiter ist das 5400 Einwohner zählende Städtchen Westport erreicht. Der Marquis von Sligo ließ im 18. Jh. nach Plänen des damals bekannten Architekten *James Wyatt* die Ortschaft planmäßig anlegen. Im Zentrum liegt der **achteckige Platz,** treffend *The Octogon* genannt, von dem sternförmig die Straßen ausgehen.

Der **Flanierboulevard The Mall** verläuft beiderseits des kanalisierten River Carrowbeg und ist üppig mit Bäumen bestanden, georgianische Hausfassaden tun ein übriges, um dieser Straße Ambiente und Atmosphäre zu verleihen.

Parallel mit der Errichtung des Ortes legte man den ca. 3 km vom Zentrum entfernten **Hafen** an, der jedoch heute versandet ist. Im Sommer verkehrt von einem noch schiffbaren Pier eine Fähre nach Clare Island. Die Lagerhäuser und Magazinspeicher entlang des alten Hafens wurden sorgsam renoviert und Café, Restaurants, Pubs und Craft Shops sind dort eingezogen.

Eine herausragende Sehenswürdigkeit ist das **Westport House** nahe dem Hafen mit seinem großen englischen Park. 1731 errichtete der deutschstämmige *Richard Castle* dieses Herrenhaus für *Lord Altamount,* Marquis of Sligo, und seit jenen Tagen befindet es sich ununterbrochen im Besitz dieser Familie. Um die drückenden Steuerlasten durch Eintrittsgelder zu mindern, machte der Besitzer im Jahr 1960 das Anwesen für die Öffentlichkeit zugänglich. Kostbare Möbel,

084ir Foto: hg

The Mall entlang des River Carrowbeg

Von Galway nach Sligo

das Familiensilber, Gemälde und chinesisches Porzellan sind im Innern zu besichtigen, draußen erfreut ein kleiner Zoo die Kinder.

Das **Westport Heritage Centre** der Tourist Information zeigt ein Modell der Stadt und gibt Erläuterungen zur Geschichte.

Im **Clew Bay Heritage Centre** am Hafen ist eine Ausstellung über altes, lokales Kunsthandwerk untergebracht.

Tourist Office

- James Street, Tel. (098) 25711, Fax 26709.

Unterkunft

- **Ardmore Country House Hotel,** The Quay, Tel. (098) 25994, Fax 27795, ardmorehotel@eircom.net, DZ 160 €;
- **Clew Bay Hotel**, James Street, Tel. (098) 28088, Fax 25738, info@clewbayhotel.com, DZ 100 €;
- **Olde Railway Hotel**, The Mall, Tel. (098) 25166, Fax 25090, railway@anu.ie, DZ 80 €;
- **Mrs. Mary Cafferkey,** Hazelbrock, Newport Road, Tel. (098) 26865, hazelbrookhouse@eircom.net, DZ 53 €;
- **Mrs. Maria Breen,** Linden Hall, Altamount Street, Tel. (098) 27005, Fax 27650, lindenhall@iol.ie, DZ 53 €;

Göttliche Wunder und Schildbürgerstreiche in Connemara

Fast jedes Land hat einen Wallfahrtsort, in dem sich – glaubt man den Beteuerungen der Kirche – einst einmal ein göttliches Wunder ereignet haben soll. Berühmt in Europa sind vor allem Lourdes in Frankreich und Fatima in Portugal. Da darf natürlich in Irland, wo der Katholizismus skurrile Blüten treibt und über 95% der Bevölkerung katholischen Glaubens sind, ein mit Gottes Hilfe gesegneter Wallfahrtsort nicht fehlen:

Am 21. August 1879 gegen acht Uhr trauten 15 Einwohner des kleinen und unbedeutenden Ortes Knock ihren Augen nicht. Trotz strömenden Regens erschienen an der Dorfkirche *Maria* mit Ehemann *Josef* und dem Evangelisten *Johannes;* an Attributen waren ihnen ein Altar, ein Kreuz sowie zwei strahlende und schwebende Engel beigegeben. *Maria* trug – wie kann es anders sein – ein schneeweißes Kleid und eine Krone. Die 15 Bewohner von Knock, im Alter zwischen sechs und 75 Jahren, beobachteten das **Wunder** und beteten zwei Stunden lang mehrere Rosenkränze.

Die Erscheinung sprach sich natürlich schnell herum, und eine vom Erzbischof eingerichtete Untersuchungskommission nahm sich die 15 Teilnehmer vor und befragte sie emsig. Hier war die einmalige Chance gegeben, dass nun auch Irland einen richtigen, wundersamen Wallfahrtsort bekam. Sehr zur Freude der kirchlichen Autoritäten berichteten alle 15 „Wunderseher" mehr oder weniger das Gleiche, und das Mirakel von Knock wurde offiziell bestätigt. Sofort strömten nun Pilger aus aller Welt in das kleine Örtchen, und wie es sich für einen **Wallfahrtsort** gehört, ereignete sich vor dem Schrein der *hl. Maria* die eine oder andere Wunderheilung.

s 360

Zum **hundertsten Jahrestag** dieses göttlichen Ereignisses kamen 1979 nicht nur die Gläubigen in Scharen, auch der damalige *Papst Johannes Paul II.* machte Knock seine Aufwartung. Rechtzeitig genug war die 6000 Menschen fassende, gleichermaßen große wie hässliche Basilika fertiggestellt – Knock erlebte einen Wundertaumel!

Ein so bedeutender Ort musste natürlich, sieht man einmal von der Monumentalbasilika ab, auch im Erscheinungsbild Akzente setzen, und der lokale Oberhirt, Pfarrer *James Horan,* dachte über adäquate Großprojekte nach. So verfiel er auf den Gedanken, in Knock einen **internationalen Flughafen** bauen zu lassen – so gewaltig, dass die Landebahn selbst noch für Jumbo Jets zu groß dimensioniert sein sollte. Flugzeugladungen von Pilgern, so stellte sich Pfarrer *Horan* vor, würden in Scharen in Knock einfallen und Lourdes und Fatima – da ohne Großflughafen – nahezu bedeutungslos machen.

Monsignore *Horan* begann, die Werbetrommel zu rühren, und versicherte sich in seinen vielen Gebeten natürlich der Hilfe des Herrn.

Kein Mensch weiß bis heute, wie der Pfarrer die Politiker und Regierungsmitglieder von seinem Nonsensprojekt überzeugen konnte; auf alle Fälle flossen die Gelder immer reichhaltiger, und vor allem im Jahr des Papstbesuches gingen Millionen in die Kassen. Neben vielen **Spendengeldern** zahlte allein der arme irische Staat sage und schreibe 35 Mio. Pfund für diesen Flughafen. Einwände von Experten – an über 100 Tagen herrscht dichter Nebel, und die Sicht ist gleich Null – wischte Pfarrer *Horan* energisch vom Tisch. Wenn der Airport erst einmal eröffnet wäre, gäbe es keinen Grund, warum Gott dann das Wetter nicht auch verändere.

Und so kam es, wie es kommen musste! Am 25. Oktober 1985 schwebten drei große Boeing-Passagiermaschinen in schönstem Formationsflug auf das „bedeutende" Knock zu und setzten trotz Schlechtwetter und miserabler Sichtverhältnisse sicher zur Landung an. **Knock Airport** war damit **eingeweiht,** und der Ort sah seiner führenden Rolle als Nabel der Welt entgegen.

Unter wirtschaftlichen Gesichtspunkten ist der Großflughafen natürlich völliger Unsinn. Die strukturschwache Region braucht alles andere als einen internationalen Airport.

Während der Sommermonate – im Winter ist das Wetter zu schlecht – gibt es nun von Knock Airport aus Direktflüge nach Dublin und in die größten britischen Städte. Die Hoffnung, auch kontinentaleuropäische Metropolen ins Flugnetz aufzunehmen, scheiterten bisher an der Nachfrage – wer will schon von Knock aus nach Frankfurt oder umgekehrt?

Um nicht völlig blamiert dazustehen, entwickelten die Flughafenbetreiber Ende der 1980er Jahre einen Plan, das Passagieraufkommen auf mindestens 100.000 Personen zu erhöhen; Ziel war es, vom Pilgerflughafen Knock **Wallfahrer nach Rom und Israel** zu befördern, doch ist die hochgesteckte Vorgabe bisher nicht einmal ansatzweise erreicht worden. Mittlerweile hat man sich damit abgefunden, einem **Schildbürgerstreich** aufgesessen zu sein.

- **Mrs. Bridget Gibbons,** Broadlands, Quay Road, Tel. (098) 27377, DZ 56 €;
- **Mrs. Maureen Flynn,** Cedar Lodge, Newport Road, Tel. (098) 25417, mflynn@esatclear.ie, DZ 56 €;
- **Mrs. Teresa Gerghty,** Leenane Road, Tel. (98) 25150, DZ 60 €;
- **Mrs. Sheila Kilkelly,** Destillery Road, Tel. (098) 28887, Fax 25172, DZ 60 €;
- **Old Mill Holiday Hostel,** IHH, Barrack Yard, James Street, Tel. (098) 27045, Fax 228640;
- **Campingplatz Parkland Caravan and Camping Park,** Tel. (098) 27766, 3,5 km in Richtung Louisburgh gelegen.

Restaurants

- **Quay Cottage Restaurant,** The Harbour, Tel. (098) 26412, an der Einfahrt zum *Westport House,* auch vegetarische Gerichte, Spezialität ist Schellfisch, weiterhin gute Meeresfrüchte, 25 €;
- **The Ardmore Restaurant and Bar,** The Quay, Tel (098) 25994, gutes, intim-gemütliches Lokal, 24 €;
- **The Asgard Restaurant and Tavern,** The Quay, Tel. (098) 25319, preisgekröntes Restaurant, sicher das beste Lokal in Westport, 25 €;
- **Antica Romana,** Bridge Street, Restaurant und Pizzeria, Pizzen zwischen 6 und 9 €;
- **The Waterfront Restaurant** im Pub **The West,** Bridge Street, Gerichte bis 15 €, auch vegetarische Speisen;
- **Mango's Restaurant,** kleines, freundliches Lokal in der Bridge Street, Gerichte bis 18 €.

Pubs

- **The Clock Tavern,** Shop Street/Ecke High Street, schöner alter Fachwerk-Pub mit angeschlossenem Restaurant, bis 15 €;
- **The Helm,** am alten Hafen, gemütliche Kneipe, Live Music;
- **Matt Malloy's Pub,** allererste Adresse für gute Folk Music, Bridge Street, gehört *Matt Malloy,* einem Mitglied der Gruppe *The*

Chieftains, regelmäßig Folk Music, eingerichtet wie ein Krämerladen aus dem letzten Jahrhundert, mit spartanischen Holzbänken und Hockern;

- **Sheebeen,** ca. 800 m hinter den Kaianlagen gelegen, regelmäßig Live Music, viel Jungvolk;
- **The Towers,** am alten Hafen, Biergarten, in einer ehemaligen Station der Küstenwache, während der Saison täglich Folk Music, drinnen Seefahrer- und Angleratmosphäre;
- **Internetcafé** *Dunnings Cyber Pub,* The Octagon.

Verbindung

- **Züge** mehrmals täglich von Dublin;
- **Busse** mehrmals täglich von Achill, Clifden, Cork, Dublin, Ennis, Galway, Kilkenny, Limerick, Shannon Airport, Sligo, Waterford.

Achill Island

↗ VI/A3

Von Westport nun folgt die Route der N 59 entlang der Küstenlinie der Clew Bay, passiert dabei den gesichtslosen Ort Newport und biegt einige Kilometer weiter in die R 319 ein, die zu Irlands größter Insel führt. Achill Island ist bei der Ortschaft Achill Sound durch eine 1888 errichtete Drehbrücke mit dem Festland verbunden.

Das 150 km^2 große Eiland ist weitgehend unfruchtbar, die 6000 Einwohner gruben in früheren Tagen nach Amethysten, heute dagegen leben die Insulaner vom Fischfang, der Schafzucht und vor allem vom Tourismus.

Achill bietet alle Landschaftsformationen, die die Grüne Insel ihr eigen

085ir Foto: hg

nennt: ausgedehnte Hochmoore, dunkle Seen, schroff aufragende Felsbuckel, lange Sandstrände und natürlich steil abfallende Klippen.

Atlantic Drive

Ein ausgeschilderter Rundkurs, *Atlantic Drive,* führt rund um die Insel zu allen landschaftlichen Höhepunkten. Die schönsten Strände findet man an der Südküste bei Keel und Dooagh sowie im Norden bei Doogort; die 240 m steil ins Meer abfallenden Minaun-Klippen grenzen an den Tramore-Strand bei Keel.

Von der größten Ortschaft Achill Sound führt der *Atlantic Drive* gen Süden zu dem winzigen Hafen **Cloghmore.** Zwischen dem Weiler Derreen und Cloghmore achte man auf der linken Straßenseite auf einen Friedhof, den **Kildownet Old Cemetary,** erkennbar an einer alten Kirchenruine. Links von der zerstörten Kapelle findet der Besucher in einem gitterumsäumten Areal einen Gedenkstein mit folgender Inschrift: „Of our charity pray for the souls of ...", nun folgen 32 Namen, „who were accidentally drowned in Clew Bay on 14th of June 1894". Auf den Tag 100 Jahre später wurde auch in Cloghmore nahe einer Fischverarbeitungsfabrik eine **Gedenkplakette** enthüllt, deren Text lautet: „Zur Erinnerung an die 32 Opfer, die in der Clew Bay ertranken.

Die Küste von Achill Island am Atlantic Drive

1894 waren eine Reihe von Iren, die im Landesinnerern lebten, an die Westküste gekommen und wollten nach Schottland auswandern. Zwei Fischerboote, die so genannten **Hookers,** nahmen die zumeist noch sehr jungen Leute auf, und die Fahrt begann. Die Migranten waren noch nie am Meer gewesen, kannten die See nicht, und als ein großer Dampfer an Backbord vorbeizog, da strömten sie alle vor Staunen und Neugier auf die linke Seite. Die Hooker kenterten und 32 Personen gerieten unter die Segel und ertranken.

Im Sommer besteht die Möglichkeit, von Cloghmore aus nach Clare Island überzusetzen (erkundigen nur direkt vor Ort).

Die Rundfahrt führt nun weiter entlang der Küste, gewaltig donnert die Brandung gegen die Schären und Felsbuckel in der Portnahally Bay.

Am Weiler **Dooega** (ein Pub mit B & B) biegt die Straße gen Norden ins Landesinnere ab, der 464 m hohe Mweelm Mountain lässt eine Weiterfahrt entlang der Küste nicht zu.

Nach wenigen Minuten ist die R 319 erreicht, links ab geht es zu der Streusiedlung **Keel.** Am Strand findet sich ein Campingplatz, und im Weiler selbst gibt es das preisgekrönte Restaurant *Calvey's Restaurant,* das beste Lokal der Insel. Im **Pub** *Annexe Inn* geben sich regelmäßig die Musiker ein Stelldichein und bieten traditionelle *Music Sessions.* Ein Wanderpfad führt auf die 240 m hohen Minaun-Klippen, von denen man einen imposanten Ausblick genießen kann.

Von Keel sollte man nun nicht der Ausschilderung Atlantic Drive folgen, sondern erst weiter gen Westen bis nach **Dooagh** fahren. Hier lockt der lange Keem Beach. In der *Clew Bay Bar* finden abends regelmäßig *Live Sessions* statt, und die knapp und präzise bezeichnete Kneipe *The Pub* bietet ebenfalls ab und an Folk Music.

Außerdem würdigt die Gaststätte mit etlichen Erinnerungsstücken die Leistungen von **Don Allum,** der als erster Mensch in beiden Richtungen über den Atlantic gerudert ist. 1982 legte er mit seinem 6 m langen Holzboot *QE 3* nach 77 Tagen auf See in Dooagh an; außerhalb vom Pub steht auch ein Denkmal für den beherzten Ruderer.

Von Dooagh führt eine Stichstraße bis zum Moyteoge Head. Ab hier kann man eine schöne **Wanderung** entlang der Klippen **zum Achill Head** unternehmen, von dort dann weiter unterhalb des Croaghaun-Hill bis zu einem in ca. 160 m Höhe gelegenen Bergsee und nun querfeldein zurück. Den Weg muss man sich weitestgehend selber suchen. Wanderschuhe, nach Möglichkeit wasserdicht, erforderlich!

Nun zurück nach Keel und weiter Richtung *Atlantic Drive,* gelangt man zu dem weit auseinandergezogenen Ort **Doogort;** hier verbrachte übrigens *Heinrich Böll* seine Ferien, nachzulesen in seinem berühmten „Irischen Tagebuch". *Bölls* Cottage ist schon seit langem in eine Stiftung eingebracht und dient als Rückzugsort für ausgewählte Schriftsteller und Maler, die hier in der Einsamkeit arbeiten möchten. Auf Deutsch und Englisch werden die Besucher gebeten: „Dies ist ein privater Ort, bitte respektieren Sie die Ruhe der Gäste und Künstler, die hier für einige Wochen leben und an ihren Werken arbeiten. Danke."

Westlich vom Dorf Doogart ragt der 671 m hohe **Slievemore,** Achills höchster Berg auf. Sehr lohnenswert ist eine ca. 12 km lange Wanderung rund um das Felsmassiv, dabei passiert man nach einigen Kilometern das westlich von Doogort gelegene **Geisterdorf** Slievemore (auch *Deserted Village* genannt), das die Bewohner während der Großen Hungersnot 1847 aufgaben. An der Südküste gründeten sie dann Dooagh – hier ließ es sich besser fischen.

Auf der dem Meer zugewandten Seite des Berges Slievemore lohnen die **Seal Caves** einen Besuch, mit etwas Glück sieht man dort Seehunde; Anfahrt nur mit dem Boot von Doogort möglich, Preis Verhandlungssache.

Am langen Sandstrand befindet sich ein **Campingplatz,** und die **Restaurant-Bar** *McManamon's* sorgt für leibliche Genüsse. Die Straße führt nun wieder ins Landesinnere, und man schaut auf weite, unfruchtbare Moorgebiete.

Per Motorboot aufs Meer

086ir Foto: hg

Tourist Office

●**Achill Sound** (Juli/August).

Unterkunft

●**Achill Cliff House Hotel,** Keel, Tel. (098) 43400, Fax 43007, info@achillcliff.com, DZ 80 €;
●**Ostan Oilean Acla Hotel,** Achill Sound, Tel. (098) 45138, Fax 45198, reservations@achillislandhotel.com, DZ 80 €;
●**Mrs. Rowena Lavelle,** Realt-na-Mara, Dooagh, Tel. (098) 43005, Fax 43006, mglavell@gofree.indigo.ie, DZ 60 €;
●**Mrs. T. Moran,** Woodview House, Achill Sound, Tel. (098) 45261, DZ 53 €;
●**Mrs. Teresa McNamara,** Westcoast House, School Road, Dooagh, Tel./Fax (098) 43317, westcoast@anu.ie, DZ 53 €;
●**Mrs. Anne Sweeney,** Finncorry House Bleanskill Bay, Atlantic Drive, Tel./Fax (098) 45755, achill_island@hotmail.com, DZ 53 €;
●**Lavelle's Caravan and Camping Park,** Tel. (098) 47232, Doogort;
●**Seal Caves Caravan Park,** Tel. (098) 43262, Doogort;
●**Keel Sandybanks Caravan and Camping Park,** Tel. (094) 32054), Keel.

Verbindung

●**Busse** im Sommer mehrmals täglich von Sligo und Westport nach Dooagh über Achill Sound und Keel.

Halbinsel Mullet

↗ VI/A2

Auf der R 319 geht es nun in östlicher Richtung bis zum Örtchen Mulrany (auch Mallaranny) und dort weiter auf der N 59 gen Norden auf den Ort Bangor zu – rechts und links der Straße flache, eintönige Moorgebiete, die Landschaft hat einen schwermütigen Charakter. Wer über wenig Zeit verfügt und schnell nach Sligo kommen möchte, nimmt nun die N 59 nach Osten über Ballina.

Doch lohnt sich durchaus von Bangor ein Abstecher über die R 313 zur Mullet-Peninsula, auf der rund ein Dutzend **einsamer Sandstrände** sowie steile Felsklippen zu finden sind. Vor der Küste liegen einige **unbewohnte Inseln** mit den Resten frühchristlicher Mönchssiedlungen. Hauptort der Halbinsel ist der planmäßig angelegte Fischerort Belmullet. Von dort führt die R 314 in einem großen Bogen entlang der Küste nach Osten.

Kurz vor Ballina, an der Killala Bay gelegen, lohnen die beiden Franziskaner-Abteien **Moyne Abbey** und **Rosserk Abbey** (Anfang/Mitte 15. Jh.) einen Besuch. Über Ballina geht es nun „in einem Rutsch" die restlichen 50 km nach Sligo.

Sligo

↗ VII/D1

Die 19.000 Einwohner zählende Stadt ist mit ihrem kleinen Seehafen sowie der Lebensmittel- und Textilindustrie ein wichtiges ökonomisches Zentrum im Nordwesten der Grünen Insel. Darüber hinaus nennt sich Sligo selbst das „Tor zum Nordwesten", was praktisch bedeutet, das der Ort dem Besucher wenig zu bieten hat und nur wegen der guten Verkehrsanbindung als **Durchgangsstation zum Norden** dient.

Im Jahre 807 eroberten die Wikinger den Ort, doch erst 400 Jahre später erlangte Sligo im Zuge der normannischen Invasion wenigstens bescheidene Bedeutung. *Maurice Fitzgerald,* Earl of Kildare, nahm die umliegenden Ländereien in Besitz, legte den Grundstein für eine Festung und gründete ein Dominikanerkloster.

Die Gegend rund um Sligo wird auch *Yeat's Country* genannt; **William Butler Yeats,** kehrte im Laufe seines Lebens immer wieder in diese Region zurück und beschrieb sie in seinen Gedichten.

Sehenswertes

In der Stephen Street lohnt ein Besuch im **Sligo County Museum and Municipal-Art Gallery** (Di, Mi, Fr, Sa 10–17 Uhr, Do 12–17 Uhr), das Exponate zur Stadtgeschichte, Erstausgaben, Briefe und die Nobelpreismedaille von *William B. Yeats* zeigt. In der Gemäldegalerie kann man Bilder und Zeichnungen von *Jack B. Yeats elder and younger,* dem Vater und dem Bruder des Dichters besichtigen. Auch hat man die Möglichkeit, hier einen Überblick über die zeitgenössische irische Malerei zu bekommen.

Auch die **Model Arts & Niland Gallery** an The Mall (Di–Sa 10–17.30 Uhr, So 11–16 Uhr) zeigt Gemälde von *Jack Yeats,* der einer der bedeutendsten modernen Künstler Irlands war. Aber auch viele Werke anderer Maler sind vertreten, so etwa von *Charles Lamb* und *Sean Keating.* In der Kunstgalerie werden Wechselausstellungen gezeigt, weiterhin gibt es Filmvorführungen und kleine Konzerte.

Sligo Abbey (Abbey Street) wurde in der Mitte des 13. Jh. von *Maurice Fitzgerald* für den Orden der Dominikaner erbaut. Während der Reformation in der elisabethanischen Ära konnte die Abtei nur durch den beherzten Einsatz der Bevölkerung vor Zerstörung bewahrt werden, ein kostbarer geschnitzter Altar wurde in Sicherheit gebracht und war das einzige Stück, das die religiösen Wirren gut überstand. 1641 fiel das Kloster einem Brand zum Opfer und wurde danach als Steinbruch genutzt. Während der großen Hungersnot fanden die gestorbenen Sligoer Bürger ihre letzte Ruhestätte in der Ruine der Abtei.

An der Ecke O'Connell Street/Lower Knox Street befindet sich das **Yeats Building,** in dem alljährlich die Yeats International Summer School tagt, eine zweiwöchige wissenschaftliche Konferenz, die sich mit dem Werk des Dramatikers und Schriftstellers befasst.

Tourist Office

- Temple Street, Tel. (071) 9161201, Fax 9160360.

Unterkunft

- **Inishfree Hotel,** High Street, Tel. (071) 9142014, Fax 9145745, inishfreehotelsligo@eircom.net, DZ 80 €;
- **Sligo Southern Hotel,** Strandhill Road, Tel. (071)9162101, Fax 9160328, reservations@sligosouthernhotel.com, DZ 105 €;
- **Mrs. Mary Cadden,** Lissadell, Mailcoach Road, Tel. (071) 9161937, DZ 59 €;
- **Mrs. Doreen MacEvilly,** Tree Tops, Cleveragh Road, off Pearse Road, Tel. (071) 9160160, Fax 9162301, treetops@iol.ie, DZ 59 €;
- **Mrs. Evelyn McPartland,** Teach Eamain, Old Manorhamilton Road, Tel./Fax (071) 43393, info@teacheamonn.com, DZ 53 €;
- **Mrs. Kathleen Noonan,** Stradbrook, Pearse Road, Tel. (071) 9169674, Fax 9169933, stradbrook@eircom.net, DZ 53 €;
- **Mrs. Olivia Quigley,** Benwiskin Lodge, off Donegal Road, Tel./Fax (071) 9141088, pquigley@iol.com, DZ 60 €;
- **Mrs. Florrie Gilmartin,** Pearse Road, Tel. (071) 9150045, Fax 9153639, DZ 64 €.
- **Eden Hill Holiday Hostel,** IHH, Pearse Road, Tel. (071) 9143204;
- **Harbour Hostel,** IHH, Finisklin Road, Tel./Fax (071) 9171547;
- **White House Hostel,** IHH, Markievicz Road, Tel. (071) 9145160, Fax 9144456;
- **Greenlands Caravan and Camping Park,** Rosses Point, Tel. (071) 77113, 8 km westlich;
- **Strandhill Caravan and Camping Park,** Strandhill, Tel. (071) 68111, ebenfalls 8 km westlich gelegen.

Restaurants

- **The Embassy Restaurant,** John F. Kennedy Parade, Tel. (071) 9161250, gute Seafood-

und Fleischgerichte sowie originär irische Küche, bis 21 €;

- **Montmartre,** Market Yard, Tel. (071) 916 9901, exzellente französische Küche, umfangreiche Weinkarte, auch vegetarische Speisen im Angebot, 20–25 €;
- **Café Bar Deli,** über der Garavogue Bar, 15 Stephen Street, Tel. (071) 9140100, Pizzen, Pastas, Salate, 10–15 €;
- **Bistro Bianconi,** 44 O'Connell Street, Tel. (071) 9141744, Pastas, Fisch- und Fleischgerichte zwischen 10 und 17 €;
- **Sher e Punjab,** Market Street, Tandoori Indian Restaurant, indische Gerichte zwischen 10 und 15 €.

Pubs

- **Hennigan's,** Wine Street, Established 1787, während der Saison Live Music;
- **The Harp Tavern,** Quay Street, nette Kneipe am Flussufer, mit Biergarten;
- **Lyon's,** Quay Street, ein äußerst gemütliches Café mit leckeren Sachen, gegründet 1926;
- **McLynn,** Old Market Street, Established 1889; der Wirt spielt und singt selbst;
- **McGarrigle's,** O'Connell Street, gemütlicher Pub mit arg ramponierter Einrichtung, wintertags wärmt ein Kanonenofen;
- **Garavogue Bar,** Stephen Street, schicke und damit beliebte Bar, in der regelmäßig Live Jazz erklingt;
- **Futurenet Internetcafé Pearse House,** Pearse Road.

Verbindung

- **Busse** von Cork, Donegal, Dublin, Galway, Limerick, Waterford, Westport.
- **Züge** mehrmals täglich von Dublin.

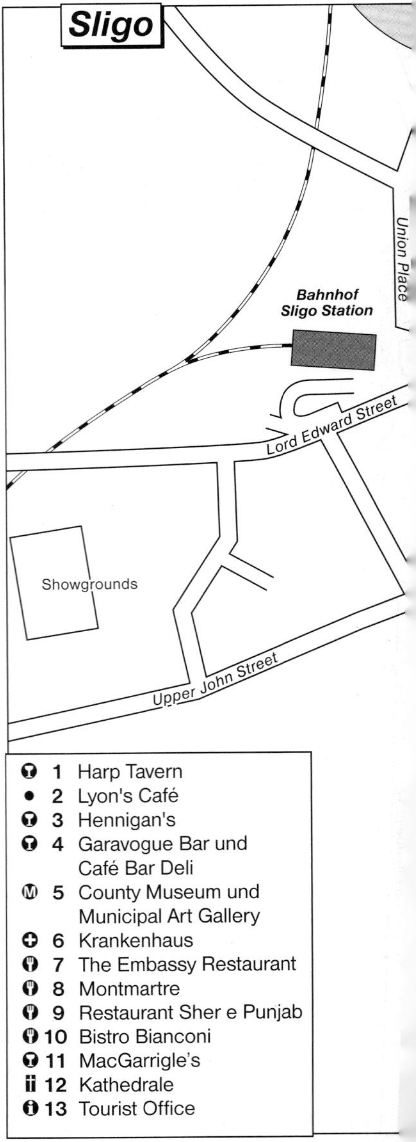

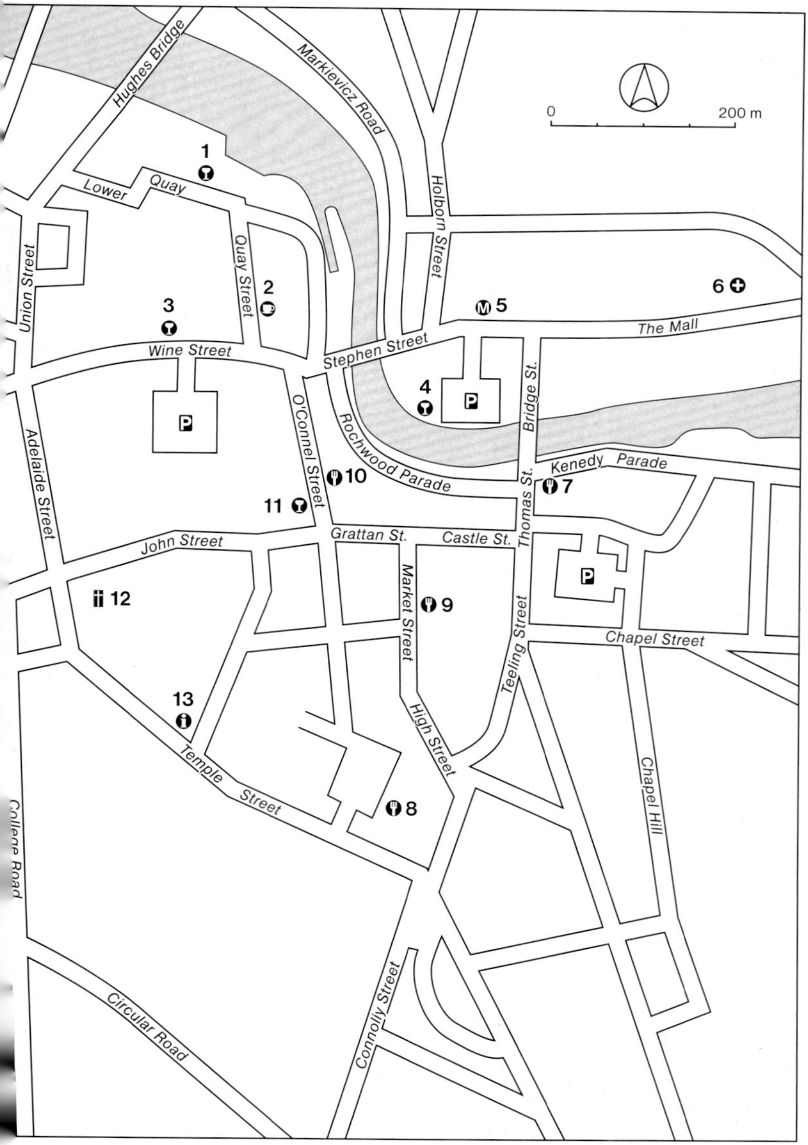
0
200 m
Hughes Bridge
Markievicz Road
Lower Quay
Quay Street
Union Street
Holborn Street
Wine Street
Stephen Street
The Mall
Bridge St.
O'Connel Street
Rochwood Parade
Kenedy Parade
Thomas St.
Adelaide Street
John Street
Grattan St.
Castle St.
Market Street
Teeling Street
Chapel Street
High Street
Temple Street
Chapel Hill
College Road
Connolly Street
Circular Road
1
2
3
4
5
6
7
8
9
10
11
12
13
P
M

Irlands Sagen und Legenden – eine Reise in die „Anderswelt“

Auf der Grünen Insel haben sich eine Menge uralter Sagen und Legenden erhalten, die vor allem in den gälischsprachigen Gebieten, den so genannten Gaeltacht-Regionen (vgl. auch Tour 4, Dingle-Halbinsel), über die Jahrhunderte innerhalb der Familien in **mündlicher Überlieferung** weitergegeben worden sind. Und hier vor allem wird die Folklore-Kommission aus Dublin bei ihren Legenden-Recherchen immer wieder fündig.

Einer der ersten, der sich um das kulturelle Erbe Irlands verdient machte, war **Thomas Crocker,** der im Jahre 1825 eine erste Sammlung von alten Sagen unter dem Titel „Fairy Legends and Traditions of the South of Ireland“ herausgab und damit eine ganze Anzahl von Heimatforschern beflügelte: die Gebrüder *Grimm, Sir William Wilde,* (der Vater von *Oscar Wilde*), *William Butler Yeats, Lady Gregory, John M. Synge* und *Douglas Hyde,* der von 1938 bis 1945 Präsident Irlands war.

Feenglaube

„Was sind eigentlich Feen? Diese Frage kann nur jemand stellen, der nie in Irland gewesen ist.“ So heißt es beim Herausgeber des *Irischen Zaubergartens,* einer Sammlung von irischen Sagen.

In der Tat ist bis heute der **Glaube an Feen** auf der Grünen Insel nach wie vor weit verbreitet. Einer ersten Theorie zufolge soll es sich bei den mythischen Wesen um die von den Kelten verdrängten Ureinwohner handeln, welche zu ihrem Schutz in Höhlen flüchteten; nur bei Nacht und Nebel trauen sie sich hervor und piesacken die neuen Herren der Insel. Einer anderen These nach sind Feen ehemalige Götter und Heroen; so avancierte beispielsweise die *Queen Medb,* eine der Heldinnen des irischen Epos, später zur Königin des Feenlandes. Einer dritten Variante nach sind Feen Vermenschlichungen von Naturgeistern; so wurde der Baumgeist zu *Dryade,* der Wassergeist zu *Undine* und das Wesen, das den Sidh, den Hügel bewohnt, zum *Sidhe.* Laut einer letzten Version nun sind Feen die Verstorbenen, denn sie wohnen ja unter der Erde und müssen beim ersten Hahnenschrei vor Tagesanbruch aus der Welt der Lebenden verschwunden sein.

Was für Feen aber gibt es nun? Bei den Fischern recht beliebt sind die **Seejungfrauen,** von denen es heißt, dass sie sich des nachts der einsamen Männer annehmen. Doch ist bei den netten Damen durchaus Vorsicht geboten, denn in einer Chronik aus dem 9. Jh. heißt es: „Eine Meerjungfrau enormer Größe wurde im Nordosten Schottlands angespült. Sie war 195 Fuß groß, ihr Haar war 18 Fuß lang, ihre Finger waren sieben Fuß und ihre Nase auch. Sie war über und über weiß wie ein Schwan.“

Angst kommt auf, wenn dem Iren eine **Banshee** über den Weg läuft; die dürre und klapprige Gestalt mit den rot geweinten Augen und zudem noch gewandet in Spinnweben stößt heulende Klagelaute aus und kündet vom nahen Tod eines geliebten Menschen.

Bekanntester Racker der Feenwelt ist der **Pooka,** dessen Name sich von Poc, dem Ziegenbock ableitet und der auch in dessen Gestalt daherkommt. Auf den Pooka geht *Shakespeares* Kobold *Puck* zurück, der im *Sommernachtstraum* seinen Schabernack treibt, und ebenso auch die *Puck Fair* in Killorglin (s. Tour 4, Ring of Kerry), wo ja der Ziegenbock im Zentrum des Geschehens steht.

Den **Cluricane** muss man sich als Gnom mit rotem Mantel, roter Nachtmütze, einer Lederschürze und langen, blauen Strümpfen vorstellen; der Pimpf hat ganz entgegen seiner Größe gigantischen Appetit auf Honig, Milch, Butter und Wein und kommt gern stockbetrunken daher, um dann seinen Unfug umso ärger zu treiben. Es heißt, wer ihn fängt, dem gibt er einen großen Beutel Gold, um wieder frei zu kommen. Der zwergige **Leprechaun** ist gleichermaßen bekannt für seine Schuhmacherarbeiten wie auch für seine kräftigen Foppereien. Der **Ganconer,** zu deutsch Liebredner, ist eine Fee mit Tonpfeife im Mund, die sich in einsam gelegenen Farmhäusern gerne und erfolgreich des nachts an die Mägde heranmacht.

Wer das alles nicht glaubt, der denke an den Satz von *William Butler Yeats:* „Irland, noch immer vorwiegend keltisch, hat sich neben weniger schönen Dingen eine Begabung zur Vision bewahrt, die bei hektischeren Völkern ausgestorben ist. Uns konnten keine lichtspendenden Leuchter hindern, ins Dunkel zu blicken, und wenn man ins Dunkel blickt, ist immer etwas drin."

Die Sage von Cu Chulainn

Cu Culainn, so heißt der mystische, irische Volksheld, der als tapferer und ehrenhafter Mann durch die reiche Sagen- und Legendenwelt der Grünen Insel streift.

Als kleiner Junge hörte er auf den Namen *Setantia* und war der Ziehsohn von vier alten, würdigen Männern. Diese lehrten ihn die Tugenden der vergangenen Tage – Weisheit, Kriegskunst, Zauberkraft und Dichtung. Als sie ihm anboten, sich zwischen einem langen Leben oder aber dem ewigen Ruhm zu entscheiden, zögerte der begabte Schüler keine Sekunde: Er wählte den Ruhm. So prophezeiten ihm denn seine Lehrmeister, dass er dereinst in einer furchtbaren Schlacht die ersehnte Ehre erlangen werde und dass seine erste wie auch seine letzte Heldentat darin bestünde, einen Hund zu töten. Auch eine Anzahl mythischer Gesetze erlegten ihm die vier Weisen auf: Niemals dürfe er vom Fleisch eines Hundes essen, und wann immer *Setantia* an einem Herd vorbeigehe, müsse er von der dort kochenden Speise kosten.

Kaum war *Setantia* sieben Jahre alt geworden, ging die erste Prophezeiung in Erfüllung. Beim lustigen Ballspiel griff ihn der Hund des Schmieds *Cullen* an. Der Knabe warf seinen Ball in die Schnauze des Hundes und tötete ihn. Als sich *Cullen,* der Schmied, bei *Setantia* wütend über die Tat beschwerte, rief der kleine Held aus: „Ich versprach, für den Rest meines Lebens der Wachhund von Ulster zu sein." Fortan nannte man ihn *Cu Chulainn – Cullens* Hund.

Im Laufe der Jahre musste der junge Mann weitere schwere Prüfungen bestehen, doch alle Situationen meisterte er mit großem Geschick, heldenhaftem Mut und der ihm verliehenen Zauberkraft. Gern war er am Hofe gesehen, trug dort mit sanfter Stimme Verse vor und war beliebt ob seines edlen Charakters.

Da kam nun die schwerste aller Prüfungen über ihn: Die drei riesenhaften Recken *Thratauna, Trita* und *Apta* forderten *Cu Chulainn* – dessen Kraft auf den Schlachtfeldern gerühmt wurde – zum Kampf heraus. Erschrocken baten ihn alle seine Freunde, von dem selbstmörderischen Unterfangen abzulassen, doch der Held zögerte keine Sekunde, für die Verteidigung seiner Ehre zu kämpfen. Die drei Riesen erwarteten ihn in ihrem Streitwagen, den die Rosse *Rappe von Saingliu* und *Schimmel von Macha* zogen. Ihnen kam der unerschrockene Streiter mit furchteinflößender Bewaffnung entgegengaloppiert: Sein langes Haar flatterte wie eine Fahne im Wind, seine Augen sandten Blitze gegen die Feinde, und sein lauter Schlachtgesang übertönte das Donnern der Hufe. Wie der Wirbelwind kam *Cu Chulainn* über die drei Riesen, geschmeidig, stark und überall zugleich. Rasend vor Zorn metzelte er mit seinen Waffen die Herausforderer nieder, köpfte sie und warf die seelenlosen Körper in den Sand.

Doch der Blutrausch wollte nicht weichen, und am Hofe fürchtete man sein Erscheinen. Doch die Königin von Ulster ersann eine List. Als *Cu Chulainn* eintraf, stellten sich ihm alle Hofdamen splitternackt entgegen, und der Recke schloss – wie es sich gehörte – für einen Moment höflich die Augen. Da konnten ihn die Krieger ergreifen und in eiskaltes Wasser tauchen. So verflog der Taumel des entsetzlichen Kampfes.

In den folgenden Jahren erwarb sich der Held durch seinen Mut den gewählten Ruhm, wurde in vielen Schlachten oft verletzt, doch immer besiegte er seine Feinde. Mit Hilfe des Zauberers *Cu Roi* gelang es ihm und seinen Mannen, in die „Andere Welt" einzudringen, doch als *Cu Chulainn* sich weigerte, die Beute aus jenem Kosmos mit dem Magier zu teilen, grub ihn dieser – mit bösen Mächten im Bunde – bis zu den Schultern ein. Doch unser Recke besaß genügend Kenntnisse der Magie, um sich auch aus dieser Lage zu befreien.

Die dem Held feindlich gesonnene Königin *Medh* sandte einen Fluch aus, der alle Krieger lähmte – nicht aber den tapferen Recken, der *Medhs* Streitmacht mit einer Hand niederwarf. So sandte das rachsüchtige Weib Hexenmeister aus, den Unbesiegbaren zu bezwingen. Und diese erfuhren von den mythischen Gesetzen, die *Cu Chulainn* niemals brechen durfte.

Auf dem Weg in eine neuerliche Schlacht traf der Recke auf drei Zauberinnen, die auf einem Herd am Wegesrand das Fleisch eines Hundes kochten. *Cu Chulainn* kostete unwissend von dem verbotenen Gericht und merkte alsbald, wie seine Kräfte schwanden. In der Schlacht machten ihm seine Gegner fast den Garaus, doch es gelang dem verratenen Helden zu entkommen. An einem Bach wusch er seine Wunden aus, als ein Otter, den man in jenen Tagen auch Wasserhund nannte, herbeischwamm und von dem Blut trank. In wilder Raserei griff der Wasserhund den Helden an und dieser tötete ihn. Nun wusste *Cu Chulainn,* dass auch die letzte Weissagung in Erfüllung gehen würde. Doch Schwäche wollte er seinen Feinden niemals zeigen, und so band sich der aufrechte Mann an eine Steinsäule, und seine Feinde konnten ihn – stehend – töten.

Umgebung von Sligo

Westlich der kleinen Metropole erstreckt sich der Haus-See von Sligo, der **Lough Gill,** den man am besten mit dem Fahrrad auf der ausgeschilderten Route *Lough Gill Loop* (ca. 40 km) umfahren sollte. Die Gestade gehörten zu den Lieblingsplätzen des Schriftstellers **William Butler Yeats,** die Insel Inishfree hat er in einem Gedicht verewigt:

And I shall have some peace there,
for peace comes dropping slow,
Droppings from the veils of the morning
to where the cricket sings;
There midnight's all a glimmer,
and noon a purple glow,
And evening fall of the linnet's wings.

Von Riverside aus finden während der Sommermonate Rundfahrten auf dem See statt, unermüdlich werden dabei Yeats-Verse zitiert. Eine halbe Stunde Aufenthalt auf Inishfree ist inbegriffen.

Nördlich von Sligo lockt der **Bergsee Glencar Lake,** vom Parkplatz aus führt ein beschilderter Pfad zu einem Wasserfall, wo aus 15 m Höhe der Differeen River hinunterstürzt.

Acht Kilometer westlich von Sligo liegen jeweils auf einer eigenen Halbinsel die beiden winzigen **Seebäder Strandhill** und **Rosses Point.**

Die Umgebung von Sligo ist reich an **prähistorischen Fundorten;** 4 km südwestlich befindet sich in Carrowmore der größte megalithische Friedhof der Grünen Insel, viele Dolmen sind allerdings zerstört.

118ir Foto: ws

Knocknarea, 7 km südwestlich, ist ein 333 m hoher Gipfel, auf dem ein *Cairn* von 10 m Höhe, ähnlich wie in Newgrange, aufgeschichtet ist.

Nach Donegal

Von Sligo geht es entlang der N 15 in das 8 km entfernte **Drumcliff;** direkt an der Straße befindet sich rund um eine Kirche der Friedhof, auf dem *William Butler Yeats* seine letzte Ruhestätte gefunden hat. Seinen Grabspruch hat er selbst getextet: *Cast a cold eye on life, on death, Horseman pass by.*

Weiter der Straße N 15 folgend, passiert man die nur mäßig interessanten kleinen Seebädchen **Bundoran** und **Ballyshannon** und gelangt nach etwa 65 km ins Städtchen Donegal.

Auf irischen Straßen ist ein „Platten" nicht auszuschließen

Tour 7: Der Nordwesten

Überblick

Die gesamte Rundreise hat eine Länge von rund **600 km.** Sie führt in den hohen Norden, in das Alaska Irlands, entlang der sturmumtosten Küste. Wahrhaft einzigartig ist ein Besuch der **Slieve Leagues,** der höchsten Klippen Europas, die 600 m steil aus dem Atlantik aufragen. Die Strecke führt vorbei an winzigen Weilern wie Glencolumbkille, Ardara, Burtonport.

Ganz im Norden schlängeln sich der ausgeschilderte **Atlantic Drive** sowie der **Fanad Drive** hoch über der See entlang. Über die einzig größere Ansiedlung Letterkenny und das Dörfchen Glenties geht es zurück nach **Donegal** oder nach **Nordirland.**

Donegal

⇗ II/B3

Donegal (2500 Einwohner) ist die Verwaltungskapitale der gleichnamigen Grafschaft und Zentrum der Tweed-Industrie sowie Verkehrsknotenpunkt für den Norden der Insel.

Mittelpunkt des geschäftigen Örtchens ist der große, dreieckige Platz The Diamond, auf dem ein 7 m hoher Obelisk die Brüder des lokalen **Franziskanerklosters** ehrt. In der Abtei verfassten und kompilierten im 17. Jh. vier fromme Männer Texte zur frühen keltischen Kultur und Mythologie Irlands; unsere Kenntnis der Historie jener vergangenen Tage verdanken wir einzig und allein diesen *Annals of the four Masters.* Die Brüder trieb die Sorge um, dass die englischen Okkupanten ihren keltischen Sitten und Gebräuche das Ende bereiten könnten. Geschützt vom River Esk liegt im Ortszentrum die aus dem 15. Jh. datierende **Burg** der *O'Donnells* (10–18 Uhr), die bis 1607 im Besitz der Familie war. Dann versuchten die Englander, die lokalen Clanführer zu entmachten und bemächtigten sich ihrer Castles. Bevor *Rory O'Donnell* jedoch den verhassten Besatzern seine Festung übergab, brannte er sie lieber nieder und setzte sich dann bei der Flucht der Earls nach Frankreich ab. 1623 restaurierte ein gewisser *Basik Brooke* die Burg und ließ einen dreistöckigen Anbau anbringen. Infotafeln im Obergeschoss informieren über die Historie (Besichtigungen von Juni bis September täglich 10–18 Uhr möglich.). Dort, wo der River Eske ins Meer mündet, liegen zudem die Ruinen der Franziskaner-Abtei, die von den *O'Donnells* 1474 ins Leben gerufen wurde.

Im ehemaligen Bahnhof an der Tirchonaill Street ist das **Donegal Railway Heritage Centre** (geöffnet Mo–Fr 10–17 Uhr, Sa/So 14–17 Uhr) untergebracht und macht den Besucher mit der Geschichte der Dampfeisenbahn bekannt, die bis 1959 von Ballyshannon über Donegal bis hinauf nach Derry schnaufte.

Ein wenig außerhalb vom Stadtzentrum an der Straße von Donegal in Richtung Ballyshannon und Sligo gibt es ein kleines *Craft Centre,* in dem man den lokalen Kunsthandwerkern über die Schulter sehen kann. Um die strukturschwachen Gebiete des hohen Nordens für Touristen attraktiver zu machen und damit Arbeitsplätze zu schaffen, hat die *Industrial Development Authority* diese *Craft Village* aus der Taufe gehoben.

In dem ansprechenden Gebäude befinden sich ein ganze Reihe von Workshops, in denen „fulltime professional craftworkers" an ihren Produkten arbeiten. So gibt es hier beispielsweise **Töpfer, Porzellan- und Keramikhersteller, Gold-** und **Silberschmiede** und auch einen **Dudelsackbauer** (geöffnet Mo–Sa 9–18 Uhr, So 11–18 Uhr). Ein kleiner Coffeeshop ist dem Haus angeschlossen.

Tourist Office

- Quay Street.

Unterkunft

- **Central Hotel**, The Diamond, Tel. (073) 9721027, Fax 9722295, centralhotel@eircom.net, DZ 130 €;
- **Mrs. Bernie Mulhern,** Milltown House, Ardlenagh, Sligo Road, Tel./Fax (073) 9721985, milltown@oceanfree.net, DZ 53 €;
- **Mrs. Eileen Mulhern,** Sligo Road, Tel. (073) 9721646, DZ 53 €;
- **Mrs. Ann McGlinchey,** Lough Eske, Tel (074) 9722628, DZ 60 €;
- **Mrs. Shona McNeice,** Lough Eske, Tel./Fax (074) 9722481, DZ 60 €;
- **Mrs Martina O'Sullivan,** Druminin, Tel. (074) 9722335;
- **Donegal Town Independent Hostel,** IHH, Doonan, Tel. (073) 9722805;
- **Blue Stack Hostel,** An-Oige-Jugenherberge, Dimarone, 8 km von Donegal, Tel. (074) 9735564.

Foto: hg

Restaurants

- Bessere Restaurants nur in den **Hotels.**
- **The Harbour,** Quay Street, Pizzen, Pasta, Seafood, gutes Preis-Leistungsverhältnis und daher enorm beliebt bei den Bewohnern von Donegal, 8–11 €;
- **Dom's,** Quay Street, Bar & Restaurants, Fleisch- und Seafood-Gerichte bis 20 €.

Pubs

- **MacCafarctis Circonaill Bar,** Diamond Square/Ecke Quay Street, gemütliche Kneipe im Ortszentrum;
- **The Olde Castle Bar,** Tirchonail Street, an der Burg und dieser nachgebildet einchließlich der Steinmetzarbeiten, mit angeschlossenem Restaurant, sehr gemütlich;
- **The Schooner,** Main Street, viel nautischer Schnickschnack, aber regelmäßig Live Sessions;
- **Blueberry Cyber Internet Café,** Castle Street, Tel. 074 9722933.

Verbindung

- **Busse** mehrmals täglich von Sligo, Cork, Dublin, Galway, Killybegs, Limerick.

Im Hafen von Killybegs

Killybegs

↗ II/A3

Von Donegal aus folgt man nun der N 56 Richtung Westen und erreicht bald den Fischerort Killybegs. Seit mit EU-Mitteln der Hafen ausgebaut wurde und nun Trawler aus allen Herren Ländern am Pier festmachen, ist in dem 1000 Einwohner zählenden Ort alles auf die **Fischfangindustrie** zugeschnitten. Mehrmals in der Woche finden morgens und abends in der Markthalle direkt am Hafen Fischauktionen statt, eindrucksvoll ist es auch, wenn eine Fangflotte gerade unter Sirenengeheul und umflogen von Schwärmen krächzender Möwen in den Hafen einläuft. Leider sucht man in den örtlichen Restaurants vergebens nach fangfrischen Meeresfrüchten – alles geht gleich in den Export.

Überhaupt hat Killybegs für einen Hafen solcher Größe wenig zu bieten, und nachdem man die Fangschiffe bestaunt hat, zieht es den Besucher rasch weiter zu einem der landschaftlichen Höhepunkte nahebei.

Slieve-Leagues

↗ II/A3

Anfahrt

Weiter geht es entlang der R 263; wenige Kilometer hinter Killybegs ist ein Sandstrand ausgeschildert, und von einem hochgelegenen Parkplatz an der Straße hat man einen schönen Blick auf das weiße Gestade. In dem kleinen Weiler Carrick weist eine Ausschilderung (Bunglass/Slieve Leagues) links ab zu Europas höchsten Klippen. Zwei Anfahrtswege führen zu der eindrucksvollen Steilküste.

Variante 1

Ca. 2,5 km hinter Carrick zeigt in einer scharfen Linkskurve ein Wegweiser mit dem Wandersmann-Symbol und der Aufschrift *Slieve Leagues* geradeaus in einen **Feldweg** (dieser Pfad ist für größere Wohnmobile nicht befahrbar). Die sehr schmale, schlaglochübersäte Piste windet sich steil den Hügel hoch. Nach einigen Hundert Metern geht es rechts ab über eine kleine **Brücke,** und ein Stückchen weiter passiert man ein Gatter. Man vergesse nach der Durchfahrt nicht, das **Gatter** wieder zu schließen, damit die rechts und links des Weges grasenden Schafe nicht ausreißen! Nach wenigen Minuten Fahrt erreicht man einen kleinen **Parkplatz.** Der Weg wird sehr bald für Motorfahrzeuge unpassierbar, zudem gibt es keine Wendemöglichkeit!

Vom Parkplatz aus gelangt man nach einer ca. eineinhalbstündigen **Wanderung** (gutes Schuhwerk ist vonnöten) entlang eines immer schmaler werdenden Pfads, das letzte Drittel über offenes Gelände, oben auf die Klippen. 600 m über dem Meer schaut man auf die tosende Brandung hinunter, auch hat man die Möglichkeit, weit ins Hinterland zu blicken und erkennt mehrere dunkle Seen.

Variante 2

Diese Anfahrt bietet sich besonders für Fußfaule an. In der besagten Links-

093ir Foto: hg

Slieve-Leagues,
die höchsten Klippen Europas

kurve von Variante 1 weist ein weiteres Schild mit der Aufschrift *Bunglass/The Cliffs* und dem Symbol für einen Aussichtspunkt den Weg zu den Klippen.

Auf der linken Straßenseite achte man nun auf ein rostbraun gestrichenes Haus, in dem sich der **Pub The Rusty Mackereel** befindet, ca. 150 m weiter geht ein Sträßchen nach rechts ab. Die schmale Trasse schraubt sich steil den Hügel hoch, man passiert ein **Gatter** und kommt nun durch den Weiler Bunglass. Nach einigen Minuten Fahrt endet die Straße an einem kleinen **Parkplatz,** nur wenige Schritte, und man ist am Rand der Klippen. Atemberaubend ist die Aussicht auf die grandiose Steilküste.

Klippenwanderung

Am Parkplatz beginnt auch der Wanderweg *The One Man's Path,* der – wie der Name schon sagt – so schmal ist, dass keine zwei Personen nebeneinander passen. Der Weg führt direkt an der Abbruchkante entlang und ist an einigen Stellen nicht ungefährlich, vor allem **muss man schwindelfrei sein,** will man den Pfad begehen. Bergschuhe und Bergwander-Equipment sind unerlässlich.

Glencolumbkille

↗ II/A3

Zurück zum Örtchen Carrick, geht es weiter auf der R 263 zu dem kleinen Dorf Glencolumbkille. Der Name bedeutet „Tal der Kirche des Columban", denn der Heilige soll hier im 6. Jh. ein Kloster gegründet haben. Alljährlich am 9. Juli, dem *Columbkille Feast Day,* umrunden um Mitternacht die gläubigen Bewohner des Dörfleins die Ruine von *Columbans* Gotteshaus und gehen dann mitten in der Nacht zur Messe in die Kirche. Auf dem Weg nach Glencolumbkille passiert man die Seen, die man hoch oben von den Klippen Slieve Leagues gesehen hat, Schafe grasen an den Fahrbahnrändern, und überall sind Torfstecher bei der Arbeit.

Mit dem ca. 250 Seelen zählenden Dorf Glencolumbkille hat es eine besondere Bewandtnis: Um in dem strukturschwachen Gebiet die Abwanderung der jugendlichen Bewohner zu verhindern und den Ort vor dem Aussterben zu bewahren, gründete vor 40 Jahren der Gemeindepfarrer *James McDyer* eine lokale Kooperative zur Ankurbelung des **Fremdenverkehrs;** eine Anzahl von Ferienhäusern im Cottage-Stil entstand, und die Bewohner erinnerten sich ihrer kunsthandwerklichen Fähigkeiten. Des weiteren wurde ein **Folk Museum** eingerichtet; der Besucher hat die Möglichkeit, in vier unterschiedlich großen, vollständig eingerichteten Cottages die Lebens- und Alltagsumstände der Bewohner im letzten Jahrhundert nachzuvollziehen.

Während der **Summer Colleges** kann man die gälische Sprache erlernen sowie an Folk Sessions und Tanzunterricht teilnehmen. Genaue Auskünfte erhält man im nur sommertags geöffneten Tourist Office.

Glencolumbkille hat einen schönen Sandstrand, und in der Umgebung findet man Relikte aus der frühchristlichen Ära Irlands, so z.B. viele **verzierte Steine** aus dem 7. und 8. Jh.

Nahe beim Museumsdorf befindet sich das **Restaurant** *An Chistin* sowie das *IHH Malinbeg* **Hostel** (im Örtchen Malinbeg, 5 km südwestlich, Tel. (074) 9730006). *Roarty's Bar,* die *Glen Head Tavern* und *Biddy's Crossroad Bar* haben *Live Music* im Angebot. Weiterhin gibt es einige B & B.

Ardara

↗ II/A3

Weiter geht es von Glencolumbkille über schmale, unklassifizierte Straßen in Richtung Ardara. Ab und an erkennt man nahe der Straße die traditionellen **strohgedeckten Cottages,** die auch heute in diesem armen Landstrich noch immer bewohnt sind.

Die Straße windet sich in Haarnadelkurven den Berg hoch, rechts und links bestanden von einem dichten Nadelholzwald. Dieser Streckenabschnitt ist der **Glengesh-Pass,** der über die Common Mountains führt. Am höchsten Punkt hat man einen atemberaubenden Blick in das tief unten liegende Tal von Ardara, und in engen Serpentinen führt die Straße extrem steil nach unten.

Ardara (500 Einwohner) gilt als das Zentrum für den berühmten **Donegal-Tweed;** in etlichen Crafts Shops kann man sich mit dem edlen Tuch eindecken, und in den Webereien hat der Besucher die Möglicheit, beim Produktionsprozess zuzuschauen.

Ardara hat auch einen guten Namen für **Folk Sessions,** *Local Hero* der örtlichen Musik-Szene ist der mehrfache irische Fiddler-Champion *John Gallagher,* der 1923 in Ardara geboren wurde und noch immer ab und an in den Pubs des Örtchens aufspielt.

Unterkunft

- **Nesbitt Arms Hotel,** Main Street, Tel. (074) 41103, Fax 41895, nesbitta@indigo.ie, DZ 80 €;
- **Bennett Family,** Bay View Country House, Portnoo Road, Tel./Fax (074) 9541145, chbennett@eircom.net, DZ 54 €;
- **Mrs. Fiona Breslin,** Donegal Road, Tel./Fax (074) 9537777, DZ 54 €;
- **Mrs. Eva Friel,** Thalassa Country Home, Narin, Tel. (074) 9545151, DZ 54 €.

Restaurants & Pubs

- **Woodhill House,** Tel. (074) 9541112, gutes Restaurant in einem alten Country-Haus, ca. 300 m vom Ortszentrum, exzellente Gerichte, umfangreiche Weinkarte, schöne Ausblicke auf die Highlands, 25–30 €;
- **Nancy's Bar,** wohl die kleinste Kneipe Irlands, besteht seit 200 Jahren, trotz der geringen Grundfläche regelmäßig Folk Sessions, Bar Meals.

Verbindung

- **Busse von Killybegs** nur an Werktagen mehrmals am Tag.

Portnoo, Rossbeg

↗ II/A2

Von Ardara folgt die Route der R 261, biegt aber alsbald, den Ausschilderungen Portnoo und Rossbeg folgend, gen Westen ab. Die beiden kleinen Streusiedlungen haben nahebei mehrere schöne **Sandstrände,** und **Hochseeangler** können hier Bootstouren buchen.

Dunglow

↗ II/B2

Weiter der R 261 entlang, mündet diese in die N 56, und es geht Richtung Norden zum Städtchen Dunglow (900 Einwohner), das sich stolz die Hauptstadt der Rosses – so heißt die raue, naturbelassene Landschaft der Umgebung – nennt. Geschäfte reihen sich beiderseits der sehr langen Hauptstraße.

Ende Juli/Anfang August geht es beim **Festival Mary of Dunglow** hoch her; in den Pubs ist die Sperrstunde aufgehoben, überall in den Straßen wird musiziert und getanzt, und zum Abschluss steht die Wahl der *Miss Dunglow* an. Das Städtchen hat nicht sonderlich viel Atmosphäre, und, sieht man einmal von dem Festival ab, das nur ins Leben gerufen wurde, um den Fremdenverkehr zu fördern, keinerlei Attraktionen.

Typisches Straßenbild

094ir Foto: hg

Burtonport

↗ II/A2

Interessanter ist da schon der kleine Hafenort Burtonport, der nach 8 km auf der R 259 erreicht ist. Angeblich werden an keinem anderen Pier in Irland mehr Lachse und Hummer umgeschlagen als in Burtonport – schaut man auf den wahrhaft **winzigen Hafen,** so kommen Zweifel an dieser Behauptung auf.

Ein Bier oder ein Pub Grub lohnen in der **Hafenkneipe** *Skipper's Tavern.* Im **Restaurant** *Lobster Pot* gibt es frische Meeresfrüchte ab 10 Euro aufwärts, und direkt am Pier sorgt das B & B *McGinley* für **Unterkunft.**

Aranmore-Insel

↗ II/A2

Burtonport ist Ausgangspunkt für eine Überfahrt zu der Aranmore-Insel; eine kleine **Autofähre** verkehrt je nach Saison bis zu achtmal am Tag hin und zurück (sonntags nur viermal), die Mitnahme des Wagens auf das 10 km² große Eiland lohnt jedoch nicht. Mit rund 1000 Einwohnern ist die Insel recht dicht besiedelt, doch konzentrieren sich die Häuseransammlungen an der Südostküste. Die westlichen und nördlichen Regionen sind sehr einsam.

Den besten Aussichtspunkt auf die Klippen und das Meer hat man vom **Leuchtturm,** der am nördlichen Zipfel des Eilands die Schiffsrouten sichert, nahebei erstreckt sich auch einer der schönsten Strände. Einmal rund um die Insel führt ein **Wanderweg,** für den man bis zu fünf Stunden einplanen muss, und vor der Südküste liegt das **Vogelschutzgebiet** Green Island. **Getränke** und **Mahlzeiten** bietet *Bonner's Ferryboat Restaurant,* das auch gleichzeitig ein B & B ist, Tel. (074) 9520532. **Unterkunft** findet man ebenfalls im *Aramore Hostel,* Leabgarrow, Tel. (074) 9520015.

Crolly

Von Burtonport führt die R 259 in einem großen Bogen zu der unattraktiven Streusiedlung Crolly.

Am Beginn des Weilers, von Burtonport kommend, ist **Leo's Tavern** ausgeschildert, die Attraktion des Ortes. Der berühmteste Pub von Donegal wird von *Leo Brennan,* dem Vater von drei Mitgliedern der Folkrock-Gruppe *Clannad* geführt. Mitte Juli, zur Jack's Fair, gibt es das Beste an Musik weit und breit, auch zu anderen Zeiten verspricht ein Schild: *Live Music Every Night, Home of Good Music, Bar Snacks and Seafood.* Noch ein Geheimtipp ist bei Crolly das *Screag an Iolair Centre* (Creative Arts Centre), ein **Hostel,** 5 km von Crolly und 8 km von Dungloe gelegen; ideal zum Bergwandern; genaue Adresse: *An Tor, Crolly,* Co. Donegal, Tel. (075) 954 8593, bei Anruf wird man abgeholt.

Traumstrand im hohen Norden

Tory Island

↗ II/B1

Von Crolly geht es über die R 257 nach **Bunbeg,** entlang der Straße reihen sich endlos die Flachbauten mit B & B-Unterkünften aneinander.

Vom Pier *Magheraroarty* bei der winzigen Ortschaft Min Larach (s.u.) verkehrt die *Tormore,* der *Donegal Coastal Cruises,* die 72 Passagiere befördern kann, nach Tory Island. Auskünfte bekommt man unter Tel. (074) 9531340. Der Pier ist von der oberhalb der Küste verlaufenden Straße recht gut zu erkennen. Auch vom Weiler Bunbeg, der etwa 15 km südlich vom Magheraroarty-Pier liegt, unterhält die Reederei eine **Fährverbindung** zu Tory Island.

Auf das 200 Seelen zählende Eiland verirren sich nur wenige Besucher, zwei Häuseransammlungen – **East Town** und **West Town** – haben einige wenige Food Stores, ein paar Bed & Breakfasts sowie das 14-Zimmer-Hotel *Ostan Thoraig* (West Town, Tel. (074) 9135920, DZ 100 Euro). Im Winter, wenn der Atlantik im Tory-Sund tobt und hohe Brecher an die Klippen der Südwestküste anbranden, kann die Verbindung zum Festland manchmal wochenlang nur per Hubschrauber gehalten werden.

095ir Foto: hg

Insel Inishbofin ↗ II/B1

Weiter geht es von Bunbeg entlang der R 257 nach Norden; der Zipfel, der hier ins Meer ragt, wird **Bloody Forehead** genannt, da während des abendlichen Sonnenuntergangs die Felsen rötlich schimmern sollen.

Bald ist nun **Gortahork** erreicht, wieder eine der vielen Streusiedlungen im County Donegal.

Wenige Kilometer nordwestlich des Örtchens befindet sich an einem langen Sandstrand beim Weiler *Min Larach* der Magheraroarty-Pier. Hier kann man mit den Fischern eine **Überfahrt zur Insel** Inishbofin (nicht zu verwechseln mit dem gleichnamigen Eiland in der Beschreibung von Tour 6) aushandeln. Der kleine Felsbuckel im Meer ist nur während der Sommermonate von etwa 40 Personen bevölkert, deren Haupteinnahmequelle der Fischfang ist. Es gibt keine Geschäfte oder Unterkünfte auf dem Eiland. Wer mehrere einsame Tage dort verbringen möchte, decke sich mit Campingartikeln und Verpflegung ein.

Dunfanaghy ↗ II/B1

Von Gortahork führt die N 56 entlang der Küste zu dem Dörfchen Dunfanaghy, ebenfalls ein typischer Donegal-Weiler. Über eine sechs Kilometer lange Stichstraße gelangt man vorbei an Mooren zu den 200 m hohen **Klippen von Horn Head.** Weiter der N 56 folgend und vorbei am Ards Forest Park – ein Abstecher lohnt sehr –, führt ab dem Örtchen Creeslough die R 245 nach **Carrickart.** Hier beginnt der ausgeschilderte *Atlantic Drive.*

Atlantic Drive

Die 12 km lange Panoramastrecke sollte man unbedingt mit dem **Fahrrad** entdecken. (Vermietung bei *Charlie Coyle,* leider ist das Rent-a-Bike-Büro nicht leicht zu finden: 2 km vor Carrickart liegt an der R 245 von Süden kommend auf der rechten Seite das kleine weiße Haus von Mr. *Coyle;* ein besserer Orientierungspunkt ist die schräg gegenüber gelegene Autowerkstatt mit Tankstelle, hier bekommt man freundlich Auskunft).

Über die R 248 geht es nach **Downings,** während der Fahrt hat man gute Ausblicke aufs Meer und die gegenüberliegende Fanad-Halbinsel. Am schönen Strand von Downings verschandeln die endlosen, tiefgestaffelten Caravansiedlungen für die nordirischen und englischen Touristen das Landschaftsbild jedoch beträchtlich.

Ein Stückchen hinter Downings achte man auf das nach links in eine Stichstraße weisende Schild **„Singing Pub“,** in der Taverne gibt es regelmäßig Folk Sessions. Ca. 3 km weiter sorgt die An-Oige-Jugendherberge *Tra na Rosann,* Downings, (Tel. 074) 9155374) für **Unterkunft,** ein schöner Sandstrand liegt direkt vor der Haustür.

2 km weiter taucht ein weiterer einladender, weißer Strand auf, den man jedoch unbedingt meiden sollte, eine große Warntafel weist auf die Gefah-

ren hin. Schon der gälische Name *Boveeghter* – **Mörderloch** – spricht eine mehr als deutliche Sprache, gefährliche Strömungen ziehen selbst den guten Schwimmer auf das offene Meer.

Wenige Meter weiter ist die Trasse zu Ende und zum **Melmore Head,** dem nördlichsten Zipfel der Halbinsel, geht es nur per pedes weiter.

Fanad-Halbinsel ↗ III/C1

Rathmelton ↗ III/C2

Zurück in Carrickart, führt die R 245 über Millford nach Rathmelton – und hier beginnt der 80 km lange, ausgeschilderte **Fanad Drive,** die Rundfahrt auf der Fanad-Peninsula. Man sollte unbedingt der hier vorgeschlagenen Route folgen. Zwar könnte man schon von Millford gen Norden und im Uhrzeigersinn den Fanad Drive befahren und damit einige Kilometer einsparen, doch dagegen spricht ein Grund, der sich allerdings erst während der Tour offenbart.

Rathmullan ↗ III/C2

Von Rathmelton geht es entlang der R 247 zum Örtchen Rathmullan, das mit seiner netten Häuserreihe entlang der Seefront recht heimelig und gemütlich wirkt. Zum Schwimmen und Baden eignet sich der Strand leider nicht, da zwei Abwasserrohre den Unrat des Dorfes hier ins Meer leiten.

Ca. 2 km vor dem Ortseingang lockt das *Water Edge Restaurant* mit seinen guten Meeresfrüchten, und in *Murray's Bar* kann man seinen Durst löschen. Am winzigen Hafen befindet sich das *Pier Hotel* und daneben der Pub *The Coachman's Inn.* Mitten im Ort ragt die **Ruine eines Klosters** auf, das im Jahre 1508 für den Karmeliterorden errichtet, aber schon 1595 geplündert wurde. Danach diente es als Armeeunterkunft, und ab 1618 residierte ein Bischof in den Gemäuern.

In der kleinen Befestigungsanlage am Hafen macht das *Heritage Centre* „The Flight of the Earls" mit der Geschichte des hohen Nordens und den Ursprüngen des Nordirland-Konfliktes bekannt.

Portsalon ↗ III/C1

Weiter führt nun eine unklassifizierte Straße in Richtung Portsalon zu. Die Straße ist auf den ersten Kilometern dicht mit Bäumen bestanden, so dass kaum Blicke auf das Meer möglich sind. Dann jedoch geht es steil bergauf, und die Trasse folgt dem Küstenverlauf – nun hat man eine gute Aussicht auf die See und die gegenüberliegende Inishowen-Halbinsel.

Sechs Kilometer vor Portsalon biegt man dann um eine Felsnase, und dem Fahrer bietet sich ein wahrhaft atemberaubender **Ausblick:** Tief unten leuchtet ein mehrere Kilometer langer, elegant geschwungener **Sandstrand** vor den türkisblauen Fluten. Eine Ausbuchtung am Straßenrand sorgt dafür, dass man in Ruhe diesen landschaftli-

099ir Foto: hg

chen Höhepunkt betrachten kann. Wäre man die Strecke in umgekehrter Richtung gefahren, hätte man diese Aussicht höchstwahrscheinlich nicht bemerkt. Das Gestade ist sicherlich das schönste von ganz Irland.

In Serpentinen windet sich die Straße steil nach unten; am Strand angekommen, weist ein Schild den interessierten Besucher darauf hin, dass hier regelmäßig die Beschaffenheit des Wassers mittels Analyseproben kontrolliert wird.

Ein Stückchen weiter dann ist das winzige, aber sehr freundlich wirkende Dörfchen **Portsalon** erreicht, das am Ortseingang einen kleinen Strand mit zugehörigem Picknickplatz sowie einen Neun-Loch-Golfplatz zu bieten hat. Am Pier von Portsalon befinden sich ein weiterer kleiner und geschützter Strand sowie das Pier Restaurant und das immer noch grandios anzuschauende, allerdings völlig verfallene ehemalige Strandhotel. Seltsamerweise stört die Ruine das Gesamtbild überhaupt nicht.

In Portsalon können kleine Ferienhäuschen gemietet werden, aber auch einige B & B sind vorhanden.

Fanad Head

↗ III/C1

Weiter geht es gen Norden auf unklassifizierten Straßen und vorbei an einem Café. Nach ca. 6 km weist eine Ausschilderung nach rechts, und es geht ungefähr 1,5 km eine Schotterpiste entlang zu dem *The Arch of Doaghbeg* genannten, riesigen Felsbogen, der an der Steilküste in der Brandung steht. Wenige Minuten Fahrt, und man gelangt zum Fanad Head, der mit einem Leuchtturm bewehrt ist.

Wer **Hunger** oder **Durst** verspürt, kann nahe dem Leuchtturm in der *Lighthouse Tavern* etwas trinken oder bekommt über Mittag eine Reihe von Pub Grubs serviert.

Carrowkeel

↗ III/C1

Im weiteren Verlauf führt der ausgeschilderte Fanad Drive wieder nach Süden zum Örtchen Carrowkeel. Kurz bevor man das Dorf erreicht, hat man einen guten Blick auf die Broad Water Bay und die dahinterliegende Rosguill-Halbinsel.

Carrowkeel hat das beste Musikangebot auf der Fanad-Peninsula, so z.B. in der *McGinley Bar,* nahebei das Familienrestaurant *The Village Inn.*

Letterkenny

↗ III/C2

Entlang der Küstenstraße geht es über Millford und Rathmelton nun „in einem Rutsch" über die R 245 nach Letterkenny, dem ökonomischen Zentrum des County Donegal.

Die über 8000 Einwohner zählende Stadt und damit die Metropole Donegals eignet sich gut als Standquartier, um das Inland oder den Norden zu erkunden. Sehenswürdigkeiten gibt es keine, und die Stadt hat auch wenig Atmosphäre.

Am Fanad Head

098ir Foto: hg

Das mag vielleicht an der **extrem langen Hauptstraße** liegen, an der rechts und links die Häuser und Geschäfte aufgereiht sind. Aus der Not eine Tugend machend, brüstet sich Letterkenny, die längste Main Street aller irischen Orte zu haben – was mit Sicherheit keine Lüge ist!

Alljährlich im Juli startet in Letterkenny die **Donegal International Motor Rally,** zu der alle Tourenwagenbegeisterten pilgern, und im August findet das **Letterkenny International Folk Festival** statt, zu dem auch ausländische Interpreten immer gerne kommen.

Auf der Fanad-Halbinsel

Tourist Office

- Blaney Road, Tel. (074) 9121160.

Unterkunft

- **Silver Tassie Hotel,** Ramelton Road, Tel. (074) 9125619, Fax 9124473, silvertassie@eircom.net, DZ 110 €;
- **Mrs. Elizabeth Cullen,** Ardlee, Gortlee, Tel./Fax (074) 9121943, lizcullen@eircom.net, DZ 53 €;
- **Mrs. May Herrity,** Town View, Leck Road, Tel. (074) 9121570, townview@eircom.net, DZ 53 €;
- **Mrs. Maureen McCleary,** Glencairn House, Ramelton Road, Tel. (074) 9124393, glencairn@hotmail.com, DZ 53 €;
- **Mrs. Leonie McClosky,** Blackwood House, Ramelton Road, Tel. (074) 9126346, blackwood@eircom.net, DZ 53 €;
- **Mrs. Philomena Mc Daid,** Larkfield B & B, Drumnahoe, Tel. (074) 9121478, philomena21478@hotmail.com, DZ 53 €.

Restaurants

- **The Lemon Tree Restaurant,** Lower Main Street, freundliches und gemütliches Lokal mit Hauptgerichten zwischen 15 und 20 €;
- **Pat's on the Square,** Market Square, dort wo Upper und Lower Main Street aufeinanderstoßen, für irische Verhältnisse gute Pizzen zwischen 9 und 12 €;
- **The Yellow Pepper Restaurant,** kleines Billigrestaurant in der Lower Main Street.

Pubs

- **Cottage Bar,** Upper Main Street, neben der Post, regelmäßig Live Music;
- **McGinley's,** Lower Main Street, sehr gemütliche Pub-Atmosphäre um den runden Tresen, beliebteste Kneipe im Örtchen, regelmäßig Live Music;
- **The Cavern,** Lower Main Street, in der Saison spielen hier regelmäßig Bands jeglicher Couleur auf.

Verbindung

- **Busse** mehrmals täglich von Dublin, Cork, Limerick, Sligo, Donegal und Galway.

Glenveagh-Nationalpark

Nordwestlich von Letterkenny, erreichbar über die R 250 und R 251 (ausgeschildert), erstreckt sich rund um den Lough Veagh der erst 1986 eingeweihte und 10.000 ha große Glenveagh-Nationalpark und lockt mit seiner reichen Vegetation die Besucher an. Naturlehrpfade und viele Wanderwege durchziehen das geschützte Areal. Im **Visitor's Centre,** am Nordostende des Lough Veagh, bekommt man Informationen zur Flora und Fauna. Vorsichtshalber sollte man bei Touren in die Umgebung das Ziel und die ungefähre Rückkehrzeit im Visitor's Centre hinterlassen.

3 km vom Besucherzentrum entfernt liegt am Seeufer das aus dem 19. Jh. datierende **Schloss Glenveagh Castle,** dessen historische Ausstellung besichtigt werden kann. Ein kleines Café befriedigt leibliche Gelüste. Bis vor einigen Jahren gehörte das Anwesen einem Amerikaner mit irischer Abstammung, der die umgebenden Ländereien an den Staat verkaufte, Schloss und zugehörige Gärten aber dem irischen Volk stiftete (von Ostern bis Oktober 10.30–18.30 Uhr, von Juni bis August So bis 19.30 Uhr, September/Oktober Mo geschlossen).

Grianan of Aileach

Unbedingt sollte man von Letterkenny eine ca. 30 km lange **Fahrt** in Richtung Londonderry unternehmen und das Steinfort *Grianan of Aileach* – „Palast der Sonne", so die Übersetzung des gälischen Namens – besuchen. Von der Hauptstraße N 13 weist eine Ausschilderung nach rechts, und über ein 5 km langes Sträßchen erreicht man die eindrucksvolle Befestigungsanlage.

Der Glenveagh-Nationalpark

Die gepflegten Gartenanlagen von Schloss Glenveagh mit ihren vielen **exotischen Pflanzen** stehen im starken Kontrast zu der umgebenden Bergwelt des Nationalparks. Die Hügelflanken und die Täler sind mit Torfmoosen und Heidekräutern bewachsen, während des Frühjahrs und auch im Sommer geben die blühenden Pflanzen dieser eintönig grünen Decke eine Menge Farbtupfer, dann erstrahlen der Blutwurz *(Potentilla erecta)* und die Moorlilie *(Narthecium ossifragum).* Drei kleine Regionen des Nationalparks sind mit Eichen und Birken bewaldet, ein gezieltes Aufforstungsprogramm ist im Gange. Zwischen den Bäumen wächst Hautfarn *(Hymenophyllum).*

Reich ist die **Vogelwelt,** Kolkraben *(Corvus corax)* und Moorschneehühner *(Lagopus scoticus)* sind in dieser Bergkette heimisch. Geübte Ornithologen erkennen aber auch den Wanderfalken *(Falco peregrinus),* den *Merlin (Falco columbarius),* Wiesenpieper *(Anthus pratensis)* und das Schwarzkehlchen *(Saxicola torquata).* Seit langem äst hier auch die größte Population an Rotwild der Art *Cervus elaphus;* schon seit dem 19. Jh. schützt die Tiere ein fast 50 km langer Zaun.

Im Lough Veagh tummeln sich viele **Fische,** vor allem *Seeforellen (Salmo trutta lacustris),* geringer ist der Bestand an Meerforellen *(Salmo trutta trutta),* doch selbst Lachse *(Salmo salar)* sind vorhanden. Das Angeln ist erlaubt, allerdings nicht vom Ufer aus, sondern nur vom Boot.

Die runde **Steinmauer** ist 4 m dick und 5 m hoch und entstand wahrscheinlich im 1. oder 2. nachchristlichen Jahrhundert. Vom 5. Jh. dann diente Grianan für 700 Jahre als Sitz der lokalen Könige und wurde im 12. Jh. vom Herrscher von Munster als Rache für den Angriff auf seinen Königssitz zerstört. Wie die **Legende** überliefert, befahl er seinen Mannen, dass jeder einen Stein mitnehmen müsse. 1870 renovierte ein gewisser *Dr. Bernhard* aus Derry mit viel Engagement das Ringfort. Ihm verdanken wir die heute intakte Anlage.

Von den Mauern des Ringforts hat man einen **fantastischen Ausblick** auf die grüne, leichtgewellte Hügellandschaft, dann weiter über den Lough-Swilly-Fjord bis zur Fanad-Halbinsel.

Von hier aus nun ist es nur noch ein Katzensprung bis nach **Derry,** ins krisengeschüttelte **Nordirland.**

Glenties

Zurück zum Ausgangspunkt der Tour nach Donegal, geht es von Letterkenny nun die R 250 in Richtung Südwesten vorbei an einer grünen Hügellandschaft auf das sympathische Dörfchen Glenties (800 Einwohner) zu. Glenties ist in der Vergangenheit mehrfach zum saubersten Örtchen der Region gekürt worden, so teilt es das Ortseingangsschild *(Glenties Tidy Town Winner)* dem Besucher mit.

Attraktion ist das **Museum and Heritage Centre** (Juni bis September Mo–Fr 11–13, 14.30–17 Uhr, Sa/So 14.30–

100ir Foto: hg

18 Uhr), das eine Vielzahl von interessanten Exponaten zur lokalen Kulturgeschichte aufbewahrt.

Unterkunft

- **Highland Hotel**, Tel. (074) 9551111, Fax 9551564, highlandhotel@eircom.net, DZ 93 €;
- **Mrs. Marguerite McLoone,** Marguerite's, Lower Main Street, Tel. (075) 9551699, mcloones@eircom.net, DZ 53 €;
- **Mrs. Mary Ita Boyle,** Avalon, Glen Road, Tel./Fax (075) 9551292, miboyle@eircom.net, DZ 53 €.

Restaurants & Pubs

- **Malloy's,** während der Saison fast täglich Live Music, der Bar ist der *Limelight Club* angeschlossen, zu dem an jedem Wochenende die Jugendlichen aus der gesamten Umgebung strömen;
- Restaurant vom **Highland Hotel;**
- **Paddy's Bar,** guter Pub Grub, Folk.

Verbindung

- **Bus von Killybegs** verkehrt werktags mehrmals täglich.

Das Steinfort Grianan of Aileach

Tour 8: Entlang des River Shannon

Überblick

Diese Tour führt entlang der schiffbaren Strecke des Shannon durch die **zentrale Kalksteinebene** der Insel. Landschaftliche Höhepunkte darf man nicht erwarten; die Region ist fruchtbar und grün, auf Dauer damit aber auch eintönig und langweilig. Vorbei an kleinen Örtchen rechts und links des Shannon passiert man die beiden einzig bemerkenswerten Städte **Carrick-on-Shannon** und **Athlone.**

Mit dem Auto oder mit öffentlichen Verkehrsmitteln lohnt es sich nicht, diese Streckentour abzufahren. Die Region bietet nur demjenigen etwas, der **mit dem Kabinenkreuzer** auf dem Shannon und den vielen Seen kreuzen möchte.

Der Shannon

Mitten durch die zentrale irische Kalksteinebene (wegen der zahlreichen Seen auch die **irische Seenplatte** genannt) und vorbei an sattgrünen Feldern und Wiesen schlängelt sich der längste Fluss Irlands, der Shannon, bis er hinter Limerick in den Atlantik mündet. In seinem Verlauf bildet er Hunderte von kleinen Seitenarmen und verbreitert sich an mehreren Stellen zu großen Seen; von Nord nach Süd: Lough Allen, Lough Key, Lough Boderg, Lough Bofin, Lough Forbes, Lough Ree und Lough Derg.

Im Verlauf der Historie kämpften die einzelnen Stämme immer wieder um die Herrschaft über diese Wasserstraße, die Wikinger zogen mit ihren Booten entlang des Shannon zu Raubzügen ins Hinterland aus, die Anglo-Normannen und später die Briten sicherten sich ebenfalls mit Waffengewalt die Kontrolle über den Fluss und seine Seen. Im Jahre 1925 verabschiedete die Regierung des erst wenige Jahre unabhängigen Irlands die *Shannon Bill,* mit der der Fluss zur Energiegewinnung genutzt werden sollte, um dem Import britischer Kohle zu entgehen.

Der Shannon entspringt im County Cavan, im so genannten *Shannon Pot,* und ist bis zu seiner Mündung bei Limerick 368 km lang; die Quelle liegt 152 m über NN. Auf den ersten 15 km bis zum Lough Allen beträgt der Höhenunterschied 104 m, von Drumshanbo bis Killaloe fällt die Wasserstraße nur um 18 m ab, und von Killaloe bis Limerick beträgt das Gefälle 30 m. Von Drumshanbo im Norden bis Killaloe im Süden kann der Fluss von Booten befahren werden; rechnet man alle Seitenarme und die Seen zusammen, so kommt der Hobbykapitän auf eine Gesamtstrecke von 1800 km, die mit dem Kabinenkreuzer zu entdecken sind.

Bootsfahrt von Nord nach Süd

Modalitäten

Die einzigen nennenswerten Städte sind Carrick-on-Shannon und Athlone. Hier kann man auch Kabinenkreuzer mieten, ein Motorbootführerschein ist nicht erforderlich, das Mindestalter muss jedoch 21 Jahre betragen. Es empfiehlt sich aber vor allem während der Hauptsaison, bereits in Deutschland ein Boot gebucht zu haben. Auf einer kleinen Probefahrt wird man in alle technischen Details eingeweiht und bekommt eine detaillierte Karte, auf der Tankstellen, Anlegeplätze, Untiefen, Schleusen, Pubs und Restaurants eingezeichnet sind. Die besten Stützpunkte für Bootsanmietungen sind wegen ihrer günstigen Lage und der damit verbundenen vielen Möglichkeiten, unterschiedliche Regionen kennenzulernen, die Orte Banagher und Athlone.

Routen

Je nach Übergabeort des Bootes und nach Zeit lassen sich die folgenden Touren unternehmen:

- **Von Carrick-on-Shannon** hat man die Möglichkeit, den Lough Key zu erkunden, interessanter noch ist es, durch den Lough-Allen-Kanal entlang der Ufer des Allen-Sees zu kreuzen; gen Süden geht es in den Lough Boderg, wo eine Fahrt auf dem teilweise schiffbaren Mountain River lohnt. Abwechslungsreich ist auch die kanalisierte Strecke über den Lough Bofin bis in den Lough Ree.

● **Von Athlone** nach Norden geht die Fahrt ebenfalls in den Lough Ree, nicht versäumen sollte man einen Besuch auf Hare Island. Die meisten Skipper aber wird es von Athlone gen Süden nach Clonmacnoise, der berühmten frühchristlichen Klostersiedlung, ziehen.
● Das Örtchen **Banagher** liegt günstig sowohl für Fahrten über Clonmacnoise nach Norden in den Lough Ree als auch gen Süden in den Lough Derg.
● Von **Killaloe** geht es in den Lough Derg, wo der sicher schönste Anlegeplatz am Örtchen Garrykennedy liegt (häufig überfüllt).

Drumshanbo

↗ VIII/A2

Sehr schön am Südende des Lough Allen liegt das kleine Dorf Drumshanbo (500 Einwohner) mit seinem heimeligen Ortskern. Alljährlich im Juni findet ein **Tanz- und Folk-Festival,** das *Drumshanbo Festival of Irish Traditional Music, Song and Dance* auf den Straßen und in den Pubs statt. Dann liegen die Kabinenkreuzer in dichten Reihen am Anlegeplatz.

Wer nach mehreren Tagen auf dem engen Boot nach körperlicher Ertüchtigung sucht, sollte mit dem Fahrrad von Drumshanbo auf der ausgeschilderten, 48 km langen **Leitrim Scenic Lakeland Tour** den Lough Allen entgegen dem Uhrzeigersinn umrunden. Die Strecke führt sehr schön an den Gestaden des Sees entlang.

Unterkunft

● **Mrs. Mairin Heron,**
Fraoch Ban, Corlough, Tel. (078) 41260, fraochban@eircom.net, DZ 54 €;
● 2 km außerhalb Richtung Carrick kann man nahe dem See kleine **Cottages** mieten.

Pubs/Restaurants

● **Berry's Tavern,** High Street, gemütlicher Pub;
● **Conway's,** The Square, gemütlicher Pub, erste Adresse für irische Live Music im Ort;
● **Bistro The Gallery,** High Street, serviert kleine Snacks sowie Pizzen, bis 10 €.

Verbindung

● **Bus** von Sligo nur werktags;
● **Busse** von Dromod und Carrick-on-Shannon nur an Werktagen.

Leitrim

↗ VIII/A3

Entlang der R 281 geht es gen Süden; nach wenigen Minuten Fahrt ist der Weiler Leitrim erreicht. Das Straßendörfchen wird von einem **Kanal** durchflossen, dessen Bootsverkehr man vom unmittelbar daneben gelegenen Pub *G. W. Carthy* beobachten kann.

Carrick-on-Shannon

↗ VIII/A3

Schnell ist nun Carrick-on-Shannon (2000 Einwohner) erreicht. Der Administrationssitz des County Leitrim und die große Marina sorgen für den sichtbaren Wohlstand im gepflegten Örtchen. Eine alte Steinbrücke führt über den Shannon, und eine Reihe von Kunsthandwerksgeschäften und Anglerausrüstungsläden, kleinen Food Stores, Pubs und Restaurants machen Carrick zu einem **Zentrum der Freizeitkapitäne.**

103ir Foto: hg

River Shannon

Ein Kuriosum ist die winzige, 4,80 m lange und 3,60 m breite, 17 m² große **Costello Memorial Chapel** an der Ecke Bridge Street/Main Street. *Edward Costello,* ein Bürger Carricks, ließ 1877 diese Kapelle im Gedenken an seine im Alter von 46 Jahren verstorbene Frau errichten. Links im Boden eingelassen und mit einer Glasplatte bedeckt, ruht die Gemahlin in einem Sarg, rechts liegt der Gatte, der im Jahre 1891 das Zeitliche segnete. Angeblich ist die Kapelle die zweitkleinste der Welt (der Besucher bekommt jedoch leider nicht mitgeteilt, wo die kleinste steht).

Die Marina von Carrick-on-Shannon

Tourist Office

- Nahe der Brücke über den Shannon an der Marina, Tel. (078) 20170.

Unterkunft

- **Bush Hotel**, Main Street, Tel. (071) 9671000, Fax 9621180, info@bushhotel.com, DZ 110 €;
- **Aisleigh Guest House,** Dublin Road, Tel. (071) 9620313, Fax 9620675, aisleigh@eircom.net, DZ 80 €;
- **Mrs. Ruth Cashill,** Hartley, Tel. (071) 9650883, www.hartleylodge.com, DZ 65 €;
- **Mrs. Jeanette Conefrey,** Canal View House, Keshcarrigan, Tel. (071) 9642056, Fax 9642261, DZ 64 €, canalviewcountryhome@eircom.net;
- **Mrs. Elizabeth Geoghegan,** Acorn House, Macken Lane, Leitrim Village, Tel./Fax (071) 9621284, acornhse@eircom.net, DZ 56 €.

117ir Foto: hg

Guinness-Fässer vor einem Pub

Restaurants

- **Vitto's, Italian Restaurant & Bar,** Bridge Street, Tel. (071) 9627000, im Ortszentrum, Carricks bestes Lokal, ambientereich, hell und gemütlich, Pizzen, Pasta, Risottos und Grillgerichte, 10–22 €.
- **Chung's Chinese Restaurant,** Main Street, preiswertes chinesisches Restaurant;
- **Coffey's Pastry Case,** Bridge Street, homemade meals, preisgünstige Snacks.

Pubs

- **Anchorage Bar,** Bridge Street, beliebt beim Jungvolk von Carrick;
- **The Oarsman,** Bridge Street, *established 1879,* unten ein Pub, oben das gute *Boat House Restaurant* mit Gerichten von 10 bis 19 €, auch vegetarische Speisen;
- **Burke's Singing Pub,** Bridge Street, gemütliche Kneipe, regelmäßig Folk;
- **Cryan's,** Bridge Street, Traditional Music Bar, mit angeschlossenem Restaurant, es gibt auch vegetarische Speisen, Gerichte zwischen 11 und 20 €;
- **Dunnes Bar,** Main Street, mit Biergarten und regelmäßiger Live Music;
- Internetcafé **Gartlan's Cyber Café,** Bridge Street.

Verbindung

- **Busse** mehrmals täglich von Dublin, Sligo, Dromod, Galway, Athlone.

105ir Foto: hg

River Shannon

Am kleinen Yachthafen von Dromod

Dromod und Roosky ⇗ VIII/A3

Über die N 4 geht es weiter nach Süden; am Lough Bofin passiert man dabei die beiden winzigen Siedlungen Dromod und Roosky. Ca. 500 m vom Zentrum entfernt hat Dromod einen kleinen, schön angelegten Hafen, umgeben von gepflegten Grünflächen, auf denen die Bootsbesatzungen wie auch die Besucher an warmen Tagen picknicken. Die Zufahrt dahin verläuft von der Hauptdurchgangstraße bei *Cox's Bar and Steakhouse.*

Unwesentlich größer ist Roosky, wo das **Key West Hotel** die touristische Infrastruktur aufrecht erhält. Nicht mehr weit ist es bis Athlone, das am südlichen Ende des Lough Ree liegt.

Athlone ⇗ XIII/D2

Athlone ist mit 7.500 Einwohnern die größte Stadt der *Lakelands* und liegt geografisch in der Mitte der Grünen Insel. Die kleine Metropole ist das **ökonomische Zentrum** eines weiten Einzugsgebietes, Sitz einer Technischen Hochschule und verfügt über einige sehr gute Restaurants. Die sehr befahrene N 6, Verbindungsstraße zwischen Dublin und Galway, führt mitten durch den Ort, der deshalb immer von Staus gequält ist. Eine Umgehungsstraße ist dringend notwendig.

Im 13. Jh. erbauten die Normannen eine starke Befestigung an dieser strategisch günstigen Stelle; drei Versuche benötigten im 17. Jh. die Truppen *Wilhelms von Oranien,* um die mächtigen Bollwerke einzunehmen. Heute befindet sich in der Festung ein **Heimatmuseum** (von Juni bis September Mo–Sa 11.30–18 Uhr). Rund um die Burg in den Straßen Main Street und Castle Street ist noch einiges an Atmosphäre zu finden.

Athlone ist Zentrum des Angler- und Bootstourismus für den größten aller Shannon-Seen, den Lough Ree. Von der Uferpromenade **Strand** kann man Bootsausflüge zur frühchristlichen Klosteranlage Clonmacnoise unternehmen oder aber auch auf einer Kreuzfahrt den Lough Ree kennen lernen.

Vom Strand erkennt man auch gut das flussabwärts gelegene, halbkreisförmige **Wehr,** an dem viele Angler in ihren Booten sitzen und fischen. Kabinenboote können dieses Wehr durch eine Schleuse durchfahren. Am Strand befindet sich auch ein gut sortierter Angler-Shop.

Tourist Office

- **Athlone Castle and Visitor Centre,** in der Burg, Tel. (090) 6494630.

Unterkunft

- **Hodson Bay Hotel,** Tel. (090) 6442000, Fax 6442020, info@hodsonbayhotel.com, DZ 110 €;
- **Mrs. Carmel Corbett,** Galway Road, Tel. (090) 6494532, Fax 6494596, DZ 64 €;
- **Mrs. Maura Duggan,** Roscommon Road, Tel./Fax (090) 6492490, DZ 64 €;
- **Louch Ree Lodge Hostel,** IHH, Dublin Road, Tel. (090) 6476738, Fax 6476477;
- **Campingplatz** *Hodson Bay Caravan and Camping Park,* Tel. (0902) 92448, auf einer Landzunge am Lough Ree gelegen, von Athlone auf der N 61 wenige Kilometer nach Norden, dann links abbiegen zum Hodson Bay Park.

Restaurants

- **Wineport Restaurant,** im Weiler Glasson, Tel. (090) 6439010, wenige Kilometer nordöstlich an der N 55, eines der besten Lokale von Athlone, gute Fleisch- und Fischgerichte, sonntäglicher Lunch 21 €, abendliches Mehr-Gänge-Dinner 34 €;
- **The Left Bank Bistro,** St. Peter's Port, Tel. (090) 6494446, unterhalb der Burg gelegen, mehrfach preisgekröntes kleines und gemütliches Bistro, bis 25 €;
- **Le Chateau,** St. Peter's Port, Tel. (090) 649 4517, Athlones bestes Restaurant direkt am linken Ufer des Shannon in einer ehemaligen Kirche, gute Weinkarte, teuerste Gerichte über 27 €;
- **Restaurant Pavarotti,** High Street, unterhalb der Burg gelegen, Pizzen und Pasta bis 10 €, ein freundliches, kleines italienisches Lokal;
- **The Olive Grove Restaurant,** Strand Street, Tel. (090) 6474517, am rechten Ufer des Shannon, gemütliches kleines Lokal, Preise zwischen 12 und 22 €;
- **Imperial Chinese Restaurant,** North Gate Street, hinter einer schlichten Hausfassade ein preisgünstiger, aber guter Chinese, um 12 €.

Pubs

- **Sean's Bar,** Main Street, an der Burg, interessantester Pub von Athlone und angeblich der älteste Irlands, seit 1630, ein langer niedriger und dunkler Raum, die Einrichtung scheint aus jenem Jahrhundert zu stammen, nach hinten ein kleiner Biergarten, von dort nur wenige Schritte bis zum Shannon, regelmäßig Folk Music;
- **The Castle Inn,** Main Street, nette Kneipe unterhalb der Burg;

106ir Foto: hg

Am Lough Ree bei Athlone

River Shannon

●**Internetcafé Techstore.ie,** 1 Payne's Lane, Irishtown.

Verbindung

●**Busse** mehrmals täglich von Dublin, Westport, Cork, Sligo, Carrick-on-Shannon, Galway und Roscommon.
●**Züge** mehrmals täglich von Dublin, Westport und Galway.

Clonmacnoise

Von Athlone geht es nun ein Stück die N 6 in Richtung Dublin, dann rechts ab in die N 62 nach Süden und bald wieder rechts ab, der Ausschilderung Clonmacnoise folgend, kommt man zu der nach Glendalough bedeutendsten **frühchristlichen Klosteranlage** Irlands, Clonmacnoise. Natürlich kann man die Entfernung auch mit dem Boot zurücklegen. Direkt unterhalb der Klosteranlage befindet sich die Bootsanlegestelle.

Landschaftlich sehr schön eingerahmt vom Shannon liegen die Ruinen oberhalb des Flusses. Um das Jahr 550 gründete der *hl. Kieran,* ein Glaubensbruder des in Irland nicht minder berühmten *hl. Kevin,* diese Mönchssiedlung, die dank ihres Abtes schnell zu einem bekannten Zentrum kirchlicher Gelehrsamkeit heranwuchs.

Glaubt man der **Legende,** so soll *Kieran* nicht nur die Menschen, sondern auch die Tiere des Waldes in seinen heiligen Bann geschlagen haben: Ein Fuchs nämlich trug ihm den Psalter, und ein Hirsch stellte dem Heiligen sein ausladendes Geweih als Lesepult für die Bibel zur Verfügung.

Natürlich blieb auch das reiche Clonmacnoise während des 9. bis 13. Jh. nicht von den Raubzügen der Wikinger und später von den Plünderungen der Anglo-Normannen verschont. Schenkt man den alten Chroniken Glauben, so plante der Wikinger-Fürst *Turgesius* gar die Ausrottung der Christenheit, ließ daher im Jahre 845 seine Frau *Ota* als Orakel auf dem Hochaltar fungieren und heidnische Bräuche zelebrieren. All dies überstand das Kloster, doch nachdem die Engländer 1552 sämtliche Kirchenschätze und das gesamte liturgische Gerät geraubt hatten, erholte sich diese geistige Stätte nicht mehr und verfiel zusehends.

Vor dem Eingang des Klosterareals breitet sich ein ehemaliges **Normannen-Kastell** aus, dessen Erdwälle noch gut erkennbar sind. Im Besucherzentrum hat man die Möglichkeit, eine Anzahl von **frühchristlichen Grabsteinen** zu bewundern, welche aus dem 8. und 12. Jahrhundert datieren und einst flach auf den Gräbern lagen. Darüber hinaus informiert das Visitor's Centre von Clonmacnoise über die Geschichte der Anlage.

Im Mittelpunkt des Komplexes ragt die **Kathedrale** auf, deren einzelne Bauteile aus dem 10–15. Jahrhundert stammen. Über dem Nordportal erkennt man neben anderen großen Kirchenmännern den *hl. Patrick.*

Östlich der Kathedrale befindet sich noch die kleine Kirche **Temple Kieran** (9. Jh.), in der sich das Grab des Klostergründers befinden soll. Im Norden des Bezirks stehen **Temple Connor,** eine aus dem 11. Jahrhundert datierende, heute protestantische Kirche, und **Temple Finian,** das aus dem 12. Jahrhundert stammende Gotteshaus mit einem an den Chor angebauten, 17 m hohen Rundturm. Ein weiterer, 18 m hoher **Rundturm,** der O'Rourke's Tower, steht frei auf dem Gelände.

Drei beachtenswerte **Hochkreuze** schmücken die Klosteranlage; das Inschriftenkreuz, das nach einhelliger Meinung von Kunsthistorikern zu den schönsten seiner Art in ganz Irland gehört, erhebt sich vor der Kathedrale. An der Westseite sieht man den Verrat von Judas, die Gefangennahme Christi, den Gekreuzigten und die Bewachung seines Grabes; an der östlichen Seite erkennt man unten, wie *König Dermot* dem *hl. Kieran* beim Kirchenbau zur Hand geht, oben tagt das Jüngste Gericht. Auf der Südseite sieht man einen Bischof sowie *David* mit der Harfe, auf der Nordseite dann einen weiteren Bischof, eine Figur mit Flöte sowie einen Falkner, am Sockel Reiter, Kriegswagen, Jäger und verschiedene Tiere. Zwei weitere Hochkreuze stehen nördlich bzw. südlich von diesem.

107ir Foto: hg

River Shannon

Der Rundturm von Clonmacnoise

Am Eingang lohnen rund 200 **Grabsteine** aus dem 8.–12. Jahrhundert einen längeren Blick, deutlich erkennt man die Unterschiede der über die Jahrhunderte entstandenen Steinmetzkunst. Häufig findet sich die eingemeißelte Formulierung „OR DO...", was soviel wie „ein Gebet für ..." bedeutet.

Außerhalb des ummauerten Klosterareals befindet sich die guterhaltene, 1167 vollendete **Nun's Church** (Nonnenkirche). Jährlich am 9. September, dem Tag des *hl. Kieran,* gibt es eine Wallfahrt nach Clonmacnoise, vor einem überdachten Freialtar zelebriert ein Priester die Messe. Das Klostergelände ist immer zugänglich, das Besucherzentrum ist geöffnet von November bis Mitte März täglich von 10–17 Uhr; Mitte März bis Mai und September/Oktober 10–18 Uhr; Juni bis Anfang September 9–19 Uhr.

Shannonbridge ⇗ XIII/D2

Von Clonmacnoise geht es weiter in südlicher Richtung zum winzigen Straßendorf Shannonbridge. Wie der Name schon sagt, überspannt hier eine schmale Brücke den River Shannon; sie ist mit einer Ampelanlage gesichert. Unterhalb der Flussüberspannung befindet sich die kleine Anlegestelle für Boote.

Gleich am Ortseingang lockt der Music Pub *Killeen's Village Tavern.*

Am westlichen Ufer befinden sich große **Befestigungsanlagen,** die von den Engländern während der napoleonischen Kriege errichtet worden waren. Heute ist dort das gute *Old Fort Restaurant* untergebracht, Tel. (090) 9674973, das hervorragende Gerichte serviert.

101irFoto: gu

Portumna ⇗ XIII/C3

Durch das **Straßendorf Banagher** (Biergarten im Pub des *Shannon Hotel,* Restaurant *The Vine House* nahebei, hier manchmal Live Music, Pubs *Flynn's* und *The Boat House Restaurant,* alles am unteren Ende der langen Hauptstraße, direkt am Shannon gelegen) geht es weiter nach Portumna, der traditionellen Marktstadt am Nordende des Lough Derg. Darüber hinaus profitiert das Örtchen vom Bootstourismus, und die Freizeitkapitäne finden hier Läden für die Selbstversorgung.

Die **Marina** von Portumna liegt etwas außerhalb des Örtchens. Die Zufahrt befindet sich bei der Tourist Information.

Nahe am Gestade des Lough Derg und oberhalb der Marina befindet sich die **Portumna Priory,** eine aus dem 15. Jh. datierende Dominikaner-Abtei, die auf den Resten einer früheren Zisterziensergründung errichtet wurde. Nicht weit entfernt steht **Portumna Castle,** kein Schloss, sondern ein im 17. Jh. erbautes Herrenhaus (nicht zu besichtigen). Um die „Burg" erstreckt sich ein Forest Park, in dem eine Rotwildherde sowie japanische Sika-Rehe äsen.

Terryglass

Nächste Station ist das Örtchen Terryglass. *Paddy's Bar* hat eine gemütliche Einrichtung und serviert einen guten Pub Grub, die Kneipe hat einen Preis für das beste Pub-Essen gewonnen; auch im Pub *The Derg Inn* lohnt die Einkehr. Wer möchte, kann einen Blick in den Crafts Shop werfen und Andenken erstehen. Die Marina liegt ca. 750 m vom kaum erkennbaren Ortskern entfernt.

Dromineer

⇗ XIII/C3

Einige Meilen weiter südlich liegt an einem Zipfel des Lough Derg das gleichfalls winzige Örtchen Dromineer mit seinem schönen Yachthafen. *The Whiskey Still* versorgt hier den Durstigen und auch Hungrigen, und im *Dromineer Bay Hotel* gibt es ein richtiges Restaurant.

Garrykennedy

Garrykennedy, wiederum einige Kilometer weiter südlich, hat sicherlich die schönste Marina von allen Shannon-Orten zu bieten, und die ist dementsprechend oft überfüllt. Direkt am Hafen locken die Pubs *Larkin's* und *Ciss Ryan's*, beide immer mit Freizeitkapitänen überfüllt – damit ist die Angebotspalette von Garrykennedy dann aber auch schon erschöpft.

Killaloe

⇗ XVIII/A1

Letzte Station der Shannon-Reise ist nun Killaloe, hier endet die Schiffbarkeit des Shannon. Das Städtchen hat eine große Marina sowie sämtliche Versorgungsstationen für den Bootstourismus, ist jedoch trotz allem wenig attraktiv. Eine alte Steinbrücke führt über den Shannon und verbindet die beiden Teile von Killaloe.

The Anchor Inn, an einem Ende der Flussüberspannung, bietet manchmal Live Entertainment. Auf der gegenüberliegenden Flussseite besitzt das *Lakeside Hotel* ein gutes Restaurant.

Tour 9: Nordirland

Überblick

Erste Station der rund **500 km langen Tour** ist die Stadt Derry, von den protestantischen Bürgern **Londonderry** genannt, und von dort geht es hoch an die nordirische Küste zu den beiden kleinen, nur wenige Kilometer auseinanderliegenden Seebädern Portstewart und Portrush. Die berühmte Whiskey-Destille von Bushmills nahebei wird sicherlich kein Besucher auslassen, gleiches gilt für eines der spektakulärsten Naturwunder auf der gesamten Insel, für den Giant's Causeway, den Damm der Riesen, auf dem, glaubt man der Legende, einmal die sagenumwobenen Figuren der irischen Mythologie trockenen Fußes hinüber nach Schottland spazieren wollten. Weiter führt unsere Fahrt entlang landschaftlich interessanter Plätze die Küste hinunter Richtung Süden und vorbei an einer ganzen Reihe von weiteren Städtchen am Meer, bis schließlich Belfast erreicht ist, die Hauptstadt Nordirlands. Nach einer ausgedehnten Besichtigungstour der Kapitale geht die Fahrt durch das Landesinnere, und ehe man sich versieht, ist das Territorium der Republik Irland wieder erreicht.

Derry

↗ III/C2

Von Letterkenny aus, hoch oben im Norden der Republik Irland, machen wir uns auf, über die N 13 in das seit Jahren krisengeschüttelte Nordirland hinein nach Derry. Zollkontrollen gibt es keine, und ehe man sich versieht, ist die Grenze passiert, und die Vororte von Derry sind errreicht. Die Stadt liegt am südlichen Ende vom **Lough Foyle,** dort, wo der gleichnamige Fluss sich zu einem Mündungstrichter verbreitet und in den großen Meeresfjord fließt.

Derry, das von den britischen Besatzern Londonderry getauft wurde, ist Irlands viertgrößte Stadt und nach Belfast die bevölkerungsreichste in Nordirland. Zwei Drittel der Bewohner sind Katholiken.

Geschichte

Der gälische Name der Metropole lautete einmal *Daire Calgaigh* – Eichenwald von Calgaigh – und ging auf einen frühen keltischen Helden zurück, der seine Mannen in eine siegreiche Schlacht geführt hatte. Diese Bezeichnung war noch in Gebrauch, als der heilige *Columban* um 546 hier ein Kloster gründete. Im 10. Jh. dann benannten die Siedler den Flecken um in *Doire Cholmcille.*

Wie in vielen anderen Städten in Irland auch, hatten die Bewohner unter den raubgierigen **Wikingern** zu leiden, die regelmäßig einfielen, plünderten, brandschatzten und auch vor Mord nicht zurückschreckten. Kaum waren die Nordmänner 1014 in der Schlacht von Clontarf (bei Dublin) ein für allemal vertrieben, da kamen die **anglo-normannischen Invasoren** von der Nachbarinsel und machten den Menschen hier das Leben schwer. Das ließen sich die Bewohner nicht lange bieten, und so kampferprobte Clan-Chefs wie etwa *Shane O'Neill* hauten ordentlich auf die Feinde ein.

1566 schickte die englische Königin *Elisabeth I.* eine Truppe gegen Derry aus, welche die Oberhoheit sicherstellen sollte, doch das Kommandounternehmen geriet zu einem Fiasko. Gegen Ende des 16. Jahrhunderts allerdings, nachdem *Hugh O'Neill,* Earl of Tyrone, einen Aufstand gegen die Besatzer angezettelt hatte, war der **englische Einmarsch** erfolgreich, und ab nun wurden systematisch englische, vor allem aber **schottische Protestanten** in der Region angesiedelt. Den alten Stadtnamen *Doire* anglizierten die neuen Herren in *Derry,* die heimischen Katholiken mussten sich in die Einöde zurückziehen und waren Geächtete im eigenen Land.

1613 dann bekam Derry ein „London" davorgesetzt, in jenem Jahr nämlich übertrug die englische Krone weitere Ländereien rund um die Stadt den

In Nordirland gilt als Währungseinheit das **Britische Pfund:**
1 £ = 1,41 Euro, 1 Euro = 0,65 £,
1 £ = 2,17 SFr, 1 SFr = 0,38 £
(Stand: März 2007)

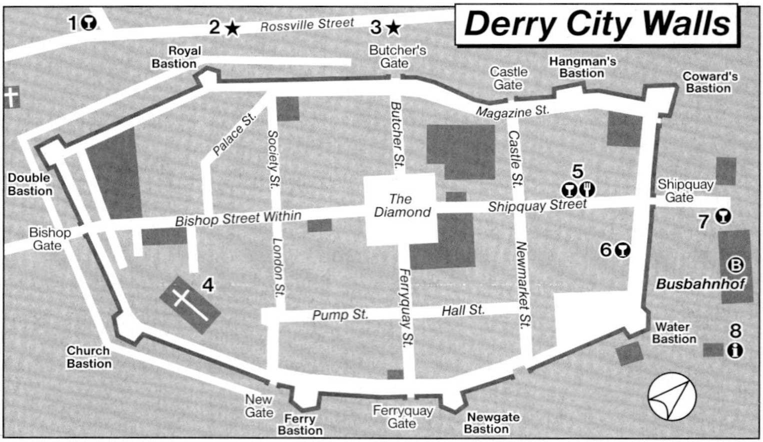

Derry City Walls
1
2
Rossville Street
3
Royal Bastion
Butcher's Gate
Castle Gate
Hangman's Bastion
Coward's Bastion
Magazine St.
Palace St.
Society St.
Butcher St.
Castle St.
5
Double Bastion
Shipquay Gate
The Diamond
Shipquay Street
Bishop Street Within
7
Bishop Gate
6
London St.
Newmarket St.
Ferryquay St.
4
Busbahnhof
Pump St.
Hall St.
Water Bastion
8
Church Bastion
New Gate
Ferry Bastion
Ferryquay Gate
Newgate Bastion

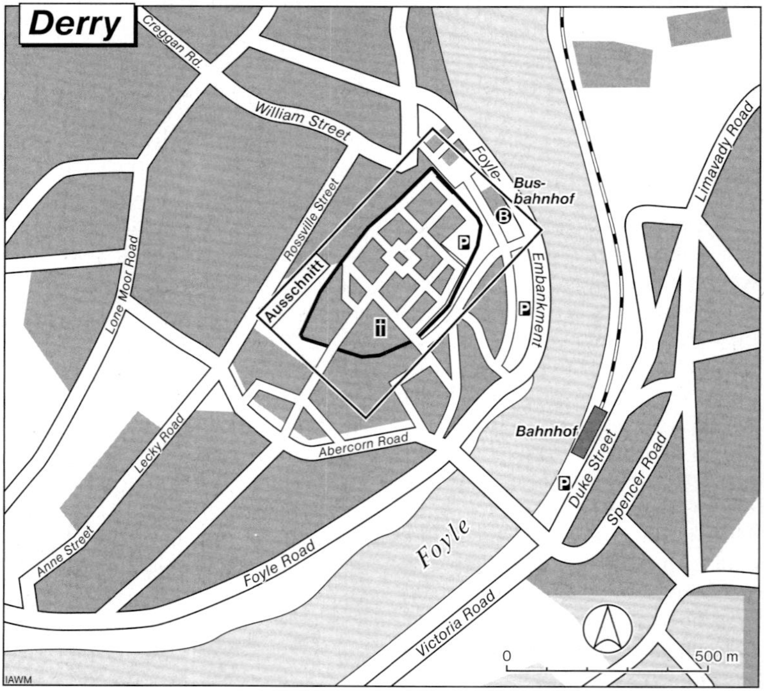

Derry
Creggan Rd.
William Street
Foyle-
Bus-
bahnhof
Limavady Road
Rossville Street
Ausschnitt
Lone Moor Road
Embankment
Lecky Road
Abercorn Road
Bahnhof
Duke Street
Spencer Road
Anne Street
Foyle Road
Foyle
Victoria Road
0
500 m
IAWM

🍺	1	Pub The Bogside Inn
★	2	Free Derry Wall
★	3	Bloody Sunday Memorial
⛪	4	St Columb's Cathedral
🍺🍴	5	The River Inn
🍺	6	Metro Bar
🍺	7	Gainsborough Bar
ℹ	8	Tourist Information

Zünften der City von London. Für die Iren heißt die Metropole nach wie vor Derry, doch tobt der Streit um den Stadtnamen noch immer. Die britischen Besatzer, bemüht, den Nordirland-Konflikt herunterzuspielen, grüßen den fremden Besucher mit einem großen Schild: „Welcome to Londonderry, a historic city“. In den katholischen Vierteln der Stadt dagegen heißt es: „Welcome to Derry, a nuclear free zone“.

Aufgrund der großen katholischen Bevölkerungsmehrheit war die **Diskriminierung durch die protestantische Minderheit** immer groß, im Prinzip hat sich daran bis heute nichts geändert. Alle wichtigen Institutionen blieben über die Jahrhunderte in der Hand der Besatzer.

Am 5. Oktober 1968 formierten sich 2000 unterpriviligierte Bürger der Stadt zu einem Protestmarsch, angeführt von dem Protestanten *Ivan Cooper* und dem Katholiken *John Hume,* um friedlich für gleiche Rechte zu demonstrieren. Die Polizei und die berüchtigten Einheiten der *B Specials* knüppelten diese Artikulation der Hoffnung auf unnachahmlich brutale Weise nieder und läuteten damit die **Geburtsstunde der katholischen IRA,** der *Irish Republican Army,* ein.

Ein knappes Jahr später, im August 1969, sollte der Marsch der *Protestant Apprentice Boys* den Katholiken zeigen, wer Herr in Derry ist. Als aus dem katholischen Wohngebiet Bogside dann Steine auf die Provozierer flogen, nahm die Polizei den Stadtteil unter Belagerung und ging wiederum mit äußerster Brutalität gegen die Bewohner vor. Der damalige irische Premierminister *David Lynch* verlegte Truppen an die Grenze zu Nordirland und ließ Feldlazarette aufstellen, um den geflüchteten und verwundeten nordirischen Katholiken medizinische Hilfe zu leisten. Die britische Armee zog schließlich in Derry ein, um die Sicherheit wiederherzustellen, doch stattdessen wurde alles noch viel schlimmer.

Am 30. Januar 1972 kam es in Derry zur Katastrophe. Bei einer friedlichen Demonstration unbewaffneter Katholiken eröffneten die britischen Fallschirmjäger das Feuer und erschossen 13 unschuldige Menschen, fortan ging dieser Tag als der **Bloody Sunday** in die Geschichte der Britischen Inseln ein. Die schießwütigen britischen Soldaten reklamierten, dass sie unter Feuer genommen worden wären, ein Argument, dass sich schnell als dreiste Lüge entpuppte. Bis heute hat sich die Regierung in London weder für diesen Vorfall entschuldigt noch eine genaue Untersuchung durchführen lassen, wie es dazu kommen konnte.

110ir Foto: hg

Sehenswertes

Dass Derry in der Tat eine Stadt mit reicher historischer Vergangenheit ist, zeigen die hohen **Stadtmauern,** die das Zentrum noch immer geschlossen umgeben, aus dem 17. Jh. datieren und sicherlich zu den besterhaltenen in ganz Europa zählen, allerdings waren sie auch die letzten, die in Europa gebaut wurden. Ein Spaziergang dort oben auf den durch Bastionen geschützten Befestigungswällen könnte dem fremden Besucher die Anlage der Stadt deutlich machen, doch wegen der „Troubles" ist dies nicht möglich, Sperrgitter unterbrechen den gerade begonnenen Fußmarsch. Immerhin gibt es Pläne, die Mauer in voller Länge zu öffnen.

Vier **Stadttore** führten und führen auch heute noch in das umwallte Zentrum von Derry – es sind dies das Shipquay-, Butcher-, Bishop- und Ferryquay-Tor.

Ein Besichtigungsgang sollte vor dem **Shipquay Gate** beginnen, dort am Guildhall Square, vor der mittelalterlichen Zunfthalle, wo einst die Waren und Handelsgüter am alten Kai des River Foyle umgeschlagen wurden. Den besten Blick darauf hat man von der Stadtmauer, die man hier – nach Durchquerung des Tores, dann sofort links ab in die Straße Bank Place und dort die Treppenstufen hinauf – besteigen kann und auf der eine Reihe von **alten Kanonen** ordentlich in Reih und Glied aufgestellt ist. Hier oben befinden sich auch einige Skulpturen des englischen Künstlers *Anthony Gormley*. Nördlich vom Shipquay Gate ist in dem restaurierten O'Doherty Tower eine **Ausstellung zur Geschichte** der Stadt und der Umgebung untergebracht (Di–Sa 10–13, 14–17 Uhr).

109ir Foto: hg

Nordirland

Das berühmte Straßenschild am Eingang zum katholischen Viertel Bogside

Wandgemälde mit den Gesichtern der 13 unschuldig erschossenen katholischen Bürgern von Derry

St. Columb's Cathedral in Derry

Die Shipquay Street zieht sich vom gleichnamigen Tor schnurgerade von Osten nach Westen durch das Herz von Derry. Schon nach wenigen Schritten sollte man rechts in das **Derry Craft Village** eintreten, ein Stadtprojekt, in dem Kunsthandwerker ihre Artikel ausstellen und verkaufen. Wem nach einer Pause zumute ist, der kann in dem eleganten *Boston Tea Party Coffee Shop* ein wenig verschnaufen und sich mit Tee, Kaffee und Kuchen stärken.

Weiter auf der Shipquay Street ist schnell der quadratische Platz **The Diamond** erreicht, von dort führt nun die Bishop Street weiter gen Westen. Wenige Schritte weiter links ab sieht man den Turm der protestantischen **St. Columb's Cathedral,** die 1633 erbaut wurde und damit die erste protestantische Kirche nach der Reformation auf den Britischen Inseln war.

Zurück zur Bishop Street und weiter gen Westen kommt man zum Bishop's Gate, einem weiteren Stadttor in Derrys Zentrum. Rechts davor befindet sich das schwer befestigte und durch Überwachungskameras gesicherte RUC and British Army Fort. Das Viertel jenseits der Stadtmauer heißt Fountains's, und dieses protestantische Wohngebiet ragt wie eine Lanze in das der Katholiken hinein. Die Fenster der Häuser sind mit Maschendraht geschützt.

Gehen wir die Bishop Street zurück bis zum Square The Diamond und dort links in die Butcher Street, erreichen wir Butcher's Gate. Dort ebenfalls links ab, stehen wir nach wenigen Schritten an einer stark befahrenen mehrspurigen Straße. Hier findet sich auf dem begrünten Mittelstreifen eine Betonmauer mit der berühmten Inschrift: „You are now entering Free Derry". Dieses Areal heißt **Bogside** und ist das Wohngebiet der Katholiken. Wendet man den Blick nach links die breite Straße hinunter und auf die gegenüberliegende Seite, so fällt der große Pub *The Bogside Inn* ins Auge; die Kneipe war und ist ein inoffizielles Hauptquartier der IRA in Derry. Gegenüber vom Eingang zeigt an einem Haus ein riesiges **Wandgemälde** die Gesichter der 13 Personen, die bei dem Blutsonntag von Derry 1972 von den britischen Soldaten erschossen wurden. Wo dies geschah, wenige Schritte die Straße bergauf, befindet sich auf der rechten Seite eine kleine Säule, das Mahnmal für die unschuldigen Opfer.

Eisenbahn-Enthusiasten wird sicherlich das **Foyle Valley Railway Centre** interessieren, von wo am Wochenende Fahrten in einem alten Zug mit einer echten, schnaufenden Dampflok ein Stückchen das Foyle-Tal hinaufführen. Weitere Maschinen und Ausstellungsstücke informieren über die Ära der **Dampflokomotiven** (Foyle Road, an der Craigavon Bridge, Di–Sa 10–16.30, So 14–17.30 Uhr).

Tourist Information

- 44 Foyle Street, Tel. (028) 71267284.

Unterkunft

- **Tower Hotel,** Off The Diamond, Tel. (028) 71371000, Fax 71371234, reservations@thd.ie, DZ £ 60;
- **Mrs. Maureen McKean,** 22 Brae Head Road, Tel. (028) 71263195, lizelagh@yahoo.com, DZ £ 40;
- **Derry City Independent Hostel,** 44 Great James Street, Tel. (028) 70849077.

Restaurants

- **Reggie's Seafood Restaurant,** 145 Strand Road, Tel. (028) 71262050, ausgezeichnet mit dem Preis *„The Taste of Ulster"*, Meeresfrüchte in allen Variationen, Gerichte 11–18 £;
- **Mange 2,** 2 Clarendon Street, Tel. (028) 71361222, exzellente Gerichte, auch vegetarisch, 11–15 £.

Pubs

- **The Bogside Inn,** Westland Road;
- **Metro Bar,** Bank Place, gemütliche Kneipe an der Stadtmauer nahe dem Shipquay Gate;
- **The River Inn,** Shipquay Street, Derrys älteste Taverne, established 1684, im mächtigen originalen Kellergewölbe aus dem 17. Jh. kann ebenfalls gebechert werden;
- **Gainsborough Bar,** Foyle Street/Ecke Shipquay Place, gegenüber der Guildhall, gemütliche alte Kneipe aus dem Jahr 1729;
- **The Dungloe,** Waterloo Street/Ecke High Street, traditional music nightly.

Verbindung

- Mehrmals täglich **Züge** von und nach Belfast, Dublin und Portrush;
- **Busse** nach Dublin, Donegal und Sligo.

Portstewart

↗ IV/B1

Von Derry geht es auf der A 2 gen Osten bis zum Städtchen Limavady und von dort über die A 37 über Coleraine in das Seebad Portstewart.

Im letzten Jahrhundert war das **Seaside Resort** sehr beliebt, davon künden noch immer die gepflegten **viktorianischen Fassaden** rechts und links der Straßen. Das Städtchen hat durchaus ein wenig Flair. Einen Steinwurf westlich vom Zentrum erstreckt sich der lange und **breite Sandstrand,** gleichermaßen beliebt bei den Windsurfern und der Bucket-and-Spade-Brigade, bei den Kleinen, die sommertags mit Schäufelchen, Eimer und Förmchen fröhlich zugange sind. Einen Spaziergang lohnt der Cliffside Walk, ein Weg, der Stadt und Strand miteinander verbindet und wo dem Flaneur ordentlich der Seewind um die Nase wehen kann.

112ir Foto: hg

Tourist Information

- **Town Hall.**

Unterkunft

- **Edgewater Hotel**, 88 Strand Road, Tel. (028) 70833314, Fax 70832224, edgewater.hotel@virgin.net, DZ £ 60;
- Viele **B & B** entlang der Hauptstraße;
- **Causeway Coast Hostel,** IHH, 4 Victoria Terrace, Tel. (028) 70833789.

Restaurant und Pub

Pubs, preiswerte Familienrestaurants sowie Fish & Chips-Lokale reihen sich zuhauf entlang der Uferpromenade.

Portrush

↗ IV/B1

Geht es in Portstewart eher gemütlich zu, so herrscht in Portrush direkt am Strand Kirmesatmosphäre. Ein Teil des lärmigen Rummelplatzes ist in einer großen Halle untergebracht, damit auch bei schlechtem Wetter das Vergnügen nicht gestört wird.

Lange Sandstrände ziehen sich sowohl nach Osten als auch in westliche Richtung. Östlich enden die Gestade am **White Rock,** wo Wind, Wetter und Wellen dem weichen Kalkstein hart zugesetzt haben. Am Hafen gibt es ein großes **Hallenbad,** *Waterworld* genannt, in dem verschiedene Schwimmbecken, Fun-Rutschen, ein Restaurant und Saunen zusammengefasst sind; hier kann man sich auch bei Regen und Wind den ganzen Tag im Wasser vergnügen, vor allem für Kinder ein Riesenspaß.

Auch außerhalb der Saison macht das Städtchen einen recht geschäftigen Eindruck. Dies mag an den vielen Studenten der University of Ulster liegen, die das Seebad dem Hochschulsitz im nahegelegenen Coleraine vorziehen.

Tourist Information

- **Dunluce Centre.**

Unterkunft

- **Magherabuoy Hotel,**
41 Magherabuoy Road,
Tel. (028) 70823507, Fax 70824687,
admin@magherauoy.co.uk, DZ £ 80;
- **Claremont Guesthouse,**
10 Lansdowne Crescent,
Tel. (028) 70822397, Fax 70822397,
clarmont10@hotmail.com, DZ £ 40.

Restaurants und Pubs

- Preiswerte Fish & Chips-Restaurants sowie ebenso preiswerte chinesische Lokale und Pubs reihen sich entlang der Hauptstraße.

Verbindung

- **Züge** von und nach Derry.

Dunluce Castle

Nach wenigen Minuten Fahrt in Richtung Osten auf das Dörfchen Bushmills zu erreicht man Dunluce Castle (April–September Di–Sa 10–17 Uhr, So 14–17 Uhr).

Die Burg datiert aus dem 16. Jh. und gab den Führern des *McDonell-Clans* einen sicheren Zufluchtsort. Hier residierte *Sorley Boy McDonnell,* der als **Lord of the Isles** den Nordosten von Ulster regierte. 1584 belagerten die Engländer unter *Sir John Perrot* die Festung und konnten sie einnehmen. Kaum hatte *Perrot* den Ort seines Sieges jedoch verlassen und eine Garnison in den Mauern stationiert, da kletterten die Recken von *Sorley Boy McDonnell* von unten die steilen Klippen hoch, drangen auf diesem unerwarteten Weg in die Festung ein und holten sich ihren Besitz wieder. Doch *Sorley Boy* war klar, dass er auf Dauer nichts gegen die Engländer würde ausrichten können, also verbündete er sich mit ihnen, und zum Dank dafür bekam sein Sohn von *James I.* den Titel *Viscount Dunluce and Earl of Antrim.* Derlei frevelhafte Tat, den Anschluss an die verhassten Besatzer, ließ Gott jedoch nicht ungesühnt. In einer stürmischen Nacht des Jahres 1639 stürzte die komplette Küche der Burg, inklusive Koch, Bediensteten und dem abendlichen Dinner über die Klippen in die Tiefe. Da zogen die *McDonnells* schleunigst aus und Dunluce Castle stand fortan leer.

Bushmills

⇗ IV/B1

Whiskey-Trinker dürfen auf gar keinen Fall an dem kleinen Dörfchen Bushmills vorbeifahren: Hier brennt die berühmte **Old Bushmills Destillery** ihren sanften Rachenputzer. Seit 1608 wird legal das Wasser des Lebens gebrannt, und die Bushmill-Destille ist damit die älteste der Welt. Führungen durch das Produktionsgelände, das ein wenig außerhalb des Ortszentrums liegt und ausgeschildert ist, finden mehrmals täglich (Mo–Do 9–12 und 13.30–15.30 Uhr sowie freitags von 9–12 Uhr) statt. Selbstverständlich gibt es nach der Besichtigung ein Glas Whiskey, und man kann sich dann von der Qualität des Lebenswassers überzeugen.

113ir Foto: hg

Giant's Causeway

Eine der bedeutendsten landschaftlichen Attraktionen Nordirlands ist zweifellos die kuriose Felsenansammlung Giant's Causeway, etwas nördlich von Bushmills an der Küste gelegen. Seit die *Royal Geographical Society* im Jahre 1693 dieses **Naturwunder** beschrieben hat, ist der Besucherstrom nicht abgerissen, und die meisten waren sehr beeindruckt von dem, was sie dort sahen.

Nicht so der englische Dichter *William Thackeray,* der sich recht abfällig über den Giant's Causeway ausließ: „Ich bin 150 Meilen gereist, um mir diese Lächerlichkeit anzusehen." Auch äußerte er sich im Jahre 1842 schon recht ärgerlich über die damalige **touristische Vermarktung** des Causeway: „Kaum ist der Reisende aus der Hintertür einer Kneipe getreten und dahingehend informiert worden, dass von hier der Weg zum Causeway verläuft, da stürzt sich auch schon ein Führer auf ihn."

Von einem Visitor Centre, das umfassend über die geologischen Grundlagen berichtet, fährt für fußmüde Besucher ein Minibus die kurze Strecke. Ist man nun vor Ort, so sind die rund **40.000 sechseckigen Steinsäulen,** die unterschiedlich hoch aus dem Wasser ragen, doch eine landschaftliche Attraktion sondergleichen. Die ungewöhnlichen Felsformationen entstanden vor rund 60 Mio. Jahren, als eine unterseeische vulkanische Eruption Lava an die Oberfläche schleuderte, die

Am Giant's Causeway

Whiskey – das Wasser des Lebens

Wie der Geschmack in den Whiskey kommt, das ist in diesem Band schon in einem anderen Exkurs erzählt worden, jetzt soll es darum gehen, wie denn genau der **Brennvorgang** aussieht.

1494, also vor rund 500 Jahren, wurde in Schottland zum ersten Mal die Destillation von Whiskey urkundlich erwähnt. Ein gewisser *Friar John Cor* hatte mehrere Scheffel Gerste eingekauft – *wherewith to make aqua vitae* – um, wie die Chronik berichtet, daraus ein hochprozentiges Wasser des Lebens zu brennen.

Keltische Mönche waren es, die im 6. Jahrhundert in Irland die Geheimnisse der Destillation erforschten, den ersten Whiskey brannten und ihm alsbald tatkräftig zusprachen. *Uisce Beathad,* Lebenswasser, nannten die frommen Brüder auf gälisch den starken Fusel und hörten fortan nicht mehr auf, das scharfe Zeug durch ihre Kehlen zu schütten.

Der Sprit aus jener frühchristlichen Ära hat natürlich nichts gemein mit dem heutigen aromatischen Malt Whiskey, sind doch die Brennmethoden in den letzten 1400 Jahren enorm verfeinert worden.

Echter Malz-Whiskey, der *Pure Single Malt,* ist nicht vergleichbar mit den billigen Rachenputzern aus deutschen Supermarktregalen, nein, hier handelt es sich wahrhaft um das Wasser des Lebens.

Der Produktionsprozess beginnt in den *kilns.* In diesen Darrehäusern wird **angefeuchtete Gerste** (*barley*) zum Mälzen gebracht und danach über einem rauchigen **Torffeuer** wieder getrocknet. Der dichte, durch die Gerste ziehende Torfrauch verleiht dem Korn eine ganz eigene Würze, und je nach Dauer und Intensität beeinflusst dieser Vorgang bereits den späteren Geschmack des Whiskey.

Die feingemahlene Gerste, *grist* genannt, wird nun mit reinem, heißem **Quellwasser** gemischt. Das heiße Wasser löst den **Zucker** aus dem Grist und diese süße Flüssigkeit, die Maische, nennen die Brenner *wort.* Wenn die Maische abgekühlt ist, kommt Hefe hinzu, die den Zucker im *wort* zu Alkohol umwandelt. In riesigen, hohen Bottichen, die teilweise über 50.000 Liter Fassungsvermögen haben, gärt das Gebräu blubbernd zum *wash,* auf dessen Oberfläche sich während der **Fermentierung** graue Schaumberge türmen. Ein süßlicher, leicht fauliger und nicht gerade angenehmer Geruch steht über diesen Gärfässern, und so mancher Besucher rümpft die Nase und fragt sich, wie letztendlich ein derart aromatisches Getränk aus so einer blubbernden, streng riechenden Flüssigkeit wird.

Der Wash nun wird in Brennblasen, den so genannten *pot stills,* **destilliert.** Diese kupfernen Kessel spielen eine wichtige Rolle, denn sie dienen der Kondensierung verschiedener Aromastoffe und verhindern die Bildung giftiger Verbindungen wie etwa dem Dimethylsulfid, das zu Bewusstlosigkeit und in höheren Dosierungen zum Tode führen kann. Jede Destille hat für ihre Pot Stills ein eigenes Design, lange Kondensatorenhälse der Kessel beispielsweise bringen einen leichten Whiskey, kurze Hälse einen schwereren und öligeren Brannt hervor.

Bis zu zwei Mal, in der Bushmill-Destillery gar bis zu drei Mal, läuft das Destillat durch die Brennblasen, und der kenntnisreiche Brennmeister, der *stillman,* entscheidet, welches Destillat zur Reife gelagert wird. Damit der Obrigkeit auch keine Steuereinnahmen durch heimlich abgezweigten Brannt entgehen, ist der so genannte *spirit safe,* durch die der destillierte Alkohol fließt, zollamtlich versiegelt. Mit großen kupfernen Handrädern öffnet der Brennmeister Ventile und leitet den leitungswasserklaren, noch kaum trinkbaren Whiskey in die Fässer. Und in diesen **Holzfässern** nun wandelt sich der Sprit nach **langen Reifejahren** zu einem aromatischen Getränk. 12, 15, 18, ja gar 25 Jahre lagert der Alkohol bis das Fass wieder hervorgeholt und der edle Tropfen auf Flaschen gezogen wird. Pro Jahr beträgt die Verdunstungsquote etwa 2%; diesen Schwund nennen die Brenner recht nett und liebevoll *angel's share.*

Gewichtsbewusste Zecher übrigens sind mit einem Whiskey gut beraten, denn der hat weniger Kalorien als ein kleines Bier oder ein Glas Wein.

hier zu diesen vollkommen regelmäßigen polygonalen Formen erstarrte. Der gleiche Vorgang ereignete sich auch vor der schottischen Küste, dort finden wir auf der Insel Staffa die gleichen regelmäßigen Basaltsäulen wie hier.

Den Namen *Giant's Causeway,* was „Damm der Riesen" bedeutet, hat das Areal bekommen, weil laut der Legende Riesen auf diesem Damm trockenen Fußes von Irland nach Schottland spazieren wollten. Eine Variante der Geschichte enthält eine romantische Liebesbotschaft; danach baute der Riese *Finn McCool,* jener mythische Recke der irischen Sagenwelt, den Causeway, um vom schottischen Staffa aus eine Riesin, in die er sich hoffnungslos verliebt hatte, in die Heimat zu holen. Einer anderen Version zufolge lag *Finn McCool* mit einem schottischen Riesen im Streit, legte den Damm an und zog gegen den Feind zu Felde. Als er in Schottland angekommen war und die Größe des Widersachers sah, verließ ihn allerdings der Mut, und schnell stolperte er wieder zurück nach Irland. Nun machte sich aber der schottische Recke auf den Weg, um mit *Finn* abzurechnen, und auch er kam über den Damm. *Finns* Frau jedoch – eine kluge und gewitzte Gemahlin – steckte ihren Mann in riesige Babykleider, verpasste ihm einen überdimensionalen Schnuller und legte ihn draußen in einem gigantischen Kinderbett ab. Als der Schotte nun die Größe des vermeintlichen Babys sah, drehte er sich in Panik um, gab Fersengeld und ward nie wieder in Irland gesehen.

Ballycastle

↗ V/C1

Eine landschaftlich attraktive Route, die A 2, führt an der Küste entlang zum Örtchen Ballycastle. Die lebendige Marktstadt gibt sich als freundliches Familien-Seebad zu erkennen, liegt an der weit geschwungenen, gleichnamigen Bay und am Ende zweier *Glens* (Täler), Glenshesk und Glentaise, die sich die Antrim Mountains bis zum Meer hinunterziehen.

Alljährlich im Juni findet ein **Folk Festival** im Städtchen statt, das *Flead Amhran Agus Rince,* und dann im August die *Oulde Lammas Fair.* Während ersteres auf die Aktivitäten der Fremdenverkehrsplaner zurückgeht, kann die *Old Lammas Fair* schon auf viele Jahrhunderte zurückblicken. 1606 rief der lokale Clan der *McDonnells* einen Pferde- und Viehmarkt ins Leben, und nachdem tagsüber kräftig gehandelt und geschachert worden war, vergnügte man sich abends bei Gesang, Musik und Tanz, und Whiskey und Bier flossen in Strömen.

Ballycastle hat zwei ungewöhnliche und daher gewöhnungsbedürftige **lokale Spezialitäten:** einmal essbaren Seetang (engl. *Dulse),* die so genannte Speiserotalge, und dann eine gelbe Bonbonart, die wegen ihrer Farbe *Yellow Man* genannt wird und eisenhart ist. Wem Zahnkronen, Brücken und Füllungen lieb und teuer sind, der verzichte besser auf den süßen Stoff. So heißt es in einem Lied über Ballycastle: *Did you treat your Mary Ann/To dulse and yellow man/At the Ould Lammers Fair in Ballycastle, oh?*

Technikgeschichte im Ort schrieb der Italiener *Marcooni,* der die **drahtlose Telegraphie** erfand. 1898 übertrug er zum ersten Mal eine Nachricht per Funk auf die vorgelagerte Insel Rathlin.

Nahe dem kleinen Hafen gibt es einen **Sandstrand.** 1996 wurde der Hafen tiefer ausgebaggert und das Kai-Areal vergrößert.

Tourist Information

- 7 Mary Street, Tel. (028) 20762024.

Unterkunft

- In der Quay Road am Hafen reiht sich ein **B & B** ans andere;
- **Castle Hostel,** IHH-Hostel, Quay Road, Tel. (028) 20762337.

Restaurants und Pubs

- **The Cellar,** The Diamond, Tel. (029) 207 62372, Pizza und Pasta, Steaks und Geflügel zwischen 6 und 13 £ in einem kleinen gemütlichen Kellerlokal, in dem ein großer Kamin wärmt;
- **Wysner's,** Anne Street, Tel. (928) 2076 2372, zum Lunch einfache Gerichte, zum Dinner dann Steaks und Seafood, 7–11 £;
- Von den beiden Pubs **Harbour Bar** und **Angler's Arms** am Hafen hat man gute Ausblicke auf den Strand und das Meer.

Rathlin Island

↗ V/C1

Wie ein großes umgekehrtes und auf die Nase gefallenes „L" liegt 8 km vor der Küste von Ballycastle und inmitten der gleichnamigen Bay die Insel Rathlin. Das Eiland ist nur 18 km von der langgestreckten schottischen **Halbinsel Mull of Kintyre** entfernt, die durch einen Song von *Paul McCartney* bekannt wurde. Der Ex-Beatle bewirtschaftet dort eine Farm.

Während der Saison verkehren täglich Fähren von Ballycastle nach Rathlin, wintertags allerdings nur dreimal die Woche, vorausgesetzt, Wind, Wetter und Wellen lassen eine Überfahrt zu. Der Bootstrip dauert eine gute Dreiviertelstunde. Angelegt wird in Church Quarter.

Rathlin war das erste irische Stück Land, das 795 von den **Wikingern** überfallen wurde. 1595 schickte der *McDonnell*-Clan Alte, Frauen und Kinder zum Schutz vor den Engländern auf das Eiland. Doch die Flotte der verhassten Nachbarn unter der Führung des Earl of Essex nahm Kurs auf Rathlin und ermordete gnadenlos die gesamte Bevölkerung. Für viele Jahrzehnte danach blieb der Steinsplitter im Meer unbewohnt.

Alle drei Ecken der L-förmigen Insel werden von Leuchttürmen gesichert, und bis auf die Ostseite umziehen **hohe Klippen** das Eiland. Die *Bird Watchers,* die hier ihren gefiederten Freunden nachspüren, kommen sehr auf ihre Kosten, viele Seevögel nisten in den Felsen. Am westlichsten Punkt, Bull Point, befindet sich eine Reihe von **Höhlen** unterhalb des Leuchtturmes. Nur bei ruhigem Wetter sind sie mit dem Boot zu erreichen.

Ebenfalls eine **große Grotte** durchzieht den Felsen am nordöstlichsten Punkt unterhalb vom Lighthouse. Ihren Namen hat die Kaverne von dem schottischen König *Robert Bruce* bekommen, der sich hier 1306, nach seiner Niederlage bei Perth gegen die Engländer, versteckt hielt. Seine Gegner, so heißt es, waren ihm sehr hart auf den Fersen; als er in die Höhle schlüpfte und kaum drin war, sponn eine Spinne flugs ein Netz vor den Eingang und hielt die Schergen von einer genauen Untersuchung ab. Derlei als göttliches Zeichen wertend, kehrte *Robert Bruce* nach Schottland zurück und verpasste den Engländern eine vernichtende Schlappe beim Örtchen Bannockburn (heute ein Stadtteil von Stirling).

Ein Guesthouse, ein B & B mit angeschlossenem kleinen Campingplatz, ein Pub, ein einfaches Restaurant und zwei Läden halten die touristische Infrastruktur aufrecht. Seit 1992 versorgen sich die wenigen Insulaner selbst mit Energie, die von Windrädern in das Netz eingespeist wird.

Die Meerenge zwischen der Küste von Antrim, der nordöstlichsten Grafschaft Irlands, und Schottland heißt **Sea of Moyle.** Diese Wasser sind verknüpft mit einer der tragischsten Legenden der irischen Sagenwelt, mit der **Geschichte der Kinder von Lir** (gälisch: *Oidheadh Cloinne Lir).*

Lir heiratet *Aebh,* die schöne Tochter von *Bodh Derg,* dem König von Connacht; diese gebiert ihm die Zwillinge *Fionula* und *Aodh* und danach zwei weitere Kinder, *Fiachra* und *Conn.* Leider stirbt die Mutter bald darauf und *Lir* vermählt sich nun mit ihrer bösen Schwester *Aoife,* die schnell mit großer Eifersucht auf *Lirs* Liebe zu seinen Kindern blickt. Mit Hilfe eines ebenso schwarzseeligen Druiden verzaubert sie die vier in Schwäne und spricht einen Fluch über sie aus. Die nächsten 300 Jahre müssen die Schwanenkinder nun ihr Leben auf dem Lough Derravaragh (Co. Westmeath, nördlich der Stadt Mullingar) verbringen, weitere 300 Jahre auf der Sea of Moyle und schließlich noch einmal 300 Jahre vor der nordwestlichsten Stelle Irlands, vor Erris Head. In letzter Sekunde gewährt die schlechte *Aoife* den Kleinen eine Bitte, schenkt den Schwänen die Gabe der Sprache und des Gesangs.

Als *Lir* von der entsetzlichen Tat Wind bekommt, verzaubert er sein rachgieres Weib in einen hässlichen Geier. In der Zwischenzeit haben sich die Söhne von *Bodh Derg,* die beiden Brüder von *Aoife,* auf die Spur der Kinder gesetzt, und nach langer Suche finden sie die vier im Sea of Moyle, vor unserer Insel Rathlin. Doch trotz aller Mühen gelingt es ihnen nicht, den Fluch zu lösen, die Kinder entgehen ihrer Verheißung nicht, und so machen sich die sprechenden Schwäne auf zu ihrem letzten Ziel, dem Meer vor Erris Head. Auf dem Weg dorthin suchen sie den Palast ihres Vaters, doch finden sie nur noch Ruinen vor, denn inzwischen sind ja 600 Jahre vergangenen. Als sie endlich ihre Zeit vor dem rauhen Erris Head hinter sich haben, werden sie wieder zu Menschen, um jedoch gleich ihren letzten Atemzug zu tun. Sie sterben und finden an der nordwestlichsten Stelle Irlands ihre letzte Ruhestätte.

Bonarmargy Friary

Einen Steinwurf nur von Ballycastle entfernt und an der rechten Seite der Hauptstraße nach Cushendall gelegen, ragen die Ruinen der Bonarmargy Friary auf, eines von dem Clan der *McQuillans* um 1500 gegründeten **Klosters.** Nicht nur die Mitglieder der Stifter-Familie haben hier ihre letzte Ruhestätte gefunden, auch die Angehörigen der mit den *McQuillans* eigentlich verfeindeten *McDonnells* ruhen in der Erde von Bonarmargy, so auch der einstige Besitzer von Dunluce Castle, *Sorley Boy McDonnell* und sein Sohn *Randall,* der erste Earl of Antrim.

Cushendun

↗V/C1

Cushendun ist ein winziges, pittoreskes Örtchen, das zwischen 1912 und 1925 am Reißbrett und als **Seaside Resort** geplant wurde. Architekt war *Clough William Ellis,* der eine solche Idee zuvor bereits in Portmeiron (Wales) umgesetzt hatte, dort allerdings mit mehr designerischem Erfolg. Portmeiron nämlich besitzt mit seinem Campanile eine italienisch inspirierte Architektur, und eine solche mediterrane Atmosphäre sucht man hier vergebens. Immerhin ist das Örtchen nett anzusehen, hat ein Puppenstuben-Ambiente und einen eher musealen Charme.

Von Cushendun verläuft eine Küstenstraße nach Norden und bringt uns zu den **Klippen von Torr Head.** Bei gutem Wetter kann man die schottische Küste der Halbinsel Mull of Kintyre erkennen, die nur 18 km entfernt liegt; dies ist die kürzeste Entfernung zwischen Irland und Schottland. In früheren Tagen – so heißt es – ruderten die in Nordirland angesiedelten schottischen Protestanten mit ihren Booten hinüber, um sonntags am Kirchgang auf heimischem Boden teilnehmen zu können.

Carnlough

↗ V/C2

Carnlough ist ein freundliches kleines Nest an der Küste, das vor allem sommertags bei Sonnenschein heiter auf das Gemüt des Besuchers wirkt. Dies liegt daran, dass die Häuser allesamt aus schneeweißem Stein erbaut sind, der in den Sonnenstrahlen leuchtet und funkelt. Bis 1960 wurde in den Kreidefelsbrüchen rund um Carnlough der weiße Stein gewonnen, und so lag nahe, dass die Bewohner ihre Häuser aus diesem Material erbauten.

Die Anlage der Stadt geht auf die Initiative des Marquess of Londonderry zurück, der 1854 seine Planungen in die Tat umsetzen ließ. Besonderheit des Ortes ist die **schneeweiße Kalksteinbrücke,** die sich über die Hauptstraße spannt und auf der in früheren Tagen der gewonnene Stein aus den Brüchen mittels einer schnaufenden Eisenbahn zum Hafen geschafft wurde. Heute kann man von dort oben einen Blick über Carnlough, den Hafen und das Meer werfen. Am Kai vervollständigen ein massiver Uhrturm und ein Rathaus – beide natürlich ebenfalls aus Kalkstein – das angenehm anzuschauende Gesamtensemble des Städtchens.

Tourist Information

- Harbour Road, Tel. (028) 28885255.

Unterkunft

- **Londonderry Arms Hotel**, Harbour Road, Tel. (028) 28885255, Fax 28885263, www.glensofantrim.com, DZ £ 80, das efeubewachsene Hotel wurde 1848 als Postkutschengasthof von Lady *Londonderry* angelegt, 1921 erbte es ihr Urenkel Sir *Winston Churchill*, bei der Inspizierung seines Erbes nächtigte er in Zimmer 114.

Restaurant und Pub

- **The Coach House,** Harbour Road, dem oben genannten Londonderry Inn Hotel angeschlossener Pub, ebenfalls gemütlich, auch das einzig gute Restaurant des Örtchens.

Glenarm und Ballygalley ↗ V/C2

In den vielen kleinen Küstenstädtchen könnte man leicht vergessen, dass in Nordirland der Bürgerkrieg tobt, fährt man hingegen in **Glenarm** ein, so wird der Besucher abrupt mit den Problemen der Region konfrontiert. Auf der rechten Straßenseite befindet sich kurz vor dem Ort die mit Eisengittern schwer verbarrikadierte und zusätzlich mit Stacheldrahtrollen sowie mit Überwachungskameras gesicherte **Polizeistation** des Städtchens – ein deutlicher Hinweis, dass auch fernab der Metropolen von Derry oder Belfast die Welt nicht in Ordnung ist.

Glenarm Village selbst ist ganz nett anzusehen und besitzt eine Reihe von bonbonbunten Häuschen entlang der Haupstraße. Eine touristische Infrastruktur wird man allerdings vergeblich suchen, im Zentrum gibt es ein kleines Café, das Snacks und wenige Fremdenzimmer anbietet, und die *Heather Dew Tavern* serviert einen guten Pub Grub.

Wenige Kilometer weiter südlich entlang der Küste fahren wir in **Ballygalley** ein, dessen einzige Attraktion eine **Burg aus dem 17. Jh.** ist. Sehr wehrhaft kommt die einstige Festung nicht mehr daher, in den dicken Gemäuern ist heute recht stilvoll das *Ballygalley Castle Hotel* untergebracht. Von den Zimmern und dem Restaurant hat man gute Blicke aufs Meer, und in der Kellerbar, treffend *The Dungeon* genannt, erschreckt der Barkeeper Leichtgläubige gern mit Erzählungen über das Hausgespenst.

Etwas billiger als im Hotelrestaurant speist man im Lokal *Lough's,* ebenfalls preisgünstiger kann man in der Jugendherberge (210 Coast Road) übernachten.

Larne ↗ V/D2

Von Larne aus verkehren **Autofähren** zu den schottischen Städten Stranraer und Cairnryan, und ein Besuch des Ortes lohnt sich eigentlich nur, wenn man per Schiff auf die Nachbarinsel Großbritannien möchte. Larne besitzt keinerlei Charme und ist auch arm an Sehenswürdigkleiten.

Im Laufe der Historie landeten an dieser prominenten Stelle immer wieder fremde Eroberer. Im 10. und 11. Jh. erschienen die Segel nordischer Piraten am Horizont, die überall Angst und Schrecken unter der Bevölkerung verbreiteten. 1315 kam *Edward,* der Bruder des schottischen Königs *Robert Bruce,* mit mehr als 5000 Mann und versuchte, die Iren zu einem Aufstand gegen die anglo-normannischen Invasoren aufzustacheln, und 1914 schließlich nahmen hier in Larne die *Ulster Volonteers* – Gegner der *Home-Rule-Bewegung* – ins Land geschmuggelte Waffen in Empfang.

Nahe dem Hafengebiet ragt wie ein hohler Zahn eine alte, schwarze Burgruine auf, das Olderfleet Castle aus dem 16. Jh., und ebenfalls an den Kai-Anlagen befindet sich ein Round Tower, der jedoch nicht aus früheren

Irlands mächtigste Burg – die Befestigungsanlage von Carrickfergus

Nordirland

Zeiten datiert, sondern eine moderne Nachbildung ist. Ein Besuch lohnt sich jedoch nicht. Das Beste an Larne, so berichtet eine englische Quelle, ist die Straße, die nach Belfast führt, und beim Herausfahren aus der Stadt wird wohl kaum jemand die Aufforderung auf dem Ortsausgangsschild, „Kommen Sie bald wieder", ernst nehmen.

Carrickfergus

↗ V/D3

Auf dem Weg von Larne nach Belfast sollte man der Küstenroute den Vorzug geben und einen Stopp im Örtchen Carrickfergus einlegen. Hier nämlich reckt sich direkt am Meer Irlands größte und mächtigste **Festungsanlage** drohend in die Höhe und beeindruckt den Besucher mit ihren dicken Mauern (Mo–Sa 10–18 Uhr, So 14–18 Uhr).

1180 begannen die anglo-normannischen Eroberer – in jenen Tagen die besten Burgenbauer Europas – mit der Errichtung der Festung, und bis in unsere Tage hinein, bis 1928, saßen die Militärs hinter den dicken Wällen.

Der Bürgerkrieg in Nordirland

Die Ursachen des Bürgerkriegs in Nordirland haben ihre Wurzeln im **16. Jh.** Damals, im Jahr 1595, wagten *Red Hugh O'Donnell* und *Hugh O'Neill* im nordirischen Ulster einen **Aufstand gegen die Engländer.** Nach mehrjährigen Kämpfen gelang ihnen 1598 ein größerer Sieg gegen die verhassten Besatzer. In den folgenden Jahren jedoch konnten die Engländer die Rebellion niederschlagen, und die Iren mussten eine tiefgreifende Veränderung ihres sozialen und politischen Lebens hinnehmen. Das alte gälische Recht verlor seine Bedeutung, und eine **englische Zentralgewalt** etablierte sich in Dublin.

1607 gingen im Zuge der so genannten Flucht der Grafen viele irische Adlige, unter ihnen auch die Ulster-Führer *Red Hugh O'Donnell* und *Hugh O'Neill,* ins Exil. Die Bevölkerung im Norden, nun um ihre fähigsten Köpfe gebracht, vermochte den großen **Umsiedlungsprogrammen** der Engländer nichts entgegenzusetzen, und so kamen scharenweise **protestantische Schotten** ins Land und bekamen die fruchtbarsten Ländereien im Norden. Diese neuen Siedler erwiesen sich als die besten Verbündeten der Engländer und befürworteten die Union mit England. Denn der Boden versprach reiche Ernte, und aufgrund der im 18. Jh. entstandenen Leinenindustrie ging es mit ihnen wirtschaftlich stetig aufwärts. Die schottischen Protestanten beherrschten das soziale, kulturelle und politische Leben in der Provinz Ulster, die katholischen Iren fristeten ein kümmerliches Dasein auf kargen Böden und hatten im eigenen Lande nichts zu bestellen.

Als dann **1921** der **Freistaat Irland** ausgerufen wurde, stimmten die Protestanten, die drei Viertel der nordirischen Bevölkerung ausmachen, für einen Verbleib bei Großbritannien, bekamen ein eigenes Parlament und weitreichende Selbstverwaltungsrechte in innenpolitischen Angelegenheiten. 1949 passierte der *Ireland Act* das Londoner Unterhaus, in dem der **Verbleib Nordirlands bei Großbritannien** so lange garantiert wurde, wie eine Mehrheit dies wünsche.

Im Jahre **1968** formierte sich eine **friedliche Bürgerrechtsbewegung,** deren Emanzipationsbestrebungen jedoch sofort von militanten Protestanten im Keim erstickt wurden. Die Antwort der Katholiken ließ nicht lange auf sich warten, und die **IRA** *(Irish Republican Army)* griff in die Auseinandersetzungen ein. Am 14.8.1969 intervenierte Großbritannien mit **Truppen** in Nordirland. Am 30.1.1972 dann, dem **Blutsonntag von Derry,** erschossen britische Soldaten 14 unbewaffnete Bürgerrechtler, und seitdem herrschen Terror und Angst.

In den Jahren 1978 und 1981 machten IRA-Häftlinge mit ihren **Hungerstreiks** Schlagzeilen in der internationalen Presse. Schon vom Tode gezeichnet, wurde der Führer der Inhaftierten, *Bobby Sands,* in das Parlament von Westminster gewählt – kurze Zeit darauf starben er und neun weitere Gefangene an Unterernährung.

Im Verlauf des Jahres 1991 führte der britische Nordirland-Minister *Brooke* eine Reihe von **Friedensgesprächen,** doch musste er gegen Ende des Jahres seine Bemühungen als gescheitert ansehen. Terror, Gewalt und Gegengewalt haben zu **unüberbrückbaren Gegensätzen** geführt.

Doch dann, im September **1994,** rief *Garry Adams* von der Partei *Sinn Fein* –

dem politischen Flügel der IRA – zum Erstaunen aller Beobachter einen **einseitigen Waffenstillstand** aus. Nun lenkte auch die britische Regierung ein, *John Major* flog nach Belfast und erklärte seine Bereitschaft, mit Gesprächen über die Zukunft Nordirlands zu beginnen. Doch die regierenden Konservativen in London zeigten sich letztendlich nicht friedensbereit. Gebetsmühlenartig wiederholten *Major* und seine Kabinettskollegen, dass die IRA erst alle Waffen abgeben müsse, bevor es zu Verhandlungen käme. Der Publizist *Ralph Giordano* schrieb in seinem sehr lesenswerten „Irischen Tagebuch", wer so etwas als Vorbedingung fordere, wolle keinen Frieden – Recht hat er!

Die IRA kündigte daraufhin den Waffenstillstand auf und legte **1996** mit einer Riesenbombe das Geschäftszentrum von Manchester in Schutt und Asche. Im Sommer 1996 kam es in Nordirland zu den schlimmsten **Straßenschlachten** seit Jahren; die Polizei hatte den Protestanten einen Marsch durch katholische Wohngegenden gestattet.

1998 trat das sogenannte **Good Friday Agreement** in Kraft, der Friedensvertrag, der die Barrieren zwischen Katholiken und Protestanten einreißen sollte. Doch auch sechs Jahre danach ist die Unruheprovinz von einem dauerhaften Frieden weit entfernt. Bei den Wahlen im November 2003 wurde die probritische **DUP** unter dem Fanatiker *Ian Paisley* vor der irisch-republikanischen *Sinn Fein* stärkste Kraft.

In den letzten 30 Jahren kamen bei den Auseinandersetzungen zwischen Protestanten und Katholiken mehr als 3000 Menschen ums Leben, über 38.000 erlitten Verletzungen.

1315 belagerte der schottische König *Robert Bruce* zusammen mit den Streitkräften seines Bruders *Edward* das Fort. Ein geschlagenes Jahr lang berannten sie unermüdlich die Mauern der Festung, bis ihnen endlich die Einnahme gelang. Doch die Engländer holten sich die für sie unter strategischen Gesichtspunkten unersetzliche Burg schnell zurück und hielten sie auch für die kommenden 300 Jahre. 1760 aber griff ein französisches Kommandounternehmen zu und besetzte Carrickfergus Castle, doch wieder gelang den Engländern nach kurzer Zeit die Rückeroberung.

1778 kämpfte der Amerikaner *John Paul Jones* vor der Küste von Carrickfergus gegen das englische Kriegsschiff *HMS Drake* und konnte seinen Gegenspieler bezwingen. Dies war der erste maritime Sieg des noch jungen Staates. Diese militärischen Taten erzählt das **Cavalry Regimental Museum,** das in der Burg untergebracht ist.

Es ging aber nicht nur martialisch zu in Carrickfergus. Der englische Dramatiker *William Congreve* (1670–1729) wuchs in der Festung auf und hatte seinen Spielplatz hinter den dicken Mauern. Sein Vater war hier als Soldat stationiert. *Jonathan Swift* (1667–1745), bekannt geworden durch „Gullivers Reisen", schrieb einen Steinwurf nur entfernt von Carrickfergus seinen Roman „The Tale of the Tub", und auch der nordirische Poet *Frederick Louis MacNeice* (1907–1963) verbrachte seine Kindertage im Örtchen.

Die Eltern eines gewissen *Andrew Jackson* wanderten im 18. Jh. von Carrickfergus in die USA aus, und ihr Sohn sollte dort der 7. Präsident der Vereinigten Staaten werden. Daran erinnert das **Andrew Jackson Centre** im Örtchen; dies ist zwar nicht das originale Haus der Eltern, aber der Nachbau des reetgedeckten Cottage entspricht denjenigen aus dieser Ära.

Alljährlich Anfang August wird in Carrickfergus die *Lughnasa* gefeiert, und dann treten viele Besucher des Städtchens in mittelalterlicher Bekleidung auf.

Tourist Office

- **Heritage Plaza,** Antrim Street, Tel (028) 93358000.

Belfast

↗ V/C3

In Belfast dominiert die protestantische Bevölkerungsminderheit. Die Stadt ist Sitz eines katholischen Bischofs und eines Bischofs der Church of England, besitzt eine Universität, mehrere technische Colleges, eine Reihe von Museen, Galerien, Theatern und eine Oper. Die Textil-, Lebensmittel- und Tabakwarenindustrie sichert Arbeitsplätze, der Schiffbau befindet sich wie andernorts auch in einer tiefen Krise. Neuere Industriezweige sind der Flugzeug-, Maschinen- und Elektrogerätebau sowie eine Ölraffinerie.

Geschichte

Die Urzelle von Belfast lag in einer kleinen **Befestigungsanlage,** welche die Furt durch den River Farset sicherte. Dieser Fluss verläuft heute unterirdisch und kanalisiert durch die Stadt. 1177 erbauten die anglo-normannischen Invasoren eine Burganlage, doch schon rund ein Jahrhundert später hatten sie die Kontrolle über die Region wieder verloren. Der Clan der *O'Neills of Clandeboy,* der Weidegründe in den Tälern der Castleragh Hills besaß, hielt die Region gut im Griff. Das änderte sich erst um das Jahr 1604, als der Ritter *Sir Arthur Chichester* von *James I.* als Gouverneur für den hohen Norden eingesetzt wurde. Seine Bemühungen waren so erfolgreich, dass die kleine Ansiedlung schon neun Jahre später die Stadtrechte bekam, was sich angesichts der wenigen Häuser wie blanker Hohn ausnahm.

Im 17. Jh. dann begann der Aufschwung des Städtchens, den vom Kontinent geflüchtete **Hugenotten** einläuteten. Die fleißigen Einwanderer etablierten eine **Leinenindustrie,** schnell florierte der Handel, und um die Jahrhundertwende war die Einwohnerzahl auf über 2000 Menschen angestiegen.

1708 brach ein **Feuer** aus und verwüstete fast die gesamte Stadt; nachdem sich die Bürger von diesem Schock erholt hatten, gingen sie zielstrebig den Neuaufbau an. Zum Tuchhandel gesellte sich nun der **Schiffbau,** die Stadt wuchs weiter, die Menschen kamen zu Wohlstand, und dort, wo keine ökonomischen Sorgen drücken, gesellt sich zur prosperierenden Wirtschaft politische Liberalität. 1784 zeigten sich die Protestanten großzügig und stifteten Gelder für den Bau eines katholischen Gotteshauses. Sieben Jahre später gründeten Presbyterianer in Irland die *United Irishmen Society,* in der Katholiken wie Protestanten für eine gemeinsame irische Nationalität kämpften. Belfast stand im Zentrum dieser Bewegung.

Als es 1798 in Irland zu Aufständen der *United Irishmen* kam, reagierte die Besatzungsmacht schnell, und die Protestanten verabschiedeten sich von der Idee einer gemeinsamen nationalen Identität. Innerhalb nur weniger Jahre wurde aus der liberalen Stadt eine **geteilte Stadt.** Während des 19. Jh. machten in Belfast die Protestanten gezielt Politik gegen die Katholiken, und die Religionsgemeinschaften drifteten weiter denn je auseinander. 1835 wurden im protestantischen Viertel Sandy Row mehrere Menschen getötet – solche Gewalttaten in katholischen wie protestantischen Stadtteilen halten bis heute an.

Auch in unserem Jahrhundert sah die Stadt keine angenehmen Seiten. Mit der Gründung des irischen Freistaats 1921 avancierte Belfast zur Kapitale des bei London verbliebenen Nordirlands, langsam, aber stetig verfiel über die Jahrzehnte die Wirtschaft, besonders schnell nach dem Zweiten Weltkrieg.

Heutzutage kämpfen die Stadtväter um eine Verbesserung der ökonomischen und sozialen Situation, aus London sowie von der EU flossen reichlich Gelder nach Belfast. Die fast verschwundene Leinenindustrie konzentriert sich nun auf qualitativ hochwertige Verarbeitung und modische Schnitte, und auch die Krise der verbliebenen Werften hat mittlerweile wohl die Talsohle durchschritten. Mit dem **Aufschwung der Wirtschaft** geht ein Gefühl der Hoffnung für die Zukunft einher, das jedoch wohl nur dann realistisch ist, wenn der Religionskonflikt in der Region endlich gelöst werden kann.

Sehenswertes

Der Donegall Square markiert zusammen mit der dort aufragenden City Hall das Zentrum der Metropole. In den flankierenden Straßen rechts und links vom Rathaus haben die Stadtbusse ihren Halteplatz, von dem aus sie in alle Richtungen verkehren.

Die **City Hall,** aus weißem Portland-Stein errichtet, zeigt die typisch imperiale Architektur des einstigen Empire: Türmchen, Kuppeln und schnörkelige Verzierungen zuhauf. Vor dem Gebäude demonstriert eine Statue von Königin *Victoria* den Glanz vergangener Zeiten. Eine Besichtigung des stattlichen Hauses sollte man nicht versäumen. Der Besuchereingang mit Sicherheitsschleuse befindet sich an der Rückseite, dort, wo die Linnenhall Street auf Donegall Square mündet (Juli–September tgl. 10.30–14.30 Uhr). Beeindruckendstes architektonisches Element ist die große Kuppel, die der von St. Paul's Cathedral in London nachempfunden ist und sich bis in eine Höhe von 52 m streckt. Die Bemalung zeigt die Zeichen des Tierkreises.

Am Donegall Square North befindet sich die **Linnenhall Library,** Belfasts äl-

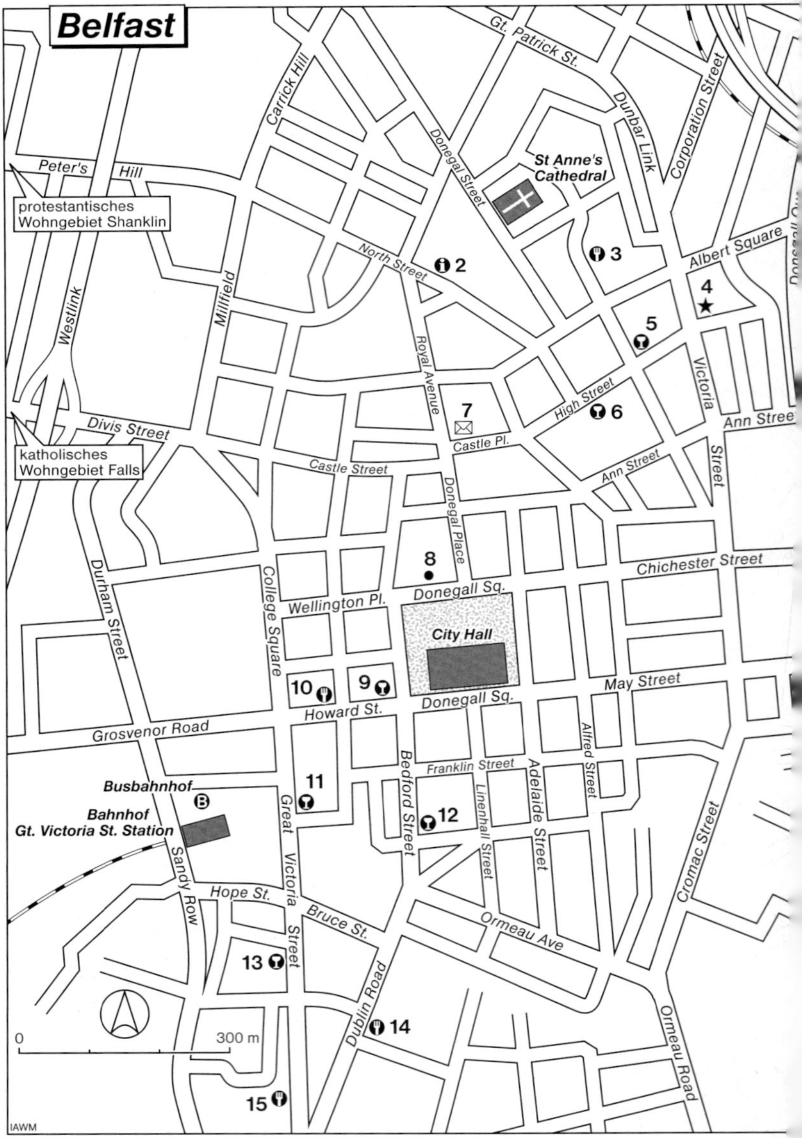
Belfast
Gt. Patrick St.
Carrick Hill
Dunbar Link
Corporation Street
Donegal Street
St Anne's Cathedral
Peter's Hill
protestantisches Wohngebiet Shanklin
North Street
2
3
Albert Square
4
Millfield
Westlink
5
Royal Avenue
Victoria Street
High Street
6
7
Divis Street
Castle Pl.
Ann Street
katholisches Wohngebiet Falls
Castle Street
Donegal Place
8
Chichester Street
Durham Street
College Square
Wellington Pl.
Donegall Sq.
City Hall
10
9
May Street
Howard St.
Donegall Sq.
Grosvenor Road
Alfred Street
Franklin Street
Bedford Street
Adelaide Street
Linenhall Street
Busbahnhof
11
12
Bahnhof Gt. Victoria St. Station
Great Victoria Street
Cromac Street
Sandy Row
Hope St.
Bruce St.
Ormeau Ave
13
Dublin Road
Ormeau Road
0
300 m
14
15
IAWM

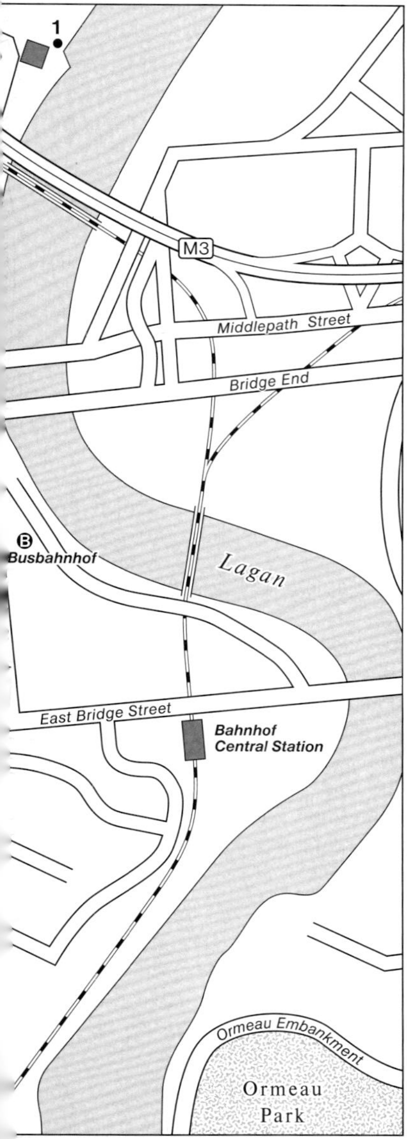

- 1 Terminal für Fähren nach Stranraer und zur Isle of Man
- 2 Tourist Information Centre
- 3 Nick's Warehouse
- 4 Albert Memotral
- 5 Pub The Crow's Nest
- 6 Pub The Morning Star
- 7 Post
- 8 Linnenhall Library
- 9 Pub Shananagan's
- 10 Deane's Brasserie
- 11 Pubs Crown Liquor Saloon und Robinson's,
  Restaurant The Red Panda
- 12 Café Aero
- 13 Keaton's
- 14 La Belle Epoque
- 15 Pizzeria Speranza

teste Bibliothek, die 1788 ihre Pforten öffnete. Bücher zur gälischen Sprache und zur irischen Literatur, Nachschlagewerke aller Art und Druckerzeugnisse aus früheren Jahrhunderten, die in Belfast hergestellt wurden, sind Kernstücke der Bestände. Besondere Bedeutung kommt der so genannten *Political Collection* zu, hier werden seit 1968 all jene Bücher gesammelt, die sich mit nordirischen Themen beschäftigen; mittlerweile umfasst dieser Teil der Sammlung an die 50.000 Werke. Wer sich über die aktuellen Ereignisse des Tages informieren möchte, findet eine Reihe von Tageszeitungen, und ein kleiner Tea Room lädt zu einer Verschnaufpause ein.

Vom Donegall Square gen Norden gelangen wir in das **Geschäftszentrum** mit großen Kaufhäusern und Läden aller Art. Die verkehrsberuhigte Fußgängerstraße Cornmarket ist ebenfalls von Geschäften gesäumt. Dieser ganze Bereich kann durch schwenkbare Barrikaden in Sekundenschnelle abgeriegelt werden.

Zwischen Anne Street und High Street verlaufen schmale Durchlässe, die so genannten *Entries,* hier findet sich eine ganze Reihe von alten und **berühmten Pubs.** Im *Crown Entry* wurde die *Society of United Irishmen* (s.o.) gegründet, und einer ihrer Führer, *Samuel Nielson,* druckte hier seine Zeitung, den *Northern Star,* der die Ideale der französischen Revolution den Iren nahebringen wollte.

Kommt man von der Cornmarket auf die High Street und geht diese in östlicher Richtung, taucht schnell das **Albert Memorial** auf, ein hoher, im neogotischen Stil errichteter Uhrturm, der 1869 eingeweiht werden konnte. Acht Jahre zuvor war *Prinz Albert von Sachsen-Coburg,* der Ehemann von *Königin Victoria* gestorben, und die Herrscherin hat den frühen Tod ihres geliebten Gatten ein Leben lang nicht verwunden. Im ganzen Königreich ließ sie zur Erinnerung Denkmäler errichten, und so bekam auch Belfast sein Albert Memorial. Dass *Prinz Albert* mit der Stadt keinerlei Berührungspunkte hatte, war bei der Errichtung nur von untergeordneter Bedeutung.

Hinter dem Prinz-Albert-Uhrturm sieht man die gigantischen Kräne der Werft *Harland & Wolff* aufragen, die zu den größten der Welt zählen und demzufolge *Samson* und *Goliath* genannt werden. Die Werft soll auch über das größte Trockendock verfügen, das mit einer Länge von rund 550 m und einer Breite von ca. 90 m in der Tat recht eindrucksvolle Dimensionen aufweist. Hier wurde übrigens die **Titanic** auf Kiel gelegt, und nach ihrer Fertigstellung stach im Frühjahr 1912 das zur *White Star Line* gehörende größte Passagierschiff der Welt zu seiner Jungfernfahrt in Richtung Amerika in See.

Die Kathedrale von Belfast

116ir Foto: hg

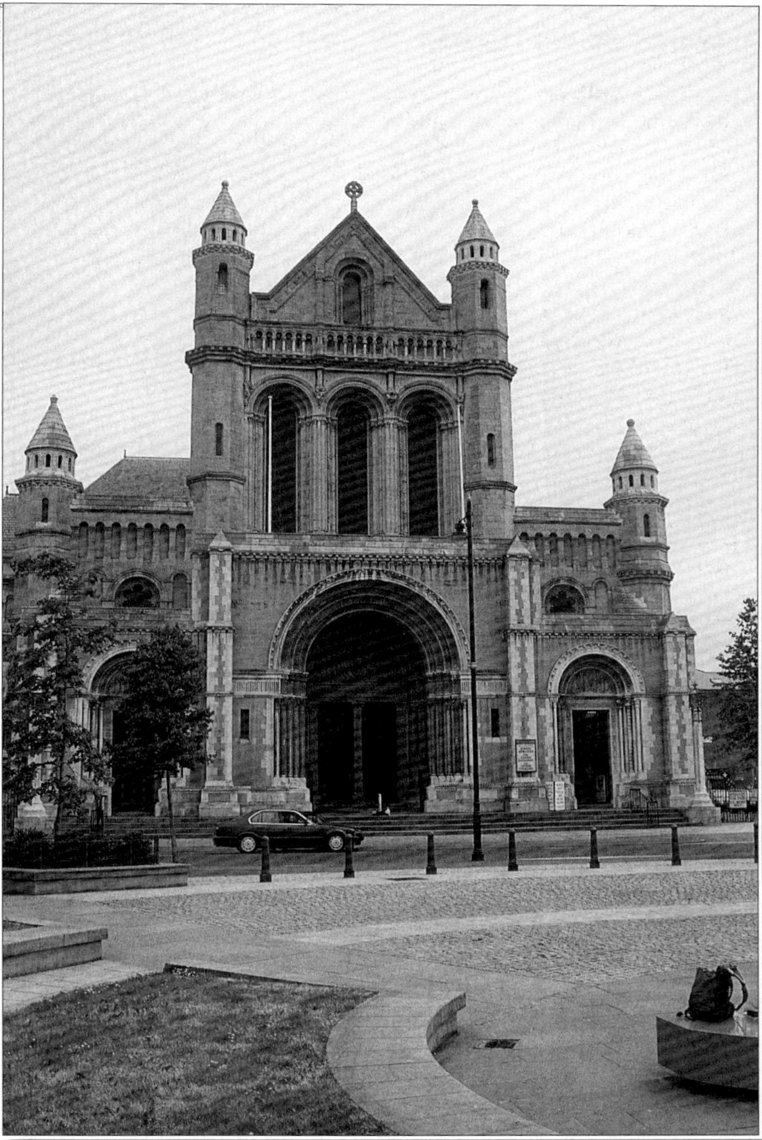

Neues zur Titanic

In den frühen Morgenstunden des 15. April 1912 rauschte die Titanic mit dem Bug voran in die schwarze Tiefe und riss 1513 Passagiere und Besatzungsmitglieder in den Tod. Nur 711 Menschen konnten gerettet werden. Am Vorabend war der Ozeanriese mit einer Geschwindigkeit von 22 Knoten (40,7 km/h) auf einen Eisberg gekracht und leck geschlagen.

1985 fand der Unterwasserexperte *Robert Ballard* das Wrack der Titanic 680 km südöstlich vor Neufundland in einer **Tiefe von 3795 m.** Mit Hilfe eines ferngesteuerten Mini-U-Bootes konnte er **Aufnahmen** von der Titanic machen. Bis zum Sommer des Jahres 1993 arbeiteten die Teams von insgesamt fünf Expeditionen mit Unterwasserrobotern und bemannten Mini-U-Booten an dem Wrack. Neben Münzen, Porzellan und Taschenuhren wurden auch **Teile des Rumpfes** geborgen, für die sich eine Gruppe von Schiffsbau- und Materialexperten besonders interessierte.

Im September 1993 legten die Wissenschaftler auf einer Konferenz von Schiffs- und Maschinenbauern in New York ihren Bericht vor. Danach war der Rumpf des 269 m langen Schiffes aus **„Stahl minderer Qualität"** mit einem zu hohen Schwefelanteil zusammengenietet worden. Dieser Werkstoff neigt bei niedrigen Temperaturen zu so genannten **Sprödbrüchen.** Schon damals waren bessere Stähle bekannt – aber auch teurer. Während hochwertiger Stahl sich unter Belastung verformt, bevor er bricht, splitterte das Billigeisen der Titanic im eiskalten Wasser (minus 1 ° C) wie Glas.

William Garzke, amerikanischer Schiffsbauingenier, hält es sogar für denkbar, dass sich das Unglück schon am Abend vorher ankündigte. Bei der offiziellen Seeamts-Untersuchung hatten Überlebende von **Grummel- und Knacktönen** tief im Innern des Ozeanriesen berichtet; die Experten jedoch taten dies als Maschinengeräusche ab. *William Garzke* nun glaubt, dass es sich bei den unerquicklichen Geräuschen bereits um Verformungen des Billigstahls im kalten Wasser handelte. Hätten die Belfaster Schiffsbauer die Titanic aus bereits bekanntem, hochwertigen Material hergestellt, so wäre laut *Garzke* der Riss, den der Eisberg schlug, kleiner gewesen; mithin wären geringere Wassermassen in den Schiffsbauch geflossen, wodurch wiederum **mehr Zeit für Rettungsmaßnahmen** zur Verfügung gestanden hätte. Im Sprödrumpf der Titanic reichte der Riss fast über die gesamte Länge des Schiffes.

416ir

Nicht die Stärke des Eisbergs, sondern die Schwäche des Stahlmantels ist demnach der Titanic zum Verhängnis geworden.

Mit einem Eisberg und der Titanic hat auch das neuste Projekt der Belfaster Künstlerin *Rita Duffy* zu tun, denn, so sagt sie, mit der Titanic ging auch Belfast unter. Sie will deshalb **einen arktischen Eisberg** von einem Schlepper in die nordirische Hauptstadt ziehen lassen und ihn im Belfast Lough verankern. *Duffy,* deren Vater einer der wenigen katholischen Arbeiter auf der Werft *Harland & Wolff* war, sieht den Eisberg als eine lebendige Skulptur, der die Bewohner der Stadt beim Schmelzen zusehen sollen. Während dieses Prozesses bleibt genügend Zeit, das sich jeder mit dem jahrhundertealten Religionskonflikt auseinandersetzen kann. „Ein Eisberg ist ein Symbol der Angst“, so erklärt sie, „und seine Schmelze hat hoffentlich einen reinigenden Effekt auf die Bevölkerung. Eis ist zudem das Gegenteil von Feuer, was wiederum für Hass, Sektierertum und Misstrauen steht“. Das alles gilt es abzuschaffen! *Rita Duffy* hat für ihr Projekt die Unterstützung des Belfaster Bürgermeisters, und der nordirische Pulitzer-Preisträger, *Paul Muldoon,* hat mit ihr zusammen die Firma *Thaw* gegründet, die das notwendige Kapital auftreiben soll. Wenn alles gut geht, dann könnte 2008 ein Eisberg im Lough Belfast vor sich herschmelzen, verbunden mit der Hoffnung auf bessere Zeiten.

Kurz vor dem Prince Albert Memorial zweigt von der High Street links die Skipper Street ab und führt uns zur protestantischen **St. Anne's Cathedral** an der Donegall Street/Ecke York Street. 1899 wurde mit dem Bau begonnen. Im Innern liegt der zu seinen Lebzeiten heftig umstrittene **Lord Edward William Carson** (1854–1935) begraben. Sein Name steht als Symbol für die Teilung in einen irischen Freistaat und ein bei Großbritannien verbleibendes nordirisches Territorium; die einen sehen in ihm den Retter von Ulster, die anderen halten ihn für denjenigen, der die Unabhhängigkeit des Landes sabotierte. *Carson* glaubte nicht, dass Irland ohne Großbritannien in wirtschaftlicher und sozialer Hinsicht hätte existieren können.

Spaziert man von Donegall Square South, im Rücken die City Hall, ein kurzes Stück die Straße gen Westen, so ist schnell Great Victoria Street mit dem **Opernhaus** erreicht. Das Areal entlang der Great Victoria Street gen Süden und ihre Verlängerungen University Street, Malone Street, Stranmillis Street sowie die abzweigenden Seitenstraßen vom Opera House bis hin zur Universität wird in Belfast auch als **Golden Mile** bezeichnet. Hier reihen sich teure wie preisgünstige Restaurants, Pubs, Bars, Hotels und viele Bed-&-Breakfast-Unterkünfte aneinander, dies ist – wie sich leicht denken lässt – der lebhafteste Bezirk von ganz Belfast, und nicht nur am Wochenende, sondern auch an Werktagen geht es hier abends ungeheuer geschäftig zu.

Nicht versäumen darf man gleich auf den ersten Metern von Great Victoria Street auf der linken Strassenseite den im Besitz des *National Trust* befindlichen Pub **The Crown Liquor Saloon,** in früheren Tagen auch als *Gin Palace* apostrophiert. Das reiche viktorianische Interieur ließ den englischen Poeten *John Betjeman* von einer „vielfarbigen Kaverne" sprechen. Wer ungestört sein Bier trinken möchte, ziehe sich in eine der Snugs zurück und schließe die Tür. Dies ist zweifellos einer der schönsten und atmosphärereichsten Pubs auf der gesamten Grünen Insel.

Die Great Victoria Street und deren Verlängerung University Street führen zur Universität der nordirischen Kapitale, zur **Queen's University.** Daneben erstreckt sich der **Botanische Garten,** ein Fleckchen der Ruhe. 1827 wurde die große grüne Lunge der Stadt eröffnet, und wie es heißt, ist es die beliebteste Belfaster Örtlichkeit. Mittendrin befindet sich das Palm House, ein beheiztes Glashaus, das auf jene berühmten Gewächshäuser des Londoner Kew Garden zurückgeht und dessen Besuch man nicht versäumen sollte. Im Botanischen Garten finden wir auch das **Ulster Museum** (Mo–Fr 10–17 Uhr, So 14–17 Uhr), das eine weitgespannte Palette an Ausstellungsstücken dem Besucher offeriert und dessen Exponate hervorragend präsentiert werden. Da gibt es Mineralien, Steine und Fossilien zu sehen, womit die geologischen Formationen erklärt werden, die Flora und Fauna der Grünen Insel wird umfassend dokumentiert. Der Besucher erfährt viel über die Vorgeschichte der Erde, so etwa über die Saurier, archäologische Funde der Umgebung sind ausgestellt, aber auch alte Antriebsmaschinen. In der Art Collection schließlich hängen Bilder der großen englischen und irischen Meister.

In **West Belfast** schließlich werden die Troubles Nordirlands wieder lebendig und künden von den Problemen der Provinz. Schon im 18. Jh. war dies der **Arbeiterbezirk** der Metropole, bis heute hat sich daran nichts geändert. In dem Viertel, das nach der zentralen Durchgangsstraße **The Falls,** im offiziellen Sprachgebrauch aber **Andersontown** genannt wird, wohnen die Katholiken von Belfast. 1968/1969, bei den schlimmsten Ausschreitungen, die die Stadt seit annähernd einem Jahrhundert gesehen hatte, vertrieben bewaffnete, militante Protestanten 8000 Familien aus ihren Häusern.

Nördlich von The Falls befindet sich zwischen den Straßen Shankill und Crumlin Road das protestantische Viertel von West Belfast. Schauen wir uns zuerst in The Falls ein wenig um. Von der Straße Millfield geht die Divis Street nach Westen ab, ihre Verlängerung ist die **Falls Road.** Hier finden wir wie schon zuvor in Derry an den Häusern große **Wandgemälde,** welche die Auseinandersetzungen aus der Sicht der katholischen Bevölkerung dokumentieren.

Ebenfalls mit großen Wandgemälden ist das protestantische Viertel nördlich von The Falls versehen, hier findet der

Besucher das genaue Gegenteil dargestellt. Da kann man lesen: *One faith, one crown* oder auch *United we stand* oder *No Surrender, Compromise or Conflict.*

Tourist Information

- 47 Donegall Place, Tel. (028) 90246609.

Unterkunft

- **Jury's Belfast,** Fisherwick Place, Great Victoria, Tel. (028) 90533500, Fax 90533511, info@jury.com, DZ 68 £;
- **Malone Lodge Hotel,** 60 Eglantine Avenue, Tel. (028) 9038800, Fax 90388088, info@malonelodgehotel.com, DZ ab 80 £;
- **The Crescent Townhouse,** 13 Lower Crescent, Tel. (028) 90323349, Fax 90320646, info@crescenttownhouse.com, DZ ab 90 £;
- **Holiday Inn Express Belfast,** 106 a University Street, DZ ab 50 £, Tel. (028) 90311909, Fax 90311910, express@holidayinn-ireland.com;
- **Guesthouse Camera,** 44 Wellington Park, Tel. (028) 90660026, Fax 90667856, camera_gh@hotmail.com, DZ 50 £;
- **Guesthouse Malone,** 79 Malone Road, DZ 50 £, Tel. (028) 90669565, Fax 90223020;
- **Arnie's Backpackers Hostel,** IHH, 63 Fitzwilliam Street, Tel. (028) 90242867;
- **The Linen House,** 18 Kent Street, Tel. (028) 90686400.

Restaurants

- **Deane's Brasserie,** 34 Howard Street, Tel. (028) 90331134, *Michael Deane* ist der einzige Küchenchef, dessen Restaurant in Belfast einen Michelin-Stern aufweisen kann, hervorragend Gerichte aller Couleur, 2-Gänge-Menü 33 £, 9-Gänge-Menü 59 £;
- **The Red Panda Restaurant,** 60 Great Victoria Street, preiswertes chinesisches Lokal ohne chinesische Ethno-Einrichtung;
- **Fatty Arbuckle's,** Great Victoria Street, freundliches Restaurant, 4,50 und 10 £;
- **Keating,** Great Victoria Street, Tel. (028) 90594949, gutes freundliches Lokal mit Gerichten zwischen 6,50 und 12 £;
- **Café Aero,** 44 Bedford Street, gemütliche Café-Bar mit kleinen Snacks und Erdinger Weißbier im Angebot;
- **Nicks's Warehouse,** 35 Hill Street, Tel. (028) 90439690, Seafood und vegetarisch, bis 11 £;
- **Ristorante Pizzeria Speranza,** 16 Shaftesbury Square, seit mehr als 20 Jahren eines der beliebtesten Lokale der Stadt, keine Reservierung, man stellt sich in die Schlange, lässt sich einen Piepser geben, setzt sich an die Bar und wartet bis es piept, neben Pizzen und Pastas auch Fisch- und Fleischgerichte, 10–4 £;
- **La Belle Epoque,** 61 Dublin Road, Tel. (028) 90323244, ebenfalls versehen mit dem Titel „A Taste of Ulster", Gerichte zwischen 11 und 18 £.

Pubs

- **The Morning Star,** Pottinger's Entry, off High Street, eine ältesten und traditionsreiche Kneipe der Stadt, in einer ehemaligen Postkutschenstation;
- **Crow's Nest,** Skipper Street, regelmäßig Live Music;
- **Crown Liquor Saloon,** 46 Great Victoria Street, Golden Mile, etablished 1849;
- **Robinson's,** 38 Great Victoria Street, Golden Mile, große atmosphärereiche Taverne, established 1895;
- **Bronco's Web Internet Café,** 122 Great Victoria Street.

Verbindung

- **Züge** und **Busse** von Dublin und Londonderry.

Das Bullet-Spiel

Autofahrer sollten auf den Straßen rund um Armagh zurückhaltend fahren und den Fuß vom Gas nehmen. In der Region um das Städtchen wird nämlich ein seltsames Spiel getrieben, das außer in Armagh nur noch um Cork und sonst nirgendwo auf der Welt gespielt wird – **The Game of Bullet.** Eine **Eisenkugel** von der Größe eines Tennisballes, aber unvergleichlich schwerer, nämlich gut eineinhalb Pfund, die mit Schlägen die Landstraße entlang über eine **Strecke von rund 4 km** getrieben wird. Da sollte der Spieler den Verlauf der geteerten Trasse schon ganz gut kennen, will er nicht, dass sein eiserner Ball auf dem Feld oder in einer Hecke landet. Noch schlimmer wäre ein schwungvoller Hieb durch eine Fensterscheibe hindurch.

Echte Könner dieses Spiels benötigen weniger als **20 Schläge,** bis sie ihre Kugel im Ziel haben. Natürlich folgt eine große Menschenmenge den Akteuren, und da die Iren ja bekanntermaßen wettfreudig sind, werden am Rande des Geschehens von den Zuschauern hohe Summen gesetzt. Autos, die des Weges kommen, hält eine Vorhut an. Gespielt wird in der Regel sonntags. Alljährlich am ersten Sonntag im August werden die **„Weltmeisterschaften" des Bullet Game** in Armagh und am letzten Sonntag des Monats in Cork ausgetragen. Natürlich wird das ganze Jahr über der eiserne Ball zu Trainingszwecken über den Asphalt gejagt. Wer sich dieses Spektakel einmal ansehen möchte, frage in der Tourist Information oder beim abendlichen Bier den Wirt im Pub, wann so ein Ereignis wieder einmal ansteht.

Armagh

↗ IX/D1

Armagh, die südwestlich von Belfast im Inland gelegene Verwaltungshauptstadt des gleichnamigen County, nennt sich auch das Irische Rom, denn wie die berühmte Schwesterstadt in Italien ist auch sie auf sieben Hügeln erbaut. Die kleine Administrationsmetropole kann auf eine lange Geschichte zurückblicken, ihre Wurzeln reichen bis tief zurück in das Dunkel der Mythologie.

Glaubt man der legendenhaften Überlieferung, so hat Armagh seinen Namen vom gälischen *Ard Mhacha,* der Höhe von Mhacha, bekommen. Königin *Mhacha,* Gemahlin des *Newry,* soll mit ihrem Gatten rund 600 Jahre nach der Sintflut ins Land gekommen sein. Begraben wurde sie auf der Spitze eines Hügels, auf dem sich heute die protestantische Kathedrale erhebt.

Gesicherter ist, dass um 445 der heilige *Patrick* diese legendäre Hügelspitze als zukünftigen Bischofssitz kürte, die Iren der Umgebung zum rechten Glauben bekehrte und ein erstes Gotteshaus erbauen ließ. Schnell avancierte die kleine frühchristliche Gemeinde zu einem Zentrum der Gelehrsamkeit. Vom 9. bis zum 11. Jh. versetzten wie andernorts auch die räuberischen Wikinger die Bevölkerung immer wieder in Angst und Schrecken, und es blieb dem irischen König *Brian Boru* vorbehalten, die Nordmänner endgültig aus dem Land zu treiben. 1014 fand die Schlacht von Clontarf (bei Dublin) statt, in der die Wikinger sich verdienterweise eine blutige Nase holten.

Auch *Brian Boru* fand bei den Kämpfen den Tod, seine sterbliche Hülle fand ihre letzte Ruhe hier in der Kathedrale von Armagh. In den folgenden Jahrhunderten verfiel der kirchliche Einfluss von Armagh langsam, aber zusehends. Im 18. und 19. Jh. nahm die Stadt noch einmal einen architektonischen Aufschwung, viele der damals errichteten Häuser stehen noch heute. In Armagh stellen die Katholiken die Bevölkerungsmehrheit.

Sehenswertes

Durch das Zentrum von Armagh verläuft **The Mall,** die Straße, die noch fast vollständig von georgianischen Gebäuden bestanden ist. Viele dieser Häuser hier und in den Nebenstraßen stammen von dem in Armagh geborenen Architekten *Francis Johnson,* der auch für einige der schönsten georgianischen Stadtpaläste von Dublin verantwortlich zeichnete. In früheren Zeiten wurde The Mall einmal für Pferderennen genutzt.

An The Mall East befindet sich das **County Museum** und macht mit seinen Exponaten die Geschichte der Stadt und der Region ein wenig lebendiger (Mo–Sa 10–13, 14–17 Uhr); dem Ausstellungsgebäude ist eine kleine Art Gallery angeschlossen.

Die Straße College Hill verläuft vom Nordende von The Mall gen Westen, und nach kurzem Fußweg ist das **Planetarium** erreicht, der Stolz der Stadt. (Mo–Fr 14–16.45 Uhr und Sa 13.30–16.45 Uhr). Es entstand Ende der 1960er Jahre, das dahinterliegende Observatorium, das leider nicht zu besichtigen ist, gibt es schon seit über 200 Jahren, und es ist noch immer in Betrieb. Im Planetarium ist eine ganze Anzahl astronomischer Gerätschaften und alter Fernrohre ausgestellt, mit denen die Wissenschaftler des Observatoriums in den letzten beiden Jahrhunderten in die Weite des Weltalls geblickt haben.

Die **St. Patrick's Church of Ireland Cathedral** liegt im Stadtzentrum am Cathedral Close, an jener Stelle, an der der heilige *Patrick* um 445 ein erstes Gotteshaus errichten ließ.

Freunde alter Bücher dürfen nahe der Kathedrale eine Besichtigung der **Public Library** nicht versäumen (Mo–Fr 10–12.30 Uhr, 15–16 Uhr). Die Herzstücke der Sammlung sind eine Ausgabe von *Sir Walter Raleighs* „History of the World" von 1614 und der berühmte Band von *Jonathan Swift,* „Gullivers Reisen". Die Bibliothek wurde 1771 von Erzbischof *William Robinson* ins Leben gerufen.

Eine zweite Kathdrale, die **Catholic St. Patrick's Cathedral,** liegt etwas außerhalb des Zentrums oberhalb der Cathedral Road. Zu ihren Füßen gibt es alltäglich einen Markt, der *The Shambles* genannt wird.

Tourist Information

- 40 English Street, Tel. (028) 37521800.

Unterkunft

- **Charlemont Arms Hotel,**
57 English Road,
Tel. (028) 37522028, Fax 37526979,
info@charlemontarmshotel.com, DZ £ 65;

- **Mrs. J. Kee,**
47 Ballygroobany Road,
Tel./Fax (028) 38870081,
info@ballinahinchhouse.com, DZ £ 40;
- **Mrs. Alice McBride,**
33 Newtownhamilton Road,
Tel. (028) 37522000, Fax 37528276,
alice@hillviewlodge.com, DZ £ 41,50.

Restaurants und Pubs

- **Rainbow Restaurant and Coffee Shop,** Russel Street, ein kleines Billigrestaurant in der Fußgängerzone;
- **The Glencoe,** Scotch Street/Ecke Thomas Street, alter Stadt-Pub;
- **Jodie's Restaurant,** Scotch Street, im ersten Stock gelegen, man läuft leicht an der Tür vorbei, bis 8 £;
- **The Kerry Inn,** Scotch Street, kleines Restaurant, bis 6,50 £;
- **Calvert's Tavern,** Scotch Street, gemütlicher Pub mit angeschlossenem Restaurant, Steaks 10 £.

Verbindung

- **Busse** nach Belfast und Dublin

Downpatrick

⇗ X/B2

Downpatrick ist die Verwaltungskapitale des County Down, südlich von Belfast, und kann auf eine große historische Vergangenheit zurückblicken. Auf dem Hill of Down, dort, wo heute der Turm der Kathedrale in den wolkigen Himmel ragt, stand schon in frühester Zeit eine Befestigung. Die Hügelspitze, ein strategisch günstiger Ort, war lange vor der Zeit des heiligen *Patrick* mit einer **keltischen Burg** gesichert, die *Dun Cealtchair* genannt wurde, Cealtchairs Fort. Der Namensgeber gehörte zu den Rittern des Königs von Ulster, *Conor Mac-Nessa,* und war, folgen wir den Beschreibungen von ihm im *Book of the Dun Cow,* „ein ärgerlicher, schrecklicher, grauenhafter Mann mit einer langen Nase, riesigen Ohren, Apfel-Augen und ungepflegtem, dunkelgrauem Haar".

Ende des 12. Jh. kam der anglo-normannische Adlige *John de Courcy* von Süden herangezogen und fand bereits eine respektable Siedlung vor. Nachdem der Recke mit seinen Truppen die Gefolgsleute des Königs von Ulster, *Rory MacDonlevy,* geschlagen hatte, richtete er auf dem Hügel eine Benediktiner-Abtei ein, und um der geistlichen Stätte gleich einen hohen Stellenwert mitzugeben, ließ er die Gebeine des heiligen *Columba* und die sterblichen Reste der heiligen *Brigid* in sein neues Kloster überführen.

Da man zudem glaubte, dass auch der Missionar Irlands, der heilige *Patrick,* hier begraben sei, entwickelte sich die Örtlichkeit schell zu einem Wallfahrtsort; die Pilger scheuten weder Kosten noch Mühe, und kamen von weit her angereist. Um an die heiligen Gebeine zu kommen und eine Reliquie mit nach Hause nehmen zu können, buddelten ganz Unermüdliche gar ein Loch in den Boden, doch weiß man nicht, ob solch frevelhafte Tat erfolgreich war.

Heute bedeckt neben der Kathedrale eine große **Granitplatte** – gelegt im Jahr 1900 – die vermeintlichen letzten Ruhestätten. Das Gotteshaus, das *de Courcy* errichtete, wurde im 14. Jh. zerstört. Auch der Nachfolgebau, im 16. Jh. hochgezogen, überdauerte die

Zeiten nicht, die **Kathedrale,** die wir heute sehen, datiert aus den Anfängen unseres Jahrhunderts.

Von der Kathedrale aus, die sich von Belfast kommend am Ortseingang befindet, flaniert der Besucher nun über die English Street ins Zentrum. Die Straße ist rechts und links mit georgianischen Häusern bestanden. Aus dem 18. Jh. datiert das einstige Stadtgefängnis, in dem heute das **Down Museum** und das **St. Patrick Heritage Centre** untergebracht sind (im Sommer Mo–Fr 11–17 Uhr, Sa/So 14–17 Uhr, im Winter So/Mo geschlossen).

Das Heritage Centre macht in einer audivisuellen Vorführung mit dem Leben des heiligen *Patrick* vertraut, dem großen Missionar und ersten Bischof der Grünen Insel. Dabei kommt der Kirchenvater - auch als der „Apostel Irlands" bezeichnet - selbst zu Worte, denn eine Ausstellung zitiert aus seinem autobiographischen Werk „Confessio", in dem *Patrick* seinen kirchlichen Werdegang schildert.

Im **Governor's House** informiert die Ausstellung über die Geschichte des County Down, vor allem eine große Anzahl von historischen Schwarzweißfotos dokumentiert das Leben in der Region um die Jahrhundertwende. In dem einstigen Gefängnis saß vor 200 Jahren ein gewisser *Thomas Russel* ein, der zu den *United Irishmen* gehörte. Beim Aufstand von 1798 kam er noch glimpflich davon, doch dann, bei der Rebellion von *Thomas Emmet* im Jahre 1803, wurde er für schuldig befunden, hier in Downpatrick eingekerkert und hingerichtet.

Gegenüber vom Stadtzentrum, auf der anderen Seite des **River Quoile** in den Auen des Flüsschens gelegen, befindet sich **Inch Abbey.** Um dorthin zu gelangen, dass man der Belfast Road rund 2 km folgen und kurz vor dem *Abbey Lodge Hotel* links abbiegen. Ausschilderungen helfen dem Besucher, den Weg zu finden. Das Areal rund um die **kleine Abtei** war in früheren Zeiten einmal eine Insel im Fluss, auf der schon immer eine Kirche gestanden hatte. Der schon erwähnte Anglo-Normanne *John de Courcy* ließ diese kurzerhand abreißen und stattdessen eine Zisterzienser-Abtei errichten. Die Mönche kamen vom englischen Lancashire, genauer gesagt von der Furness Abbey, herüber nach Irland, um den englischen Einfluss im Lande entscheidend zu stärken. Folgerichtig war es den irischen Brüdern verboten, in Inch Abbey ihrem Herrn nahe zu sein. Derlei rigide Abschottung schaffte keine Sympathie, und schon 1404 ging das Kloster in Flammen auf. In der Mitte des 16. Jh. dann verließen es die letzten Mönche.

Von Downpatrick geht es nun entweder entlang der Küste über die A 2 oder direkt über die A 25 zur Marktstadt Newry, dahinter ist der Besucher, ohne dass er es merkt, schnell wieder in der Republik Irland. Zoll- und Grenzformalitäten gibt es keine. Die N 1 führt in Richtung Süden nach Dublin.

Tourist Information

- Market Street.

133ir Foto: ws

Anhang

134ir Foto: ws

135ir Foto: ws

Beim Torfstechen

Achtung Autofahrer: Schafe trifft man auch oft mitten auf der Straße an!

An der Westküste spielen die Gezeiten eine wichtige Rolle

Literaturtipps

Hinweise auf Werke berühmter irischer Autoren finden sich im Exkurs „Irische Schriftsteller von Weltruhm". Zur Einstimmung auf den Irland-Besuch seien dem Leser die folgenden Bücher empfohlen:

Reiseberichte

- **Irland – ein Reise-Lesebuch,** *Volker Bartsch,* Hamburg. (Bilder und Texte stimmen auf den Besuch der Grünen Insel ein.)
- **Irisches Tagebuch,** *Heinrich Böll,* München. („Es gibt dieses Irland: Wer aber hinfährt und es nicht findet, hat keine Ersatzansprüche an den Autor", so schreibt *Heinrich Böll* in den ersten Zeilen.)
- **Wanderungen in Irland,** *Henry V. Morton.* (Kurz nach Gründung des Freistaates bereiste der englische Schriftsteller *Henry V. Morton* als einer der ersten Touristen das unabhängige Irland; heute zu lesen als historische Momentaufnahme jener Tage.)
- **Mein irisches Tagebuch,** *Ralph Giordano,* Köln.

Geschichte

- **Geschichte Irlands,** *James C. Becket,* Stuttgart. (Ein Abriss der irischen Geschichte.)
- **Granuaile – The Life and Times of Grace O'Malley,** *Anne Chambers,* Dublin. (Über Leben und Zeit der Piratin *Grace O'Malley.*)
- **Geschichte Irlands,** *Jürgen Elvert,* München. (Eine interessant geschriebene Darstellung der irischen Geschichte.)

Landeskunde

- **Die Boote fahren nicht mehr aus,** *Tomás O'Crohan,* Göttingen. (Über das harte Leben der Menschen auf den Blasket Islands.)
- **Die Reise in die Anderswelt, Feengeschichten und Feenglaube in Irland,** *Frederik Hetmann,* Düsseldorf/Köln. (Irische Sagen und Legenden aus alten Tagen.)
- **Irischer Zaubergarten,** *Frederik Hetmann,* München. (Märchen, Sagen und Geschichten von der Grünen Insel.)
- **Irland – eine geografische Landeskunde,** *Helmut Jäger,* Darmstadt. (Aus der Reihe der Wissenschaftlichen Länderkunden der Wissenschaftlichen Buchgesellschaft.)
- **Keltische Sagen aus Irland,** *Martin Löpelmann,* München.

Sprache

- **Irisch-Gälisch Wort für Wort,** Kauderwelsch Band 90, *Lars Kabel,* REISE KNOW-HOW Verlag, Bielefeld. Zu diesem Band ist beim Verlag sowohl ein **AusspracheTrainer** erhältlich, der die wichtigsten Sätze und Redewendungen auf Audio-CD hörbar macht, als auch ein **Kauderwelsch digital.** Hier sind Buch und Tonmaterial auf einer CD-Rom für den heimischen PC kombiniert.

Zeitschriften

- **Irland Journal,** erscheint viermal im Jahr; zu beziehen über: *Verlag Irland Journal,* Dorfstraße 7, 47447 Moers, Tel. 02841 31863.

Auf Englisch

- **Hungry for Home: Leaving the Blaskets – A Journey from the Edge of Ireland,** *Cole Moreton,* London. (Alles über das harte Leben der Blasket-Bewohner)
- **The Encyclopedia of Ireland,** *Brian Lalor*

Englisch – Gälisch

Ardara	Ard na Ratha
Athlone	Ath Luain
Bantry	Beanntrai
Blarney	Blarna
Caherciveen	Cathair Saibhin
Carrick-on-Suir	Carraig na Siuire
Clifden	Clochan
Cong	Conga
Cork	Corcaigh
Dingle	Daingean
Donegal	Dun na n'Gall
Drogheda	Droichead Atha
Drumcliff	Droim Cliath
Drumshanbo	Droim Sean Bho
Dublin	Ath Cliath
Ennis	Inis
Galway	Gaillimh
Glenbeigh	Gleann Beithe
Glencolumbkille	Glen Cholm Cille
Glengariff	Gleann Garbh
Glenties	Gleannta
Kells	Ceanannas
Kenmare	Neidin
Kilkee	Cill Chaoi
Kilkenny	Cill Chainnigh
Killaloe	Cilla Dulua
Killarney	Cill Airne
Killorglin	Cill Orglan
Killybegs	Cealla Beaga
Kinsale	Cionn t'Saile
Letterkenny	Leitir Ceanainn
Limerick	Luimneach
Lisdoonvarna	Lios Dun Bhearna
Listowel	Lios Tuathail
New Ross	Ros
Oughterard	Uachtar Ard
Rosslare	Ros Lair
Roundstone	Cloch na Ron
Schull	An Scoil
Skerries	Sceiri
Skibbereen	Sciobairin
Sligo	Sligeach
Spiddal	Spideal
Tralee	Tra Li
Tramore	Tra Mhor
Trim	Troim
Waterford	Port Lairge
Wexford	Loch Garman

Gälisch – Englisch

An Scoil	Schull
Ard na Ratha	Ardara
Ath Cliath	Dublin
Ath Luain	Athlone
Beanntrai	Bantry
Blarna	Blarney
Carraig na Siuire	Carrick-on-Suir
Cathair Saibhin	Caherciveen
Cealla Beaga	Killybegs
Ceanannas	Kells
Cill Airne	Killarney
Cill Chainnigh	Kilkenny
Cill Chaoi	Kilkee
Cill Orglan	Killorglin
Cilla Dulua	Killaloe
Cionn t'Saile	Kinsale
Clochan	Clifden
Cloch na Ron	Roundstone
Conga	Cong
Corcaigh	Cork
Daingean	Dingle
Droichead Atha	Drogheda
Droim Cliath	Drumcliff
Droim Sean Bho	Drumshanbo
Dun na n'Gall	Donegal
Gaillimh	Galway
Gleann Beithe	Glenbeigh
Gleann Garbh	Glengariff
Gleannta	Glenties
Glen Cholm Cille	Glencolumbkille
Inis	Ennis
Leitir Ceanainn	Letterkenny
Lios Dun Bhearna	Lisdoonvarna
Lios Tuathail	Listowel
Loch Garman	Wexford
Luimneach	Limerick
Neidin	Kenmare
Port Lairge	Waterford
Ros	New Ross
Ros Lair	Rosslare
Sceiri	Skerries
Sciobairin	Skibbereen
Sligeach	Sligo
Spideal	Spiddal
Tra Li	Tralee
Tra Mhor	Tramore
Troim	Trim
Uachtar Ard	Oughterard

HILFE!

Dieses Reisehandbuch ist gespickt mit unzähligen Adressen, Preisen, Tipps und Infos. Nur vor Ort kann überprüft werden, was noch stimmt, was sich verändert hat, ob Preise gestiegen oder gefallen sind, ob ein Hotel, ein Restaurant immer noch empfehlenswert ist oder nicht mehr, ob ein Ziel noch oder jetzt erreichbar ist, ob es eine lohnende Alternative gibt usw.

Unsere Autoren sind zwar stetig unterwegs und versuchen, alle zwei Jahre eine komplette Aktualisierung zu erstellen, aber auf die Mithilfe von Reisenden können sie nicht verzichten.

Darum: Schreiben Sie uns, was sich geändert hat, was besser sein könnte, was gestrichen bzw. ergänzt werden soll. Nur so bleibt dieses Buch immer aktuell und zuverlässig. Wenn sich die Infos direkt auf das Buch beziehen, würde die Seitenangabe uns die Arbeit sehr erleichtern. Gut verwertbare Informationen belohnt der Verlag mit einem Sprechführer Ihrer Wahl aus der über 200 Bände umfassenden Reihe „Kauderwelsch“ (siehe unten).

Bitte schreiben Sie an:

REISE KNOW-HOW Verlag Peter Rump GmbH, Postfach 140666, D-33626 Bielefeld, oder per e-mail an: info@reise-know-how.de

Danke!

Kauderwelsch-Sprechführer – sprechen und verstehen rund um den Globus

Know-How auf einen Blick

Wales
Wangerooge
Warschau
Wien

Zypern, der Süden

Wohnmobil-Tourguides

Kroatien
Provence
Sardinien
Südnorwegen
Südschweden

Edition RKH

Durchgedreht – Sieben Jahre im Sattel
Eine Finca auf Mallorca
Geschichten aus dem anderen Mallorca
Mallorca für Leib und Seele
Rad ab!

Praxis

Aktiv Algarve
Aktiv Andalusien
Aktiv Dalmatien
Aktiv frz. Atlantikküste
Aktiv Gardasee
Aktiv Gran Canaria
Aktiv Istrien
Aktiv Katalonien
Aktiv Polen
Aktiv Slowenien
All inclusive?
Bordbuch Südeuropa
Canyoning
Clever buchen, besser fliegen
Clever kuren
Drogen in Reiseländern
Feste Europas
Fliegen ohne Angst
Frau allein unterwegs
Fun u. Sport im Schnee
Geolog. Erscheinungen
Gesundheitsurlaub in Dtl. Heilthermen
GPS f. Auto, Motorrad
GPS Outdoor-Navigation
Handy global
Höhlen erkunden
Hund, Verreisen mit
Inline Skating
Inline-Skaten Bodensee
Internet für die Reise
Kanu-Handbuch
Kartenlesen
Kommunikation unterw.
Kreuzfahrt-Handbuch
Küstensegeln
Langzeitreisen
Marathon-Guide Deutschland
Mountainbiking
Mushing/ Hundeschlitten
Nordkap Routen
Orientierung mit Kompass und GPS
Paragliding-Handbuch
Pferdetrekking
Radreisen
Reisefotografie
Reisefotografie digital
Reisekochbuch
Reiserecht
Respektvoll reisen
Schutz vor Gewalt und Kriminalität
Schwanger reisen
Selbstdiagnose unterwegs
Sicherheit Meer
Sonne, Wind, Reisewetter
Spaniens Fiestas
Sprachen lernen
Survival-Handbuch Naturkatastrophen
Tauchen Kaltwasser
Tauchen Warmwasser
Trekking-Handbuch
Unterkunft/Mietwagen
Vulkane besteigen
Wandern im Watt
Wann wohin reisen?
Wein-Reiseführer Deutschland
Wein-Reiseführer Italien
Wein-Reiseführer Toskana
Wildnis-Ausrüstung
Wildnis-Backpacking
Wildnis-Küche
Winterwandern
Wohnmobil-Ausrüstung
Wohnmobil-Reisen
Wohnwagen Handbuch
Wracktauchen
Zahnersatz, Reiseziel

KulturSchock

Familienmanagement im Ausland
Finnland
Frankreich
Irland
Leben in fremden Kulturen
Polen
Rumänien
Russland
Spanien
Türkei
Ukraine
Ungarn

Europa

Register

A

B

E

F

G

H

I

J

K

O

P

Q

R

S

T

U

V

W

Y

Z

Der Autor

Hans-Günter Semsek (geboren 1952) studierte Soziologie und Philosophie, u.a. auch einige Zeit in London. Schon früh faszinierten ihn die Britischen Inseln, die er 1967 kennen lernte. Zwei Jahre später besuchte er erstmals Irland, trampte durchs Land und war beeindruckt von der landschaftlichen Schönheit sowie der unkomplizierten Art der Einwohner. Nach vielen Reisen in außereuropäische Länder wandte er sich in den letzten Jahren wieder Großbritannien und Irland zu.

Von Hans-Günter Semsek erschienen außerdem in der Reihe REISE KNOW-HOW der CityGuide „London" und die Reisehandbücher „England – der Süden" und „Großbritannien".

Danksagung

Der Autor möchte einen herzlichen Dank all den Lesern aussprechen, die ihre Reiseerfahrungen in zahlreichen Briefen weitergegeben haben. Die Anteilnahme der Leser ist eine immense Hilfe, dieses Buch immer auf dem Laufenden zu halten.

Kartenatlas

Zeichenerklärung

- Autobahn
- Nationalstraße 4 Spuren
- Nationalstraße 2 Spuren
- Regionalstraße
- Eisenbahn
- Landesgrenze
- Graftschaftsgrenze

0 — 10 km

Maßstab 1 : 650.000

750 m
500 m
250 m
0

ATLANTK
Derry
Nord-
irland
Belfast
Sligo
Dublin
IRLAND
Galway
Limerick
Waterford
Cork
IRISCHE SEE
A
B
ATLANTISCHER
OZEAN
Tory Island
Tory Sound
Horn Head
Rinnafaghl Head
Rosgu
Inishbeg
Inishdooey
Dunfanaghy
Inishbofin
Bloody Forehead
Ballymore
Falcarragh
Creeslough
Muckish Mtn 670
R245
0
10 km
Inishsirrer
Meenaclady
R257
Gola Island
The Stag Rocks
Derrybeg
N 56
N 5
Owey Island
Bunbeg
R258
R251
Errigal Mtn 752
Gweedore
Kincaslough
R259
Annagary
Dunlewy
Derry Veagh Mountains
Leabgarrow
Church H
Aranmore Island
Burtonport
R254
683
Slieve Snaght Mountain
2
R259
Dunglow
Glendowan
Maghery
R252
Doocharry
R250
Kingarrow
N 56
DONEGA
Gweebarra Bay
Lake Finn
Fintown
R250
Cloghan
Dawros Head
Portnoo
Maas
Aghla Mtn.
R253
568
R25
Altnapas
Laughros More Bay
R261
Glenties
Ardara
Blue Stuck Mountains
547
N 15
N 56
R262
Lake Eske
Rossan Point
Glencolumbkille
R263
Rathlin O´Birne Island
Frosses
3
Malin Beg
595
Slieve Leagues
Carrick
Kilkar
Largy
Killybegs
Milltown
N 56
Donegal
Mountcharles
Laghy
Dunkineely
Lough Derg
Carrigan Head
Muckros Head
Drumanoo Head
N 15
R232
St. John's Point
Donegal Bay
Ballintra
Ballure
A
VI
B

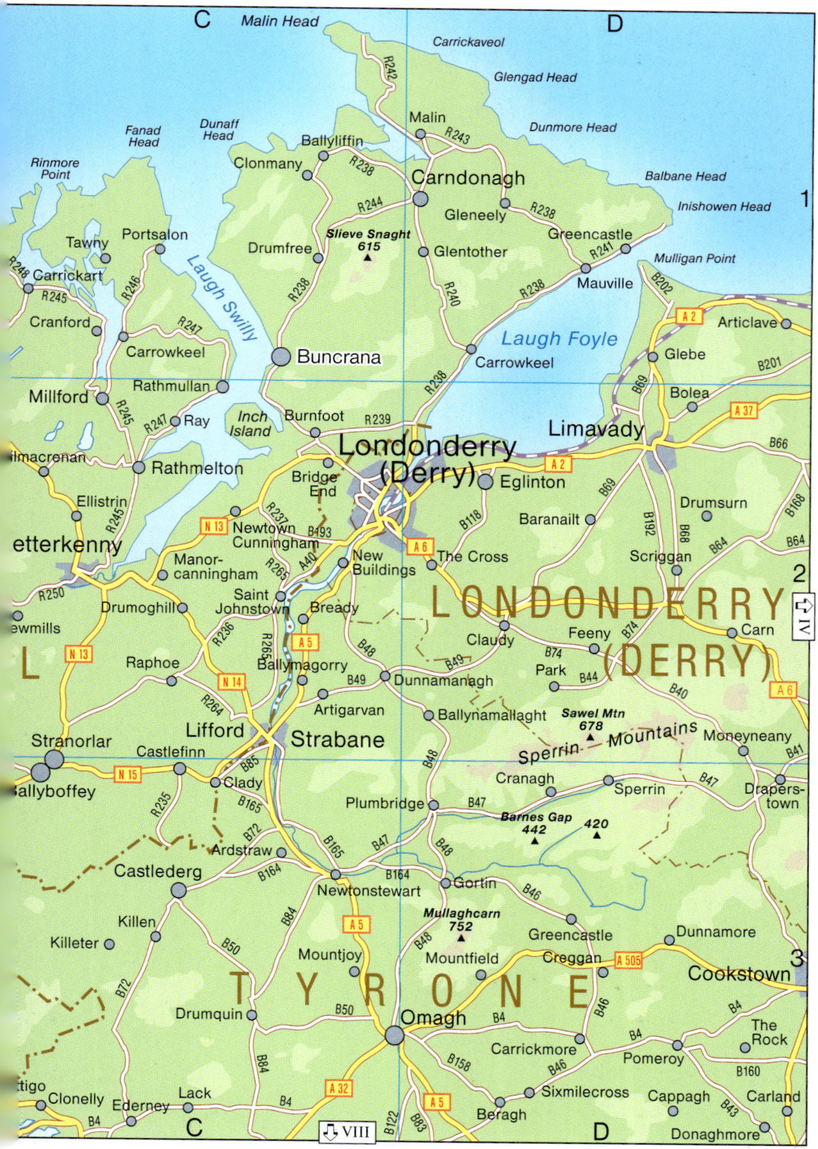

Kartenatlas

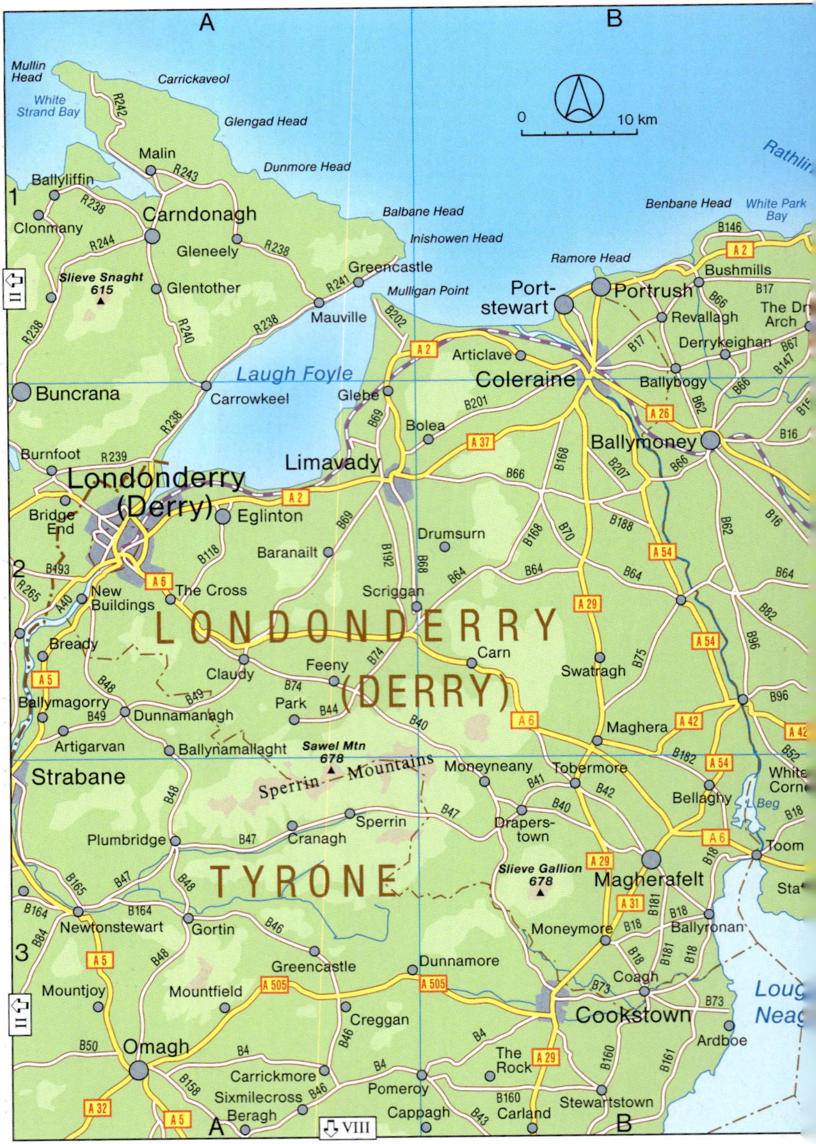
A
B
1
2
3
0
10 km
Mullin Head
White Strand Bay
Carrickaveol
Glengad Head
Malin
Dunmore Head
Ballyliffin
Clonmany
Carndonagh
Gleneely
Balbane Head
Inishowen Head
Greencastle
Mulligan Point
Slieve Snaght 615
Glentother
Mauville
Laugh Foyle
Buncrana
Carrowkeel
Glebe
Burnfoot
Londonderry (Derry)
Eglinton
Bridge End
Limavady
Bolea
Port-stewart
Portrush
Rathlin
Benbane Head
White Park Bay
Ramore Head
Bushmills
Revallagh
The Dark Arch
Derrykeighan
Articlave
Coleraine
Ballybogy
Ballymoney
Baranailt
Drumsurn
New Buildings
The Cross
Scriggan
LONDONDERRY (DERRY)
Bready
Claudy
Feeny
Park
Carn
Swatragh
Ballymagorry
Dunnamanagh
Artigarvan
Ballynamallaght
Sawel Mtn 678
Sperrin Mountains
Maghera
Moneyneany
Tobermore
Strabane
Bellaghy
L. Beg
White Corner
Draperstown
Plumbridge
Cranagh
Sperrin
Toom
TYRONE
Slieve Gallion 678
Magherafelt
Newtonstewart
Gortin
Moneymore
Ballyronan
Greencastle
Dunnamore
Coagh
Mountjoy
Mountfield
Creggan
Cookstown
Lough Neagh
Ardboe
Omagh
The Rock
Carrickmore
Sixmilecross
Pomeroy
Beragh
Cappagh
Carland
Stewartstown
II
VIII
A 2
A 5
A 6
A 26
A 29
A 31
A 32
A 37
A 42
A 54
A 505
A40
R238
R239
R240
R241
R242
R243
R244
R265
B17
B18
B46
B47
B48
B49
B62
B64
B66
B69
B74
B118
B146
B168
B181
B192
B193

Kartenatlas

ATLANTK
Derry
Nordirland
Belfast
Sligo
Dublin
Galway
IRLAND
IRISCHE SEE
Limerick
Waterford
Cork
A
B
ATLANTISCHER OZEAN
Benwee Head
Doovinalla
Kid Island
Portacloy
Illanmaster
Belderg Harbour
Minnaun
Bunatrahir Bay
Downpatrick Head
Erris Head
Broad Haven
Belderg
Gortmore
Rathlackan
Doonamo Pt
Sruwaddacon Bay
Maumakeogh 377
Corclogh
Knocknalina
Glenamoy
Carrowmore
Annagh Head
Belmullet
R314
Knocknalower
R313
Kilcon
Slieve Fyagh 330
Trawmore Bay
Carrowmore Lake
Bunnahowen
Elly Bay
Doolough Point
R313
Bangor
Furnought 150
R315
Inishkea
2
Kanfinalta
Gweesalia
N59
Bellacorrick
Aghleam
Maumy Kelly 365
N59
Blacksod Point
Crossmolina
Blacksod Bay
Slieve Alp 328
719
Lough
Ridge Pt
Nephin Beg 627
R312
Lahardaun
Saddle Head
Slievemore 671
Bullaunmore 386
Nephin 806
Ballycroy
Croghaun 665
Glennamong 627
R316
Dooagh
Achill
Keel
N59
Birreencorragh 697
Achill Head
R319
711
R312
Pontoc
Keem Strand
Island
Buckoogh 587
Dooega
R319
Lough Feeagh
R317
Beltra
Dooega Head
Sraheens
Furnace Lough
Corraun Hill 540
MAYO
Portnahally Bay
Beltra L.
Newport
Castlebar
Achillbeg Island
Gubbaun Pt
Newport Bay
R311
Gubacarrigan
N59
3
Clare Island
Clew Bay
Westport Bay
Westport Quay
Westport
N5
Belcar
Old Head
Ballyhean
Roonagh Quay
Croagh Patrick 762
Murrisk
R330
Killavally
Louisburgh
Aghagower
N84
Liscarney
Inishturk
Roonah
Killadon
N59
A
XI
B
Srah
Part

Kartenatlas

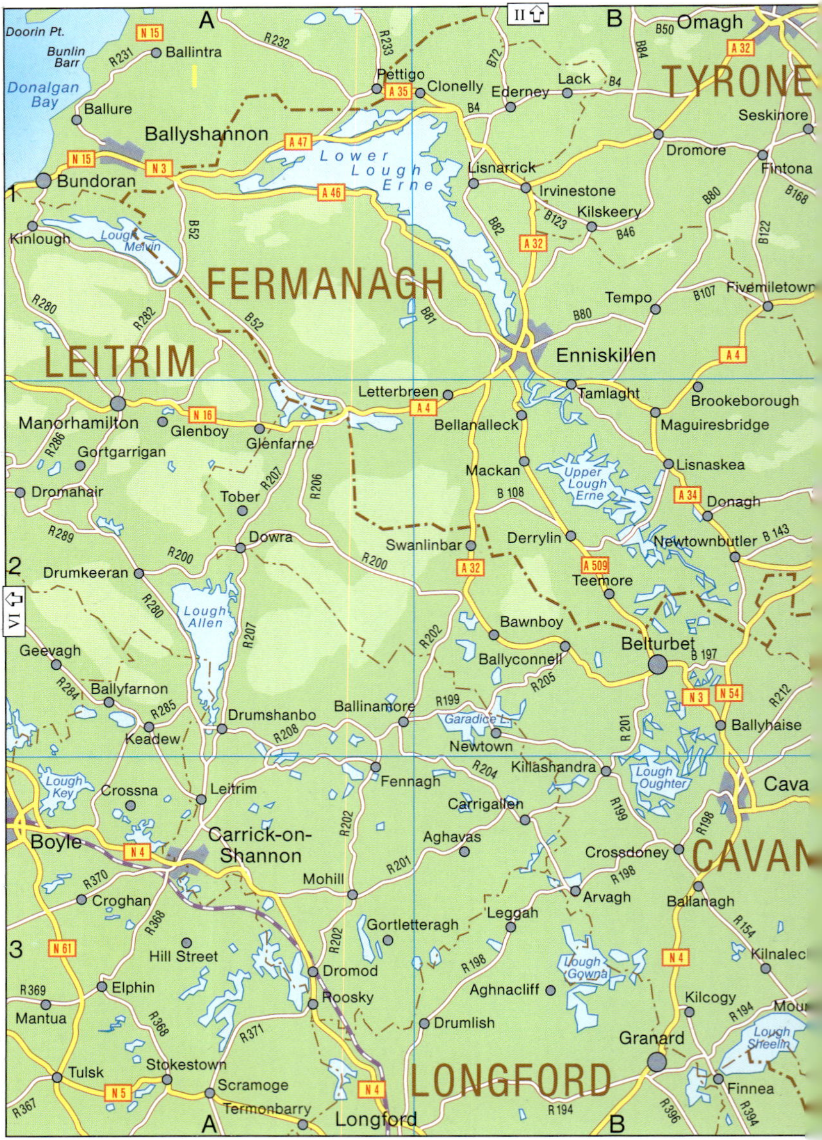
Omagh
TYRONE
FERMANAGH
LEITRIM
CAVAN
LONGFORD
Lower Lough Erne
Upper Lough Erne
Lough Melvin
Lough Allen
Lough Key
Lough Oughter
Lough Gowna
Lough Sheelin
Garadice L.
Donalgan Bay
Doorin Pt.
Bunlin Barr
Ballintra
Ballure
Ballyshannon
Bundoran
Kinlough
Pettigo
Clonelly
Ederney
Lack
Seskinore
Dromore
Fintona
Lisnarrick
Irvinestone
Kilskeery
Tempo
Fivemiletown
Enniskillen
Tamlaght
Brookeborough
Maguiresbridge
Lisnaskea
Donagh
Newtownbutler
Letterbreen
Bellanalleck
Mackan
Swanlinbar
Derrylin
Teemore
Bawnboy
Ballyconnell
Belturbet
Ballyhaise
Manorhamilton
Glenboy
Glenfarne
Gortgarrigan
Dromahair
Tober
Dowra
Drumkeeran
Geevagh
Ballyfarnon
Keadew
Drumshanbo
Ballinamore
Newtown
Killashandra
Fennagh
Carrigallen
Aghavas
Crossdoney
Cava
Crossna
Leitrim
Boyle
Carrick-on-Shannon
Mohill
Croghan
Arvagh
Ballanagh
Leggah
Gortletteragh
Hill Street
Dromod
Roosky
Elphin
Mantua
Aghnacliff
Drumlish
Kilnalec
Kilcogy
Granard
Tulsk
Stokestown
Scramoge
Termonbarry
Longford
Finnea
A
B
1
2
3
II
VI
N 15
N 3
N 16
N 4
N 5
N 61
N 54
A 35
A 47
A 46
A 32
A 4
A 34
A 509
B50
B84
B72
B4
B82
B123
B46
B80
B122
B168
B107
B52
B81
B 108
B 143
B 197
R231
R232
R233
R280
R282
R286
R289
R200
R207
R206
R202
R284
R285
R208
R199
R205
R204
R201
R212
R370
R368
R369
R371
R198
R154
R194
R396
R394
R367

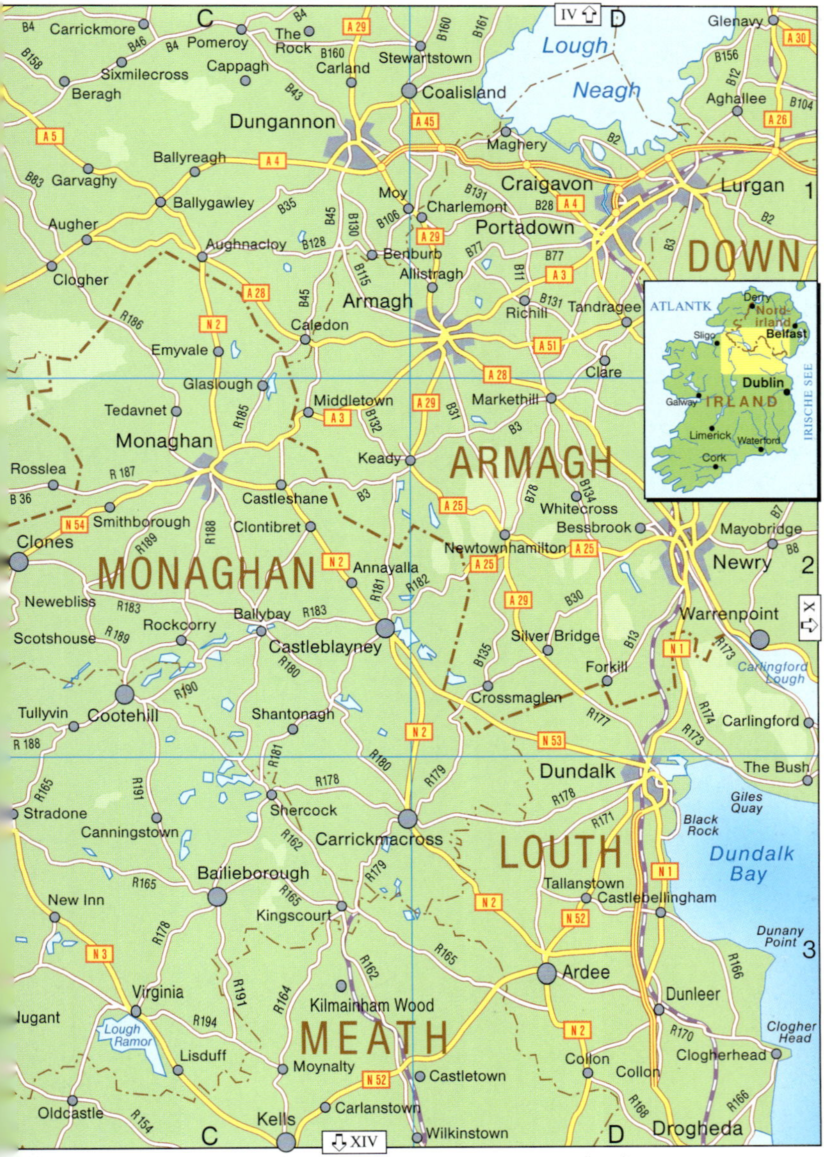

Kartenatlas

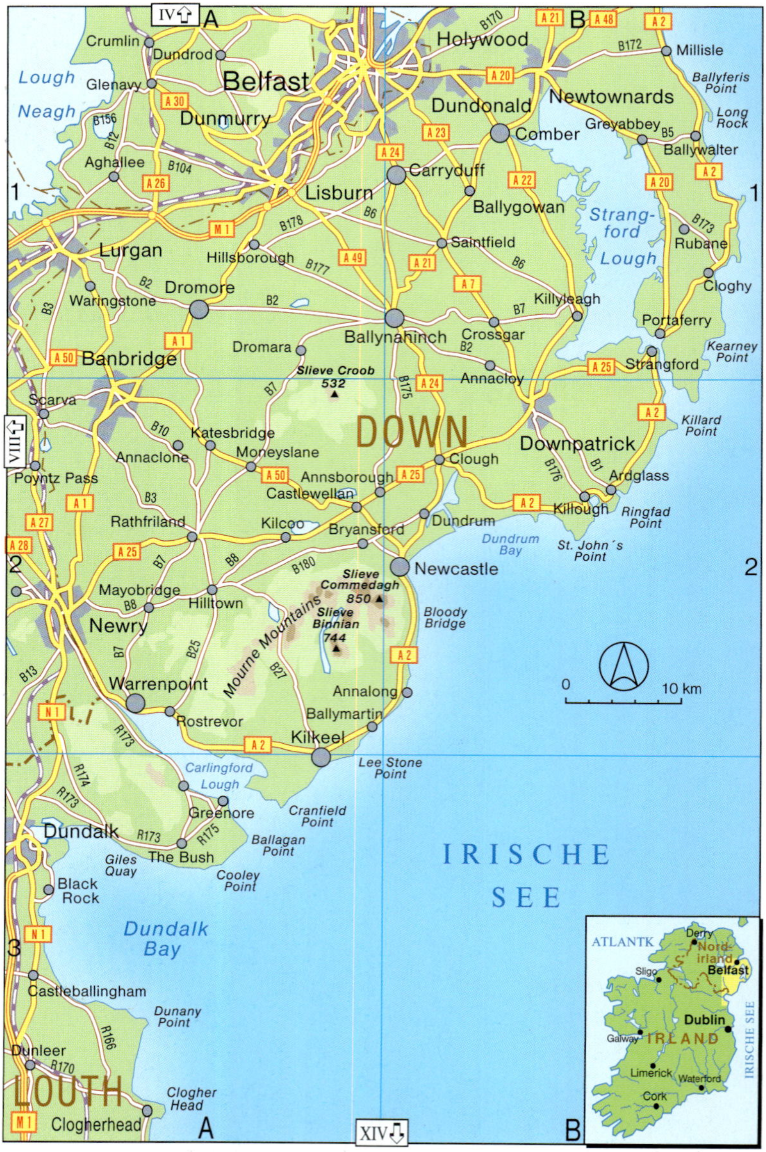

IV
A
B
Crumlin
Dundrod
Lough Neagh
Glenavy
Belfast
Dunmurry
Holywood
Millisle
Dundonald
Newtownards
Ballyferis Point
Long Rock
Comber
Greyabbey
Ballywalter
Aghallee
Carryduff
Lisburn
Ballygowan
Strangford Lough
Lurgan
Hillsborough
Saintfield
Rubane
Dromore
Waringstone
Cloghy
Killyleagh
Portaferry
Ballynahinch
Crossgar
Dromara
Banbridge
Kearney Point
Strangford
Slieve Croob 532
Annacloy
Scarva
DOWN
Killard Point
Katesbridge
Downpatrick
Moneyslane
Annaclone
Clough
Poyntz Pass
Annsborough
Ardglass
Castlewellan
Killough
Rathfriland
Dundrum
Ringfad Point
Kilcoo
Bryansford
Dundrum Bay
St. John´s Point
Newcastle
Slieve Commedagh 850
Mayobridge
Hilltown
Slieve Binnian 744
Bloody Bridge
Newry
Mourne Mountains
Warrenpoint
Annalong
0
10 km
Rostrevor
Ballymartin
Kilkeel
Lee Stone Point
Carlingford Lough
Greenore
Cranfield Point
Dundalk
The Bush
Ballagan Point
Giles Quay
Cooley Point
Black Rock
IRISCHE SEE
Dundalk Bay
Castleballingham
Dunany Point
Dunleer
LOUTH
Clogher Head
Clogherhead
VIII
XIV
1
2
3
ATLANTIK
Derry
Nord-irland
Sligo
Belfast
Dublin
Galway
IRLAND
Limerick
Waterford
Cork
IRISCHE SEE

C
D
VI
Inishturk
Killadon
Cregganbaun
N 59
MAYO
Toormakeady
Inishbofin
Clew Bay
Mweelrea 817
R335
Maumtrasna 673
1
Leenaun
N 59
R336
Cloghbrack
R344
R345
Clifden
Cornamona
N 59
R336
Maam Cross
R341
R340
N 59
Ballyconneely
R342
Oughterard
GALWAY
Roundstone
R341
R340
XII
R336
Carna
Kilkieran
2
R374
R343
R336
Lettermullan
Carraroe
Inveran
Golam Head
Castle Pt
ATLANTISCHER OZEAN
Rock Islands
Onaght
Inishmore
Galway Bay
Kilronan
Kilmurvy
Aran Islands
Killeany
Inishmaan
R477
Ailladie
R479
Inisheer
Doolin
Fisherstreet
3
R478
0
10 km
CLARE
Hags Head
Liscannor
Lehinch
Liscannor Bay
R478
XVI
ATLANTK
Derry
Nordirland
Sligo
Belfast
Dublin
Galway
IRLAND
IRISCHE SEE
Limerick
Waterford
Cork

VI
A
B
Liscarney
Srah
Partry
Claremorris
Toormakeady
Hollymount
Irishtown
Cloonfad
Partry Mountains
Maumtrasna
673
MAYO
Ballinrobe
Milltown
Dunmore
Lough Mask
Kilmaine
Foxhall
Neale
577
Cloghbrack
Cong
Cross
Tuam
Cornamona
Lough Corrib
660
Maam Cross
Headford
Belclare
Barnaderg
356
Oughterard
346
290
Skehanagh
Moycullan
Claregalway
Attymon
Galway
Athenry
Rossaveal
Carraroe
Inveran
Spiddal
Barna
Oranmore
Craughwell
Loughrea
Galway Bay
XI
0
10 km
Black Head
Ballyvaghan Bay
317
Ballyvaughan
Kinvara
GA
Inishmaan
Aran Islands
Slieve Elva
343
305
Slievecarran
324
358
Ailladie
Inisheer
Lisdoonvarna
Gort
Derrybr
Slieve Aughty
CLARE
Doolin
Cliffs of Moher
Killinaboy
Maghera
400
300
Caher
Hags Head
Liscannor
Cancregga
Liscannor Bay
Ennistimon
Lehnich
Corrofin
Crusheen
Feaakle
Mauricesmills
Barefield
XVI
1
2
3
N 59
N 84
N 17
N 60
N 83
N 63
N 6
N 18
N 66
N 67
N 85
R330
R331
R327
R328
R360
R332
R345
R334
R333
R339
R347
R336
R340
R374
R348
R349
R477
R479
R476
R478
R481
R480
R460
R462
R461
R468

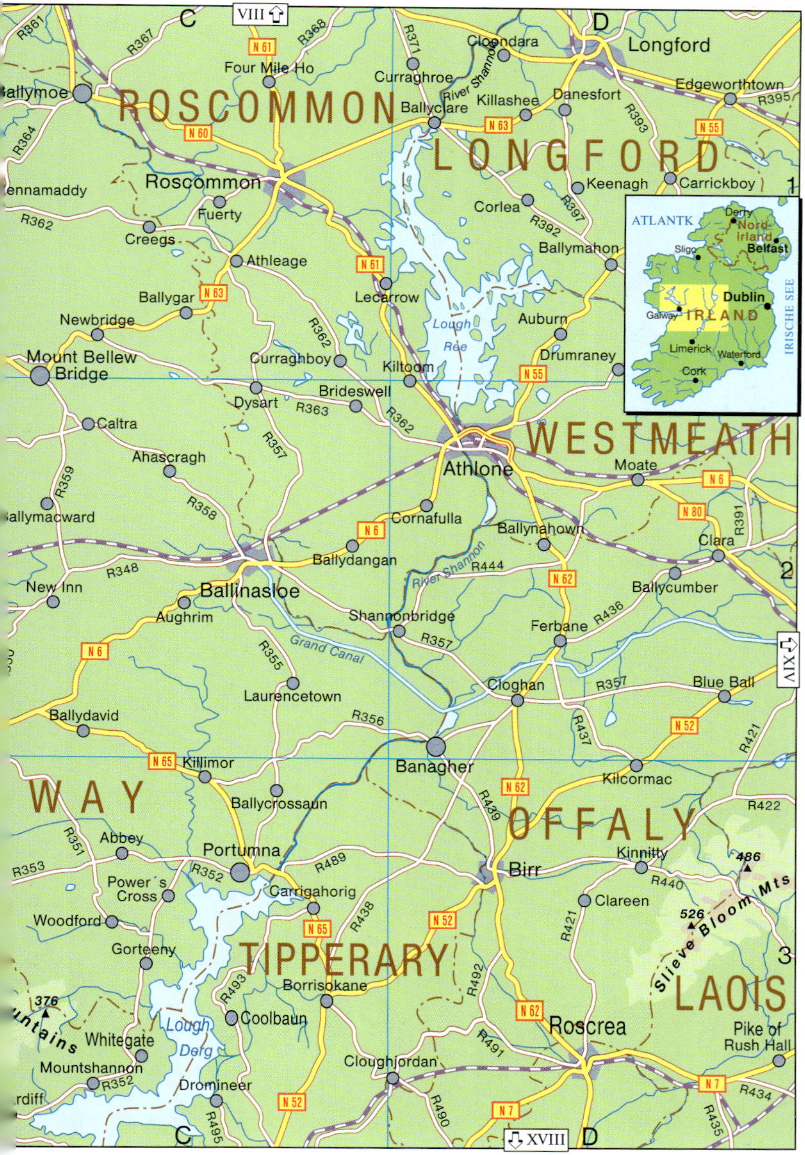

Kartenatlas

VIII
XII
XVIII
A
B
1
2
3
LONGFORD
WESTMEATH
OFFALY
LAOIS
KILDAR
Longford
Lisryan
Edgeworthstown
Castlepollard
Kells
Crossakeel
Fordstown
Lough Bane
Lough Lene
Lough Derravaragh
Collinstown
Delvin
Athboy
Lough Iron
Ballynafid
Crookedwood
Lough Owel
Ballymahon
Moyvore
Rathconrad
Mullingar
The Downs
Ballivor
Lough Ennell
Ballymore
Dysart
Kinnegad
Rathmoylon
Streamstown
Rochfordbridge
Ballynadrumny
Innfield
Moate
Horseleap
Tyrrellspass
Rhode
Carbury
Edenderry
Daingean
Allenwood
Tullamore
Clonbullogue
Geashill
Rathangan
Bracknagh
Milltown
Blue Ball
Kilcormac
Portarlington
Kildare
Rosenallis
Monasteverin
Kinnitty
Mountmellick
New Inn
Clarin
Slieve Bloom Mountains
Frontstown
Ballyfin
Port Laoise
Crookstc
Stradbally
Athy
Mountrath
Timc
Roscrea
Castletown
Ballyroan
Kilkea
Borris in Ossory
Aghaboe
Abbeyleix
Ballylynan
Curragunneen
Swan
Castle-dermo
Ballycolla
Ballickmoyler
N 4
N 55
N 52
N 51
N 6
N 80
N 7
N 8
N 78
R194
R195
R397
R393
R394
R395
R399
R392
R390
R156
R161
R160
R159
R154
R391
R400
R401
R402
R441
R403
R346
R420
R415
R357
R421
R414
R422
R419
R440
R423
R427
R417
R428
R430
R426
R435
R434
R429
R418

Kartenatlas

A
B
XI
ATLANTK
Derry
Nord-
irland
Belfast
Sligo
Dublin
Galway
IRLAND
IRISCHE SEE
Limerick
Waterford
Cork
ATLANTISCHER
OZEAN
Donegal
Point
Kilke
Castle
Point
Tullig
Point
R487
R488
Feeard
Carrigaho
Kilbaha
Loop
Head
Dunmore
Head
Leck
Point
Ballybunnio
Mouth
of the
Shannon
Kilmore
Ballyduf
Ballynyskreena
2
0
10 km
Kerry
Head
Causeway
Lixr
Ballyheige
R556
Ballyheige
Bay
Lerrig
Magharee
Islands
Ardfert
Abbeydorr
Rough
Point
R551
Brandon
Point
Drehidasillagh
R556
Fahamore
Brandon
Bay
Tralee
Bay
Brandon Head
Brandon
Fenit
R558
Brandon Mt
950
Kilcummin
Castlegregory
Tralee
N 86
Ballydavid
Head
Feohanagh
Cloghane
Stradbally Mt
824
R560
Baurtregaun
851
Camp
Sybil
Head
Smerwick
Ballydavid
O'Connor
Pass
3
Clogher
Head
R559
R561
Castlema
Anascaul
Dingle
Inch
Dunquin
Ventry
N 86
Lispole
Castlemaine
Harbour
Milltc
Great Blasket
Island
Fahan
Slea
Head
Parkmore
Point
Bull´s
Head
Acres
Point
Killorglin
N 70
Dingle
Bay
Inish-
Vickillane
Beaufo
A
XXI
Glenbeigh
B

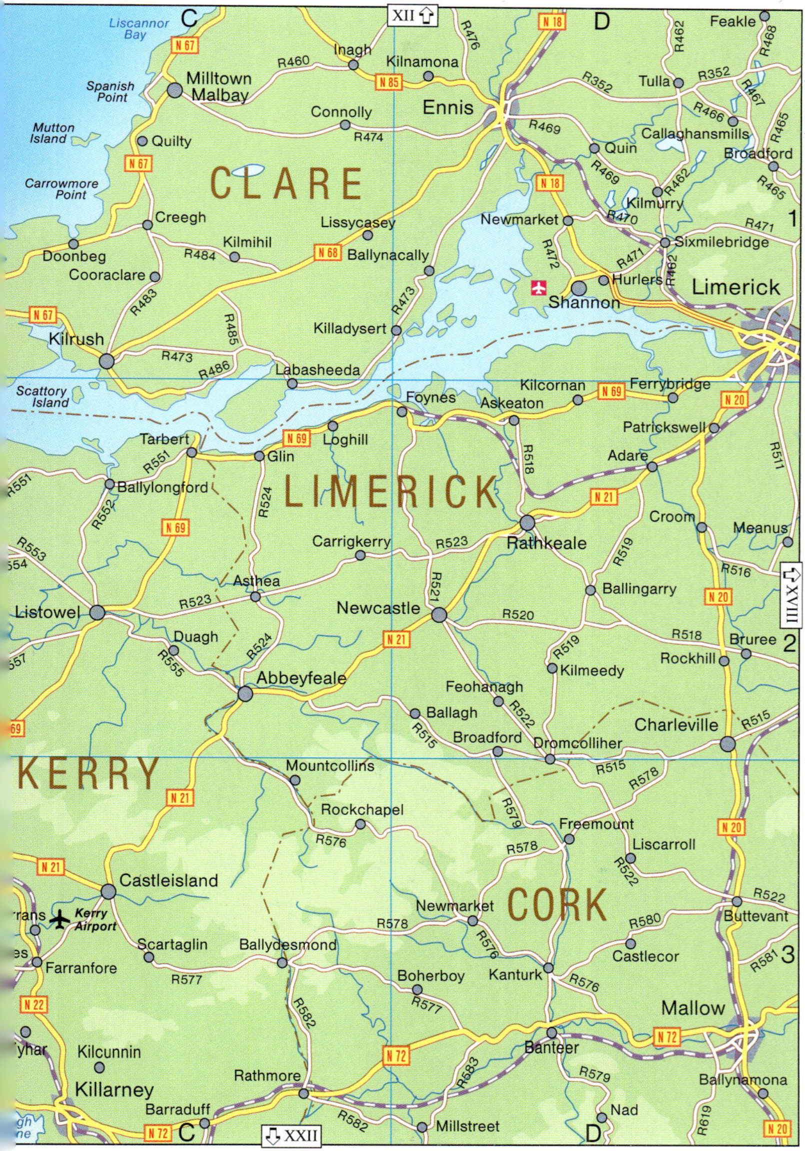

Kartenatlas

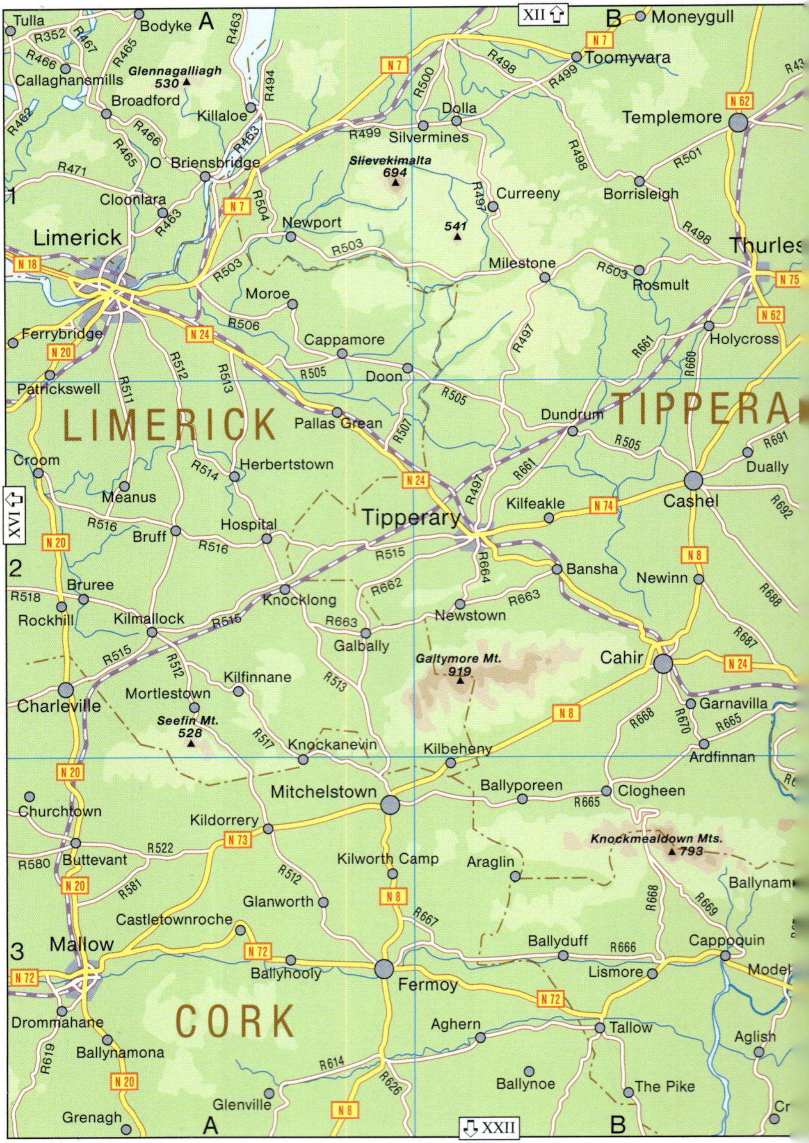
XII
A
B
1
2
3
XVI
XXII
LIMERICK
TIPPERA
CORK
Tulla
Bodyke
R352
R467
R463
R465
R466
Callaghansmills
Glennagalliagh
530
Broadford
R494
Killaloe
R462
R466
R463
R465
Briensbridge
R471
Cloonlara
R463
Limerick
N 18
N 7
R504
N 7
R500
Dolla
R499
Silvermines
R498
Moneygull
N 7
Toomyvara
R499
R498
N 62
Templemore
R501
Borrisleigh
R498
Thurles
N 75
N 62
Slievekimalta
694
R497
Curreeny
541
Newport
R503
R503
Milestone
R503
Rosmult
Moroe
R506
Cappamore
R505
Doon
R505
R497
R661
R660
Holycross
Ferrybridge
N 20
Patrickswell
N 24
R512
R513
R511
Pallas Grean
R507
Dundrum
R505
R691
Dually
Croom
Herbertstown
R514
N 24
Meanus
R497
R661
Kilfeakle
N 74
Cashel
R692
Tipperary
R516
Bruff
Hospital
R516
N 20
R515
R664
Bansha
N 8
Newinn
R688
R518
Bruree
Rockhill
Kilmallock
R515
Knocklong
R662
R663
Newstown
R663
Galbally
R687
R515
R512
Galtymore Mt.
919
Cahir
N 24
Charleville
Kilfinnane
R513
Mortlestown
Seefin Mt.
528
R517
Knockanevin
N 8
Kilbeheny
R668
R670
Garnavilla
R665
Ardfinnan
N 20
Churchtown
Mitchelstown
Ballyporeen
R665
Clogheen
Kildorrery
N 73
R522
Buttevant
R580
N 20
R581
Kilworth Camp
Araglin
Knockmealdown Mts.
793
R512
Glanworth
N 8
R667
R668
R669
Ballynam
Castletownroche
Mallow
N 72
N 72
Ballyhooly
Fermoy
Ballyduff
R666
Cappoquin
Lismore
Model
N 72
Drommahane
Ballynamona
Aghern
Tallow
Aglish
R619
R614
R626
Ballynoe
The Pike
N 20
Glenville
N 8
Grenagh
Cr

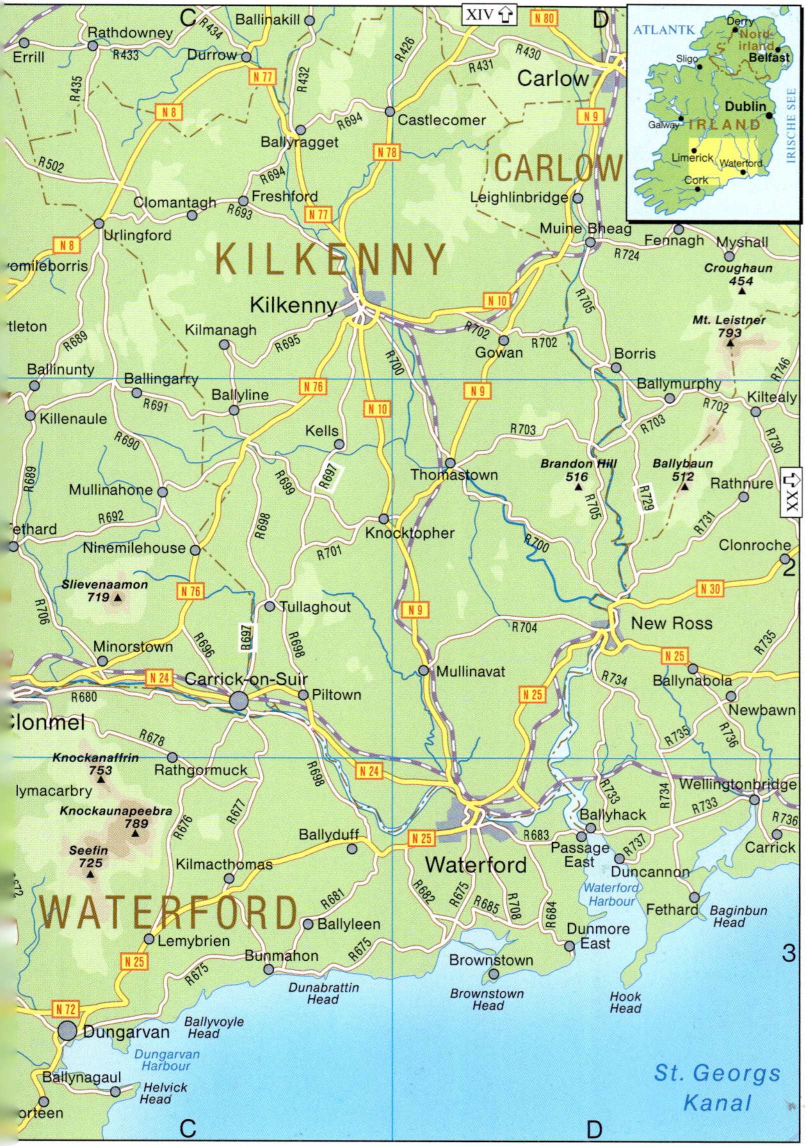
XIV
XX
C
D
2
3
ATLANTK
Derry
Nord-
irland
Sligo
Belfast
Dublin
Galway
IRLAND
IRISCHE SEE
Limerick
Waterford
Cork
KILKENNY
CARLOW
WATERFORD
Kilkenny
Carlow
Waterford
Rathdowney
Ballinakill
Errill
Durrow
Castlecomer
Ballyragget
Freshford
Clomantagh
Urlingford
Leighlinbridge
Muine Bheag
Fennagh
Myshall
Croughaun
454
Kilmanagh
Gowan
Borris
Mt. Leistner
793
Ballinunty
Ballingarry
Ballyline
Ballymurphy
Kiltealy
Killenaule
Kells
Thomastown
Brandon Hill
516
Ballybaun
512
Rathnure
Mullinahone
Knocktopher
Fethard
Ninemilehouse
Clonroche
Slievenaamon
719
Tullaghout
New Ross
Minorstown
Mullinavat
Ballynabola
Carrick-on-Suir
Piltown
Newbawn
Clonmel
Knockanaffrin
753
Rathgormuck
Wellingtonbridge
Knockaunapeebra
789
Ballyhack
Ballyduff
Passage
East
Carrick
Seefin
725
Kilmacthomas
Duncannon
Waterford
Harbour
Fethard
Baginbun
Head
Ballyleen
Lemybrien
Dunmore
East
Bunmahon
Brownstown
Dunabrattin
Head
Brownstown
Head
Hook
Head
Dungarvan
Ballyvoyle
Head
Dungarvan
Harbour
Ballynagaul
Helvick
Head
St. Georgs
Kanal
N 8
N 77
N 78
N 80
N 9
N 10
N 76
N 24
N 25
N 30
N 72

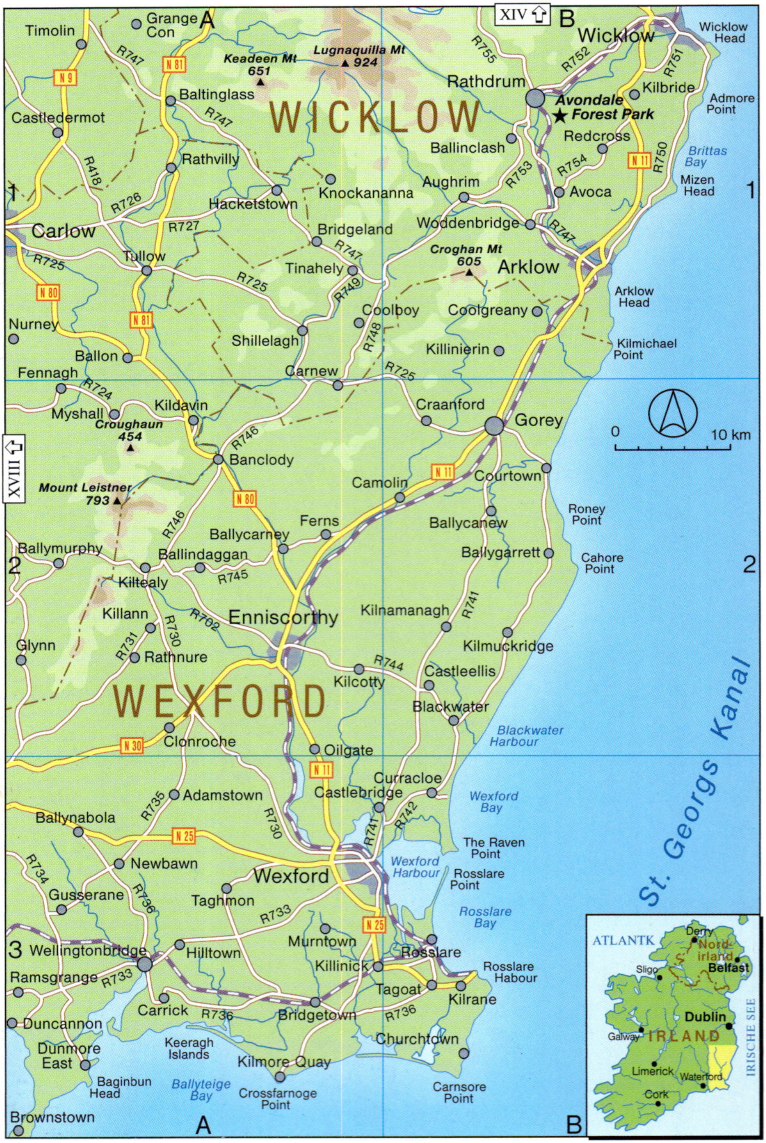
XIV
A
B
1
2
3
XVIII
WICKLOW
WEXFORD
Timolin
Grange Con
Keadeen Mt 651
Lugnaquilla Mt 924
Wicklow
Wicklow Head
Rathdrum
Kilbride
Admore Point
Avondale Forest Park
Castledermot
Baltinglass
Redcross
Brittas Bay
Ballinclash
Rathvilly
Mizen Head
Knockananna
Aughrim
Avoca
Hacketstown
Carlow
Bridgeland
Woddenbridge
Tullow
Croghan Mt 605
Arklow
Tinahely
Arklow Head
Coolboy
Coolgreany
Nurney
Shillelagh
Killinierin
Kilmichael Point
Ballon
Carnew
Fennagh
Craanford
Myshall
Kildavin
Gorey
Croughaun 454
0
10 km
Banclody
Courtown
Camolin
Mount Leistner 793
Roney Point
Ferns
Ballycanew
Ballycarney
Ballymurphy
Ballindaggan
Ballygarrett
Cahore Point
Kiltealy
Kilnamanagh
Killann
Enniscorthy
Glynn
Kilmuckridge
Rathnure
Castleellis
Kilcotty
Blackwater
Blackwater Harbour
St. Georgs Kanal
Clonroche
Oilgate
Curracloe
Castlebridge
Adamstown
Wexford Bay
Ballynabola
The Raven Point
Newbawn
Wexford Harbour
Rosslare Point
Wexford
Gusserane
Taghmon
Rosslare Bay
Murntown
Wellingtonbridge
Hilltown
Rosslare
Killinick
Rosslare Habour
Ramsgrange
Tagoat
Kilrane
Carrick
Bridgetown
Duncannon
Churchtown
Dunmore East
Keeragh Islands
Kilmore Quay
Baginbun Head
Ballyteige Bay
Crossfarnoge Point
Carnsore Point
Brownstown
N 9
N 81
N 80
N 11
N 30
N 25
R747
R755
R752
R751
R418
R750
R754
R753
R726
R727
R725
R749
R748
R724
R746
R745
R702
R730
R731
R741
R744
R735
R742
R734
R736
R733
ATLANTK
Derry
Nord-irland
Belfast
Sligo
Dublin
Galway
IRLAND
IRISCHE SEE
Limerick
Waterford
Cork

A
B
XVI
XXII
1
2
3
Brandon Mt 950
Castlegregory
Tralee
Tralee Bay
N 86
N 21
Ballydavid Head
Feohanagh
Cloghane
Stradbally Mt 824
R560
Baurtregaun 851
Camp
N 70
Currans
Smerwick
Ballydavid
O'Connor Pass
Castlemaine
R559
Anascaul
R561
Fierries
Dunquin
Ventry
Dingle
Inch
Lispole
N 86
Castlemaine Harbour
Milltown
N 22
Fahan
Acres Point
Slea Head
Parkmore Point
Bull´s Head
Ballyhar
N 70
Killorglin
R563
N 72
Dingle Bay
Beaufort
King´s Head
Glenbeigh
Lough Leane
Knocknadobar 688
Carrauntoohil 1041
Purple Mt 832
Teermoyle Mt 772
Boheeshil
N 71
Doulus Head
Caherciveen
Mullaghanattin 771
Fogher Cliff
Knightstown
Valentia Island
KERRY
Finnararagh 663
R568
Bray Head
Portmagee
R565
N 70
Kenmare
R569
Ballynahow
R566
R567
Caherbarnagh 673
Templenoe
Puffin Island
Waterville
Ballinskelligs
Sneem
Lough Currane
N 70
St.Finan´s Bay
Ballinskelligs Bay
R571
Tuosist
Bolus Head
Hog´s Head
Caherdaniel
R573
Coomnadiha 642
N 71
Lauragh
R571
R574
Scariff Island
Lamb´s Head
Kenmare River
Glengarriff
Ardgroom
Hungry Hill 685
Coulagh Bay
Eyeries
Adrigole
R572
0
10 km
Cod´s Head
R575
Castletownbere
R572
Whiddy Island
Garnish Bay
Allihies
Rerrin
Bear Island
Bantry Bay
R572
R572
Dursey Island
Durrus
Doonbeg Head
Ahakista
R591
Crow Head
Black Ball Head
Kilcrohane
CORK
Sheep´s Head
Dunmanus Bay
Toormore
R592
Skull
Lowertown
R591
Three Castle Head
Goleen
Crookhaven
ATLANTISCHER OZEAN
Mizen Head
Clear Island
ATLANTK
Derry
Nordirland
Sligo
Belfast
Dublin
Galway
IRLAND
IRISCHE SEE
Limerick
Waterford
Cork

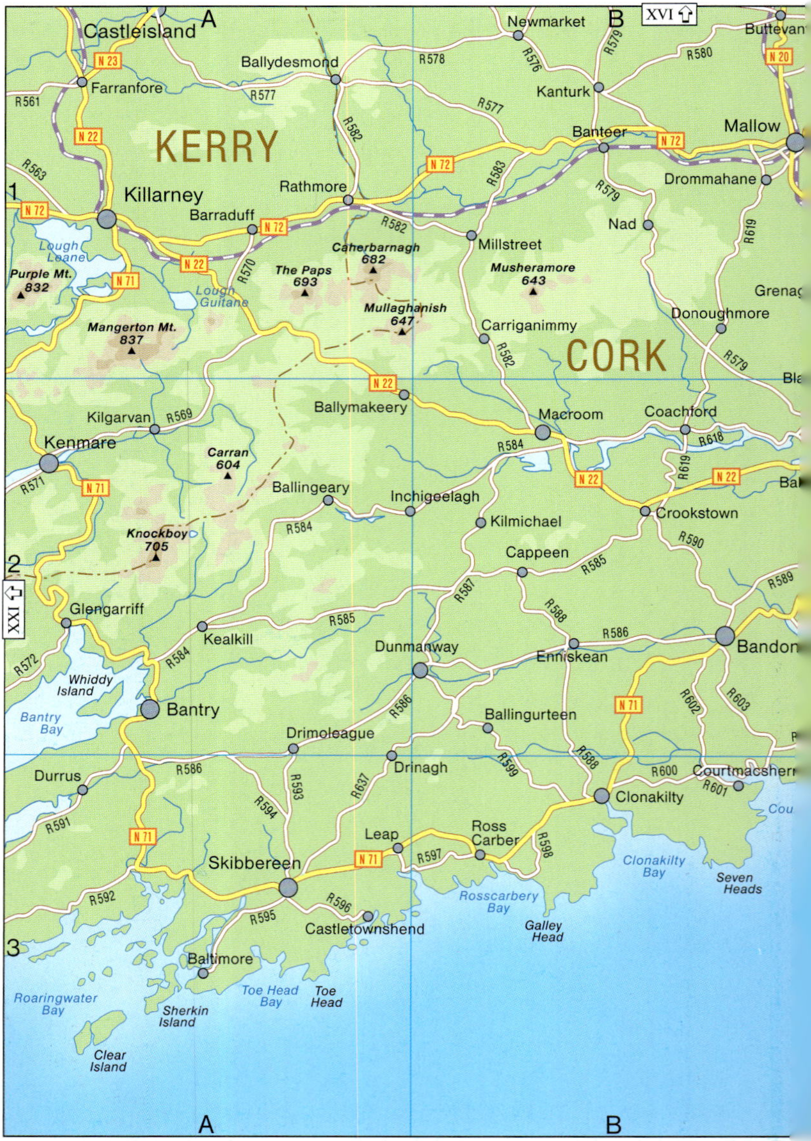
A
B
XVI
1
2
3
XXI
KERRY
CORK
Castleisland
Newmarket
Buttevant
Ballydesmond
R578
R579
R580
N 20
N 23
Farranfore
R561
R577
R576
Kanturk
R577
Mallow
Banteer
N 72
N 22
R582
N 72
R583
R563
Rathmore
Drommahane
Killarney
R579
1
N 72
Barraduff
N 72
R582
Nad
R619
Lough Leane
Caherbarnagh 682
Millstreet
Purple Mt. 832
N 22
R570
The Paps 693
Musheramore 643
Grenag
N 71
Lough Guitane
Mullaghanish 647
Donoughmore
Mangerton Mt. 837
Carriganimmy
R582
R579
N 22
Bla
Ballymakeery
Macroom
Coachford
Kilgarvan
R569
R618
Kenmare
R584
Carran 604
R619
N 22
N 22
R571
N 71
Ballingeary
Inchigeelagh
Ba
Crookstown
Kilmichael
R584
Knockboy 705
R590
Cappeen
R585
R587
R589
Glengarriff
R588
Kealkill
R585
R586
Dunmanway
Enniskean
Bandon
R572
R584
Whiddy Island
N 71
R602
R603
Bantry
R586
Bantry Bay
Ballingurteen
Drimoleague
R588
R599
Drinagh
R600
Courtmacsherr
Durrus
R586
R593
R637
R601
R594
Clonakilty
Cou
R591
Ross Carber
Leap
R598
N 71
R597
N 71
Clonakilty Bay
Skibbereen
Seven Heads
R592
R596
Rosscarbery Bay
R595
Castletownshend
Galley Head
Baltimore
Roaringwater Bay
Toe Head Bay
Toe Head
Sherkin Island
Clear Island

Fährverbindungen
0
200 km
London
Vlissingen
Sheerness
Ramsgate
Zeebrugge
Dover
Oostende
Folkstone
Eurotunnel
Dunkirchen
Calais
Newhaven
Boulogne
Dieppe
100 km
Edinburgh
Glasgow
NORDSEE
Londonderry
Stranraer
Larne
Newcastle
Belfast
Hamburg
Amsterdam
Hoek van Holland
Hull
Dublin
IRL
Liverpool
Holyhead
Dun Laoghaire
GB
Limerick
Rosslare
Fishguard
Harwich
Cork
Pembroke
Swansea
London
Dover
Zeebrugge
Southampton
Portsmouth
Calais
Plymouth
Dieppe
Cherbourg
Le Havre
Paris
ATLANTISCHER
OZEAN
Roscoff
F
IAWM

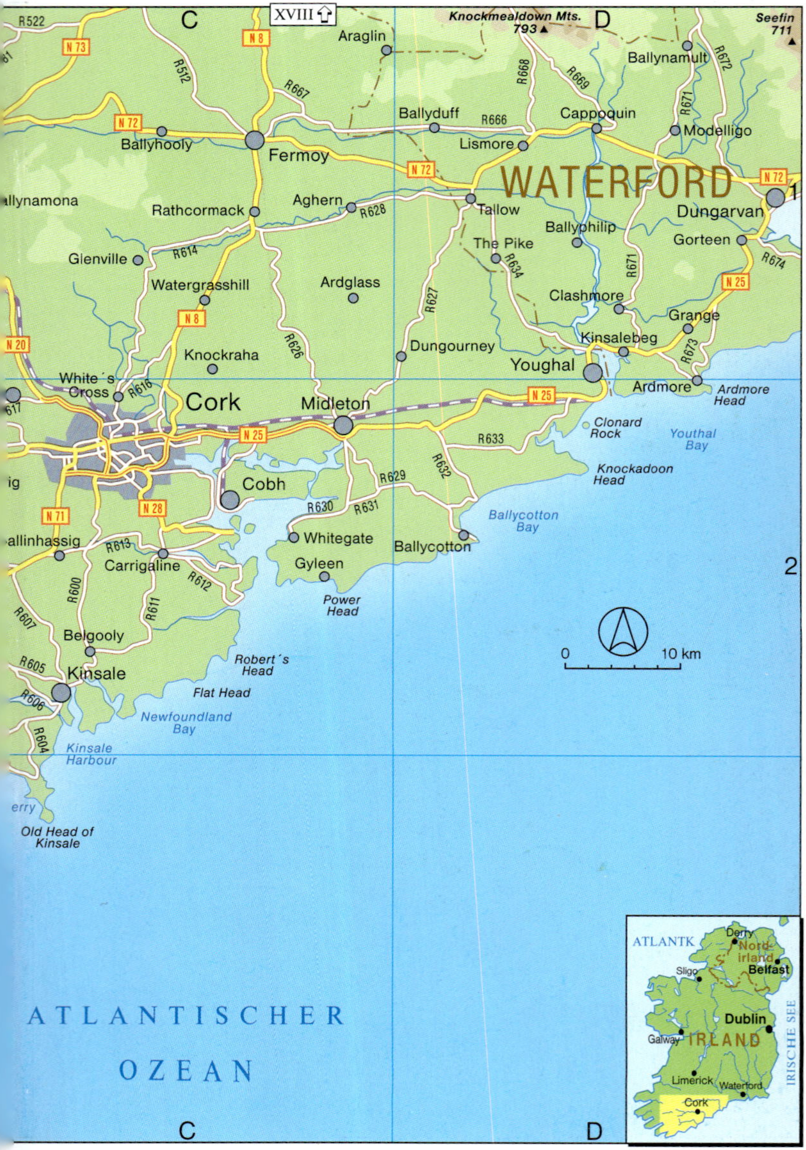

Kartenatlas